中国广告年鉴

2023

CHINA ADVERTISING YEARBOOK

中国广告协会
《现代广告》杂志社 编

新华出版社

图书在版编目（CIP）数据

中国广告年鉴 . 2023 / 中国广告协会，《现代广告》杂志社编 .
— 北京 : 新华出版社 , 2023.11
ISBN 978-7-5166-7174-0
Ⅰ . ①中… Ⅱ . ①中… ②现… Ⅲ . ①广告－中国－ 2023 －年鉴
Ⅳ . ① F713.8-54
中国国家版本馆 CIP 数据核字 (2023) 第 221385 号

中国广告年鉴 2023
CHINA ADVERTISING YEARBOOK

编　　者：中国广告协会　《现代广告》杂志社

责任编辑：李　宇　　　封面设计：经观视觉中心

出版发行：新华出版社
地　　址：北京石景山区京原路 8 号　　　邮　　编：100040
网　　址：http://www.xinhuapub.com

照　　排：经观视觉中心
印　　刷：中鑫顺诚（北京）印刷科技有限公司

协　　作：暨南大学新闻与传播学院

成品尺寸：210mm×285mm
印　　张：32.5
字　　数：510 千字
版　　次：2023 年 11 月第一版　　　印　　次：2023 年 11 月第一次印刷

书　　号：ISBN 978-7-5166-7174-0
定　　价：480.00 元

编辑说明

1.《中国广告年鉴》是由中国广告协会主办，各级市场监督管理机关、广告行业组织、广告业界共同参与编写的广告行业大型资料性工具书。《中国广告年鉴》2023 年版收编了 2022 年与中国广告业发展有关的主要文献资料，增加了“广告行业发展报告”“广告行业论坛精彩演讲选登”等新的重点栏目。

2. “大事记”“政策法规”等，以日期为序。

3. 本年鉴收集的资料和数据中，没包括我国台湾省、香港特别行政区和澳门特别行政区。

4. 本年鉴的编辑工作得到了暨南大学新闻与传播学院的大力支持。

5. 限于编辑水平和所掌握的资料，缺点和错误在所难免，欢迎读者批评指正。

刘芷屹	中广协副会长、中视金桥广告有限公司副总裁
刘春喜	中广协副会长、内蒙古伊利实业集团股份有限公司执行总裁
杨先顺	暨南大学教授、暨南大学传播与国家治理研究院院长
肖水贤	中广协副会长、阿里巴巴（中国）有限公司集团平台治理部副总裁
吴　晨	中广协副会长、广州立白企业集团有限公司副总裁
张　丽	中广协副会长、南京银都奥美广告有限公司董事长
陈　刚	中广协学术与教育工作委员会主任，北京大学新闻与传播学院院长、教授，北京大学新媒体营销传播研究中心主任
陈　茂	中广协副会长、华为终端云服务广告 BU 总裁
陈　岩	中广协副会长，分众传媒有限公司首席战略官、专业合伙人
陈钿隆	中广协副会长，广东省广告集团股份有限公司党委书记、董事长
邵京平	中广协副会长、京东集团副总裁、京东零售营销与商业化中心负责人
牧夏妮	中广协外联部主任
郑　岚	中广协副会长、碧桂园集团品牌事业部总经理
孟雅娟	中广协法律咨询部主任
钱俊冬	中广协副会长、三人行传媒集团股份有限公司董事长兼 CEO
徐立军	中广协副会长、中央广播电视总台总经理室副召集人、央拓国际融合传播集团有限公司总经理、央视市场研究股份有限公司董事长
徐　俊	中广协副会长、WPP 大中华区首席执行官
栾　娜	中广协副会长、腾讯公司副总裁
郭志宏	中广协副会长、宝洁（中国）有限公司大中华区政府事务及公共政策总经理
郭宏超	经济观察报副总编辑
梅　刚	中广协副会长、四川郎酒股份有限公司常务副总经理兼销售公司总经理
梁志祥	中广协副会长、百度集团党委书记、资深副总裁
葛景栋	中广协副会长、微博营销高级副总裁

陈钿隆　　广东省广告协会会长

林坤乐　　厦门市广告协会会长

钟敏雄　　广州市广告行业协会会长

贺寿天　　江苏省广告协会会长

耿　庆　　大连市广告协会会长

耿春平　　山东省广告协会副会长兼秘书长

唐　坚　　湖北省广告协会会长

黄应寿　　福建省广告协会终身荣誉会长

黄贵春　　广西壮族自治区广告协会会长

董　飞　　河北省广告协会秘书长

董宏亮　　河南省广告协会会长

曾小明　　湖南省广告协会会长

熊中明　　深圳市广告协会秘书长

潘　杰　　青海省广告协会会长

潘　洋　　黑龙江省广告协会会长

《现代广告》杂志社年鉴编辑部

主　　任：刘文哲

副 主 任：朱　磊、潘　华

策　　划：万木春

特邀编辑：陆　斌、吕加斌、刘博天、黄婷、刘晓琴、储方圆、袁　婧

设计制作：张　萧、赵子旋

编　　务：李　盈

出版顾问：柏　群

中国广告年鉴 2023
CHINA ADVERTISING YEARBOOK

专家指导委员会

主　任：

陈　刚　　北京大学新闻与传播学院院长、教授，
　　　　　中国广告协会学术与教育工作委员会主任

副主任：

杨先顺　　暨南大学教授、中国广告协会学术与教育工作委员会委员

成　员：（按姓氏笔画为序）

王雅娟　　微博高级副总裁

田　涛　　中广融信媒介咨询有限公司总裁、中国广告协会广播电视分会副会长

刘双舟　　中央财经大学教授、中国广告协会法律咨询委员会常务副主任

杨同庆　　首都经济贸易大学文化与传播学院教授、中国广告协会学术委员会副主任

杨海军　　上海大学新闻传播学院教授

吴晓波　　广东平成广告有限公司董事长

何海明　　中国传媒大学教授

张　翔　　中国传媒大学教授

陈　岩　　分众传媒首席战略官

陈培爱　　厦门大学新闻传播学院教授

金定海　　上海师范大学人文与传播学院教授

赵　梅　　CTR 媒介智讯 总经理

中国广告年鉴 2023
CHINA ADVERTISING YEARBOOK

广告经营单位
广告教学与研究机构
形象展示

Advertising Business Units and Teaching and Research Institutions Display

公司简介

Company Profile

浙江一百广告传媒股份有限公司，位于浙江著名景区，古越都西施美女故乡——诸暨，全国百强县排名前十，联合国人居奖城市。

一百传媒历经三十年，艰苦奋斗，励精图治，是当地一家优秀广告媒体企业。其信誉、技术、创意、制作均有其鲜明特色。

公司在全国中小企业股权交易中心挂牌（代码870186），首批“中国一级广告企业”，入选“中国强势户外广告公司”，跻身省广告行业35强。连续被评为“浙江省信用管理示范企业”，“浙江省守合同重信用AAA级企业”，2019年被评为“浙江省第四批成长型文化企业”，2022年被评为“浙江省科技型中小企业”。企业创办者董事长徐国勇是“浙江省十佳广告经理人”。

公司强悍的设计团队，赢得了市场的认可，几乎年年在省地级参赛中获奖，2022年一举斩获浙江省最权威广告设计大赛“金桂杯”金奖。公司在创新中前进，在行业中拥有8项软著，6项专利。

一百传媒注重自身发展，也广交朋友，在全国有众多合作伙伴和合作项目，热忱期待更多的朋友更大的发展！

浙江一百广告传媒股份有限公司

地址：浙江省诸暨市浣东街道东旺路218号永业大厦10楼

电话：0575-87172288　13989511888

CNAAA
一级广告企业
Advertising Agency-Level 1
www.cahm.cn
Capital Airports Holdings Media Co., Ltd
广告

中国广告年鉴 2023
CHINA ADVERTISING YEARBOOK
第二十七期
27th Issue

目 录

广告行业组织

广告行业发展报告

广告教育

广告出版物与广告行业知名公众号

广告行业展会、论坛

广告案例

广告优秀作品评选

公益广告

广告经营单位选介

领导讲话

Speeches by Leaders

秦宜智同志在全国市场监管部门广告监管工作会议上的讲话

国家市场监督管理总局党组成员、副局长　秦宜智

（2022年3月29日）

今天，我们以视频方式召开全国市场监管部门广告监管工作会议，主要任务是：以习近平新时代中国特色社会主义思想为指导，全面贯彻党的十九大和十九届历次全会精神，深入落实中央经济工作会议和全国两会精神，按照全国市场监管工作会议部署，总结2021年广告监管工作，分析当前形势，部署2022年任务。

刚才，重庆、河北、江苏、浙江、福建、江西、山东、湖南、广州等9家市场监管部门代表，从广告导向监管、传统媒体广告监管、互联网广告监管、广告执法办案、广告审查、指导广告产业发展等不同侧重点介绍了工作经验，体现了大家对新时代如何抓好广告监管工作、进一步提升广告服务经济社会发展效能的新思考、新实践。希望大家相互学习，交流借鉴，取长补短，共同提高。

一、攻坚克难，稳中求进，2021年广告监管工作取得积极成效

2021年是党和国家历史进程中具有里程碑意义的重要一年，也是市场监管事业奋发进取、创新突破值得写入史册的一年。一年来，以习近平同志为核心的党中央在沉着应对世纪疫情和百年变局、统筹疫情防控和经济社会发展过程中，对市场监管工作格外重视、亲切关怀，习近平总书记三次听取专题汇报，作出一系列重要指示批示，亲自指导推动市场监管重大基础制度建设。李克强总理再次到总局视察，座谈交流优化营商环境、发展壮大市场主体工作。一年来，全国市场监管部门广告监管条线在总局党组和各地党委政府领导下，牢牢把握正确政治方向和价值导向，紧扣庆祝建党100周年等大事要事，继续坚持一手抓规范、一手促发展，有力净化了广告市场秩序、维护了人民群众利益，也进一步发挥了广告引导消费升级、畅通经济大循环的积极作用。

（一）广告导向监管守牢底线。认真贯彻落实习近平总书记关于“广告宣传也要讲导向”的重要指示精神，提高政治站位，扛实政治责任，对涉及导向问题、政治敏感或者社会影响负面的广告内容，精准定向监测、完善应急机制、提高防范能力，以零容忍的态度依法从严从快予以查处。贯穿全年始终保持对导向问题广告的高压监管态势，总局指导处置索尼（中国）有限公司发布有损国家尊严违法广告、豌豆思维利用八岁女童自杀发布教育培训课程广告、郑州房地产企业借暴雨洪灾发布广告等一批案件。集中整治、重拳打击借庆祝建党100周年名义从事商业谋利等违法行为，总局组织查办河南三百六信息技术有限公司发布“迎接建党百年大庆典”违法广告等一批案件，予以集中曝光，形成有效震慑。

各地市场监管部门勇于担当、主动作为，果断查办借庆祝名义违法商业营销案件452件，罚没金额2084万元，为保障庆祝建党100周年热烈喜庆、严肃庄重的社会氛围作出了积极贡献。山东、山西、海南、陕西、新疆兵团、大连等地见事早，动作快，通过发布公告、出台指引、发送提醒单等方式，明确禁止经营者从事违法违规商业营销宣传。河南办结全国借庆祝名义从事商业炒作谋利第一案。北京、广东、湖北等地查办一批有影响力的典型案例。

（二）重点领域监管有力有效。以开展党史学习教育为契机，从党的百年奋斗经验中汲取智慧和力量，进一步树牢以人民为中心的发展理念，结合“我为群众办实事”实践活动，集中治理群众反映强烈、社会危害性较大的重点领域虚假违法广告问题。以“护苗助老”为主题，开展医疗、药品、保健食品虚假违法广告整治行动，查处高途课堂发布虚假违法广告案等一批典型案例。加强校外培训广告管控，总局会同中央宣传部、中央网信办等八部门联合印发《关于做好校外培训广告管控的通知》，推动建立校外培训广告管控长效机制。着力治理医疗美容广告乱象，总局印发《医疗美容广告执法指南》，会同国家卫生健康委等八部门联合印发《打击非法医疗美容服务专项整治工作方案》，明确医疗美容广告监管重点，统一执法标准，强化协同联动。扎实推进文娱领域综合治理，加强文娱平台治理，规范明星广告代言。强化互联网广告监管，针对群众反映强烈的直播带货等问题，持续加强网络直播营销广告行为监管，对重点直播平台开展抽查监测，迅速立案查处网络直播营销广告违法线索。坚持问题导向，推进《互联网广告管理暂行办法》修订工作，重点研究在互联网广告监管、监测、网络直播、平台治理等方面细化制度规则。

围绕上述工作，各地市场监管部门在完善制度措施、探索监管创新、组织案件查办等方面做了大量工作，全年查处违法广告案件 4.27 万件，增长 13.90%；罚没金额 7.44 亿元，同比增长 31.37%。天津、内蒙古、辽宁等地专题安排部署“护苗助老”整治行动。江西、杭州、西安等地积极查处教育培训领域违法广告。广州在查办文娱领域重点案件过程中勇于担当、表现突出。四川印发《医疗美容广告监管工作指南（第一版）》。上海出台《商业广告代言活动合规指引》。浙江出台网络直播营销推广“负面清单”。重庆探索建立互联网引流软文、图片、视频广告协同监管机制。广东部署开展互联网弹窗广告治理专项行动。济南研究制定《互联网广告发布审核指导会商制度》。厦门创新建设移动互联网广告监测平台。

（三）广告协同监管持续强化。总局会同中央宣传部、中央网信办、广电总局等部门联合指导中国广告协会建立全国广告道德委员会，为加强广告行业自律、引导广告从业人员强化社会责任和职业道德提供了新的平台和抓手。充分发挥整治虚假违法广告部际联席会议机制作用，增加最高人民检察院为联席会议成员单位，在联合会商、联合督导、联合约谈、联合执法和情况通报、信息共享等方面强化协同、拧成合力，共同开展行政指导，共同组织“神医神药”“代理退保”等专项治理，持续加大对虚假违法广告整治力度。

各地市场监管部门主动加强广告监管与行业监管融合，强化重点监管领域、重大执法行动、重要业务工作协同联动，进一步提升了广告监管执法效能。上海、浙江、江苏、安徽共同签署《长三角地区广告监管、发展一体化工作合作备忘录》，强化区域间广告监管执法合作。广西、甘肃、哈尔滨等地充分发挥整治虚假违法广告联席会议作用，完善工作机制，强化与行业主管部门的合作联动。

（四）广告产业发展保持平稳。坚持开门问策、深入调研，组织编制《“十四五”广告产业发展规划》，加强广告产业发展政策指引和保障措施。组织开展广告业统计和发展指数编制，探索从产业实力、产业环境、社会效益、经济效益四个维度建立评价体系，量化测评广告产业发展水平、发展潜力和综合效益。会同国家发改委起草《关于促进广告业高质量发展的指导意见》。推动免征文化事业建设费优惠政策，推动“广告业服务能力提升行动”“公益广告振兴行动”“广告助企行动”等列入国家宏观政策。加强公益广告促进与管理工作。规范完善国家广告产业园区建设、运营、管理。

各地市场监管部门共同努力，在疫情持续冲击、经济发展风险挑战增多、多重压力叠加的背景下，推动广告产业保持了平稳发展势头。据不完全统计，2021 年事业单位和规模以上企业实现广告业务收入 1.1 万亿元，历史上首次跨越万亿大关，同比增长 20%；其中，事业单位广告业务收入为 500 亿元，同比增长 5%；规模以上企业广告业务收入超过 1 万亿元，同比增长 20%。湖南、贵州、武汉等地印发地方“十四五”广告产业发展规划。上海印发《关于推动上海市数字广告业高质量发展的指导意见》。河北开展“助产助销助转型”三助帮扶工程，为企业纾困解难。福建、黑龙江、成都、宁夏、南京等地积极开展公益广告活动。四川、重庆签署《成渝两地国家广告产业园区共建协议》。吉林大力建设国家广告产业试点园区。青岛坚持产业融合延伸，拓展园区发展空间。昆明国家广告产业园获批云南省第一批文化出口基地。

（五）广告基础工作不断夯实。印发《关于进一步规范和加强广告监测工作的通知》，加强广告监测工作监管。江苏、浙江、深圳主动担当、认真履责，持续提升传统媒体、互联网和移动端广告监测水平，总局新设立的竞争政策与大数据中心谋划启动广告监测工作。2021 年广告抽查监测中央级和省级电视、广播、报刊广告 89.94 万条次，发现涉嫌违法广告 4663 条次，监测违法率 0.52%；监测重点互联网媒介广告 2.27 亿条次，发现涉嫌违法广告 56.23 万条次，监测违法率 0.25%。全国省级以上传统媒体和互联网广告监测违法率持续保持低位，广告市场秩序平稳向好。稳妥推进广告许可改革，放宽广告市场准入，优化广告营商环境。2021 年 4 月全国人大常委会对《广告法》作出修改，广播电台、电视台、报刊出版单位从事广告发布业务不再需要办理广告发布登记。扎实推进“三品一械”广告审查事项改革，建设广告审查信息系统，加强广告审查抽查复核，优化广告审查服务，全国各省（区、市）均已实现“全程网办”“跨省通办”。不断完善广告监管规则，推进修订《互联网广告管理暂行办法》《广告监测与广告执法协同贯通办法》《广告监测工作规则》，研究出台《医疗美容广告执法指南》，增加监管制度供给，提升监测监管效能。

各地市场监管部门结合本地实际，积极探索推进本地监测监管和营商服务工作。新疆实现对全疆少数民族语言类传统媒体和互联网媒介的广告监测。宁波制定《互联网广告监测平台操作规程》。黑龙江、青海、长春等地大幅压缩广告审查法定审批时限，精简申请材料。沈阳明确加强广告宣传导向审查的具体要求。浙江出台《网络直播广告发布管理规范》《绿色直播间管理规范》等地方标准。

一年来，同志们做了大量打基础、利长远、出实效的工作，广告条线发展有思路、监管有成效、工作有力度、能力有提高，特别是各地监管执法一线，探索了不少新经验、新做法。这些成绩的取得，根本在于党中央、国务院的坚强领导，在于习近平新时代中国特色社会主义思想的指引，得益于中央有关部门和地方党委政府的关心支持，得益于全系统广大干部职工的担当奉献，更离不开广大人民群众的支持、参与、监督和鼓励。我代表总局党组，向一年来关心支持广告监管工作的有关部门、地方党委政府、社会各界表示衷心感谢！向全系统广大干部职工致以诚挚问候！

二、统一思想，提高认识，进一步增强做好广告监管工作的责任感和使命感

广告既是市场经济的晴雨表，也是社会文化的风向标，不仅关系市场主体发展活力，关系亿万消费者切身利益，而且影响社会公众价值观念，甚至影响意识形态安全。做好今年广告监管工作，需要我们把握好以下几个方面的要求。

（一）学习贯彻党的十九届六中全会精神，迎接和开好党的二十大，要求我们提高政治站位，胸怀“国之大者”，坚决守好广告宣传这块阵地。深入学习贯彻党的十九届六中全会精神，关键是学深悟透习近平总书记在全会上的重要讲话和全会作出的党的第三个历史决议，深入学习感悟“两个确立”的决定性意义，深入领会党百年奋斗的初心使命、重大成就、历史意义、历史经验以及以史为鉴、开创未来的重要要求，把增强“四个意识”、坚定“四个自信”、做到“两个维护”落实到做好广告监管工作的实际行动上。今年，我国主场活动多，已经成功举办北京冬奥会和冬残奥会，还要举办杭州亚运会和亚残运会、成都大运会，担任金砖国家主席国；庆祝纪念活动多，包括建军 95 周年、共青团成立 100 周年、邓小平南方谈话 30 周年、香港回归祖国 25 周年等。特别是下半年，将召开党的二十大，这是党和国家政治生活中的头等大事。经验表明，每逢大事喜事、重大节点，意识形态领域就会有杂音噪音，广告市场就会有不良商家“蹭热点”“搭便车”“打擦边球”搞营销炒作、谋取非法利益。做好今年广告监管工作，我们要站在捍卫“两个确立”、做到“两个维护”的政治高度，格外绷紧“广

告宣传也要讲导向”这根弦儿，把迎接党的二十大胜利召开作为工作主线，提高政治判断力、政治领悟力和政治执行力，坚决禁止借党的二十大名义炒作谋利，坚决禁止借党和国家领导人名义、形象进行商业广告宣传行为，坚决禁止涉及导向问题、政治敏感性问题、违背社会主义核心价值观的广告宣传行为，筑牢广告宣传意识形态安全防线。对广告宣传领域的风险，要保持清醒头脑、高度警惕，做好应对处置的充足思想准备和工作准备，高质高效做好监测预警、监管执法。

（二）推动党史学习教育常态化长效化，巩固“我为群众办实事”实践成果，要求我们牢记初心使命，强化为民担当，坚决清理一切损害群众利益的广告违法行为。市场经济中，广告无处不在、无时不有，广告和人民群众生产生活息息相关。好的广告，能润滑市场交易，引导消费升级，甚至能够使受众陶冶心灵、启迪思想；而坏的广告，不仅破坏公平竞争，误导公众消费，毒害社会风气，甚至会侵害人民群众的健康安全和财产利益。进入高质量发展阶段，人民群众对美好生活的需求向往总体上已经从“有没有”转向“好不好”，对高品位、高质量广告同样有着更多期待。但我国广告市场尚非“净土”，虚假违法广告屡禁不止、时有反弹，医疗养生、药品、保健食品、金融理财等重点领域损害群众利益的广告“顽疾”还没有根本解决，互联网、移动端广告乱象不断花样翻新，网络直播营销问题迭出。2021 年，全国 12315 平台受理的投诉，广告问题同比增长 27.73%；全国 12315 平台受理的举报，因广告违法行为被立案的，达到 22.21 万件，同比下降 18.57%，但仍排名第一。这说明我们的工作距离人民群众的满意还有很大差距，虚假违法广告整治力度还需要持续加大。我们要真心倾听群众的呼声，牢固树立以人民为中心的发展思想，用好“我为群众办实事”实践活动形成的好机制、好经验，加快补齐广告监管工作短板，重拳治理群众深恶痛绝的“顽疾”，回应“槽点”、纾解“痛点”、打通“堵点”，营造天清气朗的广告环境，让人民群众从广告监管工作中的获得感成色更足、幸福感更可持续、安全感更有保障。

（三）沉着应对百年变局和世纪疫情，着力稳定宏观经济大盘，要求我们完整准确全面贯彻新发展理念，更加积极主动履行好指导广告产业发展职能。广告产业作为生产性服务业，有助形成供需互促、产销并进的良性循环。繁荣发展广告业，充分发挥广告在引领高质量供给、刺激消费和拉动需求、改善市场预期方面的积极作用，有利于更高效率促进经济循环。我国广告市场规模稳居世界第二，截至“十三五”期末，全国从事广告业务的事业单位和规模以上企业 1.77 万家，2021 年实现广告业务收入突破万亿大关。总局党组高度重视“指导广告业发展”工作，3 月 22 日专题审议通过《“十四五”广告产业发展规划》，日前将正式印发实施。《规划》以推动广告产业高质量发展为主题，进一步明确了广告产业发展的指导思想、基本原则和发展目标，部署了深化广告领域“放管服”改革、广告产业高质量发展引领工程、广告产业服务能力提升行动、公益广告振兴行动、广告领域人才培养行动等一系列富有含金量的政策措施，将为广告产业发展提供指引、注入动力。希望各地以贯彻实施《规划》为契机，紧密结合当地广告产业资源禀赋和发展实际，更好履行指导广告产业发展主体责任，制定区域广告产业发展配套政策，加强对规划实施情况的动态监测评估，推动广告产业更好融入当地总体发展规划。要通过扎扎实实的工作，不断提高广告产业服务能力，优化广告产业发展结构和区域布局，鼓励广告产业技术创新、模式创新、业态创新，提升广告作品文化内涵和创意水平，更好服务当地经济社会发展大局。

（四）坚持不懈把全面从严治党向纵深推进，要求我们深刻汲取桑林案件惨痛教训，从严从实抓好干部队伍教育、管理和监督。在年初召开的十九届中央纪委六次全会上，习近平总书记从“全面从严治党探索出依靠党的自我革命跳出历史周期律的成功路径”的高度，强调要坚持不懈把全面从严治党向纵深推进。这对广告监管工作来说，具有非常强的针对性。发生在十九大之后的桑林案件，充分暴露出广告监管领域全面从严治党工作还不扎实、不牢固，广告监测监管工作中还存在许多廉洁风险和漏洞。桑林案件用惨痛的教训印证，党风廉政建设丝毫松懈不得、麻痹不得，必须做到警钟长鸣。我们要深刻汲取桑林案件教训，坚决扛实全面从严治党政治责任，以案为鉴、以事为镜，举一反三、以案促改。

要正确处理监管执法干部与监管服务对象的关系，既要落实“亲”的要求，光明磊落坦荡真诚交往，及时关心回应监管服务对象的合理诉求，指导监管服务对象落实广告法规政策、依法合规经营；又要落实“清”的要求，守住初心，守住纪法规矩，守住底线红线，始终保持对监管权力的敬畏感，决不能掺杂贪心私欲，决不能搞以权谋私，拿监管权力做交易。要深入剖析桑林案件成因，全面梳理排查广告监测、监管工作流程中的廉政风险点和体制机制漏洞，建立健全广告违法线索管理制度，强化对监测、监管等权力运行的制约和监督，全面提高廉洁监管、公正监管、依法监管的能力和水平，在广告条线营造好风清气正、干事创业的政治生态环境。

三、担当作为，履职尽责，扎实做好 2022 年广告监管工作

做好今年广告监管工作，必须遵照习近平总书记关于“广告宣传也要讲导向”的重要指示精神，突出“为迎接和开好党的二十大净化市场环境和社会氛围”这一主线，持续强化广告导向监管，着力规范和净化广告市场秩序，着力指导和推动广告产业高质量发展，以实际行动迎接党的二十大胜利召开。

（一）聚焦核心职能，不断强化广告监管执法

抓紧抓实广告导向监管。强化预防为先，加强对广告从业主体的行政指导、宣传教育、提示警示，加强典型案例曝光，引导广告从业主体增强政治意识、社会责任和职业道德，自觉维护广告宣传正确导向、依法诚信经营，从源头上杜绝导向问题广告发生。强化执法办案，始终保持高压态势，以零容忍态度，依法从严查处清理各种各类涉及导向问题、政治敏感性问题、违背社会公序良俗和造成恶劣社会影响的虚假违法广告。强化协同监管，将加强广告导向监管纳入整治虚假违法广告联席会议年度重点工作，加强同行业主管部门配合联动，形成监管合力。强化工作效果，综合运用行政处罚、行政约谈、提醒告诫、公开曝光、信用监管、督促整改、合规自查等多种方式，稳妥处置具体个案，确保每一起案件体现政治效果、法律效果、社会效果的统一。

深化违法违规商业营销宣传集中整治行动。总结发扬去年整治借庆祝建党 100 周年名义从事商业谋利活动的经验，总局今年初印发《关于开展整治借重大活动从事违法违规商业广告宣传工作的通知》，聚焦今年工作特点，进一步明确广告宣传禁止事项和监管重点。各地已经行动起来，要持续抓督导、抓落实，贯穿全年盯紧盯住借党的二十大等名义违规从事商业广告宣传等行为，高质高效做好重点监测和分析研判，有效识别并坚决整治“搭便车”“蹭热点”“打擦边球”“低级红、高级黑”等问题广告，坚决打击色情、暴力、性别歧视、无底线炒作等广告违法行为。要健全完善应急处置机制，增强监管执法透明度和可预期性，做好风险预防和事前指导，做到精准监测、露头就打，为党和国家重大活动成功举行净化市场环境、营造良好社会氛围。

持续强化重点领域监管执法。主动会同行业主管部门，下大气力专项整治明星广告代言、校外教育培训、医疗美容、近视防治、代理退保等损害群众利益的违法广告行为。要用好案例公开曝光这个武器，把握好案件信息发布的时、度、效，发挥查办一案、警示一片的震慑作用。既要通过专项行动对重点领域、重要时段广告进行集中整治，让监管长出牙齿，还要注重把功夫做在平时，对广告从业主体加强提醒告诫，保持监管压力，形成长效机制，久久为功，防患未然。对日常检查发现的问题，不能就事论事、点到为止，对社会关注度高、易引发舆情的热点，要注意发现草蛇灰线、蛛丝马迹，通过严格执法释放强烈的法治权威、法治信号，立规矩、儆效尤。

强化传统媒体广告乱象整治工作。协同宣传、广电部门，聚焦以“医疗养生”“金融理财”“电视购物”等节（栏）目形式发布或变相发布广告乱象，加强和改进传统媒体广告监测监管规则、机制、手段方面的薄弱环节，持续加大对传统媒体违法违规广告案件线索督办力度，通过查办一批、公布一批典型案件，形成有力震慑，树立执法权威，净化传统媒体广告市场环境。

强化互联网广告监管。聚焦群众反映强烈的突出问题，加强对大型网络平台的监管力度，压实平台主体责任，持续加大互联网虚假违法广告纠治力度。要加强网络直播营销等难点热点问题研究，加快修订《互联网广告管

理暂行办法》，配合出台《互联网弹窗信息推送服务管理规定》。要协同行业主管部门，共同抓好已经出台的《关于加强网络直播营销活动监管的指导意见》《网络直播营销管理办法（试行）》贯彻实施，明确更细化的程序性制度、操作性规范和执法指南，为网络直播营销设好“红绿灯”，对违法行为“开罚单”，规范直播经济健康可持续发展。

（二）贯彻新发展理念，推动广告产业高质量发展

希望各地抓住《“十四五”广告产业发展规划》颁布实施这个牛鼻子，结合当地广告产业发展实际，加强《规划》宣传解读，落实落细《规划》提出的政策举措和任务行动，重点抓好以下几个方面的工作：

强化广告产业发展政策供给和落实。总局将联合发展改革委出台促进新时代广告业高质量发展的指导意见，为广告产业提供准入、财税、融资、人才、科技创新、服务贸易、政府购买服务等方面的宏观政策指引。积极推动广告产业减税降费优惠政策，为广告从业主体特别是小微广告企业发展提供帮扶支持。希望各地加强政策宣贯，细化政策措施，把政策红利精准传递、加力落实到广告从业主体中去。

强化广告产业园区规范管理。支持国家广告产业园区与地方支柱产业、主导产业、特色产业融合发展，发挥比较优势，塑造区域特色。加强国家广告产业园区指导、管理和监督，支持园区建设专业服务平台，降低入驻企业经营成本，带动创新创业。搭建广告产业园区沟通协作平台，总结推广先进园区运营、管理经验，促进园区之间交流合作。

加大公益广告促进和管理力度。推动修订《公益广告促进和管理暂行办法》，进一步加强公益广告可持续发展的制度保障。组织开展公益广告大赛或作品征集活动，鼓励优秀公益广告作品创作传播，营造社会各界踊跃参加公益广告作品创作传播的良好氛围。推动公益广告工作提质增效，更好发挥唱响主旋律、讴歌新时代、传播正能量积极作用。

深化广告领域“放管服”改革。巩固广告领域“放管服”改革成果，对已经取消和下放的广告审批事项，强化监管责任和措施落实，防止监管缺位。进一步完善广告从业主体“一网通办”“跨省通办”便利化措施，不断优化“三品一械”广告审查服务，完善广告审查信息系统功能，提高数据汇集能力，畅通数据查询渠道，为广告从业主体查询提供更加高效、便捷的服务，提升监管智慧化水平，充分激发广告产业发展活力。

（三）补短板强弱项，夯实广告监管工作基础

改革完善广告监测体制机制。广告司要会同竞争政策与大数据中心，加强广告监测工作规律研究，推进总局广告监测体制改革，理顺流程机制，健全相应制度，尽快形成总局层面广告监测能力，确保监测工作公平公正和数据安全。加强江苏省广告监测中心、全国互联网广告监测中心、全国移动端互联网广告监测（深圳）中心建设。支持各地加强广告监测技术研发应用，提高广告监测智慧化水平。

强化协同监管。两周前，整治虚假违法广告部际联席会议召开工作会议，将最高检纳入联席会议机制，同步修订相关工作制度。各地要结合实际，完善联席会议机制，发挥职能部门优势，健全信息沟通、执法联动、联合检查、工作会商等机制，坚持齐抓共管、各尽其责、综合治理，凝聚跨部门监管合力。加强与行业主管部门的深度沟通，及时向行业主管部门反馈发现的深层次问题，推进广告监管规则与行业管理政策的有效衔接，积极发挥广告行业组织和各领域行业组织作用，打好协同监管“组合拳”。

加大执法办案力度。加强执法统筹调度，加大案件督促指导力度。条件成熟时，评选通报全国广告监管执法优秀案例。各地要逐步完善广告违法线索管理制度，严肃查处大要案件，综合运用行政处罚、刑事打击、信用监管、联合惩戒、案件曝光等手段，对违法广告案件持续保持高压态势，严管、重罚、问责、曝光一体化推进，对违法分子形成有效震慑，不断提高群众对广告监管工作的满意度。

从严做好“三品一械”广告审查工作。“三品一械”关系人民群众身体健康和生命安全，社会关注度高，敏感性强，舆论燃点低，务必高度重视。总局将完善广告审查工作制度，细化审查标准，出台审查工作指导，适时启动修订《药品、医疗器械、保健食品、特殊医学用

途配方食品广告审查管理暂行办法》。各地要严格按照“四个最严”要求，做好“三品一械”广告审查工作。加强对审查工作的监督管理，建立审查结果常态化抽查机制，提高广告审查质量。

加强教育培训。总局今年将组织广告监管与指导广告业发展培训班，抓好广告监管干部示范培训。希望各地结合机构改革以来广告监管人员调整变化的情况，用好各类教育培训平台，创新教育培训方式，把业务培训经常化制度化，不断提升广告监管干部队伍履职能力和专业水准。

完善法律法规体系。总局将继续强化顶层设计，加快推进《广告法》《互联网广告管理暂行办法》等基础性法律法规修订工作，加强对广告监管领域热点难点问题的研究规制，统一执法标准和尺度，破解监管执法关键问题。各地要及时把日常监管中行之有效的做法制度化、规范化，针对新业态、新情况、新问题，积极探索科学、合理、有效的监管措施和监管模式，为提升广告监管法制水平积累经验。

（四）全面从严治党，强化作风建设和廉政建设

锤炼扎实作风。推动党史学习教育常态化长效化，从党的百年奋斗历程中汲取智慧和力量，进一步弘扬伟大建党精神，传承党的优良作风，推动形成抓作风促工作、抓工作强作风的良性循环。要加强调查研究，针对广告监管中的新情况、新问题，深入实际、深入基层，掌握第一手资料，把问题弄清弄透，把方法找准找实。要发扬历史主动精神，奋发作为、真抓实干，结合实际创造性抓落实，力戒形式主义、官僚主义。天下大事必作于细，对重点工作要细化分解任务，细化责任分工，不能简单以会议贯彻会议、以文件落实文件，要通过细致入微的工作，确保各项任务落实到位。

强化责任担当。广告监管工作直接关系群众切身利益，需要对群众有真感情，需要有甘于奉献的情怀、勇于担当的精神，把群众的事当作自己的事。做好广告监管工作，要牢记初心使命，增强宗旨意识，践行群众路线，发扬担当和斗争精神，工作部署上善于“扣扣子”，责任履行上勇于“担担子”，任务落实上勤于“钉钉子”，通过扎实的工作成效让群众实实在在感受到广告生态环境的变化，让群众感情不受不良广告伤害，让群众利益不受不法广告侵害。

狠抓廉政建设。要深刻汲取桑林案件的惨痛教训，加强教育、完善制度、落实责任，驰而不息抓正风肃纪，真正做到重锤响鼓、警钟长鸣。要加强教育，让干部职工始终牢记“清廉是福、贪欲是祸”的道理，勤掸“思想尘”，多思“贪欲害”，常破“心中贼”，筑牢理想信念的根基，守住内心，守牢拒腐防变防线。要完善制度，围绕正确行使监管执法权力这个关键，针对性地加强制度建设和监管能力建设，探索推进行政执法与纪检监察监督贯通协同，构建公正廉洁的广告监管工作体系，形成完善的监督管理机制、有效的权力制约机制、严肃的责任追究机制，消除权力行使的任性空间、寻租空间。要落实责任，党员领导干部要严格履行“一岗双责”，严格落实党风廉政建设责任制；每一位监管执法人员都要坚守责任担当，强化责任落实，严格依法办事，严格履行法定职责，始终做到廉洁奉公，始终保持清廉本色。

良时正可用，行矣莫徒然。做好 2022 年广告监管工作，任务艰巨、使命光荣。让我们紧密团结在以习近平同志为核心的党中央周围，增强“四个意识”、坚定“四个自信”、做到“两个维护”，踔厉奋发，真抓实干，推动广告监管工作再上新台阶，为建设高标准市场体系、推动经济社会高质量发展作出新的更大贡献，以实际行动迎接党的二十大胜利召开！

中国广告年鉴 2023
CHINA ADVERTISING YEARBOOK

中国广告业发展综述

Survey of the Development of China Advertising Industry

数字化变革赋能高质量发展
——2022 年中国广告行业发展综述

陈刚　高腾飞　董婧

2022 年，党的二十大胜利召开，擘画了全面建设社会主义现代化国家、以中国式现代化全面推进中华民族伟大复兴的宏伟蓝图，吹响了奋进新征程的时代号角。纵然面对新冠肺炎疫情反复冲击、全球经济下行压力加大、国际形势持续动荡等诸多因素的影响，我国经济仍然在这些不确定性中实现了持续的增长。国家统计局数据显示，2022 年我国 GDP 突破 121 万亿元，同比增长 3%，全年最终消费支出拉动国内生产总值增长 1.0 个百分点，全年商品零售规模达 39.6 万亿元，同比增长 0.5%，网上零售规模达 13.8 万亿元，同比增长 4%[1]。这充分表明我国经济充满生机活力，依然潜力巨大。

作为经济发展的晴雨表，中国广告行业在国内外复杂严峻的形势下，也顶住了巨大的压力，实现了同步增长。2022 年，全国广告收入连续突破万亿大关，广告产业的活力高于各行业平均水平，在百年变局大背景下呈现强劲的发展势头，对经济社会发展的影响和贡献明显[2]。同时，广告行业的新技术、新业态、新模式不断涌现，行业整体实力持续提升，产业结构日益优化。而且，在“广告宣传也要讲导向”的重要指示精神下，广告积极服务于人民对美好生活的向往，在促进就业、传播文化、构建和谐社会等方面的作用也在不断加强。总之，在这极不平凡的一年，中国广告行业的发展成效可圈可点，而且还呈现出了一些持续向好的新态势。

一

2022 年是“十四五”开局之年，也是全面推进数字经济发展的一年。数字生活领域向纵深推进，数字产业化基础不断巩固，产业数字化发展进入快车道，数字治理体系日益完善，这与中国广告行业发展也存在紧密关联，并持续产生积极作用。

数字化加速渗透，为数字营销传播带来了新的增长空间。截至 2022 年底，我国网民规模达 10.67 亿，较 2021 年增长 3549 万，互联网普及率达 75.6%；手机网民规模达 10.65 亿，网民使用手机上网的比例为 99.8%，使用网络支付、网络购物、网络新闻、网络直播等的用户占网民的比重分别为 85.4%、79.2%、73.4%、70.3%；同时，我国线上办公用户规模达 5.4 亿，占网民整体的比重也超过了 50%，达到了 50.6% 的水平[3]。这些数据充分表明数字生活日益成为人们的重要生活方式，数字化也在全面向生产领域渗透，这为数字营销传播创造了新的增长空间，也为广告行业激发经济活力提供了更多可能。

生活端数字化转型日趋成熟，生产端数字化转型成为新的重点领域。在党的十九大报告中，“数字”一词共出现 2 次，分别是数字经济、数字中国。而在党的二十大报告中，这一数据大幅增长至 7 次，分别是数字经济（2 次）、数字中国、数字产业集群、数字贸易、教育数字化、文化数字化。可以看出，不仅数字化相关工作受到了更多关注，特定领域的数字化转型也成为直接重点。而广告兼具经济属性、文化属性，在数字经济发展、文化数字化进程中也发挥着日益重要的作用。与此同时，“互联网”一词出现的次数从 4 次下降为 1 次，这主要是由于消费互联网经历了多年高速发展后日趋成熟，未来或将更多围绕完善数字治理、优化数字生态等方面展开。在一定程度上，这两组关键词出现频次的变化反映了数字化发展重心逐步从生活端向生产端倾斜，数字化转型将进一步成为我国企业提升生产力和生产效率的关键驱动力。

数字经济成为稳增长促转型的重要引擎，数字化转型也已成为企业必选项。发展数字经济意义重大，是把握新一轮科技革命和产业变革新机遇的战略选择[4]。特别是疫情暴发以来，数字技术、数字经济在恢复生产、生活方面发挥了重要作用。而由于疫情的冲击，全球数字经济进程至少加快了 7 年，亚太地区的数字经济进程更是加快了 10 年[5]。2022 年我国数字经济规模达 50.2 万亿元，总量稳居世界第二，占 GDP 比重提升至 41.5%[6]。在企业层面，数字化转型也是企业发展的必然选择。根据艾瑞咨询测算，2021 年我国大型企业数字化支出约 2.8 万亿元，2022 年约增至 3.1 万亿元，未来 5 年平均复合增速预计高达 12.3%[7]，反映出大型企业对数字化转型的迫切需求和投入力度。根据腾讯研究院调研数据，70.9% 的中小企业对数字化转型表现出了积极的态度，60.3% 的企业认为数字化转型投入能带来较好的效益[8]。在政策供给方面，工信部印发了《中小企业数字化转型指南》，提出围绕增强企业转型能力、提升转型供给水平、加强转型政策支持等方面，全方位以数字化转型推动中小企业增强综合实力和核心竞争力。

二

2022 年，中国广告行业发展在产业数字化、市场竞争格局、政策供给等方面都呈现出了持续向好的态势。

中国广告行业数字化程度大幅提升，增速高于全球平均水平。在 2021 年 6 月国家统计局印发的《数字经济及其核心产业统计分类》中，数字广告被明确为数字经济的核心产业之一。eMarketer 数据显示，2022 年中国数字广告产业规模约为 135.42 亿美元，同比增长 11.5%，在广告行业总规模中的比重首次超过 80%，达到 81.5%[9]，远高于 64.8% 的全球平均水平，也比美国（71.8%）、加拿大（69.8%）等国家的数字广告占比水平要高[10]。这说明在 2022 年中国广告行业数字化水平已经在全球处于显著的领先位置，也预示着中国数字广告领域的业态、模式、动向等对全球数字广告发展具有引领性的作用。

数字营销传播总体竞争格局较为稳定，但头部企业领先优势进一步扩大。第一，2022 年，“领航阵营”（广告收入超过 1000 亿元）企业数量首次达到 3 家，拼多多异军突起，与阿里巴巴和字节跳动“三强并列”。Morketing 数据显示，阿里巴巴全年广告收入为 2933.25 亿元，同比下滑 7.23%；拼多多广告营收则首次突破 1000 亿元，达到 1027.22 亿元，同比增长 41.56%，成为最大的黑马；字节跳动则在降本增效、战略调整、直播电商等多方面综合作用下，营收预计超过 800 亿美元，广告收入作为重要部分，预计也将实现大幅增长[11]。第二，头部阵营（广告收入在 500 亿～1000 亿）也呈现“三足鼎立”之势，腾讯广告营收约为 827.29 亿元，京东广告营收约为 819.7 亿元，百度广告营收约为 747.11 亿元[12]。但这些企业也在不断创新变革，如腾讯在视频号信息流广告方面不断发力，百度也持续优化广告业务，推出了许多创新性的营销工具，强化赋能广告主增长。第三，中坚阵营（广告收入在 100 亿～ 500 亿）包括快手（约为 490 亿元）、美团（约为 307.68 亿元）、小米（约为 185 亿元）、微博（约为 109.4 亿元）四家[13]，也在广告业务方面做出了许多调整。如快手基于丰富的内容生态、用户体量以及智能算法，不断积累商业势能，推动广告收入同比增长 14.75%；又如微博通过“品效广告 + 内容运营”的组合营销模式，持续布局重点领域，提升运营效率。第四，基础阵营（广告收入在 10 亿～ 100 亿）的代表性平台包括唯品会、爱奇艺、哔哩哔哩等，也在广告方面呈现新的变化。例如，哔哩哔哩基于“社区 + 生态”的增长模型，不断丰富平台内容，强化用户黏性，提升商业价值。

《"十四五"广告产业发展规划》正式发布，为"十四五"时期广告产业高质量发展明确了目标与任务。《规划》提出了"十四五"时期中国广告产业要向专业化和价值链高端延伸、产业发展环境进一步优化、产业创新能力和服务能力不断提高、广告法制体系进一步完善等目标，部署了优化政策供给、激发产业活力，优化产业结构、提高专业水平，完善法律法规、引导规范发展，加强产业统计、鼓励产业研究等十大重点任务，并设置了公益广告振兴行动、广告领域"放管服"改革、广告产业高质量发展引领工程等七个专项行动。这体现了国家层面对于广告产业发展的顶层设计和战略规划，为广告产业把握新机遇、取得新成就提供了方向性指引。

三

2022 年，数字化浪潮也进一步加速了中国广告行业在模式、机制、手段等方面的创新进程，使得广告行业呈现出了许多值得关注的新动向。

数字营销技术的赋能效应已不再局限于广告与营销本身，而是逐步向商业经营的各个环节持续渗透。数字营销技术不仅在广告内容制作、创意设计、广告投放、效果监测、用户洞察、品牌营销等方面加速应用，进一步赋能企业的广告与营销活动；同时，数字营销技术更是向企业经营、行业发展的各个环节渗透，在研发、设计、生产等领域的作用日益增强。如 2022 年 5 月，京东云发布了面向零售业的"言犀超级 SaaS 增长引擎"，通过前沿的 AI 技术、深度的业务耦合、大规模的行业应用，助推商业增长 [14]。又如，2022 年 12 月，百度在"热 AI"营销峰会上解读了如何运用 AI 驱动营销创新，并以 AI 技术和持续精益的产品创新，实现场景、内容、经营等全链路赋能，助力企业成长 [15]。

在技术成为广告行业发展核心动力的背景下，融合了各类技术的创意与内容在广告与营销中的价值得到进一步凸显。广告创意与营销技术的整合是数字营销的关键，这一趋势在 2022 年得到进一步加强，头部平台制定了针对性的激励措施，助推高质量的创意生产。如，巨量引擎在 2022 巨量星图达人节中提出"因为创作，所以影响"的品牌新主张，同时发布全新平台定位，推出首个达人成长体系，升级平台激励计划，提供行业解决方案。这一系列举措不仅表明头部互联网公司对优质创意与内容的持续重视，也凸显了优质创意与内容在品牌营销、销售转化、建立长期价值等方面不可替代的作用。

数字营销平台加大电商布局，构建"内容"与"货架"双动力格局。例如，过去一年，抖音电商 GMV 增幅超 80%，其中，商城 GMV 同比增长 277%，电商搜索 GMV 同比增长 159%，货架场景 GMV 在平台 GMV 占比超 30%，平台全年售出商品超 300 亿件 [16]。抖音的电商业务发展路径是以兴趣电商为切入点，将内容创作者、MCN、商家、各类服务商等多个主体连接，这不仅有助于稳定流量、强化转化，也将为未来发展创造更多的空间，未来营收增长也更加可期。此外，小红书、B 站、微博等也强化了电商布局或入局电商领域，并通过多种方式提升商业变现能力。

直播带货已成常态，是电商平台的基础设施，更是品牌标配。《2022 直播电商白皮书》数据显示，我国电商直播用户规模为 4.69 亿，占网民整体的 44.6%，预计 2022 年全网直播电商的 GMV 为 3.5 万亿元，占全部电商零售额的比重约为 23%[17]。同时，不同类型的新主播相继涌现，如 2022 年全网最受关注的"跳操 + 直播"刘畊宏、东方甄选中使用"双语带货"的董宇辉等。而在平台端，快手全面转向全域思维，鼓励商家全域经营，淘宝强化内容种草，SHEIN（希音）等跨境电商平台通过建独立站、亚马逊等平台引流，进而基于数字营销沉淀流量数据。可以看出，自 2022 年来，直播带货或电商直播逐步进入到了新的发展阶段，新业态持续涌现，新秩序正在形成。

四

广告在加强品牌建设、提升品牌形象、增强品牌实力等方面始终具有重要意义。在 2022 年，中国广告行业在提升品牌影响力、服务品牌强国等方面也发挥了重要作用。

逐步加大品牌广告投放力度已经成为广告主的共识。品牌是高质量发展的重要象征，加强品牌建设是满足人民美好生活需要的重要途径。2022 年 7 月，《国家发展改革委等部门关于新时代推进品牌建设的指导意见》出台，明确提出到 2035 年中国品牌综合实力进入品牌强国前列；要培育产业和区域品牌、支持企业实施品牌战略、扩大品牌影响力、夯实品牌建设基础等。这为高质量推进品牌建设工作，全面提升我国品牌发展总体水平明确了目标与任务。相关数据显示，94% 的企业主认为品牌是企业发展的护城河，超过 70% 的企业主在重新回归对品牌建设的思考，并重新启动和提高品牌广告投入 [18]。部分数字营销平台也在强化对品牌增长的支持，如 2022 年 6 月京东推出"ACME iStar + MAP 品牌智胜营销方法论"，帮助品牌在解决短期增长问题和放眼长期主义方面实现均衡。

中国品牌影响力进一步提升，品牌建设取得积极进展。根据世界品牌实验室（World Brand Lab）发布的 2022 年《世界品牌 500 强》榜单，中国共有 45 个品牌入选，位居世界第四位。其中，排名进入前 100 的共有 10 个品牌，分别是国家电网、海尔、腾讯、中国工商银行、华为、中央电视台、华润、中国移动、阿里巴巴、中国人寿 [19]。可以发现，这些品牌横跨能源、互联网、金融、计算机、传媒等多个领域，包含主流媒体、互联网平台等多个主体，呈现出了多元化的品牌建设成效。与此同时，近 5 年中国品牌百度搜索热度占品牌总热度比例从 45% 提升至 75%，是海外品牌的 3 倍 [20]。这都充分说明中国品牌影响力正在持续提升。

数字技术助力新兴品牌与传统品牌加速国际化进程。根据《Meet Brands 中国出海品牌价值榜单报告》，中国出海品牌价值 50 强主要包括安克创新、传音控股、米哈游、字节跳动、兰亭集势、联想、华为、茅台、海尔、大疆等新兴品牌与传统品牌，涉及消费品、游戏、移动应用、生活服务等多个领域 [21]。广告是中国品牌出海的主要手段之一，在助力新兴品牌、传统品牌等国际化探索方面发挥了重要作用。而《2022 凯度 BrandZ ™中国全球化品牌 50 强》也显示，中国全球化品牌 50 强的总体品牌力同比增长了 6%，在扩大全球市场份额、提升品牌价值等方面也有巨大的潜力。此外，时尚、家居、智能生活等新兴品牌快速崛起，凸显了消费者对品牌和品牌价值感的高度关注 [22]。

新兴技术助力品牌探索营销新价值，以应对未来营销变局。面对 2022 年各类营销工具逐步乏力，以及各类法律法规对广告、直播、营销、用户隐私、数据安全等领域监管力度的持续加大，品牌营销面临巨大的压力。央视市场研究（CTR）调研数据显示，广告主对市场的信心也出现了波动，但新兴品牌对行业发展和企业经营的信心则显著高于总体水平 [23]。同时，一些企业也尝试利用元宇宙、虚拟代言人、AR/VR 交互等方式，加快虚实结合的营销探索，打造品牌虚拟人，发布品牌数字藏品，推动品牌建设升级。特别是在 2022 年 11 月，ChatGPT 火遍全球，引发了广告、营销领域的高度关注，也带来了 AIGC（AI Generated Content）对创意生产、品牌推广、营销服务等数字内容、营销传播等领域的全新变革。这些变化和探索目前仍在发展的过程中，还需要密切关注，也要为未来营销和品牌发展趋势进行积极应对。

五

公益广告不仅是广告的重要形式，更是社会公益事业的宣传载体，在传播文明理念、引领时代新风、倡导公序良俗、助力社会治理等方面发挥着重要作用。在 2022 年，公益广告或公益传播领域的动向主要表现在两个方面。

由互联网企业主导下的全民参与公益广告的格局已经显现。传统公益活动存在虽能获得一时热度，却很难持续的难题。随着数字化在公益领域的应用，互动式公益等新型模式正在形成。例如，2022 年，字节跳动公益和巨量引擎联合发起"公益创意季"，探索"科技 + 创意 + 互动"的新型互联网公益模式，通过连接公益机构、创意机构、创作者与公众，助力提高公益创意质量和公益效率，降低公益参与门槛 [24]。其中，中国妇女发展基金会"天才妈妈"公益项目就是通过制作与发布创意作品，以互动道具的方式提升了用户的公益参与感，在平台、技术、流量、内容等多方资源的支持下，推动更多人了解乡村女性在家乡就业的情况。为此，数字手段、数字模式在公益领域的应用使得公益广告突破了传统局限，不仅激活了公益领域的热度，也能直接带来行动的转化。而且，不同主体之间的互动共创，可以持续推动生成多样化的公益内容、创意，显著提升了公众的公益参与度与体验感。

公益广告、公益传播活动日趋丰富，助推社会公益事业蓬勃发展。2022 年 6 月，第九届“紫金奖”公益传播设计大赛启动，大赛以“强国复兴有我”为主题，既是激励青年学子把自己对公益的热情与专业结合起来，也为优秀的公益作品搭建传播的平台，更是对当代青年人乃至全社会公益意识的再增强与再塑造。2022 年 8 月，第四届北京国际公益广告大会在北京举办，以“公益同心 光影同行”为主题，围绕乡村振兴、科技赋能、中国品牌、国际传播、文化传承、社会治理、公益人才等热门议题启动了一系列促进活动。同时，也以此为契机首发了《2021 全球公益广告发展报告（蓝皮书）》，报告指出，中国公益广告在数字化创新方面走在了世界前列，并呈现出用户参与度提高、公益广告向公益传播转化等新特征。2022 年 10 月，“公益传播 文明同行”公益广告创作主题研讨活动在张家港举办，来自广告行业的专家学者围绕精神文明建设、公益广告创作和宣传等方面进行了深入研讨。这些活动的举办反映出我国公益广告、公益传播领域正在蓬勃发展。

六

传统媒体是公益活动的重要主体。而面对舆论格局、传播范式、数字化浪潮等多个方面的变化，2022 年，传统媒体也积极服务和融入新的发展环境，做出了一系列创新举措，并取得了显著成效。

传统媒体持续推进媒体深度融合，加快建立全媒体传播体系。2022 年，我国媒体融合发展呈现出了技术深化、反向融合、主流表达、产业合作等新的特征，在内容创作、传播形态、盈利方式、组织架构等许多方面呈现出智媒时代媒体融合发展的新态势[25]。例如，中央广播电视总台在媒体深度融合方面进行了很多有益于自身与行业转型升级的探索，包括启动举办了“总台 IP 融合创新精品案例”评选活动，评选出了十大精品案例。这也是践行媒体深度融合、构建全媒体传播体系的一个缩影，反映出以中央广播电视总台为代表的传统媒体以更加积极的姿态融入数字化变革的态度和行动。同时，主流媒体一直是品牌建设的超级舞台。中央广播电视总台也发布了一系列将品牌愿景融入国家发展战略的广告传播方案，提供优质高效的一站式融媒体传播服务。

内容建设、技术创新、平台支撑三位一体，推动传统媒体融合改革。以浙江省委宣传部打造的公众号“浙江宣传”为例，自 2022 年 5 月 30 日正式上线以来，秉承“说人话、切热点、有态度”的办号理念，陆续推出了许多爆款文章，产生了现象级的传播。截至 2022 年底，其粉丝数已高达 240 多万，多篇文章阅读量达到 10 万 +，在数字时代的传播场景中已经形成了较高的影响力，并成功入选“2022 中国应用新闻传播十大创新案例”。除了内容方面的建设以外，浙江也在省级重大新闻传播平台、市级媒体融合发展等进行了诸多探索，这背后都是传统媒体在思想理念、组织机构、运营机制等方面的系统性变革。通过积极融入经济社会发展大局，强化内容建设，利用先进技术，创新管理机制，构建传播矩阵，开展跨平台合作运营，不断提升新闻舆论的传播力、引导力、影响力、公信力。

七

广告行业日新月异的发展，以及在政策、技术、社会、文化等相关方面的变化，为广告教育、广告研究提出了新的挑战。2022 年，中国广告学界在教育与研究方面也取得了显著成效，积极服务国家发展，助力行业实践。

多所高校广告学专业入选国家一流本科专业建设点，广告教育迎来新的阶段。2022 年 6 月，教育部发布了《教育部办公厅关于公布 2021 年度国家级和省级一流本科专业建设点名单的通知》，认定了 3730 个国家级一流本科专业建设点。截至目前，共有包括北京大学、中国人民大学、中国传媒大学、暨南大学、厦门大学、武汉大学等约 46 所高校的广告学专业入选国家一流本科专业建设点。这是广告教育的一个重要进展，也是对广告学专业既有建设成效的肯定，更是今后专业建设的崭新开端。

中国广告协会学术委员会正式更名为“中国广告协会学术与教育工作委员会”。2022 年 12 月 21 日，中国广告协会学术委员会第九届委员代表大会在厦门召开，“学术委员会”正式更名为“学术与教育工作委员”，并进行了常委会换届选举，北京大学新闻与传播学院院长陈刚教授担任新一届常委会主任。此次换届工作既是一次非常重要的更新迭代，也是一个全新的开始，学术与教育工作委员会不仅将继续为中国广告行业的健康发展发挥更积极的促进作用，也会在建构中国自主的广告学知识体系中发挥更大的作用。

实战教学项目继续融合公益导向，持续探索数字人才培养新模式。实战教学是广告教育数字化转型的积极尝试，并已在全国多所高校中得到了推广。以北京大学数字营销实战教学创新项目为例，从 2015 年至今已实施 8 年，今年除了延续商业导向命题以外，也进一步对 2021 年拓展的公益导向命题进行了创新，并与“自然之友”等机构合作，全面尝试通过数字化的方式进行公益传播的模式，在帮助更多人参与公益的同时，也帮助更多公益项目走到人们面前，最终取得了远超预期的效果。这不仅提升了学生们的公益使命感、社会责任感，更为广告教育打造了新的试验田，实现了德育、智育、思政教育等多方面的深度融合。

八

总之，2022 年，中国广告行业顶住了压力、展现了活力、释放了动力。面向未来，党的二十大报告明确指出：“健全现代文化产业体系和市场体系，实施重大文化产业项目带动战略。”广告是文化产业体系和市场体系中的重要组成部分，这为中国广告行业的未来发展指明了方向。广告行业不仅需要立足经济属性，紧跟内外部环境变化，推动经济社会持续向好发展；也需要强化文化属性与导向功能，全力坚守风清气正的广告舆论阵地，服务人民日益增长的美好生活需要，为中国式现代化贡献广告力量[26]。

（作者信息：陈刚，北京大学新闻与传播学院院长、教授、中国广告协会学术与教育工作委员会主任；高腾飞，北京大学新闻与传播学院博士后，中国广告协会学术与教育工作委员会委员；董婧，北京大学新媒体营销传播研究中心副主任，中国广告协会学术与教育工作委员会副秘书长）

【参考文献】

[1] 国家统计局，《中华人民共和国 2022 年国民经济和社会发展统计公报》，2023 年 2 月 28 日，http://www.stats.gov.cn/sj/zxfb/202302/t20230228_1919011.html.

[2] 中新经纬，《全国广告收入连续突破万亿大关 未来如何挖掘广告促消费作用？》，2023 年 5 月 4 日，http://www.jwview.com/jingwei/html/05-04/539209.shtml.

[3] 中国互联网络信息中心，第 51 次《中国互联网络发展状况统计报告》，2023 年 3 月 2 日，https://www.cnnic.net.cn/n4/2023/0303/c88-10757.html.

[4] 习近平，《不断做强做优做大我国数字经济》，2022 年 1 月 15 日，http://www.gov.cn/xinwen/2022-01/15/content_5668369.htm.

[5] 阿里研究院，《数字化正在成为中小微企业的必选项：来自 APEC 的观察》，2022 年 11 月 28 日，https://mp.weixin.qq.com/s/GoWPfu-MYwYPKQSDGzbK4Q.

[6] 新华社，《2022 年我国数字经济规模达 50.2 万亿元》，2023 年 4 月 27 日，https://baijiahao.baidu.com/s?id=1764344057463123060&wfr=spider&for=pc.

[7] 艾瑞咨询，《2022 年中国大型企业数字化升级路径研究》，2023 年 4 月 23 日，https://mp.weixin.qq.com/s/udFaF8bZaRTXtyIH2Q65_w.

[8] 腾讯研究院，腾讯营销洞察，《中小企业数字化转型发展报告（2022 版）》，2022 年 9 月 21 日，https://mp.weixin.qq.com/s/zICmID6toF_CRzpEGjMvzg.

[9] eMarketer，《China Ad Spending 2022》，2022 年 5 月 18 日，https://www.insiderintelligence.com/content/china-ad-spending-2022.

[10] eMarketer，《Worldwide Ad Spending Update 2023》，2023 年 5 月 11 日，https://www.insiderintelligence.com/content/worldwide-ad-spending-update-2023.

[11] Morketing，《国内互联网公司 2022 年广告营收榜单》，2023 年 4 月 25 日，https://mp.weixin.qq.com/s/E5nP7RDRHYdgmymgvOAIeg.

[12] Morketing，《国内互联网公司 2022 年广告营收榜单》，2023 年 4 月 25 日，https://mp.weixin.qq.com/s/E5nP7RDRHYdgmymgvOAIeg.

[13] Morketing，《国内互联网公司 2022 年广告营收榜单》，2023 年 4 月 25 日，https://mp.weixin.qq.com/s/E5nP7RDRHYdgmymgvOAIeg.

[14] 央广网，《虚拟主播、智能外呼……京东云“言犀超级 SaaS 增长引擎”为智能营销提供新方案》，2022 年 5 月 12 日，https://tech.cnr.cn/ycbd/20220512/t20220512_525824242.shtml.

[15] 百度营销中心，《2022 百度营销峰会》，2022 年 12 月 21 日，https://yingxiao.baidu.com/new/home/topic/detail?name=index&no=681.

[16] 36 氪，《深耕全域兴趣电商 丰富用户美好生活》，2023 年 5 月 16 日，https://mp.weixin.qq.com/s/BYReWnaU66lW7hWvFXhYxg.

[17] Morketing，《复盘 2022 直播带货：顶流主播轮流做，黑马选手频出 | Morketing 年终回顾》，2023 年 1 月 30 日，https://mp.weixin.qq.com/s/VPLZa__OmcTx4V6Ux92fnQ.

[18] 巨量引擎，《2022 品牌广告六大风向》，2022 年 8 月 11 日，https://mp.weixin.qq.com/s/GBOMc6GnJFFLCvka5arPqQ.

[19] 世界品牌实验室，2022 年度（第十九届）《世界品牌 500 强》，2022 年 12 月 15 日，https://www.worldbrandlab.com/world/2022/.

[20] 人民网，《做强做大民族品牌》，2022 年 12 月 8 日，http://finance.people.com.cn/n1/2022/1208/c1004-32582604.html.

[21] 飞书深诺，艾瑞咨询，《2022 年 MeetBrands 中国出海品牌价值榜单报告》，2022 年 11 月 11 日，https://mp.weixin.qq.com/s/_uFmCgf2U1u5cci9L2qUeQ.

[22] 凯度，Google，《中国全球化品牌 2022》，2022 年 7 月 27 日，https://mp.weixin.qq.com/s/A7fBAv9D_Srt3PhN_C7lMw.

[23] CTR，《2022 中国广告主营销趋势调查》，2022 年 8 月 6 日，https://www.ctrchina.cn/rich/report/471.

[24] 巨量引擎营销观察，《小互动，大善意！公益创意季全面上线》，2022 年 4 月 8 日，https://mp.weixin.qq.com/s/HXkH4LWTD16wJFK7Gf3e7A.

[25] 黄楚新，陈玥彤 . 全媒体传播体系建构与多维边界拓展——2022 年我国媒体融合发展年终盘点 [J]. 中国报业 ,2023(1):18-20.

[26] 柴保国，《全面贯彻落实党的二十大精神 谱写中国式现代化广告监管新篇章》，2023 年 4 月 17 日，http://zgzlb.183read.cc/art.html?id=875991&p=1389398307&mid=4817326.

中国广告年鉴 2023
CHINA ADVERTISING YEARBOOK

大事记

Chronicle of Events

2022 年中国广告业大事记

一月

1 月 4 日，国家互联网信息办公室、工业和信息化部、公安部、国家市场监督管理总局联合发布的《互联网信息服务算法推荐管理规定》（简称《规定》），于 2022 年 3 月 1 日起正式施行。《规定》中明确由监管机构建立算法分级分类安全管理制度，根据算法推荐服务的舆论属性或者社会动员能力、内容类别、用户规模、算法推荐技术处理的数据重要程度、对用户行为的干预程度等对算法推荐服务提供者实施分级分类管理。

1 月 10 日，国家发展改革委等 21 个部门联合发布《“十四五”公共服务规划》（简称《规划》），该《规划》中多个章节都有提及品牌化建设。其中，在“加强生活服务品牌化标准化建设”一节，指出了通过支持龙头企业做大做强，鼓励中小微企业创新发展，鼓励塑造代表性特色化服务品牌，保护传承“老字号”，开发打造“特字号”，培育壮大“新字号”等形式，加强服务品牌培育。

1 月 11 日，湖北省市场监管局印发了《湖北省广告产业发展“十四五”规划》，这是湖北省首次将广告产业作为省级一般专项规划纳入湖北省“十四五”经济和社会规划体系，明确了湖北省广告产业“十四五”时期发展的指导思想、推进原则、发展目标、重点任务和推进措施，描绘了湖北省广告产业的五年发展愿景。

1 月 11 日，小红书在上海街头开了第一家“小红薯慢闪店”，随后 1 月 15 日、16 日，在武汉街头，又相继出现 45 个“小红薯慢闪店”。小红书 app 用户可在“慢闪店”免费领取一颗烤红薯，随薯附送的有特别的勺子钥匙扣和一封来自小红书平台的感谢信。除线下活动外，小红书社区也同步上线了“# 小红薯的温暖”话题，鼓励用户分享现实生活中的温暖故事，该话题上线 2 周期间总曝光达 1.5 亿，话题阅读量 5600 万，吸引 3100 余名用户发布相关笔记深度参与话题讨论。

1 月 12 日，国务院印发《“十四五”数字经济发展规划》（简称《规划》）。该《规划》提出，到 2025 年，数字经济迈向全面扩展期，数字经济核心产业增加值占 GDP 比重达到 10%。《规划》也明确了数字经济发展的主要指标：到 2025 年，IPv6 活跃用户数达到 8 亿户；千兆宽带用户数达到 6000 万户；软件和信息技术服务业规模达到 14 万亿元等。

1 月 13 日，《2021 中国互联网广告数据报告》（简称《报告》）由中关村互动营销实验室联合普华永道、秒针营销科学院、北京师范大学新闻传播学院与华扬联众数字技术股份有限公司共同发布。《报告》显示，2021 年互联网行业受益于内生需求的增长，实现了广告收入 5435 亿人民币（不含港澳台地区），同比增长 9.32%，增幅较上年减缓了 4.53 个百分点；互联网营销市场规模约为 6173 亿人民币，较上年增长 12.36%，广告与营销市场规模合计约为 11608 亿元，较上年增长 11.01%。网络流量增速正逐年放缓，新增流量红利趋弱，互联网流量价值已由追求增量转向盘活存量，结构性创新已经成为互联网营销必须深入探寻的发展方向。

1 月 27 日，国务院印发《“十四五”市场监管现代化规划》（简称《规划》）。《规划》指出要加大线上线下一体化监管力度，加强互联网广告监测能力建设，落实平台企业广告审核责任，严厉查处线上线下市场虚假违法广告行为。全面提高服务业品质，实施广告业服务能力提升行动和公益广告振兴行动。

1 月 31 日，中央广播电视总台《2022 年春节联欢晚会》精彩上演，春晚电视端直播平均收视率达 21.93%，新媒体直点播用户触达 49.32 亿次，较 2021 年增加明显。作为虎年春晚的一大创新亮点，“竖屏看春晚”成功引爆移动端小屏。除夕当晚，超过 1.2 亿人在微信视频号“竖屏看春晚”，视频号直播间点赞数超过 3.5 亿次，总评论数超过 919 万次，总转发数超过 551 万次。

二月

2 月 4 日，北京冬奥会正式开幕。北京冬奥会上数字媒体技术的创新性应用，实现了在奥运史上首次用 8K 视频技术直播开幕式和转播重要赛事的目标，为全世界的观众提供前所未有的现场转播和全方位覆盖报道，也使北京冬奥会成为历史上“最清晰”的一届冬奥会。北京冬奥会成为迄今为止收视率最高的一届冬奥会，北京也成为世界上首个既举办过夏季奥运会又举办过冬季奥运会的“双奥之城”，打响了运动名城的城市品牌。另一座举办城市张家口，也因此次冰雪盛会塑造新城市品牌，打造了独一无二的城市名片。北京冬奥会的开幕，吉祥物“冰墩墩”迅速走红，以至于“一墩难求”。“冰墩墩”IP 链背后的上市公司和冰雪品牌股价大幅上涨。

2 月 11 日，微信发文宣布，央视《新闻联播》将在视频号开播，每晚 7 点准时直播。并自此与抖音、快手同步，每晚 7 点准点、不间断地继续陪伴观众。不同于短视频平台的直播尝试，微信作为普及度较高的社交账号，省去了下载步骤，同时平台兼具的互动、分享等功能，实现了更多范围的触达。新端口直播的第二周，《新闻联播》视频号用户观看人数便超过 100 万人。

2 月 13 日，有网友发文称，星巴克重庆磁器口门店员工认为执勤民警在门口吃盒饭“影响品牌形象”，要求民警“换个地方吃”，并投诉了当事民警。2 月 14 日，星巴克中国官方微博就该事件发表声明，说明事件经过并致以歉意，网友认为该声明避重就轻并不买账。截至 2 月 15 日 24:00，相关事件共传播 4495 篇，微博话题 #星巴克驱赶执勤民警 # 阅读量高达 2.1 亿次。该事件引起人民网、凤凰网等媒体抨击和网民激烈讨论，形成重大危机事件。

2 月 22 日，《中共中央国务院关于做好 2022 年全面推进乡村振兴重点工作的意见》（简称《意见》）由新华社授权发布，这是 21 世纪以来指导“三农”工作的第 19 个中央一号文件。在聚焦产业促进乡村发展方面，《意见》明确了开展农业品种培优、品质提升、品牌打造和标准化生产提升行动对推进农村一、二、三产业融合发展的意义。

三月

3 月 8 日，三八国际妇女节之际，深圳卫健委发布了一条呼吁正视女性真实现状的主题宣传片，短片从数名女医护人员日常生活的视角出发，讲述了很多职场女性会遭遇的困惑与难题，呼吁在被口号和鸡汤模糊的当下，正视女性的真实现状，引起了广大网友的共鸣与热议。

3 月 11 日，文化和旅游部办公厅、国家广播电视总局办公厅发布《关于联合举办第二届全国旅游公益广告作品遴选暨展播活动的通知》，作品主题聚焦迎接党的二十大召开、国家战略、旅游为民、旅游带动、文化传承、典型榜样，采取向社会公开遴选的方式，推出一批导向正确、主题突出、创意新颖、表现丰富、群众接受度高的优秀旅游公益广告作品，在全国进行展播。

3 月 13 日，宝洁公司在其公众号“宝洁会员中心”上发布了一则标题为《女人脚臭是男人的 5 倍，不信闻一下！》的公众号推文引发网友的质疑和不满。事件逐渐发酵。3 月 24 日，宝洁官方微博发布道歉声明，删除该推文，并注销涉事公众号。6 月 24 日，广州市黄埔区市场监督管理局向宝洁公司做出行政处罚决定，处罚款 70 万元人民币。

3 月 15 日，央视 3·15 晚会，“土坑酸菜”的曝光在网络上掀起轩然大波，相关企业插旗菜业和锦瑞食品被立案调查。各大方便面品牌的“老坛酸菜”，在消费者心目中留下了挥之不去的阴影。而白象方便面，凭借一句“没合作，放心吃，身正不怕影子斜”的回复迅速出圈，引来众多网友“野性消费”。3 月 16 日，白象官方旗舰店抖音直播迎来爆炸式增长。数据显示，当日直播间累计观看人数达 187 万人次，较前一日增加 140 万人次。此后两天，白象官方直播间观看人数均逾百万，18 日当天达到了 200 万人次。

3 月 16 日，国务院国资委网站公布成立科技创新局、社会责任局，并于日前召开成立大会。新成立的两局将组织指导中央企业深入实施创新驱动发展战略、积极履行社会责任，坚定不移做强做优做大国有资本和国有企业，加快打造世界一流企业。成立大会上强调，要“抓好中央企业质量管理和品牌建设，打造一批国际知名高端品牌”。

3 月 18 日，市场监管总局印发《“十四五”市场监管科技发展规划》（简称《规划》），全面深入推进市场监管科技发展。《规划》指出，“十四五”时期要强化“大市场、大质量、大监管”理念，以科技赋能市场监管现代化为主线，以改革创新为动力，着力提升创新基础能力、科研攻关能力与科技服务能力，营造良好科技创新生态，加快构建市场监管科技创新体系。

3 月 21 日，东航 MU5735 航班在执行昆明——广州航班任务时，于梧州上空坠毁。当网络平台上出现了一些蹭灾难热度的广告时，各地市场监管局第一时间监测并查处。3 月 21 日晚，当检测到其含有东航空难事件元素的房地产宣传广告后，晋中市市场监督管理局对山西山江村房地产开发有限公司进行立案，责令其立即停止发布违法广告，并要求公司内部开展自查整改。此外，安徽的星舞蹈、文居地产二公司也制作了含有东航失事航班元素的宣传海报，合肥市市场监管局得知后，也依法依规进行了从快从严处理。

3 月 24 日，河南省市场监督管理局印发了《河南省“十四五”广告产业发展规划》（简称《规划》）。《规划》注重聚焦战略性和全局性问题，明确了河南省广告产业“十四五”时期发展的指导思想、基本原则、发展目标、重点任务和保障措施，描绘河南省广告产业的五年发展愿景。

3 月 25 日，在字节跳动内部 10 周年年会上，字节跳动 CEO、联合创始人梁汝波首次谈到公司使命“激发创造，丰富生活”，称“使命是公司前进的动力”。梁汝波表示，字节跳动的使命不是抽象的，而是可以在日常生活和工作中和员工发生联结，提供动力。资料显示，字节跳动成立于 2012 年 3 月，截至 2021 年 6 月拥有 11 万名员工，业务覆盖 150 个国家和地区，旗下产品全球月活跃用户数超过 19 亿。

3 月 25 日，凤凰网宣布全球品牌合伙人招募启动。中国企业在海外不缺产品力，但缺少品牌力。为此，凤凰网推出“全球品牌合伙人计划”，活动甄选在各个行业领军的优质品牌，或在海外地区有独特影响力的品牌成为凤凰的全球品牌合伙人，通过凤凰在全球的媒体布局和传播影响力、50 多家国际性机构合作伙伴、60 个全球记者站、遍布全球 190 个国家和地区的媒体渠道、255 家海外合作媒体以及超过千万活跃粉丝的海外社交账号，全维度、多视角，关注全球品牌合伙人动态，助力中国品牌的国际化传播。同时，更向中国消费者传递出海品牌的声音，向世界传递中国品牌的主张。

3 月 25 日，国家互联网信息办公室、国家税务总局、国家市场监督管理总局联合印发《关于进一步规范网络直播营利行为促进行业健康发展的意见》（简称《意见》）。《意见》提出，网络直播平台要认真落实管理主体责任，加强网络直播账号注册管理和账号分类分级管理，每半年向网信、税务部门报送存在直播营利行为的网络直播发布者个人身份、直播账号、取酬账户、收入类型及营利情况等信息，配合监管部门开展执法活动。网络直播平台和网络直播发布者要维护网络直播公平竞争环境，不得通过虚假营销、自我打赏等形式吸引流量，诱导消费者打赏和购买商品。

四月

4 月 6 日，刘畊宏在直播时被判定为“衣着不当”，强行断播。第二天，他索性穿着羽绒服直播健身。结果这一举动直接登上了热搜榜。刘畊宏带着《本草纲目》毽子操在竞争激烈的直播行业杀出重围，一时间，大量的网友都成了刘畊宏男孩、刘畊宏女孩。一个月内其抖音粉丝增量高达 4408.4 万，作品最高点赞量为 314.6 万，直播间观看人数累计超过 3.1 亿。4 月 25 日，抖音官方随即宣布推出“抖音全民健身计划”，联合苏炳添、武大靖等世界冠军，以及演艺明星、优质健身博主等呈现健身直播课程，健身直播成为直播行业的另一风口。

4 月 8 日，中央网信办牵头开展“清朗·2022 年算法综合治理”专项行动，落地落实落好《互联网信息服务算法推荐管理规定》，深入排查整改互联网企业平台算法安全问题，评估算法安全能力，推动算法综合治理工作的常态化和规范化，营造风清气正的网络空间。

4 月 9 日，中国广告协会、百度营销与知萌咨询机构重磅发布《2022AI 营销白皮书》与《中国 AI 营销人才发展报告》，从 AI 技术发展、行业趋势、用户使用与品牌建设等维度，对 AI 营销未来发展趋势进行了预判和解读。白皮书对于 AI 营销做出了准确的定义：AI 营销即应用 AI 技术，对数字营销的全链路进行智能化升级，提升营销的效率和效果，创造新的消费者交互场景体验，发现和创造消费需求、不断满足消费者的个性化需求的营销模式。《2022AI 营销白皮书》显示，44% 的广告主认为 AI 营销将在未来两年超越私域流量营销、短视频营销、直播营销、社群营销、二次元营销等营销概念，成为主流营销概念和营销手段，AI 营销也将成为数字营销的下一个发展阶段。在未来，AI 技术会将数字营销推进到 AI+ 全域营销的阶段。

4 月 15 日，中央网信办宣布开展为期两个月的“清朗·整治网络直播、短视频领域乱象”专项行动。以集中整治“色、丑、怪、假、俗、赌”等违法违规内容呈现乱象为切入点，进一步规范重点环节功能，从严整治功能失范、“网红乱象”、打赏失度、违规营利、恶意营销等突出问题。

4 月 16 日，国家市场监督管理总局公布《明码标价和禁止价格欺诈规定》（简称《规定》），自 2022 年 7 月 1 日起施行。《规定》细化明码标价规则主体、内容、形式等内容，明确经营者销售、收购商品和提供服务时，应当按照市场监督管理部门的规定明码标价，且明码标价应当根据商品和服务、行业、区域等特点，做到真实准确、货签对位、标识醒目。《规定》还授权地方市场监管部门规定可以不实行明码标价的特殊情形。同时《规定》还包含价格比较和价格欺诈行为认定规则，明确经营者在进行价格比较、折价、减价时应当具有合理理由、合理依据或合理比较价格，且在进行赠送时应标示赠品的品名、数量；明确列举予以禁止的价格欺诈行为，例如谎称商品和服务价格为政府定价或者政府指导价、以低价诱骗消费者或者其他经营者，以高价进行结算、通过虚假折价、减价或者价格比较等方式销售商品或者提供服务等。

4 月 20 日，快手旗下 We 我们工作室在青岛海边，举办了一场《没有一头鲸想这样告别》的世界地球日环保展。快手以公益环保为目标，用视频短片记录了这一过程，展示鲸鱼的“死亡”真相。展览的主体为长 7.4 米、重 25 吨的鲸鱼冰雕，其内部由被清理的海洋垃圾制成，以废为骨，以冰为肤，在阳光的直射下，冰块融化，鲸鱼腹内的“海洋垃圾”逐渐露出。整个展览过程意在揭露鲸鱼死亡的真相，并警示公众塑料污染对海洋生物的危害，以呼吁大家关注地球环境。

4 月 23 日，世界读书日来临之际，京东携手作家余华和余秀华推出了一支短片，呼吁我们买书的同时不要忘记读书，每一位读书的人都是写书人的动力，每一次阅读都是跨越时空的交流。不负每一个读书的人，也不负每一个写书的人。同时，京东还发起了“京东图书问你买书”的活动，用户一年前购买的但至今未拆封的新书，都可以退给京东。此次营销活动的意义，不仅仅是由平台到读书倡导者身份的转换，更在于搭建了以余华、余秀华为代表的写书人与读书人之间的沟通渠道，培养当代消费者对读书的热情。同时扩大京东平台的影响力，也深化了京东“不负每一份热爱”的品牌主张。

4 月 24 日，中央网信办开展“清朗·网络暴力专项治理行动”，主要聚焦网络暴力易发多发、社会影响力大的 18 家网站平台，包括新浪微博、抖音、百度贴吧、知乎等，通过建立完善监测识别、实时保护、干预处置、溯源追责、宣传曝光等措施，进行了全链条治理。

2022 年 4 月 25 日，因赛集团宣布基于 AI 技术、大数据技术，结合因赛集团多年沉淀的品牌营销方法论和工具自主研发的创意数字资产管理、平面创意智能生成和创意多元化延展的智能化创意生产工具——因赛引擎 INSIGHTengine 进一步强化了应用，在直播营销、社媒营销、电商广告、平面广告、创意延展等多元营销场景高效赋能互联网、家居、家电、大健康等行业客户，持续提升创意生产效率与营销效果。

4 月 26 日，市场监管总局印发《“十四五”广告产业发展规划》，明确了“十四五”时期广告产业发展坚持正确导向、坚持服务大局、坚持新发展理念、坚持规范发展、坚持更好满足美好生活需要等基本原则，提出了广告产业向专业化和价值链高端延伸、产业发展环境进一步优化、发展质量效益明显提升、产业创新能力和服务能力不断提高、广告法制体系进一步完善、广告作品质量进一步提升、广告市场秩序持续向好等发展目标。

4 月 27 日，TalkingData 发布《2021 互联网广告行业报告》（简称《报告》），《报告》对 Y 世代和 Z 世代人群的广告行为特征进行洞察，并探寻当前市场中素材广告、效果广告以及品牌广告的一些特征。《报告》指出在持续的存量市场竞争中，各个赛道都有新品牌不断涌现，竞争也愈发激烈，有针对性且符合用户心理的广告营销方式也就变得更加重要。同时，在新用户增长相对困难的情况下，老客唤醒成为当下品牌进行营销的主旋律之一。

4 月 28 日，微博管理员发布公告称，将进一步升级 IP 属地功能，微博用户在评论和个人主页均会显示其所在地。国内用户将显示到省份 / 地区，国外用户显示到国家。这一功能无法由用户主动开启或关闭。此前，微博称为减少冒充热点事件当事人、恶意造谣、蹭流量等不良行为，确保传播内容的真实、透明，于今年 3 月上线展示用户“IP 属地”功能。除了微博，今日头条、抖音、知乎、小红书、微信公众号、B 站等平台也纷纷宣布将上线显示“IP 属地”功能，用户在发送内容或发表评论时，都会展示用户的 IP 属地。

五月

5 月 4 日，五四青年节，正值中国共青团建团 100 周年，伊利以此为契机，携手苏炳添和苏翊鸣发布品牌首支态度宣言视频，同时联合《人民日报》以及央视网青年、北京青年周刊、中国青年报、北京青年报青年类官方媒体，共同传递“无热爱，不青春”的品牌理念，破圈触达年轻消费群体。视频中，伊利以苏炳添、苏翊鸣的首次合体为亮点，通过诠释大、小苏各自“热爱”的态度故事，表达了“认可当代年轻人坚持自己所爱、自我成就”的品牌态度。

5 月 7 日，阿里妈妈推出数字偶像共创计划，在先进的超写实虚拟引擎与 AI 技术的共同加持下，打造首个数字偶像“锘亚 Noah”。该计划中，投票、AI 养成、共创三大玩法系统陪伴锘亚 Noah 的出道过程，粉丝从一开始就介入到偶像的宣传中，粉丝正在“制造偶像”。锘亚 Noah 是首个被用户选择和养成出道的超写实数字偶像。粉丝们的互动行为将影响他的人设、穿衣风格、艺能方向等特性，通过 AI 智能学习，锘亚 Noah 也将逐渐成为最全能的优质偶像，真正做到被用户选择，由粉丝全程陪伴出道。未来，锘亚 Noah 不仅能作为偶像为粉丝们带来作品和舞台，更能以数字人的身份传递 WEB3.0 时代的思维模式和生活方式，引领 M 世代人群共同创建全新价值体系。

5 月 8 日，中央文明办、文化和旅游部、国家广播电视总局、国家互联网信息办公室发布《关于规范网络直播打赏 加强未成年人保护的意见》（简称《意见》）。《意见》指出，近年来，网络直播新业态迅速兴起的同时，平台主体责任缺失、主播良莠不齐、打赏行为失范等问题多发频发，导致未成年人沉溺直播、参与打赏，严重损害未成年人身心健康等社会问题，根据《中华人民共和国网络安全法》《中华人民共和国未成年人保护法》等法律法规，四部门提出相关意见，包括禁止未成年人参与直播打赏、严控未成年人从事主播、优化升级“青少年模式”规范重点功能应用、加强高峰时段管理等 7 项工作措施。

5 月 8 日，母亲节，美团外卖以妈妈爱花为落脚点，找到日常生活中可爱的妈妈们对花的热爱，代理公司为胜加。妈妈爱的花可以是真花，也可以是花布、花棉被、花衣裳……总之，妈妈对花的爱体现在生活细节上。从对生活细节的捕抓，品牌找母亲节独特的切入点。短片选择生活中真实的妈妈，记录她们生活中真实的模样，而这种真实的生活呈现与美团“美好生活小帮手”的品牌角色相契合，并阐述“妈妈爱花，我们爱她”的理念。

5 月 16 日，福建文旅发布的一支旅游宣传片，以国民美食沙县小吃的首支广告为噱头，通过男装爹系、湾湾言情、王家卫等迥异风味场景，报菜名式分别炫了大量福建美食。老品牌有新操作的噱头，承接玩梗之情、口腹之欲与思乡之念，使得这支极富地域特色的宣传片，让福建人和外地人之间都能共情，在B站和微信都实现了破圈传播。

5月18日，湖南卫视与芒果TV举办新闻发布会，正式宣告启动双平台融合，打开“长视频”全新风向。湖南卫视和芒果TV此次双平台融合，共储备了48个自制综艺制作团队、29个影视制作团队、34个新芒计划战略工作室，为平台构建了系统化的内容生产体系。在王牌IP迭代方面，《你好，星期六》《天天向上》《美好年华互联社》《大侦探》《密室大逃脱》新老IP齐聚合；《花儿与少年》《中餐厅》《妻子的浪漫旅行》《时光音乐会》等综N代也将强势回归。发布会上，还首次全球发布《乘风破浪3》启航曲MV“乘风”。而全新节目的创制方面，基于趋势判断，关注社会趋势、文化趋势、科技趋势，双平台也将研发出更加丰富的内容新品。

5月21日，奥迪与天王刘德华合作的商业广告《人生小满》火爆全网。不仅科普了小满的节气知识，又非常哲理化地传达了奥迪的品牌态度，无疑赢得人心。而正是这样的广告却很快被发现涉嫌抄袭，“北大满哥”亲自指出奥迪新文案“几乎整篇都是截取自我去年小满的视频文案”。奥迪官方就抄袭事件发布致歉声明，指出因监管不力、审核不严造成抄袭视频上架，同时对创意代理公司问责并全面下架了视频。

5月26日，由国家图书馆创作的《诗词中的国家图书馆》数字藏品在TopHolder微博小程序平台上线，作品从国家图书馆浩瀚馆藏中撷取经典诗词，配合国家图书馆场景，经过二次创作制作而成数字藏品，作为组图上线。该作品以“诗词中的国家图书馆”为主题，共有风、花、雪、月4个系列，每个系列有10款相关主题的馆藏诗词数字藏品，以盲盒形式上线，总计5000张，每个系列限购一张。每一份藏品的背后故事，都是诗和远方的呈现。该组图一经上线就得到巨大反响，发布当天微博#国图数字藏品微博首发#话题登上热搜，阅读量达7424.3万，并引发用户热议互动，许多网友在90秒内集齐4个系列数字藏品，用自己的方式珍藏文化，深刻诠释着时光流转，经典永存。

六月

6月1日儿童节，肯德基推出了三款玩具，超萌的皮卡丘郊游水壶、能歌善舞的皮卡丘八音盒、号称舞王的可达鸭音乐盒。消费者购买指定套餐，将随机收到一款玩具。土味的音乐，简单机械地转体翻手动作，加上宝可梦IP可达鸭的丑萌外形，这就是可达鸭音乐盒的全部。有网友开创的在可达鸭手上粘标语的二创玩法。在可达鸭两个舞动的翅膀上粘上了纸条，分别写上反差感很强的短语，随着可达鸭的舞动，两个词语交替出现，配上可达鸭的呆萌表情，使它瞬间火出了圈。

6月9日，新东方在线旗下东方甄选的董宇辉直播爆火，在社交媒体上引发广泛传播和讨论。东方甄选主打中英文双语教学+卖农产品，使其具有很大的差异性。董宇辉的“知音体”也恰恰契合和抚慰了疫情下焦躁的用户心灵。据报道，2022年6月9日至10日，直播间的观看人次达760万+，单日销量总额超1500万，与两天前相比，观看人次增长了近12倍，销售额增长了约15倍。6月29日，东方甄选的直播间粉丝正式突破了2000万。

6月13日，正值6月毕业季，结合大学生想要的毕业典礼和C2C闲置交易平台特性，闲鱼选出了蚊帐、四六级耳机、学霸笔记、显示器、电动车、台灯等6个闲鱼上的闲置产品作为代表，邀请用户投票选出最能代表校园生活的物品，最终蚊帐高票入选，闲鱼也为其准备了一场难忘的毕业典礼仪式。在大学生毕业季的节点，闲鱼不以回忆杀作为情感沟通，而是结合闲鱼自身C2C闲置兴趣交易社区的平台优势，将“物”为活动主角，把毕业的焦点由人转移到校园物品，同时结合站内投票的形式，以宿舍里人手一个的“蚊帐”作为大学记忆的承接，契合大学生的喜好打造一场幽默有趣的毕业典礼仪式。

6月14日，国家互联网信息办公室发布新修订的《移动互联网应用程序信息服务管理规定》（简称《规定》），新《规定》分别明确了应用程序提供者和应用程序分发平台的管理主体责任。应用程序提供者除须落实用户身份信息认证、建立健全信息内容审核管理机制、数据安全和个人信息保护义务外，还不得通过虚假宣传、捆绑下载等行为，通过机器或者人工刷榜、刷量、控评等方式，或者利用违法和不良信息诱导用户下载；不得以任何形式向未成年人用户提供诱导其沉迷的相关产品和服务。应用程序分发平台则应在上线运营 30 日内向省级网信部门备案；应对上架的应用程序实施分类管理；应对申请上架的应用程序提供者进行真实身份信息认证并采取适当方式进行公示；应建立完善应用程序上架审核、日常管理、应急处置等管理措施。

6 月 20 日，抖音电商发布“2022 抖音 618 好物节”数据报告。报告显示，6 月 1 日至 18 日，抖音电商直播总时长达 4045 万小时，挂购物车的短视频播放了 1151 亿次，183 个直播间成交额破千万。抖音商城场景带动销量同比增长 514%，参与活动的商家数量同比增长 159%。从年龄分布来看，00 后群体成为 618 消费“生力军”，购买量同比增长达 164%。90 后、80 后的购买量也比去年同期增长了 117% 和 101%。

6 月 22 日，国家广播电视总局、文化和旅游部共同制定了《网络主播行为规范》（简称《规范》）。《规范》列举了不得出现的 31 种行为，包括对社会热点和敏感问题进行炒作或者蓄意制造舆论“热点”；炒作绯闻、丑闻、劣迹，传播格调低下的内容，宣扬违背社会主义核心价值观、违反公序良俗的内容；引导用户低俗互动，组织煽动粉丝互撕谩骂、拉踩引战、造谣攻击，实施网络暴力；营销假冒伪劣、侵犯知识产权或不符合保障人身、财产安全要求的商品，虚构或者篡改交易、关注度、浏览量、点赞量等数据流量造假等。

6 月 25 日，在中国广告协会的指导下，腾讯“创益计划”与中国广告业大奖—公益广告黄河奖大赛组委会联合设立“2022 黄河奖——我是创益人数字公益创意大赛”，旨在整合互联网平台的产品、技术、资源能力，激发创意、设计、内容创作、公益组织、大专院校、品牌等社会力量，通过“公益 + 科技 + 创意”的社会化共创机制，孵化优质的公益内容，提升公益议题社会关注度，推动公益实效落地，创造可持续社会价值。并为获奖作品提供千万级别的广告金激励，以共同孵化打造可带来实效的爆款公益项目。

6 月 27 日，国家网信办发布的《互联网用户账号信息管理规定》（简称《规定》），《规定》明确账号信息管理的规范，要求互联网信息服务提供者履行账号信息管理主体责任，建立健全并严格落实真实身份信息认证、账号信息核验、信息内容安全、生态治理、应急处置、个人信息保护等管理制度。规定要求互联网信息服务提供者为互联网用户提供信息发布、即时通信等服务的，应当进行真实身份信息认证；应当对互联网用户在注册时提交的和使用中拟变更的账号信息进行核验；应当在账号信息页面展示合理范围内的互联网用户账号的互联网协议地址归属地信息，便于公众为公共利益实施监督。自 2022 年 8 月 1 日开始正式施行。

七月

7 月 1 日，茅台自营电商平台“i 茅台”上线第 100 天。消费者在平台上可通过预约抽签的方式，购买茅台生肖酒、精品茅台、茅台 1935 等产品，或通过抢购的方式，购买 100ml 装飞天茅台酒。官方数据显示，截至 7 月 8 日，i 茅台注册用户数超过 1909 万，累计预约人次约 7.6 亿。与此同时，贵州茅台还在尝试向年轻人靠拢，进行品牌延伸。从 2022 年 5 月中旬开始，贵州茅台正式推出茅台冰淇淋，陆续在贵阳、西安、南京、广州、杭州等地开出 9 家实体零售店。在部分地区，单个茅台冰淇淋还被炒至 200 多元。

7 月 5 日，被外界称为“雪糕刺客”的钟薛高，又因“雪糕不化”事件翻车。有网友发文称，钟薛高旗下一款海盐口味的雪糕在 31℃的室温下放置近 1 小时后，仍然没有完全融化。一段网友用打火机点燃钟薛高雪糕疑似烧不化的视频再度引发关注。当面临来自各方的质疑时，钟薛高对于关键问题避重就轻，并直言用烤雪糕、晒雪糕或加热雪糕的方式评断雪糕品质好坏并不科学，不但未能打消外界疑虑，还引来消费者更多的质疑。

7 月 12 日晚，财富 Plus APP 发布了 2022 年的《财富》中国 500 强排行榜，考量了全球范围内最大的中国上市企业在过去一年的业绩和成就。榜单前三的格局并未改变，榜单头部公司依次是：中石化、中石油和中国建筑。中国平安位列第四，仍是非国有企业第一位。两家民营上市企业京东和阿里巴巴的排名均有提升，其中京东升至第 7 位，首次进入榜单前十；阿里巴巴则名列第 11 位。一共有 49 家新上榜和重新上榜公司，其中滴滴首次上榜，并以 1738 亿元的总收入排名第 75 位。科兴生物凭借 1250 亿元的营收，首次上榜并位居第 109 位。新能源汽车领域，蔚来汽车和理想汽车双双首次上榜，分别位列第 344 位和第 427 位。

7 月 18 日，“菜刀不能拍蒜，属于正常情况”“张小泉客服称菜刀不能拍蒜”突然登上热搜，让张小泉这家百年老字号企业陷入巨大舆论旋涡。张小泉总经理的一番“你学了十几年的切菜都是错的”“所有的米其林厨师都不是中国人这种切菜方法”等言论更是将此事件推上了风口浪尖。一时间，遭到网友嘲讽，称张小泉是“装蒜刀”。

7 月 23 日，中国平安集团宣布正式焕新、升级公司品牌标识，主要将现有品牌标识中的标语“金融科技”升级为“专业价值”，品牌标识主体的中文和拼音“PINGAN”保持原版设计。即日起，平安集团及旗下专业公司相关传播均统一使用新的品牌标识和“专业，让生活更简单”的品牌口号。

八月

8 月 4 日七夕当天，喜茶在杭州、青岛、重庆、广州、武汉全国五地，联合当地民政部门，举办七夕限定民政局活动。同时，喜茶还推出喜宴团餐优惠业务，新人办婚宴团购喜茶时即可享受团餐优惠。新茶饮行业红利消退，不仅奶茶品牌们内卷严重，还有如中国邮政、肯德基、同仁堂等企业接连加码茶饮赛道。这次，喜茶便通过丰富“喜文化”的符号体系，给产品附加精神层面的价值，以积极迎合婚庆新经济所带来的新市场机会。

8 月 4 日，浙文互联与时尚集团旗下的《座驾》杂志联手打造的虚拟数字人酷女孩——“IKA 伊卡”诞生，作为浙文互联元宇宙中的新成员，Ika 伊卡散发着当代年轻女孩的时尚潮流气息，她勇敢、热爱挑战，且充满天赋，无论是高难度的跑酷、滑板还是充满力量感的机车，Ika 伊卡全都驾轻就熟。2022 年，浙文互联还为东风风光 MINIEV 打造了风光轻生活主理人可甜，为长安汽车打造数字体验工程师宫橙诗。在《浙江省元宇宙产业发展行动计划（2023-2025 年）》政策的加持和市场的推动下，浙文互联正在从数字营销集团发展、进阶成为国内领先的数字文化传媒集团。

8 月 8 日，国家广播电视总局发布《广播电视和网络视听节目制作经营管理规定（征求意见稿）》，完善了节目制作经营业务范围规定。明确将网络剧片等网络视听节目纳入管理范畴，明确将经纪机构、网络视听节目服务机构等从事节目制作经营活动的主体以及在他人组织下参与节目制作的主体纳入管理范畴。完善节目制作经营行为规范。包括对于行业组织及从业主体提出了自律要求，完善节目禁载内容，增加有关片酬管理规定，禁止开展收视率、点击率等方面的虚假宣传等。

8 月 3 日，由哈尔滨市人民政府、中国广告协会共同主办；由黑龙江省市场监督管理局协办的第十八届中国广告论坛在哈尔滨市松北区开幕，本届论坛特以“数智新时代，广告新生态”为主题，邀请政府相关部门、行业专家及优秀企业代表等，共同解读发展新趋势，洞察行业新机遇，谋划未来新增长。黑龙江省委常委、哈尔滨市委书记张安顺、哈尔滨市委副书记、市长张起翔、中国广告协会会长、国际广告协会全球副主席张国华等领导及众多专家学者集聚一堂，围绕数智新时代广告新生态，元宇宙实践与探索等重点内容进行了深入探讨。论坛还举行了尊重原创、保护知识产权自律公约发布仪式，“我是城市筑梦师”——首届城市元宇宙会客厅创新创意大赛启动仪式等。

8 月 9 日上午，第四届北京国际公益广告大会在北京首钢园开幕。本届大会以“公益同心光影同行”为主题，以线上线下相结合的方式举行。大会为期 3 天，本届大会以“公益同心光影同行”为主题，以线上线下相结合的形式举行。大会为期 3 天，主要包括开幕式、主题论坛、大师盛宴、系列促进活动、公益盛典、公益广告作品大赛、优秀公益广告作品展映展示等多项活动。

8 月 7 日至 9 日，以“开放与奋进”为主题的 2022

第十六届中国品牌节年会，在星城长沙成功举行。来自政府相关部门、行业协会，以及工商界、学界、文体界、媒体界等领域的全国各地2200余位精英翘楚，云集长沙，共享品牌盛会。本届品牌节年会主体为“1923”模式，即1场大型开幕式、9场重要活动、23场平行论坛，致力于为中国品牌事业的发展和长沙城市品牌建设建言献策。年会期间，中国品牌节发起人兼秘书长、品牌联盟董事长王永还发布了《TopBrand 2022 世界品牌 500 强》《TopBrand 2022 中国品牌 500 强》《TopBrand 2022 首席品牌官 500 强》等榜单，一批为品牌强国建设作出贡献的集体和个人被郑重推介。

8月16日，国务院办公厅印发《“十四五”文化发展规划》，加强公益广告宣传。统筹开展诚信教育、勤俭节约教育、劳动创造幸福主题宣传教育。强化祖国统一和民族团结进步宣传教育，深化“一国两制”实践教育，强化全民国防教育，促进平安中国建设。

8月9日，名创优品发布致歉声明，就其海外账号将中国旗袍公仔翻译为“日本艺伎”道歉。7月25日，名创优品西班牙社交媒体账号发布了一则“公主系列公仔盲盒”帖文将旗袍娃娃翻译成“日本艺伎”，遭到网友集体抨击。作为“假洋牌”的分支之一，“伪日系”近些年成为新的消费潮流，名创优品就是代表性的企业。随着舆论进一步发酵，其往日的“伪日”“精日”营销事件，也被悉数扒出。名创优品发布致歉声明称，将会在2023年3月之前，完成“去日化”整改。

8月25日，李小龙女儿李香凝诉真功夫快餐一案在上海开庭审理。据公开资料，李香凝的公司认为，公司已陆续在中国大陆注册近60个与李小龙相关的商标，合法享有李小龙相关的各种权益。而真功夫擅自使用李小龙肖像，既侵犯了李小龙肖像上承载的人格尊严，也侵犯了财产上的利益。李香凝与真功夫在2019年就曾对簿过一次公堂，前者要求真功夫立即停止使用李小龙形象、在媒体版面上连续90日澄清其与李小龙无关，赔偿经济损失2.1亿元。

8月31日，国际服务贸易交易会在北京开幕。本届服贸会以“服务合作促发展，绿色创新迎未来”为主题，新增全球服务贸易联盟作为国际合作机构，吸引了189位境内外重要嘉宾参会，71个国家和国际组织以国家或总部名义设展办会。其中，阿联酋、瑞士、布隆迪等10个国家首次以国家名义设展。超过400家的世界500强和国际龙头企业线下参展，整体国际化率达到20.8%，比上届提升近3个百分点。

九月

9月1日，拼多多跨境电商平台 Temu 正式在海外上线。至此，国内三大电商巨头阿里巴巴、京东、拼多多已悉数出海。Temu 首站选择北美，定位偏向于中端用户，9月1日至9月15日为测试阶段，之后将开放全量售卖。Temu 是 2022 年电商出海领域的黑马，上线一个月就问鼎 Google Play 购物类应用下载量和美区 ios 免费下载榜第一名。

9月2日，中央网信办决定在全国范围内启动为期3个月的“清朗·打击网络谣言和虚假信息”专项行动，明确对首发恶劣谣言、多次传播谣言、利用谣言进行恶意营销炒作的账号主体纳入黑名单管理，全面深入清理网络谣言和虚假信息，着力解决旧谣言反复传播、新谣言层出不穷的问题。

9月10日， 2022央视中秋晚会在中央电视台综合频道、综艺频道、中文国际频道、音乐频道播出。晚会首次采用三维声制作和播出，每个声音精准定位，更加立体真实，开启我国自主研发的三维声技术示范应用，为观众带来身临其境的感官体验。

9月20日，消失109天后，淘系超级头部主播李佳琦带着“理性消费，快乐购物”的标语回到直播间。9月20日晚19点刚一开播，李佳琦的直播间便一度崩溃。开播一小时，观看量2700万；到当晚9点14分下播时，观看量高达6117万。没有任何正式预告和宣传，淘宝直播的精选、热门页面的大部分时间都没有李佳琦的身影，李佳琦的“暴力开播”依然拿下了2个多小时超6352.8万观看量的成绩。有机构统计，本次直播上架不到30件商品，大部分秒光，李佳琦带货交易额超过1.2亿元。

9月20日，李宁的新品发布会上，出现了几款酷似日本军服的羽绒服。从颜色到款式，尤其是帽子的耷耳帘帽设计，很容易让人联想到侵华日军的“军帽垂布”。

曾被誉为国货之光的运动品牌李宁，因疑似“日本军服”事件深陷舆论风波。李宁负责电商业务的总经理冯晔的“我们的消费者，对于中国文化的沉淀，教育知识的传承还是少了”这段带有说教性质的发言，并未平息网友怒火反而进一步激化了矛盾。三天内，李宁股市遭遇巨大动荡，市值凭空蒸发 123 亿元。伴随舆论不断发酵，李宁打破沉默，向大众道歉。

9 月 21 日，凤凰湾区财经论坛 2022 正式启动，由凤凰卫视、凤凰网联合多家机构举办，广邀政府官员、专家学者，共商共议中国经济的韧性与前景、大湾区的角色与动向。借助一系列头脑风暴与思想碰撞，为全球经济困境寻求解决方案，为中国未来发展寻找新机遇，探明新方向。论坛嘉宾星光熠熠，包括李家超、覃伟中、李毅中、尚·克劳德·特瑞谢等近 60 位政商学界嘉宾在论坛发表真知灼见，其中包括 6 位国际嘉宾、13 位省部级领导。香港特别行政区行政长官李家超发表开幕演讲，这是其上任香港特首后参加的首场媒体活动。红旗作为凤凰湾区财经论坛首席战略合作伙伴，借助论坛成功实现了首款 MPV 的上市推广。

9 月 22 日，中国证监会官方网站信息显示，蜜雪冰城 A 股上市申请已获受理并正式预披露招股书，拟登陆深交所主板。蜜雪冰城将发行不超过 4001 万新股，发行价未定。业绩方面，近年来蜜雪冰城营收实现了高速增长，其中 2021 年收入 103.5 亿元，增速超过 100%；净利润 19.12 亿元，增长 203.09%，盈利能力持续向好。招股书同时披露，2020 年底蜜雪冰城以 233 亿元估值引入美团龙珠、高瓴资本、CPE 源峰，三家机构股东共持股 10%。这也是其成立 25 年来唯一一次外部融资。

十月

10 月 9 日，国家知识产权局召开“知识产权这十年”专题新闻发布会。国家知识产权局副局长胡文辉介绍，2012 年至 2021 年，国家知识产权局累计授权发明专利 395.3 万件，年均增长 13.8%；累计注册商标 3556.3 万件，年均增长 25.5%。我国在世界知识产权组织发布的全球创新指数排名连续 10 年稳步提升，位居中高收入经济体之首。知识产权有力支撑了创新型经济、品牌经济、区域特色经济和开放型经济发展。

10 月 11 日，中汽协发布的数据显示，今年 9 月中国汽车出口 30.1 万辆，同比增长 73.9%，再次超过 30 万辆；今年 1 至 9 月，国内汽车企业出口产品 211.7 万辆，同比增长 55.5%。其中，9 月新能源汽车出口 5 万辆，同比增长超过 1 倍；1 月至 9 月新能源汽车出口 38.9 万辆，同比增长超过 1 倍，占总出口量的 18.4%，占全球新能源汽车出口量的 1/3。另据海关总署公布的数据，今年 1 月至 8 月中国汽车出口量已超越德国，仅次于日本，成为全球第二大汽车出口国。

10 月 12 日，抖音集团正式推出全新品牌 Logo 形象。新 Logo 由字母 d 和 y 作为主要设计元素，通过笔画将两个字母合为一体，整体如同音符状，新 Logo 和抖音以及飞书 Logo 极为相似。同期，字节跳动旗下多家公司陆续更名为抖音。不过截至目前，抖音 App 暂未更换新的 Logo，字节跳动官网也仍保留了“字节跳动”相关表述。2022 年 5 月，字节跳动更名为抖音集团，旗下包括抖音、今日头条、西瓜视频、懂车帝、剪映、巨量引擎等业务。

10 月 18 日，国内 AR/VR 内容及服务供应商飞天云动正式在港交所敲钟上市。因招股书中提及元宇宙多达 300 余次，飞天云动也喜提了“国内元宇宙第一股”的称号。在未转向元宇宙的一年多前，飞天云动估值约为 4998 万元；而在披上元宇宙的外衣后，估值增了 70 多倍。

10 月 19 日，由点燃私域、蓝莓荟主办的“私域扩容，营销智化”第七届中国品牌营销趋势峰会在广州举行。大会邀请了涵盖食品、日化、大健康、科技等领域 500 多家企业的创始人、CEO、CMO、CIO 同台论道。本次峰会围绕品牌“私域全域化、营销数智化”两个层面展开分享。“私域全域化”从品牌的迭代、私域关键和品牌私域化之路 3 个方向解构品牌营销趋势；“营销数智化”关注重点为 2022 年元宇宙的崛起、虚拟人虚拟场景成为先锋品牌的营销密码背景下，如何做好数字智能和营销结合。峰会现场还揭晓了中国品牌年度私域大奖——点燃·i 莓奖，包括“年度最佳私域服务商”“年度最佳私域运营品牌”“年度最佳创新品牌”及“年度最佳商业媒体品牌”四个奖项。

10 月 24 日，中式快餐连锁品牌老乡鸡在微博账号上宣布，庆祝上海门店突破 100 家，要通过小程序提供餐券 10 万份，请上海的顾客免费吃饭。本是皆大欢喜的借势营销，却经历了一波三折：先是小程序崩溃引来抱怨连天；再是由于系统 Bug，原定 10 万份免费餐券，被领取了 18.39 万份。之后，老乡鸡发布公告，超发的 8 万多份免费套餐券真实有效，“老乡鸡鸡毛都被薅秃了”词条也喜提热搜，众多网友参与互动。

10 月 24 日，交个朋友方面正式在淘宝直播开播，罗永浩本人于 18 时亮相直播间，开启其首场淘宝直播。这也是罗永浩以及交个朋友继抖音后首次进军淘宝。据公开数据显示，天猫双 11 期间罗永浩直播间成交额亿元以上，在新主播中成交额排名第一。进驻淘宝平台首战告捷，罗永浩及交个朋友直播间在直播电商平台的版图再扩大一块，从内容上看，市场内部戏称老罗直播间为“所有男孩们的直播间”，某种程度上交个朋友填补了直播电商市场的部分空白区域。

10 月 25 日，华润啤酒发布公告称，公司方面已于当日与相关方签订协议，华润啤酒拟通过增资扩股和股权购买的方式，获得金沙酒业 55.19% 的股权，增资加购股合计金额约 123 亿元。华润啤酒入主金沙酒业的传闻最终落地。而在此次交易全部完成后，华润啤酒旗下公司——华润酒业控股将成为金沙酒业的控股股东。在增资及购股完成后，金沙酒业的业绩、资产及负债将并入华润啤酒的财务报表。收购完成后，金沙酒业将组建新的董事会。这一收购事项，或将创下白酒行业近年来交易额纪录。

10 月 31 日，市场监管总局会同中央网信办、文化和旅游部、广电总局、银保监会、证监会、国家电影局等七部门联合印发《关于进一步规范明星广告代言活动的指导意见》（简称《指导意见》），其中明确指引，企业选用代言明星前，应当对明星从业情况、个人信用等进行充分了解，注重经济效益和社会效益的统一，自觉抵制选用违法失德明星作为广告代言人。《指导意见》自公布之日起实施。

十一月

11 月 5 日至 10 日，第五届中国国际进口博览会（简称进博会）在上海举行。数据显示，共有 145 个国家、地区和国际组织参展，举办了 24 场虹桥论坛活动，参展的世界 500 强和行业龙头企业达 284 家，数量超过上届，回头率近 90%。来自 127 个国家和地区的 2800 多家企业参加企业商业展，展示 438 项代表性首发新产品、新技术、新服务，也超过了上届的水平。截至 11 月 10 日 12 时，本届进博会累计进场 46.1 万人次，按一年计意向成交金额达 735.2 亿美元，较上届增长 3.9%。

11 月 10 日至 12 日，2022 全国糖酒商品交易会（简称糖酒会）在成都中国西部国际博览城和世纪城新国际会展中心举办。今年第 106 届全国糖酒会（春季）与第 107 届全国糖酒会（秋季）“春秋糖”合并举行，呈现“精彩成双，大有可为”的双倍惊喜。为期三天的糖酒会，首次以“一城双馆”形式举办，展览总面积 26 万平方米，吸引了近 30 个国家和地区的 5032 家食品饮料、酒类、调味品、机械包装及技术服务企业参展，超 20 万人次参观了展会。展览规模不仅创造了全国糖酒会办展历史的新纪录，更成为 2022 年全球规模最大的食品和酒类行业展会。

11 月 11 日，由全国糖酒商品交易会组委会、中国轻工企业投资发展协会主办的 2022 中国品牌营销论坛在成都举行。500 余位食品饮料相关行业决策者、从业者及媒体参加了本次论坛。本届论坛以“探索食品饮料行业新机遇”为主题，从“中国大消费品牌的机会在哪里”“解构增长，再造品牌奇迹”两个层面展开高峰论坛探讨，探讨中国食品饮料行业发展现状，从资本视角、行业视角、品牌视角、渠道视角、平台视角及营销视角等多纬度解析中国大消费的现状、洞察其未来趋势、为其未来提供典范式学习样本及突破路径，从而推动中国食品饮料行业快速、高质量及可持续发展。

11 月 11 日，据电商数据公司星图数据发布的双 11 购物节数据：“综合电商平台 + 直播平台”累积销售额为 11154 亿元。值得关注的是，直播电商销售额大涨 146.1%。而“双 11”购物节结束后，头部电商开始变成“隐身侠”，京东、天猫均未公布总成交额（GMV）。在史上第 14 个“双 11”，各大平台首次未公布关键交易数据。天猫表示，今年天猫“双 11”稳中向好，交易规模与去年持平。京东则表示，今年“双 11”超越行业增速，创造了新的纪录，零售购物用户数也再创佳绩。

11 月 15 日，国家互联网信息办公室发布新修订的《互联网跟帖评论服务管理规定》（简称《规定》）。新《规定》自 2022 年 12 月 15 日起施行。新《规定》旨在加强对互联网跟帖评论服务的规范管理，维护国家安全和公共利益，保护公民、法人和其他组织的合法权益，促进互联网跟帖评论服务健康发展。《互联网跟帖评论服务管理规定》自 2017 年 10 月 1 日施行以来，对于规范跟帖评论环节信息秩序，维护良好网络环境发挥了积极作用。但随着互联网新技术新应用的快速发展，互联网跟帖评论服务也出现了许多新情况、新问题，需要适应形势发展变化进行修订完善。新《规定》共 16 条，重点明确了跟帖评论服务提供者跟帖评论管理责任、跟帖评论服务使用者和公众账号生产运营者应当遵守的有关要求等内容。

十二月

12 月 8 日，由人民日报社主办的 2022 中国品牌论坛在北京举行。本届论坛以“推动中国品牌建设高质量发展”为主题，通过线上线下相结合的形式举行。政府主管部门代表、企业负责人、专家学者 120 余人参与。中央宣传部、人民日报社、国家发展改革委、科技部、工信部、国家乡村振兴局、商务部、国务院国资委、国家市场监管总局等部委领导，以及部分企业负责人、专家学者等齐聚一堂，开展深入研讨交流，为助推中国品牌建设汇聚智慧力量。本届论坛还发布了 2022 中国品牌案例。

12 月 10 日，李诞正式开启了在淘宝直播的第一场直播。据公开数据显示当晚直播全场累计销售额 3200 万 +，累计新增粉丝 58 万 +。以李诞为首的脱口秀演员进军直播电商，从某种程度上来说是直播电商内容逐渐饱满丰富化的趋势，除了带货以外，用户也期待看到更具内容性与趣味性的直播内容。

12 月 12 日，为规范移动互联网应用程序信息服务管理，进一步压实应用程序分发平台主体责任，中央网信办部署开展“清朗·移动互联网应用程序领域乱象整治”专项行动，将加强移动互联网应用程序全链条管理，全面规范移动应用程序在搜索、下载、使用等环节的运营行为，着力解决损害用户合法权益的突出问题。

12 月 20 日，抖音发布 2022 世界杯观赛报告称，2022 世界杯累计直播观看人次达 106 亿，用户直播总互动 13 亿。其中，决赛之夜的直播观看人数达 2.3 亿，最高同时在线人数达 3706 万，边看边聊参与人数达 492 万。数据显示，11 月 14 日至 12 月 19 日，抖音打造站内外世界杯热点 5237 个，累计消费 1510 亿，其中抖音原生热点 1223 个。

12 月 21 日，由国家市场监管总局主办的第 29 届中国国际广告节公益广告赛事颁奖盛典成功举办。今年的此次盛典开创性地将三大公益广告赛事齐聚一堂，3·15 消费者权益保护公益广告大赛、长江杯公益广告作品征集大赛以及黄河奖作品征集大赛颁奖相继进行。第二天，广告节中的核心 2022 中国品牌创新论坛在厦门国际会展中心召开。本届论坛以“品牌的可持续增长”为主题，100 余位行业精英和企业领袖参加了此次论坛，并从策略、内容、技术、消费者洞察等各个角度展开深入探讨。

12 月 26 日，国家市场监管总局发布调查结果，并宣布处罚决定：责令知网停止独家合作行为，不得以不公平的高价销售数据库服务，并处以罚款 8760 万元。随后，中国知网官网发布消息称，对该处罚决定诚恳接受，坚决服从，并给出了共计 15 项的整改措施，包含停止新签续签独家合作协议；大幅降低数据库服务价格，用户的学术文献数据库服务实际成交价格三年内下调 30% 以上等。

12 月 29 日，由华东师范大学、中国高等院校市场学研究会品牌专业委员会联合主办、华东师范大学国家品牌战略研究中心承办的第七届“2022 中国品牌科学与应用论坛暨全球品牌战略国际研讨会”以线上形式成功举办，近 2000 位与会者在线参加了上午的论坛和下午的研讨会。本届论坛以“高质量发展与新品牌战略”为主题，来自学界和业界的 10 多位学者和专家分别进行了精彩主旨演讲。大会一二单元分别聚焦“年度主题：高质量发展与新品牌战略”“卓越品牌实践”，研讨会主题分别是“国际研讨会：全球品牌战略主题”及“品牌科学与应用学术研讨”。论坛还正式发布了 2022 年大夏“国家冠军品牌强度指数”。

12 月，北京冬奥会双冠王谷爱凌喜讯不断，目前已登上至少 6 项年度榜单。首先是在新华社评选出的 2022 年中国十佳运动员和 2022 年国际十佳运动员中，谷爱凌都排名第一位，其中在 2022 国际十佳运动员榜单中还力压足坛巨星梅西高居榜首。美国权威媒体《福布斯》公布了 2022 年全球女子运动员收入排行榜，谷爱凌以 1.4 亿排名第三，两位网球运动员大坂直美和小威廉姆斯分列前两位。除了上述三项榜单外，谷爱凌还登上了美国最大电视台 NBC 评选的奥运会最佳十大时刻、《纽约时报》评选的 21 个最佳运动时刻、CNN 评选的 2022 年时尚选择。

11 月至 12 月，世界杯赛期间，如果说很多品牌的营销更多是单点突破，蒙牛更是借世界杯之势，360 度整合向全世界放出蒙牛品牌理念和精神的大作。正赛期间，11 月 20 日至 12 月 19 日，蒙古共发布 8 支 TVC 广告，包括开赛日发布《营养世界的每一份要强》主 TVC；11 月 22 日的《梅西篇》；11 月 23 日的《姆巴佩篇》；11 月 29 日的《营养世界的每一份要强》；12 月 05 日的《职场世界杯》；12 月 16 日的《梅西姆巴佩 蒙牛更爱谁》；12 月 19 日的《梅西夺冠视频》。一波接一波的投放中，可以清晰地看到蒙牛层次递进地彰显其“要强”的品牌精神，占领球迷与大众的眼球和心智。

政策、法规

Policies，Laws and Regulations

2022 年广告政策与法规综述

刘双舟

2022 年广告业政策的新成果是《“十四五”广告产业发展规划》的发布。立法的最新动态是市场监管总局在修订《互联网广告管理暂行办法》的基础上，起草了《互联网广告管理办法》，并向社会公开征求意见。影响较大的与广告相关的规范性文件有 3 个：一是七部门联合印发《关于进一步规范明星广告代言活动的指导意见》；二是市场监督管理总局起草的《广告绝对化用语执法指南（征求意见稿）》；三是市场监督管理总局发布的《关于规范市场监督管理行政处罚裁量权的指导意见》。

一、修订《互联网广告管理暂行办法》

2016 年，原工商总局制定了《互联网广告管理暂行办法》（以下简称《暂行办法》），为维护公平竞争、规范有序的广告市场环境提供了法律支撑。随着互联网广告在广告形式、经营模式、投放方式等方面不断发展变化，特别是在新媒体、自媒体时代，互联网广告进一步从电脑端向移动端扩展，多样性、多元性、广泛性的特征更趋明显，《暂行办法》已不能完全适应当前互联网广告监管新形势新要求。为进一步完善互联网广告监管制度，增强互联网广告监管的科学性、有效性，促进互联网广告业持续健康发展，2019 年市场监管总局启动了对《互联网广告管理暂行办法》的修订工作。先后多次召开专题会议，听取地方市场监管部门对互联网广告监管工作和《暂行办法》修订等方面的意见、建议，又书面征求了地方市场监管部门意见和中央宣传部、中央网信办、教育部、工业和信息化部、公安部等 12 个部委意见。2022 年市场监管总局正式公布了《互联网广告管理办法（征求意见稿）》，现向社会公开征求意见。

《互联网广告管理办法（征求意见稿）》共 31 条。修改了规章名称，调整了适用范围，明确了相关定义，删去了程序化购买的有关规定，强化了相关主体责任，调整了相关内容。

二、编制和发布《“十四五”广告产业发展规划》

2022 年，为促进“十四五”时期广告业高质量发展，市场监管总局立足新发展阶段，充分考虑广告产业属性特征，深入分析广告产业发展水平、发展特征、发展机遇和面临挑战，在深入调研的基础上组织编制了《“十四五”广告产业发展规划》（以下简称《规划》）。重点聚焦对广告产业发展方向的引领，明确了“十四五”时期广告产业发展的指导思想和“十四五”时期广告产业发展应当坚持的基本原则。

根据《规划》，“十四五”时期我国广告产业的发展目标是：广告产业向专业化和价值链高端延伸，促进消费、提升商品和服务附加值、传播社会文明、吸纳就业的作用进一步凸显。产业发展环境进一步优化，发展质量效益明显提升，规模增速适应经济社会发展需求，产业结构更加科学合理，各类市场主体活力进一步激发。产业创新能力和服务能力不断提高，产业资源配置更趋合理，有利于服务区域经济社会协调发展的广告产业发展体系逐渐完善。广告法制体系进一步完善，广告监管智慧化水平有效提升，广告市场秩序持续向好。广告作品质量进一步提升，彰显文化自信和社会主义核心价值观的广告主流文化全面建立，广告产业对于提高国家文化软实力的支撑作用进一步增强。

《规划》还明确了 10 项重点任务，在重点任务项下设计了 7 个专栏。重点任务围绕实现发展目标的内在逻辑设定。专栏聚焦需要推动的重点工作，包括公益广告振兴行动、广告领域“放管服”改革、广告产业高质量发展引领工程、广告产业服务能力提升行动、广告法律法规体系的健全完善、广告监管能力提升行动、广告人才培养行动等。第四部分“组织实施”。主要从争取各级党委政府支持、加强与相关部门沟通协调、强化评估考核等方面，强调《规划》的落实。

三、七部门联合印发《关于进一步规范明星广告代言活动的指导意见》

2022 年，市场监管总局会同中央网信办、文化和旅游部、广电总局、银保监会、证监会、国家电影局等七部门联合印发《关于进一步规范明星广告代言活动的指导意见》（以下简称《指导意见》）。要求各相关部门要进一步明确明星广告代言行为规则，加强广告导向监管，强化明星自我约束，规范明星广告代言行为。

《指导意见》对代言广告的明星提出三点规范要求：一是坚持正确导向。明星在广告代言活动中应当自觉践行社会主义核心价值观，代言活动应当符合社会公德和传统美德。不得发布有损国家尊严或者利益的言论；不得实施妨碍社会安定和社会公共秩序的言行；不得宣扬淫秽、色情、赌博、迷信、恐怖、暴力等内容；不得宣扬民族、种族、宗教及性别歧视；不得炒作隐私；不得宣扬奢靡浪费、拜金主义、娱乐至上等错误观念和畸形审美；不得以饰演的党和国家领导人、革命领袖、英雄模范等形象或近似形象进行广告代言（以饰演的其他影视剧角色形象进行广告代言的，应当取得影视剧版权方授权许可）；不得宣扬其他违背社会良好风尚的言论和观念。二是做好事前把关。明星在为商品或者服务开展广告代言活动前，应当对被代言企业和代言商品进行充分了解，查阅被代言企业登记注册信息、相关资质审批情况、企业信用记录、代言商品的商品说明书（服务流程）以及涉及消费者权利义务的合同条款和交易条件等信息，审看相关广告脚本。明星应当妥善记录对被代言企业信息了解情况、对商品体验和使用情况，保管相关广告代言合同以及代言商品消费票据等资料，建立承接广告代言档案。三是依法诚信代言。明星应当严格遵守相关法律法规规定，做到依法、依规、诚信开展广告代言活动。不得为法律禁止生产、销售的产品（含禁止提供的服务）进行广告代言；不得为未使用过的商品（未接受过的服务）做推荐、证明；不得为无证经营的市场主体或者其他应取得审批资质但未经审批的企业进行广告代言；不得为烟草及烟草制品（含电子烟）、校外培训、医疗、药品、医疗器械、保健食品和特殊医学用途配方食品进行广告代言；不得违反其他法律法规对广告宣传的有关规定。广告代言过程中，不得泄露国家秘密或者个人隐私；不得夸大商品功效；不得引用无从考证的数据；不得对其他经营者进行商业诋毁；不得对产品的价格、优惠条件等做引人误解的宣传；不得对资产管理产品直接或者变相宣传、承诺保本保收益或者以预测投资业绩等方式暗示保本、无风险、保收益等；不得对借贷类金融产品一味宣传低门槛、低利率、轻松贷，引发消费者误解。

《指导意见》对企业选用明星开展广告活动提出 3 点规范要求：一是确保广告内容真实。企业选用明星进行广告代言，应当向明星提供相关广告脚本并对广告内容的真实性、合法性负责。金融产品广告，应当主动、充分披露产品信息和揭示风险，严格遵守金融行业管理部门有关金融产品营销的规定。相关商品关系消费者生命健康安全的，企业要主动向拟选用的广告代言人提示代言风险。企业提供给代言明星体验、使用的商品，在质量、价格、交易条件和服务品质等方面应当与提供给消费者的保持一致。二是妥善选用明星代言。企业选用代言明星前，应当对明星从业情况、个人信用等进行充分了解，注重经济效益和社会效益的统一，自觉抵制选用违法失德明星作为广告代言人。严格遵守广告法律法规规定，不得选用因代言虚假广告被行政处罚未满三年的明星作为广告代言人。三是严格遵守禁止性规定。企业不得选用不满十周岁的未成年人作为广告代言人，未成年人保护法律法规及直播营销管理相关规定对广告代言人年龄限制另有规定的，从其规定。从事医疗、药品、医疗器械、保健食品等行业的企业不得利用广告代言人进行广告宣传。不得发布面向中小学（含幼儿园）校外培训广告，从事其他教育、培训行业的企业不得利用专业人士或者受益人开展广告代言活动。从事农药、兽药、饲料、饲料添加剂、农作物种子、林木种子、草种子、种畜禽、水产苗种和种养殖行业的企业不得利用专业人士从事广告代言活动。

《指导意见》对广告发布单位提出 2 点要求：一是严格内部审核。报纸、期刊、广播、电视、电影、互联网等广告发布载体运营单位要依法妥善制作和保管广告发布档案，建立健全广告发布内部审核制度，加大对明星代言广告内容审核力度，坚决纠正违反正确导向、借敏感话题炒作、庸俗低俗媚俗等不良广告信息，及时停止发布违法失德明星代言的广告。二是加强节（栏）目和直播管理。各类媒体单位要严格落实节（栏）目管理制度，依法依规加强直播管理，严禁违法失德明星通过参加访谈、综艺节目、直播等形式变相开展广告代言活动。

《指导意见》还对如何准确认定明星广告代言行为，如何准确认定选用违法失德明星广告代言情形，对如何准确把握广告代言人对被代言商品的使用义务，如何依法追究广告代言违法行为各方主体责任等做出明确要求。

四、市场监管总局就《广告绝对化用语执法指南》征求意见

近年来，部分地方市场监管部门对广告绝对化用语监管执法过程中出现“一刀切”“简单化”倾向，造成个别广告行政处罚案件存在“过罚失当”的现象。为进一步加强和规范广告绝对化用语执法，统一地方执法尺度，更好地保障中小企业合法权益，营造良好营商环境，2022 年市场监管总局依据《广告法》《行政处罚法》等法律、法规起草了《广告绝对化用语执法指南》并公开向全社会征求意见。

根据“征求意见稿”的规定，有下列情形之一，广告内容中使用绝对化用语未指向商品经营者所推销的商品，不适用《广告法》关于绝对化用语的规定：（一）仅表明生产经营者的服务态度或者经营理念、企业文化的；（二）仅表达经营者或者商品的目标追求的。有下列情形之一，广告中使用的绝对化用语指向商品经营者所推销的商品，但不具有误导消费者或者贬低其他经营者的客观效果的，不适用《广告法》关于绝对化用语的规定：（一）仅用于对同一品牌或同一企业商品进行自我比较的描述，且表述内容真实；（二）仅用于宣传商品使用的最佳方法、最佳时间、最佳保存期限等消费提示；（三）依据国家标准、行业标准、地方标准认定的产品或者服务分级用语中含有绝对化用语；（四）商品名称或者注册商标中含有绝对化用语，广告中使用商品名称或者注册商标来指代商品，以区分其他商品；（五）仅用语宣传商品及其原料的背景资料本身，且表述内容真实；（六）依据国家有关规定评定的奖项、称号中含有绝对化用语；（七）在表明限定时间、地域等具体条件的情况下，表述时空顺序客观情况，如宣传产品销量、销售额、市场占有率等广告主能够证明的事实信息。

“征求意见稿”还规定，商品经营者在其经营场所或者利用自有媒介发布广告，使用绝对化用语，持续时间短或浏览人数少，没有造成危害后果或者危害后果轻微的，可以依法从轻、减轻行政处罚。其他依法从轻、减轻或者不予行政处罚的，应当符合市场监管总局《关于规范市场监督管理行政处罚裁量权的指导意见》的规定。但是有下列情形之一的，一般不认为属于违法行为轻微或者社会危害性较小：（一）医疗、药品、医疗器械、保健食品、特殊医学用途配方食品广告中，出现与疗效、治愈率、有效率等相关的绝对化用语；（二）金融理财类产品广告中，出现与投资收益率、投资安全性等相关的绝对化用语。

五、《关于规范市场监督管理行政处罚裁量权的指导意见》实施

2019 年 12 月 24 日，总局印发《市场监管总局关于规范市场监督管理行政处罚裁量权的指导意见》（国市监法〔2019〕244 号）（以下简称《指导意见》）。

2021 年 7 月 15 日，新修订的行政处罚法正式实施。2022 年 7 月 29 日，国务院办公厅印发《国务院办公厅关于进一步规范行政裁量权基准制定和管理工作的意见》（国办发〔2022〕27 号），对行政处罚裁量权基准制定和管理工作提出新的要求。为贯彻落实新修订的行政处罚法和国务院意见要求，更好地保护市场主体和人民群众合法权益，切实维护公平竞争的市场秩序，实现政治效果、社会效果、法律效果的统一，市场监管总局对《指导意见》进行了修订，并于 2022 年 10 月 8 日正式印发。

《指导意见》中对广告监管执法具有指导意义的内容主要是应当依法不予行政处罚、应当依法从轻或者减轻行政处罚、可以依法从轻或者减轻行政处罚、应当依法从重行政处罚的情形。

根据《指导意见》的规定，应当依法不予行政处罚的情形包括：不满十四周岁的未成年人有违法行为的；精神病人、智力残疾人在不能辨认或者不能控制自己行为时有违法行为的；违法行为轻微并及时改正，没有造成危害后果的；除法律、行政法规另有规定外，当事人有证据足以证明没有主观过错的；除法律另有规定外，涉及公民生命健康安全、金融安全且有危害后果的违法行为在五年内未被发现的，其他违法行为在二年内未被发现的等；应当依法从轻或者减轻行政处罚的情形包括：已满十四周岁不满十八周岁的未成年人有违法行为的；主动消除或者减轻违法行为危害后果的；受他人胁迫或者诱骗实施违法行为的；主动供述市场监管部门尚未掌握的违法行为的；配合市场监管部门查处违法行为有立功表现的，包括但不限于当事人揭发市场监管领域其他重大违法行为或者提供查处市场监管领域其他重大违法行为的关键线索或证据，并经查证属实的等。可以依法从轻或者减轻行政处罚的情形包括：尚未完全丧失辨认或者控制自己行为能力的精神病人、智力残疾人有违法行为的；积极配合市场监管部门调查并主动提供证据材料的；违法行为轻微，社会危害性较小的；在共同违法行为中起次要或者辅助作用的；当事人因残疾或者重大疾病等原因生活确有困难的等。应当依法从重行政处罚的情形包括：在重大传染病疫情等突发事件期间，有违反突发事件应对措施行为的等。可以依法从重行政处罚的情节包括：违法行为造成他人人身伤亡或者重大财产损失等严重危害后果的；教唆、胁迫、诱骗他人实施违法行为的；因同一性质的违法行为受过刑事处罚，或者一年内因同一性质的违法行为受过行政处罚的；阻碍或者拒不配合行政执法人员依法执行职务或者对行政执法人员打击报复的；隐藏、转移、损毁、使用、处置市场监管部门依法查封、扣押的财物或者先行登记保存的证据的；伪造、隐匿、毁灭证据的等。

（刘双舟 中广协法律咨询委员会常务副主任、中央财经大学文化与传媒学院院长、教授）

中国广告年鉴 2023
CHINA ADVERTISING YEARBOOK

广告监管

Advertising Supervision

2022 年广告市场监管执法工作重点和成效

刘双舟

2022 年广告监管的主要工作是贯彻落实习近平总书记关于“广告宣传也要讲导向”的重要指示精神，突出“为迎接和开好党的二十大净化市场环境和社会氛围”这一主线，持续强化广告导向监管，着力规范和净化广告市场秩序，着力指导和推动广告产业高质量发展。重点做好以下四方面工作：一是聚焦核心职能，不断强化广告监管执法；二是贯彻新发展理念，推动广告产业高质量发展；三是补短板强弱项，夯实广告监管工作基础；四是全面从严治党，强化作风建设和廉政建设，以实际行动迎接党的二十大胜利召开。2022 年度广告监管执法工作的成效主要表现在以下几个方面。

一、年度违法广告案件总量同比下降

2022 年度，全国各级市场监管部门共查处违法广告案件总量 40366 件（见图 1）。与 2021 年度相比，案件总量减少了 2333 件，同比下降了 5.46%。疫情期间违法广告案件量反弹的趋势得到遏制。

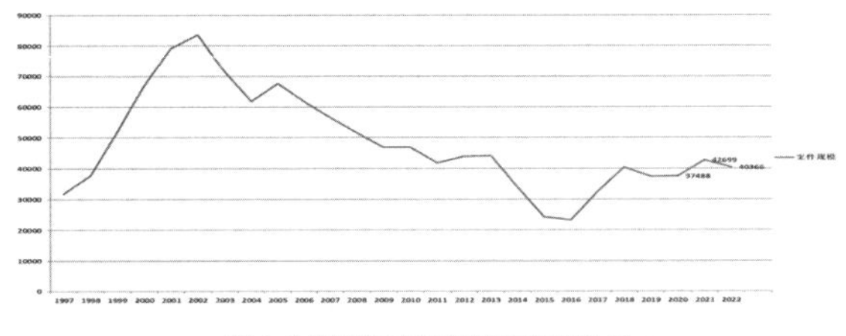

图 1 全国历年查处违法广告案件量

资料来源：中央财经大学市场监管法律研究中心制

二、虚假广告案件量占比的下降趋势得以延续

自 2017 年以来，虚假广告案件量一直占当年度全部违法广告案件的 50% 以上，2020 年度占比成一度高达 60.8%。打击和治理虚假广告始终是广告监管工作的重要任务之一。在市场监管部门及整治虚假广告部级联席会议各成员部门不懈的努力下，2021 年虚假广告案件量的占比开始有所下降。2022 年度，全国共查处虚假广告案件 23238 件，占比 57.33%，比 2021 年度减少了 1428 件，虽然同比仅下降了 0.20%，但是占比持续下降的趋势得到延续。（见图 2）

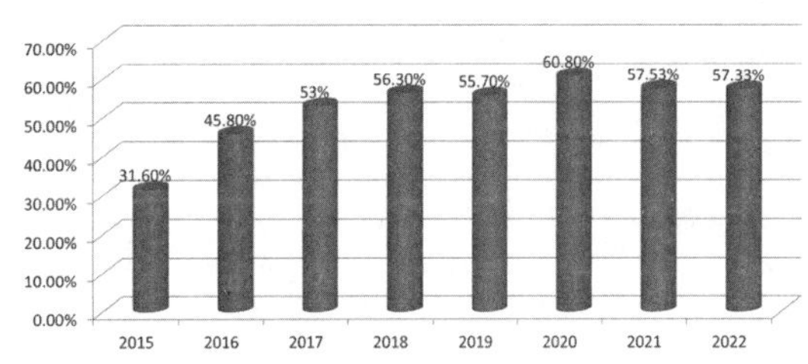

图 2 历年虚假广告案件量占年度违法案件量的比例

资料来源：中央财经大学市场监管法律研究中心制

三、互联网广告违法案件总量略有下降

2022 年度，互联网广告违法案件总量 23426 件，比 2021 年下降了 295 件，总量略有下降。但是 2022 年度互联网广告案件占比达 58.03%，比 2021 年度的 55.55%

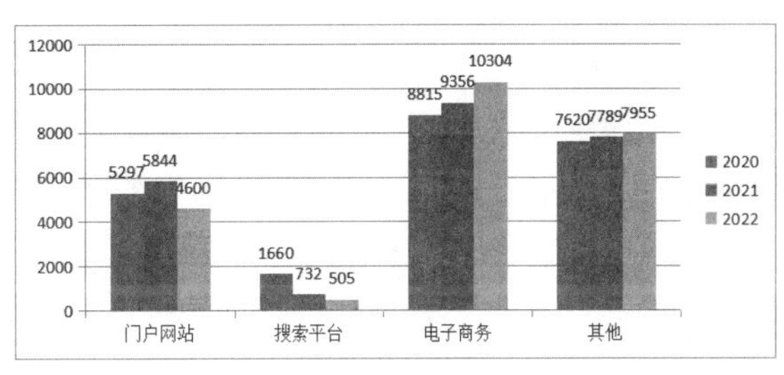

图 3 2020—2022 年度互联网违法广告案件分布

资料来源：中央财经大学市场监管法律研究中心制

升高了 2.48%。（见图 3）这表明，互联网广告治理仍是广告监管的核心工作。

四、广告主的守法意识有所增强

在历年查处的违法广告案件中，广告主违法案件的占比明显高于广告经营者、广告发布者等其他广告活动主体，近年来占比一直维持在 50% 以上。2022 年广告主承担法律责任的违法案件有 26295 件，占比达 65.14%，但是与 2021 年占比 67.53% 相比，下降了 2.39%。这表明广告主的守法意识有所增强。（见图 4）

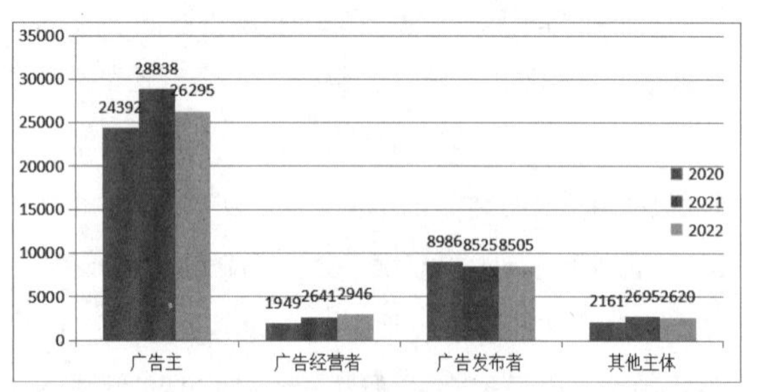

图 4 2020—2022 年广告活动主体承担法律责任案件量对比图

资料来源：中央财经大学市场监管法律研究中心制

五、传统媒体广告违法案件量呈下降趋势

2022 年，各类传统媒体违法广告案件量普遍呈下降趋势。2022 年度传统大众媒介广告违法案件量共 16940 件，占比 41.97%，比 2021 年度下降了 2.48%。其中电视广告违法案件 643 件、广播广告违法案件 179 件、报纸广告违法案件 94 件、期刊广告违法案件 35 件、户外广告违法案件 3726 件、印刷品广告违法案件 4308 件，与 2021 年度相比，案件量普遍减少。（见图 5）

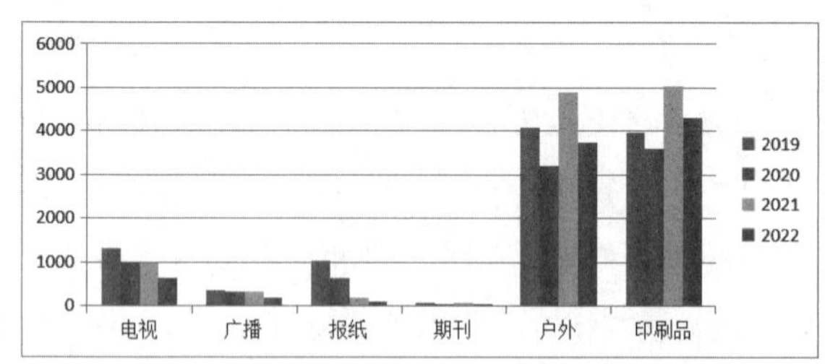

图 5 2019—2022 年度传统媒体违法广告案件趋势

资料来源：中央财经大学市场监管法律研究中心制

（刘双舟 中广协法律咨询委员会常务副主任、中央财经大学文化与传媒学院院长、教授）

2022 年广告市场执法通知、通报

关于开展面向未成年人无底线营销食品专项治理工作的通知

（国市监稽发〔2022〕10 号）

各省、自治区、直辖市和新疆生产建设兵团市场监管局（厅、委）、教育厅（教委、教育局）、公安厅（局）：

近期，一些包装或内容含有色情暗示、宣传违背社会风尚的食品，面向未成年人销售，有些甚至成为“网红零食”，引发社会各界高度关注。为深入贯彻落实《未成年人保护法》和《国务院未成年人保护工作领导小组关于加强未成年人保护工作的意见》有关要求，保护未成年人身心健康，全面治理校园及周边、网络平台等面向未成年人无底线营销色情低俗食品现象，现就有关工作通知如下：

一、全面落实主体责任

（一）压实食品生产经营者食品安全主体责任。食品生产经营者要严格执行相关规范要求，加强生产经营过程控制和标签标识管理，主动监测上市产品质量安全状况，对存在的隐患及时采取风险控制措施。校园及周边的食品经营者要进行全面自查，严格落实进货查验责任和义务，严禁采购、贮存和销售包装或标签标识具有色情、暴力、不良诱导形式或内容危害未成年人身心健康的食品。凡发现存在宣传违反公序良俗、损害未成年人身心健康的食品，经营者要立刻下架。

（二）压实电子商务平台管理责任。电子商务平台要依法依规落实入网经营者资质核验、登记等义务，加强对平台内经营者身份信息的管理、公示，全面落实不需要登记的经营者自我声明公示。以无底线营销用语及行为为监测审查重点，开展全面自查，及时清理包装、标签标识违法违规以及违反公序良俗的相关宣传用语和违法广告，对平台内经营者违反法律法规的行为要及时采取警示、暂停或终止服务等措施，并将处理情况向所在地县级市场监管部门报告。

二、严厉查处违法违规行为

市场监管部门要充分发挥市场监管“工具箱”作用，综合运用登记注册、日常监管、执法稽查、信用监管等手段实施联合惩戒，重点加强校园及校园周边等区域食品安全日常监管和抽检监测，严厉查处以下违法违规行为：

1. 未经许可从事食品生产，生产经营不符合食品安全标准和标签标识不合法的食品；

2. 对商品性能、功能作虚假或者引人误解的商业宣传；

3. 发布恶搞、低俗以及含有色情、软色情内容等违反公序良俗，损害未成年人身心健康的广告；

4. 为“三无产品”等法律、行政法规严禁生产、销售的产品设计、制作、代理、发布广告；

5. 生产经营侵犯注册商标专用权的商品；

6. 电子商务平台经营者不履行法定核验登记义务、对违法情形未采取必要处置措施或未向主管部门报告。

违法情形符合《市场监督管理严重违法失信名单管理办法》规定的一律列入严重违法失信名单，涉嫌犯罪的一律移交公安机关查处。

公安机关要及时梳理违法犯罪线索，依法严厉打击生产经营有毒有害食品、传播淫秽物品等危害未成年人身心健康的违法犯罪行为，及时受理行政部门移送的涉嫌犯罪案件。

三、加强对青少年的宣传教育和思想引导

各地教育部门和学校要认真贯彻落实《学校食品安全与营养健康管理规定》《校园食品安全守护行动方案（2020—2022年）》《教育部等五部门关于全面加强和改进新时代学校卫生与健康教育工作的意见》《教育部办公厅 市场监管总局办公厅 国家卫生健康委办公厅关于加强学校食堂卫生安全与营养健康管理工作的通知》等文件对学校食品安全与营养健康相关部署，面向全体学生加强教育引导，自觉抵制无底线营销对青少年健康成长的不良影响，养成文明健康、绿色环保生活方式。

市场监管部门和公安部门要积极配合教育部门做好学生教育引导，持续加大对学生食品安全与营养健康知识的宣传教育力度，倡导学生养成健康的饮食习惯和消费理念，增强未成年人自觉识别、抵制“无底线营销”食品的能力，形成社会共治良好局面，彻底杜绝以食品名义宣传软色情、低俗信息等有违公序良俗的擦边球行为。

四、确保治理工作取得实效

各地各部门要高度重视，提高政治站位，深刻认识专项治理工作的重要性和迫切性，把开展治理工作列入工作重点，因地制宜制定具体工作方案，明确专人负责，务求取得实效。市场监管、教育、公安部门要积极配合、通力协作、形成合力，持续加大宣传力度，适时联合公布治理行动成果，曝光典型案例。通过查办一批违法案件、曝光一批典型案例、严惩一批违法分子，形成有效震慑。

市场监管总局
教育部
公安部
2022年1月19日

市场监管总局 国家卫生健康委 海关总署
关于依法查处生产经营含金银箔粉食品违法行为的通知

国市监食生发〔2022〕18号

各省、自治区、直辖市和新疆生产建设兵团市场监管局（厅、委）、卫生健康委，海关总署广东分署、各直属海关：

根据我国食品安全法律法规及食品安全标准规定，金（银）箔金（银）粉类物质（以下简称金银箔粉）不是食品添加剂，不能用于食品生产经营。为进一步加强食品安全监管，维护人民群众身心健康和生命安全，净化市场消费环境，现就有关事项通知如下：

一、严格食品安全监管。各级市场监管部门要督促食品生产经营者严格落实主体责任，食品生产者不得采购使用金银箔粉生产加工食品，食品销售者不得采购销售含金银箔粉食品，餐饮服务提供者不得制作售卖含金银箔粉餐食。

二、严格进口食品安全监管。各级海关部门要督促食品进口商落实主体责任，不得进口含金银箔粉食品，已经进口的，立即停止销售。

三、严格网络交易监管。各级市场监管部门要督促网络交易平台严格落实主体责任，加强平台内经营者资质审核，严禁平台内经营者销售含金银箔粉食品。加强对“含金银箔粉食品”“可食用金银箔粉”的网络交易监测，及时督促网络交易平台依法采取下架等处置措施。

四、严格广告监管。各级市场监管部门要严厉打击以食品添加金银箔粉为噱头宣扬奢靡享乐、拜金主义等违背社会良好风尚的广告宣传行为，依法从严查处宣传食品中添加金银箔粉具有保健功能、治疗功效等虚假违法广告。

五、严厉打击违法违规行为。各有关部门要加大执法力度，严厉打击生产经营含金银箔粉食品的违法行为，严厉打击虚假宣传金银箔粉可食用的违法行为，严厉打击进口含金银箔粉食品违法行为。相关违法行为一经查实，一律依法从严从重从快查处；涉嫌犯罪的，一律依法移送公安机关追究刑事责任。

六、加强科普宣传和舆论引导。各有关部门要加强食品安全和营养健康教育，组织专家开展健康解读，正确引导社会舆论，适时发布消费提示，倡导科学理性消费。鼓励社会各界监督，畅通投诉举报渠道，积极营造良好消费环境，坚决遏制“食金之风”。

市场监管总局

国家卫生健康委

海关总署

2022年1月29日

关于禁止销售“军”字号烟酒等商品的通告

军后需能〔2022〕236号

近年来，部分经营者公开或变相冒用军队名义，使用军队特定含义字样和图案，生产销售“军中茅台”“军队专供”等假冒伪劣商品，严重损害军队声誉形象，影响国家经济环境治理。为了维护人民军队良好形象、社会公共利益和市场经营秩序，现就有关问题通告如下：

一、严禁任何单位和个人利用中国人民解放军和武装警察部队名义，以任何形式进行商业营销宣传。

二、严禁线上线下销售“军”字号烟酒等商品。“军”字号烟酒等商品，指在商品或包装上印刷、刻制、铸造包括但不限于下列字样或者图案，易误导消费者、造成涉军负面影响的商品。

（一）军事单位名称，包括中央军委、各战区、各军兵种、武装警察部队及其他军队单位的全称或者简称。

（二）部队番号或者代号，包括中国人民解放军和武装警察部队实有番号、代号的全称或者简称，以及虚假的部队番号、代号。

（三）涉军特定含义字样，包括“军队”“部队”“解放军”“武警”“战区”“警卫局”“PLA”“CAPF”“PAP”“国防”“八一”“军用”“军供”“军中”“军需”“军服”“军品”“军队专供”“军队特供”“军队特制”“军品代销”“军品专营”等。

（四）军用标志物图案或者类似图案，包括军旗、军徽、武警部队徽、八一、勋章、领花、胸标、臂章等。

三、严密组织“军”字号烟酒等商品监管。相关职能部门要密切配合，加强对违规生产、销售“军”字号烟酒等商品和涉军商标注册监管，对发现的问题坚决予以纠正，对拒不整改、顶风违法违规的，依法依规严肃查处。

中央军委后勤保障部　中央网络安全和信息化委员会办公室

中华人民共和国公安部　国家市场监督管理总局

国家烟草专卖局　国家知识产权局

2022年6月20日

中国广告年鉴 2023

CHINA ADVERTISING YEARBOOK

全国各地区广告业发展与广告监管情况

Provincial Advertising Supervision and Developing

北京市

2022 年，北京市市场监管局坚决贯彻落实习近平总书记关于“广告宣传也要讲导向”的重要指示精神，按照总局全年广告监管工作部署要求，突出“为迎接和开好党的二十大净化市场环境和社会氛围”这一主线，持续强化广告导向监管，规范和净化广告市场秩序，助力广告产业高质量发展。

一、强化导向监管，护航党的二十大胜利召开

为全力护航党的二十大胜利召开，全市一盘棋，多措并举，深入开展整治净化工作。一是充分发挥全市整治虚假违法广告联席会议机制作用，加强与城市管理、宣传、网信、广电、公安、文化等多部门在信息共享、线索移送、措施配合等方面同向发力，形成监管合力，共查办涉导向类案件 28 件，罚没款 701 万元。二是紧抓头部互联网平台企业，通过多渠道发布提醒告诫书、开展互联网平台企业“两必谈”等方式，指导快手、抖音、百度、京东等头部平台企业加强行业自律，清理净化平台内违法违规信息。同时，积极倡导社会各界创作发布喜迎二十大的公益广告，弘扬主旋律。三是加强借党的二十大进行商业营销炒作行为风险分析、研判，形成违法违规销售相关商品、利用会议相关内容进行商业炒作、可能引起舆情关注的不良导向广告等 3 方面重点防范风险点，准确识别并坚决打击相关违法广告宣传行为。共出动执法人员 1.7 万余人次，检查市场主体 5.2 万余户次，监测广告 215.77 万余条次，发现相关涉嫌违法广告 1715 条次。

二、强化机制建设，维护广告市场秩序

持续完善首都广告监管制度体系，加强分级分类处置，有力维护首都广告市场秩序。一是修订完善《关于加强和规范广告事中事后监管的指导意见》《关于进一步加强户外广告监管的通知》等文件，形成风险监管、信用监管、分级分类、协同监管、共治监管、科技监管等 6 项制度，构建一体化综合监管模式，进一步提升广告监管精准性、有效性、科技性。二是修订《北京市整治虚假违法广告联席会议工作制度》，完善信息沟通通报、监管执法联动、联合监督检查、工作会商研究等 4 项机制。增补北京市检察院为成员单位，共计成员单位 14 家，进一步细化各部门职责分工，提升部门协同监管效能。三是扎实推进医疗美容行业突出问题专项治理工作，建立“一名册、三清单、一台账、一目录”底数台账，通过依法依规分类处置，加强信用约束和联合惩戒，对群众反应强烈的价格欺诈、虚假宣传、非法行医等问题形成有力震慑。四是严格查处存在导向问题和危害人民群众生命财产健康的重点领域虚假违法广告，全市广告案件立案 1543 件，给予行政处罚 942 件，罚没款 1684.66 万元，其中：食品（保健食品）、药品、医疗等重点领域广告案件 464 件，罚没款 979.1 万元。五是对轻微广告违法行为实施包容审慎监管，对违法情节轻微未造成危害后果依法不予行政处罚 422 件，占立案总数 27.35%。加强对 4.6 万余条涉嫌违法广告监测线索的分析、处置，对违法情节轻微的线索采取行政指导方式进行规范，共责令改正 2.2 万余条、行政告诫 616 条。

三、强化问题导向，助力广告产业发展

2022 年北京市广告业遭遇寒冬，我市坚持问题导向，广泛开展调查研究，系统分析北京市广告业发展困难及瓶颈，助企纾困。一是通过召开企业座谈会、发放调查问卷等方式收集企业诉求，实地走访 10 余家头部企业和北京国家广告产业园区、北京广告协会等开展调查研究，形成适度放开部分行业广告管控、减免户外广告公共设施租金、降低融资贷款难度等 6 项近期措施建议以及 5 项长期措施建议。二是市市场监管局会同市地方金融监管局、人民银行营管部、北京银保监局、北京证监局联合印发《关于规范本市金融投资理财类广告发布活动的通知》，取消自 2016 年起实施的发布限制，引导企业合法合规发布金融投资理财类广告。组织在京外商投资广告企业参加市两区办高端服务业沙龙活动，与发改、商务、税务、财政、金融等有关部门召开座谈会、会商会，争取政策、资金支持，推动广告业务回流北京。三是市区两级市场监管部门建立重点广告企业名录，为重点广告企业配备专职服务管家，做好“点对点”对接服务。积极开展助企培训服务，培训抖音集团广告审查员 200 余名，联合人民银行营管部、市地方金融监管局、北京银保监局、北京证监局等部门为 20 余家广告经营单位、30 余家金融机构开展金融投资理财类广告合规培训。

天津市

2022 年，天津市市场监管部门以“确保广告市场安全稳定”为主线，坚持监管与服务并重，持续强化广告导向监管，全面加强重点领域监管，全力落实“三个保障”，有力规范广告市场秩序，积极推动广告业高质量发展。截至 12 月底，全市广告经营单位总数达 138764 户，其中专营广告经营单位总数 14168 户；兼营广告经营单位总数 124596 户；全市市场监管部门共查处广告案件 740 件，罚没款 1123.2 万元。

一、保障党的二十大期间广告市场稳定

组织各区市场监管局采取约谈主要媒体、强化大屏管控、加强督导检查、夯实应急处置等措施，突出监管关口前移，持续强化广告监管执法力度。特别是下发《关于加强舆情线索和突发事件应急处置工作的通知》，组织各区市场监管局完善舆情和突发事件应急处置机制，制定本辖区广告监管应急预案，建立广告监管条线 40 人的应急处置队伍，确保 24 小时联络畅通，及时妥善处置涉广告舆情和突发事件。共检查各类市场经营主体 1351 户次、重点 LED 大屏 56 块，约谈海河传媒中心等重点广告经营单位 60 户次，查处涉导向违法广告案件 1 件，罚没款 2 万元。为党的二十大胜利召开营造了良好的社会氛围和清朗的市场环境，全市未发生涉及广告监管的相关舆情。

二、保障人民群众生命健康和财产安全

（一）开展打击养老诈骗、“神医”“神药”虚假违法广告专项整治。按照《市市场监管委打击整治养老诈骗专项行动工作方案》《天津市市场监管系统 2022 民生领域案件查办“铁拳”行动方案》的工作部署，坚持线上线下一体化监管，着力加强医疗、药品、保健食品等涉及民生领域的虚假违法广告日常监测监管和专项整治工作，严厉打击“神医”“神药”等虚假违法广告行为。共查处各类食品、保健食品等虚假违法广告案件 9 件，罚没款 33.18 万元。

（二）开展医疗美容行业突出问题专项治理。市市场监管委充分发挥专班办公室职能作用，不断加强市区两级指挥调度，发动全媒体矩阵科普普法宣传，发起医美守法经营倡议，实现“三单一账”现场排查率 100%，开展飞行检查和应急快速反应演练，强化跟踪问效、约谈督导，打好综合治理组合拳，建立健全长效机制，形成了严打医疗美容市场乱象的高压态势，营造了“人人知晓、人人支持、人人参与”的社会共治氛围。整治期间，市区两级共召开专题会议 113 次，发布宣传报道 264 条、公益广告 93 条，出动执法人员 13000 余人次，工作督导人员 966 人次。全市共办结违法案件 79 件，罚没款 180 余万元；公安机关侦破刑事犯罪案件 19 件，抓获犯罪嫌疑人 24 人；人民法院审判相关犯罪案件 3 件；检察机关提起公诉案件 4 件，立案公益诉讼案件 17 件。同时，曝光了韩某某非法行医案、天津市傲蕾医疗美容诊所有限公司使用非法药品案、天津凯润婷医疗美容医院有限公司发布虚假广告案等 8 件医疗美容违法犯罪典型案例，李某某非法行医案作为国家层面典型案例予以曝光。

（三）贯彻落实《天津市中医药条例》。围绕优化营商环境、中医药标准化建设、完善市场信用信息体系、强化市场监管执法力度等方面，明确责任部门和单位，进

一步推动全系统广泛开展宣贯活动，严格依职责落实工作任务。自 2021 年 11 月《条例》施行以来，共监测检查中医药相关广告 3221 条次，查处违法案件 20 件，罚没款 120.55 万元。

三、保障天津市广告业营收平稳增长

充分发挥广告监管部门职能作用，积极推动广告业实现高质量发展。一是编制《天津市广告产业发展“十四五”规划》，阐明新常态下天津市广告产业发展战略意图，明确政府工作重点，引导广告主体行为，引领我市广告产业结构优化和质量创新，绘就未来五年天津市广告产业发展蓝图。二是印发《关于促进我市广告业平稳增长有关工作的通知》，要求各区市场监管局确定重点帮扶对象，主动上门服务，积极协调有关部门解决企业经营中存在的实际困难，减轻企业负担，激发市场主体活力，促进广告业营收增长。三是印发《关于转发广告业纾困政策解读的通知》，组织各区市场监管局在推动促进我市广告业营收平稳增长工作中，面向广大广告市场主体积极宣传《广告业纾困政策解读》《广告业助企纾困“组合式”政策指引》，切实增强政策的“落地感”和企业的“获得感”。2022 年，各级广告监管部门共对我市 370 户广告企业进行了深入走访调研，为相关企业协调解决涉及贷款、房租水电、法律咨询等方面问题 30 余个。委分管负责同志带队深入走访滨海广告产业园，现场协调解决与会企业普遍存在的银行贷款难问题，要求市民营企业协会就银企对接问题及时跟进并抓好落实。

辽宁省

广告作为信息传播活动，联结着各类市场主体和广大消费者，内含着经济、体现着艺术、彰显着文化，在传播商品、服务信息的同时，还传播着社会价值观念、伦理道德规范、社会准则等重要信息。广告市场健康有序，有利于畅通循环、促进消费，稳定经济发展大盘，引领社会文明风尚。

一、辽宁省传统媒体广告监测数据分析

（一）广告投放数据指标分析

广告是现代服务业和文化产业的重要组成部分，是经济发展的晴雨表。从某种意义讲，广告就代表着市场的繁荣程度，当经济活跃、消费旺盛时，企业就有足够的资金和热情投放广告，扩大市场；当经济低迷时，消费紧缩，市场不活跃，广告数量就相应下降。据省局智能广告监测云平台统计，2022年上半年，全省传统媒体共发布各类广告约 241.88 万条次。

1. 从广告投放类别看

普通服务类广告 27.88 万条次，占比 11.53%；形象宣传类广告 21.61 万条次，占比 8.93%；普通食品类广告 12.63 万条次，占比 5.22%；医疗服务类广告 11.97 万条次，占比 4.95%；药品类广告 9.05 万条次，占比 3.74%。可见，普通服务、形象宣传、普通食品、医疗服务、药品等领域的广告主体较为活跃。

化妆品、教育培训服务、知识产品、医疗器械类广告发布数量仅占总数的 0.09%、0.17%、0.19%、0.3%，证明这些领域较为低迷。

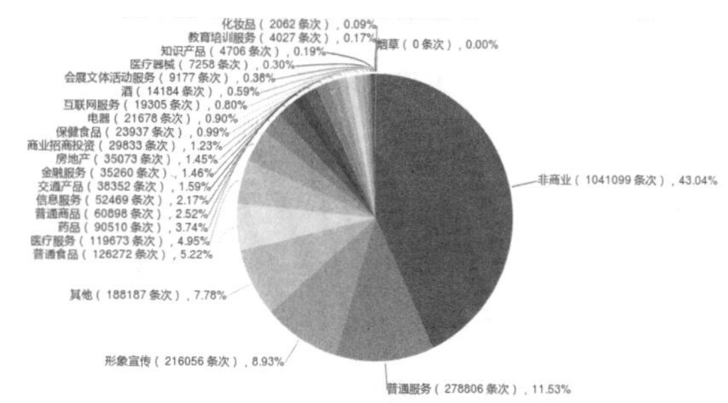

因此，普通服务、形象宣传、普通食品、医疗服务、药品等领域的广告作为群众接触概率最大、接触次数最多的重点内容，应加大监测监管力度。

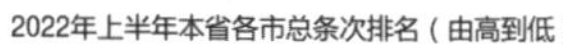
2022年上半年本省各市总条次排名（由高到低）

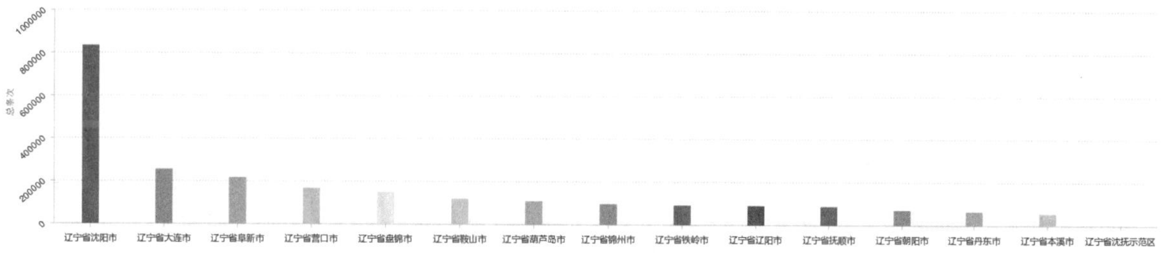

2. 从广告投放地域看

沈阳市共发布广告 83.61 万条次，占比 34.57%；大连市发布广告 25.5 万条次，占比 10.54%；阜新市发布广告 21.74 万条次，占比 8.99%。市场主体相对较为活跃，可能出现涉嫌违法广告行为。

本溪、丹东、朝阳等地发布广告数量仅占总数的 2.31%、2.69%、2.96%，还需进一步激发市场主体活力。

（二）涉嫌违法广告数据分析

1. 从涉嫌违法广告类别看

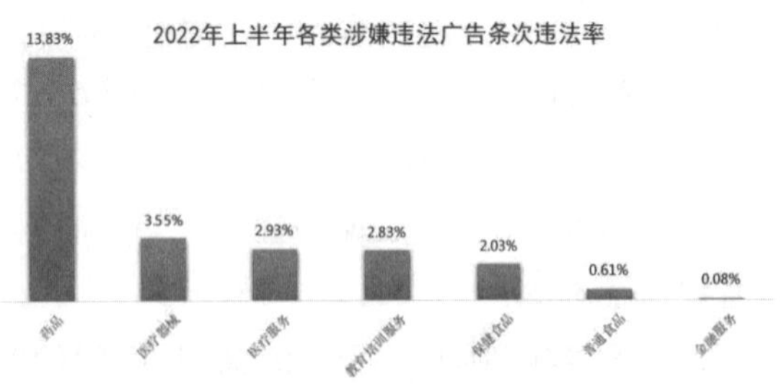

2022 年上半年我省传统媒体涉嫌违法广告主要包括药品、医疗器械、医疗服务、教育培训服务、保健食品、普通食品、金融服务 7 大类，其中药品广告条次违法率为 13.83%、医疗器械为 3.55%、医疗服务为 2.93%、教育培训服务为 2.83%、保健食品为 2.03%，应作为广告监管的重点内容。

2. 从涉嫌违法广告发布地域看

鞍山、抚顺、本溪、丹东等地发布涉嫌违法广告条次违法率较高，分别为 3.43%、2.05%、1.8%、1.44%，应予以重点关注。阜新、盘锦等地传统媒体几乎没有发现涉嫌违法广告案件线索。

3. 从涉嫌违法表现形式看

严格意义上讲，广播、电视栏目不属于广告范畴，但传统媒体以栏目植入广告、变相发布广告的现象还有很多。2022 年上半年，我省传统媒体以介绍健康、养生知识等形式变相发布医疗、药品、医疗器械、保健食品广告的涉嫌违法情况较为突出，约占违法总数的 32.4%。

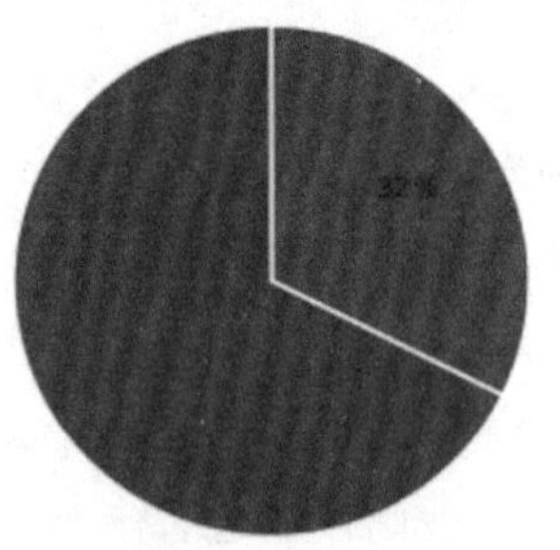

（三）广告监测能力分析

省局组织省市场监管事务服务中心通过自行建设和委托第三方监测机构相结合的方式，对省级传统媒体进行日常抽查监测，并结合工作需要和重点工作情况，对省市级传统媒体广告开展重点领域专项监测。

辽宁省各市传统媒体广告监测主要有三种模式。一是委托第三方监测公司进行抽查监测，主要包括沈阳、大连、本溪、丹东、锦州、阜新、辽阳 7 个市。二是通过自有监测设备自行进行监测，主要包括鞍山、抚顺、铁岭、朝阳、盘锦、葫芦岛 6 个市，其中盘锦市依托事务服务中心进行监测。三是营口市通过人工查看浏览等方式进行抽

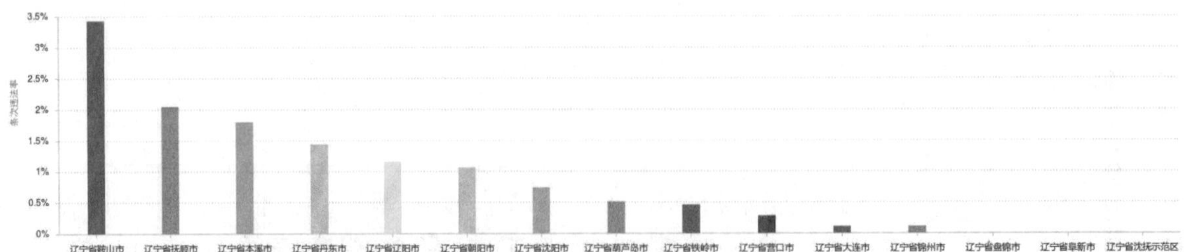

各市传统媒体广告监测模式

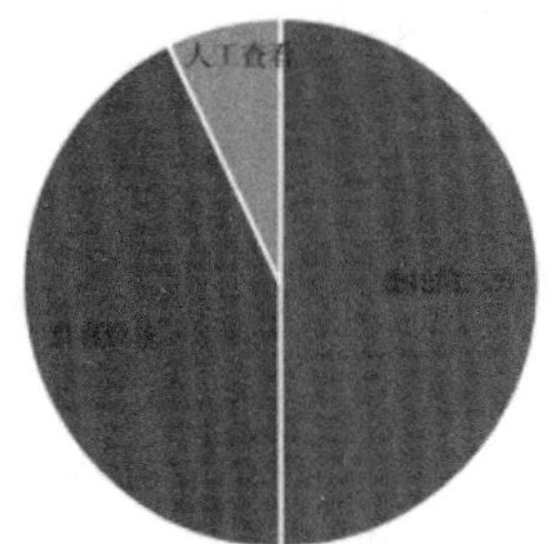

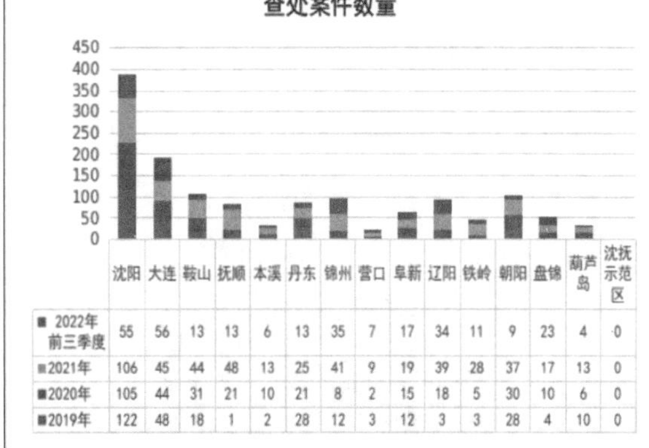

	沈阳	大连	鞍山	抚顺	本溪	丹东	锦州	营口	阜新	辽阳	铁岭	朝阳	盘锦	葫芦岛	沈抚示范区
2022年前三季度	55	56	13	13	6	13	35	7	17	34	11	9	23	4	0
2021年	106	45	44	48	13	25	41	9	19	39	28	37	17	13	0
2020年	105	44	31	21	10	21	8	2	15	18	5	30	10	6	0
2019年	122	48	18	1	2	28	12	3	12	3	3	28	4	10	0

二、辽宁省广告监管执法情况分析

自2019年以来，全省各级广告监管机关共查办虚假违法广告案件1404件，罚没金额约2476.52万元。

（一）办案数量逐年提升，罚没金额有所下滑

受执法体制改革、营商环境建设等多种因素影响，全省违法广告案件查处数量逐年提升，2022年前三季度已到达300件，但罚没金额整体不高。

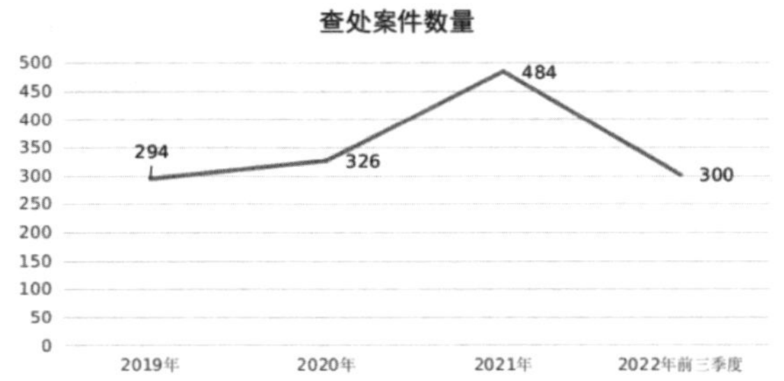

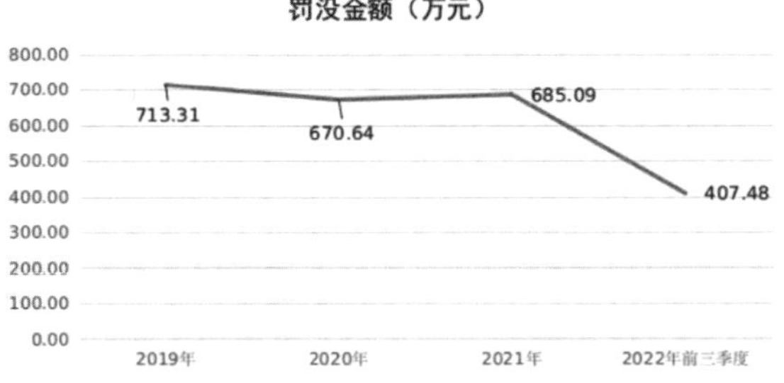

（二）立案查处力度差距较大

1. 从查处案件总量来看，各市查处案件的数量普遍逐年增加，呈现良好态势，其中沈阳、大连、鞍山、朝阳等市办理广告违法案件较多，分别为388件、193件、106件、104件，合计占案件总数的56.34%；营口、本溪、葫芦岛、沈抚示范区等地办理广告违法案件较少，分别为

2. 从罚没金额来看，沈阳、大连、丹东、抚顺等市罚没金额较多，分别为1158.58万元、266.47万元、156.05万元、136.53万元，合计占总数的71.67%；葫芦岛、本溪、营口等市罚没金额较少，分别为16.97万元、20.45万元、23.94万元；沈抚示范区因没有办理广告违法案件，罚没金额为0。

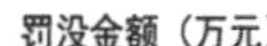

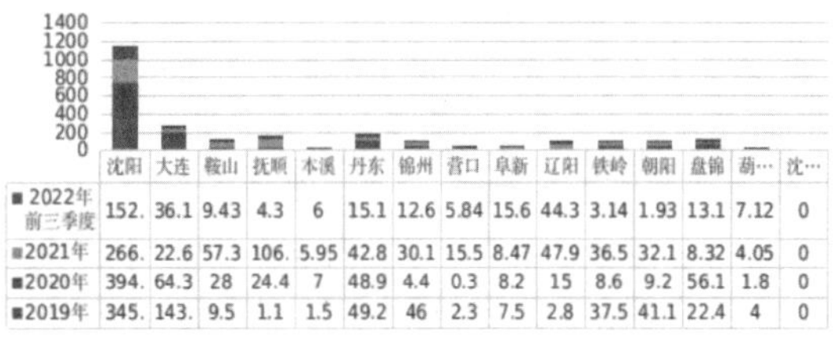

	沈阳	大连	鞍山	抚顺	本溪	丹东	锦州	营口	阜新	辽阳	铁岭	朝阳	盘锦	葫…	沈…
2022年前三季度	152.	36.1	9.43	4.3	6	15.1	12.6	5.84	15.6	44.3	3.14	1.93	13.1	7.12	0
2021年	266.	22.6	57.3	106.	5.95	42.8	30.1	15.5	8.47	47.9	36.5	32.1	8.32	4.05	0
2020年	394.	64.3	28	24.4	7	48.9	4.4	0.3	8.2	15	8.6	9.2	56.1	1.8	0
2019年	345.	143.	9.5	1.1	1.5	49.2	46	2.3	7.5	2.8	37.5	41.1	22.4	4	0

（三）违法案件罚没金额普遍不高

经统计，案件罚没金额1万元以下的为964件，约占总数的68.66%；罚没金额50万元以上的仅8件，不到总数的1%；罚没金额5万~10万元和10万~50万元的案件分别为45件、37件，分别占总数的3.21%、2.64%。

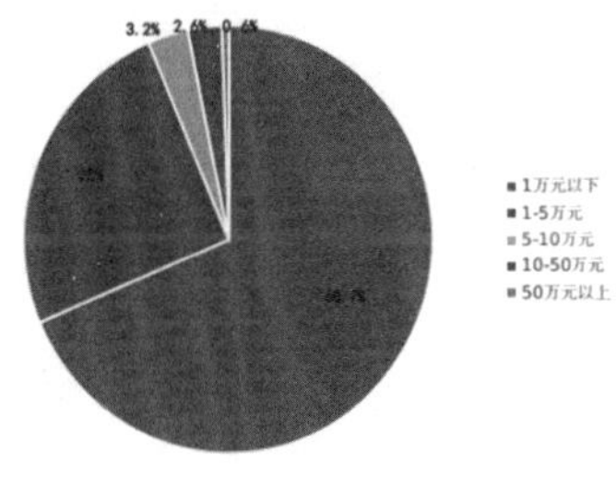

（四）处罚主体多为广告主

查处广告主的违法案件为959件，占总数的68.3%。

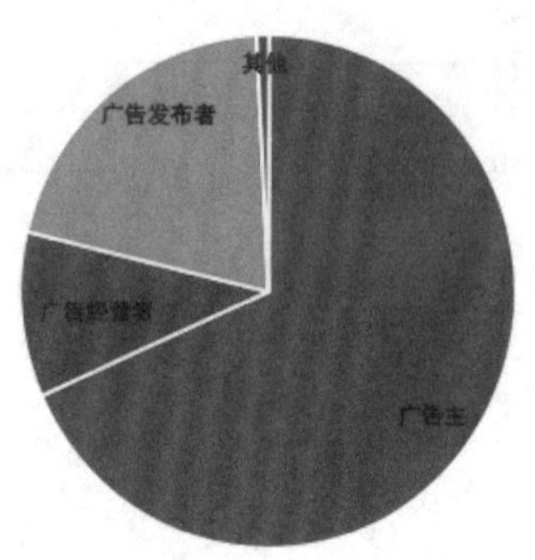

（五）查处重点领域违法广告占比较大

近年来，全省各级市场监管部门能够紧盯医疗、药品、食品、教育等涉及民生的重点领域，加大案件办理力度，累计查处药品类违法广告案件392件、医疗服务类224件、食品类204件、医疗器械类94件、教育类81件，占总数的70.87%。

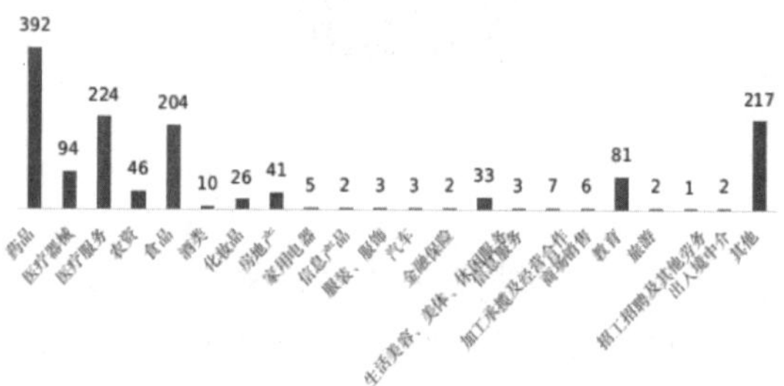

江苏省

2022 年是党的二十大胜利召开之年，在总局广告司的正确指导下，江苏省坚决守牢广告导向底线，紧紧围绕省局确定的“双稳双提”工作主线，强监管，促发展，各项工作有序推进。全省共核准审查“三品一械”广告 22806 件。省局直接督办转办涉嫌违法广告线索 4627 条次。全省查办虚假违法广告案件 3513 件，罚没款 4900.76 万元。

一、聚焦导向监管，守牢广告正确政治方向

（一）保持对导向问题广告的高压监管态势。根据总局统一部署，扎实开展借重大政治活动进行商业炒作专项整治。成立专项工作小组，建立监测监管信息日报制度。重新调整互联网广告监测目录，将 901 个公众号、22 个全国性重点 App、各设区市 14 个代表性门户网站、126 个抖音江苏大 V 账号、136 个快手江苏大 V 账号、2500 家电商平台网店等列入监测范围；在传统媒介中将户外广告作为重点，开展户外大屏广告专项治理，启动对楼宇广告的监测。全系统共查处相关案件 77 件，罚没款 240.52 万余元。

（二）精心组织“紫金奖”公益传播设计大赛等赛事活动。成功举办第八届“永远跟党走 奋进新征程”主题优秀作品展，省局获大赛组织促进奖。以“强国复兴有我”为主题举办第九届大赛，共征集作品 5125 件。在党的二十大召开前后，通过微信和微博对优秀作品进行精准宣推，总曝光量超 2500 万人次。与上海、浙江、安徽市场监管局联合举办长三角地区公益广告大赛。

二、聚焦稳企强链，助力广告产业平稳发展

一是开展“疫情对广告业影响”定向调查。面向全省 1608 家企业开展全省广告业发展状况调查，完成《新冠肺炎疫情对江苏广告业的影响及对策思考》调研报告。二是积极推动助企纾困政策落地。加大对苏政 40 条、“苏政办 22 条”和省局助企纾困 12 条等各项政策的宣推力度。在总局公布的中国广告业发展指数中，我省广告业发展情况被评为第一等次“先导级”。

三、聚焦稳基惠民，维护消费者合法权益

（一）实广告监管与发展的基层基础工作。优选 17 家基层单位，建立广告监管工作基层联系点。面向基层、业界和高校，公开招募人才，建立广告监管发展专家库。培育并确定 5 家单位为首批广告人才培养实践基地试点单位。

（二）开展民生领域虚假违法广告专项整治。根据总局统一部署，在全省开展涉老“食品”“保健品”等领域涉诈专项整治，全系统共立案查处相关违法案件 207 件，罚没款 349.2 万元；排查涉诈问题 744 个，其中涉嫌犯罪移送司法机关的 33 个；出台涉老规范性文件、行业标准规范 31 件，其中 7 件入选总局制度成果汇编。在全省专项行动总结会上，我局与省公安厅作为省级部门代表作典型发言。开展涉嫌非法集资风险集中排查，排查机构 3804 家，发现涉嫌非法集资风险机构 4 家。开展涉高考广告专项监管，处理相关线索 48 条。牵头开展医疗美容行业突出问题专项治理工作，成立 11 个部门组成的省级工作专班，建立医美行业市场主体清单和涉嫌违法线索台

账，加强问题闭环处置。

四、聚焦监管提质，推进广告监管能力建设

（一）加强协同监管。积极发挥省整治虚假违法广告联席会议机制作用，组织成员单位组成联合检查组，对省内 13 个设区市广告监管工作开展联合检查。联合相关市局、行业协会对传统媒体、平台企业、户外广告企业及相关行业等 250 余企业开展行政指导。

（二）制定监管规范。出台《江苏省广告发布媒介分级评价管理暂行办法》，探索对广告发布媒介的分级管理。制定《商业广告代言行为监管执法指南》，首次对虚拟人物、党政领导干部广告代言及网络种草笔记等新形式广告代言行为提出内部监管意见，受到社会广泛关注。

五、聚焦数字化提速，提升广告智慧监管水平

一是开展新型广告发展及监管课题研究。组织数字广告发展与监管课题及网络种草笔记广告监管课题研究，形成专题研究报告和分项研究报告。二是加快广告智慧监管系统建设。在全局“数字化提速”整体框架下进行二期开发，升级优化操作留痕、验证功能和数据分析展示功能，并提升系统安全性。

浙江省

一、广告业发展概况

浙江广告产业在经历了连续多年来的快速发展后，发展基础持续夯实、发展模式快速多元、制度建设不断完善。2022 年，受新冠肺炎疫情短期冲击，全省广告业规上企业和事业单位的从业人员和业务收入出现一波明显下降，同比分别下降 4.8% 和 14%，但稳中向好的发展势头依然稳健，人员结构持续优化，本科以上学历从业人员占比、信息技术人员占比均提升 1 个百分点；数字广告快速发展，发布互联网广告的经营收入占比提升 3.4 个百分点；与文化影视产业的融合发展加快，同比增长 127%。

二、扶持广告业发展工作举措

（一）以专项扶持政策措施助力市场主体纾困解难。强化产业政策引领，组织全省广告产业发展环境政策调研，出台“推动广告产业稳进提质发展”9 条政策举措，带动 30 个地方政府出台专门扶持政策，33 个市县市场监管部门推出服务举措，全省三家广告企业入选 2022 年度浙江省服务业重点行业规上企业“亩均效益”100 家领跑者名单。主动对接国内主要直播平台，对涉疫直播电商推出免责规则和优惠政策等纾困举措 104 项。推动“三品一械”广告审核提速增效，审查工作时间再次压缩 25%，全年审查通过“三品一械”广告 10931 件，3 个工作日完成率达 100%。

（二）以“广告助农”专项行动助推山区 26 县共同富裕。全省通过户外广告、电视、公众号、抖音等发布宣传广告、销售信息等 800 余批，举办乡村振兴直播活动 98 次，大型农产品展销会 3 场；80 家直播基地和营销服务机构对接山区 26 县特色农产品，组织农户商户培训 5.6 万人次，直接促成特色农产品销售 80 余万斤。

（三）以广告创意设计人才培育激发行业创新活力。成功举办第 23 届“金桂杯”广告创意大赛，突出时代主题、传承浙江文化，公益佳作频现，首创“共富有我”创意广告奖项，共征集作品 2558 件。全省各地积极选送优秀作品参加长三角和国家级广告大赛，其中 10 件公益广告获得长三角地区公益广告大赛优秀作品奖，获奖总数据三省一市第一；绍兴市在第二十九届中国国际广告节中，获得“黄河奖”优秀奖 2 个。

三、广告监管工作成果

（一）严格守住广告宣传导向底线。坚决维护广告领域意识形态安全，落实广告导向监管政治责任。早部署严要求，年初围绕党的二十大、北京冬奥会、杭州亚运会等重大活动，下发专项整治工作通知，聚焦政治导向、价值导向，确定 4 个方面 15 项整治重点。将发布严重不良导向广告问题纳入“平安浙江”考核，同步纳入各级宣传部门对传统媒体的绩效考核。早指导严责任，全省各地分别与 30 家主要网络平台、702 家广告业规上企业、401 家传统媒体签订责任状；进一步完善《浙江省媒介广告信用评价管理办法》，实行每月分级分层信用评价。2022 年，全省共开展行政指导 2303 次、行政约谈 755 家；8 月会同总局广告司联合约谈天猫、淘宝等 21 家主要平台和媒体。早处置严处罚，重点监测涉导向违法广告，一旦发现问题，迅速派发线索，第一时间处置。2022 年，全省共查处违背公序良俗类案件 70 件、危害意识形态类案件 23

件、妨碍社会安定类案件 17 件，其中查处一起不规范使用中国地图广告案，罚没款 80 万元。

（二）有力整治直播营销违法行为。主动担当浙江省纪委牵头主抓的漠视侵害群众利益问题十大专项行动之一——网络直播营销违法行为专项治理。专班专干，成立由 16 个处室组成的工作专班，建立周例会、月协商制度，每周刊发《动态信息》，在全省开展工作绩效“五星月赛”。直播营销违法率由治理前的 20.1% 下降至 6.7%，直播营销主体增长 30%，治理成效得到各级党委政府领导批示肯定 161 次。立法立规，修订《浙江省反不正当竞争条例》，细化网络交易中引人误解的商业营销宣传规定；全国首发《绿色直播间管理规范》和《网络实物商品销售管理规范》等一系列制度规范；编印《网络直播营销主体行政合规指导清单》，指导平台制定品控管理、合规指南等行业规范 345 项，与 3.8 万名网络主播签订承诺书，集中培训农户商户 3.6 万人。以网管网，两个月即开发上线“网络直播营销监测在线”，全国 30 个主要直播平台、全省 92 家直播运营机构、71 个直播基地和 2.4 万家直播间全部纳入监测，共监测发现违法线索 7027 条次，闭环处置率 100%。执纪执法，联合驻局纪检组开展“四不两直”督导 39 次，各级驻局纪检组开展专门督查 94 次。全省共解决消费投诉 11425 件；立案查处 3312 件，罚没款 3562.9 万元；移送公安机关 47 件，逮捕 33 人；曝光典型案件 491 件。

（三）有效遏制医疗美容行业乱象。有力有序有效推进医疗美容行业突出问题专项治理工作。以最快行动扛起责任，接到国家专班通知后，20 天内完成全省行动部署，压实 11 个省级部门职责分工和局内部工作机制，建立省市县三级工作专班，并纳入基层“网格化”管理。工作开展以来，省级专班共召开专题会议 21 次，组织专项督导 11 次。以最全数据精准建库，充分运用我省“证照分离”等数字化多跨协同平台，全量归集 5020 家“三清单”治理主体信息，2587 项消费投诉举报，建立 444 条重点线索台账，严格销号管理。以最严要求组织检查，充分发挥我省乡镇综合治理“四个平台”的作用，压实全量现场核查、全网高频监测、实地暗访体验等工作要求，出动执法人员 3.1 万人次，不间断监测网红直播间 387 个，全省 3808 家“有照无证”市场主体分类处置率达到 93.5%。以最高效率严惩快处，全省共查处行政案件 1446 件，罚款 3384.9 万元，率先实现税收案件零的突破；查处刑事案件 54 件，逮捕 14 人，其中亿元以上案件 2 件；8 起案件入选国家专班典型案例，总数全国第一。治理经验被国家专班专题刊发，治理成果 4 次被央视“焦点访谈”等栏目报道。

（四）迭代创新广告监测监管手段。紧盯行业发展风向，持续加强广告监测数字化、智能化建设。强投入扩能级。加大资金投入，11 个设区市和近半数的县已完成属地监测体系建设。2022 年 8 月，国家互联网广告监测中心完成第四期建设，累计获得财政资金 1.2 亿元，拥有服务器 237 台，总容量达 1.5P，实现了 24 小时全天候监测。强覆盖增总量。创新开发“广告监测天眼”数字大脑，构建“融媒体广告监测平台”，实现对浙江 401 家传统媒体全覆盖监测；可实施对全国主要直播平台、直播运营机构和直播间的在线监测，2022 年监测全国广告总量 1.6 亿条次，同比增长 8%。强对抗提效能。研发“智能语音分析”“音视频转化”等算法模型，可同时对 100 个以上直播间进行矩阵式自动审查，审查效率提高近千倍。“视频中的广告定位方法、装置和电子设备”等两项发明专利已进入国家知识产权局实审阶段。强闭环严流程。利用区块链技术，研发“时间戳”模型，构建闭环机制，降低人为干扰，杜绝权力寻租。2022 年，向全国转发案件线索 6.5 万件，处置率 81.9%，提供固证材料 125 份。

安徽省

2022年以来，安徽省广告监管工作坚持以习近平新时代中国特色社会主义思想为指导，深入学习贯彻党的二十大精神，认真落实省委省政府、市场监管总局重大决策部署，牢固树立新发展理念，全面聚焦广告导向监管、智慧监管、信用监管、协同监管，扎实推进各类专项整治，不断提高广告监管能力水平，切实维护良好的广告市场秩序，推动全省广告业高质量发展。

一、广告导向监管始终保持高压态势

认真贯彻落实习近平总书记“广告宣传也要讲导向”的重要指示精神，组织开展整治借重大活动从事违法违规商业广告宣传工作，把护航党的二十大胜利召开作为重要政治任务，及时成立专项工作组，加强舆情监测研判，召开行政指导会、约谈会，压紧压实主要媒体、重点广告企业等市场主体的主体责任，严厉打击借党的二十大进行营销炒作的违法行为，同步清理各类涉导向问题违法广告。省局指导合肥市局依法查处两家企业借“3·21”东航航班失事事件进行商业营销宣传的违法行为。全省查处各类涉导向违法违规营销案件47件，其中合肥市局查处的合肥杰事杰新材料股份有限公司发布不规范中国地图违法广告案被总局作为典型案例公开曝光。

二、医疗美容行业突出问题专项治理顺利收官

全省市场监管系统建立起部门协同、上下联动、条块结合的综合治理格局。省局会同公安、卫健等10部门印发工作方案，成立工作专班，建立信息通报、联络员会议、督查督办等推进机制，及时召开省、市、县三级联动的动员部署会，开展以“治理医美乱象·促进皖美消费”为主题的宣传周活动，建立“一名册、三清单、一台账”并动态管理。专项治理工作自开展以来，全省市场监管部门查办各类案件285件，曝光典型案例12件，有3起案件被国家专班、相关部委选为典型案例向社会公布，其中合肥市局查处的安徽美希淑颜医疗美容有限公司发布虚假医美广告案被总局列为首批医美专项治理典型案例，并通过“焦点访谈”栏目进行宣传报道。亳州成立以分管副市长为组长的领导小组，提级推进工作；征集36名社会监督员，积极发挥“探头”作用。马鞍山制定医疗美容广告监管等四项工作指引。

三、重点领域广告监管成效明显

全省市场监管系统坚持以人民为中心的发展思想，聚焦群众“急难愁盼”问题，针对医疗、药品、保健食品、教育培训等重点领域，组织开展了近视防控、文娱领域、校外培训、养老领域等广告专项整治。2022年，查处广告案件2613件。组织开展网络直播营销活动监管效能提升行动，印发《安徽省网络直播营销活动监管工作指引（第一版）》，指导南陵县开展农副产品直播带货规范健康发展工作试点。芜湖指导成立芜湖市直播行业协会，起草芜湖市地方标准《食品广告监督管理规范》。

四、广告监测效能持续提升

加强广告监测能力建设，将各市局落实广告监测属地主体责任情况纳入考核，发挥考核指挥棒作用。省局聚焦重点媒介、重要节点、重点领域，监测全省主要传统媒

体广告 811.07 万条次，发现涉嫌违法广告 1.37 万条次，条次违法率为 0.17%，持续保持低位；监测全省主要互联网媒介 300 家，发现涉嫌违法广告线索 407 条，均及时依法处置。

五、信用监管作用进一步发挥

组织开展广告领域“双随机、一公开”抽查，动态调整抽查事项和内容，统筹建立统一的检查对象名录库并同步更新，抽查相关市场主体 1015 户，发现问题并责令整改 129 户，发现违法线索 23 条，列入经营异常名录 116 户。

六、指导广告业发展取得新进展

编制出台《安徽省“十四五”广告产业发展规划》，充分发挥规划引领作用。指导芜湖国家广告产业园和宿州、六安两个省级广告产业园进一步加大“双招双引”力度。2022 年，全省三家广告产业园新增投产企业 25 家、新增签约企业 28 家。与安徽师范大学合作共建安徽省广告创新发展研究院，全面推进“政产学研用创”一体化战略合作。积极组织各类广告竞赛活动，会同沪苏浙市场监管部门组织开展 2022 年长三角地区公益广告大赛，联合省文明办等五部门组织开展第四届安徽省优秀公益广告作品征集推选活动，联合省教育厅等五部门组织开展 2022 年安徽省商业广告创意大赛。阜阳举办首届广告技能大赛；合肥每月组织对 35 家重点广告企业进行上门走访，了解企业经营中存在的问题和困难；淮北开展“喜迎二十大·蒲公英杯”优秀公益广告评选活动。

福建省

2022年，福建省市场监管部门认真贯彻党中央、国务院决策及国家市场监管总局的部署要求，深入贯彻新发展理念，积极主动作为，奋力推进广告监管工作提质增效，广告营商环境不断优化，广告市场秩序持续向好，广告业发展稳中有升。2022年全省广告业收入位居全国前列；整治虚假违法广告工作持续列入平安综治考评；“建设‘福文化’公益广告创新研究基地”项目纳入国家市场监管总局与福建省人民政府战略合作框架协议；广告监测制度改革成为贯彻省委“三提三效”行动重点工作；发布广告业助企纾困政策，推动广告业稳步复苏和高质量发展；建立“福建省广告业履行社会责任评价指标”，127家规上广告企业获省文改办评级为优秀等次。

一、坚守广告监管“底线”

严格落实习近平总书记关于“广告宣传也要讲导向”的重要指示精神，加强借党的二十大等重大活动开展商业炒作等广告导向监管，成立工作专班，下发文件，坚持预防为先，加强实地督促检查，层层压实责任，党的二十大期间全省广告市场秩序良好。2022年共立案查处相关导向类案件40件，罚没295.1万元，其中查处违反奥林匹克标志保护案19件，罚没15.1万元，未发现借党的二十大进行商业炒作案件，未发生广告舆情事件。

二、抓好广告监管“关键”

针对重点内容、重点媒体、重点区域、重要时间节点，重拳出击开展虚假违法广告专项整治。贯彻落实党中央、国务院决策部署以及省委省政府领导批示意见，牵头或配合推进文娱领域、校外培训、医疗美容、明星代言、代理退保等多个领域专项行动。广告执法办案不断加强，向社会公开曝光典型案件3批次共42件，有力震慑了虚假违法广告行为。全系统坚持依法行政，保持广告执法高压态势，全省共查处案件数1836件，罚没1483.31万元，移送、督导各类案件线索及群众举报件110件，咨询5件，均已办结。从严做好“三品一械”广告审查工作，共审查审批广告1778件。

三、提升广告监管“质效”

将广告监测制度改革纳入2022年省局贯彻落实省委“三提三效”行动重要内容，截至2022年10月完成任务目标，初步建成省局、各相关市局广告监测合理架构，与总局监测形成有效互补，2022年实现对44家PC端日常抽查监测，探索对61个移动App和293个公众号以及1个微信小程序的抽查监测（共399家）。广告监测达4720.68万条次，大大高于上一年的1267.6万条次，总体违法率0.0248%，互联网媒体和传统媒体广告违法率均在较低位运行。省局专门下发规范和加强广告监测文件，成为较早出台该制度的省份，进一步提高广告监测质量。部署开展13个广告专项监测，为监管执法提供了强有力支撑，监测监管效能进一步提升，作用进一步显现。

四、激发广告发展“活力”

在疫情防控措施优化、市场需求加速回暖基础上，贯彻实施《广告产业发展“十四五”规划》，提请将“建设‘福文化’公益广告创新研究基地”项目纳入国家市场监管总局与福建省人民政府战略合作框架协议内容，鼓励开展“福文化”公益广告学术研讨和发展研究。会同省委宣传部积极建立“福建省广告业履行社会责任评价指标体系”，并探索开展2022年度考核评价工作，着力引导广告经营单位积极履行社会责任，弘扬社会正能量。2022年共有156家规上广告企业参与评价，其中127家获评优秀等次。组织开展2021年度广告业统计年报工作，我省广告业收入位居全国前列。助力海西国家广告产业园区质量提升，园区已入驻广告产业及其直接关联企业537家，积极致力于闽越文化、闽台文化与现代元素交融的品牌建设，生产出一批具有独特地域文化标签的广告产品，先后获国家级众创空间、国家小微企业创业创新示范基地，福建省文化产业示范基地等多项荣誉。组织全省开展公益广告宣传活动，省局主创《擦亮双眼、谨防虚假违法广告》《“特供”“专供”“蹭热度”等违法广告请叫停》等6个公益广告短视频，在全省广泛刊播，充分发挥广告的正面引导作用，树立健康、向上的广告导向。

五、强化广告监管“协同”

充分发挥全省各级整治虚假违法广告联席会议机制作用，在联合会商、联合督导、联合约谈、联合执法和情况通报、信息共享等方面强化协同、拧成合力，共同开展行政指导，共同组织医美、公务员培训、代理退保等专项治理，持续加大虚假违法广告整治力度。2022年共组织开展了联席会商2次，约谈6次以及8批次38人次的现场调研活动。及时召开全省广告联席会议，听取各成员单位全年工作，分析研究当前广告监管面临的新形势新问题，提出今年工作要点。

六、夯实广告监管“保障”

部署开展全省广告监管岗位大练兵活动，根据广告监管岗位特点及履职需要，秉持“找问题、攻难点、强落实、提素质”的练兵原则，制订工作方案，要求各地广泛动员，按照“干什么、学什么、缺什么、补什么”思想，深入开展岗位大练兵”活动，营造比学赶超学习氛围。编发《广告监管禁止性条款汇总》，组织开展120人参加的全省广告业务培训班，80%师资邀请省外全国专家线上+线下相结合授课，培训效果得到大家一致认可。创新培训方式，充分利用互联网开展3场线上培训，近4000人，1500多家企业参与，极大拓展了培训深度、广度和力度。结合开展“忠诚在心、岗位奉献”对党忠诚教育学习，认真学习贯彻党的二十大精神，始终坚持党的全面领导，贯彻党的群众路线，把岗位作为对党忠诚的“磨刀石”，以对党的赤诚忠心认真履行岗位职责，着力解决人民群众最关心最直接最现实的问题，在履职尽责、岗位建功、争创一流业绩上作表率，切实提升干部精气神和监管能力。

山东省

山东省市场监管局在总局和省委省政府的坚强领导下，锚定目标任务，坚持规划引领、创新驱动、精心谋划、统筹推进，全省广告业高质量发展取得良好成效。

一、突出规划引领，着力推动广告产业高质量发展

深入贯彻落实国家和省《“十四五”广告产业发展规划》，创新举措，攻坚突破，推动全省广告产业提质增效。一是大力引导广告产业园区协同发展。落实省委省政府“突破菏泽、鲁西崛起”决策部署，与菏泽市委、市政府建立战略合作关系，倾力指导菏泽国家产业园与郓城省级产业园协同发展，互补共赢。协同带动了当地 7 县 4 区牡丹、芦笋、演出服及家具等 2600 多种特色产品的销售及迭代升级，实现了广告产业与牡丹文化产品、电子商务、水浒文化旅游、酒类包装文化等深度融合，为拉动当地经济特别是农村电商发展名扬全国做出了突出贡献，创造了广告业助力欠发达地区经济迅速发展，具有全国影响的新鲜经验和特色模式，被总局列为落实推动广告产业发展规划实施典型案例。二是有力实施“公益广告振兴行动”，创新公益广告发展机制。部署开展公益广告创新研究基地建设，建设综合性公益广告服务平台。充分利用全省历史文化、革命文化、红色文化以及地域文化资源丰富、谱系完整的优势，鼓励、支持、引导社会各界积极参与公益广告的研究、创作、发布，推动全省公益广告理论研究、实践创作、媒介传播、人才培养规范化、制度化。重点扶持培育“海洋强国战略”“沂蒙精神”“弘扬齐文化”3 个创新研究基地。三是倾力促进产业融合，提升广告产业服务能力和水平。以“好品山东”重点产业领域为主阵地，推进广告产业与先进制造业、现代农业深度融合，形成有利于品牌营销，提振内需，提升我省文化软实力的广告服务模式，提升广告产业核心竞争力。指导青岛市开展广告产业与高铁制造业“两业融合”，创作了《动车侠》等宣传作品，将中国经典文化与动车相结合，体现了动车文化的创新发展，彰显了先进制造业的品牌价值，提升了城市文化标识度、影响力，为广告产业创新发展赋予了强大动力。

二、聚焦园区建设规范，助力推动区域经济加速振兴

以贯彻落实《山东省广告产业园区认定管理办法》为抓手，引导全省广告产业园区规范健康发展。一是大力推动广告产业园区集聚发展。以统筹规划、合理布局、突出特色、主业明确、自主创新为原则，引导全省园区广告企业与文化创意、信息科技以及地方支柱产业、主导产业、特色产业深度融合，打造集创意设计、营销策划、媒介传播、品牌塑造等功能齐全的产业服务集群，广告产业园区成为区域经济加速振兴的重要载体。全省培育发展省级以上广告产业园 11 个，入驻广告及关联企业 5653 户，从业人员 7.3 万人，广告经营额 220 亿元。二是大力推动广告产业园区品质提升。每年组织开

展园区考核评估，加强对广告产业园区建设、管理和运营情况的动态管理，有效激发园区生机和活力。积极引导广告产业园区辐射带动作用，吸引与广告产业密切关联的包括非遗、文化旅游、会展、动漫、移动互联网、数字营销等产业的发展，驱动新兴产业和区域经济发展。11 个广告产业园广告及关联企业数占比均值达77.1%。广告产业园区不仅成为示范引领全省广告业发展的主阵地，而且普遍成为辐射拉动当地经济社会发展的助推器。三是大力引导园区广告产业转型升级。积极牵线搭桥，组织开展园区交流活动，对接行业组织、高等院校、科研机构、龙头企业等，鼓励传统广告媒体创新传播方式、传播媒介、营销方式等，引导广告产业园区数字化、网络化、智能化应用和发展，推动广告产业转型升级。局领导亲自带队赴省外学习考察，研究相关工作措施。

三、丰富广告赛事活动，努力提升广告业创新创意水平

坚持把广告创意创新赛事活动作为推动全省广告产业创新的重要手段，持续加以推进。联合省委宣传部、网信办、教育厅和广电局成功举办“深入落实黄河国家战略”和“加强知识产权保护”公益广告创新创意大赛；立足提升全省商业广告创意水平和广告人才培养，分别举办“泰山”杯和“学院创意杯”广告创新创意大赛。征集参赛作品 8263 件，全国 113 所院校 2738 名师生、115 家广告企业的 4527 名广告创作人员参加了赛事活动。作为推动黄河流域生态保护和高质量发展年度重大活动，在山东省广播电视台隆重举办了广告大赛颁奖典礼。在第三届中国国际文化旅游博览会上，成功举办山东省优秀广告作品展，集中展示 300 余件广告大赛获奖作品，得到社会公众广泛关注和普遍认同，产生了良好的社会效应。

青海省

2022 年，青海省市场监管局秉持“大市场、大质量、大监管”理念，守正创新，以匡正广告导向为引领，助推“四地”建设为主线，以提升广告产业实力与市场竞争能力为目标，多措并举扎实开展广告监管领域重点工作，成效显著。

提升监管高度，净化市场“杂音”。为把牢全省广告宣传正确政治方向，匡正社会价值导向，提高市场监管职能站位，从讲政治的高度，进一步增强干部队伍政治判断力、政治领悟力、政治执行力，大力开展整治借重大活动从事违法违规商业广告宣传工作，聚焦重点环节，加强教育规范认真梳理重点行业、重点企业以及重点商品制定十项“硬核”措施，采取分片包干联点制，紧盯市场动向，加强市场巡查力度，做实做细监测、整治、处置、规范等各环节，严肃查处虚假违法广告。检查各类市场主体 1546 户次，排查各类户外广告 5820 余条，行政指导规范相关市场不规范行为 95 户。此项工作得到了省委的充分肯定。

提升监管能力，回应群众“期盼”。树牢以人民为中心的发展理念，紧紧盯住事关人民群众身体健康、财产安全的医疗、药品、保健食品、医美、教培、金融等重点领域虚假违法广告行为，不断增强专项监测、信用监管、完善机制、道德建设、数据溯源、依法查处、公益诉讼、刑事追究等监管手段，统筹疫情防控和监管工作，强化措施，持续发力，协同联动，凝聚力量，加大整治虚假违法广告整治力度，做到“民有所呼，我有所应”，用情用力解决百姓操心事、烦心事、揪心事，为引导消费升级、促进市场繁荣、保障和改善民生做出了积极贡献。年内，协同省教育厅等 8 部门全面开展校外培训机构违法广告专项治理工作，取缔西宁市非法办学机构“黑机构”16 家，注销学科类培训机构 1 家，现场规范 3 家，拆除收缴招生广告 5 处，收缴违法宣传彩页 12250 份（张）；开展儿童青少年近视防控产品违法违规商业营销宣传专项整治行动，发现 1 条涉嫌违法经营青少年做近视眼手术中使用的医疗器械产品案件线索，案值达 10 万元；会同公安等相关部门开展文娱领域综合治理市场经营活动监管工作，行政约谈发布含有违背社会公序良俗不当言论快手平台主播 3 名、规范整顿本地知名直播带货主播 5 名、责令个别传统媒体停播发布含有文娱领域公众人物涉嫌代言违法广告 24 条（42 条次）；积极组织开展教辅材料广告乱象整治工作，共检查各类教辅材料 725 余个品种 55.1 万余册，对发现涉嫌变相发布广告教辅材料 11 个品种 0.68 万册予以下架处理。

提升服务水平，为企业发展“护航”。一是不断优化营商环境。通过实施电话预约、微信群咨询、上门指导等服务形式，实施“事前引导 事中督导 事后监管 ”三位一体监管模式，使全省药品、保健食品、特殊医学用途配方食品、医疗器械“三品一械”广告审查实现了“一网通办”“跨省通办”“不见面”和“零跑路”，将事项办理时限压缩 33%，促使全省“三品一械”广告市场准入更加宽松便捷。2022 年，共依法审查通过“三品一械”广告 560 件。二是强化优惠政策宣传。充分发动电视、广播、报刊等主流传统媒体向全省广告市场主体广泛宣传国家层面制定的《广告业助企纾困“组合式”政策指引》，提升政策“落地感”和企业“获得感”，为企业减轻负担、激发活力、稳步复苏、高质量发展、享受国家政策红利打通了“最后一公里”。三是解决广告企业人才流失问题。深入广告经营单位了解企业生产经营及人才需求情况，主动对接省内设有相关专业高等院校，寻找广告设计、电商主播、行政管理、技术工人等专业岗位人才 203 个，实际招录 40 人，为企业及时补给新鲜“养分”，激发活力，缩短复苏期。四是开展广告企业“大帮小”助企纾困行动。鼓励引导规模广告企业、电商平台、本地知名网络主播，积极对接服务中小微生产加工企业需求，开展线上“点对点、面对面”电商直播销售活动。其间，为本省 106 家中小微农畜产品企业开展直播带货活动 63 次，销售额达 2700 万元，为拉动青海省小微企业经济发展起到了很好的“引领”作用。五是发掘公益宣传“高光点”。充分发挥媒体传播速度快、覆盖面广、公信力强的优势，积极协调青海广播电视台新闻综合频道开设“助企纾困”专栏，开展以“助企纾困、活力共赢”为主题的企业产品公益展播活动。其间，组织省内 70 余家企业参加活动，推送各类公益广告宣传片 68 部，其中，29 部广告宣传片在青海新闻综合频道“助企纾困”栏目中公益播放长达 135 天，为小微企业节省资金近 1064 万元。同时，立足“三个最大”省情定位和服务“四地”建设，会同省委宣传部 9 部门积极筹办青海省“服务产业‘四地’建设 助力青海经济发展”主题公益广告大赛，为打造现代化新青海“靓丽名片”奠定了基础。截至目前，全省共有 23082 户广告经营单位，比去年同期增长 9.8%。

中国广告年鉴 2023
CHINA ADVERTISING YEARBOOK

广告行业组织

Advertising Industry Organizations

中国广告协会

简介

中国广告协会（中广协）成立于 1983 年，原隶属于国家工商总局，已经发展成为由具备一定资质条件的广告主、广告经营者、广告发布者、广告代言人（经纪公司）、广告（市场）调查机构、广告设备器材供应机构等经营单位，以及地方性广告行业组织、广告教学及研究机构等自愿结成的行业性、全国性社会组织。中广协作为国内规模和影响力最大的广告行业组织，全面覆盖广告活动各类主体，现拥有会员单位三千余家。代表中华人民共和国参加国际广告组织，国际广告协会中国分会设在中广协。

中广协设有广告主与品牌工作委员会、互联网广告工作委员会、广告代言人工作委员会、学术与教育工作委员会、法律与道德工作委员会等二十多个分支机构，在其专业领域内开展活动。

中广协按照《中华人民共和国广告法》的规定，制定行业规范，加强行业自律，促进行业发展，引导会员依法从事广告活动，推动广告行业诚信建设；树立广告业良好的社会形象，为我国经济转型升级、优秀文化传播、社会和谐进步贡献力量。承担广告道德委员会秘书处工作。

中广协紧密围绕“提供服务、反映诉求、规范行为”的基本职能，秉承“服务行业自律、服务行业维权、服务行业发展”理念，通过标准制定、法律咨询、专业培训、数据服务、证明商标使用管理、举办中国广告论坛 / 中国国际广告节等大型行业活动、组织长城奖 / 黄河奖等国务院批准的中国广告业大奖的评选工作等，推动我国广告业高质量发展。

1994 年 12 月 6 日至 8 日

中国广告协会第四次全国代表大会在北京召开。国家副主席荣毅仁、国务院副总理李岚清、全国人大副委员长陈慕华、王光英、李沛瑶等为大会亲笔题词，李沛瑶副委员长出席会议并作重要讲话。陈慕华副委员长担任名誉会长，国家工商局局长王众孚、新华通讯社副社长张宝顺、广播电影电视部副部长何栋材、新闻出版署署长梁衡、中国国际贸易促进委员会副会长解建群、中广协原会长田树千任顾问，国家工商局副局长杨培青当选为会长，吴德裕为副会长兼任秘书长。2000 年 4 月，时学志接任副会长兼秘书长。

2008 年 1 月 11 日至 12 日

中国广告协会第五次会员大会在北京召开。国家工商总局党组书记、局长周伯华，国家工商总局副局长刘凡出席会议。国家工商总局原副局长李东生任会长、时学志为副会长兼任秘书长。2009 年 5 月，李国庆接任副会长兼秘书长。2011 年 4 月，燕军接任副会长兼秘书长。2015 年 1 月，杨洪丰接任副会长兼秘书长。

2015 年 6 月 14 日至 15 日

中国广告协会第六次会员代表大会在北京召开。国家工商总局局长张茅出席会议并作重要讲话，副局长甘霖主持大会闭幕会。大会选举产生了中国广告协会第六届理事会，杨洪丰当选为会长、秘书长。

2016 年 11 月 19 日

中国广告协会第六届理事会第三次会议在北京召开。

国家工商总局副局长甘霖出席会议并讲话。会议表决通过，由张国华担任中国广告协会会长，杨洪丰为中国广告协会常务副会长、法人代表。

2018 年 2 月底

根据《中共中央办公厅、国务院办公厅关于印发〈行业协会商会与行政机关脱钩总体方案〉的通知》，中国广告协会按照经国家工商行政管理总局等上级主管部门批准的脱钩方案完成脱钩改革。2 月 28 日，国家工商行政管理总局副局长甘霖到中国广告协会宣布脱钩工作完成。

2018 年 9 月 26 日

中国广告协会第六届理事会第五次会议在黑龙江省哈尔滨市召开。会议投票选举王英偶为中国广告协会秘书长。

2021 年 12 月 10 日

中国广告协会第七届会员代表大会在厦门举行。中国广告协会第七届理事会第一次会议选举张国华为第七届理事会会长，聘任王英偶为秘书长。

组织机构

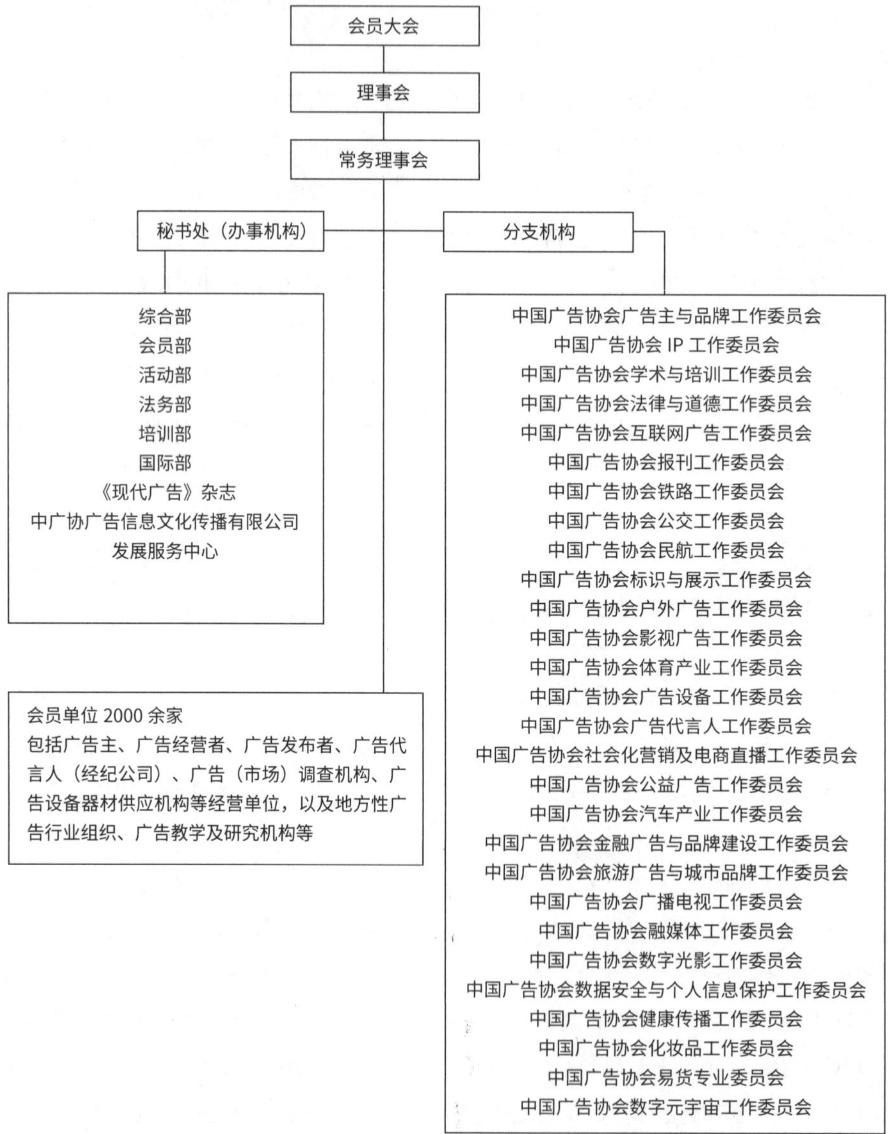

中国广告协会章程

（2022 年 11 月 15 日中国广告协会第七届第二次会员代表大会通过）

第一章　总则

第一条中国广告协会是由中国境内的广告主、广告经营者、广告发布者、广告代言人（经纪公司）、广告（市场）调查机构、广告设备器材供应机构等行业相关的企事业单位、地方性广告行业的社会组织、广告教学及研究机构等自愿结成的全国性、行业性社会团体。

本会简称中广协，英文名称为 China Advertising Association，缩写为 CAA。

本会会员分布和活动地域为全国。

第二条本会的宗旨是：紧密围绕“提供服务、反映诉求、规范行为”的基本职能开展业务工作，并加强与其他广告及行业相关的社会组织交流与合作。按照《中华人民共和国广告法》的规定，制定行业规范，加强行业自律，促进行业发展，引导会员依法从事广告活动，推动广告行业诚信建设；树立广告业良好的社会形象，为我国经济转型升级、优秀文化传播、社会和谐进步贡献力量。

本会遵守宪法、法律、法规和国家政策，践行社会主义核心价值观，弘扬爱国主义精神，遵守社会道德风尚，自觉加强诚信自律建设。

第三条本会坚持中国共产党的全面领导，根据中国共产党章程的规定，设立中国共产党的组织，开展党的活动，为党组织的活动提供必要条件。

本会的登记管理机关是民政部，党建工作机构是中央和国家机关工作委员会。

本会接受登记管理机关、党建工作机构、行业管理部门的业务指导和监督管理。

第四条本会负责人包括会长、副会长、秘书长。

第五条本会的住所设在北京市。

本会的网址：http://www.china-caa.org

第二章　业务范围

第六条本会的业务范围：

（一）学习、宣传、贯彻《中华人民共和国广告法》和有关广告管理法规、规章，协助政府做好行业服务，同时向政府有关部门反映行业的意见和建议，充分发挥行业组织的桥梁、纽带作用；

（二）根据《中华人民共和国广告法》对广告行业组织职责的要求，组织开展对广告法律、法规、规章及行业发展状况的研究工作，制定行业自律规范；

（三）开展广告业发展状况的调查研究，积极参与广告行业相关的法律法规、产业政策和发展规划的研究、制定；

（四）开展行业信用评价工作，推动广告行业诚信建设，完善行业信用体系，提高行业信用水平；经政府有关部门授权或委托，建立健全会员企业信用档案，加强信用信息共享和应用；依托社会及行业媒体，积极宣传推广信用评价结果，提高广告行业诚信经营单位在政府、市场与社会中的接受度和知名度；

（五）建立、完善行业自律约束机制；健全行业自律规则和职业道德准则；杜绝虚假违法广告，净化广告环境，规范市场秩序；

（六）开展标准化工作；接受政府有关部门授权或委托，承担广告业标准的起草、组织实施等有关工作；组织制定团体标准，充分发挥行业组织的自律、服务、协调作用；

（七）开展广告发布前的咨询服务工作；为广告相关法律、法规、规章和其他规范性文件的解释和适用提供意见和建议，帮助企业降低违法风险，提高广告发布质量；

（八）提供行业信息服务；建立包括广告人才、广告企业竞争力与诚信度、广告企业经营情况等信息在内的广告业数据库及广告业信息发布制度；形成科学、全面、统一的信息共享平台，为企业发展、行业交流和政府有关部门制定政策，提供信息支持；依照有关规定，出版行业图书、杂志、内部刊物等，充分发挥互联网等新媒体的作用，做好行业信息服务建设；

（九）有效开展行业维权工作；提供行业法律事务咨询服务，调解行业内、外部纠纷，协助处理侵权事项；针对事关行业发展的重大问题进行深入调研，积极反映行业诉求，维护行业合法权益；

（十）加强广告理论学术研究，推动我国广告理论的自主创新发展，构建与我国社会主义市场经济文化特征相适应的广告理论体系，不断推出高质量的广告理论研究成果；

（十一）广泛开展学术论坛、经验交流等活动，加强对广告从业人员的职业技能、法律法规等多层次、全方位的培训工作，努力提高从业人员的专业水平、法律素质、职业道德；

（十二）受政府委托或根据市场和行业发展需要，举办行业会展活动，推广先进的广告制作技术、设备、材料、工艺，推动广告企业加强广告科技研发和技术创新；经政府有关部门批准，举办相关活动，促进广告创意、设计、制作、发布水平提高；

（十三）开展国际交流与合作；积极与国际广告组织以及各国、各地区广告组织建立联系，深化国际交流合作，代表和组织中国广告业界参加国际广告交流活动；扩大我国广告企业与广告服务在国际上的影响力；积极支持广告企业走向国际市场，在企业参与国际竞争等方面发挥作用；

（十四）根据《中华人民共和国商标法》等法律、法规，开展本会证明商标使用管理工作，通过制定服务标准表明企业服务质量，促进广告企业提升专业服务水平、核心竞争力和品牌价值，增强社会责任感和诚信意识；

（十五）建立广告人才数据库，加强广告人才队伍建设，提高广告从业人员专业水平；

（十六）承办政府有关部门授权或委托的有关事项。

业务范围中属于法律、法规等规定须经批准的事项，依法经批准后开展。

第三章　会员

第七条本会的会员为单位会员。

第八条拥护本会章程，符合下列条件的，可以自愿申请加入本会：

（一）有加入本会的意愿；

（二）在本会的业务（行业、学科）领域内具有一定的影响力；

（三）遵守法律法规和广告行业自律条款，诚信经营，有社会责任感；

（四）依法成立且经营二年以上，并符合下列条件之一者：

1. 年广告营业额在 600 万元以上的广告企业或其他具有广告经营业务的企业；

2. 年广告营业额在 3000 万元以上的媒体单位；

3. 年营业额在 500 万元以上的广告信息服务机构、广告（市场）调查研究机构、广告器材与设备企业等单位；

4. 年广告费投入在 500 万元以上的广告主。

（五）具有法人资格的广告行业相关的社会组织；

（六）与广告相关的教学及研究机构；

（七）广告代言人（法人或其他组织）及年营业额在 500 万元以上的经纪公司。

本会不强制或者变相强制公民、法人或者其他组织加入本会。

第九条会员入会的程序是：

（一）提交入会申请书；

（二）提交营业执照或其他类型法人登记证书等有关证明材料；

（三）由理事会授权的机构讨论通过；

（四）由本会理事会或其授权的机构颁发会员证，并予以公告。

第十条会员享有下列权利：

（一）选举权、被选举权和表决权；

（二）对本会工作的知情权、建议权和监督权；

（三）参加本会活动并获得本会服务的优先权；

（四）退会自由。

第十一条条会员履行下列义务：

（一）遵守本会的章程和各项规定；

（二）执行本会的决议；

（三）按规定交纳会费；

（四）维护本会的合法权益；

（五）向本会反映情况，提供有关资料。

第十二条会员如有违反法律法规和本章程的行为，经理事会或者常务理事会表决通过，予以除名。

第十三条条会员退会须书面通知本会并交回会员证。

第十四条会员有下列情形之一的，自动丧失会员资格：

（一）2 年不按规定交纳会费；

（二）2 年不按要求参加本会活动；

（三）不再符合会员条件；

（四）丧失民事行为能力。

第十五条会员退会、自动丧失会员资格或者被除名后，其在本会相应的职务、权利、义务自行终止。

第十六条本会置备会员名册，对会员情况进行记载。会员情况发生变动的，应当及时修改会员名册，并向会员公告。本会负责妥善保存会员相关档案，以及会员代表大会、理事会、常务理事会、监事会决议等原始记录。

第四章　组织机构

第一节　会员代表大会

第十七条会员代表大会是本会的最高权力机构，其职权是：

（一）制定和修改章程；

（二）决定本会的工作目标和发展规划等重大事项；

（三）制定和修改会员代表、理事、常务理事、负责人产生办法，报党建工作机构备案；

（四）选举和罢免理事、监事；

（五）制定和修改会费标准；

（六）审议理事会的工作报告和财务报告；

（七）决定名誉职务的设立；

（八）审议监事会的工作报告；

（九）决定名称变更事宜；

（十）决定终止事宜；

（十一）决定其他重大事宜。

第十八条会员代表大会每届 5 年，每 5 年召开 1 次。因特殊情况需提前或者延期换届的，须由理事会表决通过，经党建工作机构审核同意后，报登记管理机关批准。延期换届最长不超过 1 年。

本会召开会员代表大会，须提前 15 日将会议的议题通知会员代表。

会员代表大会应当采用现场表决方式。

第十九条经理事会或者本会 50% 以上的会员代表提议，应当召开临时会员代表大会。

临时会员代表大会由会长主持。会长不主持或不能主持的，由提议的理事会或 1/5 以上会员代表推举本会一名负责人主持。

第二十条会员代表大会须有 2/3 以上的会员代表出席方能召开，决议事项符合下列条件方能生效：

（一）制定和修改章程，决定本会终止，须经到会会员代表 2/3 以上表决通过；

（二）选举理事，当选理事得票数不得低于到会会员代表的 1/2；罢免理事，须经到会会员代表 1/2 以上投票通过；

（三）制定或修改会费标准，须经到会会员代表 1/2 以上无记名投票方式表决；

（四）其他决议，须经到会会员代表 1/2 以上表决通过。

第二节　理事会

第二十一条理事会是会员代表大会的执行机构，在会员代表大会闭会期间领导本会开展工作，对会员代表大会负责。

理事人数最多不得超过 500 人，且一般不得超过会员代表的 1/3。

理事不能来自同一会员单位，理事、常务理事不在本会领取薪酬。

本会理事应当符合以下条件：

（一）政治思想坚定，业务能力强，在行业中具有一定影响力；

（二）遵纪守法，勤勉尽职，个人社会信用记录良好；

（三）积极参与本会活动，热心于本会工作。

第二十二条理事的选举和罢免：

（一）第一届理事由发起人与申请成立时的会员共同会商提名，报党建工作机构同意后，会员代表大会选举产生；

（二）理事会换届，应当在会员代表大会召开前 2 个月，由理事会提名，成立由理事代表、监事代表、党组织代表和会员代表组成的换届工作领导小组（或专门选举委员会），负责换届选举工作；

理事会不能召集的，由 1/5 以上理事、监事会、本会党组织或党建联络员向党建工作机构申请，由党建工作机构会同行业管理部门、登记管理机关组织成立换届工作领导小组（或专门选举委员会），负责换届选举工作；

换届工作领导小组（或专门选举委员会）拟订换届方案，应在会员代表大会召开前 2 个月报党建工作机构审核；换届工作中酝酿提名负责人人选，应当充分听取行业管理部门等方面意见，主动与党建工作机构沟通；

经党建工作机构同意，召开会员代表大会，选举和罢免理事；

（三）根据会员代表大会的授权，理事会在届中可以增补、罢免部分理事，最高不超过原理事总数的 1/5。

第二十三条每个理事单位只能选派一名代表履行理事职责。单位调整理事代表，由其书面通知本会，报理事会或者常务理事会备案。该单位同时为常务理事的，其代表一并调整。

第二十四条理事的权利：

（一）理事会的选举权、被选举权和表决权；

（二）对本会工作情况、财务情况、重大事项的知情权、建议权和监督权；

（三）参与制定内部管理制度，提出意见建议。

第二十五条理事应当遵守法律、法规和本章程的规定，忠实履行职责、维护本会利益，并履行以下义务：

（一）出席理事会会议，执行理事会决议；

（二）在职责范围内行使权利，不越权；

（三）不利用理事职权牟取不正当利益；

（四）不从事损害本会合法利益的活动；

（五）不得泄露在任职期间所获得的涉及本会的保密信息，但法律、法规另有规定的除外；

（六）谨慎、认真、勤勉、独立行使被合法赋予的职权；

（七）接受监事对其履行职责的合法监督和合理建议。

第二十六条理事会的职权是：

（一）执行会员代表大会的决议；

（二）选举和罢免会长、副会长、常务理事，决定聘任和解聘秘书长，审议法定代表人变更事项；

（三）决定名誉职务的人选；

（四）筹备召开会员代表大会，负责换届选举工作；

（五）向会员代表大会报告工作和财务状况；

（六）决定会员的吸收和除名；

（七）决定设立、变更和终止分支机构、代表机构、办事机构和其他所属机构；

（八）决定副秘书长、各所属机构主要负责人的人选；

（九）领导本会各所属机构开展工作；

（十）审议年度工作报告和工作计划；

（十一）审议年度财务预算、决算；

（十二）制定信息公开办法、财务管理制度、分支机构、代表机构管理办法等重要的管理制度；

（十三）决定本会负责人和工作人员的考核及薪酬管理办法；

（十四）审议活动资金变更事项；

（十五）审议住所变更事项；

（十六）决定其他重大事项。

第二十七条理事会与会员代表大会任期相同，与会员代表大会同时换届。

第二十八条理事会会议须有 2/3 以上理事出席方能召开，其决议须经到会理事 2/3 以上表决通过方能生效。

理事 3 次不出席理事会会议，自动丧失理事资格。

第二十九条常务理事由理事会采取无记名投票方式从理事中选举产生。

会长、副会长由理事会采取无记名投票方式从常务理事中选举产生，该负责人应同时为常务理事。

聘任、解聘秘书长，须经到会理事 2/3 以上投票通过。

罢免常务理事、会长、副会长，须经到会理事 2/3 以上投票通过。

第三十条选举常务理事、会长、副会长，按得票数确定当选人员，但当选的得票数不得低于总票数的 2/3。

第三十一条理事会每年至少召开 1 次会议，情况特殊的，可采用通信形式召开。除视频会议外，其他通讯形式会议不得决定负责人的调整。

第三十二条经会长或者 1/5 的理事提议，应当召开临时理事会会议。

会长不能主持临时理事会会议，由提议召集人推举本会一名负责人主持会议。

第三节　常务理事会

第三十三条本会设立常务理事会。常务理事从理事中选举产生，人数不超过理事人数的 1/3。在理事会闭会期间，常务理事会行使理事会第一、四、六、七、八、九、十、十一、十二、十三、十五项的职权，对理事会负责。

常务理事会与理事会任期相同，与理事会同时换届。

常务理事会会议须有 2/3 以上常务理事出席方能召开，其决议须经到会常务理事 2/3 以上表决通过方能生效。

常务理事 4 次不出席常务理事会会议，自动丧失常务理事资格。

第三十四条常务理事会至少每 6 个月召开 1 次会议，情况特殊的，可采用通讯形式召开。

第三十五条经会长或 1/3 以上的常务理事提议，应当召开临时常务理事会会议。

会长不能主持临时常务理事会会议，由提议召集人推举本会 1 名负责人主持会议。

第四节　负责人

第三十六条本会负责人包括会长 1 名，副会长不超过 38 名，秘书长 1 名。

本会负责人应当具备下列条件：

（一）坚持中国共产党领导，拥护中国特色社会主义，坚决执行党的路线、方针、政策，具备良好的政治素质；

（二）遵纪守法，勤勉尽职，个人社会信用记录良好；

（三）具备相应的专业知识、经验和能力，熟悉行业情况，在本会业务领域有较大影响；

（四）身体健康，能正常履责。会长、副会长最高任职年龄不超过 70 周岁，秘书长最高任职年龄不超过 65 周岁且为专职；

（五）具有完全民事行为能力；

（六）能够忠实、勤勉履行职责，维护本会和会员的合法权益；

（七）未被确认为失信被执行人；

（八）无法律、法规、国家有关规定不得担任的其他情形。

会长、秘书长不得兼任其他社会团体的会长、秘书长，会长和秘书长不得由同一人兼任，并不得来自同一会员单位。

第三十七条本会会长、副会长任期与理事会相同，连任不超过 2 届。因特殊情况需要延长任期的，须经会员代表大会 2/3 以上会员代表表决通过，报党建工作机构审核同意并经登记管理机关批准后方可任职。

聘任（含向社会公开招聘）的秘书长连任届次不受限制，可不经过民主选举程序。

第三十八条会长为本会法定代表人。

因特殊情况，经会长推荐、理事会同意，报党建工作机构审核同意并经登记管理机关批准后，可以由副会长担任法定代表人。聘任（含向社会公开招聘）的秘书长不得担任本会法定代表人。

法定代表人代表本会签署有关重要文件。

本会法定代表人不兼任其他社会团体的法定代表人。

第三十九条担任法定代表人的负责人被罢免或卸任后，应当由本会在其被罢免或卸任后的 20 日内，报党建工作机构审核同意后，向登记管理机关办理变更登记。

原任法定代表人不予配合办理法定代表人变更登记的，本会可根据理事会同意变更的决议，报党建工作机构审核同意后，向登记管理机关申请变更登记。

第四十条会长履行下列职责：

（一）召集和主持理事会、常务理事会；

（二）检查会员代表大会、理事会、常务理事会决议的落实情况；

（三）向会员代表大会、理事会、常务理事会报告工作；

（四）在秘书处民主推荐基础上，提名秘书长，报党建工作机构审核同意后，交理事会决定；

（五）在秘书处民主推荐基础上，提名副秘书长，交理事会或者常务理事会决定；提名所属机构主要负责人，交理事会或者常务理事会决定；

（六）决定专职工作人员的聘用。

会长应每年向理事会进行述职。不能履行职责时，由其委托或理事会或常务理事会推选一名副会长代为履行职责。

第四十一条副会长、秘书长协助会长开展工作。秘书长行使下列职责：

（一）协调各机构开展工作；

（二）主持办事机构开展日常工作；

（三）列席理事会、常务理事会和会员代表大会；

（四）拟订年度工作报告和工作计划，报理事会或常务理事会审议；

（五）拟订年度财务预算、决算报告，报理事会或常务理事会审议；

（六）拟订内部管理制度，报理事会或常务理事会批准；

（七）处理其他日常事务。

第四十二条会员代表大会、理事会、常务理事会会议应当制作会议纪要。形成决议的，应当制作书面决议，理事会、常务理事会决议同时由出席会议成员确认。会议纪要、会议决议应当以适当方式向会员通报并备会员查询，并至少保存 30 年。

理事、常务理事、负责人的选举结果应当及时向会员通报并备会员查询。负责人的选举结果须在 20 日内报党建工作机构审核，经同意，报登记管理机关备案。

第五节 监事会

第四十三条本会设立监事会，监事任期与理事任期相同，期满可以连任。监事会由 3-10 名监事组成。监事会设监事长 1 名，副监事长 1 名，由监事会推举产生。监事长和副监事长最高任职年龄不超过 70 周岁，连任不超过 2 届。

本会接受并支持委派监事的监督指导。

第四十四条监事的选举和罢免：

（一）由会员代表大会选举产生；

（二）监事的罢免依照其产生程序。

第四十五条本会的负责人、常务理事、理事和本会的财务管理人员不得兼任监事。

第四十六条监事会行使下列职权：

（一）列席理事会、常务理事会会议，并对决议事项提出质询或建议；

（二）对理事、常务理事、负责人执行本会职务的行为进行监督，对严重违反本会章程或者会员代表大会决议的人员提出罢免建议；

（三）检查本会的财务报告，向会员代表大会报告监事会的工作和提出提案；

（四）对负责人、理事、常务理事、财务管理人员损害本会利益的行为，要求其及时予以纠正；

（五）向党建工作机构、行业管理部门、登记管理机关以及税务、会计主管部门反映本会工作中存在的问题；

（六）决定其他应由监事会审议的事项。

监事会每 6 个月至少召开 1 次会议。监事会会议须有 2/3 以上监事出席方能召开，其决议须经到会监事 1/2 以上通过方为有效。

第四十七条监事应当遵守有关法律法规和本会章程，忠实、勤勉履行职责。

第四十八条监事会可以对本会开展活动情况进行调查；必要时，可以聘请会计师事务所等协助其工作。监事会行使职权所必需的费用，由本会承担。

第六节 分支机构、代表机构

第四十九条本会可以按照国家有关规定在本会的宗旨和业务范围内，按照确有工作需要且与本会管理能力相适应的原则设立分支机构、代表机构。本会的分支机构依据会员组成特点、业务范围的划分等设立，代表机构依据本会授权在规定地域内代表本会开展联络、交流、调研活动。本会的分支机构、代表机构是本会的组成部分，不具有法人资格，不得另行制定章程，不得发放任何形式的登记证书，按照本章程规定的宗旨和业务范围，在本会授权的范围内开展活动、法律责任由本会承担。

第五十条本会不设立地域性分支机构，不在分支机构、代表机构下再设立分支机构、代表机构。

第五十一条本会分支机构名称以“分会”“专业委员会”“工作委员会”“专项基金管理委员会”等字样结束，代表机构名称以“代表处”“办事处”等字样结束。分支机构、代表机构名称不以各类法人组织的名称命名，不在名称中冠以“中国”“中华”“全国”“国家”等字样，对外开展活动，应当使用冠有本会名称的规范全称。

第五十二条分支机构、代表机构负责人的最高任职年龄不得超过 70 周岁，连任不超过 2 届。

第五十三条分支机构、代表机构的财务必须纳入本会法定账户统一管理，全部收支应当纳入本会财务统一核算。

第五十四条本会在年度工作报告中将分支机构、代表机构的有关情况报送登记管理机关。同时，将有关信息及时向社会公开，自觉接受社会监督。

第七节　内部管理制度和矛盾解决机制

第五十五条本会建立各项内部管理制度，完善相关管理规程。建立《会员管理办法》《会员代表选举办法》《理事会选举规程》《会员代表大会选举规程》《分支机构、代表机构管理办法》等相关制度和文件。

第五十六条本会建立健全证书、印章、档案、文件等内部管理制度，并将以上物品和资料妥善保管于本会场所，任何单位、个人不得非法侵占。管理人员调动工作或者离职时，应当与接管人员办清交接手续。

第五十七条本会证书、印章遗失时，经理事会 2/3 以上理事表决通过，在公开发行的报刊上刊登遗失声明，按规定申请重新制发或刻制。如被个人非法侵占，应通过法律途径要求返还。

第五十八条本会建立民主协商和内部矛盾解决机制。如发生内部矛盾不能经过协商解决的，可以通过调解、诉讼等途径依法解决。

第五章　资产管理、使用原则

第五十九条本会收入来源：

（一）会费；

（二）捐赠；

（三）政府资助；

（四）在核准的业务范围内开展活动、提供服务的收入；

（五）利息；

（六）其他合法收入。

第六十条本会按照国家有关规定收取会员会费。

本会经批准开展评比达标表彰等活动，不收取任何费用。

第六十一条本会的收入除用于与本会有关的、合理的支出外，全部用于本章程规定的业务范围。

第六十二条本会执行《民间非营利组织会计制度》，建立严格的财务管理制度，保证会计资料合法、真实、准确、完整。

第六十三条本会配备具有专业资格的会计人员。会计不得兼任出纳。会计人员应当进行会计核算，实行会计监督。会计人员调动工作或者离职时，应当与接管人员办清交接手续。

第六十四条本会的资产管理执行国家规定的财务管理制度，接受会员代表大会和有关部门的监督。资产来源属于国家拨款或者社会捐赠、资助的，应当接受审计机关的监督，并将有关情况以适当方式向社会公布。

第六十五条本会重大资产配置、处置须经过会员代表大会或理事会或常务理事会审议。

第六十六条理事会、常务理事会决议违反法律、法规或本章程规定，致使本会遭受损失的，参与审议的理事、常务理事应当承担责任。但经证明在表决时反对并记载于会议记录的，该理事、常务理事可免除责任。

第六十七条本会换届或者更换法定代表人之前应当进行财务审计。

法定代表人在任期间，本会发生违反《社会团体登记管理条例》和本章程的行为，法定代表人应当承担相关责任。因法定代表人失职，导致本会发生违法行为或造成财产损失的，法定代表人应当承担个人责任。

第六十八条本会的全部资产及其增值为本会所有，任何单位、个人不得侵占、私分和挪用，也不得在会员中分配。

第六章　信息公开与信用承诺

第六十九条本会依据有关法规政策，履行信息公开义务，建立信息公开制度，及时向会员公开年度工作报告、第三方机构出具的报告、会费收支情况以及经理事会研究认为有必要公开的其他信息，及时向社会公开登记事项、章程、组织机构、接受捐赠、信用承诺、承接政府转移或委托事项、可提供服务事项及运行情况等信息。

第七十条本会建立新闻发言人制度，经理事会或常务理事会通过，任命或指定1名负责人作为新闻发言人，就本组织的重要活动、重大事件或热点问题，通过定期或不定期举行新闻发布会、吹风会、接受采访等形式主动回应社会关切。新闻发布内容应由本会法定代表人或主要负责人审定，确保正确的舆论导向。

第七十一条本会建立年度报告制度，年度报告内容及时向社会公开，接受公众监督。

第七十二条本会重点围绕服务内容、服务方式、服务对象和收费标准等建立信用承诺制度，并向社会公开信用承诺内容。

第七章　章程的修改程序

第七十三条对本会章程的修改，由理事会表决通过，提交会员代表大会审议。

第七十四条本会修改的章程，经会员代表大会到会会员代表2/3以上表决通过后，报党建工作机构审核，经同意，在30日内报登记管理机关核准。

第八章　终止程序及终止后的财产处理

第七十五条本会终止动议由理事会或者常务理事会提出，报会员代表大会表决通过。

第七十六条本会终止前，应当依法成立清算组织，清理债权债务，处理善后事宜。清算期间，不开展清算以外的活动。

第七十七条本会清算后的剩余财产，在党建工作机构和登记管理机关的监督下，按照国家有关规定，用于发展与本会宗旨相关的事业，或者捐赠给宗旨相近的社会组织。

第七十八条本会经登记管理机关办理注销登记手续后即为终止。

第九章　附则

第七十九条本章程经2022年11月15日第七届第二次会员代表大会表决通过。

第八十条本章程的解释权属本会的理事会。

第八十一条本章程自登记管理机关核准之日起生效。

坚定信心 踔厉奋发
积极推进各项工作有序开展

——中国广告协会第七届理事会第三次会议工作报告

中国广告协会会长 张国华

（2022 年 12 月 20 日）

各位理事：

在全党全国各族人民深入学习贯彻党的二十大精神之际，我们相聚厦门召开第七届理事会第三次会议，向各位理事通报协会从去年 12 月换届以来协会的发展情况、主要工作和下一阶段工作的总体安排，审议相关议案，团结一心共商协会发展大计。

一、换届以来的工作回顾

去年 12 月换届以来，中国广告协会深入学习贯彻党的十九大、二十大精神，以习近平新时代中国特色社会主义思想为指引，在中央和国家机关工委、民政部的领导下，依照协会章程，坚持“服务行业自律、服务行业维权、服务行业发展”的服务理念，着力推进和落实协会各项工作，协会活动开展更加丰富，协会服务水平更加提升，协会职能作用更加凸显。

（一）落实党对协会工作全面领导的各项要求，发挥协会对行业的引领作用

一是积极学习宣传贯彻党的二十大精神。紧抓学习节点，做到“两个第二天”，在党的二十大召开第二天、二十届一中全会召开第二天，第一时间组织全体党员、职工学习党的二十大报告和二十届一中全会精神。把学习好、贯彻好党的二十大精神作为当前和今后一个时期的首要政治任务。号召各地户外广告公司开展“喜迎二十大”公益广告行动，全国各地多家企业在二十大期间利用户外大屏等媒体资源，刊播二十大有关宣传海报和开幕直播等画面，为党的二十大胜利召开营造喜庆的社会氛围。本届广告节上将特别推出广告行业学习宣传贯彻党的二十大精神主题展览，推动广告业学习宣传贯彻党的二十大精神走深走实。

二是认真开展党内政治生活。严格落实“三会一课”制度的基础上，加强工作创新，用好红色资源，增强学习实效。支部书记张国华同志亲自多次主讲党课。七一前夕开展主题党日活动，组织党员职工前往中国共产党历史展览馆，参观“不忘初心、牢记使命——中国共产党历史展览”，使党员职工受到深刻、生动的党史教育。

三是开展落实党建工作质量攻坚行动。根据《中央和国家机关工委行业协会商会党建工作质量攻坚三年行动方案》要求，协会从落实主体责任、组织生活、发挥功能、建立健全制度等方面开展全方位的党建自查工作，保障党建工作质量的改进提高。承办了工委党建工作质量攻坚第四组工作推进会，得到工委党建部的肯定。

四是坚持不懈加强党的纪律建设和组织建设。按时开展党纪教育和警示教育，严格落实中央八项规定的要求，努力营造风清气正的工作氛围。经中央和国家机关行业协会商会团委批准，正式成立团支部，召开了第一次团员大会并选举产生第一届支部委员会。

（二）强基固本，务实创新，不断夯实协会建设基础

1. 会员数量稳步增长，协会规模不断壮大

一是维护老会员、发展新会员工作稳步开展。截至目前协会会员共 3267 家，相比去年增长了 17%。二是按照《章程》规定，召开了临时会员代表大会、理事会、常务理事会等工作会议。2022 年共召开了 6 次工作会议，决定会员的吸收，审议通过各类团体标准，通过《中国广告协会章程》修订等。

2. 加强分支机构建设，激发分支机构活力

进一步强化对分支机构的分类指导与管理，不断创新工作机制，在严格遵守分支机构管理办法的前提下，激发分支机构活力，组织召开分支机构常委会等会议。根据发展需要，2022 年成立了中国广告协会数字元宇宙工作委员会，筹备组建中国广告协会国际传播工作委员会、中国广告协会通信广告专业委员会、中国广告协会光影技术与广告设备工作委员会、中国广告协会汽车产业工作委员会等 4 家分支机构。各分支机构根据行业需求和自身特点，开展了很多卓有成效的工作，既有探索，又有创新。例如，互联网广告工作委员会积极推进互联网广告标准化建设，根据行业发展痛点，研发丰富的公共服务产品；数字元宇宙工作委员会主办第一届中国数字藏品大会并发布数字藏品法律研究报告；筹建绿色消费品牌元宇宙平台—“元圈宇宙”，服务行业发展；法律与道德工作委员会积极搭建广告法律交流平台，创新自律手段，扩大自律影响，规范行业发展；广告代言人工作委员会举办阳光代言人、虚拟数字人商业趋势研讨、协助明星打假发声；户外广告工作委员会积极组织会员间交流互动，探索开展户外广告价值评估，推动户外广告高质量发展。

今年，民政部部署开展了全国性社会团体、国际性社会团体分支（代表）机构专项整治行动。中国广告协会高度重视，积极部署组织落实，按时完成专项整治工作。

3. 深化“CNAA Ⅰ”“CNAA Ⅱ”“CNAA Ⅲ”证明商标使用管理工作，服务会员和行业高质量发展

完成证明商标动员、常态化审批、动态管理等工作，规范企业经营行为，传播行业品牌价值。积极对接相关行业组织扩大证明商标宣传力度。对获得证明商标使用权的企业加强管理和指导。

“CNAA Ⅰ”“CNAA Ⅱ”“CNAA Ⅲ”证明商标使用管理工作立足国家创新发展战略，是衡量广告业发展质量和效益的指标，将纳入广告业发展标准体系，其标准也是广告企业发展质量和核心竞争力评估评价指标的要素内容。

4. 整合多方媒体资源，加强协会工作宣传

中广协网站、公众号、中国广告报道等作为协会重要宣传阵地，洞察广告业发展新趋势，以“信息化”助力会员企业发展，更好地践行协会的服务宗旨。发挥《现代广告》优势，不断完善发展新媒体矩阵，实现了多平台发展。出版《中国广告年鉴 2022》，记录广告业发展的历程。

（三）服务自律维权 规范行业发展

1. 持续为广告行业利益鼓与呼

第六次给克强总理写信，不遗余力地推动对文化事业建设费减免事宜。组织会员召开文化事业建设费座谈会，继续向政府部门反映行业呼声。为平台经济发声呐喊，支持和促进平台经济健康发展。给航空铁路主管、经营部门去函，反映经营困难，希望减免媒体租金的诉求。开展疫情对广告业影响的调查问卷，并进行统计和分析，供政府部门参考。

2. 参与国家机关的立法和政策制定工作

密切关注《互联网广告管理办法》等立法和政策制定，通过召开研讨会等各种形式，听取行业呼声和建议，经过研究和汇总后形成能代表行业利益，体现行业呼声的建议，提交相关机关。多项建议得到采纳。

3. 开展广告合法性咨询

全年共提供有认证号正式咨询千余件；回复咨询邮件 5000 余封；审查广告万余条；根据会员权益为会员单位、分支机构提供免费电话、微信咨询服务数百件 / 次，形成了全行业最具权威性的广告法律咨询服务品牌。满足企业差异化需求，提供个性化定制化咨询服务。依照会员和行业的申请，调查核实相关情况后，就广告案件提供专业法律意见，为企业争取合法权益。

4. 针对行业热点问题深入拓展多点研究

一是组织召开“婴儿配方乳粉广告与营销工作交流会”。二是召开《婴儿配方乳粉广告与促销合规情况

研究报告》结题会。三是完成国家市场监管总局特食司委托的“婴幼儿配方乳粉营销合规与政策建议报告”项目研究。四是就《婴儿配方乳粉促销合规政策报告》与联合国儿基会开展课题合作。

5. 重点推进未成年人广告自律工作，进一步完善自律机制

一是组织召开广告与未成年人身心健康研讨会暨未成年人广告自律平台会议，发布《中国食品广告对未成年人消费行为影响调查报告，这是关于食品广告与未成年人保护领域的首份行业性专业研究报告。二是开展保护未成年人优秀广告作品征集，在儿童节期间，以“关爱未成年人身心健康，尊重每个孩子的梦想”为主题进行发布。在中广协微信公众号上以“保护未成年人 广告业在行动”为题目，连载分享企业涉及未成年人保护工作的优秀自律做法及经验。

6. 做好广告道德工作委员会秘书处相关工作

广告道德委员会由协会去年发起成立，旨在深入贯彻落实习近平总书记关于“广告宣传也要讲导向”重要指示精神。按照有关部门的要求，起草了《广告道德评价评议办法》，报整治虚假违法广告部际联席会议办公室。针对广告中出现的严重违反道德规范的情形予以谴责，七部委《关于进一步规范明星广告代言活动的指导意见》出后及时发声响应，新华社客户端也给予发布。

7. 组织形式多样的广告法律问题研讨

一是 315 消费者权益日前夕，组织召开移动互联网开屏广告规范发展研讨会，回应公众对开屏广告的广泛关注。二是在吉林省通化市组织召开“三品一械”广告审查法律问题研讨会，邀请多地市场监管部门的人员交流指导。三是继续组织召开广告市场社会共治论坛。梳理广告治理政策法规，探讨加强和创新广告社会治理，促进完善广告行业自律机制。四是邀请了来自全国多地的广告监管执法人员编写《违法广告自律案例点评》，由中国工商出版社出版，供会员学习，避免风险。

（四）制定行业标准，引导行业发展

1. 组织制定行业标准规范，建立健全长效自律机制。与中国通信标准化协会（CCSA）共同成立“移动互联网+广告”子工作组暨互联网广告标准联合工作组（CAA/CCSA JWG），合力推动互联网广告标准的科学化、体系化建设。组织起草并发布了《互联网广告发布审核规程》等六项团体标准；正在组织起草《互联网广告数据分类分级指南》等十余项标准，明确相关规范细则、技术指标，统一行业认知。

2. 围绕标准化工作充分发挥好行业与政府主管部门的桥梁纽带作用，组织召开了一系列研讨会，就广告内容与行为合规自律、数据安全与个人信息保护等议题展开深入研讨，发挥标准化工作支撑政府监管和促进行业自律的积极作用。

3. 完善数据公共服务产品，营造真实透明数据环境。在制定标准基础上，自主构建完善并推广应用了统一 IPv4、IPv6 地址库、移动互联网广告标识符、一般无效流量数据（GIVT List）等公共服务产品，有效提升广告投放的数据真实性、精准性、安全性和交易效率，为营造真实、透明的互联网广告数据生态迈出坚实的步伐。

4. 组织行业力量起草了《关于打击互联网广告流量造假与作弊行为的建议》，针对非法“秒拨服务商”和“群控服务商”等网络黑产普遍使用的底层技术提出了分析思考和治理建议，并上报网信办，力图从源头上打击流量数据造假顽疾。

5. 完善行业价值评估机制，推进质量诚信体系建设。一是引入推广国际测量审计与反欺诈认证项目：MRC 媒体测量审计认证和 TAG 流量反欺诈项目，启动第三方自动化工具安全测评，开展专业人员认证培训等工作。我国无效流量监测标准被纳入 TAG 国际认证框架，这标志着我国互联网广告标准的国际化进程取得创新突破。二是开展“金（银、铜）标尺”证明商标使用管理工作，全面打造数字媒体价值评估体系。此项工作从真实、透明和实效等维度，打造专业、科学、规范的数字媒体价值评估体系，以提高数字媒体广告效果评估的科学性和数据的真实性，强化互联网广告质量诚信体系建设。

（五）精办论坛展会，提升品牌价值

主办、承办了一系列论坛展会等品牌活动和全国性的广告赛事，为广告业复苏和发展注入活力，提振行业信心。

1.2022（第十八届）中国广告论坛

论坛于 8 月在哈尔滨成功举办。本届论坛以“数智新时代广告新生态”为主题，邀请政府相关部门、行业专家及优秀企业代表，共同解读发展新趋势。论坛期间还举行了中国广告协会品牌发展创意设计中心入驻哈尔滨新区创意设计产业园战略签约，尊重原创、保护知识产权自律公约等一系列重要项目的签约仪式。举办了中国大学生广告艺术节学院奖 2021 冬季征集活动荣誉颁发暨中国广告教育产教融合论坛，并在现场进行中国广告教育产教融合联合基地示范工程的发布。

2. 第 29 届中国国际广告节

以“琴岛之城，谱写广告新篇章；鼓浪之滨，推动品牌快成长”为主题的第 29 届中国国际广告节，将于明天开幕。本届广告节是落地厦门后举办的第三届，不管是项目内容规划还是各项活动质量，以及疫情防控措施，都突破以往。本届广告节将以新生态背景下的广告主需求变化与广告业持续发展为着眼点，对内容安排与组织形式进行创新升级。既有代表新生态与新趋势的元宇宙、品牌出海、直播电商等内容，也有以新生态下广告主需求变化为重点，对广告产业结构变革、专业服务价值的研讨，对广告服务机构与媒介平台的专业价值重新认证，力求将广告节的实效价值放大，创造更多商业合作的链接，为业界同人带来更多专属资源和机遇。在厦门市政府大力支持下，本届广告节将开展多场颁奖典礼、高峰论坛、专业展览展示、营销资源品鉴会等一系列活动，充分体现了广告节“推进产业升级、推广创意成果、推动商务合作”的宗旨。

3. 第四届北京国际公益广告大会

承办了第四届北京国际公益广告大会，完成了北京国际公益广告大会系列主题研讨会包括开幕式、高峰论坛、大师盛宴、三场主题论坛；七场系列促进活动；展览展示；创意征集大赛；学习慕课；北京国际公益广告研究院等十八项大会主体活动。大会充分体现了中广协对公益广告事业应有的责任担当。

4. 中国广告业大奖——长城奖、黄河奖、学院奖作品征集大赛

本年度长城奖共征集作品 4000 余件，类别涵盖传统创意作品、营销案例、媒介、平台、公司、品牌等。黄河奖共征集作品 5000 余件，依据作品立意进行分类，并根据本年热点设立重点主题。大学生广告学院奖共举办春、秋、冬 3 次征集活动，作品参赛总数 100 多万件，其中 30 余件获得金奖。

5. 第五届 3·15 消费者权益保护公益广告大赛

由国家市场监管总局主办、执法稽查局承办，中国广告协会执行承办的第五届 3·15 消费者权益保护公益广告动员 500 多家广告公司、200 多所院校，共征集参赛作品 800 多件。广告节期间，315 奖与黄河奖同台举办颁奖晚会，推进消费维权社会共治，进一步营造全社会共同关心和参与保护消费者合法权益的氛围。中广协积极发挥全国性行业组织作用，促进各地广告协会的团结协作，支持各地广告协会开展丰富多彩的活动。2022 年，张国华会长亲自参加各地活动、录制各类视频达到数十次。

（六）组织行业培训，推进学术研究

一是 2022 年全年完成了 9 个培训班，其中 5 个线下培训和 4 个线上培训。二是稳步推进广告审查 1+X 证书制度试点工作。此项工作的开展，将解决企业与学校培养人才的供需匹配问题，为行业发展赋能，推动经济良性发展。三是广告节期间将举办中广协学术委员会第九届委员代表大会暨 2022 全国广告学术研讨会。四是编辑出版了《2021 年中国广告市场报告》。五是继续推进与首尔科学综合研究生院大学的联合办学项目，通过中韩定制硕博教育的新模式。六是完成《中国 AI 营销白皮书》项目，该书深入解析数字化时代背景下 AI 技术如何赋能营销活动。七是进一步完善线上公开课系统，对线上公开课平台进行全新改版，并对最新的培训课程、教师、学员信息进行顺理和更新。

（七）深化对外交流合作，提升国际影响力

1. 积极参与国际组织

一是张国华会长连任国际广告协会（IAA）全球副主席，积极参与 IAA 全球事务。二是认真履行 IAA 中国分会秘书处职责，推动 IAA 中国会员与协会会员整合发展，服务会员依托 IAA 平台参与国际交流合作。三是积极参与世界户外广告组织（WOO）事务，积极履行成员责任，搭建户外广告领域的对外沟通桥梁，服务中国户

外广告国际化发展。

2. 新形势下“走出去”，积极参与国际活动

一是张国华会长为 2022 全球户外大会做视频致辞、为釜山广告节发表视频演讲、线上出席 2022 年国际消费者大会并做主题发言、为 IAA 伊朗分会成立 50 周年纪念活动录制祝贺视频，增强与国际业界同行的互动交流，提升协会对外形象和国际影响力。二是服务会员线上参与“戛纳狮子奖线上分享会”“全球 B2B 品牌峰会”、IAA“非洲崛起”领导力大会、IAA“为更好而创意”全球大会等国际活动，广泛搭建国际化的学习互动平台。

3. 新形势下灵活“请进来”，引进国际资源助力协会中心工作开展

一是邀请 IAA 全球总裁兼主席 Sasan Saeidi 以视频形式为广告节开幕式致辞。二是邀请戛纳狮子国际创意节（Cannes Lions）、亚洲顶尖创意节（Spikes Asia）、釜山国际广告节（MAD STARS）及白场广告营销节（White Square）获奖作品参加今年广告节展览，服务广告节国际化特色进一步提升。

4. 进一步贴近会员及行业需求，推进重点项目创新，提升服务效果

一是履行戛纳狮子国际创意节中国代表职责，深化与狮子节组委会的交流合作，积极搭建中国广告融入全球的高端平台，助力中国广告创意水平提升。二是与釜山国际广告节组委会签署战略合作书，升级双方合作关系，推荐头部会员代表参与广告节演讲及担任评委。三是拓展与白场国际广告营销节的合作，将白场节奖项纳入广告证明商标的评审依据，服务会员通过评奖、演讲、评审等方式参节。四是履行亚洲顶尖创意节代表职责，从报奖参赛、评审推荐、演讲申请等渠道服务会员和行业参与其中。五是依托国际互联网广告自律组织“互动广告局（IAB）”与协会的国内外优势资源，组织有关单位建立 IAB China，为成员搭建国际交流合作平台，助力数字广告品牌出海。

2022 年，由于疫情的原因，广告行业发展面临着前所未有的困难，也给协会各项工作增加难度。中广协没有气馁，更没有躺平，不断开拓进取，工作取得成效，展现了行业协会的价值。成绩来之不易，充分体现了协会凝聚力，也更加坚定我们服务行业的信心。在此，我代表中国广告协会对各位理事的鼎力支持表示衷心的感谢。

二、下一阶段的工作安排

2023 年我们将继续坚持“三个服务”理念，进一步提高政治站位，在中央和国家机关工委、民政部的领导下，实干为要，同心同德，积极开创协会工作的新局面。

（一）加强行业自律，服务行业维权

一是积极参与国家机关的立法和政策制定工作。二是深入加强广告行业自律，丰富广告行业自律的模式。继续开展广告合法性咨询工作，完成广告咨询线上送审和协会审核系统建设工作。针对行业广告法律合规中的难点、热点问题进行研讨。三是继续做好行业维权，发挥桥梁纽带作用，积极反映行业诉求，维护行业合法权益。同时，主动收集会员和行业的诉求，并向有关部门反映。

（二）深入开展标准化建设工作

一是继续开展广告团体标准的研究制定工作。通过推动广告业标准化建设，提高行业服务质量和专业水平，促进广告业规范发展。二是立足行业标准与实践，继续开展技术测评、审计认证、证明商标使用管理、专业人员认证培训等相关项目，完善行业价值评估机制，科学评估广告投放效果，推进质量诚信体系建设。三是积极推动筹建全国数字广告标准技术委员会，努力提升我国数字广告标准化工作的统一性、系统性和国际话语权。

（三）增强服务意识，深化会员服务

一是继续增加会员发展力度，吸引更多优秀会员的加入。同时采取有效措施增强会员凝聚力，稳定会员队伍。深入了解会员的切实需求，通过提升服务能力，把具有区域代表性的重点企业吸纳到会员中来，壮大会员队伍。二是坚持依法办会，依章程办会，加强协会制度化建设，根据发展需要，及时召开理事会、常务理事会等工作会议。三是进一步强化对分支机构的分类指导与管理，根据市场细分领域特点在更多专业领域成立分会和专业委员会，推动协会事业蓬勃发展。四是继续开展证明商标使用管理工作，提升证明商标工作在行业的影响力，为企业高质量发展赋能。五是整合媒体资源，加强对协会重点工

作及会员单位的宣传，精准为会员提供时效强、价值高的行业信息服务。

（四）打造专业品牌，提高服务水平

努力办好第 30 届中国国际广告节、2023（第 19 届）中国广告论坛、中国户外广告论坛、北京国际公益广告大会、2023 中国大学生广告艺术节学院奖、3·15 公益广告大赛等品牌活动，提升活动价值。支持各分支机构开展有特色的活动。

(五) 充分整合资源，加强培训工作

积极发挥学术委员会对培训工作的智力支撑作用，优化培训内容，满足业界专业性培训需求。加强宣传推广，利用中广协会员平台优势推广宣传各项培训合作项目，全方位、多角度提升培训的影响力和知名度。

（六）加强对外交流与合作，扩大国际影响力

积极参与国际组织，借助国际广告协会（IAA）、世界户外广告组织（WOO）平台进一步提升协会国际影响力。深化与戛纳狮子国际创意节、釜山国际广告节等重要国际赛事活动、重要国家和地区广告组织间的联系交流，广泛拓展合作。继续积极发挥 IAA 全球副主席职能作用，做好 IAA 中国分会工作。

（七）加强协会秘书处建设

加强秘书处工作人员思想建设，促进增强服务意识和责任感；加强秘书处队伍建设，建立人才激励机制，提升服务水平；加强秘书处制度建设，优化内控规范和流程，促进提高服务质量和效率。进一步加强办公系统、会员管理系统等信息化建设，提高工作效率，增强服务能力。

各位理事，不忘初心，方得始终。党的二十大擘画了建设中国式现代化的宏伟蓝图，刚刚闭幕的中央经济工作会议提振了发展信心，广告活动将更加活跃，广告业面临新的发展机遇。中国广告协会将以党的二十大会议精神和习近平总书记的重要讲话精神为指引，在中央和国家机关工委、民政部的领导下，团结全体行业同人，以更加昂扬的姿态，积极推进各项工作有序开展，服务广告业高质量发展，为国家经济文化做出新的更大的贡献。

2022 年全国各地区广告协会工作总结

北京广告协会

2022 年，在北京市市场监督管理局、北京市民政局和中共北京市商业服务业行业协会联合党委的正确指导和支持下，北京广告协会以习近平新时代中国特色社会主义思想为指导，深入贯彻落实党的二十大及历次全会精神，以“服务行业自律、服务行业维权、服务行业发展”为宗旨，积极为行业搭建沟通交流平台，促进行业健康发展；开展行业培训，提高行业自律水平，推动行业诚信建设；同时积极承接政府职能部门委托的工作，服务企业，服务社会，推进交流，开展协作，协会工作取得了良好的社会认可度。

一、坚持党建引领，助力行业高质量发展

2022 年，北京广告协会按照北京市商业服务业行业协会联合党委要求，落实社会组织党建主体责任，提升社会组织党建工作能力，组织协会党员、积极分子、工作人员学习党的二十大精神，组织党员学习党史、讲党课等活动，全年累计八次。

二、加强行业自律，规范行业发展

（一）举办北京市广告法律法规培训班。2022 年，协会在严格遵守疫情防控政策的同时，采用线上线下相结合的形式，举办 3 次法律法规培训班，来自各广告活动主体（媒体、广告经营单位、广告发布单位及广告主等）广告审查负责人及广告相关工作人员，累计 2000 余人参加培训，提高参训人员法律法规意识和水平的同时，最大限度地预防和减少了违法广告的发布。

（二）提供广告发布前合规性咨询。协会咨询部通过微信、邮件、电话等多种形式为会员单位和广告经营单位提供广告发布前咨询服务，咨询内容主要为医美、食品、保健品广告等违法高发内容，截至 2022 年 12 月底，协会咨询部累计咨询答疑 5000 余条 / 次。

（三）在市市场监管局指导下，组织行业专家及法律专业人员拟定《北京广告发布活动行为规范指引（2022 版）》，起草《北京明星广告代言活动自律公约》。

（四）提供 CNAAI、CNAAII、CNAAIII 证明商标使用管理初审服务。协会免费为会员单位进行 CNAAI 一级、CNAAII 二级、CNAAIII 三级证明商标的初审工作，为会员申请认证证明商标进行全程指导。

（五）根据《商务部等 13 部门关于开展 2022 年“诚信兴商宣传月”活动的通知》（商建函〔2022〕140 号）文件精神，倡议企业开展“诚信兴商”活动，2022 年共推荐 22 家“诚信兴商”企业，引导弘扬诚信文化，推动信用理念与市场主体发展深度融合，发挥典型示范效应。

（六）开展“2022 年度北京广告行业突出贡献单位”申报评选活动，33 家会员单位荣获“2022 年度北京广告行业突出贡献单位”荣誉。

三、发挥政府和企业桥梁与纽带作用，助力行业健康发展

（一）3 月初，协会协助市市场监管局、北京市金融局，调研广告行业企业及相关项目融资需求，促成银行与企业高效对接，解决广告企业融资难题。

（二）3 月中旬，协助北京市商务局开展广告行业“走出去”需求调研，推荐部分企业、专业服务机构入驻市

商务局“京企‘走出去’综合服务平台”展示，为“走出去”广告行业企业提供国际展示平台。

（三）3 月至 5 月，连续每月协助市市场监管局做北京广告行业受疫情影响情况调查，制定调查问卷，同时在协会官网、自媒体平台、会员群等征集行业企业意见建议，为政府助企纾困制定相关扶持政策提供决策依据。

（四）4 月至 7 月，北京市城市管理委员会修订《北京市户外电子显示屏设置规范》《北京市户外广告设施设置专项规划征求意见》，协会分别组织召开户外广告研讨会三场，均形成相关意见建议报告，反馈相关部门，为行政部门制定相关政策规范，提供合理参考依据。

（五）5 月至 10 月，调研北京广告行业发展情况，向政府相关部门汇报，反馈行业建议，呼吁政府开放金融投资理财类广告在北京发布。11 月至 12 月，在市市场监管局指导下，多次组织相关金融企业、互联网平台、重点户外媒体企业、行业专家召开金融广告研讨会，拟定北京金融投资理财类广告发布合规指引（草案）并上报政府相关部门。

（六）9 月至 10 月，协助市政府相关部门调研广告行业企业拟上市情况，统计广告行业拟上市企业名单；12 月，协助市场总局广告监管司就设立广告领域人才培训平台，在平台名称、平台用户注册管理、培训课程等方面征询相关专家及广告行业企业意见建议。

（七）联合北京国家广告产业园区承办北京朝阳公益广告征集活动，协会以北京为重点，广泛发动全国广告界同人报送相关公益广告作品，同时通过协会官网、公众号、自有媒体、会员单位官网等进行线上宣传，通过机场快轨、地铁大屏等进行线下同步宣传，（特别感谢圣恩文化传媒集团、北京地下铁道通成股份有限公司、北京国家广告产业园区等单位提供媒体支持），活动共征集优秀广告作品 2000 余件，参与本次活动的单位及个人突破 500 余家。北京广告协会推荐的作品在中央文明办举办的 2022 公益广告大赛中荣获二等奖等多个奖项。

四、组织行业活动，搭建行业沟通交流平台

（一）2022 年 9 月成功举办以为“科技至上·共鉴创新”为主题的 2022 科睿国际创新节。因疫情防控要求，本届科睿国际创新节高峰论坛首次采取线下 + 云上联动模式进行。本届创新节主要内容有：开幕式、高峰论坛、科睿创新奖颁奖盛典。在线下主会场：来自品牌方、传媒方、科技方、广告方等相关行业的企事业单位代表、负责人 500 余位人士参与了现场活动；云线上：通过各个渠道的直播以及国内行业活动首次元宇宙虚拟云会场的展示，更是集结了万余位网友的线上体验及关注，此次活动共征集优秀创新案例 1852 件。

（二）通过企业走访调研、举办小型沙龙、举办资源推介会等形式，开展广告企业“大帮小”，优势集聚和资源共享，加强产业协调联动。2022 年协会全年走访 10 余家企业，深入了解会员单位优势资源及需求，助力会员单位优势资源共享，互惠互利。例如 1 月，协会组织十余家理事单位相关负责人至北京天眼查科技有限公司交流并达成战略合作；3 月，协会组织北京 10 余家会员单位至大爱全息（北京）科技有限公司进行“全息 AI 技术体验”，对接资源需求，启发并赋能企业转型；7 月，在北京国家广告产业园区举办北京广告协会会员开放日——广告优势资源推介活动，30 多家企业相关负责人参加推介。通过面对面深入交流，5 家广告企业达成资源合作意向。10 月，协会组织专项资源对接会，邀请十余家会员单位及区域代理道闸媒体的公司至广东安居宝数码科技股份有限公司旗下传媒公司——车前传媒公司进行资源整合对接，品牌推介。

五、加强协会组织建设，完善分支机构设置，谋划行业长效发展

（一）加强协会信息化建设，开发线上服务功能。通过搭建和升级协会官网、微信及会员服务系统等，增强会员服务便捷性、时效性，同时提升协会工作人员素质，提高协会各部门服务能力。

（二）成立北京广告协会法律咨询委员会。11 月，北京广告协会成立法律咨询委员会，积极在法律咨询、法律援助、法律调解等方面开展相关工作，帮助企业从公司治理、规范运作、合规经营、持续发展等方面防患于未然，助力行业健康发展。

（三）成立北京广告协会明星代言规范工作委员会。12 月，北京广告协会成立明星广告代言规范工作委员会，依据七部门联合印发的《关于进一步规范明星广告代言活动的指导意见》，明星广告代言规范工作委员会通过线上及线下研讨会形式，组织行业专家、相关企业、明星代表、网红代表等。

六、加强协同合作，紧密联系兄弟协会

（一）与全国主要五十余家兄弟广告协会保持紧密联系，互访互动，协同合作（2022 年因疫情防控原因，以线上沟通为主）。

（二）组织会员单位参加 第 17 届中国广告论坛、第 29 届中国国际广告节等行业活动。

河北省广告协会

河北省广告协会自2022年以来，在中广协、省民政厅、省市场监管局的指导下，在各市广告协会、各会员单位大力支持下，秉承协会宗旨，紧紧围绕省委、省政府的中心工作，积极进取、勇于创新、充分发挥职能作用，积极为会员单位提供服务、反映诉求，行使协会规范行为、监督协调职能，较好地完成了各项工作。

一、组织业内交流，积极对接企业资源

2 月 11 日，河北省广告协会企业资源对接会在省广告协会会议室召开。共邀请百度、抖音、快手、河北方策文化、河北德众传媒、河北亚软动力、知乎城市石家庄站、河北聚势传媒等 12 家企业代表参加会议，会议由河北省广告协会副秘书长董飞同志主持。

会上，各参会代表对本企业的发展情况、业务领域、行业优势进行了详细介绍，大家围绕当前广告市场受疫情冲击的背景下，如何构建新型产业时代的广告生态和全新模式进行了深度探讨，希望在融媒体高速发展的今天能够形成新的产业发展能力。

本次会议的召开也是协会校企对接、广协云学院工作的巨大成果，拓展了协会的行业覆盖面，深度搭建了行业的交流平台，更大范围地对接了企业的业务合作范围，为行业整合资源、抱团发展奠定了坚实基础。

二、积极对接院校，拓展合作资源

2 月 16 日，河北省广告协会云学院受邀走访了河北工业职业技术大学。河北工职大副院长郝骞、就业办主任郑宝成、经贸系主任闫寒与省广协云学院相关负责人进行了深度沟通对接。

院校领导介绍了学校整体发展历程、专业设置、学科设置和广告学发展情况，针对目前广告专业人才培养遇到的困惑和问题进行了充分探讨。省广协云学院负责人介绍了云学院工作的设立背景、发展状况、取得的成绩和 2022 年工作规划。并对后期如何加强深度合作，提高院校和行业的深度对接、建立高校实践基地等议题进行了充分研究。

本次活动的开展进一步拉近了协会和院校端的距离，丰富了云学院的工作内容，对于后期完善云学院相关工作，提高院校端就业率和丰富在校生的社会实践经验具有积极的指导意义。

三、搭建校企对接桥梁，深化校企项目合作

3 月 3 日，河北省广告人才培养交流座谈会在河北工业职业技术大学举办，石家庄市星河广告、河北汇景广告、河北春秋文化、石家庄正邦华谊、铂扬广告公司代表，院校经贸系主任、党委书记、就业办主任、专业老师，以及河北省广告协会云学院负责同志共计 15 人参加了座谈。

院校领导介绍了学校的专业设置及课程情况，企业代表介绍了本企业的基本情况，人员培养情况和遇到的问题，以及现阶段人才需求情况，举例说明了校企对接工作

的目标要求。大家围绕企业人才培养、高水平人才招聘、如何有效建立校企合作，搭建企业和院校有效联系，提高在校生实践技能、职业素养等几方面的问题进行了充分探讨。对院校现阶段广告专业学科设置提出了意见建议。

本次座谈会的召开将企业需求与院校专业人才培养进行了有效对接，进一步拉近了院校人才培养方案和当前我省广告行业发展的距离，同时也拓展了省广协云学院的工作内容，对于后期协会充分发挥职能，服务广告行业发展具有重要的指导意义。

四、继续举办第二十二届优秀广告作品评比，提高全省广告经营单位的创意策划能力

第二十二届广告作品评选活动在秘书处的积极动员下，共征集各类商业广告参评作品 569 件，其中平面类 443 件、户外类 35 件、广播类 4 件、影视类 87 件。本届广告作品以商业广告为主题，分为影视、广播、户外、平面四种类型。经来自媒介、广告公司、大专院校、广告监管部门、广协等单位组成的评委认真评审，共评出获奖作品 152 件，其中一等奖 34 件、二等奖 48 件、三等奖 70 件。本届参评作品的创意较为新颖，艺术感染力较强，广告品位、设计、制作水平有所提高，特别是河北广播电视台、河北盘古网络技术有限公司、石家庄市星河广告有限公司、河北拓扬文化传播有限公司、河北汇景广告传媒股份有限公司、铂扬广告有限公司、张家口市恒远博文广告传媒有限公司等单位，用心设计、制作了一批主题鲜明、创意独特、有影响力的广告，参评作品基本上反映了我省当前的广告设计制作水平。

五、积极开展证明商标认证工作，推动行业标准化工作开展。

省广告协会证明商标于 2020 年正式获国家市场监管总局商标局核准注册。是国家部委对于河北省广告行业标准化工作开展的高度认可。证明商标认定工作作为河北省广告协会工作的重要抓手，是充分发挥协会职能，推动我省广告行业标准化发展的重要手段。

一是开展省级证明商标企业认定工作。今年 3 月 23 日，省广协下发了关于开展 2022 年度证明商标认定和延续工作的通知，对本年度工作进行安排部署。10 月，秘书处完成了本年度申报企业材料的汇总和审查。次年 2 月 6 日，河北省广告协会证明商标审查委员会第四次会议在石家庄召开，对全省申报证明商标认定的 8 家广告公司进行资质审查，其中综合服务类 7 家、媒体服务类 1 家。会后对评审结果进行公示，授予被认定为企业牌匾证书。

二是推荐国家级证明商标企业。本年度共推荐三家广告经营单位认定国家级证明商标企业，分别是河北领帝文化传播股份有限公司、河北汇景广告传媒股份有限公司、石家庄盛世恒易广告有限公司。其中，中国广告协会已经认定河北汇景广告传媒股份有限公司为国家一级设计制作类类企业；河北领帝文化传播股份有限公司和石家庄盛世恒易广告有限公司为国家二级媒体服务类企业。

六、开展研学营活动，拉近校企距离

2022 年 6 月 13 日至 24 日，河北省广告协会云成长学院研学营活动在石家庄顺利举行，本期研学由河北省广告协会副秘书长董飞同志、河北地质大学广告学教研室主任韩文举老师、河北地质大学广告学教研室钱越老师带队，先后走访了河北中商云搜广告传媒有限公司、河北盘古网络技术有限公司、河北领帝文化传播股份有限公司、河北行走广告有限公司、河北智尊文化传播有限公司、石家庄盛世恒易广告有限公司、分众传媒有限公司河北分公司、河北方策文化传播有限公司、河北汇景广告传媒有限公司、尚色艺创品牌设计（河北）有限公司、河北亚软动力科技有限公司和铂扬广告公司 12 家广告经营单位。因疫情原因，本次活动以线上形式举行，省内多所高校广告专业学生参与其中，本次研学营共组织线上直播 12 场，总收看率 3120 人次，在直播过程中已有部分学生联系直播企业进行暑期实习。本次研学的企业涉及百度、快手、抖音账号运营、广告设计类、媒体代理类、活动执行类、全案整合营销类等不同类别的公司。各公司介绍了本单位的发展历程、业务情况、服务客户，就学生关注的公司岗位标准、用人要求等问题进行了说明，分享了公司最新的经典案例，让在校生切身感受广告公司的项目操作过程。 通过本次研学，进一

步拉近了我省在校生和我省广告行业的距离，让学生进一步了解各公司的工作标准和工作要求，实际感受广告公司的工作氛围。同时在我省广告学界进一步宣传省会优质广告公司，对于积极塑造河北广告品牌形象，深入推进广告行业产教融合具有重要意义。

七、积极组织参加中国广告协会以及各省协会组织的各项活动

积极参加中广协组织的相关活动。2022 年，河北省广告协会先后带队参加了中国广告论坛、中国国际广告节、京津冀国际广告节等活动，省广告协会也因工作成绩突出，获得“广告节优秀组织奖”。一方面通过参加奖项评比、媒体展会、设备展会、商务交流、高峰论坛等活动，既了解最前沿的广告专业技术和行业动态，又增加了协会的号召力和凝聚力。另一方面以协会脱钩为契机，以全新的面貌展现在广告行业面前，充分利用国内广告行业各平台与全国广告界沟通交流，加强资源对接和项目合作，引进来和走出去相结合，充分发挥协会的桥梁纽带作用，服务我省广告行业发展。

2023 年，省广协将在省委省政府、省市场监管局、省民政厅、中广协的坚强领导下，以习近平总书记一系列讲话精神为指导，不断解放思想、努力工作，把协会建设成为企业联系政府的引导者、广告业利益的捍卫者、广告业发展的推动者、广告业文明进步的倡导者。

山西省广告协会

2022 年，省广告协会以习近平新时代中国特色社会主义理论和党的二十大精神为指引，深入贯彻落实省委省政府关于行业组织发展的各项工作指示，在中国广告协会、山西省民政厅、山西省市场监督管理局、山西省工商业联合会（总商会）的指导下，在各有关部门和社会各界大力支持下，推进广告业数字转型、服务广告业提质增效、引导广告业集聚发展，树立广告业良好形象，在助力全省高质量发展方面做出了新的贡献。

一、完善组织架构、对标行业标杆，坚持与行业发展同行。一是新成立了文化创意产业分会和校企合作委员会。协会与山西海外联谊会、山西省精品建设联合会、山西省品促会建立紧密联系，推动文化创意与品牌联动发展；启动了“三晋高校企业行”系列活动，围绕“产教融合、人才共建”，山西大学、中北大学、山西工程科技职业大学、山西职业技术学院、太原旅游职业学校等十几所高校的相关负责人走进华意、华通、敲门砖等广告业头部企业探讨重要议题。2022 年 5 月，山西工程科技职业大学、山西金融职业学院成为协会产教融合实训基地、产教融合协同育人基地。协会同时承担着省市场监督管理局广告标准化技术委员会秘书处的工作，为提升我省在全国广告领域的话语权，提高广告业发展质量和效益全面服务。

二是积极组织会员单位申报国家级广告企业证明商标，推进山西省广告企业资质证明商标申报和评审。资质证明商标是提升广告企业的品牌价值，提高广告企业综合实力与竞争力，规范广告行业自律，促进广告行业健康发展的重要保证。目前已有 6 家会员单位获得国家一级、二级证明商标使用权，2 家会员单位申报国家级广告企业证明商标。9 家会员单位申报山西省广告企业资质证明商标。

三是发挥行业自律与桥梁纽带作用，推进广告业健康发展。以提升广告审查业务素质和能力水平为宗旨，每年开展广告审查员培训，2022 年 8 月举办的培训班，有来自 96 家广告公司及媒体的 170 位学员参加了培训。主动承接和落实上级部门的工作措施和要求，2022 年 3 月，发布《商业营销宣传要坚持正确政治方向和价值导向倡议书》；12 月发布《医疗美容广告行业自律倡议书》，年

底协会法律咨询委员会组织开展《行业企业用工风险规避》研讨会，会员单位行政、人事经理研讨座谈，规范广告企业劳动用工管理，解决企业用工领域的法务问题。协会发挥自身职能，推动广告行业诚信建设，树立广告业良好的社会形象。

二、紧扣“两个转型”，推动数字营销产业集聚，助力全省高质量发展。抢抓数字经济发展重大机遇，是培育经济发展新动能，助力全省经济转型发展的重要支撑。一是围绕山西数字转型，积极与协会副会长单位座谈调研，提出建设“山西省数字营销产业园”的指导意见，并在全省经济工作会和“两会”上积极提出建议。二是认真开展调研工作，了解全国 29 个国家级广告产业园区运作模式与政策措施，积极与春汾科创投资集团、汾飞发展集团、智创城科技公司等综改区平台企业对接，了解入驻条件，双向选择，整体推进。三是按照“太忻一体化”经济区忻州片区数字经济发展路径，积极筹建“太忻数字广告创意产业园”，5 月组织 22 家副会长单位考察调研太忻数据流量谷建设。到目前，孵化、引进各类广告企业 14 家，均享受房租补贴、利税减免、水电优惠等数字产业政策，协会所做出的努力受到上级领导的肯定与认可。

三、推进“提质增效”，强化“清廉建设”，主动融入经济发展大局。一是认真贯彻落实《“十四五”广告产业发展规划》等系列文件精神，全面落实国家和省、市支持服务业发展的各项政策，从 2022 年 7 月起，在全省范围内开展广告业“提质增效百家行”活动。首站在长治黎侯宴酒厂与分众传媒举行了名企研学活动，后期在省市场监督管理局指导下，赴副会长单位和会员企业座谈，通过实地走访、实情调查，梳理广告企业面临的困难、问题和提出的诉求，帮助企业纾困解难。二是围绕“清廉商会、清廉民企”建设，积极参加省工商联、省妇联组织的各项活动，以“党建引领、共联共进”为指引，创新党建工作内容，协会设立“智慧党建、有声党建、线上党建”党员活动室，组织会员开展“永远跟党走、筑梦新征程”（建党 101 周年）主题党日活动，10 月，参加省工商联组织的“喜迎二十大、百企话清廉”作品征集活动，在行业内完善清廉机制、弘扬清廉文化、根植清廉基因。坚持以赛促学、以学促行，组织副会长单位开展了“喜迎二十大，擘（bo）画新蓝图”活动，围绕党的二十大报告关键知识点，在协会内深入开展学习贯彻党的二十大精神主题党日活动。

四、打造山西品牌、讲好山西故事，组织“汾河奖”赛事。2022 年 1 月，“青花汾酒杯”首届广告创意大赛——汾河奖组织最后评审，评委会从推荐的 2000 多件作品中评出金、银、铜、奖共 38 件。7 月 5 日，“汾河奖”颁奖典礼在湖滨大酒店隆重举行。获奖作品协会直接向中国广告业大奖“黄河奖”“长城奖”报送，山西广播电视台、华意文化传媒有限公司共 6 幅作品荣耀加冕，获大赛优秀及以上作品奖。“青花汾酒杯”第二届广告创意大赛汾河奖赛事在奖项设置、专家评委库建设、作品发布、广告及媒体投放等环节精准策划，吸引更多专业人才和优秀作品参与进来，作品征集活动已全面展开。协会坚持“走出去”战略，积极组织会员单位参加第 18 届中国广告论坛，第 29 届中国国际广告节，协会荣获“第 29 届中国国际广告节最佳组织单位”荣誉称号。协会与各会员单位携手并进，以行业的力量推动山西广告创意发展，为推动新时期山西转型发展做出新贡献。

五、练内功树形象，强素质转作风，喜获全国“四好”商会荣誉。一是积极参加全国工商联组织的改革发展研讨会、省工商联组织的“四好”商会建设观摩会及中国青年企业家理想信念培训班等，强化协会自身建设，加强商协会之间横向联系，提升协会服务能力。2022 年底，中华全国工商业联合会办公厅印发了《全国工商联办公厅关于认定 2021—2022 年度全国“四好”商会的通报》，按照政治引领好、队伍建设好、服务发展好、自律规范好的认定标准，山西省广告协会被全国工商联评为全国“四好”商会。这既是全国工商联对协会工作的充分肯定和认可，也是对协会全体会员辛勤付出、共同努力的褒奖。

二是充分发挥省广告协会公众号、抖音、网站、微博等自媒体作用，为会员单位提供人才招聘、创意展示、作品展示等，在二十四节气及重要节假日推送创意作品。并及时传送中广协及省内政策信息，围绕诠释品牌、促进交流、拓展商机、推动合作与全国商协会沟通交流，其中年内群发公众号 260 篇，总阅读量 11 万以上。

三是积极倡导与开展公益捐助活动。2022 年初，发布“厉行勤俭节约 反对餐饮浪费”倡议书；4月发布《致全省广告行业的疫情防控倡议书》，2022年山西省广告协会带动会员单位累计向红十字会抗疫捐款33900元，2022年11月被世界晋商上海论坛组委会评为“抗击新冠肺炎疫情先进单位”。

一年来，山西省广告协会虽然在各方面均取得了一些成绩，但是还存在一些差距和不足。主要是：数字广告营销园建设发展与广告业数字化发展的期望还有差距；省广协组织体系与人才队伍建设还有待加强；开展活动和服务会员经费短缺等。这些问题需要协会在今后的工作中，用改革的精神和创新的举措逐步加以解决。

内蒙古自治区广告产业协会

2022年，在自治区市场监督管理局和自治区民政厅的正确领导下，协会为自治区广告行业，为会员单位服务等做了大量卓有成效的工作，为推进自治区广告产业的进一步发展，做出了一定贡献，圆满完成了各项工作。

内蒙古自治区广告产业协会成立于1992年，业务主管单位是内蒙古自治区市场监督管理局。根据国家和自治区发改、民政等部门的关于“行业协会商会与行政机关脱钩”的文件精神，2015年8月25日，内蒙古自治区广告产业协会完成换届，内蒙古锐意广告有限责任公司刘洋任会长，内蒙古商报社副长社厉建宇任秘书长，2017年全部完成脱钩工作。

目前，协会共有近百家会员单位，内设办公室，会员部、财务部等部门，保证协会工作的正常运转。

一、加强行业交流

2022年，协会积极为会员办实事、搭好桥、办好事。加强会员之间的交流、积极组织邀请各大大会员企业参加合作、培训、参观、考察等活动会议。

4月底，邀请协会内数十家在自治区内有影响力、美誉度和知名度会员企业，参加由自治区市场监督管理局广告处组织举办的“内蒙古自治区关于进一步促进广告业高质量发展实施意见研讨会”，根据《内蒙古自治区国民经济和社会发展第十四个五年规划和2035年远景目标纲要》和国家《“十四五”广告产业发展》，广大会员单位负责人根据自身企业特点、情况、感受，积极发言，献言策献，为促进我区广告业高质量发展，进一步推进《内蒙古自治区关于进一步促进广告业高质量发展的实施意见》的起草工作。

组织广大会员单位参加内蒙古自治区广播电视局关于开展优秀广播电视公益广告创意文案征集活动，发挥协会会员单位广告创意方面的能力和优势，以宣传突出弘扬社会主义核心价值观、铸牢中华民族共同体意识、传承中华优秀传统文化、加强生态文明建设、推进乡村振兴、讲文明、树新风以及建设亮丽内蒙古、共圆伟大中国梦的丰富实践成果等主题。鼓励广大会员积极参与活动，锻炼和提高了协会单位队伍水平的同时，也让公益广告“春风化雨”“润物无声”的作用更加深入人心。

积极开展中广协CNAAI、CNAAII、CNAAIII证明商标的推荐、评审工作，并开展内广协全区一、二、三级优秀广告企业的评选认证。

组织广大会员参加厦门举办2022中国国际广告节。并及时与会员单位交流、通报广告节上的各种新鲜广告传播科技，信息等，进一步拓宽了广大会员行业视野，提高了广大会员的从业素质。

二、创新发展情况

协会充分发挥政府和会员单位的桥梁和纽带作用。通过联系一些相关职能部门，打通与政府之间的联系，在行业领域获得更多的话语权。

加大广协网站和微信公众号的建设工作，通过网站和微信公众号，进一步加强对会员单位的服务功能。

三、行业培训，学术研究情况

2022 年，协会配合业务主管单位市场监督管理局进行关于征求自治区市场监管局《内蒙古自治区级广告产业园区认定和管理办法（征求意见稿）》工作，并在大量摸底调研后对意见稿从四个方面提出建议，受到了上级主管部门的高度好评。

建议将各地方园区出台入驻优惠政策，特别是租金补贴和税收优惠纳入认定标准。建议将营商环境的改善，维护广告企业合法权益，成立专门机构纳入认定标准。建议将各地方广告协会是否进入园区管理机构，参与园区的管理运营和发展纳入认定标准。建议将由园区出面协调政府广告宣传项目的专项资金向入驻园区广告企业倾斜纳入园区认定标准。

四、党建工作方面

加强政治学习。认真组织学习，通过在线视频方式，召开了传达学习二十大精神会议，对会议内容深入分析，热烈讨论。

认真组织广大会员深入学习领会习近平新时代中国特色社会主义思想和党的十九大精神、党史学习教育、十九届六中全会、十九届七中全会精神、中央及自治区党委民族工作会议精神、铸牢中华民族共同体意识教育。通过召开广告行业企业座谈会、发布调查问卷等方式开展了党员干部思想动态分析，引导党员牢固树立“四个意识”，坚定“四个自信”，自觉做到“两个维护”，党员参学率达 100%。

严格落实“三会一课”、组织生活会等基本制度。积极落实五个一行动，逐步完善“六个好”党支部，每月开展“支部主题党日”活动，围绕每月讨论主题，做到“提前布置，深入思考，积极发言，相互教育”。

支部牵头召开“学习党纪国法，净化广告行业生态”专题组织生活会暨净化广告行业生态倡议会。梳理广告行业发展存在的问题和不足，各位党员也认真查找了自己的不足，相互之间非常坦诚地进行了批评与自我批评。

协会党支部书记参加由自治区民政厅组织举办的协会党组书记党史学习教育培训班，在包头封闭学习 5 日，极大地提高了协会党支部的组织活动能力和水平。

辽宁省广告协会

2022 年辽宁省广告协会深入学习贯彻习近平总书记关于广告的系列重要讲话精神，认真落实省民政局、省市场监督管理局的各项工作部署，以培育和弘扬社会主义核心价值观为核心扎实开展各项工作任务，现将 2022 年工作汇报如下。

一、协会基本情况

会员单位 160 家，内设秘书处、财务部、法律咨询委员会、专家咨询委员会，充分发挥平台优势，与社会专业人士内外联动，为会员单位提供专业化精准服务。

二、工作进展情况

（一）举办 2022 年辽宁省“质量强省”公益广告征集展播活动

为高标准推进“质量强省”建设，全方位宣传新时代辽宁各行各业质量发展能力水平，省广告协会与省市场监督管理局、省广播电视集团联合举办 2022 年辽宁省“质量强省”公益广告征集展播活动。

辽宁省广告协会通过发布征稿通知、征集宣传视频等方式开展活动宣传，辽宁广播电视集团多个频道、频率进行活动宣传片的发布。开展了线上作品征集工作，展演活动累计征集有效稿件 409 件，其中平面类稿件 225 件，视频类稿件 184 件。我们对征集作品进行初审、终审、公示接受公众监督等环节，最终评选出 27 篇优秀作品分别荣获一、二、三等奖，匠心制造奖以及全场创意大奖，为获奖选手颁发杯牌、证书及奖金。

此次活动以助力质量提升、弘扬质量强省为主题，创作、征集、评选、展播一批具有较强思想性、创造性、艺术性和“辽宁味”的公益广告作品，为加快推进新时代辽宁全面振兴全方位振兴营造良好社会氛围。

（二）承办 2022 辽宁省职工技能大赛暨全省美工创意技能大赛

为贯彻习近平总书记关于人才工作重要论述及致首届大国工匠创新交流大会贺信精神，辽宁省广告协会承办了“2022 辽宁省职工技能大赛暨全省美工创意技能大赛”。大赛为个人赛，由理论考试和实际操作两部分组成，按专家制定标准实施，以检验参赛选手的平面美工技术基本功为重点，主要考察选手创意创造力、色彩掌控力、图形和版式设计能力和电脑软件操作能力等 5 个专业维度。最终评选出 10 名选手予以奖励，根据作品优秀等级分别给予 20000 元、15000 元、10000 元、8000 元、5000、1000 元资金奖励。

本届美工技能大赛，参赛选手精神饱满，积极投入；专家裁判秉公执法，认真负责；竞赛安排紧凑，井然有序。为我省美工行业人才提供了展示和证明自己的舞台。

（三）组织 2022 年春季招聘会

为解决疫情期间高校毕业生就业问题，2022 年上半年与沈阳工学院艺术与传媒学院进行对接，共同宣传组织了 2022 年春季招聘会，招聘会以网络视频双选会议形式开展。

为保证双选会效果，结合人才培养的行业特色和毕业生的就业意向，我们对申请参会的企业进行严格的审核筛选，拒绝传销招聘、虚假招聘、委托招聘，并要求招聘单位不得向应聘毕业生收取求职费用。同时也发动了协会会员单位积极参与招聘会，并发布相应的岗位招聘信息，为高校毕业生提供更多的就业机会及平台。

（四）举办 2022 金针设计奖“工业元宇宙”设计创意大赛

此次比赛是一个面向青年设计师和高校设计专业学生的设计比赛。大赛秉持关注青年设计师群体的成长过程，为广大青年设计师提供一个表达自我、对话行业、洞察未来的交流平台，并通过“工业元宇宙”设计创新主题挖掘并托举一批具有标杆意义的顶尖创意设计人才。此次比赛聘请行业专家和高校知名教授直接参与作品评审，评选出未来大师奖、金针设计奖、优秀奖、优秀作品指导奖、评审奖、大赛组织奖，优秀获奖者有机会与企业签订人才培养合作协议，获得比赛金奖的参赛者将直接获得行业头部企业的工作机会，其他获奖选手可以获得相关企业的实习机会。获奖作品进行线上平台和线下专业场馆展出，面向社会大众增加作品曝光度。活动的举办为建设数字辽宁，智造强省、建设辽宁新经济形象贡献了创意力量。

吉林省广告协会

2022 年是党的二十大胜利召开之年，这一年，在中国广告协会和省市场监督管理厅等部门的指导下，协会坚持新思路、新举措，在服务行业发展、服务行业维权、服务行业自律等方面努力开展各项工作，积极推动我省广告业平稳健康发展，取得了一些新进展和新突破。

一、重知行，树地位

（一）2022 年 3 月我省疫情暴发，协会迅速行动，以广告力量为核心，充分调动平台资源，以公益抗疫，为抗疫争取时间，增添温度。

一是开展抗疫公益广告创作。在长春市按下“暂停键”时，青年力量陶喆带领设计团队，发挥广告人的创意能力，根据省文明办提供的疫情防控宣传内容，按下广告人的“加速键”，争分夺秒设计制作卡通插画，生动地刻画了抗疫工作者的形象，充分融合了公益宣传的知识性和趣味性。此宣传插画播出后，被 30 余家媒体单位转发宣传，得到了省文明办和社会各界的广泛称赞。

二是组织抗疫公益广告发布。积极组织盘古（百度）、逸品（腾讯）等平台资源和吉林广播电视台、中国吉林网、领新奇（欧亚商圈）、小白智媒体等媒体资源，每天播放省委宣传部制作的抗疫公益宣传短视频，各平台单位和媒体单位给予鼎力支持，播放频次之多前所未有。

三是抗击疫情捐款捐物。大爱传媒、逸品传媒、吉广控股、宏儒广告、大魏盛唐等会员单位踊跃奉献爱心。林田远达形象集团，为政府无偿提供居民核酸检测场地千余平，提供防护面罩、防护鞋等防疫物资。

四是提供人力支持。全省共有 80 余家会员单位和 260 余人次参与支持抗击疫情行动，充分展现了吉林广告人的社会责任感和时代担当。得到了省市场监督管理厅、省社会组织管理局、中共吉林省省直个体私营企业委员会和吉商联合会的好评和表彰。

（二）以服务会员为主线，为政府企业牵线搭桥。一是积极向政府部门汇报争取广告企业享受国家及省政府相关部门政策，特别是“吉林省人民政府办公厅关于应对新冠肺炎疫情冲击进一步帮助市场主体纾困解难若干政策措施的通知”下发后，针对“减免小微企业和个体工商户房屋租金”内容，立即向政府和有关厅局汇报，拜访相关国有企业汇报广告企业情况，争取广告小微企业和个体工商户享受该政策。提出了关于“对承租国有广告资源（广告设施、广告阵地、广告空间）的服务业小微企业和个体工商户”减免租金的建议书，得到了政府有关部门和相关国有企业的支持和认同，正在推进中。推进期间得到会员单位长春唐码鑫星传媒有限公司和北京金润广告传媒有限公司的大力相助和支持。

二是利用承办吉林省公益广告大赛的平台契机，为会员单位对接省委宣传部、省农业农村厅、省文化和旅游厅、省民政厅、省教育厅、省广播电视局、省乡村振兴局等相关部门，推进会员单位服务政府部门和相关产业。

（三）以规范发展为目标，着力广告行业标准建设。首次开启广告行业标准化研究制定工作。在省市场监督管理厅广告监督管理处的指导下，联合吉林省市场监督管理厅标准研究院，开展了调研、论证，起草了《吉林省广告经营单位业务管理规范》，向吉林省市场监督管理厅标准管理处申报立项并核准。

二、重培养，聚人才

（一）持续开展品牌赛事，承办第七届吉林省公益广告大赛。自活动启动以来，得到了社会各界广泛关注和积极参与，共征集到参赛作品 3259 件，是数量最多，展现形式最多元的一届。通过作品弘扬时代新风、培育文明风尚，为党的二十大胜利召开营造良好氛围，同时发展培养创意人才，促进我省文化创意产业稳步提升。

（二）以公益广告为起点，开展采访采风创作活动。协会携手省乡村振兴局开展乡村振兴主题采访采风创作活动，吉林大学、吉林艺术学院、吉林日报、吉林广播电视台、中国吉林网等省内高校和媒体单位积极参与，在白城市和延边朝鲜族自治州两地开启，采访创作团队的足迹将遍布白城市和延边州的 5 个县（市、区）。围绕“巩固拓展脱贫攻坚成果 全面推进乡村振兴”、第七届吉林省公益广告大赛“乡村振兴”主题等进行报道和创作。多角度展示城市在推动巩固拓展脱贫攻坚成果同乡村振兴有效衔接中涌现出的好经验、好做法、好成效，充分践行“四力”，讲好具有吉林特色的乡村振兴故事。

（三）守正创新，启动商业类广告赛事。着力举办“唐韵杯”第三届吉林省大学生广告创意大赛，向吉林省教育厅申报并列入吉林省本科高等学校大学生学科竞赛名录，成功召开线上宣讲会，遵循着“促进教改、启迪智慧、强化能力、提高素质”的竞赛宗旨，鼓励支持学生全面发展，调动学生参加学科竞赛的积极性，提升大学生创意能力，推动我省文化创意产业建设发展。

三、重规范，强企业

（一）继续加强服务，了解会员心声。为推动落实《吉林省广告产业发展“十四五”规划》，反映广告经营主体对高质量健康发展的期望与诉求，更好地服务会员，发挥协会在企业和政府之间的桥梁作用，了解行业的呼声，解决企业的实际困难，协会随同省市场监管厅广告监测中心，多次到广告企业进行调研走访，了解企业在经营发展中遇到的问题和困难，为会员纾困解难。

（二）会员逐年稳步增长，协会规模逐渐壮大。一是继续服务老会员，吸纳新会员，壮大会员队伍建设；二是召开第八届理事会第四次会议，审议表决新会员入会申请议案、副会长、副秘书长、常务理事、理事增补调整情况的预案以及表彰 2022 年疫情防控工作先进集体和先进个人等。

（三）组织会员企业开展证明商标申请，促进广告企业专业化、品牌化发展。组织、服务、指导我省广告企业申报“CNAA Ⅰ”“CNAA Ⅱ”“CNAA Ⅲ”证明商标，严格把关申报资料，加大协调力度，做好我省证明商标使用工作，有效规范了广告企业经营管理，提升了企业的知名度和品牌价值，为企业参加招标等商务活动赋能增效。

（四）组织会员企业考察学习，搭建沟通交流平台。组织参加第十八届中国广告论坛、第 29 届中国国际广告节、第四届北京国际公益广告大会等，学习新生态与新趋势的元宇宙、品牌出海、直播电商等内容，加强交流学习，不断地与时俱进。每一次的学习都是交流层次的提升，更是交流领域和范围的拓展，提高了我们广告企业的国际化视野和水平。

四、重服务，促融合

（一）聚焦协企对接，助推乡村振兴又好又快发展。协会与省乡村振兴局到省驻村第一书记协会进行工作对接。实地调研了协会战略合作单位丰农惠民驿站（长春）云仓。该项目聚焦流通主业，采取“四个统一”，不断完善线上线下融合的双向流通网络，全面推进供销连锁、邻里中心、商业街区与农民专业合作社、生产企业推广双品牌联营，并通过溯源体系建设切实保障供给产品质量，在今年疫情防控期间发挥了重要作用，充分体现了保供应、稳物价、惠民生的责任担当。

（二）情系肉牛产业，助力千万头肉牛建设工程。参与谋划“中华牛博会”商务平台，在获得副省长批示后，协会组织行业专家向省、市肉牛发展办公室作了专题汇报，得到了省、市肉牛办的认同和支持。他们积极指导并对接肉牛加工企业和养殖企业，协会带领广告行业策划专家分别深入到皓月集团、长春新牧种牛养殖基地等企业走访调研，形成了“突破发展瓶颈，助力我省肉牛加工新跃升”和“吉林省肉牛加工发展与营销策略”的报告，得到政府和肉牛企业的好评和运用。皓月集团品牌中心总经理王巍澤到协会和行业专家达成合作意向。

砥砺奋进开新局，凝心聚力再出发。新的一年，协会将践行“新担当、新突破、新作为”的发展理念，自觉担当，发挥桥梁、纽带作用，守正创新，勇毅前行，努力完成今年的工作目标任务，为持续推进我省广告业蓬勃发展提质赋能！

上海市广告协会

2022 年是不平凡的一年，在市市场监督管理局、市级机关行业协会党委、市民政局的指导和关心下，在全体会员单位的大力支持下，协会根据 2022 年初会员大会确定的工作思路，着力搭建平台，提升能级，发挥功能，积极进取，锐意创新，各项工作取得了新成效。

一、共克时艰，抗击疫情广告人永不缺席

（一）组织开展抗击新冠肺炎疫情公益广告宣传

3 月 12 日，我们发出关于《开展抗击新冠肺炎疫情公益广告宣传的通知》。要求各会员单位高度重视本次疫情防控工作，把疫情防控工作，作为当前头等任务和首要工作来抓，牢固树立对全市人民负责，对全行业负责的责任意识。进一步做好舆论引导，加大权威信息发布，加强政策措施宣传解读。要求会员单位一方面做好防控宣传，另一方面要及时展现齐心协力共同抗疫的良好精神风貌，树立战胜疫情的决心和信心，鼓励广告企业创作发布反映城市抗疫精神的感人公益广告，在短短的 3 个工作日内，共收到 150 余幅精彩作品，彰显了广告企业的社会责任感。

（二）利用协会微信公众号及时编发抗疫信息

在两个多月的疫情防控期间，秘书处与会员单位一起共同开展抗击疫情攻坚战。及时发布了三期“抗击疫情广告人永不缺席”的微信公众号，将会员单位制作的抗疫公益广告和广告人积极参加所住小区抗疫志愿者活动的情况，第一时间在微信公众号上予以发布，展示了上海广告人在全力做好抗击疫情的“大上海保卫战”中的应有风采，市级机关党委协会党委也给予了转发。

（三）征集“抗疫情，显真情，保民生”优秀广告

4 月 26 日，协会发出《关于开展“抗疫情，显真情，保民生”优秀广告》的征集通知，活动由协会融媒体分会协办，得到了广大会员单位的积极响应，共收到应征作品 416 件，其中平面作品 302 件、视频 40 件、音频 74 件。其中上海广播电视台、上海东方广播有限公司、解放报业（上海）文化传播有限公司、上海美术设计有限公司、上海广告有限公司、上海唐神广告传播有限公司、上海宝苑公共交通传媒有限公司、电通集团等会员单位分别获得一、二、三等级奖。

（四）积极参与中广协社会健康大使招募活动

在上海严峻复杂的新冠肺炎疫情攻坚战中，为协助应急平台提升在社区内的药品配送效率，助力上海抗疫，中国广告协会与我们一起，号召上海会员企业，凡符合条件的员工，积极报名参与“社区健康大使”活动，为所在社区居民健康保障和上海抗疫事业，奉献我们广告人的爱心和力量！

（五）召开网上“广告峰云大会”

为了鼓舞广告企业的斗志，5 月 7 日，协会协调互联网分会成功举办了线上《危机与时机的抉择》“广告峰云大会”。据统计，线上共有 616 家单位参加。历时一个半小时的线上“峰会”，主题突出，内容丰富，形式多样，彰显了在后疫情时代，上海广告人在党中央的英明领导下，只要坚定信心，把握机遇，勇于开拓，不断创新的精神风貌。

二、努力做好各项重大赛事活动，助力上海广告业发展

（一）2022 年上海国际广告节

9 月 29 日，以“创意有数”为主题的 2022 年上海国际广告节隆重开幕。上海市政府副秘书长庄木弟、上海市市委宣传部副部长王亚元、中国广告协会会长张国华、上海市市场监督管理局相关领导及市协会领导参加了启动仪式。广告节同期在线直播间观众互动人数超过 300 万；各个相关主题活动及话题达到全域曝光量超过 2 亿，原创内容 420 篇，转载 57125 次，获得了超过 16 万的评论互动，在广告节 IP 的传播效应层面，实现了线上线下破圈跨界的互动参与效果。上海国际广告节是汇聚一流数字广告企业的重要平台，不仅能展现广告业赋能品牌、拉动消费、提振经济的积极作用；还能助力上海“四大品牌”建设，助力打造上海“国际数字广告之都”。这一届的广告节，在功能完善上下功夫，尤其是论坛，集聚高端广告资源、推进中外交流、提升规模影响，着力打通数字广告产业的创新链、应用链、价值链，提升中国创意和中国品牌的国际影响力，促进品牌与企业的跨境贸易，使之成为数字广告业交流平台和行业跨国合作平台。

（二）第 21 届上海国际大学生广告节

第 21 届上海国际大学生广告节 2022 年 6 月 29 日开幕，本届活动有以下亮点：一是有 20 多家企业提供超百个就业岗位；二是成立了全国广告教育联盟，涵盖百余所高校；三是为全面与广告数字化转型接轨，今年在品牌命题和赛事中设置了数字广告创新、创意奖，参赛作品契合当下的数字传播环境，适应主流的数字化平台展示；四是在国际化推进方面，虽受疫情影响，仍吸引了来自比利时和英国等院校的参赛并入围；五是与全国高校进行了数十

场线上线下的巡讲互动，在高校中产生了一定的影响力；六是开设了“大咖云课堂”，由业内资深广告人分享创意方法论和案例，为大学生提供校外学习的机会；七是广告节期间组织了近百位高校学生对群邑等头部广告企业开展访学活动，积极引导高校学生参与社会实践；八是打造专业评审系统，使赛事公平、公开、透明。评审成果得到充分认可和展示。上海国际大学生广告节作为国际性的大学生创意赛事，在培养全国广告人才、促进就业、树立榜样、助力学生成长上有着极大的推进作用。2023 年 2 月 24 日，第 21 届上海国际大学生广告节总决赛暨闭幕式颁奖盛典在上海隆重举行。赛事共计收到参赛作品万余件，经过多位业内专家评委精益求精的严格评审，最终评选出等级奖 87 个、优胜奖 148 个。

（三）第二十一届中国广告与品牌大会

12 月 3 日，中国广告行业风向标——2022 第二十一届中国广告与品牌大会在上海虹桥迎宾馆举行。本次大会由中国广告协会、中国出版集团东方出版中心指导，上海市广告协会、中国广告杂志社主办，来自品牌、创意、营销、媒体、学界等领域的代表出席。本届论坛以“激活 & 焕新”为主题，充满想象力，秉持对这个时代的理解和品牌价值观的传递，根植真、善、美，积极向上的社会正能量。大会围绕“品牌·中国”“青年创想”和“睿见未来”三大板块，开启一扇窥见未来广告的窗户。

（四）第四届上海数字公益广告国际论坛筹备会

在上海市市场监管局、上海市精神文明办公室和中国广告协会的指导下，2022 年由上海市广告协会、复旦大学新闻学院共同策划了“第四届上海数字公益广告国际论坛”旨在发挥公益广告在上海和谐社会建设、引领城市风尚、共创和谐未来方面发挥积极作用。系统谋划“十四五”时期推动广告产业高质量发展相关工作，专门设置了公益广告振兴的专项行动。为认真贯彻落实“二十大”精神，让公益广告成为宣传党的路线方针政策的重要载体，促进和推动上海公益广告高质量发展。

（五）世界设计之都大会·数字广告与创意设计高峰论坛

9 月 16 日，2022 世界设计之都大会·数字广告与创意设计高峰论坛在国家会展中心举行。本次论坛由上海市市场监管局、上海市经济和信息化委员会、上海市青浦区人民政府主办，上海市广告协会承办。本次论坛既是上海市人民政府主办的 2022 世界设计之都大会（WDCC）的分论坛，也是广告行业的专业性论坛。本次论坛广大设计爱好者、广告与创意从业者踊跃参与，线上观看人次达 13.8 万。论坛上，长三角一体化示范区数字广告园区启动，上海青浦文旅发展（集团）有限公司与 6 家行业企业进行了战略签约。论坛的举行强化了对数字赋能的认识，突出“科技 + 创意”双核驱动力，促进广告业数字化战略布局和人才培养，也为广告企业提供了一个探讨和展示创意设计、数字广告发展的舞台，鼓励了行业在复杂多变的市场环境中，依托科技创新进一步提升上海广告业创意设计水平，进一步巩固上海广告业的核心竞争力，充分发挥广告业赋能品牌、促进消费、提振经济的价值与作用。

三、建设行业标准体系，提升协会影响力

（一）依法申请广告证明商标数字广告证明商标

依据商标法规定，上海市广告协会向国家知识产权局申请并获批，2022 年 6 月取得了广告证明商标，于 2022 年 11 月 10 日取得了全国目前首个数字广告证明商标。数字广告证明商标用于证明数字广告企业在从事“数字广告代理、数字广告设计、数字广告编辑、制作和传播”等服务上的专业能力和特定品质。数字广告证明商标的作用为：（1）数字广告证明商标是为优质数字广告企业“证名”；（2）数字广告证明商标能在行业中树立标杆；（3）数字广告证明商标能更好地体现数字广告企业的品牌价值，提升该企业的核心竞争力；（4）数字广告证明商标为提升广告高质量服务及数字广告标准体系实施，提供有效保障；（5）数字广告证明商标能放大行业服务价值辅助企业参与招投标资质的有效体现；（6）数字广告证明商标更有助于提升传统广告企业实现数字化转型的动力和发展目标。

协会委托上海师范大学开展数字广告证明商标的调研，制定了数字广告证明商标的申请指南，2023 年将开展评定工作。

（二）全力做好参与遴选第三批高技能人才评价机构申报工作

2022 年 1 月，协会会同市人社局人才研究所共同开

展《上海市广告行业技能人才培育机制研究报告》调研工作，并于2022年5月结题。针对广告行业存在的人才紧缺的问题，为弥补教学中技术或创意的短板，协会正在向市人力资源和社会保障局申请参与遴选上海第三批社会培训评价组织，广告设计师和互联网营销师（选品员）的职业技能等级认定申请，申请材料已经提交，待评审通过。同时，协会组织学界、业界和政界的优质教学资源，开展教学研讨和培训课程的开发工作，为人才评价工作的开展做好了准备。目前，广告设计师认定资质已经获批。

（三）组织编制数字广告标准，助力上海数字广告之都建设

数字广告标准体系的建设，是协会常态化的工作，在2021年已经颁布的四个团体标准基础上，2022年协会又制定发布了《数字广告 第4部分：用户信息保护》《数字广告 第5部分：数据应用和安全标准》《数字广告 第6部分：搜索广告发布规范》《数字广告 第7部分：数字户外广告》。

2021年的两个团体标准的颁布与实施，社会各新闻媒体给予的报道，市市场监管局先后两度予以采信。市市场监管局、市民政局（市社会组织管理局）、市工商联共同组织专家遴选，确定了2022年度上海市团体标准典型案例"十佳案例"10项、"优秀案例"10项，其中《数字广告》系列团体标准被评为"十佳案例"，表彰通知认定其主要成效为：政府采信，首个数字广告标准体系、填补空白，具有新颖性，示范区域多、实施效果好，助力上海"国际数字广告之都"建设。

四、发挥协会职能，加强对会员的服务

（一）配合完成上海广告业受疫情影响情况调查工作

配合上海市市场监管局的调研工作，参与编制了"上海广告受疫情影响情况调查表"。调查着重就疫情对广告企业造成的主要影响、广告企业目前面临的主要困难、广告企业采取了哪些自救措施、广告企业前期在抗疫攻坚战中的相关情况以及广告企业对政府及相关部门已经出台的纾困解难政策了解情况及日后的进一步措施的期待与建议进行了调查。

及时转发了《关于申报上海市广告业恢复发展支持资金的通告》，根据《上海市助行业强主体稳增长的若干政策措施》（沪府规〔2022〕12号）第三条"支持广告行业恢复发展"的有关规定，对提供广告服务的单位和个人，按照其2022年第四季度实际缴纳文化事业建设费的50%给予资金支持。

（二）加强广告合规培训，提升本市广告业从业人员水平

为了提升上海市广告行业的广告合规审查能力，提升广告业从业人员的水平，共开展广告审查员培训2期（含融媒体专场1期）、高级广告审查员培训1期和广告合规培训班（长宁）1期，共有300余人次参加了培训。学员普遍反映良好，培训内容紧贴当下热点，具有很强的操作性和实践性。通过上广协组织的各类培训对于增强企业的广告法律意识，减少广告违法现象发生和提高广告审查队伍整体素质和能力水平、进一步遏制虚假违法广告现象、净化广告市场环境等具有重要意义。

（三）积极联络会员单位，了解会员情况

2022年度，秘书处全体工作人员积极联络各个会员单位，了解会员情况，通过与会员单位广泛而深入的交流，协会进一步了解企业情况，掌握行业动态，倾听会员意见，努力帮助会员单位解决实际问题。

会同静安区商务委一起主办了2022年文创资金项目申报线上培训会。本市有157家广告企业参加了线上培训。市文创办资金办从文创资金政策解读及申报要点、文创资金申报要点等方面做了详细的讲解。参训人员围绕2022年文创资金申报内容进行了线上互动，获得了及时的解答，培训取得了预期的效果。

（四）认真做好微信公众号及协会内刊《广告通讯》，发挥信息沟通功能

2022年协会在微信公众号上共发布各类信息74篇，及时通报宣传协会所开展的各项工作信息与成果。在疫情封控期间，协会共推送了18期微信公众号。其中除了五期抗疫专题信息外，主要是反映广告协会及其相关成员单位的活动简讯，起到了在第一时间内交流协会情况，助力广告企业发展的作用。

为了规范内部刊物发行，协会于2022年初向上海市新闻出版局申请内刊号，并获得内部刊物发行号。在上海

广告研究院的协助下对《广告通讯》（双月刊）进行改版。协会秘书处进一步加强信息宣传渠道的建设，充分利用新媒体对外宣传广告行业重要信息，重视对会员单位的信息宣传，使《广告通讯》更贴近会员单位，更贴近广告业的发展。

（五）积极与其他省市互动交流，提升区域广告创新与竞争能力，助力长三角广告一体化发展

在推动上海广告业整体发展的同时，上海市广告协会还积极与其他省市广告协会沟通交流，共同提升广告创新和服务能力，携手推动广告行业的繁荣发展。2022年，协会先后参与了成都国际广告节、中国国际广告节等国内大型活动，并在上海国际广告节上与来参会的长三角地区广告协会进行深入交流，在听取外省市广告行业发展情况的基础上，介绍宣传上海广告行业在数字广告转型中的先进理念和技术，在与其他省市的互动交流中热情坦诚，真正实现了相互借鉴，取长补短，相互支持，共同发展。

（六）加强分会建设，提升协会活力

各分会及专业委员会开展了各种形式的活动，加强会员互动与信息交流，满足会员需求，增强协会的凝聚力与活力。

融媒体分会积极发挥宣传阵地作用，和上海市广告协会联合举办了2022年“抗疫情、显真情、保民生”公益广告评选活动，通过本次活动，激发了上海广告人在本次大上海保卫战中的坚定信心，发挥宣传阵地作用。融媒体分会为了提升在广告合规方面的能力，在市协会的支持下开设了广告审查员融媒体分会专场，在专场的培训中围绕融媒体自身特点进行专题化培训；互联网分会则围绕疫情期间的企业困扰，成功举办了线上《危机与时机的抉择》“广告峰云大会”，取得了主题突出、内容丰富、形式多样，彰显了在后疫情时代企业发展的信心和决心的成效；协会招牌标识分会举行“上海市户外招牌设置技术规范”研讨会；协会摄影分会举行第三届“锋·像·标——上海专业广告摄影先锋艺术大赏”。

五、加强协会自身建设，提升服务会员能力

为了推动协会内部管理的规范性和提高内部治理水平，协会于2021年底开始准备规范化社会团体评估，通过全体工作人员近8个月的努力，通过基础条件、内部治理、工作绩效、社会评价这四部分整理出204卷70盒文件，通过梳理内部材料，以评促建增强了内部工作人员对于协会工作的熟悉程度，提升内部工作效率以及规范工作流程。撰写了3万余字的《上海市广告协会社会组织等级评估自评报告》。整理汇编各项制度共计49篇。目前，上海市广告协会已获2023年至2028年4A中国社会组织评估等级。

江苏省广告协会

2022年，在省市场监督管理局、省人社厅、省工商联、省社会组织综合党委等行政部门的指导和帮助下，在全体会员单位的共同努力与支持下，省广告协会围绕“提供服务、反映诉求、制定标准、规范行为”的基本职能，建立了以信用评价、技能认定、活动竞赛、业界交流、证明商标等多角度、全方位的服务体系，在高质量党建推动广告导向作用发挥、常态化开展广告设计师认定、对接广告主开展行业活动、制定信用评价规范团体标准、推进广告行业数字化转型升级等方面均取得突破性进展及成果。

一、始终坚持政治引领，充分发挥党总支战斗堡垒作用

省广告协会自2021年7月30日召开首次党员大会以来，在省社会组织综合党委的领导下，始终坚持党总支

对协会工作的引领和组织工作，建立党建阵地，发挥行业组织在社会治理中的积极作用，先后开展企业党建工作经验交流会暨“强国复兴有我”书画笔会、组织收看学习党的二十大开幕式、举行学习党的二十大精神座谈会，多种形式党建活动的开展，积极推进了党建工作与协会业务的深度融合。

同时，为有效保障党和国家重大活动期间意识形态安全，把牢广告宣传的正确政治方向、舆论导向和价值取向，以风清气正的广告市场环境迎接党的二十大胜利召开，省广告协会功能型党总支开展了“强国复兴有我 喜迎党的二十大”学习、自律、创作、宣传活动，围绕“深化‘四史’教育，提高政治站位”“强化行业自律，防范违法行为”“聚焦主题主线，创作精品力作”“扩大导向宣传，表彰奖励先进”四个方面开展了系列举措。

二、加强组织建设，完善组织体系激发分支机构活力

省广协以实现行业可持续发展为宗旨，积极开展组织能力建设，持续扩大会员队伍，充分发挥专业委员会主观能动性，更有针对性地为业界服务，促进协会工作再上新台阶。

自 2022 年七届五次理事会以来，省广告协会组建了新一届秘书处队伍，新增了副会长单位 6 家、常务理事单位 3 家、理事单位 15 家、会员单位 4 家。为适应相关专业领域的现状和发展趋势，整合行业资源，促进行业发展，推进会员服务措施的多样性，协会正在筹建相关专业委员会。

当前，依托协会秘书处和各专业委员会的工作，省广协已逐步成为行业服务细化、专项机构细化、人员设置细化的省级社团组织。

三、首次对接广告主，助力会员拓展市场促进资源对接

由省广告协会和江苏今世缘股份有限公司联合主办，浙江和安徽省广告协会支持的首届国缘 V 系高端礼品创意大赛圆满举行。本次大赛成功开展不仅获得主办及参与单位的好评，同时对进一步提升国缘 V 系的市场影响力，塑造今世缘品牌形象，让国缘 V 系成为消费者和市场认同的高端品牌有很好的促进作用。

本次大赛是省广协首次直面广告主开展的一次合作，是一次尝试，更是一次突破。今后，省广协将进一步加强与广告主之间的合作，发挥桥梁和纽带作用，通过赛事、论坛、沙龙、走访等多种活动形式的组织，让会员单位了解市场需求，及时有效地掌握市场信息。

四、常态化开展认定，夯实广告设计师认定工作基础

在省人社厅的指导下，省广协以国家标准为基础，结合互联网数字技术发展给广告专业技能带来的新变化，制定了《江苏省广告行业广告设计师资质认定暂行办法》，在此项工作推进过程中，依托业界、学界和行业组织的力量初步组建起了一支承担标准规范修订、命题、评审、督导等任务的技能认证工作专业队伍，充实了广告设计师三级题库的开发，完备了认定办法，全面落实了广告设计师技能认证工作职责由政府部门向行业组织的转移。经省人力资源和社会保障厅职业能力建设中心给予专业指导和技术鉴定，《江苏省广告行业广告设计师资质认定暂行办法》视同江苏省广告设计师职业技能等级认定地方标准在全省试行，并按照《暂行办法》，从题库中抽题组卷，开展职业技能等级认定工作。

五、制定团体标准，建立广告企业信用分类分级评价

为贯彻《广告法》关于“广告行业组织依照法律、法规和章程的规定，制定行业规范，加强行业自律，促进行业发展，引导会员依法从事广告活动，推动广告行业诚信建设”和《江苏省社会信用条例》关于“社会信用体系建设应当注重发挥行业协会商会以及其他社会组织的作用，鼓励、引导社会力量参与信用管理、服务和监督”的要求，积极探索构建江苏省广告企业市场信用评价分类分级指标体系，运用分类分级评价结果增强广告企业在市场活动中的信用识别度，促进大、中、小各类广告企业全面提升市场信用和运用信用价值，服务我省广告企业市场信用风险分类分级管理，健全广告行业市场信用体系，自觉开展诚信经营，全方位提升江苏广告业的市场服务能力。省广告协会依据国家相关规定和协会《章程》，经过前期

预研、成立起草小组、标准起草、征求意见、标准审查、标准报批等过程，耗时一年半，制定了《广告企业信用评价规范》，面向本会会员单位提供评价服务。

《广告企业信用评价规范》是一项明确广告企业市场信用地位的团体标准，为信用综合管理部门和行业信用管理部门制定信用管理标准提供了初步的工作基础，也是为广告监管机构推进信用监管提供了工作基础。

六、开展行业赛事，多维度量化标准促进创意水平提升

2022 年度，省广协组织先后开展了以“促进我省广告创意水平提升，推动全省广告经营单位、从业人员整体素质和专业水平不断提高”为宗旨的江苏省第 28 届优秀广告作品大赛、以“广告业服务品牌建设的实际效果为考量指标”的第八届江苏省广告行业品牌服务效能赛、以“加强职业能力建设与坚持广告创意正确政治方向有机结合、行业组织活动与政府重点工作有机结合”的 2022 年江苏省广告行业设计制作职业技能竞赛暨全省“紫金奖”公益传播设计大赛现场赛，以及为加强文明诚信建设，强化市场主体守法经营理念、文明经营意识和诚信经营责任，构建良好的市场环境，省广协连续 9 年面对我省广告经营单位开展了年度广告发布诚信单位竞赛。

七、搭建交流平台，激发广告行业活力创造良好环境

一直以来，省广协都以能力建设为重点，增强服务意识、搭建交流平台、提升服务能力，为我省广告业健康发展贡献力量。受疫情影响，虽然去年许多交流活动都受到限制，但是我们依然组织了全省 100 多位行业从业人员注册参加第 29 届中国国际广告节，并收到中国广告协会的感谢信。

为加强行业交流，夯实服务基础，省广协创意设计委员会举办了以“加快数字化技术运用 推动广告产业创新转型”为主题的江苏广告产业数字化创新创意发展论坛，省广协户外分会领导带队到常州、盐城等地调研，了解户外企业发展环境。

八、打造“网站 + 小程序 + 视频号”一体化的数字化公共服务平台

为进一步推进全省广告产业互联互动，形成并释放广告产业数字化集聚价值，完善产业服务和会员服务两个服务体系，省广协围绕服务广告经营单位、广告从业者队伍建设、产业资源数字化集聚三条主线，以网站、小程序和视频号为主要呈现载体，组建线上线下联动的品牌企业和品牌江苏媒体传播联盟供需合作的发展生态圈，为广告企业数字化转型提供资源共享、品牌塑造、效益增长等优质服务和有效保障，进一步增强行业凝聚力，推进广告产业数字化、智能化、品牌化转型升级。

目前，协会已经建成的“江苏省广告设计师职业技能等级认定”“江苏省广告协会数字化服务平台”小程序均已正常运营。

浙江省广告协会

2022 年是全面贯彻落实党的二十大和省第十五次党代会精神的开局之年，也是“十四五”规划承上启下的关键之年。面对新形势、新要求、新变化，为推动广告业高质量发展再上新台阶，省广告协会在省市场监督管理局的领导下，在全体会员单位的支持下，积极发挥了协会指导、协调、监督、服务职能作用，取得了较为满意的工作业绩。

一、组织开展 2022 年度全国证明商标申报初审与浙江省广告企业资质认定工作

为赋能浙江省广告企业更好的拓展市场，根据《中

国广告协会证明商标使用管理工作办法》和《中国广告协会“CNAA Ⅰ”“CNAA Ⅱ”“CNAA Ⅲ”证明商标使用条件细则（2022 年修订）》，经企业自愿申报，对广告企业的申报材料进行初审把关。2022 年度共审核上报 32 家单位为中国一、二、三级证明商标企业，其中浙江联合动力传媒广告有限公司等 5 家企业通过“CNAA Ⅰ（一级广告企业）”证明商标使用权审核，绍兴天启文化创意有限公司等 22 家企业通过“CNAA Ⅱ（二级广告企业）”，诸暨市唐旗文化创意有限公司等 3 家企业为“CNAA Ⅲ（三级广告企业）”。

本着自愿申报、公正认定、无偿服务的原则，2022 年度共认定了 15 家单位为省级一、二、三级资质企业，其中浙江一百广告传媒股份有限公司等 6 家单位为一级企业，绍兴市悦动公交广告传媒有限公司等 7 家单位为二级企业，浙江鹏铂文化传媒有限公司等 2 家单位为三级企业。

二、召开第五届会员代表大会暨第五届第一次理事会

根据协会章程规定和省局党委对协会改革工作的统筹安排，遵照“统领好、设置好、监管好、发挥好”的总体要求，结合我省广告业发展现状和协会实际情况，于 2022 年 5 月开始筹备召开第五届会员代表大会，在省局的有力领导与广大会员的大力支持下，第五届会员代表大会暨第五届第一次理事会于 10 月 17 日胜利召开。会员代表大会共 117 名代表参会，审议通过了浙江省广告协会第四届理事会工作报告、第五届理事会理事名单、会费收缴标准及办法等六项议案。理事会共 40 名理事参会，选举产生了新一届理事会常务理事与负责人。会后相关换届材料于 10 月 27 日提交民政厅审核、备案。

三、协助省局举办浙江省第二十三“金桂杯”广告创意大赛评选活动

为进一步提升我省广告创意水平，推动广告产业在经济发展、文化繁荣和社会进步中发挥更大作用，5 月中旬开始，浙江省广告协会协助省市场监管局部署开展浙江省第二十三届“金桂杯”广告创意大赛。本次大赛以“讴歌时代精神、奋进‘两个先行’”为总主题，为助推建设高质量共同富裕示范区新增设“共富有我”专项主题，经过几个月的征集，共收到参赛作品 2558 件（组），从中评出获奖作品 390 件（组），其中商业广告 104 件（组）、公益广告 231 件（组）、大学生广告创意作品 27 件（组）、“共富有我”创意广告作品 28 件（组）。奥杰广告（杭州）有限公司报送的《保利橙管乐园》等 8 件（组）作品荣获金奖，杭州有氧文化创意有限公司报送的《国宝不止一面》等 21 件（组）作品获得银奖，浙江雅图传媒环艺股份有限公司报送的《崧厦伞城》等 35 件（组）作品获铜奖，浙江日报传媒有限公司报送的《铸就硬核力量筑梦共同富裕——浙江交通集团 20 年改革发展纪实片》等 326 件（组）作品获优秀奖。本届“金桂杯”广告大赛评审公正严谨，参赛作品形式丰富，内容突出时代主题，其中以传承“红色根脉”与传承浙江文化为主题的作品尤为突出和亮眼。新设“共富有我”主题广告作品更是智汇八方、博采众长，充分展现了我省各地你追我赶建设“共同富裕”示范区的精神风貌。

四、举办“金桂杯”获奖作品集中展示活动和“后疫情时代，广告创意和品牌宣传的机遇与挑战”主题论坛

为了更好地展示、宣传第二十三届“金桂杯”广告创意大赛获奖作品，组织开展了获奖作品集中展示活动，同时还举办了“后疫情时代，广告创意和品牌宣传的机遇与挑战 ”主题论坛。在论坛上，与会的广告界代表、新闻媒介代表及高等院校、研究机构专家学者，围绕在新技术迭代与后疫情转机之下，中国广告业如何升级发展，开展了“后疫情”步入“疫情后”品牌的生存与突围；后疫情时代“动”起来的品牌宣传；数字化时代广告营销的变化和趋势；创意无限、法律有界，如何在广告创意中避免“踩雷”的主题分享交流，使与会者受益匪浅。

安徽省广告协会

一、重点工作亮点频出，为行业发展搭建平台

（一）两项广告大赛取得丰硕成果

搭建“安徽省优秀公益广告作品征集推选活动”和“安徽省商业广告创意大赛”两大广告作品赛事平台，激活我省广告行业设计氛围。

本届商业广告创意大赛，从办赛规格，到参赛规模，再到作品质量等方面，在往届基础上均有大幅提升。征集作品数量为历届之最，共收到全国 21 个省、市地区的作品共计 5701 件（公益 3075 件，商业 2626 件）。商业广告大赛更是取得了非常不错的成绩，主要有以下几点。

一是 28 年来首次由我会与省市场监管局、省教育厅、省经信厅、省文旅厅共同主办，让大赛的权威性及影响范围更大。二是征集作品类别创新，增加了“品牌营销案例类作品”类别，更加符合当前我省广告行业发展趋势。三是首次增加了“专精特新”品牌类、文旅推广类两个专项主题，拓宽了大赛边界及范围，进一步深耕大赛在我省的影响力。四是成功招商，邀请了两家单位参与专项命题，这是一次非常成功的命题尝试，激发了大赛活力，使得大赛具有造血功能，产生社会影响力的同时，尽可能地实现自收自支。

（二）成功获评 5A 级社会组织

8 月 30 日，在全省社会组织党建暨党风廉政建设工作推进会上，省民政厅正式将 5A 级社会组织荣誉证书及牌匾授予我会。

这是协会发展道路上的重要里程碑，标志着协会管理水平及发展步伐迈上全新台阶。对协会工作的开拓发展，具有重要意义。我们也会以更加严格的标准来要求自身，不辜负 5A 荣誉，不辜负使命，为会员单位竭诚服务，为广告行业发展贡献力量！

（三）职业技能等级认定工作取得开拓性成果

职业技能等级认定工作，是人社部门贯彻实施新时代技能人才职业技能等级制度，进一步完善社会化、市场化、专业化人才评价体系的重要手段。行业协会获得认定单位资格，更是发挥其专业影响力，影响、推动行业整体水平及从业人员专业素养提升的重要手段。

成功获得这两个工种的职业技能等级的认定资格，意义非凡。广告设计师和全媒体运营师两个职业工种的职业技能等级认定工作，在全行业进行专业人才职业技能分级，不仅可以促进专业人才素养提升，还能为广告企业用人提供权威参考，并以此促进我省广告行业从业人员整体水平的提升。

（四）广告节展馆精彩纷呈

12 月 21 日至 23 日，第 29 届中国国际广告节在厦门圆满举办。本届中国国际广告节，安徽省广告协会继续带队参加并筹办安徽展馆，展示安徽广告淮军风采。

本届广告节安徽展馆以“安徽广告淮军风采”为展示主题，第四届安徽省优秀公益广告作品征集推选活动及 2022 年安徽省商业广告创意大赛的获奖作品也在安徽展馆进行了展览展示，吸引参观人群驻足观看。由于组织表现突出，我会获得了中国广告协会颁发的“第 29 届中国国际广告节最佳组织单位”的荣誉。

二、坚持正确的广告舆论导向，加强行业自律，做好政府的左膀右臂

（一）证明商标工作稳步推进

证明商标工作是加强广告行业自律，规范经营秩序，增强我省广告企业核心竞争力的重要抓手。秘书处高度重视每年证明商标工作，实时梳理我省证明商标企业到期情况，并发函提醒续报。召开培训班进行辅导培训的同时，对申报企业进行一对一针对性辅导，以提高申报通过率。

2022年共收到21家单位证明商标的证明商标申请，经过初审，同意申报15家，由中广协终审通过后颁发证书。

（二）推进诚信体系建设，促进行业自律

行业诚信体系建设是促进行业自律的有效手段，持续举办安徽省广告行业诚信经营单位、优秀会员单位和个人等评选活动，以此推进我省广告行业诚信评价体系建设，规范经营秩序，促进行业自律。

（三）引领广告导向，做好政府左膀右臂

1. 倡议会员单位播放抗击疫情公益广告

在新冠肺炎疫情肆虐期间，发布抗击疫情倡议书，组织会员单位义务播放抗疫公益广告，并获得了会员单位的积极响应，众志成城，共同战胜疫情。

2. 发布医美广告自律倡议书

为规范医疗美容行业广告秩序，打击违法广告，维护消费者合法权益，我会积极响应省市场监管局号召，在12月发布了《安徽省广告协会医疗美容广告自律倡议书》，并召开规范医疗美容广告宣传座谈会，号召全体会员和全省广告业界同人积极配合我省医疗美容普法宣传工作，贯彻落实医疗美容政策法规，共同维护健康有序的医疗美容广告环境。

三、加强服务工作，提升服务质量

（一）全年扎实开展培训工作

持续开展多方面广告专业培训内容，提升广告行业从业人员专业素质。

6月17日，召开2022年第一批广告企业证明商标使用管理工作培训班。6月24日，成功举办广告审查法律法规培训班。7月22日、7月29日，连续召开主题分别为平面及视频—新媒体的2022年安徽省广告大赛培训班。

全年累计培训近500人次，有力促进了我省广告人才专业素养的提升。

（二）国内相关赛事报送推荐工作

做好安徽优秀广告设计作品向更高等级赛事活动的输送工作，促进安徽广告在全国舞台上焕发光彩。

推荐共计181件作品至2022年长三角地区公益广告大赛，并获2项二等奖、3项三等奖。推荐85件作品至黄河奖，其中27件作品获奖，我会副会长单位金运来文化传媒的作品获社会主题金奖。推荐90件作品至长城奖，其中9件作品获奖，我会常务理事单位维纳斯广告2件平面作品分别获得平面类金奖和银奖。共15件作品获得3·15公益广告奖项，其中2件作品获银奖，3件作品获铜奖。

（三）定期组织会员活动，增强会员黏性

为增强会员单位黏性，丰富活跃会员单位业余生活，定期举办掼蛋比赛等会员活动，以活动为契机，串联会员单位，加深感情，获得了会员单位的一致好评。

四、深化行业交流，重视互补共赢

（一）组织参与广告行业学习交流

积极向会员单位传递行业最新态势及信息，组织会员单位并带队参与行业活动，学习交流，互通有无。8月2日至4日，带队赴哈尔滨参与2022（第十八届）中国广告论坛。9月29日至30日，带队参加2022上海国际广告节。12月19日至23日，带队参加第29届中国国际广告节（厦门）。

（二）深化与全国兄弟省市广告协会及省内兄弟协会间横向交流，资源优势互补，加强协作

3月10日，与江西省广告协会会长一行进行交流座谈，就协会工作经验进行深度的交流分享。

与安徽省公共关系协会紧密合作，动员会员单位参与全省职业技能等级认定——公关员考试及相关培训，为我省广告人才强化专业素质拓宽路径。

与安徽省爱心慈善救助基金会联合，发布“阳光助学计划”倡议书，帮助和改善安徽贫困地区学生完成学业梦。

（三）加强与各高校的交流联系，深化合作

与多所高校展开紧密交流联系，深化“产学研”合作。

6月10日，参加安徽新华学院第二届自创品牌实战成果展。8月29日，至安徽艺术学院设计学院，就校企合作、人才培训等方面进行交流座谈。11月19日，参加安徽财经大学主办的安徽省广告产业发展论坛并发表主题演讲。

五、强化基础建设，保障健康发展

（一）党建工作扎实有力

10月16日，省广告协会党支部组织党员收看中国共

产党第二十次全国代表大会开幕式，认真聆听大会报告。会后，进行党的二十大报告等内容学习。

11 月 11 日，迎接省民政厅社会组织管理局党支部标准化建设验收工作，顺利通过验收。

（二）会员队伍蓬勃发展

2022 年度，会员工作扎实推进，会员队伍也取得了蓬勃的发展。截至 2022 年 12 月 31 日，我会现有会员单位 410 家，其中副会长单位 28 家，常务理事单位 96 家，理事单位 127 家，会员单位 159 家。

（三）分支机构长足发展

5 月 13 日，正式成立省广告协会产融分会。学术委员会、房地产分会、品牌战略定位学会等分支机构的工作也都取得了卓有成效的成果。随着协会工作的开展，分支机构的规模、种类及数量也不断增加，起草并在第三季度会长办公会上审议通过了《安徽省广告协会分支机构管理办法》，规范分支机构管理。

（四）办公条件大幅改善

协会将秘书处办公室迁址至写字楼，新秘书处办公场所宽敞明亮，总面积 350 ㎡，交通也方便，为协会展示形象，做好服务提供了良好的必要条件。

福建省广告协会

2022 年，我会以“变革、创新、发展”为主线，努力探索“兴业强会”之路，在为业界拓平台、整资源、办实事、促发展等各项工作中展现了新作为，取得了新成绩，获得了新掌声。今年 8 月，国家民政部和福建省民政厅调研组来我会考察工作，对我会建设给予了充分肯定和高度评价。

一、推动行业进步

面对下行的经济、麻烦的疫情和不确定的形势，增强业界创业信心，努力创新破局，推动行业稳定发展，成为我会全年工作的主要任务。

（一）做好指导工作

2022 年 1 月和 7 月，全省广告工作会议先后在福州召开，会议确定了全年工作思路，下达了具体任务，提出了工作要求。一是要求全省广告界积极应对严峻复杂的置业环境，增强信心，创造优势，念好“山海经”，促进山区广告企业提质升级和沿海广告企业高位发展。二是要求全省广告协会坚持“小协会大社会”“小行业大事业”和“有求必应才能一呼百应”的办会理念，在为会员企业整合优势资源，提供优质服务，维护合法权益，解决热点难点上有动作、有作为、有成果。三是对表彰光荣从业 20 年以上广告人，强化广告企业资质等级认定，举办广告创作技能大赛等 10 多项工作进行了具体部署。在全省广告界共同努力下，我们基本上完成了年度工作目标，同时创新了许多工作，比如，为推动广告业品牌建设，开展了广告企业“品牌价值评价”工作，推荐了 10 多家会员企业上报国家部门认定。这是我省广告业首次导入品牌价值评价，将对广告企业品牌建设起到推动作用；推荐了 3 家会员企业申报福建省重大文化项目；利用媒体向社会推荐了 12 家我省广告实力会员企业；开展了广告行业团体标准工作研究等。

一年来，我会先后召开了 9 次会长办公会议，8 次业界骨干座谈会，12 次派员深入各地指导工作，不断分析和探索广告业发展的新形势和新任务，为会员企业解难题、拓新路、通渠道、找项目做了大量富有成效的工作。

（二）做好调研工作

我会领导先后陪同省人大常委会原副主任方忠炳、原副省长李川、省政协原副主席李祖可等省领导和省高院、省政府办公厅、省市场监督管理局、省文旅厅、省科技厅、省商务厅、省移民局等机关领导走访和视察了 60 多家会员企业，倾听企业呼声，解决了部分突出问题。

我会领导和秘书处同志分别深入福建各设区市、县两级广告协会参加广告活动，指导工作；深入福建师范大学、福州大学、闽江学院、黎明职业大学等 8 所高校和 90 多家会员企业以及 30 多家广告主单位，以考察、走访、召开座谈会、现场办公会等形式，倾听诉求，指导工作。

（三）做好交流工作

由于疫情影响，2022 年，我会出访国内外计划虽然没能实现，但是工作交流不但没有中断，而且日益增多。初步统计，一年来，接待来我会拜访的机关企事业单位和社会团体就有 400 多家。特别是接待了国家民政部和省民政厅考察组、省高院和省民政厅社会组织管理局、澳门广告商会领导及多位闽籍将军；接待了来自中央电视台、中国国际教育电视台、《人民日报》等主流媒体领导：接待了四川、重庆、江苏、广东、贵州、湖北、浙江等地广告界；接待了中国女排奥运冠军徐云丽、中国羽毛球奥运冠军林丹团队、中国男篮亚洲冠军王哲林等文体界知名人士。

（四）做好服务工作

一年来，我会努力发挥协会职能，积极做好会员企业解困工作，收到了很好成效。其中积极为广告界解决住房、医疗、就学、就业等生活问题；主动带领会员企业寻求省委宣传部、省法院、省税务局、省市场监督管理局、省民政厅、省住建厅、省移民局等政府机关项目支持；尽力做好会员企业商标注册、产品检验、专利保护生态化服务工作，拉近了协会与会员距离，使会员体验到“协会故事多，充满喜和乐”。

此外，我会受中国广告协会委托，对接了省文旅厅有关合作项目；受民政部委托，对接了江西省兴国县政府在我省招商工作；完成了省民政厅交办的社团组织大楼形象设计和商标设计工作；完成了省市场监督管理局交办的有关工作；积极协助霞浦、闽清、长乐、建阳、蕉城等 8 个县区和乡镇项目的策划工作；支持福州地铁、鼓楼区人大有关工作等。

“沧海横流，方显英雄本色。”一年来，市场与环境的急速变化，给广告业带来了严重冲击，为了跟上时代发展步伐，攻坚克难，实现逆境突围，八闽广告军团在努力、在付出、在奉献，福建广告业在进步、在发展、在贡献，涌现了一批与时俱进，迎合时代发展的广告企业和业界新锐人物。广告企业在掌握时代脉搏，把握发展机遇，抓住市场需求，提供优质服务和追求人才、创新升级、科技转化、数字赋能、整合资源、科学发展等方面有了鲜活思路、漂亮动作和成功经验，为广告业高质量发展注入了勃勃生机，在国民经济和社会建设中，发挥了极其重要的作用。初步估计，2022 年全省广告总产值有望突破 700 亿元大关，增比 12%。年产值几十亿、上百亿和员工人数突破 600 多人规模的广告企业浮出水面。更可喜的是广告界讲政治、讲大局的境界明显提高，担任人大代表、政协委员和社会职务的人数越来越多，而且级别越来越高，作用越来越大，大大增加了广告界的话语权。同时，广告界在支持当地经济和精神文明建设，开展疫情防控和发布公益广告等活动中，表现突出，功绩显著，受到了政府和社会的肯定和认可。可以说，2022 年福建广告界好事不断，喜事连连，精彩纷呈，我们走在大路上。

二、加强行业自律

1. 积极宣传广告法律法规，发布广告监管动向和政策信息，做好广告监管机关发布的违法案例解剖和宣传工作。

2. 配合广告监管机关举办的广告自律工作座谈会和广告法律培训班。

3. 根据省市场监督管理局发布的 12 条广告监管要点，对业界广告发布提出了具体要求。

4. 针对医疗美容违法广告频发问题，为规范医疗美容广告发布行为，维护消费者合法权益，保护广告企业利益，我会向全省广告界发出了《杜绝发布违法医疗美容广告，净化医疗美容广告市场的倡议书》。

5. 积极为会员企业做好保驾护航工作。其中，支持福州法务区开展为广告企业法务服务工作；应会员企业要求为合作项目进行把关，减少了 3000 多万元经济损失，深受企业好评；帮助一批会员企业做好广告发布前咨询审核和广告文案修改工作。

三、做好协会建设

“花香蝶自来。”一年来，我会加强了办会定位、价值取向、责任担当、工作路径、稳固发展和党建引领等方面的研究和探索，通过办公条件改善、机构优化调整、人员科学分工，使办会思路、队伍建设、工作基础和造血功能等方面进一步提升，协会的作用力和贡献力进一步提高，社会影响力和聚合力进一步加强。在第 29 届中国国际广告节上，中国广告协会授予我会最佳组织奖。经省市场监督管理局推荐，我会黄应寿荣誉会长担任省文化改革发展项目专家库成员。“工作很多、干得很累、贡献很大、态势很好”成为我会目前形势的真实写照。

江西省广告协会

2022 年，是极不平凡、极为重要的一年。江西省广告协会在省市场监督管理局、江西省民政厅、中国广告协会的指导和帮助下，坚持以党建为引领，以“服务会员单位、引领行业发展”为宗旨，顺利完成了协会按期换届、参与抗疫行动、开展省内外业务交流等重大任务，各项工作取得新进展、新成效。

一、党建工作取得新进步

1. 顺利完成了协会党支部换届工作。根据党的基层组织有关规定和要求，协会党支部在报请省市场监督管理局行业综合党委批复同意后，于 2022 年 6 月 30 日在江西华赣文化旅游传媒集团有限公司联合党员活动室召开党员大会，选举产生了省广告协会新一届支部委员会，由支部书记、副书记、组织委员、纪检委员、宣传委员等五人组成。

2. 认真学习贯彻党的二十大会议精神。一是及时组织党员和会员单位认真组织收听收看党的二十大开幕实况，并召开座谈会学习讨论，谈感想、谈体会。二是制订计划、周密部署深入学习贯彻大会精神。提出把认真学习贯彻党的二十大会议精神，作为当前和今后一个时期的首要政治任务。三是联系实际，进一步强化协会支部组织功能和政治功能，引领全省广告行业，把习总书记提出的“广告宣传也要讲导向”的重要指示落实到具体工作中去。

3. 充分发挥党员在关键时刻的作用。2022 年 3 月，一场突如其来的疫情在江西蔓延，形势十分严峻。协会党支部第一时间联合驻昌十一家商协会发布《助力抗疫宣传倡议书》，要求共产党员积极主动、模范带头。据统计，江西华赣文化旅游传媒有限公司等 26 个会员单位成立了党员先锋队，主动与辖区对接，积极配合社区开展党员志愿服务，让党旗在防疫一线飘扬。江西广播电视台宣传报道了《“广告赣军”助力抗疫宣传》的先进事迹。

4. 积极做好日常党务工作。一是贯彻落实省委组织部、省市场监督管理局行业综合党委《关于推进行业协会党支部标准化规范化信息化建设的通知》要求，投入 3 万余元新装修了面积达 43 平方米的党员活动室，得到省市场监督管理局行业综合党委的大力支持和帮助，给予了经费补助 3000 元。二是注重在民营广告企业的优秀企业家负责人中做好培养发展党员工作。一年来，经过培养、考察、教育和实践锻炼，报经上级党组织批准，发展了省广告协会副会长单位、南昌九霄文化传播有限责任公司总经理徐磊为中共预备党员。三是圆满完成了省市场监督管理局行业党委日常交办的各项党务工作。

二、自身建设再上新台阶

1. 圆满完成了协会换届工作。根据章程规定，省广告协会在报请省民政厅和省市场监督管理局批复同意后，于 2022 年 1 月 25 日在南昌召开第五届会员代表大会，选举产生了新一届理事会组成人员。中国广告协会会长张国华和北京、上海、广东等 10 个省市广告协会纷纷发来视频讲话表示祝贺，省民政厅、省市场监督管理局等有关部门负责同志到会指导，省内高校教授专家学者和会员代表等 126 人参加了会议。会上还表彰了 20 个为协会建设和行业发展做出突出贡献的单位，向 41 件“纪念建党 100 周年公益广告”优秀作品颁发了证书。

2. 定期召开了会长办公会议。一年来，先后召开了三次会长办公会，对协会建设、行业发展、人事调整、财务管理等重大事项集体讨论决策，确保了协会各项工作和重大活动规范有序、正常运转。此外，秘书处从 2022 年 4 月开始，将协会每月主要工作情况整理成文在协会会长微信群通报，受到大家的好评。

3. 组织参观学习交流。5 月至 9 月，何文云会长带领协会秘书处工作人员先后到部分商协会和会员单位参观调研，对协会会员日常管理、会费缴纳、开展培训活动和广告业如何适应数字经济发展的新要求等进行相互学习交流。还组织了 5 个会员单位参加了省知联会副会长、省市场监管局副局长谭文英主持的优化营商环境课题组开展的调研活动。

4. 积极做好证明商标初审工作。一年来先后向中广协报送了 11 家广告企业，经中广协审定，有 7 家广告企业分别获得（一、二、三）级广告企业资质证书。

5. 组织开展了创先争优活动。在全省广告行业和各地广告协会自下而上推荐、筛选、考核的基础上，坚持严格按照评选标准好中选优的原则，经公示并经省广告协会会长办公会研究决定，表彰了 42 个“优秀广告企业”和 32 名“优秀广告人物”以及 8 个省广告协会先进单位、7 名先进工作者，有效调动和激发了广大会员积极向上、奋发作为的积极性。

三、帮助会员单位纾困解难做出新成绩

2022 年 5 月 26 日，协会先后接到部分会员的诉求，希望省广告协会出面向省政府反映参照江西省人民政府印发《关于有效应对疫情帮助中小企业纾困解难若干政策措施的通知》中第八条规定“减免房租”的依据，给予减免 2 至 3 个月的广告媒体租赁金或延长 3 个月租赁期。协会对此高度重视，想方设法出实招，于 2022 年 5 月、6 月、8 月先后三次向有关部门、省政府、省委主要领导，联名写信反映《关于请求减免全省广告服务经营企业疫情期间部分媒体租金的报告》，得到省领导的高度重视，时任省委书记易炼红书记作出重要批示，8 月 22 日，省优化营商环境工作领导小组立即召集由 12 个省市相关部门、单位负责同志和省广告协会部分广告企业代表参加的会议，研究提出了帮助我省广告行业纾困解难的“六条举措”，并督促有关部门和单位共同抓好落实，截至 2022 年 12 月，已落实公交、地铁、机场等出租方减免媒体租金 2000 余万元。南昌生生文化传媒有限公司总经理管丽玲含着眼泪说，“要知道对我公司来说，不是纾困，而是救命啊”！这件事让她在困境中得到了党和政府的温暖，看到了民营企业的希望。

四、组织参加中广协活动和与外省学习交流获得新成果

1. 积极参加中广协的重大活动。8 月，组织协会会员近 100 人线上参加在哈尔滨举办的第 18 届中国广告论坛。12 月，在省广告协会会长何文云的带领下，组织了 110 余个会员单位在线上、线下参加中广协在厦门举办的第 29 届中国国际广告节。会上，获得长城奖平面类铜奖 1 个，黄河奖铜奖 2 个，3·15 平面类金奖 1 个，省广告协会再次获得“第 29 届中国国际广告节最佳组织奖”。

2. 主动与外省开展学习交流。4 月，在福建省广告协会的支持下，帮助联系推荐了省广告协会 5 家广告企业与厦门博海中天信息科技有限公司开展党建数字信息化工作平台合作。5 月，在中广协的指导下，组织了有意向与“中国移动 咪咕视频”合作的 7 个会员单位与该项目负责人召开了线上视频交流会议。还组织了省广协和南昌、宜春、抚州、景德镇等市县广告协会参加了亚洲户外组织的全国部分省市广协负责人线上工作交流会。

五、完成业务指导部门交办的工作有了新起色

1. 开展了“广告助企”活动。根据省市场监督管理局广告处的工作要求，围绕省政府建设“六个江西”和开展的“双一号”工程，利用协会平台的优势，整合会员单位资源，整体设计助企方案，突出宣传品牌，助推江西特色产业、农业、旅游业高质量的发展。

2. 积极配合开展全省公益广告原创作品征集评选

活动。按照江西省文明办、江西省市场监督管理局、江西日报社主办《2022 年江西省公益广告原创作品征集评选活动》方案，省广告协会作为唯一的协办单位，主动配合，及时向全体会员和全省广告行业发出通知，组织动员积极参加，使整个评选活动取得圆满成功，省广告协会有不少会员单位报送的作品获奖，并获得优秀组织奖。

3. 认真做好了省市场监督管理局广告处起草制定的《江西省“十四五”广告产业发展规划》中有关内容和资料的收集整理工作。圆满完成了社团组织年检和社会组织等级评估工作，被省民政厅社会组织管理局评定为合格等次，并获得 3A 级社会组织荣誉证书。

山东省广告协会

2022 年是党的二十大召开之年，是全面开启社会主义现代化建设新征程关键的一年，是实施“十四五”规划承上启下之年。山东省广告协会在上级有关部门的正确领导下，始终坚持以党建和精神文明建设为统领，促进广告产业健康发展。以加强党建工作为“总抓手”，深入推动党建和业务工作融合，新思想、新理念、新战略全面引领，政治站位、价值取向和思路举措落地见效，省广告协会的服务水平和工作效能也显著提升，开创了新时代中国特色社会主义现代化文化强省建设的新局面。

一、健全制度，增强党建工作合力

健全各项工作制度是党建创先工作顺利开展的根本保证，落实责任制是搞好党建工作的关键。山东省广告协会党支部，充分发挥党支部的战斗堡垒作用及党员的先锋模范作用。过去的一年，协会积极开展并落实“三会一课”制度、创新开展“红色教育之旅”主题实践活动，走基层进企业，让党建与业务工作有机融合，相互促进，合力发展。

二、素养提升，加强党的创新理论学习

协会党组织始终把学习贯彻落实习近平新时代中国特色社会主义思想作为首要政治任务，通过阅读红色书籍、开展主题党日、观看警示教育片等多种活动形式。2022 年，山东省广协联合配合山东省社会组织总会成功举办近十期“社会组织大讲堂”公益活动，针对行业的热点、难点，开展不同主题的培训活动，受益匪浅，反响很好。通过一系列活动的开展，不断提高政治理论素养，深刻认识把握“两个确立”的决定性意义，切实增强“四个意识”，坚持“四个自信”、做到“两个维护”。学习主题鲜明、学习方法灵活、学习形式多元。

三、用创意为企业赋能，文化助力行业发展

为喜迎党的二十大胜利召开，省广告协会积极承办 2022 年度“深入落实黄河国家战略”公益广告、“加强知识产权保护”公益广告、山东省第十二届“学院创意杯”、2022 年度“泰山杯”广告大赛。经过省、市工商局、广告协会的共同努力，本次大赛共征集广告作品 8263 件，省内外 113 所院校 2738 名老师学生、115 家企业 1789 名广告创作人员参加了竞赛。经专家评审和社会公示，最终确定获奖作品 426 件。这些作品充分展现出广告人的创意智慧和创作水平。

10 月，山东省 2022 年度公益广告创新创意大赛暨“学院创意杯”“泰山杯”广告大赛颁奖典礼在山东电视台演播大厅隆重举行，与会领导嘉宾见证了颁奖典礼的荣耀时刻。同时，省广告协会还联合省社会组织总会，开展了“喜迎二十大，建功新时代”山东省社会组织建设成就视频展播等活动。用实际行动，践行广告人的责任和担当。

四、融合发展，桥梁纽带作用进一步发挥

省广告协会本着“桥梁、平台、纽带，广告人的家”的服务宗旨，上传下达，畅通意见表达和政策宣讲落实渠

道。多次组织协会会员以及相关部门积极开展党群活动，举办广告创新创意沙龙、广告审查员培训、优秀广告作品展览、广告营销培训，广告企业观摩现场会等项目活动。特别是山东省优秀广告作品在第三届中国国际文化旅游博览会以独立展台在博览会“文旅+”展区展出，宣传齐鲁文化，弘扬时代精神，用广告创意点亮和激发文旅产业对经济发展的带动作用。通过一系列举措，把党的精神贯彻落实好，进一步推动广告行业制度创新、强化制度落实，促进广告产业健康发展。

五、锚定目标走向前 担当使命开新局

2023年是全面贯彻落实党的二十大精神的开局之年，是实施“十四五”规划承上启下的关键之年，是疫情防控政策优化调整后的奋进之年。山东省广告协会，将继续牢记嘱托，走在前列。新的一年，省广告协会联合社会组织总会已成立“山东省社会组织之家”，进一步为各个行业创新服务项目，提高服务质量，让协会组织有活动可干，创造活力，创新发展。

同时，山东省广告协会专家智库已经成立。2023年继续发挥平台作用，整合资源，融合发展。省广告协会今年将深入参与乡村振兴和国家黄河战略，进一步深入调研——山东济南最美乡村之长清马山回迁安置项目、济南平阴黄河滩区脱贫迁建工程项目，继续发挥桥梁纽带作用，整合资源，助力乡村振兴，助力黄河流域生态保护和高质量发展，关系民生，造福社会。

新的征程，新的希望。广告产业充满着无限可能，中国广告业未来的高质量发展，值得大家的共同努力。山东省广告协会将一如既往，实干笃行，团结奋进，为开创新时代社会主义现代化文化强省建设做出新的贡献。

湖北省广告协会

2022年，湖北省广告协会省民政厅、省市场监督管理局及中国广告协会的指导下，认真贯彻落实《湖北省广告产业发展“十四五”规划》和年度工作计划部署，积极发挥行业组织的引领作用，切实履行“提供服务、反映诉求、规范引领、自律发展”职能，抓住为会员单位提供优质服务这个根本，积极进取，开拓创新，为促进湖北广告业发展做出了贡献。主要开展了以下几方面的工作。

一、顺利召开七届七次会长办公会，确定年度工作计划

2022年1月，湖北省广告协会七届七次会长办公会在武汉顺利召开。会议集中学习了《湖北省广告产业发展“十四五”规划》文件内容，从规划背景、总体要求、重点任务及组织实施四个方面详细解读了《规划》内容。会议通报了《湖北省广告协会2021年度工作总结报告》及《湖北省广告协会2022年度工作计划报告》，会议审议通过了《湖北省广告协会2022年度人才培训方案》及《湖北省广告协会分支机构管理办法（2022年1月）》修订案。

二、打造多维系统培训体系，定期开展培训活动

自2022年以来，根据湖北省广告协会年度工作计划，为认真贯彻落实《湖北省广告协会2022年度人才培训方案》，省广协共开展7期主题培训班，课程覆盖广告数字营销、广告法律法规、视频创作等多个专业领域，邀请行业实战大咖亲自授课，500余人次学员参与。

3月，《元宇宙时代的数字营销与广告逻辑》线上主题培训班顺利举办；

4月，《广告审查法律法规》培训班顺利举办；

5月，《数字营销策划师》培训班顺利举办；

6月，《2022小红书营销手册》精品培训课程与《2021-2022数字营销获奖案例竞争力全解析》主题培训

班顺利举办；

7 月，《2022 微博营销策略精品公开课》主题培训班顺利举办；

9 月，《视频的创意如何与算法和解》主题系列第一期培训班顺利举办。

本系列主题培训班提升了我省广告从业者的职业技能水平，为广告企业提供了良好的互动平台，培训方式新颖，内容丰富，深入浅出，生动形象，互动热烈，获得了培训学员的高度评价，取得了良好的培训效果。

三、深入开展会员交流走访活动，发挥桥梁纽带作用

为进一步增强会员企业之间的感情与联系，2022 年湖北省广告协会开展了多次会员交流走访活动。

3 月，湖北省广告协会开展“新春走访季”活动，先后对鲸创传媒集团、武汉爱黑马文化传媒有限公司、武汉十点半文化传播有限公司、武汉市好德广告传播有限公司、华视中广国际传媒（武汉）有限责任公司、武汉联合大卓广告装饰工程有限公司、武汉诠创思维文化传媒有限公司、武汉卓尔数字传媒科技有限公司等会员单位开展走访交流工作；

5 月，湖北省广告协会开展“交个朋友”走访活动，组织会员单位共同对武汉卓尔数字传媒科技有限公司、武汉北极光数字科技有限公司开展学习交流工作；

6 月，湖北省广告协会组织会员企业参观黄鹤楼酒业有限公司并学习交流酒类广告营销活动，通过现场参观与经验分享的形式，增强广告企业对酒类营销的理解，形成对酒类营销的系统认识。

四、积极承办湖北省“楚天杯”公益广告征集推广活动

2022 年 4 月，为充分发挥公益广告引导正确舆论导向、营造良好社会氛围的作用，由湖北省市场监督管理局、中共湖北省委网络安全和信息化委员会办公室、湖北省精神文明建设指导委员会办公室、湖北省农业农村厅主办，湖北省广告协会承办的 2022 楚天杯公益广告作品征集推广活动正式启动。本次活动以“筑梦乡村振兴”为主题，活动得到省内外广告企业、电视、广播媒体及大学生、创业者的高度关注和积极参与，共收到各类有效广告作品 2276 件，24 万网络投票量，8551 万抖音话题播放量。经过初评、复评、网络投票、终评和网上公示，共评选出获奖作品 95 件。其中，平面类获奖作品 32 件，影视类获奖作品 19 件，广播类获奖作品 12 件，创新媒体类作品 12 件，大学生创新创意奖作品 10 件，大众关注奖作品 10 件。荆门市广告协会等 8 家单位积极组织创作和征集活动，报送作品数量较多，质量较高，荣获“优秀组织奖”。

五、圆满完成 2022 年证明商标申报工作

2022 年，湖北省广告协会全年度常态化开展申报审核工作，秉承上对中广协，下对申报企业负责的态度，一直强调要严格按照中广协发布的使用证明商标的各项指标来审核申报企业提交的材料。对于填写不规范的，要细致、耐心指导申报企业修改、完善资料，对于资料上传不全的企业，予以说明，并纳入关注，后期重点指导、培训；对于完全不符合申报要求的企业，坚决不予通过初审。最终在中广协的大力支持下，圆满完成了 2022 年证明商标一级、二级、三级的初审工作。2022 年度湖北省共计 17 家单位通过证明商标申报使用，获得一级广告企业证明商标共计 4 家单位。

回首 2022 年，省广协以习近平新时代中国特色社会主义思想为指导，充分发挥了协会的桥梁与纽带作用，以务实的工作作风，积极作为，主动服务，开展了一系列服务会员、服务行业、服务政府的工作，进一步增强了协会的影响力与凝聚力。

湖南省广告协会

在省市场监督管理局、省民政厅和中国广告协会的正确指导下，在各会员单位团结协作下，协会围绕“提供服务、反映诉求、规范行为、促进发展”四项基本职能，科学规划，稳步推进，2022 年全省广告产业得到进一步发展，较好地完成了既定的工作目标。

一、完成换届选举，成立新一届领导班子

湖南省广告协会第六届理事会任期届满，为更好服务行业发展、服务会员单位，经省民政厅批复，于 2022 年 1 月 7 日召开第七届会员代表大会，全省十四个市州的 230 余位会员代表参加会议。

大会分别听取并审议通过了湖南省广告协会第六届理事会工作报告、财务报告、章程（草案）、会费收取标准调整等六项内容，经第七届会员代表大会选举表决，产生了新一届领导班子：会长曾小明、秘书长古湘、监事长李正良。

二、多措并举，服务行业自律

（一）加强法律合规意识，开展法务工作调研

为提高广告审查水平，增强企业法律意识，省广告协会法律委员会开展《广告合规实用教程》暨企业法务工作调研走访活动，组织行业执法专家、知名律师、资深教授与企业负责人面对面交流的形式，了解企业法治状况及法务需求，广泛听取会员单位意见，联合中国人民大学出版社，拟编写出版《广告合规实用教程》，为行业提供具有借鉴性、针对性的文本参考。

（二）推动权益保护，提供法律咨询服务

由行业执法专家、知名律师、资深教授组成的湖南省广告协会法律委员会，每周五采取线上线下相结合的形式向广大会员单位免费提供法律咨询服务，为把握宣传导向、推动权益保护、处理经营纠纷、惩戒失信行为等方面发挥更积极的作用。

三、发挥优势，服务公益事业

（一）公益服务体系逐步完善

为鼓励更多的企业参与公益广告，协会将公益广告的创作和发布纳入了湖南省广告企业资质认定考核指标，并在一年一度的“广告湘军总评榜”上设立了“公益广告突出贡献奖”，以表彰为公益广告做出贡献的单位和个人。协会与省市文明办、公益广告基地、有关高校每年不定期举办公益广告赛事，开展公益广告宣传。

（二）公益广告创作领跑全国

从 2018 年至 2022 年，连续五年中国公益广告黄河奖我省获奖作品数量居全国前列，等级奖数量占全国四分之一，其中金奖数量约占全国三分之一。在第 29 届中国国际广告节公益广告黄河奖颁奖典礼上，荣获 4 金 2 银 4 铜，湖南公益广告创作水平在全国处于领跑地位。

四、与时俱进，服务行业发展

（一）依照协会职能，开展资质认定

为了使资质认定工作更加规范，在中国广告协会和省市场监督管理局的指导下，依据协会章程相关条例，建立了评价体系和考核标准，使资质认定工作制度更健全、流程更清晰、评审更规范。2022 年，共新增湖南省一级广告企业 4 家、二级广告企业 1 家，三级广告企业 1 家。

（二）举办行业评选，塑造湘军品牌

广告湘军总评榜是促进行业发展，激励行业前行，塑造“广告湘军”品牌的重要平台，协会于 2017 年开始已连续举办了 4 届广告湘军总评榜，2021—2022 年度广告湘军总评榜共设置 6 大类 12 个奖项，由行业指导单位、高校专家学者、行业代表和协会秘书处组成专家评审团共同进行评审。

（三）完善分支机构，精准服务行业

为规范组织建设，提升专业水平，协会进一步加强了对分支机构的管理，新成立了非遗美食创新委员会、乡村振兴工作委员会。

1. 发挥平台优势，助力乡村振兴

8 月，由湖南省广告协会乡村振兴委员会为湘西州古丈县古丈毛尖公共品牌策划打造的品牌营销传播案例——“古丈毛尖广告语征集活动”，短短半个月内形成了万余人次的参与互动，进一步提升了古丈毛尖这一区域公共品牌的知名度，通过活动为乡村振兴品牌先行助力，提升当地产业发展竞争力。

2. 汇集创意人才，打造城市品牌

7月，为贯彻落实湖南省“三高四新”发展战略，推动“强省会”战略实施和长株潭都市圈建设，湖南省广告协会联合红网共同承办长株潭城市形象创意研讨会。由湖南省广告协会教育委员会学者代表、创意设计领域权威专家、一线企业家组成“智库”，共商创新长株潭都市圈城市形象大计。同时发布以“灵气闪耀长株潭”为主题，聚焦七大热点主题，面向全国专业人士、高校学子进行作品征集。

截至 12 月，大赛共征集来自清华大学、中国人民大学等全国 100 多所高校、200 多家文创企业和创意达人的 1287 件作品，为讲好长株潭城市故事，打造城市品牌提质加速。

五、不忘初心，加强党组织建设

近年来，协会党员发展工作严格按照组织要求，紧密结合协会工作实际，通过完善发展机制、加强培养教育、抓好经常性发展等措施，逐步优化党员队伍结构，加强党员队伍先进性建设。协会积极发展年轻党员，培养入党积极分子一名，并于 6 月下旬转为预备党员，为组织注入新鲜血液。

按照“抓重点带全局，抓基本夯基础，抓制度促长效，抓创新提质量”的要求，结合本会实际，将党建工作与日常工作相融合，促进党建工作与业务工作共同发展。

协会将始终坚持“脱钩不脱管”的原则，进一步深化行业服务，加强行业自律，提升行业地位。为把握广告宣传导向、激发行业发展活力、规范行业市场秩序等方面做出更大的贡献，发挥更积极的作用。

广东省广告协会

岁末将至，谨颂冬绥。回望极不平凡的 2022 年，广东省广告协会以“党建为引领”，以“价值共创、价值共享”聚力赋能行业和会员企业为办会理念，一方面做好老会员的服务，另一方面多渠道开发新会员。截至 2022 年底，新增会员企业 102 家，年增长率达 18.64%，并顺利完成中共广东省广告协会支部委员会和广东省广告协会工会委员会的筹建成立工作，为确保实现后疫情时代协会的赓续发展奠定了坚实基础。

一、以党建为引领，增强行业企业凝聚力

协会始终坚持政治立会，恪守“社会组织跟党走”。抢抓党支部成立的良好契机，有计划、有目标、有成效开展党支部各项学习、培训和党建活动，以党建促会建，积极发挥党组织的引领监督作用，完善协会班子的议事和决策机制，推动协会的各项事务公开、透明，党务公开，确保党员、各理事会员的知情权。

二、与行业管理部门密切联系，促行业稳定发展

发挥协会的行业代表作用，关注行业发展态势，倾听会员企业诉求，积极为行业企业发声。一是密切配合政府有关部门，参与了国家市场监管总局“十四五”广告产业发展规划座谈会，积极参与江苏、湖南、深圳等地政府部门关于广东省广告业发展相关调研工作；二是参与起草

市市场监督管理局《直播电商营销与售后服务规范》、发布《2020—2022 年广东广告产业数字化广告人才培养需求调研报告蓝皮书》等工作，助力行业产业政策的制定和完善；三是随时响应行业管理部门的工作要求，及时组织调研反馈相关行业数据及信息，认真配合管理部门工作；四是热切关注行业企业遇到的困惑难点，积极做好政策解读与沟通，切实为企业排忧解难，维护行业稳定发展。

三、务实创新，规范管理，通过省民政厅专项检查

以严格的管理、精细的服务对下设的十家专业（创新）委员会进行有效管理，落实专人负责制，严格遵循年初制定工作计划（任务）→年中检查落实→年底绩效考核的工作流程。在省民政厅开展规范全省性社会团体分支（代表）机构专项整治工作中，通过各环节检查，广东省广告协会各专业（创新）委员会设立程序规范，名称使用规范，财务管理规范，活动开展合规，得到了检查组的高度认可，顺利通过现场检验。

四、有效开展各类行业品牌活动，提升协会的影响力

（一）4 月与南方农村报签订《推动预制菜品牌发展战略合作协议》，秉承强化品牌意识，推动品牌强国理念。5 月 10 日，在第六个国家品牌日到来之际，在省农业农村厅的支持下，组织策划了以“湾区品牌 创新发展”为主题的《2022 年广东预制菜品牌发展论坛》，为助推广东预制菜行业做大做强，贡献来自广告行业的专业智慧与解决之道，实现了广告跨界与产业深度融合的赋能共赢方式。5 月 25 日，协会又成功组织了“2022 年广东预制菜产业链交流峰会”。

（二）3 月 13 日，协会联合主办“从冬奥会冰墩墩作品的火爆谈创意设计与版权保护”研讨会。研讨会特别邀请 2022 年冬奥会“冰墩墩”总设计师、广东省广告协会学术专业委员会副主任曹雪教授作《以创意的名义——冰墩墩的诞生》主题演讲。本次研讨会采取线上直播和线下开展相结合的方式进行，线上线下共有来宾、观众近 6000 人参与互动。

（三）协会以弘扬主流价值为己任，积极参与广州市委宣传部组织的“强国复兴有我”——广州市 2022 年公益广告征集展播活动和重大主题广播电视公益广告精品征评活动。

（四）协会联合广东省华南知识产权文化促进中心举办第二届“2022 粤港澳知识产权公益广告大赛”。

五、发挥各专委会的专业能力，促进行业高质量发展

（一）娱乐营销专业委员会举行“金虎送吉祥 业绩全面红”春茗宴暨第四届广东省演绎群英会。来自娱乐营销、演绎行业的专业人员、企业代表 200 余人共同见证了行业盛会。

（二）直播创新委员会携手广东省跨境电子商务协会和广州市花都区电子商务商会，联合主办以“品牌品质惠享生活”为主题的第四届双品网购节暨非洲好物网购节广州专场。

（三）户外广告专业委员会自成立以来在短短半年时间里，针对户外广告遭遇的“业务寒冬”，组织骨干企业小规模会议数十场及上百家户外企业规模参与的研讨会两场，组织相关成员企业对涉及户外广告企业经营活动、广告行业政策动向及国家相关法规政策等问题进行专业探索，整合成员企业资源渠道，帮助成员企业密切新媒体联系，更好地提升户外广告媒体价值，有效抱团取暖，促进合作共赢发展。

（四）学术专业委员会充分发挥专业优势，为中国品牌建设贡献智慧与力量。先后参与国资委“传承弘扬理论文化，推动市属国企老字号焕发新活力”、聚焦中国品牌全球化——2022 品牌发展高峰论坛、“数智广告创新与国际智慧城市发展”院长高峰论坛，支持协会举办 2022 中国品牌日“湾区品牌 创新发展暨广东预制菜品牌发展论坛”等活动。

（五）新媒体专业委员会组织举办“论道元宇宙 开启新营销”2022 第七届数字营销传播研究与应用研讨会，共同探讨“元宇宙背景下的数字营销传播”，探索广告新业态，贯通数字生态，打造产、学、研一体化建设创新发展共赢未来。

（六）公益广告专业委会发挥公益力量，参与 2022 年北京国际公益广告大会、广东省公益广告政府采购项目及广东省公益广告重点扶持项目、广东省广播影视奖评审等工作，并积极参加协会的各项活动，为协会工作献计献策。

（七）设计创新委围绕年度工作计划，组织召开专题会议，围绕乡村振兴，提升服务预制菜企业品牌创新等结合协会优势，整合各种优质的行业资源，强化校企合作、提供在校生的实习岗位等，加强业界、学界的交流和互动。

（八）影视创新委员会举办第三期“影视荟”主题沙龙， 40 余位资深影视广告人齐聚一堂，共话品牌创新委员会发挥品牌创意的专业能力，积极献计献策，结合国家第六个品牌日的契机，承办《预制菜品牌发展论坛》。

（九）广东省广告教育联盟继续支持“大学生广告节”，为广告行业输送优秀人才；召开“广东省广告教育联盟理事会暨广告学一流专业与课程建设研讨会”，以“一流专业和课程教学创新”为主题，围绕学科融合和教学创新两个方面探索广告学一流专业的未来发展方向。

六、围绕提升会员服务质量的工作主基调，不断充实协会的服务内涵和服务能力

（一）2 月 26 日，借助协会乔迁新址的良好契机，召开了以“共创共享新发展 同心同德向未来”为主题的广东省广告协会 2022 会长办公工作会议。

（二）6 月 10 日，召开以“聚力赋能 携手向前”为主题的广东省广告协会第九届第三次理事会、第三次常务理事会。

（三）火热启动“湾有引力 创意正当时”——第二届粤港澳大学生广告节暨第十五届广东大学生广告节，打造校企联动桥梁，提升协会美誉度和社会形象。

七、完善协会组织架构，成立广东省广告协会工会委员会

11 月 10 日，召开广东省广告协会工会第一届第一次会员代表大会，选举产生了广东省广告协会工会委员会，确定了工会主席和经费审查委员会、女职工委员会的主任、委员人选。这也宣告了广东广告人的“娘家”——广东省广告协会工会委员会正式“上线运行”。

海南省广告协会

2022 年海南省广告协会在省市场监督管理局和中广协的指导以及协会顾问的帮助下，紧紧围绕“提供服务、反映诉求、规范行为”的协会主要职能，在全体会员单位的大力支持和共同努力下，做了一些工作也取得了一定成绩，现将所做工作简要小结如下。

一、承办了 2022 年海南省优秀公益广告作品征集推选活动

为充分发挥公益广告弘扬主流价值、传播文明理念、引领时代新风的正能量，提升我省公益广告创意设计水平，有效指导促进公益广告发展，我会承办了由省市场监管局、省文明办、省教育厅、省旅文厅联合主办的 2022 年海南省优秀公益广告作品征集推选活动，并圆满完成了作品征集评审等相关工作。

二、与拍拍看（海南）人工智能有限公司联合举办了“甄品保”杯海南省 Logo 创意设计大赛

我会以“创意创新、赋能品牌”为主题，联合拍拍看（海南）人工智能有限公司，举办了“甄品保”杯海南省 Logo 创意设计大赛，于 2022 年 6 月启动作品征集工作后，在一个多月时间内得到省内外各大专院校师生，自

由设计师，专业设计机构、设计团体等行业从业者的大力支持和积极参与。2022 年 9 月 25 日，由省内各大专院校和业内资深人士组成的评审团，各位评委本着公平、公正、公开的原则，经过初审、终审层层评选，激烈探讨，并将评选结果经陈皮网、海南省广告协会官方公众号等媒体公示，收集社会监督意见后，最终评选出“甄品保”杯海南省 Logo 创意设计大赛获奖作品共 15 件。我会召开大会对获奖作品进行了颁奖。

三、开展了助农帮扶活动

疫情当下，物流受阻，硕果枝头空挂，农户愁上心头，成熟的莲雾洒落满地，一年的辛苦血本无归。我会急农户所急，想农户所想，在会员企业中组织开展了“消费帮扶，热心助农”活动。在会员企业的热心支持下，帮助定安农户销售莲雾 100 多箱（上千斤），为农户创收近 5 万元。

四、开展了全省范围内的抗疫公益宣传活动

根据海南疫情防控的需要，省广协主动请缨向省卫健委申请并经批复同意协会利用自有媒体资源优势开展了全省范围内的抗疫公益宣传活动。此次活动得到了相关会员企业的积极参与和响应，此项活动能顺利开展，说明海南的广告传媒企业是非常有社会责任和使命感的，在为全省疫情防控宣传做出贡献的同时，也受到了省卫健委等相关政府部门的高度赞扬。

五、积极反映企业诉求，维护会员企业合法权益

根据协会相关会员企业反映，及时向政府相关部门报送材料，积极反映企业诉求，维护会员企业合法权益。

六、开展了会员企业走访学习交流活动

为了了解会员企业经营状况，协会在开展问卷调查的同时，开展了对会员企业的走访学习交流活动。

七、调整了协会相关专业委员会

根据工作需要，对协会相关专业委员会进行了调整或合并，同时对省广协六届理事会成员进行了调整和增补。

在开展以上主要工作的同时，我会还积极组织人员参加了由中广协举办的广告节等相关活动。

重庆市广告协会

一、认真抓好协会党建工作，保障行业高质量发展

在市场监管局社会组织综合党委的领导下，协会努力发挥党支部的政治功能，确保“三会一课”制度正常运行。坚持每月主题党日制度；每季度党课制度；每季与会员单位党员互动交流制度。认真强化共产党员“两个确立”“四个意识”“四个自信”“两个维护”基本政治立场。协会各项工作充分体现了党政工作高度融合的工作格局，保障了行业协会健康发展，党建工作得到了市委非工委的肯定。

二、遵循基本工作制度，抓好各项基础工作

（一）坚持定期会议制度，有序安排日常工作

协会坚持了常态化的工作制度：每天在行业协会平台上发布时事新闻，强化时事政治学习；每周有工作例会，布置、检查工作；每月有会员单位走访调研，了解会员需求；每季度有副会长工作会，研究行业动向；每半年有常务理事会，决策重要工作事项；每年度有理事大会，总结计划工作。基本工作制度确保了协会工作的正常运行。

（二）坚持深化资质等级评审工作，努力树立行业标杆

2022 年，新的章程明确规定了“开展行业资质评审活动，促进会员单位不断提高经营管理水平”，协会对行业资质等级评审机构进行了人员增补，并把此项工作向上级党委、主管部门报告、备案。

（三）坚持规范性地抓好行业自律工作

2022 年，我们按照市场监管局要求，在全行业发出了三次倡议：一是积极行动起来参与防疫抗疫的宣传；二是和四川广告协会联合倡议，共同推进两地行业自律工作；三是针对伪劣产品、价格欺诈、非法行医等，倡议行业广告主、经营者、发布者、广告代言人、互联网平台共同行动、严格自律。

（四）坚持周期性工作汇报制度，争取各方工作支持

协会坚持给主管部门工作汇报、联系制度。工作计划安排、重要文件发放、主要行业活动、年度工作计划，行业的资质等级评审等，均报主管部门备案。让主管部门了解、支持、指导协会各项工作的开展。协会重要活动开展，市委宣传部、市场监管局、城市管理局等领导，都会积极参加，给予了重庆市广告协会大力的工作支持。

三、严格遵守章程规定，完成换届工作

（一）认真做好换届准备工作

按照市民政局具体要求：协会组成了换届工作领导小组；制订了换届工作方案；通过常务理事会讨论了换届方案；经过党支部大会审定了方案。关于副会长以上的人员任职资格，严格按照属地证明、组织考察、上级党委批准、报送民政部门审核备案的工作程序办理。

（二）组织召开第五届一次会员代表大会

2022 年 2 月 25 日，协会在渝北区华辰大酒店，召开了重庆市广告协会第五届一次会员代表大会。123 名代表参加了会议。大会由四届理事会肖金生会长主持。协会秘书长罗素明作了第四届理事会工作报告；协会副秘书长胡春梅作了第四届理事会财务工作报告；协会监事长张新力作了第四届理事会监事会工作报告。肖金生继续当选五届理事会会长。

四、抓好协会各项服务工作，推动行业健康发展

（一）服务于会员单位，助力广告行业发展

1. 组织抓好会员单位业务推介活动

2022 年，协会组织召开了轨道集团、城铁媒体等 2 次业务交流推介活动，通过线上交流，有两家企业进入轨道集团的招标活动中。城铁传媒线上交流中，协会推荐了 19 家企业与城铁传媒线上交流。目前，万州协会部分企业已经和城铁传媒开始了合作。

2. 组织抓好会员单位经营业务现场交流会

今年 6 月，协会在重庆麦芽传媒公司，组织召开了学习交流现场会。65 家会员单位参加了活动。现场会后，有 8 家企业通过协会联系对麦芽传媒进行了回访，有的企业已经开始与麦芽传媒合作。

3. 服务于会员单位的合理诉求

2022 年，协会收到会员单位各类诉求 65 件，合理解决诉求 35 件。其中，比较典型的是唐码传媒在山西太原的业务出现了纠纷，协会积极与山西太原广告协会联系，推进了问题的合理解决。

4. 服务于会员单位的纾困政策需求

连续几年的疫情，广告行业面临了前所未有的困难。协会会长亲自带队，组织走访了 40 多家单位调研，召开 3 次纾困专题座谈会，形成了“关于支持广告行业（企业）纾困解难的十条意见”书面材料，直接报送给市市场监管局等部门。

5. 服务于广告行业交流，办好中国西部国际广告节

2022 年 6 月 24 日至 26 日，协会在南坪国际会展中心，以创新、创意、品牌、品质为题，举办了第 21 届中国西部国际广告节。展出面积达 16000 平方米。

6. 服务于行业跨区域互动，办好川渝广告发展论坛

在协会的创新和努力下，重庆广告协会和四川广告协会结合成渝经济圈建设，签订了两地广告行业互动协议。2022 年，在成都举办了《2022 川渝广告高质量发展》论坛。实现了成渝两地行业之间的互动交流。

7. 服务于会员学习进步，组织参加国内大型行业活动

2022 年 8 月 3 日至 8 月 4 日，协会组织了 17 家会

员单位参加了哈尔滨论坛学习。2022 年 12 月 21 日至 23 日，组织参加了中国广告协会在厦门举办了第 29 届中国国际广告节。

（二）服务于政府部门 提升行业协会影响力

1. 为政府牵线搭桥，服务于政府工作推动

2023 年，协会努力为市委宣传部、市场监督管理局、城市管理局、民政局等党政机关、部门实现服务工作 25 项，涉及宣传党的中心任务、乡村振兴、专项整治、为政府招商引资等。开创了行业协会、政府工作互动的新局面。

2. 编写 2022 重庆市户外广告发展报告

2022 年度，协会按照与城市管理局合作规定，分季度、年度完成了城市管理局五期《重庆市户外广告市场发展报告》。为市城市管理局户外媒体设置，城市美誉度建设等，提供了参考资料。在各项基础数据的收集整理过程中，行业协会建立了 42 个区县广告行业基本数据平台，推进了广告协会会员单位的数据平台建设。

3. 为市场监督管理局提供服务

2022 年，协会为市场监管局报送各类资料 35 件，服务阶段性工作 10 次，服务市级以上的大型活动 4 次。为进一步推进协会对互联网平台、户外媒体系统的基本数据监测，协会在市场监督管理局的支持下，开始准备《互联网广告监测》《户外广告监测》两项服务工作，努力争取 2023 年此项工作有所突破，扩大服务领域。

（三）服务于社会公益事业 促进行业协会成长

1. 抗击疫情常态化的公益广告行动

2022 年，疫情波动频繁，广告行业推动抗击疫情公益广告 5 次，保障了重庆城市的各大街道、商圈、站台各大媒体的公益广告宣传，2020 年至 2022 年末，各会员单位累计免费投入广告资源约 2 亿元。重庆市委宣传部连续两年授予重庆市广告协会公益事业先进集体。在 2022 年 5 月表彰会上，协会会长肖金生作为社会组织唯一获奖代表，在重庆市宣传部表彰大会上发言。

2. 组织川渝广告共助乡村振兴公益活动

为了巩固脱贫攻坚成果，按照总书记的嘱托抓好成渝经济圈发展建设，在川渝两地市场监管局的领导下，我们和四川广告协会共同承办了走进重庆丰都、走进四川越西的乡村振兴公益广告活动。两地市场监管局、广告协会和 27 家广告企业共同行动，先后走进重庆石柱、万州、丰都及四川越西等区县，脚踏实地开展公益广告助力行动，为乡村振兴，免费投入广告资源 5340 万元。

3. 主办重庆市公益广告大赛

2022 年，我们主办了以“喜迎党的二十大”为主题的公益广告大赛，征集作品 2700 多件，最终评选出等级奖作品 40 件。我们向国家“黄河奖”报送了 285 件公益作品，通过评选，重庆市获得金奖、铜奖、优秀奖 31 件。其中，由协会精心组织策划，重庆广电集团认真制作的反映重庆人民勇敢扑灭山火的公益视频作品《人民的英雄，英雄的人民》。荣获中国公益广告最高奖项——2022 年特别金奖。为重庆市争得了荣誉！

2022 年我们虽然有一些成绩，但我们仍然认识到，协会的工作离上级的要求，还有较大差距。我们还需踔厉奋发、勇毅前行，争取 2023 年做出更好的成绩。

四川省广告协会

2022 年是党的二十大胜利召开之年，四川省广告协会在省市场监管局、省民政厅等政府部门的指导下，全面学习和深入贯彻落实党的二十大精神，以高度的责任心和求真务实的精神，把党的建设和企业服务相结合，充分发挥基层党组织的战斗堡垒作用，凝聚行业共识，开创了多方参与、合力共促我省广告产业高质量发展的新局面。

一、弘扬正能量，践行核心价值观

自协会党支部成立以来，协会坚持把党建工作融入组织运行和发展过程中，坚决响应党中央号召，坚定理想

信念，践行党的宗旨，引导会员企业提高服务意识和服务能力，充分发挥广告行业组织在经济发展和社会治理中的重要作用。

协会组织会员企业党支部共赴四渡赤水太平渡纪念馆、泸定、丹巴等地开展“重走长征路，扬帆新征程”主题党日活动，共同缅怀革命先烈，感悟伟大的长征精神。与泸州市工商联、泸州市传媒商会及部分企业进行调研座谈，共同研讨广告企业遇到的困难和问题及解决方案。

二、全面推进乡村振兴，助力高质量发展

（一）乡村产业振兴

党的二十大报告指出“加快建设农业强国，扎实推动乡村产业、人才、文化、生态、组织振兴”。为贯彻落实报告精神，由川渝两地市场监管局广告处联合主办、四川和重庆广告协会联合承办的“川渝广告共助乡村振兴公益行动”应运而生。活动选定在重庆市丰都县、四川省凉山州的越西县和木里县。通过组织川渝两地顶级广告公司的策划、包装和推广，增加了乡村产业的观赏性和体验感，提升了乡村土特产品、文旅项目的附加值。活动推广期间，共计免费发布户外广告 2423 块，覆盖商圈和住宅小区 310 个，投入广告资源总价值达 2716 万元，相关企业免费投入广告资源价值累计达 5340 万元。从发布的情况看，广告对于当地农产品、文旅项目营销带动效应非常明显。

本次活动契合了国家乡村振兴和成渝双城经济圈建设两大战略，在引导广告企业助农惠农的同时，既宣传了自身品牌，还履行了公益宣传的社会责任。

（二）“小绿萝”公益助学活动

为了弘扬中华民族扶贫济困的传统美德，引导企业关注身边的弱势群体，省市场监管局广告处党支部和协会党支部联合开展了以“爱心传递，真情助学”为主题的“小绿萝公益活动”。自 2019 年起，协会每年通过公开募捐的方式组织广告企业定向帮扶困难家庭学生，积极履行社会责任。

协会分别于 2019 年 6 月在甘孜州的色达县大则乡中心小学、2021 年 10 月在丹巴县半扇门镇小学、2022 年 6 月在九龙县湾坝片区寄宿制学校开展了“小绿萝公益活动”，共计募捐到了价值约近百万元的图书文具、文体器械和媒体宣传资源，惠及当地合计约 1200 名学生，同时也为当地的文旅宣传提供了公益媒体宣传资源。

三、积极履行社会责任，参加抗击疫情公益宣传

（一）精确传播科学防疫知识。全省各地广告协会第一时间配合政府相关部门的防疫宣传工作，克服疫情期间诸多困难，高效率高质量地完成了抗疫的公益广告发布，展现了四川广告人的社会责任感。在过去三年，全省超过约 2000 家广告企业利用自身广告媒体资源，设计、制作和发布抗击疫情的公益广告，共计投放约 32000 多个广告点位，广告价值超过 30 亿元人民币，在这场抗击疫情攻坚战中发挥了重要的舆论导向作用。

（二）举办“2020 四川线上购物节”。为贯彻落实省委省政府抗击疫情、支持企业复工复产复市的决策部署，在省市场监管局广告处的指导下，协会举办了以“疫去春来，线上花开”为主题的线上购物节，活动从树立大局意识、诚信守法经营、畅通消费维权渠道这三个维度对企业发起号召倡议，通过搭建线上购物平台，充分发挥媒体优势，用云逛商城、在线购物、直播带货、短视频引流等多重功能为消费者提供更安心便捷的购物通道，在疫情期间为培育市场消费需求和促进消费复苏做出的积极贡献。

四、加强行业自律，开展广告法律法规培训

为深入落实习近平总书记关于“广告宣传也要讲导向”的重要论述，促进我省广告产业高质量发展，协会每年举办全省广告审查法律法规培训班，四年来约 3160 人次广告从业者参训。培训班邀请省市场监管局广告处、知名院校和企业广审合规方面的专家，就最新的广告相关行政规章、广告审核实践经验以广告审查中的典型违法广告案例等内容进行讲解，增强广告从业者对广告内容的审核把关能力，从源头上杜绝虚假违法广告。

五、做好部署落实，推动成渝地区双城经济圈建设

（一）举办川渝广告发展论坛。为贯彻落实《成渝

地区双城经济圈建设规划纲要》精神，川渝两地市场监管局主办、两地广告协会联合承办了“2021 川渝城市户外广告发展创新论坛”和“2022 川渝广告高质量发展论坛”。通过聚焦广告产业园建设、公益广告发展、开展广告＋扶贫活动等工作亮点，共谋发展、共话未来，实现两地政府、协会、广告产业园区互融互通发展，促进两地广告产业深度合作，助力川渝广告产业高质量发展。

（二）举办 2022 成都国际广告节。广告节于 2022 年 11 月 8 日至 9 日以“川渝广告高质量发展和东西品牌创新”为主线，通过多场高峰论坛形式研讨四川广告产业在“双循环”发展新趋势中面临的新格局、新机遇、新动能，开展具有前沿性、靶向性的互动交流。活动链接了行业领军企业及产业资本聚焦西部，推动四川广告企业、品牌方与优秀企业家对话、与优质资本对接、与政府帮扶政策相吸，助力西部广告企业拓宽思路、提升眼界、寻觅良机。广告节上，我们发布了“川渝公益广告作品库”，收录作品近千件，展示和传播两地在精神文明建设、经济发展等方面取得的积极成就。截至 2022 年 11 月 18 日，“成都国际广告节”在微博、封面、公众号等线上媒体阅读量 157.9 万次，抖音快手播放量共计 48 万次，相关专题客户端阅读量 71.13 万，全网点击量上千万。

六、打造行业品牌，推动广告产业健康发展

（一）四川省公益广告大赛。广告具有鲜明的政治属性，公益广告更是在培育和传播社会主义核心价值观、倡导文明风尚、弘扬社会正气等方面发挥着润物细无声的重要作用。由此，四川省市场监督管理局等八部门联合主办、省广告协会承办了四川省第二届公益广告大赛。大赛以“举广告之力 亮锦绣天府”为主题，共收集参赛作品 5993 幅，评选出获奖作品 397 幅，优秀组织奖 31 个，展示了四川省在精神文明建设和抗击疫情等方面取得的积极成就，充分发挥了公益广告在培育和弘扬社会主义核心价值观的正向作用，彰显四川治理智慧，打造四川品牌形象。

（二）成都户外广告产业发展座谈会暨“双百佳”招牌评比活动。由成都市城市管理委员会主办的成都市 2021 年“双百佳”招牌和“十佳”招牌示范街道评比工作，四川省广告协会作为承办单位，通过活动的组织、作品的宣传和后续应用，为户外店招设计和街区景观规划提供了范例，真正体现了成都市城市管理的理念创新和方法创新，通过科学系统研究户外广告资源管理和行业引导，促进了城市品质提升。

（三）广告企业资质证明商标。在面对我省广告企业普遍在全国知名度、影响力不足的现状，经过我们积极努力，协会取得了国家知识产权局核准注册、用于证明特定我省广告企业专业服务能力的证明商标，成为全国第三家持有广告企业资质证明商标认证的协会平台，对我省提升广告企业品牌价值、促进行业健康发展有着积极重要的作用。

大道至简，实干为要。2022 年，四川省广告协会的各项工作都取得了较大进展，受到了社会各界、各级领导的高度赞誉。2023 年是全面贯彻党的二十大精神的开局之年，在以习近平同志为核心的党中央坚强领导下，在省局联合党委和广告处的指导和带领下，我们将继续遵循“反映行业诉求、规范行业行为、促进行业发展”的办会宗旨，发挥好桥梁纽带作用，不断创新服务内容，为推动四川省广告产业的高质量发展做出新的贡献。

贵州省广告协会

道阻且长，行则将至。站在承前启后的重要时间节点，盘点梳理过去一年的工作，有利于我们“察过往，知得失，明方向，谋未来”。新冠肺炎疫情三年的持续影响，让广告领域感受到极限承压的焦虑。在疫情的掣肘下，贵州省广告协会对于工作计划中的许多工作内容无法开展，我们期望有些工作可以做得更周全、更完美，但是无法否认的

是，我们确实有心无力。2022 年，随着行业业态的发展变化，广告从业者、广告企业对于广告行业的发展都要承担起有力的助推作用，同时也面临更大的机遇和挑战。

置身百年变局下的我们，在时代的巨变中颠簸着，我们与这个时代同频共振，贵州省广告协会始终坚持积极发挥行业组织的引领作用，切实履行“提供服务，反映诉求，规范引领，自律发展”职能，抓住为会员单位提供服务的引擎，坚持青矜之志，履践致远，提升各项工作效能。

回首过去，我们共克时艰，赋能共赢，全力书写充满挑战的新成就。

一、勠力同心，深化政企互动

（一）贵州省广告协会协同贵州省市场监督管理局就广告产业园区建立以及广告产业发展情况进行走访调研。摸清广告业发展中存在的共性问题和典型问题，提出广告业发展的对策和建议，以及省级广告产业园区发展思路，加强政、协、企之间的协作与交流，共同推进贵州广告产业的健康发展，为贵州广告产业添砖加瓦。

（二）积极参加省市场监督管理局召开的广告业行政指导会议，就整治虚假违法广告和贵州省广告行业发展的问题进行讨论，在增强政治意识，强化导向监管的同时，立足广告行业需求，解决痛点问题，破解广告业发展瓶颈。

（三）在后疫情时代，广告行业的发展如同在湍急洪流中行船。面对贵州广告业的现况，贵州省广告协会主动作为，向政府部门提供行业情况，反映企业心声，向政府递交争取国企广告位租金、文化事业建设费减免政策申请，希望能帮助企业纾困解难，积极发挥政企之间的桥梁纽带作用。

二、真践实履，坚持实干担当

贵州省广告协会始终坚持“根深才能叶茂，本固方可枝荣”的理念，围绕加强会员服务能力，细化管理，统筹兼顾，提升各项工作效能。

（一）按照中国广告业企业申报证明商标使用的最新等级标准，积极组织我省广告企业开展申报工作，协助并支持会员企业争取中国广告协会 CNAA 一级、二级、三级广告企业资质，助力广告业规范发展。

（二）携手贵州省广告协会学术委员会以及贵阳学院文化传媒学院举办第 29 届优秀广告作品评选，邀请贵州省高校的专家、教授参与评审，充分调动了省内各级高校专业学生及各企业优秀广告人才的创作积极性，为贵州广告事业的发展注入新生力量。

（三）聚焦改革创新，为高质量发展谋篇布局。贵州省广告协会成功召开第六届理事会第二次（扩大）会议，大道至简，实干为要，唯有真抓实干，方能乘势而上。

（四）为了进一步提升广告从业者业务水平，有效规避广告宣传中的违法广告行为，助力企业健康良性地发展和运作，协会组织开展“全省广告审查人员法律法规培训”。

（五）为了更好地为协会会员提供高质量高水平的法律服务，引导会员企业做到依法治企、依法经营、依法办事、依法维权，贵州省广告协会携手贵州省贵达律师事务所开启法律咨询服务，为贵州省广告产业的高质量发展提供有力的法律保障。

（六）在互联网浪潮的推动下，直播电商的流量变现已经成为电商行业最具确定性也最具潜力的成长领域。直播为电商赋予新的发展动能，引导电商变革营销模式与变现模式，贵州省广告协会顺势而动，积极应对行业新挑战，进军电商直播赛道，筹备贵州省广告协会官方直播间并于同期开始直播，成绩斐然。

三、同频共振，强化行业交流

为进一步加强新老会员之间的沟通交流，了解疫情对企业经营的实际影响，反映行业现况及企业诉求，贵州省广告协会步履不停，对多家会员单位进行走访座谈，倾听企业发展情况和发展诉求，吸纳各企业对协会未来发展方向的意见以及建议，增强协会与各企业之间的联动，提升我省区域广告产业规模与实际竞争力。

四、点亮航向，聚焦高校人才发展

推进产教融合，创新人才培养模式，贵州省广告协会代表受邀担任 2022 年贵州省职业院校师生技能大赛、贵州省第二届“一码贵州”乡村振兴杯大学生电商直播大赛和2022“贵州电商直播大赛”评委，同时多次受邀赴各大高校参加短视频、直播带货的指导交流活动，以构建校企合作共同体为目标，做到人尽其才，才尽其用，实现资源多方共享，共同探索“以产促教、以教兴产”推动广告产业可持续发展。

2022年，面对新冠肺炎疫情形势的不断变化，贵州省广告协会在工作开展方面举步维艰，我们想要开展的工作在疫情的大浪中被吞噬，我们计划到市州去开“广告审查人员法律法规培训”；我们想请省外的专家到贵州省来做广告创意制作方面的培训；我们预计2022年底上线的小程序未能如期和大家见面；第29届中国国际广告节我们也未能如期赴约，种种工作计划和期许在疫情防控面前化为泡影。此外，在进一步推动行业深化可持续发展等方面，还仍然存在许多不足，助力广告行业发展之路依然任重而道远。未来，我们将进一步提高会员服务水平和技能，真正解决会员企业在公司运作、资源互助、人才引进等方面的困难，帮助贵州广告行业迈上新台阶。

时代潮流，浩浩荡荡，唯有弄潮儿能勇立潮头，历史车轮，滚滚向前，唯有奋斗者才能乘势而上。党的二十大擘画了以中国式现代化全面推进中华民族伟大复兴的新图景，对于广告行业来说，机遇与挑战并存，在这需要全力冲刺的难得机遇面前，每个广告企业都不是太阳，而是微弱的萤火，但我们可以连成一片光，照耀前行的路。我们广告从业者要高扬互利共赢之帆，把稳团结合作之舵。融入彼此合作，赋能共赢的大潮中，孤独便有了温暖，弱小便有了力量，努力便有了方向。

2023年贵州省广告协会也将牢记使命不忘初心，积极担当主动作为，既要从全局上分析研究形式，加强谋划，又要抓好具体工作，做好具体事情，通过解决一个个实际问题，推进一项项具体工作，为全局工作服务。激发时不我待、只争朝夕的紧迫感，增强工作的积极性、主动性，提升推动行业向上发展的能力，发扬专业主义精神，以理性思维解决遇到的各种难题，为贵州广告行业的发展夯实基础，提供动力。

云南省广告协会

2022年，云南省广告协会在国家市场监管总局、云南省市场监督管理局、中国广告协会等上级单位指导下，通过多元的活动、论坛、会议等渠道为云南省广告企业赋能，进一步促进各会员单位之间的密切联系，搭建好企业与政府之间沟通的桥梁。同时，云南省广告协会在平台建设、活动推广、产教融合等方面取得了一定成绩并取得一定成绩，现将2022年云南省广告协会工作开展情况总结如下。

一、持续提升服务能力

云南省广告协会高度重视会员单位知识产权的创造、运用和支持、鼓励广告企业加强广告智能技术研发，开发了一批具有自主知识产权的智能广告技术。鼓励企业创建广告服务自主品牌，引导创意作品版权登记，指导创意设计、技术创新等成果申请取得专利，大力提高广告产业知识产权数量和质量，促进知识产权转化运用，增强广告产业核心竞争能力。

2022年，云南省广告协会就知识产权服务工作围绕“注活力—知识产权活动组织”“抓成效—精准服务”“强宣传—知识产权内容宣传”三个方面开展，举办了“著作权法知识及登记实务讲解培训”、2022年云南省知识产权宣传周版权宣传线下活动、“专精特新”专项培育系列活动及专精特新企业知识产权布局培训、“保护版权，拒绝盗版”等相关培训及活动。

2022年11月19日，云南省广告协会在第6届中国—南亚博览会上组织举办“地理标志证明商标及地理标志产品在欧盟运用及保护”专项论坛，与法国协会、企业和机构共同探索在《中欧地理标志保护与合作协定》生效的背景下，如何提升中、法两国地理标志产品的运用、管理和保护水平。

二、助力云品企业“走出去”

2022年，云南省广告协会联合国际茶叶教育协会组织了云南省元阳涌鑫茶业有限公司、昆明正沅茶业有限公司、丝澜茶叶（普洱）有限公司、凤庆陈升红茶业有限责任公司等9家茶叶企业，共计14个普洱熟茶、普洱生茶、红茶、花茶、小罐茶样品参加2022年第五届AVPA（巴黎）世界之茶国际比赛，宣传云南茶文化，讲好云南茶产地、茶故乡的故事，获得了1金3银3铜4优秀奖的优异成绩。组织我省相关企业参加2022年法国巴黎国际博览会，助力“云品”“云企”出海，积极探索疫情背景下，非接触形式的跨境服贸和对外交流模式创新。

2022年，云南省广告协会积极协助中国著名漫画家李昆武工作室做好对外宣传和对外文化交流活动，并受邀与李昆武老师共赴北京参加“法国文学艺术骑士勋章”授勋仪式。

2022年12月，云南省广告协会积极组织广告企业赴厦门参展第29届中国国际广告节，云南省广告协会、云南省广告与品牌研究院作为广告主合作伙伴强势亮相广告节，并荣获“广告主金伙伴”荣誉。

在中老铁路开通和RCEP协议生效背景下，云南省广告协会积极支持行业龙头企业昆明捷利数码喷画有限公司在老挝、柬埔寨等南亚国家建立数字广告制作基地，拓展南亚数字广告制作及发布市场，将生产配套、能源供给、人员培训、技术标准进行输出转移，在当地直接建立制作发布基地，增加当地劳动就业，提高当地居民收入，升级当地数字广告制作、发布水平。

为加强与南亚、东南亚广告创意的交流合作，云南省广告协会积极支持国家文化出口重点企业、云南省专精特新成长型企业云南皇威传媒有限公司在老挝、孟加拉国、柬埔寨和缅甸等国家合作建立数字影视制作及翻译平台。2022年，该公司与老挝国家电视台合作拍的电视剧《占芭花下的约定》被国家广播电视总局列为支持的17部合拍电视剧之一。该公司以影视作品出口为带动，促进中国品牌在南亚东南亚的传播推广，为促进中国、南亚东南亚文化交流和文化出口做出了积极贡献，为建设面向南亚东南亚辐射中心发挥广告产业应有贡献。

三、打造产教融合创新平台

2022年，在云南省市场监管局的指导下，云南省广告协会与云南民族大学共建了“云南省广告与品牌研究院”，共同构建政、产、学、研、金一体化的开放型服务

2022年云南省广告协会社会文化活动统计表

序号	活动时间	活动内容	举办地点
1	2022年1月10日	RCEP外贸知识宣讲活动	金鼎对外开放公共服务中心
2	2022年2月17日	2022年昆明市文化创意产业园区发展联盟理事会议预备会	园区18号平台B座交流中心
3	2022年4月20日	著作权法知识及登记实务讲解培训	园区18号平台B座交流中心
4	2022年4月25日	云南省知识产权宣传周版权宣传线下活动	云纺文创园
5	2022年4月29日	“关注职业健康，义诊进园区”主题活动	园区18号平台B座新媒体演示综合中心
6	2022年5月3日	五·三青年艺术节	同景108智库分园
7	2022年5月20日	云南省广告与品牌研究院成立大会暨首次工作会议	园区18号平台B座新媒体演示综合中心
8	2022年6月13日	“专精特新”专项培育系列活动	园区18号平台B座交流中心
9	2022年6月23日	巴黎食品及饮料博览会企业参展线上线下宣讲会	园区18号平台B座交流中心
10	2022年7月1日	云南省广告与品牌研究院与广告人文化集团开展产学研合作交流	园区18号平台B座交流中心
11	2022年7月6日	《云南省广告产业“十四五”发展规划》专题分享会	园区18号平台B座新媒体演示综合中心
12	2022年8月30日	昆明市文化创意产业园区发展联盟文化产业项目申报辅导培训	云纺M60文创分园
13	2022年9月1日	“昆明市五华区农村信用社驻点园区普惠金融服务工作站”揭牌仪式	园区18号平台B座交流中心
14	2022年10月24日	五华区VR/AR产业发展研讨会	园区18号平台B座交流中心
15	2022年11月19日	地理标志证明商标及地理标志产品在欧盟运用及保护专项论坛	第6届中国—南亚博览会

平台，以科研带动服务产业、服务社会，推动广告产业与云南省八大重点产业和打造世界一流“三张牌”深度融合，提升广告服务区域特色产业品牌的传播营销能力，为区域广告产业发展和服务乡村振兴、“一带一路”倡议提供理论研究、社会服务和人才培养支撑。

2022 年度，云南省广告协会联合昆明国家广告产业园及分园区内各行业协会、联盟、企业和高校举办高品质主题活动共 15 场，通过学术研讨、招商推介、创新大赛、企业沙龙、座谈及对外交流等各类主题活动，为会员单位企业搭建展示、宣传的公共交流平台，促进资源共享、共融，持续提升协会的影响力。

四、下一步工作计划

“十四五”期间，云南省广告协会将充分发挥人才、技术和市场优势，紧紧围绕服务云南省重点产业发展及昆明市发展“大数据、大旅游、大文创、大健康”产业的任务目标，加强产业融合、政策融合，推动广告传播数字化、网络化进程，促进广告产业与重点产业的有机联动、同步发展，深度挖掘品牌传播需求，通过互联网广告、数字内容制作数字技术场景应用等方式，培育广告的精准化服务能力，提升云南品牌的市场竞争力。同时，积极与欧盟、南亚东南亚开展交流合作，为构建区域性国际中心城市做出积极贡献。

陕西省广告协会

2022 年，陕西省广告协会在中国广告协会和省民政厅、省市场监管局的指导下，认真学习贯彻党的二十大精神，深入贯彻落实省委、省政府部署安排，全面落实疫情要防住、经济要稳住、发展要安全的要求，引领会员和行业坚持正确广告宣传导向，积极开展行业交流活动、参与社会公益活动、助力乡村振兴工作，促进了陕西广告业平稳健康发展。

一、协会基本情况

协会成立于 1985 年，现有会员单位 218 家，其中理事单位 67 家（含会长单位 1 家、副会长单位 6 家、常务理事单位 18 家）、会员单位 151 家，设户外广告、融媒体广告、短视频传播、标识与展示分会和陕西广告产业研究院、新媒体广告专业委员会、品牌传播专业委员会、法律咨询委员会等 8 个分支机构。

二、举办活动、取得成果情况

（一）参加全国行业活动。组织会员参加中国广告协会举办的中国国际广告节、中国广告论坛、中国户外广告论坛等全国行业活动。在第 29 届中国国际广告节上，陕西 33 件广告作品入围长城奖、黄河奖作品征集大赛和第五届 3·15 消费者权益保护公益广告大赛优秀作品，协会荣获“最佳组织单位”荣誉称号。2022 年，协会会员单位荣获第 11 届 ADMEN 国际大奖实战金案奖 5 项、第 22 届 IAI 传鉴国际广告奖铜奖 3 项、第 13 届金鼠标数字营销大赛铜奖 1 项，2 部公益广告作品荣获国家广播电视总局 2021 年度广播电视公益广告作品扶持项目。

（二）承办第六届丝博会广告高峰论坛。2022 年 8 月，协会参与承办以“凝聚广告的力量——让世界看见新陕西”为主题的第六届丝博会广告高峰论坛。在中国广告协会和省市场监管局的指导下，江苏省广协与陕西省广协、地方政府与互联网平台、主流媒体与品牌企业分别举行合作签约仪式，促进东西部广告产业协同发展、助力乡村振兴、服务产业高质量发展。协会会员单位 70 多人参加了论坛。

（三）承办全省广告行业技能大赛。协会参与承办以“百年大计、乡村振兴”为主题的全省广告行业设计制作技能大赛，评出职业组、学生组金奖团队各 1 支、银奖团队各 3 支、铜奖团队各 5 支，创作优秀短视频公益宣传作品 40 多部，展现陕西乡村社会的发展，宣传陕西乡村特色产品、服务品牌、旅游资源等，助推乡村振兴战略。

（四）举办陕西广告业高质量发展座谈会。2022 年 8 月，协会举办 2022 陕西广告业高质量发展座谈会，解读市场监管总局《“十四五”广告产业发展规划》，分享主流媒体创新发展案例，剖析智能时代陕西广告产业现状审视与优化路径，解析后疫情时代陕西互联网广告发展趋势，研讨品牌营销创意、内容制作与广告投放、帮助广告企业纾困、产教融合发展等问题，会员单位、品牌企业、广告院校 60 多名代表参加座谈会。

（五）参与社会公益活动。2022 年在多轮抗击疫情中，协会 50 多家会员单位参与抗疫公益海报征集、制作公益宣传片、常态化发布疫情防控公益广告、捐款捐物、保障抗疫一线标识标牌物料供应、开展复工复产广告公益扶持行动等活动，展现了广告行业的社会责任和奉献精神，受到省社会组织管理局、省市场监管局的肯定和表扬。协会评选抗击新冠肺炎疫情先进集体 44 家、优秀个人 19 名。协会 4 家会员单位荣获西安市 2022 年公益广告宣传工作突出贡献奖。

（六）开展广告服务类证明商标使用管理工作。2022 年 11 月，协会召开省广协证明商标使用审查会议，评审认定 9 家广告企业，与会代表就凝聚行业力量推动实施《陕西省市场监督管理局关于促进陕西省“十四五”广告产业发展的指导意见》，提升广告服务类证明商标声誉和影响力，支持陕西广告企业和广告媒体发挥品牌效应和示范引领作用进行交流。

（七）组织深入学习贯彻党的二十大精神。协会秘书处开展学习宣传贯彻党的二十大精神活动，集体传达学习党的二十大精神，引导协会工作人员找准贯彻落实党的二十大精神的结合点、切入点、着力点，引导广告从业人员深刻领悟党的二十大提出的新思想新论断、作出的新部署新要求，推动党的二十大精神走进行业、走近会员。

三、创新发展情况

（一）开展“会员日”等行业观摩交流活动。协会克服疫情防控影响，积极开展“会员日”等观摩交流活动。通过线上线下结合的形式，举办品牌传播座谈会、广告创意设计沙龙、观摩走访优秀广告企业等活动，探讨广告运营发展形势、传统广告媒体转型发展，促进了会员资源交互、合作发展及情感联络，增强了会员对协会的归属感和认同感。

（二）服务广告人才培养。协会积极响应省社会组织管理局关于社会组织助力高校毕业生等群体就业的倡议，征集会员单位就业和见习岗位需求，参加社会组织助力高校毕业生就业服务活动、陕西省青年人才招聘会，采取直播带岗的形式介绍会员单位用人情况。与高校签订人才战略合作协议，组织高校师生到会员单位参观研学。

（三）服务行业信息需求。协会运用官网、微信公众号、微信群、视频号、抖音号、微博等自有媒体，及时发布时政要闻、行业资讯、协会动态、会员风采，为行业提供信息服务。协会微信公众号全年发布资讯 128 篇，全年新增关注人数 500 多人，全年阅读量 6 万余人次。

四、行业自律、行业维权情况

（一）引导行业依法合规从事广告活动。协会利用会员走访等时机和官网、微信公众号等自有媒体，及时传达市场监管总局、省市场监管局等部门广告监管工作会议精神和规范广告活动的指导意见、加强广告监管及开展广告专项整治的通知、广告经营活动合规提示、违法广告典型案例等，引导会员和行业依法合规发布广告，规范和净化广告市场秩序。

（二）修订发布《陕西广告行业自律规则》。结合新广告法的颁布实施、广告监管部门对重点领域广告整治的执法实践，对《陕西广告行业自律规则》进行修订，推动陕西广告行业职业道德建设迈向新的高度，体现陕西广告行业价值取向、精神面貌和责任担当。

（三）参与政府部门制定广告管理法规。协会指导咸阳市广告协会参与咸阳市拟制户外广告和招牌设施管理办法，充分听取会员和户外广告企业的意见，及时向政府部门反映行业诉求，并在户外广告设施设置和广告内容发布的安全性、合规性方面加强行业自律，构建和维护良好的广告经营秩序。

五、行业培训、学术研究情况

（一）组织广告审查法律法规培训。协会制定《广告审查能力培训评价办法》，编印广告审查能力培训教材，举办全省广告审查法律法规培训班，就《广告法》、广告监管执法案例、广告内容创作技巧等进行解读和剖析，陕西主要媒体单位、广告企业广告审查、设计、运营业务骨干 120 多人参加了培训。

（二）成立陕西广告产业研究院。协会响应《"十四五"广告产业发展规划》提出的"鼓励各地根据需要建立广告产业发展和广告监管智库或成立专门的研究机构"，积极推动健全陕西广告产业研究咨询机制，在协会学术专业委员会的基础上，与西北大学新闻传播学院共同成立陕西广告产业研究院，为陕西广告产业高质量发展提供决策支撑和智力支持。

甘肃省广告协会

2022 年，是甘肃省广告协会完成脱钩换届之后进行市场化运作的开局之年，其主要工作如下。

一、召开换届大会，选举领导机构

2021 年 12 月 22 日，在兰州举行了第八届甘肃省广告协会会员大会，审议通过了新的协会《章程》等文件，选举出理事会成员和新的领导机构，兰州伙伴广告传媒有限公司董事长王飞当选为会长。新的协会已于 3 月 1 日投入正式办公。去年 4 月 20 日，经省民政厅社会组织管理局审核同意，颁发了《社会团体法人登记证书》，取得了合法手续，从此宣告因机构调整改革而暂停三年的甘肃省级广告协会重新开始运作。

二、树立信心打好基础，行业自律诚信经营

2022 年，协会认真贯彻落实《甘肃省广告产业发展"十四五"规划》和协会的各项决策部署，积极发挥行业组织的引领作用，切实履行"提供服务、反映诉求、规范行为"的基本职能，完善组织建设，夯实工作基础，积极参与中广协各项活动，开展业务指导和行业服务工作，为推动全省广告事业健康发展发挥协会桥梁纽带作用。保持和发扬了往届协会好的做法和优良传统，广泛联系老会员，积极发展新会员，扩大会员覆盖面，截至目前共有会员 170 余个，会员单位形成了以兰州为中心，涵盖全省 14 个市州的行业社会团体。

引导广大会员依法合规从事广告活动，履行社会责任，恪守职业道德，树立广告行业遵规守纪、健康向上的社会形象。将行业自律与企业经营结合起来，向全省广告行业发出了《关于做好行业自律的倡议书》，从把握正确导向、恪守职业道德、杜绝违法广告、诚信守法经营、做好公益宣传、服从监督管理等六个方面提出了具体要求。兰州晨报、奔流新闻等媒体以题为"全省广告从业者，这封倡议书请查收"对协会的行业自律倡议活动进行了报道。签署了《行业自律型信用承诺书》和《企业信用承诺书》，转发了甘肃省市场监管局、网信办等 11 部门整治网络市场监管专项行动通知，及时通报典型广告违法案例，积极承担了各类广告发布前的法律咨询，负责提供咨询意见，对不符合广告法律、法规规定的广告内容提出修改意见。

三、会企联合举办设计大赛，校企融合破解就业难题

去年 3 月底，省广告协会新华保险甘肃分公司在新华保险甘肃分公司成立十八周年之际，联合举办"如意甘肃·满意新华"甘肃分公司成立十八周年徽标设计大赛。作品面向全省省内有设计职能的广告主、广告经营者、广告发布者、 大专院校以及社会各界自愿参加设计大赛的专业人士和设计爱好者进行征集，共收到参赛合格有效作品达到 206 份，经专家、企业、媒体评委三轮评比，最

后评出一等奖1名，二等奖5名，三等奖18名，优秀奖50名，分别给予证书和现金及物质奖励。获奖作品将通过《丝路新华》、甘肃广告协会公众号、兰州晨报、每日甘肃网以及甘肃经济网等媒体进行宣传报道，从而大大提升了协会社会知名度和影响力。

近年来“稳就业”“保就业”任务十分艰巨，协会急社会之所急，迅速出击，主动靠前，联系兰州的大专院校，开拓市场化渠道、挖掘更多岗位促就业、稳就业，要求有条件的会员单位为大学生提供实习基地，解决大学生就业问题。引导毕业生树立正确的职业观、就业观和择业观，协会派出人员线上给学生讲解如何正确选择就业。据统计，全省会员单位目前有大学生实习基地11处，全年安排解决大学生就业120余人。6月17日，省广告协会与兰州财经大学联合举行了“访企拓岗促就业”融合座谈会，兰州财经大学校长王必达一行7人与协会领导班子成员及会员单位代表，共同为大学生开辟更多就业岗位和机会进行了座谈，会长王飞代表协会表态，协会要无条件全力支持并帮助解决大学生就业，帮助高校毕业生就业是广告协会义不容辞的责任，协会要进一步搭建更多领域产教融合及校企合作平台，为社会做出贡献。

协会积极争取到《教育部供需对接就业育人项目》立项，项目编号为“JYB20221107”，项目运作后，由用人单位结合事业发展需要，与高校建立定向招聘关系，打造人才工作站或专门人才基地，双方定期互派工作人员开展挂职交流，协同开展就业创业、行业发展、团队建设等专门研究，深化互利合作和流程再造，建立紧密的人才供需对接关系。协会委托甘肃省新媒体艺术学会承担此项任务，尝试为校企融合探索出一条新路，此项工作正在进行当中。

四、请进来，把脉协会未来；走出去，互相学习借鉴

请进来，发挥各级领导的余热，把脉协会未来发展。自协会成立以来，先后有多位各级领导来协会检查指导工作，其中有甘肃省人大常委会原副主任朱志良，甘肃省文旅厅厅长陈卫中，甘肃省文联党组书记、主席李燕青，甘肃省委统战部副部长（兼）、甘肃社会主义学院党组书记焦玉兰，甘肃省省直机关工委原常务副书记刘洪泽等15位各级领导来协会检查指导工作。他们从不同站位不同角度给协会发展指明了方向，为下一步发展提出了思路，协会要以活动为载体，凝聚会员拓展思路，服务会员发展，不断壮大协会，引导会员提高经营水平。

走出去，开阔眼界相互学习，不断提高造血功能。一年来，协会深入了解会员单位实际运营情况和发展中的需求、问题，充分发挥协会平台桥梁纽带作用，促进企业的日常管理与文化建设相结合，把安排会员单位相互走访作为一项主要工作进行安排部署，去年共走访了兰州正能量、甘肃三力会展、甘肃广告产业园、金轮传媒、富力地产、金徽酒业、国芳百货等近30个单位。实地了解部分会员单位的经营现状和他们对协会未来发展的建议，加强企业之间合作，互通有无，互利共赢，共同维护广告行业良性发展，剖析了行业未来发展趋势。在走访期间，协会还派员地产行业讲解广告法对地产广告的要求和案例，并派员去甘肃省物流协会、甘肃省河南商会进行学习交流。

五、弘扬甘肃精神，服务会员单位

协会脱钩之后，经费问题是制约协会发展的大问题。甘肃省本身经济欠发达，广告企业规模小，再加上疫情期间各企业更是经营困难，甘肃省广告协会的换届工作正是在这样一种情况下完成的。一个民族的崛起离不开强大精神力量支撑，一个地区的发展和振兴同样需要强大的精神动力，一个协会的发展和生存同样需要一种担当和使命。协会一班人以甘肃精神“人一之、我十之，人十之、我百之”为己任，艰苦奋斗、不怕困难，崇尚实干、不甘落后，坚韧不拔、顽强拼搏，锲而不舍、奋发有为。在会费收缴困难的情况下，靠政府相关部门的指导，靠上届协会领导的帮助，靠广大会员单位的理解和支持，在短时间内完成了脱钩换届工作，会员单位有人的出人，有物的出物。共计提供各类物资折价10余万元。在各类媒体投放公益广告价值3000余万元。

协会换届完成之后，把勤俭办会、认真做事、服务会员贯彻协会工作始终。在走访企业过程中，得知好多会员单位没有专兼职的广告审查员，协会秘书处提出举办建议，准备授课资料，收集整理相关法律法规及有关

条款节选，由会员单位汇编成册印制。自行设计制作了含有甘肃元素的会员证书和广告审查员培训证书，为 5 家企业提供了相关信息，向相关政府单位推荐了 2 家动漫制作单位，减免会费 15000 元。接管了甘肃广告人微信群，建立了协会会员群，开通了协会微信公众号，在微信群和公众号推送各类文章 25 篇，报道各类活动 8 次，参加民政厅组织的社会团体组织“喜迎二十大，永远跟党走”主题演讲活动，参加了甘肃省企业创新研究院、甘肃省城市建设商会、温州商会、河南商会等相关活动 6 次。

宁夏回族自治区广告协会

宁夏回族自治区广告协会于 2021 年 5 月组织召开脱钩后的第一届会员代表大会，选举产生宁夏回族自治区广告协会新一届理事会和领导机构，选举石宏强先生为宁夏回族自治区广告协会会长，标志着协会与原业务主管单位宁夏监督管理厅全面脱钩，依法直接登记、独立运行，开启全新的发展历程。宁夏广告协会主要以服务会员单位，提供服务（沙龙学习、专业类培训、标杆型企业走访）、反映诉求、制定规范、强化自律等职能，以增强协会服务能力和行业影响力，提高行业自律水平、促进行业健康发展为工作重点，实现年初各项工作目标，得到广大会员和行业的肯定与认可。

一、党建引领，保障行业高质量发展

宁夏广告协会在脱钩改革过程中，坚持“脱钩不脱轨”原则，按时组织和挖掘行业功能性组织建设工作，去年 11 月完成功能性党组织，为了更好地学习和掌握习近平重要讲话及党的二十大国家层面具体方针政策与指导思想精神。通过学习 5 个牢牢把握重大原则，加快构建新发展格局，着力推动高质量发展，实施科教兴国战略，强化现代建设人才支撑。按照党的二十大精神要求，紧紧围绕基层党建引领和行业健康发展中心工作。突出提升基层党组织政治功能和组织力，以高质量党建引领保障行业高质量发展。2022 年协会组织开展主题活动 4 次，组织协会理事与副会长班子参加党的二十大党建文件学习活动 2 次。

二、净化广告营商环境，促进行业健康发展

1. 通过对银川市所有符合审批手续的广告及符合城市建设标准的广告进行统一的梳理与盘点，整理和完善盘点清单，营造和谐、统一、文明的营商环境。

2. 联合综合执法局对不符合媒体标准的户外广告进行整改，并且通过政府规范来进行下架整改。

3. 借助各种媒体力量用反面教材进行规范指导服务。作为协会，净化广告行业营商环境并不是一项简单的工作，为了提升协会的服务力度与督管功能，并为会员们营造清明的广告环境，预防和最大限度地减少违法广告发布是我们长期坚持的服务理念。

三、加强协会自身规范化建设，谋划行业发展

1. 协会秉承成为国内最优秀的广告人发展平台，2022 年分别与宁夏大学新闻传播学院成立产学研协同育人基地，从校园到平台，从学业到专业分别进行了无缝的对接与链接。给到协会以及行业内的很好的人员供给补充。

2. 履行协会“提供服务、反映诉求、制定规范、强化自律”的基本职能并吸纳新会员，为协会注入新鲜血液。2022 年协会完成了新会员开发，全力为会员提供服务，同时向会员宣传普及新的广告法规，收到会员单位的正向反馈与一致好评，协会新增会员 20 余家。

3. 搭建会员交流平台，实现资源对接。2022 年举办会员资源交流会、座谈会共 5 场，通过标杆企业行，加深合作和学习的深度，充分发挥协会组织的桥梁纽带作用。

四、健全学习建设，壮大会员力量，推进会员持续增长，加强共创共赢合作空间

1. 协会坚持搭建会员与协会、会员间的对话和交流平台，及时了解会员发展实况和实际需求。2022 年协会在原有会员的数量上，新开发和加入了新的会员单位 8 家，通过渠道整合，让具有经营资质和符合入会要求的会员经过秘书处严格考核和把关后逐渐递增，提高协会圈层影响力。

2. 做好行业建设规划推进行业规范化水平，通过学习中国广告协会行业动态类课程及当下市场较大的自媒体运营导向类学习让大家从行业动态及国家政策倾斜方面获得有利信息，以推动行业科学、可持续发展与良性运营。

3. 通过同行之间的“标杆企业行”活动，分别走访了银川视博数字创意集团，进行了数字产业未来发展空间的学习与探讨，为“十四五”规划的数字创新方面奠定了市场规划基础。

五、及时向政府相关部门反映会员企业诉求，维护广告企业权益

为了及时反映企业诉求，维护广告行业权益，今年协会分别向市场监督管理厅及银川市城管局提报规范政治性建议文件 2 次，也通过协会向银川市市政府提案 1 次，主要针对市场乱象及城市建设过程中对于广告发布归属地的要求不够清晰进行提案，希望通过政府的权威规范与要求，为协会广告会员提供优良的营商氛围，这样也是对于协会广告会员权益的保护，从而很好地提升行业规范门槛，让广告业可以规范、有序地可持续发展。

厦门市广告协会

2022 年，在各级领导部门的关心和支持下，厦门市广告协会务实创新、奋力拼搏，发挥协会党支部的基层堡垒作用，将党建引领作为行业发展“红色引擎”，协会及秘书处秉承脚踏实地“办实事”的工作态度，和全体会员一同取得了许多可圈可点的成绩。

一、厚植红色文化，开展形式丰富的党建活动

举大旗，抓大事，让鲜红党旗高高飘扬，这永远是协会工作的主旋律。近年来，围绕“抓党建就是抓发展，抓发展必须抓党建”的精神，厦门市广告协会把党建作为工作的重中之重，成立党支部，积极创建党建文化阵地，大力在全体会员单位中根植“红色文化”。

今年，在党的二十大召开前夕，在中国人民解放军建军 95 周年之际，8 月 1 日至 2 日，中共厦门市广告协会党支部在支部书记陈培爱、协会会长林坤乐的带领下，组织党员来到美丽的东山岛，到谷公曾经为之付出毕生心血的昔日荒岛、今日热土去实地感受，重温谷文昌精神的时代价值。从东山人民对老书记念念不忘的情怀中，从东山翻天覆地的变化中，从一棵棵参天的木麻黄的根系中，我们更加深刻地感受到穿越时空的谷文昌精神的弥足珍贵，感受到谷文昌精神强烈的时代特征和现实意义。

12 月 2 日，在党支部书记陈培爱教授、林坤乐会长的带领下，我会“忆党史、守初心、传精神”党建活动走进海沧城建市政建设管理有限公司，开展党的二十大精神学习和调研。在海沧湾畔的海沧国有企业党群服务中心暨党的二十大代表——蔡月英工作室，这里还是海沧城建集团市政中心嵩屿管理站，也是蔡月英和同伴们日常工作的第一线。从环卫工人到党的二十大代表，蔡月英已经扫了 18 年的大马路，通过参观学习，蔡月英党代表“一辈子做一件事”的精神令人感动，她所取得的成绩不是“偶然”的，而是有着“必然”的原因，“她的事迹让我深深感到，人生的意义和价值在于做好每一件平凡的小事和每一天的坚持与重复”。

二、发挥广告力量，服务城市建设和公众利益

（一）继续站在抗疫第一线

3 月 22 日，厦门市广告协会发出抗击疫情倡议书，倡议各会员单位延期举办各类线下活动，避免前往封闭、空气不流通的公众场所和人员密集场所，不扎堆、不聚集、不串门，减少家庭聚餐聚会和走亲访友。出入公共场所时，科学佩戴口罩，积极配合商场超市、交通场站、住宿宾馆、影剧院等公共场所做好测温验码、出示行程码、保持“一米线”等防控措施，减少接触公共区域座椅、门把手、扶梯、公平秤等频繁接触部位，防止交叉感染。该倡议书得到会员单位的广泛响应，对进一步做好科学精准防控，有效控制疫情传播风险起到了有效作用。

（二）多轮次公益宣传助力“爱心厦门”建设

近年来，我会组织了抗击疫情、留厦过年、庆祝建党 100 周年等公益广告的多轮次主动投放，铺陈了良好的社会氛围，多次获得厦门市委市政府主要领导的肯定和赞扬。为有效激发社会各界支持、参与“爱心厦门”建设的积极性、主动性和创造性，6 月 15 日上午，市爱心办召开“爱心厦门”建设工作先进集体（企业）座谈会，我会林坤乐会长出席座谈并接受颁授奖状。

为表达对爱心企业的敬意，积极弘扬崇德向善、见贤思齐的爱心风尚，促进全社会形成“爱心厦门”建设人人参与、人人可为的浓厚氛围，广告协会还与厦门云尚公证处、厦门鹭江公证处一同为 26 家受表彰的爱心企业送上“爱心专享礼包”——协会承诺将利用优势宣传资源，免费进行为期一个月的爱心事迹和企业形象宣传。

（三）设计“厦门市新时代文明实践中心”标识并成功入选

由厦门市广告协会设计的“厦门市新时代文明实践中心”标识于 2022 年 3 月 25 日公布。这也是继我会组织专业力量设计“爱心厦门”标识之后，第二次设计出城市公益项目专业标识，并得到厦门市委市政府的采用。

为进一步推动我市新时代文明实践中心建设工作向纵深发展，提升新时代文明实践中心（所、站）规范化标准化建设水平，充分展示厦门市新时代文明实践中心形象，打造新时代文明实践中心建设的“厦门路径”。由中共厦门市委文明办主办、厦门市广告协会承办的“厦门市新时代文明实践中心”标识设计方案历经三个多月的征集，共收到全国各地的投稿 372 件，最终评审出入选奖 1 件，入围奖 6 件，并形成该定稿标识。这一标识目前已经出现在我市新时代文明实践中心（所、站）中，展示文明形象，凝聚志愿力量。

厦门市新时代文明实践标志，采用红色和蓝色为标识的背景色，红色代表志愿红，蓝色代表海洋蓝，将厦门的海洋特色与新时代文明实践中心以志愿服务为主要活动方式的特色相融合。

白鹭、海豚、海浪是标识的主要元素。白鹭代表纯洁与美好、海豚代表爱与智慧。海豚与海浪的形象组成的字母“X”代表“厦”字拼音的首字母，白鹭、海豚、海浪组成“文”字，“X”+“文”代表厦门市新时代文明实践。海豚跃于浪头、白鹭展翅高飞的形象，体现习近平总书记致厦门经济特区建设 40 周年贺信中“勇立潮头、勇毅前行”的要求，也体现我市新时代文明实践开拓进取、蓬勃向上的精神。

（四）协助“厦门市社会组织总会”提升影响力

广告屏上画，新春送祝福。总会联合厦门市广告协会，从 2022 年 1 月 28 日开始至新春期间，在东方明珠、百脑汇、火车站的 3 块 LED 户外大屏、全市 1600 块社区门禁屏上画，为全市人民送上来自社会组织的新春祝福，在一定程度上扩大了社会组织的知名度和影响力。

此外，厦门市广告协会还为总会设计制作“厦门市社会组织总会 logo”，进一步推进了总会的数字化工作进程，扩大宣传面，有助于打造厦门市社会组织总会品牌。尤其是厦门市广告协会和中国农业银行股份有限公司厦门莲前支行充分盘活其内部人才优势和资源优势，与总会联合举办“厦门抗疫·最美一瞬间”摄影作品征集展评，为厦门社会组织宣传和弘扬伟大抗疫精神提供了一个个生动案例。

三、架起桥梁纽带，厦门广告事业高质量发展

（一）成功举办第九届换届大会暨公益广告颁奖典礼

2022 年 5 月 18 日，我会成功举办换届大会，选举产生第九届协会领导班子和主要成员，并举办“2021 讲文明，树新风”公益广告作品颁奖典礼。厦门大学新闻传

播学院、集美大学海洋文化与法律学院、华侨大学新闻与传播学院等 7 家高校学院以团体会员身份加入协会。目前厦门市广告协会会员单位共有 122 家，副会长单位 12 家、理事单位 40 家，协会规模趋于稳定，成员质量不断提升，多次获得“4A 级社会组织”“全国先进广告协会”等荣誉称号。

三十九载与城市共进，踏新征程发时代强音。厦门市委原副书记陈秋雄在换届大会对厦门市广告协会近年来取得的成绩表示赞赏，他说，从大力支持抗击疫情公益宣传，到为爱心厦门建设贡献专业力量，厦门市广告协会所做的义举令人钦佩，也为厦门这座爱心之城增添了亮色。希望厦门市广告协会继续扮演好桥梁纽带角色，在促进行业进步和城市科学发展中探索高水平的思路和方法。

（二）我会成功协办第 29 届中国国际广告节，荣获“最佳组织单位”等多个奖项

提振信心促发展，勇毅奋发谱新篇！在 2022 年 12 月 23 日落下帷幕的第 29 届中国国际广告节上，我会荣获“2022 年度最佳组织单位”荣誉称号，我会副会长单位厦门广播电视节目有限公司作品《啥叫小康》获评黄河奖重大主题视频类铜奖，会员单位真传有道（厦门）文化传媒有限公司作品《轮胎的自我修养》获长城奖视频类铜奖。落地厦门三年来，厦门市广告协会已经连续三年成功协办“中国国际广告节”活动，作为东道主，我会助力将中国国际广告节打造成为厦门新的城市名片，为厦门文化创意产业发展带来了新动力，也为厦门品牌营销、高新科技等领域发展打开了新局面。厦门市市场监督管理局党组书记、局长许国华表示，中国国际广告节作为重磅行业活动，是广告行业的领航风向标，它的长期落户，是对厦门的高度认同。中国国际广告节已成为厦门产业发展、经济增长的重要助推器。

面对当下的疫情冲击，广告行业发展受到巨大挑战，广告人见面交流机会变少，对业界发展变化的情况了解不够，对后疫情时期广告产业的发展也比较迷茫。第 29 届中国国际广告节的成功召开，无疑是一颗广告行业“定心丸”，具有很强的象征意义，是社会生活全面重启的象征，更向社会展示了广告人的韧性与活力，进一步提振了广告全行业的信心，激励广告人更加意气风发地踏上新征程！

（三）积极协助政府进行行业管理

在厦门市户外广告试点工作取得圆满成功并通过住建部验收、厦门市首届店招设计创意大赛成功举办的基础上，厦门市广告协会多次聘请行业专家学者，组织专题座谈和实地调研，积极为厦门户外广告的高速发展出谋划策。协会还草拟了《关于厦门市户外广告设施设置的修订意见》，向主管部门提请共同编制《厦门市户外广告设施设置实施方案》，为政府决策提供科学依据，为厦门户外广告在城市管理与商业发展的平衡之间寻求可持续、高质量发展之路。

深圳市广告协会

2022 年，作为深圳广告业健康快速发展的推动者和鉴证者，深圳市广告协会（以下简称协会）在深圳市市场监督管理局等部门的支持和指导下，继续深化联系政府、广告商、行业三方桥梁的作用，恪守“提供服务、反映诉求、规范行为、深化自律”16 字诀，为行业的健康蓬勃发展“鼓与呼”。

一、协会基本情况与发展

深圳市广告协会成立于 1988 年，是深圳广告行业的非营利性社团组织。协会由深圳范围内具备一定资质条件的广告经营者、广告发布者、广告主与广告业有关的企事业单位、社团法人等自愿组成。协会在深圳市行业协会服务署指导下，承担着广告行业的自律、协调、服务等基本

职能。

2022 年，协会共发展了 16 家新会员单位，截至目前，协会共有会员单位 40 家。其中，副会长单位 13 家，常务理事单位 3 家，理事单位 13 家，一般会员单位 10 家。协会日常工作由秘书长组织召开，下设秘书处 7 人，协助秘书长处理协会日常工作。

二、行业交流情况

1. 2022 年 1 月 22 日，协会积极组织会员单位开展了 2022 年首场会员沙龙活动。协会牵手全球标志性科技品牌荣耀开展“荣耀 Magic V 高端旗舰品鉴会”，借助活动“走近荣耀”，链接企业，为会员单位搭建沟通的桥梁，促进企业之间的合作与交流，了解手机行业发展动态。

2. 为充分发挥深圳广告业在引领高质量供给、刺激消费需求、改善市场预期、促进经济增长等方面的积极作用，助力深圳“20+8”战略性新兴产业和未来产业发展，2022 年 7 月 14 日，在深圳市市场监管局、坪山区政府的支持和指导下，协会承办了“广告赋能产业发展”研讨交流会。本次活动以“赋能产业发展，助力经济增长——看见广告的价值作用”为主题，以“现场参观＋研讨交流”方式进行，此次活动邀请了中国广告协会会长、国际广告协会全球副主席张国华、市市场监督管理局和坪山区相关领导以及以腾讯、荣耀、抖音为首的深圳各行各业企业代表，为政府、品牌方、广告商搭建三角舞台。在会上，协会秘书长向行业发出提升服务能力赋能产业发展的倡议，为深圳广告行业的良性发展发声。

三、创新发展情况

受疫情影响，近年来市场持续低迷，广告全行业都陷入了经营困境。2022 年 12 月，在深圳市市场监督管理局的指导下，深圳市广告协会通过地铁主题空间、楼宇 LED 等线下场景，配合新闻报道、线上引流等形式，推出“锋芒——深圳广告旗手全景图”活动，号召协会企业共同参与，并于 2023 年 2 月顺利上线。旨在将深圳市广告企业的形象和精彩案例，推送给更多深圳企业，让“深圳创意”墙内开花墙内也香，从而推动广告产业的发展，更好地服务实体经济。

四、行业自律维权情况

2022 年 5 月 26 日，深圳市市场监督管理局召开了深圳市广告行业行政指导会，对全市广告规范提出具体指导意见。会议以线上线下相结合的形式举行。协会秘书长在会上做出重要发言，与大家共同探讨深圳市广告行业的健康发展方向。腾讯、今日头条、东信时代等 34 家深圳互联网广告业头部企业共同签署了协会编制的合规经营宣言，表达企业对加强行业自律、践行社会责任的庄严承诺。

五、行业培训和学术研究情况

2022 年 1 月，由协会会长和其他相关研究人员在《新传播》第 74 期刊登了关于地铁媒体传播研究的论文——“地铁里的流量密码”。就深圳地铁公益广告在线上出圈的多个案例，重点论述了地铁广告作为信息的数字入口，通过线下场景和线上媒体的融合，让流量发生多元裂变的传播理论。

六、其他工作

1. 2022 年深圳疫情暴发以来，在市市场监督管理局的指挥下，深圳广告协会立刻收集会员单位关于市政府征求帮助中小企业纾困帮扶政策措施的建议，结合广告行业实际和当前遇到的困难，筛选四十余条汇总给市场监督管理广告处，帮助会员单位渡过本轮新冠肺炎疫情难关，充分发挥联系政府、广告商、行业三方桥梁的作用。

2. 为有效管控疫情传播扩散风险，深圳市自 2022 年 3 月 14 日零时至 20 日，公共交通停运，社区、城中村封闭式管理，非生活保障型企业居家办公，全市开启为期一周的“慢生活”节奏。为鼓舞抗疫斗志，在深圳市市场监督管理局支持下，协会为会员单位筹集疫情防控物资，组织全国广告行业的领导、专家，组织协会的会员、理事单位录制抗疫视频。其中，“深圳，相信你”主题视频征集到了中广协、香港广告业联合会、澳门广告商会、北京广协、上海广协、广东广协等 17 家协会单位的视频素材；“我是深圳一分子”主题视频收录了深广协、深圳广电、海王集团、荣耀集团、地铁传媒等 18 家会员单位及深圳本地知名企业视频素材，两段主题视频一经深圳新闻网、读特 App 播放后，共计获得了 6.7 万的点击量。

3. 2022 年 7 月 28 日，深圳市广告协会 2022 年会员大会于线上召开。共有 33 家会员单位代表参会，会议选举出新的深圳市广告协会会长。

青岛市广告协会

2022 年，受年初疫情反复影响，青岛市广告企业再次承压。为切实帮助广大会员企业解决实际困难，提振企业发展信心，青岛市广告协会（以下简称“协会”）结合青岛市市场监管局“五送”暖企系列活动，部署协会全年工作，从主题活动、会员走访、专业沙龙、审查培训以及赛事展览五个维度整体统筹。

2022 年，青岛市规上广告企业 60 家，营业收入 32.5 亿，协会会员单位主动作为、彰显担当，为广告行业发展贡献力量。现将 2022 年协会工作总结汇报如下。

一、聚焦服务，深入推进主题活动

“五送暖企、碰撞未来”开年会员主题活动中，协会邀请市市场监管局广告处的负责同志，为参会会员详细介绍了市市场监管局“暖企”二十条措施和帮助企业纾困解难的广告“五送”系列暖企活动。

活动中，张吉成会长提出结合“五送”系列暖企活动“送经验”的相关要求建立协会导师制，着眼于实用性、有效性，不做表面文章，切实结合各会员企业实际需求打造具有广告行业特点的职业导师制，定期为会员企业员工进行培训辅导。

二、加强联动，会员走访启发活力

在 5 月举行的会员走访活动中，协会以“五送暖企 活力迸发 青春上合”为主题，走进位于上合示范区的副会长单位山东胧爱科技发展有限公司。

在本次活动中，市市场监督管理局副局长王亮指出，市广告协会突出广告“五送”的实效性，贴合企业实际需求，坚持创新发展、融合发展、开放发展、规范发展的原则，通过建立专业化导师队伍搭建平台，将上合示范区建设成为青岛地区的广告资源交易中心、广告人才培育中心，提升广告企业核心竞争力、延长广告服务产业链，建立广告业与关联服务业的协作网络，携手发挥“上合力量”。

活动上还举行了青岛市广告协会导师聘任仪式，协会首批 14 位专业导师集体亮相。结合前期调研，“导师第一课”环节中邀请首批导师之一的胧爱集团联合创始人、山东胧爱科技发展有限公司总经理王栋进行了题为“疫情时代胧爱的业务结构变化”的分享。

三、聚力共建，专业沙龙彰显热情

8 月 3 日至 4 日，为期两天的 2022（第十八届）中国广告论坛在哈尔滨成功举办。市广告协会会长、深度传播集团董事长张吉成，组织市广告协会核心骨干参会，全方位感受“数智新时代、广告新生态”。为了更好地将本次论坛中讨论的前瞻性内容与青岛广告业实际相结合，带领青岛广告同人感知市场变化，协会于 8 月 9 日在副会长单位青岛盛世奥海文化产业股份有限公司举行“共建广告新生态”沙龙活动。

燃情挥洒，聚力共建，广告人的热情与团结在每一次的活动中体现。座谈结束后，与会嘉宾参观了副会长丁德亮创办的奥海美术馆，并作为首批观众欣赏了副会长林剑刚的“燃”油画展，湍湍流淌的笔触是林剑刚对绘画艺术的诠释，作品的张力同样点燃会员企业对于行业发展的信心。

四、深耕行业，审查培训规范发展

为深入贯彻落实习近平总书记关于“广告宣传也要讲导向”的重要论述，进一步提高广告审查及相关从业人员对最新广告法律法规、政策动态的充分了解及正确把握，牢牢把握正确方向导向，市广告协会联手中国广告协会举办了“2022 第一期全国广告审查法律法规培训班”，邀请市场监督管理部门、知名院校、知名传媒单位广告审查部门等专家针对《广告法》、广告监管制度、有关行政规章以及广告审核实践经验、意识形态安全、广告审查中的典型违法广告案例等内容进行讲解。

五、平台优势，赛事展览专业引领

2022 年末，协会利用平台优势，作为协办单位参与首届青岛市体育文创产品设计大赛的策划与筹备，大赛面向海内外文化创新、创意、创作设计爱好者开放征集“全民健身运动产品、体育文化创新应用、体育文化数字藏品”三大类产品。协会为宣传参与体育文化文创产品创作、丰富青岛体育文化艺术作品成果，起到积极推动作用。后期协会还将收集整理优秀参赛作品进行巡展，促成作品转化。

2022 年，协会还致力于发掘行业内的各类企业，增加行业力量及资源的多样性，规范行业行为准则，促进社会更加重视广告行业的价值。

习近平总书记在 2022 年底召开的中央经济工作会议上强调，2023 年经济工作千头万绪，需要从战略全局出发，抓主要矛盾，从改善社会心理预期、提振发展信心入手，抓住重大关键环节，纲举目张做好工作。近日，全国两会期间密集释放政策信号，提振市场信心。伴随国内经济企稳回升，线下消费场景复苏，广告行业也迎来复苏上升期。

2023 年，协会坚持以习近平新时代中国特色社会主义思想为指导，积极组织开展行业交流、参观走访等活动，同时邀请和吸纳更多优质的、创新的新会员加入，凝聚共识、凝聚智慧、凝聚力量，同心协力把协会打造成为具备国际化视野的行业平台，共同驱动青岛文化创意产业创新升级。

广州市广告行业协会

2022 年是党的二十大胜利召开之年，也是我国全面建设社会主义现代化国家新征程、向第二个百年奋斗目标进军的关键之年，广州市广告行业协会（以下简称“穗广协”）全面贯彻“专业创新、链接价值”新发展理念，紧扣“服务行业自律、反映行业诉求、服务行业发展”职能，着力推动广州广告行业高质量发展。现将 2022 年协会各项工作汇报如下。

一、坚持党建引领，以高质量党建促行业高质量发展

积极学习宣传贯彻党的二十大精神。协会公众号开设“党的二十大精神学习专栏”，组织媒体会员投身到“喜迎二十大”公益广告行动。

精心策划“红联共建”党建活动，提升党的组织凝聚力。

坚持不懈抓好党的组织建设。切实开展支部党建提升计划，落实负责人和党组织书记“一肩挑”打造社会组织“党建强、服务强”的创新发展共同体。

二、夯实协会建设基础，健全组织架构，壮大行业力量

坚持搭建会员与协会、会员间的对话和交流平台，及时了解会员发展情况与实际需求。去年新增会员 20 余家。

加强分支机构建设，成立广州市广告行业协会直播电商专业委员会，激发行业新动能。

3 月配合广州市社会组织管理局开展全市性社会团体规范分支（代表）机构专项整治工作。

三、服务自律维权，制定行业标准，引导行业发展

在市场监督管理局牵头下，引入标准化研究机构，编制了广州市地方标准《直播电商营销与售后服务规范》，

广东省内首个直播电商地方标准。

持续开展广告合法性咨询工作，全年为会员单位提供咨询意见。

加强协会公众号《政策速递》及《行业监管动态》专栏建设。及时整理、编辑、转发政府政策法规等相关内容；重点配合公布违法广告典型案例，向会员单位普及法律法规，加强行业自律。

依据《广州市广告行业协会自律公约》，持续开展年度行业自律公约会员企业自查工作。

按时开展广州广告企业及人物认定工作。2022 年评定“十佳广告公司”13家、“广州广告企业资质认定”21家、“广州广告企业信用等级评估”10家、“广州4A整合营销企业”67家、“广州市杰出广告人、杰出广告创意人”15 名。

四、紧跟时代步伐，不断深化行业培训，走向行业前沿

创建高质量培训品牌项目，构建会员企业家“大学习”格局。成立穗广协企业家学习联盟培训基地，开展“穗广协企业家大讲堂”项目，已成功举办四期。

开展“元宇宙在法律视角下的前世今生”培训会。6 月在协会指导下，广州 4A 整合营销传播委员会与哲力知识产权共同举办专题培训会，为会员企业剖析元宇宙广告中的可能涉及的相关法律问题。

五、加强组织联动，促进会员交流，增强组织向心力

新春伊始，号召会员企业分批召开新春团拜会，共邀请 50 余位会员企业家参与，多主题交流，加强组织凝聚力。

10 月广州 4A 开展“思享汇”分享交流活动，通过思想碰撞赋能商业，共探企业升级发展之策。大学生品牌建设与创新创意指导委员会分别走进多家会员企业交流学习。

六、促进人才发展，全方位构建新时代广告人才生态圈

2 月至 4 月整合广告人才需求会员企业，持续开展一个季度的《4A 专场招聘》，组织 20 家会员参与，通过协会和 4A 公众号等发布需求岗位超 200 个，为会员单位吸引心仪人才。

协会大学生品牌建设与创新创意指导委员会领导班子带头开展“访企拓岗”促就业系列活动。5 月至 6 月，会员企业分别与广州多个院校召开专项调研座谈会。6 月，专委会推出以“访企拓岗上云端，直播带岗促就业”为主题的直播活动。

开启“巨浪计划”“家居直播电商人才培养计划”。将在三年内帮助 5 万人成为直播操盘手，为 1000 家企业输送 2.5 万新电商操盘手人才，助力 10 万家新电商商家实现生意增长，为产业赋能；9 月启动“家居直播电商人才计划”，助力孵化千名直播精英。

七、深化对外交流合作，提升协会影响力

“走出去”抓紧粤港澳大湾区发展契机，联动多家社会团体“跨界”交流。9 月组织多位协会会员到访深圳市文化创业行业协会互动交流，开拓思路、共促发展。

设专项甄选机制，推荐优秀会员企业家任地方、全国行业专业赛事评委，分别为第十三届金鼠标数字营销大赛、第六届麒麟国际广告奖、第六届 DMAA 国际数字营销奖等行业赛事推荐 64 位专家评委，为会员搭建更宽广多元的交流平台，展示专业力量。

八、汇聚资源力量，精办大型展会，提升品牌价值

协会举办了系列论坛展会等品牌活动和广告赛事，为行业复苏和发展注入活力。

奋进新征程，建功新时代，协办“强国复兴有我”——2022 年公益广告征集展示活动。协助征集作品 100 余件，协助策划了“出彩广州由我行”抖音话题活动等，邀请多名优秀设计师、艺术家走进广州红色教育基地，召集传统及新媒体单位展开宣传。

乡村振兴、青春先行——2022 年全国大学生“金穗奖”创新创业大赛全新启动。设乡村振兴、企业品牌、社会公益三大赛道，共邀请近百名学术界、产业界学者专家任大赛评委。截至目前，参与院校达 100 余所，吸引近千名

高校师生参加，已征集作品500余件。特设助农直播擂台赛道，创建官方抖音号，遴选100余位优秀参赛学子参与直播社会实践。并专项策划“金穗创意集训营”线上培训课程，为参赛学子提供专业知识分享。已办十期训练营，合共培训学生超1500人。

“聚焦中国品牌全球化”2022品牌发展高峰论坛圆满举行。邀请多位品牌专家探讨中国品牌全球路径，探析中国品牌高质量发展之路。与华商MBA同学会品牌发展协会进行“百品计划”品牌建设项目2022续约仪式签订；现场还发布了《2022年中国品牌营销与新消费行为趋势大数据监测报告》，从多角度剖析了中国品牌营销发展的趋势。

持续推进举办第七届广州4A干货大会。秉承“公平、公正、公开”的宗旨，通过共同商议、个人推荐等有效环节，从百余个优秀案例中选出了年度十大优秀案例。由于疫情将择日召开大会，并邀请案例操刀人进行专业分享。

坚持推动移动营销发展，联合主办第9届TMA移动营销盛典。吸引了各领域超500名营销精英参会，涵盖“年度演说”“特色秀场”“全场大奖PK赛”“颁奖盛典”板块，见证年度爆款案例荣耀时刻。

支持举办“数见·增长”——新电商操盘手大会（NECOC）。7月大会从数见趋势、营销、生意等展开，帮助商家、品牌理解电商的场域建设，了解电商发展的新生态布局。吸引了包括巨量引擎、快手等新电商平台、十余位业界级杰出操盘手参与分享，超500名行业精英参会。

九、弘扬慈善理念，用慈行善举彰显担当

4月，协会积极响应政府部门号召，组织赴一线支援海珠区素社街道核酸检测工作。11月海珠区疫情严峻，协会发起“抗击疫情，并肩前行”爱心捐赠物资行动。本次协会共筹集捐赠一次性医用手套、N95防疫口罩、医用防护服、医用隔离面罩（折合人民币约5万元），展现了广州广告行业的责任意识与奉献精神。

协办“福彩有爱·童庆六一”2022广州市社会组织关爱困境儿童音乐会，温暖特殊群体。

发起第三季疫情公益项目《三年后三年》，用构思巧妙的角度、真挚温暖的拍摄手法，记录疫情之下群众的生活态度，以平凡故事方式，以小见大，宣传社会核心价值观，弘扬社会正能量。

参与99公益日配捐。已连续8年聚集行业力量支持《十元助力生命小战士》公益项目，共发动十二家会员企业参与捐赠。

2022年，穗广协的工作成绩得到了各级政府领导的支持及认可，获得了市工商联系统“四好商会”认定。

中国广告年鉴 2023
CHINA ADVERTISING YEARBOOK

广告行业标准

Advertising Industry Standards

移动互联网应用程序广告行为规范

Code of Conduct for Mobile Internet Application Advertising
（T/CAAAD 001-2022 T/CCSA 423-2022）

2023-01-03 发布　2023-01-06 实施

中国广告协会 中国通信标准化协会　发布

1 范围

本文件明确了启动屏广告、弹窗广告、信息流广告、付费搜索广告、贴片广告等各类型广告的展示、点击、关闭、应用分发、广告投诉行为要求，既提供一般性的规范要求，也针对差异化的广告形式提供针对性的行为规范。

本文件适用于所有通过移动互联网应用程序发布广告的行为及相关业务操作。

2 规范性引用文件

下列文件中的内容通过文中的规范性引用而构成本文件必不可少的条款。其中，注日期的引用文件，仅该日期对应的版本适用于本文件；不注日期的引用文件，其最新版本（包括所有的修改单）适用于本文件。

T/CAAAD 002—2022 移动互联网启动屏广告新型交互行为技术要求

3 术语和定义

下列术语和定义适用于本文件。

3.1 移动互联网应用程序 mobile internet application

通过预装、下载等方式获取并运行在移动智能终端上，向用户提供服务的应用软件（以下简称 APP）。

3.2 个性化广告 personalized advertisement

通过收集用户相关信息，例如浏览网页、使用在线服务或应用等，分析用户的偏好或兴趣，再基于此种分析，通过互联网对特定移动设备投放广告的行为。

3.3 启动屏广告 start screen advertisement

利用 APP 启动屏发布商业广告的行为，包括图片、动图、视频等形式。

3.4 弹窗广告 pop-up advertisement

APP 页面弹出的在原有页面以上以新信息窗口展示的商业广告，包括图片、动图、视频等形式。

3.5 信息流广告 feeds advertisement

信息流广告是嵌入在滚动浏览的内容流中展示的商业广告，包括文字、图片、视频等形式。

3.6 付费搜索广告 paid search advertisement

当用户在 APP 中搜索关键词后，在搜索结果页面出现广告主网站或者网页信息的商业广告。

3.7 贴片广告 roll advertisement

指将独立于视频内容、时长不等的视频或图片形式的广告内容以非弹出方式展现在视频播放前、播放中或播放后的商业广告。

4 移动互联网应用程序广告行为基本原则

4.1 合法性原则

移动互联网应用程序进行广告活动应遵循合法性原则，严格按照法律法规等要求进行广告活动。

4.2 透明度原则

移动互联网应用程序进行广告活动应向用户披露真实、有效、完整的信息，充分保障用户的知情权和选择权。

4.3 适度原则

移动互联网应用程序进行广告活动应保障用户体验，不应过度频繁向用户推送广告。

4.4 个人信息保护原则

移动互联网应用程序进行广告活动如涉及使用个人信息，应加强个人信息保护，防止信息泄露和信息滥用。

5 移动互联网应用程序广告行为一般规范

5.1 广告展示行为规范

相关要求如下：

——广告应当清晰、显著标明“广告”字样，广告展示应当清晰、真实，确保用户可获得准确的信息，不应遮蔽广告标识等关键信息；

——广告中展示素材（包括文字、图片、视频、音频等）中不应出现虚假的“关闭”“X”“跳过”等诱导或者误导用户点击的素材内容形式；

——广告中含有红包、金币、奖品等奖励内容时，广告主对领取奖励有条件限制的（如需下载 APP 等），应当在首屏广告或落地页广告中明示。

5.2 广告点击行为规范

相关要求如下：

——广告不应采取下列方式欺骗、误导用户点击广告内容：

●虚假更新、虚假报错、虚假清理内存、模仿系统弹窗等形式的虚假功能性提示消息；

●虚假播放、虚假暂停、虚假返回等形式的虚假按钮；

●通过虚假或与承诺不符的红包、金币、奖品等奖励诱导用户点击广告或者通过设置无法完成的奖励条件欺骗用户点击广告；

●其他欺骗、误导用户点击的广告形式。

——广告内容应当与点击广告跳转、链接到的媒介上的内容保持一致或者具有相关性，不应通过虚假或者夸大的内容欺骗、误导用户。

5.3 广告关闭行为规范

相关要求如下：

——需要一键关闭的广告，应当在广告中显著标明“关闭”“X”“跳过”等标志；

——弹窗广告应确保一键关闭，不应有下列情形：

●需要倒计时结束才能关闭；

●关闭标志虚假、不可清晰辨识或定位；

●实现单个广告的关闭，须经两次以上点击；

●在浏览同一页面过程中，关闭后继续弹出广告；

●其他影响一键关闭的行为。

5.4 广告自动化决策推送行为规范

相关要求如下：

——通过自动化决策方式进行个性化广告推送的，应当同时提供不针对其个人特征的选项，或者向个人提供便捷的拒绝方式；

——通过自动化决策方式进行个性化广告推送的，宜向用户提供选择或者删除用于个性化广告推送服务的兴趣、商品、服务等类型的标签，方便用户选择或删除。

5.5 广告分发应用行为规范

相关要求如下：

——广告内容为下载 APP 时，应确保用户自主选择是否下载，不应未经用户主动选择而发生下载行为；

——广告内容为下载 APP 时，应当在用户按照广告内容作出相应动作后，通过广告内容页面或通过跳转页面、弹窗页面等形式，明确向用户展示 APP 的必要信息，包括应用名称、应用版本号、开发者或者运营者信息、应用权限或收集的数据类型、个人信息处理规则等，经用户自主确认后才可启动下载；

——广告中展示的分发应用信息不应与实际用户下载的目标 APP 不符。

5.6 广告投诉处理行为规范

相关要求如下：

——应用程序应为用户提供便捷有效的投诉入口，投诉路径应简单直接，用户投诉点击步骤不宜超过 5 步；

——应用程序应公布投诉举报方式，为用户提供勾选投诉理由或自己填写投诉理由等的投诉方式；

——接到用户投诉后，应在合理期限内积极处理并及时告知用户投诉处理进展或结果。

6 移动互联网应用程序广告行为特殊规范

6.1 启动屏广告规范

相关要求如下：

——启动屏广告时长不宜超过 6 秒，启动屏广告每次展示的广告数量为 1 条。综合考虑用户的使用时间、整体使用频次设置合理的启动屏广告出现频次。启动屏广告在广告开始展现时应当显著、清晰标明易识别的“关闭”“X”“跳过”标志，并且不得延迟展示。“关闭”“X”“跳过”标志的面积宜不小于 72×36dp；

——启动屏广告通过点击形式跳转页面或跳转至第三方应用时，应限定点击区域，该区域应具有“查看详情”“点击下载”“跳转”等明确点击后会触发结果的指示字样。广告页面的点击区域应与其他区域进行明显区分，超出限定点击区域的点击行为不应触发跳转或下载等行为；

——启动屏广告通过摇动、滑动屏幕，转动或扭动等方式跳转页面或跳转至第三方应用时，应当在广告内容中显著标明，告知用户在做出相应动作后将跳转页面或跳转至第三方应用，确保用户知情，并且只有用户触发相应的动作后才会跳转。为避免用户误跳转，相关交互行为应遵守 T/CAAAD 002 —2022《移动互联网启动屏广告新型交互行为技术要求》。

6.2 弹窗广告规范

相关要求如下：

——应用程序在后台运行时，不得发送弹窗广告；

——弹窗广告中应当显著、清晰标明易识别的“关闭”“X”“跳过”标志，广告展示的全程中都需要存在“关闭”“X”或者“跳过”按钮。应用不得阻碍用户退出或关闭弹窗广告窗口；

——应用程序不应拦截用户按键消息以实现弹窗广告的触发，包括但不限于 Home 键、返回键、虚拟返回键；

——应用程序不得在用户选择关闭或者跳出广告时，再次触发广告内容弹窗。

6.3 信息流广告规范

相关要求如下：

——信息流广告应综合考虑用户的使用时长、使用场景、使用频次等因素，合理设置信息流广告的出现位置、频次和数量，保障用户的使用体验；

——信息流广告宜在用户点击“关闭”“X”标志时，通过用户选择关闭广告的原因收集反馈信息，并根据用户反馈的信息调整展示的广告内容，提高用户体验。

6.4 付费搜索广告规范

相关要求如下：

——付费搜索广告宜清晰显著展示网站名称或网站地址或广告主品牌等信息；

——搜索结果页不得影响用户正常使用 APP，如不应出现无法关闭的悬浮、弹窗及遮屏等。

6.5 贴片广告规范

相关要求如下：

——贴片广告应当清晰标明广告的时长，可以使用倒计时、进度条等形式向用户明确提示广告剩余时长；

——贴片广告标注的广告时长应真实、准确。

移动互联网启动屏广告新型交互行为技术要求

Technical Requirements for New Interactive Behavior of Mobile Internet StartScreen Advertisements

（T/CAAAD 002—2022）

2022-07-27 发布 2022-08-10 实施

中国广告协会 发布

1 范围

本文件规定了移动互联网启动屏广告引导用户参与摇动跳转、滑动跳转、转动跳转等新型交互行为的设计和制作的基本原则、主要形式以及不同形式的构成要素和技术参数等要求。

本文件适用于广告主及广告主委托的广告经营者设计、制作启动屏广告和互联网广告发布者发布、审核启动屏广告等环节。

2 规范性引用文件

下列文件对于本文件的应用是必不可少的。凡是注日期的引用文件，仅注日期的版本适用于本文件。

凡是不注日期的引用文件，其最新版本（包括所有的修改单）适用于本文件。

GB/T 34090.1-2017 互动广告 第 1 部分：术语概述

3 术语和定义

GB/T 34090.1-2017 界定的以及下列术语和定义适用于本文件。

3.1 启动屏广告 Start Screen Advertisement

利用 APP 启动屏发布的商业广告，包括但不限于静态图片、动图、视频等形式。

3.2 新型交互行为 Interactive Behavior

需要用户采取除点击外更多丰富的操作参与互动的行为，如摇动、滑动、转动等。

4 缩略语

下列缩略语适用本文件。

dp Density- independent Pixel 密度无关像素

5 基本原则

启动屏广告新型交互行为在设计、制作过程中应遵守以下基本原则：

a) 指示明确原则，通过文字、图片或动画示意等方式明确交互方式及产生的后果；

b) 适老化及无障碍原则，根据老年人及残疾人需求，推出符合其特征的交互形式；

c) 未成年人保护原则，依据未成年人保护权益要求，推出符合其权益的交互形式；

d) 限时默认关闭原则，用户在一定时间内未能成功触发交互行为，应默认关闭广告。

6 主要形式

目前比较典型的启动屏广告新型交互行为包括：

a) 摇动跳转：用户通过摇动终端，触发广告跳转。

包含摇动跳转交互行为的启动屏广告简称为“摇动启动屏广告”。

b) 滑动跳转：用户通过上滑或者滑动特定轨迹，触发广告跳转。包含滑动跳转交互行为的启动屏广告简称为“滑动启动屏广告”。

c) 转动跳转：用户通过将终端向特定方向转动特定角度或者扭动特定角度，触发广告跳转。包含转动跳转交互行为的启动屏广告简称为“转动启动屏广告”。

7 构成要素

7.1 基本要求

包含新型交互行为的启动屏广告：

a) 应清晰标明“广告”标识。

b) 应在播放全程清晰可见“关闭(广告)”或“跳过(广告)”或“X”等关闭按钮，用户点击关闭按钮后应一键关闭启动屏广告。

c) 应明示交互指引，通过文字、图标或者动画说明用户需要执行的操作或者要完成的动作。

d) 应明示交互预期，说明用户在执行相应的操作或完成指定的动作后可能引发的结果。

e) 可同时提供摇动 / 滑动 / 转动和点击有限区域按钮两种方式，丰富用户的体验和选择。

注：点击行为可以参考相关法律、法规和其他标准的相关要求。

7.2 摇动启动屏广告

摇动启动屏广告应：

a) 明示交互指引，以摇动手机图标、动画，或者包含“摇动”文字引导语清晰明示用户需要执行的操作。

b) 以文案（如“摇动手机跳转第三方应用 / 详情页”）明示交互预期，说明用户在执行相应的操作或完成指定的动作后可能引发的结果。

7.3 滑动启动屏广告

滑动启动屏广告应：

a) 明示交互指引，以滑动箭头或者滑动引导轨迹等图标或动画，或者包含 “滑动”文字引导语清晰明示用户需要执行的操作。

b) 以文案（如“滑动跳转第三方应用 / 详情页”）明示交互预期，说明用户在执行相应的操作或完成指定的动作后可能引发的结果。

7.4 转动启动屏广告

转动启动屏广告应：

a) 明示交互指引，以转动手机图标或动画，或者包含“转动”文字引导语清晰明示用户需要执行的操作。

b) 以文案（如“转动跳转第三方应用 / 详情页”）明示交互预期，说明用户在执行相应的操作或完成指定的动作后可能引发的结果。同时应设置转动跳转提示。

互联网广告发布审核规程

Review Specification for Publication of Internet Advertisement

(T/CAAAD 003-2022 T/CCSA 420-2022)

2023-01-03 发布 2023-01-06 实施

中国广告协会 中国通信标准化协会 发布

1 范围

本文件规定了互联网广告发布审核规程，包括广告发布的合作模式、审核流程、审核要求、巡查与处置要求、管理要求等。

本文件适用于互联网广告发布者进行广告发布审核，同时也适用于广告主等做自查自评估。

2 规范性引用文件

下列文件中的内容通过文中的规范性引用而构成本文件必不可少的条款。其中，注日期的引用文件，仅该日期对应的版本适用于本文件；不注日期的引用文件，其最新版本（包括所有的修改单）适用于本文件。

GB/T 34090.1-2017 互动广告 第1部分：术语概述

3 术语和定义

GB/T 34090.1-2017 界定的以及下列术语和定义适用于本文件。

3.1 广告主 advertiser

为了推销商品或者服务，自行或者委托他人设计、制作、发布互联网广告的自然人、法人或者其他组织。

注：根据广告主与互联网广告发布者是否有直接合作关系，可以分为直签广告主和非直签广告主：直签广告主是直接与互联网广告发布者签订合作协议（包括电子协议或纸质合同，下同）并开展合作的主体；非直签广告主是以代理商/服务商为中介，间接使用互联网广告发布者广告服务的主体。一般情况非直签广告主与互联网广告发布者之间没有直接的合同关系，也没有费用结算、发票开具等财务关系。

3.2 互联网广告发布者 Internet advertising publisher

利用互联网媒介为广告主或者广告主委托的广告经营者发布广告的自然人、法人或者其他组织。在本文件中简称“广告发布者”。

注：广告发布者的经营行为主要在于将广告主的商品或者服务的广告内容展现、触达给实际用户。发布的表现形式主要包括文字、图片、音频、视频或者其他形式。

3.3 互联网广告经营者 Internet advertising agent

接受委托提供互联网广告设计、制作、代理服务的自然人、法人或其他组织，如设计公司、广告代理商等。本文件中简称“广告经营者”。

注：广告经营者属于广告经营行为中的承上启下的主体，其接受上游广告主的委托，为广告主设计、制作广告内容（如视频、海报等），再通过下游的广告发布者将广告发布、触达给实际用户，其广告经营行为本身是为广

告主的商品或者服务进行推介、宣传。实践中，广告经营者主要体现为广告公司、兼营广告服务的公司、个体工商户等形式，广告服务商、代理商也属于广告经营者。

4 缩略语

下列缩略语适用于本文件。

ICP	网络内容服务商	Internet Content Provider

5 概述

5.1 广告发布合作模式

5.1.1 合作模式分类

互联网广告发布者承接广告业务时，主要有如下两种模式：

——直接合作，指互联网广告发布者与广告主直接合作，双方签署合作协议；

——代理合作，指互联网广告发布者通过代理商或其他第三方机构与广告主合作，广告主并不直接与互联网广告发布者签署合作协议，而是与代理商或第三方签署合作协议。

5.1.2 直接合作模式的要求

对直接合作模式的要求如下：

a）互联网广告发布者在承接广告业务时，应与广告主签署合作协议，协议可以是纸质或者电子版；

b）合作协议的内容应包括但不限于服务规则、结算方式、双方的权利义务、广告投放限制等内容。

5.1.3 代理合作模式的要求

对代理合作模式的要求如下：

a）互联网广告发布者应先完成对代理商等第三方机构的审核，并与其签署合作协议，协议可以是纸质或者电子版；

b）合作协议的内容应包括但不限于服务规则、结算方式、双方的权利义务（包括代理商或第三方机构与广告主的权责划分等）、广告投放限制等内容。

5.2 广告发布审核流程

广告发布审核的主要流程包括开户审核、广告素材审核和内部巡查与处置三个环节。广告发布审核的主要流程和关键节点，如图 1 所示。

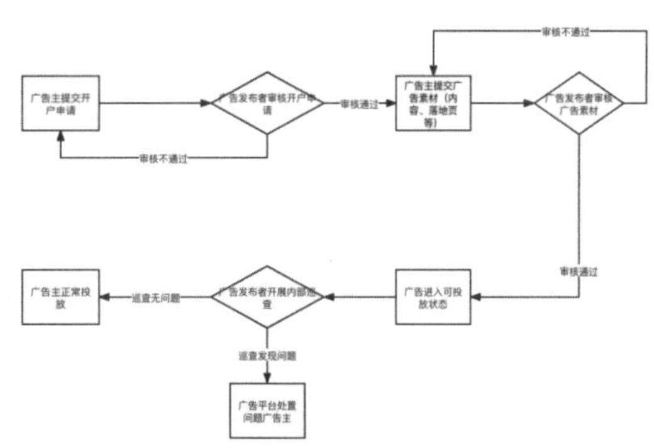

图 1 广告发布审核的主要流程

广告发布审核的主要流程如下：

a）广告发布者在收到广告主提交的开户申请后，应审核开户申请；

b）广告发布者对于审核不通过的，应将相关问题返回给广告主；

c）广告发布者对于开户审核通过的广告主，应对其提交的广告素材，如内容、落地页等进行审核；

d）广告发布者对于审核不通过的广告素材，应将相关问题返回给广告主；

e）广告发布者对于审核通过的广告素材，将广告素材设置为可投放状态；

f）广告发布者投放广告之后，还应开展内部巡查；

g）广告发布者对于内部巡查中发现问题的广告素材，应及时反馈并启动相应的违规行为处置；

h）广告发布者对于内部巡查中无问题的广告素材，应正常投放。

6 广告发布审核要求

6.1 开户审核要求

6.1.1 基础要求

互联网广告发布者在开户审核方面，包括如下的基础要求：

a）应对包括直接合作模式和代理合作模式等所有合作模式的广告主进行开户审核，在代理合作模式中对广告主资质的审核，可与代理商或其他第三方机构协调处理；

b）应建立信息变更复核制度：若广告主资质发生变

更，应要求广告主最晚在再次发布广告前提交变更后的相关资质并对变更后的相关信息进行重新查验、保存，确认符合要求后才可准许广告主继续发布广告；

c) 应向广告主承诺审核时长，并宜在 24 小时内完成开户审核；

d) 开户审核如果通过审核系统完成，宜在人工审核前，充分利用各种系统能力，辅助人工，提高审核效率和审核质量；

e) 开户审核时，应明确广告主待推广的内容，从而明确广告主开立此广告投放账户的所属行业，根据行业相关要求广告主提供对应的行业资质，行业资质信息应以国家公开网站或行业协会发布的相关信息为准；

f) 宜基于开户审核系统，建立开户审核广告主负面清单，负面清单内容包括但不限于广告主名称、开户链接主域等内容，如果命中其一，则由审核系统自动对开户申请做拒绝处理；

g) 宜基于开户审核系统，使用图片文字自动识别技术，自动识别图片中的文字，减少人工录入等高耗时工作；

h) 宜基于开户审核系统，根据广告主在开户审核阶段表现的特征，对广告主进行风险评级，为后续审核工作提供追踪线索。

6.1.2 广告主身份核验要求

互联网广告发布者在对广告主的身份核验方面，包括如下的要求：

a) 应查验、核对广告主身份，即核验申请开户的主体确实为其所声称的广告主，避免出现假冒或虚假广告主的情形；

b) 在查验、核验广告主身份时，宜采用的核验方式包括但不限于电子营业执照验证、公对公打款、法人身份证验真等。

6.1.3 审核规则管理要求

互联网广告发布者对开户审核规则的管理，包括如下要求：

a) 应建立开户审核规则，根据相关法律法规的规定，及时更新、修订开户审核规则；

b) 应指派专业人员负责开户审核规则的管理工作，及时更新、修订规则，并将规则告知包括开户审核人员等相关人员，关注规则的执行情况；

c) 如有需要，可额外制定开户审核细则。

6.1.4 资质文件的完整性、有效性和真实性查验要求

互联网广告发布者在对广告主资质文件的完整性、有效性和真实性查验方面，包括如下要求：

a) 应查验资质文件真实性，已经提供了公开的资质核验渠道的，应该对资质文件的真实性做进一步核验，即将资质信息与核验渠道的信息逐一比对，确保完全一致；

b) 当涉及多企业的授权关系时，应审核资质授权链条是否完整；

c) 应根据相关法律法规要求，查验广告主提交的资质是否齐备；

d) 针对有有效期的资质文件，应查验核对资质文件的有效期；

e) 应查验资质材料的清晰度。

根据法律法规，附录 A 中给出了目前可准入的一般行业，各平台可自主选择准入的行业。

6.1.5 资质文件的内容查验要求

互联网广告发布者在对广告主资质文件的内容查验方面，包括如下要求：

a) 资质文件所示的名称应与广告服务协议及其他相关文件中出现的广告主名称一致；

b) 营业期限：应涵盖广告投放期限，以及商品、服务的提供期限；

c) 年检情况：应有本年度年检章（新版营业执照除外）；

d) 经营范围：应涵盖待推广的业务范围。

6.1.6 授权或证明类资质文件的审核要求

互联网广告发布者在对授权或证明类资质文件的审核方面，包括如下要求：

a) 资质文件的登记主体应与广告主一致；

b) 资质文件的有效期应涵盖广告的投放期限及商品、服务的提供期限；

c) 资质文件的登记事项应与要证明的事项一致；

d) 授权人名称应与广告主提交的反映原始生产商、提供商等原始所有者相关资质或专利证明中的主体名称一

致。被授权人名称应与广告主的名称一致；

e）广告所涉及的商品或服务应与授权的商品或服务一致；

f）广告所涉及的商品或服务的商标应与授权的商品或服务的商标、授权人有权的商标权一致；

g）授权期限应涵盖广告的投放期限及商品、服务的提供期限；

h）授权事项应包含广告主可以自行销售被授权人的产品、服务等事项。

6.1.7 开户审核信息的保存与登记要求

互联网广告发布者应保存并登记如下的开户审核信息：

——广告主的主体资质信息；

——广告主信息，包括但不限于广告主的名称、地址和有效联系方式等，建立登记档案，广告主修改信息后需核对更新；

——在验证广告主的联系方式为有效状态后，登记广告主的有效联系方式；

——开户审核的相关信息，信息内容包括但不限于审核的内容、相关文件、开户审核人员的姓名或类似信息、审核时间、审核结果等。

6.2 广告素材审核要求

6.2.1 基础要求

互联网广告发布者在广告素材审核方面，包括如下的基础性要求：

a）广告中不得出现为违法犯罪行为进行广告推广的信息发布内容；

b）应向广告主承诺审核时长，宜在 24 小时内完成广告审核；

c）宜建立自动化广告素材审核系统，充分利用各种系统能力辅助人工审核，提高审核效率和审核质量；

d）应能接收广告主通过书面或通过审核系统等方式提交的待审核广告；

e）广告素材审核人员应对广告素材和广告的推广链接的内容，以及相关证明文件一并进行审核，如有必要应对广告主的开户资质再次进行查验；

f）在对广告素材审核完毕后，应出具审核结果，如果审核结果不符合相关要求，应通过书面方式明确告知广告主；

g）应对广告素材审核的相关信息进行记录存档，信息内容包括但不限于审核的广告内容、相关证明文件、广告审核人员信息、广告审核时间、广告审核结果等；

h）广告素材审核时，应确保广告主的各项资质都在有效期内，一旦发现存在资质过期或其他无效的情况，应拒绝广告主的投放申请，并书面告知广告主对资质进行替换或采取其他措施，且应在资质替换完成并确认有效后才能恢复广告投放；

i）为确保广告质量，对审核过的广告，应在广告审核机构设置质检人员，对所有审核通过的广告开展质检工作；

j）质检人员应根据一定的筛选条件对审核过的广告进行质检，确保质检覆盖率和质检效果，并针对质检过程中发现的问题督促广告审核人员解决；

k）宜能基于广告素材审核系统，自动识别禁用词或可能存在违规情况的词句；

l）宜能基于广告素材审核系统，自动识别禁用图片；

m）宜能基于广告素材审核系统，自动识别明显存在违法内容（如涉黄、涉赌、涉爆）的广告落地页链接；

n）宜能基于广告素材审核系统，根据广告内容识别广告所属行业，并针对此行业对审核人员提示相关审核注意事项；

o）宜能基于广告素材审核系统，自动识别知名肖像、驰名商标或者知名的作品 / 元素，作为后续审核人员要求提供资质的凭证。

6.2.2 审核规则管理要求

互联网广告发布者在广告素材审核的规则管理方面，包括如下的要求：

a）应建立广告素材审核规则，并根据相关法律法规的规定，及时对广告素材审核规则更新修订；

b）应指派专业人员管理广告素材审核规则，及时更新、修订规则，并将规则告知包括广告素材审核人员等相关人员，关注规则执行情况；

c）如有需要，可额外制定广告素材审核细则。

6.2.3 落地页审核要求

互联网广告发布者对落地页的审核，包括如下要求：

a）应至少对一跳落地页进行审核，确保一跳落地页的合法性；

b）对于在中华人民共和国境内设立的网站，宜确保ICP备案主体与广告主的一致性；

c）对于在中华人民共和国境外设立的网站，宜查验是否在公安进行了备案；

d）应查看落地页的内容，确保与相关法律法规的要求相符，不得出现为违法犯罪行为进行广告推广的信息发布内容；

e）应保证只有审核通过的落地页，才能用于广告的创建。

7 广告发布巡查与处置要求

7.1 内部巡查要求

互联网广告发布者在内部巡查方面，包括如下的要求：

a）应建立内部巡查机制，以及时发现、处理广告发布后的风险事宜；

b）对于审核通过的广告，应进行巡查，一旦出现违规情况或负面事件，特别是广告主违规，应及时处置；

c）对于广告主修改广告且未书面通知广告发布者的情况，应通过内部巡查手段及时发现，并及时处置相关广告和广告主，阻断问题广告；

d）应按一定周期，对所有审核通过的广告进行全面巡查；

e）应安排一定数量的专业巡查人员，对广告进行定向巡查，互为补充；

f）对于巡查发现的违规广告主，应及时根据内外部已经公开发布的违规处置规则进行处理；

g）应分析总结违规行为，将违规特征同步给广告审核人员，以便从审核环节就可以开始管控违规情况；

h）审核人员在日常审核工作中应把审核过程中发现的新的、特殊的违规手段或特征等信息反馈给巡查人员，以便巡查人员能够更具针对性的巡查，从而提高巡查效率和效果。

7.2 违规行为处置要求

7.2.1 违规行为处置机制的建立

互联网广告发布者在建立违规行为处置机制方面，包括如下的要求：

a）应根据相关法律法规中的处罚条例，结合广告平台的自身要求，建立全面、合适的广告主违反广告平台要求的处理机制；

b）对于不同级别的违规，应在明确判别标准的同时，确定对应的处罚措施；

c）应能够根据广告审核业务的变化，对处罚措施进行更新，并向内外部发布，确保内外部都能知晓并执行；

d）必要的时候，应对违规处置机制进行宣讲培训。

7.2.2 违规行为处置机制的运作

互联网广告发布者在违规行为处置机制的运作方面，包括如下的要求：

a）应及时对内外部同步违规处置信息，确保审核人员对于违规特征均已知晓并能够在后续审核工作中及时发现并管控，同时对广告主进行必要的教育引导，避免其违规行为再次发生；

b）对于严重违规甚至发现可能涉嫌存在违法行为的广告主，可通过建立广告主负面清单的方式进行管控，禁止其后续继续投放广告；

b）对于广告主负面清单，应明确进入和退出名单的判断标准、操作步骤、负面清单的内容（如广告主名称、广告主的主域链接）、应用范围等，并管控负面清单的操作权限；

c）应接受并欢迎监管机构和社会各界的监督，并且做好响应工作，对于存在严重违法行为的广告主，配合监管机构的调查，自觉提供相关信息。

7.3 外部投诉处理要求

7.3.1 基础要求

互联网广告发布者在外部投诉处理方面，包括如下的要求：

a）应根据实际情况，建立外部投诉处理流程，明确参与人员、处理时效等要求；

b）应针对不同场景，确定不同的外部投诉处理流程和关键步骤；

c）应确保外部投诉处理流程的有效执行；

d）应指派专人负责投诉处理工作；

e）应根据需要及时对投诉处理流程进行更新完善；

f）对于发现的新型投诉，应及时总结其中的特征、问题，建立对应的、适合的处理流程；

g）对于已发现的投诉，应不断完善、细化处理流程及配套内容，如沟通话术、处理环节等。

7.3.2 对消费者投诉的处理流程

互联网广告发布者对于消费者投诉，宜采用如下处理流程：

a) 对投诉事实进行确认；

b）对相关信息进行收集，包括不限于被投诉广告信息的收集，投诉商家信息的收集，投诉商品信息的收集，具体事实的收集，即投诉人介绍购物过程，如与商家的交流情况、购买时间、收货时间、商品实物与广告样品差距等；

c）了解投诉人的诉求；

d）收集证明投诉人诉求的其他有效证明资料，如发票、收据、付款证明、损失证明等；

e）对广告信息进行核实；

f）将用户诉求及相关信息告知被投诉方，要求被投诉方在指定期限内给予回应，根据具体情况，配合消费者妥善处理相关事宜。

7.3.3 对经营者或第三方主体的侵权投诉处理流程

互联网广告发布者对于经营者或第三方主体的侵权投诉，宜采用如下的处理流程：

a）对侵权投诉事实进行确认，包括投诉人主体信息和相关材料、被投诉广告信息、侵权事实描述、投诉人权利证明资料、投诉人诉求、证明投诉人诉求的其他有效证明资料（如发票、收付款证明等）；

b）对广告信息进行核实；

c）将投诉人诉求及相关信息告知被投诉方，要求被投诉方在指定期限内给予回应；

d）如果是用户举报，需根据用户举报的信息定位广告，并根据核查结果处理广告。如果有必要，也应对广告主进行处理。

8 广告发布管理要求

8.1 信息收集管理要求

互联网广告发布者在信息收集方面，包括如下的要求：

a）应根据需要及时查阅国家以及各地的各种监管信息，对信息进行分析解读和落地执行，以确保开户审核和广告素材审核工作的有效开展；

b）应收集典型案例，分析其中的要点，并对广告审核人员和广告主等各方开展各种方式的宣传培训；

c）宜安排专人负责主管机关等各方的信息收集工作，及时获取与广告审核工作直接相关的所有信息，以及可能会影响到广告内容的相关行业信息、时政新闻等；

d）应根据需要组织广告审核人员及时了解相关信息，并根据需要转化为广告审核人员需要严格遵守的审核规则或要求；

e）互联网广告发布者宜收集的信息，包括但不限于：与广告审核相关的法律法规的信息、与广告审核相关的处罚案例、广告主的相关违规和处罚信息、与广告主相关的行业动态、社会动态等。

8.2 档案管理要求

互联网广告发布者在档案管理方面，包括如下的要求：

a）对于广告主提交的各种资质，应确保在广告投放期间是有效状态，一旦发现存在失效的情况，则应要求广告主及时替换；

b) 对于广告主提交审核的广告内容，在发生违规出现变化时，应及时保存违规证据；

c）针对档案，应定期核实更新；

d）档案保存时间应自广告发布行为终止之日起不少于三年。

e）存档并管理的内容，应包括但不限于如下项目：

●广告主的名称、地址和有效联系方式等信息；

●与广告主签署的合作协议（直接合作模式下）；

●广告主提交的各种主体资质、行业资质、其他资质（如授权书）等；

●与广告内容相关的各项资质、引证内容等各项证明文件；

●广告主提交的广告内容、审核时保存的审核截图、审核记录；

●媒体实际投放的广告内容快照（存在素材等篡改风险时）。

8.3 审核人员管理要求

8.3.1 基础要求

互联网广告发布者在审核人员管理方面，包括如下的基础要求：

a) 应建立专门从事广告审核工作的组织，配备熟悉各项法律法规的广告审核人员；

b) 应指定有专业能力的专人负责开户审核、广告素材审核等工作；

c) 应安排开户审核质检人员，对开户审核工作的情况根据一定的比例和要求进行抽检，并对抽检中发现的问题跟进解决；

d) 应建立上岗标准：对广告审核人员，设置明确的上岗标准以及配套的奖惩机制，确保人员具备所需的工作能力，及时培训、替换能力不足者。

8.3.2 内部培训要求

互联网广告发布者在对广告审核人员的内部培训方面，包括如下的要求：

a) 应明确新入职广告审核人员的培训周期、培训内容、达标条件等；

b) 培训内容应包括广告平台基本情况介绍、广告平台系统体验、广告相关各行业知识的学习和实操体验、审核规则的学习和实操体验、线上和线下审核系统的实操训练，以及各环节的考试和试题讲解；

c) 应根据培训后的考核结果选拔正式审核人员；

d) 应定期并根据需要对所有广告审核人员进行培训，内容包括但不限于与广告相关的法律法规的解读、正反面典型案例分析、相关行业的介绍、基本工作技能、审核系统的使用、工作质量要求等；

e) 应对培训效果进行检验，确保广告审核人员对最新的法律法规等都已知晓并可以有效执行，并具备需要的工作能力；检验方法包括但不限于闭卷考试、问卷调查、随机访谈等；

f) 对于考试结果不合格的审核人员，应进行辅导、补考，如果补考仍然不能达到要求，则不得参与广告审核工作。

8.3.3 外部培训要求

互联网广告发布者在对广告审核人员的外部培训方面，包括如下的要求：

a) 应根据需要，参加包括但不限于行业协会等组织牵头举办的培训，确保了解行业最新动向、及时调整审核尺度；

b) 应根据需要自主邀请外部专业人士对广告审核人员进行培训，提高其专业技能、对行业的深层次理解等。

附录 A
（资料性）
可准入的一般行业

可准入的一般行业信息如表 A.1 所示：

表 A.1 可准入的一般行业信息表

序号	行业名称	序号	行业名称	序号	行业名称	序号	行业名称	序号	行业名称	序号	行业名称	序号	行业名称
1	家居装修建材	5	生活服务	9	机构协会	13	节能环保	17	安全安保	21	食品	25	金融
2	数码家电	6	运动户外	10	商务服务	14	交通运输	18	农林牧渔	22	游戏	26	教育
3	网络服务	7	医疗健康	11	日用百货	15	工业工程	19	通信服务	23	汽车		
4	金融服务	8	出版传媒	12	护肤彩妆	16	法律服务	20	房地产	24	旅游		

中国广告年鉴 2023
CHINA ADVERTISING YEARBOOK

广告行业认证

Advertising Industry Certification

中国广告协会
“CNAA Ⅰ”“CNAA Ⅱ”“CNAA Ⅲ”
一（二、三）级广告企业证明商标使用条件细则

（2022 年修订）

为引导广告企业向专业化、国际化、品牌化方向发展，根据中国广告业发展的实际情况，将申请使用一级（二级、三级）广告企业证明商标的企业按实际经营内容与核心竞争力的情况分为四类。依据《中国广告协会“CNAA Ⅰ”证明商标使用管理规则》《中国广告协会“CNAA Ⅱ”证明商标使用管理规则》《中国广告协会“CNAA Ⅲ”证明商标使用管理规则》第二章所规定的证明商标使用条件，对不同服务类型的企业提出以下标准。

一、综合服务类

指以品牌服务为核心，为广告主提供广告传播全过程、全方位服务的企业。服务内容包括市场调查、品牌传播策划、创意设计制作、公关活动、媒体策划与媒体广告资源购买、广告效果评估等。企业核心竞争力体现为提供整合营销策划与全方位广告传播服务的能力和质量。

（一）一级广告企业标准

1. 企业成立 3 年以上，依法登记注册、制度健全、管理规范，依法纳税，无严重不良记录。（准入条件）

2. 企业注册资本不低于 500 万。（准入条件）

3. 企业广告年营业收入（纳税收入）连续 2 年均不低于 3300 万元（自有媒体及代理媒体广告资源销售的营业收入除外）。（准入条件）

4. 企业广告业务负责人具有本科及以上学历。建立广告审查管理制度，有至少 2 名广告审查人员鼓励企业加强员工培训，提高员工业务技能。

5. 在过去 2 年内为不少于 8 个知名品牌提供整合营销策划、创意设计制作等综合服务；通过专业服务，有效提升品牌知名度，广告效果明显，获得客户肯定。

6. 企业积极参与中国广告业大奖（长城奖、黄河奖）和国内外行业组织开展的优质广告及相关赛事活动，充分展现专业服务能力。近 3 年来获奖广告作品或营销案例不少于 6 件。

7. 企业关注行业发展、积极参与行业活动。注重自主创新和企业品牌建设，培育企业核心竞争力。

8. 企业注重社会责任、热心社会公益，并为此做出贡献，具有一定的社会影响力。近 3 年每年创意、制作或发布公益广告不少于 4 件。

（二）二级广告企业标准

1. 企业成立 2 年以上，依法登记注册、制度健全、管理规范；依法纳税，无严重不良记录。（准入条件）

2. 企业注册资本不低于 100 万元。（准入条件）

3. 企业广告年营业收入（纳税收入）连续 2 年均不低于 1000 万元（自有媒体及代理媒体广告资源销售的营业收入除外）。（准入条件）

4. 企业广告业务负责人具有大专以上学历。建立广告审查管理制度，有至少 1 名广告审查人员。鼓励企业加强员工培训，提高员工业务技能。

5. 在过去 2 年内为不少于 5 个品牌提供整合营销策划、

创意设计制作等综合服务；通过专业服务，有效提升品牌知名度，广告效果明显，获得客户肯定。

6. 企业积极参与中国广告业大奖（长城奖、黄河奖）和国内外行业组织开展的优质广告及相关赛事活动，充分展现专业服务能力。近 3 年来获奖广告作品或营销案例不少于 3 件。

7. 企业关注行业发展、积极参与行业活动。注重自主创新和企业品牌建设，培育企业核心竞争力。

8. 企业注重社会责任、热心社会公益，并为此做出贡献，具有一定的社会影响力。近 3 年每年创意、制作或发布公益广告不少于 3 件。

（三）三级广告企业标准

1. 企业成立 2 年以上，依法登记注册、制度健全、管理规范；依法纳税，无严重不良记录。（准入条件）

2. 企业注册资本不低于 50 万元。（准入条件）

3. 企业广告年营业收入（纳税收入）连续 2 年均不低于 500 万元（自有媒体及代理媒体广告资源销售的营业收入除外）。（准入条件）

4. 企业广告业务负责人具有大专以上学历。建立广告审查管理制度，有至少 1 名广告审查人员。鼓励企业加强员工培训，提高员工业务技能。

5. 在过去 2 年内为不少于 3 个品牌提供整合营销策划、创意设计制作等综合服务；通过专业服务，有效提升品牌知名度，广告效果明显，获得客户肯定。

6. 企业积极参与中国广告业大奖（长城奖、黄河奖）和国内外行业组织开展的优质广告及相关赛事活动，充分展现专业服务能力。近 3 年来获奖广告作品或营销案例不少于 1 件。

7. 企业关注行业发展、积极参与行业活动。注重自主创新和企业品牌建设，培育企业核心竞争力。

8. 企业注重社会责任、热心社会公益，并为此做出贡献，具有一定的社会影响力。近 3 年每年创意、制作或发布公益广告不少于 1 件。

二、媒体服务类

指为媒体提供广告资源销售（包括自有媒体或代理媒体广告资源），以及为广告主提供媒体策划、媒体广告资源购买等专项服务型广告企业。企业核心竞争力体现为，为媒体提供代理、销售、品牌运营以及为广告主提供媒体策划、媒体广告资源购买等专项服务的专业化水平，及其规模化、网络化、跨地域性的媒体资源与经营能力。

（一）一级广告企业标准

1. 企业成立 3 年以上，依法登记注册、制度健全、管理规范；依法纳税，无严重不良记录。（准入条件）

2. 企业注册资本不低于 500 万元。（准入条件）

3. 企业广告年营业收入（纳税收入）连续 2 年均不低于 7000 万元（指纯媒体服务的营业收入）。（准入条件）

4. 企业广告业务负责人具有本科以上学历。建立广告审查管理制度，有至少 2 名广告审查人员。鼓励企业加强员工培训，提高员工业务技能。

5. 在过去 2 年内为不少于 12 个知名品牌提供媒体策划、媒体广告资源购买或代理发布服务；通过专业服务，有效提升品牌知名度，广告效果明显，获得客户肯定。

6. 企业积极参与中国广告业大奖（长城奖、黄河奖）和国内外行业组织开展的优质广告及相关赛事活动，充分展现专业服务能力。近 3 年来制作发布过的获奖广告作品或案例不少于 3 件。

7. 企业关注行业发展、积极参与行业活动。注重自主创新和企业品牌建设，培育企业核心竞争力。

8. 企业注重社会责任、热心社会公益，并为此做出贡献，具有一定的社会影响力。近 3 年每年创意、制作或发布公益广告不少于 8 件。

（二）二级广告企业标准

1. 企业成立 2 年以上，依法登记注册、制度健全、管理规范；依法纳税，无严重不良记录。（准入条件）

2. 企业注册资本不低于 100 万元。（准入条件）

3. 企业广告年营业收入（纳税收入）连续 2 年均不低于 1800 万元（指纯媒体服务的营业收入）。（准入条件）

4. 企业广告业务负责人具有大专以上学历。建立广告审查管理制度，有至少 1 名广告审查人员。鼓励企业加强员工培训，提高员工业务技能。

5. 成功服务 2 年以上的客户不少于 3 个；在过去 2 年内为不少于 8 个品牌提供媒体策划、媒体广告资源购买或代理发布服务；通过专业服务，有效提升品牌知名度，广告效果明显，获得客户肯定。

6. 企业积极参与中国广告业大奖（长城奖、黄河奖）和国内外行业组织开展的优质广告及相关赛事活动，充分展现专业服务能力。近 3 年来制作发布过的获奖广告作品或案例不少于 2 件。

7. 企业关注行业发展、积极参与行业活动。注重自主创新和企业品牌建设，培育企业核心竞争力。

8. 企业注重社会责任、热心社会公益，并为此做出贡献，具有一定的社会影响力。近 3 年每年创意、制作或发布公益广告不少于 5 件。

（三）三级广告企业标准

1. 企业成立 2 年以上，依法登记注册、制度健全、管理规范；依法纳税，无严重不良记录。（准入条件）

2. 企业注册资本不低于 50 万元。（准入条件）

3. 企业广告年营业收入（纳税收入）连续 2 年均不低于 800 万元（指纯媒体服务的营业收入）。（准入条件）

4. 企业广告业务负责人具有大专以上学历。建立广告审查管理制度，有至少 1 名广告审查人员。鼓励企业加强员工培训，提高员工业务技能。

5. 在过去 2 年内为不少于 5 个品牌提供媒体策划、媒体广告资源购买或代理发布服务；通过专业服务，有效提升品牌知名度，广告效果明显，获得客户肯定。

6. 企业积极参与中国广告业大奖（长城奖、黄河奖）和国内外行业组织开展的优质广告及相关赛事活动，充分展现专业服务能力。近 3 年来制作发布过的获奖广告作品或案例不少于 1 件。

7. 企业关注行业发展、积极参与行业活动。注重自主创新和企业品牌建设，培育企业核心竞争力。

8. 企业注重社会责任、热心社会公益，并为此做出贡献，具有一定的社会影响力。近 3 年每年创意、制作或发布公益广告不少于 2 件。

三、设计制作类

设计制作类（广告企业）

指以广告设计、制作为主要业务内容的专项服务型广告企业。服务内容包括影视广告、平面广告、互动（网络）广告、售点广告的创意设计、制作；企业与品牌形象识别系统设计、包装设计等。企业核心竞争力体现为专业化的设计、制作水平。

（一）一级广告企业标准

1. 企业成立 3 年以上，依法登记注册、制度健全、管理规范；依法纳税，无严重不良记录。（准入条件）

2. 企业注册资本不低于 500 万元。（准入条件）

3. 企业广告年营业收入（纳税收入）连续 2 年均不低于 2600 万元（指广告创意与设计制作的营业收入）。（准入条件）

4. 企业广告业务负责人具有本科以上学历。建立广告审查管理制度，有至少 2 名广告审查人员。鼓励企业加强员工培训，提高员工业务技能。

5. 在过去 2 年内为不少于 8 个知名品牌提供广告创意设计与制作服务；通过专业服务，有效提升品牌知名度，广告效果明显，获得客户肯定。

6. 企业积极参与中国广告业大奖（长城奖、黄河奖）和国内外行业组织开展的优质广告及相关赛事活动，充分展现专业服务能力。近 3 年来制作发布过的获奖广告作品不少于 8 件。

7. 企业关注行业发展、积极参与行业活动。注重自主创新和企业品牌建设，培育企业核心竞争力。

8. 企业注重社会责任、热心社会公益，并为此做出贡献，具有一定的社会影响力。近 3 年每年创意、制作或发布公益广告不少于 4 件。

（二）二级广告企业标准

1. 企业成立 2 年以上，依法登记注册、制度健全、管理规范；依法纳税，无严重不良记录。（准入条件）

2. 企业注册资本不低于 100 万元。（准入条件）

3. 企业广告年营业收入（纳税收入）连续 2 年均不低于 700 万元（指广告创意与设计制作的营业收入）。（准入条件）

4. 企业广告业务负责人具有大专以上学历。建立广告审查管理制度，有至少 1 名广告审查人员。鼓励企业加强员工培训，提高员工业务技能。

5. 在过去 2 年内为不少于 5 个品牌提供广告创意设计与制作服务；通过专业服务，有效提升品牌知名度，广告效果明显，获得客户肯定。

6. 企业积极参与中国广告业大奖（长城奖、黄河奖）和国内外行业组织开展的优质广告及相关赛事活动，充分展现专业服务能力。近 3 年来制作发布过的获奖广告作品不少于 4 件。

7. 企业关注行业发展、积极参与行业活动。注重自主创新和企业品牌建设，培育企业核心竞争力。

8. 企业注重社会责任、热心社会公益，并为此做出贡献，具有一定的社会影响力。近 3 年每年创意、制作或发布公益广告不少于 2 件。

（三）三级广告企业标准

1. 企业成立 2 年以上，依法登记注册、制度健全、管理规范；依法纳税，无严重不良记录。（准入条件）

2. 企业注册资本不低于 50 万元。（准入条件）

3. 企业广告年营业收入（纳税收入）连续 2 年均不低于 300 万元（指广告创意与设计制作的营业收入）。（准入条件）

4. 企业广告业务负责人具有大专以上学历。建立广告审查管理制度，有至少 1 名广告审查人员。鼓励企业加强员工培训，提高员工业务技能。

5. 成功服务 2 年以上的客户不少于 1 个；在过去 2 年内为不少于 3 个品牌提供广告创意设计与制作服务；通过专业服务，有效提升品牌知名度，广告效果明显，获得客户肯定。

6. 企业积极参与中国广告业大奖（长城奖、黄河奖）和国内外行业组织开展的优质广告及相关赛事活动，充分展现专业服务能力。近 3 年来制作发布过的获奖广告作品不少于 1 件。

7. 企业关注行业发展、积极参与行业活动。注重自主创新和企业品牌建设，培育企业核心竞争力。

8. 企业注重社会责任、热心社会公益，并为此做出贡献，具有一定的社会影响力。近 3 年每年创意、制作或发布公益广告不少于 1 件。

设计制作类（标识与展示企业）

指以室内外广告牌（灯箱）、商业招牌、导视牌、品牌形象货架、展示道具、城市家具、空间陈列、环境艺术、视觉图形等所有非平面（印刷或影视）视觉的有形产品（作品）的设计、制作和相关技术的应用，通过视觉途径达到传递商业、非商业信息或提升环境形象的目的，企业核心竞争力体现为专业化的设计或制作水平。

（一）一级广告企业标准

1. 企业成立 5 年以上，依法登记注册、制度健全、管理规范，具备安全生产许可证；企业通过 ISO9001 质量管理体系认证；依法纳税，无严重不良记录。（准入条件）

2. 企业注册资本不低于 1000 万。（准入条件）

3. 企业年营业收入（纳税收入）连续 2 年均不低 2500 万元。（准入条件）

4. 企业广告业务负责人具有大专以上学历。建立广告审查管理制度。鼓励企业加强员工培训，提高员工业务技能。

5. 在过去 2 年内成功服务知名客户（品牌）不少于 3 个；为客户（品牌）完成不少 3 个项目的标识设计或制作服务，完成的单项合同金额不少于 300 万的项目不少于 3 个。

6. 企业积极参与中国广告业大奖（长城奖、黄河奖）和国内外行业组织开展的优质广告（标识）及相关赛事活动，充分展现专业服务能力。近 3 年来制作发布过的获奖广告（标识）作品或获得国家专利不少于 3 件。

7. 企业关注行业发展、积极参与行业活动。注重自主创新和企业品牌建设，培育企业核心竞争力。

8. 企业注重社会责任、热心社会公益，并为此做出贡献，具有一定的社会影响力。

（二）二级广告企业标准

1. 企业成立 3 年以上，依法登记注册、制度健全、管理规范；依法纳税，无严重不良记录。（准入条件）

2. 企业注册资本不低于 300 万元。（准入条件）

3. 企业年营业收入（纳税收入）连续 2 年均不低于 800 万元。（准入条件）

4. 企业广告业务负责人具有大专以上学历。建立广告审查管理制度。鼓励企业加强员工培训，提高员工业务技能。

5. 在过去 2 年内成功服务客户（品牌）不少于 2 个；完成的单项合同金额不少于 100 万的项目不少于 2 个。

6. 企业积极参与中国广告业大奖（长城奖、黄河奖）和国内外行业组织开展的优质广告（标识）及相关赛事活动，充分展现专业服务能力。近 3 年来制作发布过的获奖广告（标识）作品或获得国家专利不少于 1 件。

7. 企业关注行业发展、积极参与行业活动。注重自主创新和企业品牌建设，培育企业核心竞争力。

8. 企业注重社会责任、热心社会公益，并为此做出贡献，具有一定的社会影响力。

（三）三级广告企业标准

1. 企业成立 2 年以上，依法登记注册、制度健全、管理规范。依法纳税，无严重不良记录。（准入条件）

2. 企业注册资本不低于 50 万元。（准入条件）

3. 企业年营业收入（纳税收入）不低于 300 万元。（准入条件）

4. 企业广告业务负责人具有大专以上学历。建立广告审查管理制度。鼓励企业加强员工培训，提高员工业务技能。

5. 在过去 2 年内成功服务客户（品牌）不少于 1 个；完成的单项合同金额不少于 20 万的项目不少于 2 个。

6. 企业关注行业发展、积极参与行业活动。注重自主创新和企业品牌建设，培育企业核心竞争力。

7. 企业注重社会责任、热心社会公益，并为此做出贡献，具有一定的社会影响力。

四、数字营销类

指基于以互联网、移动互联网为代表的数字交互式媒体进行品牌营销传播活动的专项服务型广告企业。通过数字化多媒体渠道实现营销传播的精准化、可量化和数据化。企业核心竞争力体现为利用数字媒体的特性进行品牌传播活动的专业策划能力与执行水平。

（一）一级广告企业标准

1. 企业成立 2 年以上，依法登记注册、制度健全、管理规范；依法纳税，无严重不良记录。（准入条件）

2. 企业注册资本不低于 500 万元。在 3 个及以上城市设有分支机构或全资子公司。（准入条件）

3. 基于互联网技术从事广告营销的技术类企业（无媒体代理业务），广告年营业收入（纳税收入）连续 2 年均不低于 2500 万元，基于互联网和移动互联网媒体从事专业整合营销传播活动的企业（含媒体代理业务），广告年营业收入（纳税收入）连续 2 年均不低于 5000 万元。（准入条件）

4. 企业广告业务负责人具有本科以上学历。建立广告审查管理制度，有至少 2 名广告审查人员。鼓励企业加强员工培训，提高员工业务技能。

5. 技术类企业成功服务 2 年以上的客户不少于 10 个；整合营销类企业在过去 2 年内为不少于 30 个客户提供数字营销服务；通过专业服务，有效提升品牌知名度，广告效果明显，获得客户肯定。

6. 企业积极参与中国广告业大奖（长城奖、黄河奖）和国内外行业组织开展的优质广告及相关赛事活动，充分展现专业服务能力。近 3 年来实施过的数字营销案例获奖不少于 4 件。

7. 企业关注行业发展、积极参与行业活动。注重自主创新和企业品牌建设，培育企业核心竞争力。

8. 企业注重社会责任、热心社会公益，并为此做出贡献，具有一定的社会影响力。近 3 年每年创意、制作或发布公益广告或网络公益营销事件不少于 4 件。

（二）二级广告企业标准

1. 企业成立 2 年以上，依法登记注册、制度健全、管理规范；依法纳税，无严重不良记录。（准入条件）

2. 企业注册资本不低于 100 万元，在 2 个及以上城市设有分支机构或全资子公司。（准入条件）

3. 基于互联网技术从事广告营销的技术类企业（无媒体代理业务），广告年营业收入（纳税收入）连续 2 年均不低于 700 万元，基于互联网和移动互联网媒体从事专业整合营销传播活动的企业（含媒体代理业务），广告年营业收入（纳税收入）连续 2 年均不低于 1500 万元。（准入条件）

4. 企业广告业务负责人具有本科以上学历。建立广告审查管理制度，有至少 1 名广告审查人员。鼓励企业加强员工培训，提高员工业务技能。

5. 技术类企业成功服务 2 年以上的客户不少于 5 个；整合营销类企业在过去 2 年内为不少于 15 个客户提供数字营销服务；通过专业服务，有效提升品牌知名度，广告效果明显，获得客户肯定。

6. 企业积极参与中国广告业大奖（长城奖、黄河奖）和国内外行业组织开展的优质广告及相关赛事活动，充分展现专业服务能力。近 3 年来实施过的数字营销案例获奖不少于 2 件。

7. 企业关注行业发展、积极参与行业活动。注重自主创新和企业品牌建设，培育企业核心竞争力。

8. 企业注重社会责任、热心社会公益，并为此做出贡献，具有一定的社会影响力。近 3 年每年创意、制作或发布公益广告或网络公益营销事件不少于 2 件。

（三）三级广告企业标准

1. 企业成立 2 年以上，依法登记注册、制度健全、管理规范；依法纳税，无严重不良记录。（准入条件）

2. 企业注册资本不低于 50 万元。（准入条件）

3. 基于互联网技术从事广告营销的技术类企业（无媒体代理业务），广告年营业收入（纳税收入）连续 2 年均不低于 300 万元，基于互联网和移动互联网媒体从事专业整合营销传播活动的企业（含媒体代理业务），广告年营业收入（纳税收入）连续 2 年均不低于 700 万元。（准入条件）

4. 企业广告业务负责人具有本科以上学历。建立广告审查管理制度，有至少 1 名广告审查人员。鼓励企业加强员工培训，提高员工业务技能。

5. 技术类企业成功服务 2 年以上的客户不少于 3 个，整合营销类企业在过去 2 年内为不少于 7 个客户提供数字营销服务；通过专业服务，有效提升品牌知名度，广告效果明显，获得客户肯定。

6. 企业积极参与中国广告业大奖（长城奖、黄河奖）和国内外行业组织开展的优质广告及相关赛事活动，充分展现专业服务能力。近 3 年来实施过的数字营销案例获奖不少于 1 件。

7. 企业关注行业发展、积极参与行业活动。注重自主创新和企业品牌建设，培育企业核心竞争力。

8. 企业注重社会责任、热心社会公益，并为此做出贡献，具有一定的社会影响力。近 3 年每年创意、制作或发布公益广告或网络公益营销事件不少于 1 件。

证明商标企业名单 2022

“CNAA Ⅰ”（一级广告企业）

综合服务类

厦门媒管家文化科技有限公司
南京银都奥美广告有限公司
正邦创意（北京）品牌科技股份有限公司
广东九易广告有限公司
广东金橙文化传媒有限公司
广东圣火传媒科技股份有限公司
舜风传媒集团股份有限公司
天津创意星球网络科技股份有限公司
江苏大唐灵狮广告有限公司
华扬联众数字技术股份有限公司
重庆狼卜品牌营销策划股份有限公司
北京蓝色光标数据科技股份有限公司
珠海华发文化传播有限公司
浙江省通信产业服务有限公司
苏州黑马骑士营销策划有限公司
鼎翰文化股份有限公司

媒体服务类

江苏永达高铁传媒有限公司
浙江联合动力传媒广告有限公司
北京玖众科技股份有限公司
广州白云国际广告有限公司
宏强文化传媒集团（宁夏）有限公司
海南白马广告媒体投资有限公司
号百信息服务有限公司
上海城铁广告传媒有限公司
江苏路铁文化传媒有限公司
上海郡州广告传媒股份有限公司
迪岸双赢集团有限公司
航美传媒集团有限公司
郑州铁利达广告有限公司
北京星海文化传媒有限公司
深圳机场雅仕维传媒有限公司
江苏银苹果文化传媒有限公司
德高广告（北京）有限公司
德高广告（上海）有限公司
成都铁路文化传媒有限责任公司
南京地铁德高广告有限公司
苏州市安泰交通安全设施工程有限公司
南昌铁路文化广告传媒有限公司
懿赢文化传媒有限公司
云南空港雅仕维信息传媒有限公司
江苏金海洋互动城市文化发展股份有限公司
苏州美丽华传媒文化有限公司
吕梁市华宇广告股份有限公司
江苏灵创广告策划有限公司
上海新云传媒股份有限公司
北京祎隆文化传媒有限公司
北京世纪润华广告有限公司
江苏畅行线文化传媒有限公司
北京地下铁道通成广告股份有限公司

上海雅仕维广告有限公司
贵州高速传媒有限公司
首都机场集团传媒有限公司
湖南拓合传媒有限公司
北京中视浩诚国际广告有限公司
广东高速传媒有限公司
江西国维实业有限公司
天津晓耀广告传播股份有限公司
中广共赢广告联播联展有限公司
江苏新铁广告传媒（集团）有限公司
天翼数字生活科技有限公司
南京国广联传媒股份有限公司
浙江金报文化传媒有限公司

设计制作类

南昌亿天广告有限公司
上海观池文化传播有限公司
黑龙江省咏大文化传播有限责任公司
上海飞帆广告有限公司
浙江一百广告传媒股份有限公司
厦门东帝士广告股份有限公司
湖北东方卓越文化传媒有限公司
湖州市中杰创意产业发展股份有限公司
宁波坤晨广告有限公司
南通中一广告有限公司
江苏画你文创集团有限公司
江苏文广五十弦文化传播股份有限公司
中通服慧展科技有限公司
中国国际广告有限公司
河北汇景广告传媒股份有限公司
浙江思珀整合传播有限公司
江苏新思维设计工程有限公司
河北智尊文化传播有限公司
宜昌市超人广告有限责任公司
南京鑫彩峰广告有限公司

设计制作类（标识）

广东电声市场营销股份有限公司
合肥原野标识工程有限公司
厦门市恒马广告有限公司
山东未来空间集团有限公司
上海政邦标识工程有限公司
福建安邦展示股份有限公司
安徽亚伟标识工程有限公司
江苏超凡标牌股份有限公司
四川千巨视觉广告传媒有限责任公司
成都市好迪科技有限公司
湖南奥林美索文化产业有限公司
苏州标奇设计营造有限公司
常州一道标识系统有限公司
武汉牌洲湾广告科技有限公司
深圳市中绘图像科技有限公司
泉州华盛广告有限公司
内蒙古正艺达品牌策略有限公司
浙江东方广告标识有限公司
安徽骏飞标识设计制作有限公司
湖南伟达文化传播有限公司
武汉高斯美创新产业有限公司

数字营销类

北京维卓网络科技有限公司
北京美通互动数字科技股份有限公司
北京泛为信息科技有限公司
中通服网盈科技有限公司
上海谦玛网络科技有限公司
盘古网络集团有限公司
南京西西里文化传媒有限公司
太逗科技集团有限公司

“CNAA Ⅱ”（二级广告企业）

综合服务类

镇江市和信网络科技有限公司
伊春市太平洋世纪广告有限责任公司
安徽省北斗广告有限责任公司
山东视见文化传媒有限公司
广州市博沃品牌策划有限公司
清远市志明广告有限公司
上海嘉捷广告设计有限公司
芜湖鼎晨广告传媒有限公司
江西七彩传媒科技有限公司
苏州林达广告有限公司
贵州薇蓝图文化传媒有限公司
江苏汉威文化传媒有限公司
合肥易派传媒有限公司
新疆美网文化传媒有限公司
连云港市方普数字印务有限公司
鄂州市永佳广告印务有限公司
广东一歌传媒有限公司
湖北安信文化传媒有限公司
苏州通广传媒投资有限公司
安徽科阳广告传媒有限公司
柏立（杭州）品牌营销咨询有限公司
浙江贝特文化传播有限公司
浙江汇宝广告有限公司
昆山神舟传媒广告有限公司
诸暨市辉煌文化传播有限公司
广州君易数字传媒科技有限公司
襄阳鑫奥美文化传媒有限公司
诸暨市勤＋缘礼仪广告有限公司
武汉乐驰传媒有限公司
南京向美传媒有限公司
长兴天工装饰广告有限公司
上海腾隆广告有限公司
浙江芒种品牌管理有限公司
湖州统艺广告装潢有限公司
山东泰隆盛世传媒有限公司
广州思进文化传播有限公司
上海焕泽信息技术有限公司
湖北创美达广告有限公司

媒体服务类

浙江高速广告有限责任公司
济宁广电产业发展集团有限公司
安徽广和文化传媒有限公司
安徽达创文化传播有限公司
江苏天人合一文化投资有限公司
安徽省森宇广告装饰有限公司
绍兴天启文化创意有限公司
甘肃枫华文化投资发展有限公司
中电传媒股份有限公司
珠海公交文化传媒有限公司
宿州海蓝传媒有限责任公司
芜湖腾云文化传媒有限责任公司
安徽中彩广告有限公司
绍兴市悦动公交广告传媒有限公司
广州市美尚广告有限公司
绍兴市上虞区交通广告有限公司
浙江风行互联文化发展有限公司
昆山中天广告传媒有限公司
江苏天合营销策划有限公司
河北领帝文化传播股份有限公司
义乌市恒风传媒科技有限公司

丽水市南明文化传媒有限公司

设计制作类

苏州大智广告传媒有限公司
常熟百晓生文化传媒有限责任公司
芜湖青藤广告传媒有限公司
苏州龙吟堂文化传媒有限公司
襄阳联盛银河快印广告有限公司
江苏骏驰文化传媒有限公司
宿州市虹桥文化传媒有限公司
汉川市联合广告有限公司
江苏宏大广告有限公司
安徽金誉堂文化产业发展有限公司
江苏风火轮文化传播有限公司
安徽汉轩信息科技有限公司
济宁市红方格广告股份有限公司
湖州吴兴新华艺广告有限公司
浙江灵动文化科技有限公司
武汉越志广告有限公司
江西金迪晟广告装饰有限公司
湖北映美科技传媒有限公司
浙江金胜文化发展有限公司
江苏新能源广告传媒有限公司
江西优典广告传媒有限公司
昆山市金海圣广告传媒有限公司
绍兴国艺广告有限公司
江苏门马文化发展有限公司
苏州市飞天广告有限公司
江苏厚道广告装饰工程有限公司
绍兴市舜泽广告有限公司
厦门金鹄广告有限公司

设计制作类（标识）

徐州千帆标识系统工程有限公司
山西申元广告装饰工程有限公司
武汉精诚铭创广告工程有限公司
无锡康柏汉特图文展示工程有限公司
江西三原色标识制作有限公司
湖北枫叶企业发展股份有限公司
尊创科技集团有限公司
苏州圣比城市智能科技有限公司
甘肃方正标牌广告有限公司
山东龙飞广告装饰工程有限公司
浙江兴红标识有限公司

数字营销类

长春盘古网络技术有限公司
南通濠滨文化传媒有限公司
沈阳盘古网络技术有限公司

“CNAA Ⅲ”（三级广告企业）

综合服务类

丹阳日报社广告有限公司
江苏云尚传媒有限责任公司
诸暨市唐旗文化创意有限公司
北京国通联合传媒科技有限公司
新疆窗景文化有限公司
江西鑫宏文化传媒有限公司
广电传媒广告（广州）有限公司

媒体服务类

北京大龙得天力广告传媒有限公司
宿州印象传媒有限责任公司

泰州市鑫通广告传媒有限公司

设计制作类

黔东南州风讯传媒广告有限责任公司
苏州大拇指传媒科技有限公司
重庆鑫丰彩广告有限公司
丽水市集美文化传媒有限公司
南通橙果广告有限公司
泰州琦兵广告工程有限公司
江苏风向标广告传媒有限公司
江苏世纪畅想文化传播有限公司
哈尔滨宏鹏广告有限公司
镇江市振邦广告装饰工程有限公司
江苏小马奔腾文化传播有限公司
上海欣宇广告有限公司
绍兴聚慧堂广告策划有限公司
杭州亦扬文化传媒有限责任公司

设计制作类（标识）

南通九洲广告传媒有限公司
泗阳县华盛文化传媒有限公司
武汉世纪雄鹰广告装饰有限公司
南通观美广告有限公司

中国广告协会
“金（银、铜）标尺”证明商标
使用管理工作简介

大力发展数字经济已成为国家战略，数字经济也正在成为驱动我国经济高质量发展的重要引擎。作为数字经济的重要组成部分，数字媒体近年来迅速发展，新模式、新业态、新技术不断涌现，在激发市场活力，推动企业数字化转型，服务社会消费和扩大内需等方面都发挥了积极作用。与此同时，数字媒体行业在快速发展的过程中也出现了一些问题，例如数据使用的规范性有待加强，媒体流量的真实性有待提升，广告效果评估的科学性有待提高。这些问题阻碍了数字广告产业乃至数字经济的高质量发展，也不利于行业的诚信建设。因此，行业亟须建立科学的数字媒体价值评估标准和体系。

在此背景下，为更好地践行中广协“服务行业自律、服务行业维权、服务行业发展”的宗旨，中国广告协会向国家商标主管部门申请注册了“金（银、铜）标尺”证明商标（“金标尺 +Golden Ruler+ 图形”“银标尺 +Silver Ruler+ 图形”“铜标尺 + Bronze Ruler+ 图形”）。证明商标是指由对某种商品或者服务具有监督能力的组织所控制，由该组织以外的单位或者个人使用于其商品或者服务，用以证明该商品或者服务的原产地、原料、制造方法、质量或者其他特定品质的标志。中国广告协会“金（银、铜）标尺”证明商标是用于证明特定数字媒体专业服务能力的证明商标，使用范围是：各类通过互联网传输协议，在服务器端和客户端电子设备之间传送数字图文音像形式的营销素材（数字广告）以创造价值的应用程序（数字媒体）。

“金（银、铜）标尺”证明商标旨在从真实、透明和实效等维度，打造专业、科学、规范的数字媒体价值评估体系。对于数字媒体，其通过参加评审可以提升自身数据反作弊能力，增强合规性，提升综合服务能力和水平；对于广告主，选择符合条件且获得证明商标使用权的媒体进行合作，有利于广告主节约投放成本，提升广告投放效率；对于整个数字广告行业，此项工作有助于提高数字媒体广告效果评估的科学性和数据的真实性，提升数字媒体价值及透明度和可信度，强化互联网广告质量诚信体系建设，引导行业向专业化、规范化、科学化和高质量方向发展，共建健康、透明、绿色的行业新生态。

中国广告协会
“金标尺”“银标尺”“铜标尺”
证明商标使用条件细则

（2022 年 5 月修订）

为引导数字媒体（移动端应用程序、电脑网站、数字电视端应用程序）提供广告服务向专业化、规范化、科学化和高质量方向发展，提高数字媒体广告效果评估的科学性和数据的真实性，提升数字媒体价值及透明度和可信度，依据《中国广告协会“金标尺 +Golden Ruler+ 图形”证明商标使用管理规则》《中国广告协会“银标尺 +Silver Ruler+ 图形”证明商标使用管理规则》《中国广告协会“铜标尺 + Bronze Ruler+ 图形”证明商标使用管理规则》第二章所规定的证明商标使用条件，按照中国互联网广告产业发展的实际情况，对移动端、电脑端、数字电视端提供数字广告服务的数字媒体提出以下标准细则。

一、“金标尺”数字媒体标准细则

“金标尺 +Golden Ruler+ 图形”证明商标的使用范围是：各类通过互联网传输协议，在服务器端和客户端电子设备之间传送数字图文音像形式的营销素材（数字广告）以创造价值的应用程序（数字媒体）。

分为移动端、电脑端、数字电视端三大类发布平台。从申请主体的性质上，按每个独立应用程序、网站进行评审，不以公司 / 集团 / 设备为单位。如属于媒体矩阵广告产品，需提交矩阵媒体清单及按评审要求确认清单内媒体的满足条件。符合下列评级要求的获得相应的金标尺证明商标。如：移动端应用金标尺、电脑端应用金标尺、数字电视端应用金标尺。

二、“银标尺”数字媒体标准细则

“银标尺 +Silver Ruler+ 图形”证明商标的使用范围是：各类通过互联网传输协议，在服务器端和客户端电子设备之间传送数字图文音像形式的营销素材以创造价值的应用程序。

分为移动端、电脑端、数字电视端三大类发布平台。从申请主体的性质上，按每个独立应用程序、网站进行评审，不以公司 / 集团 / 设备为单位。如属于媒体矩阵广告产品，需提交矩阵媒体清单及按评审要求确认清单内媒体的满足条件。符合下列评级要求的获得相应的银标尺证明商标。如：移动端应用银标尺、电脑端应用银标尺、数字电视端应用银标尺。

三、“铜标尺”数字媒体标准细则

“铜标尺 +Bronze Ruler+ 图形”证明商标的使用范围是：各类通过互联网传输协议，在服务器端和客户端电子设备之间传送数字图文音像形式的营销素材以创造价值的应用程序。

分为移动端、电脑端、数字电视端三大类发布平台。从申请主体的性质上，按每个独立应用程序、网站进行评审，不以公司 / 集团 / 设备为单位。如属于媒体矩阵广告产品，需提交矩阵媒体清单及按评审要求确认清单内媒体的满足条件。符合下列评级要求的获得相应的铜标尺证明商标。如：移动端应用铜标尺、电脑端应用铜标尺、数字电视端应用铜标尺。

申请使用“金标尺 +Golden Ruler + 图形”证明商标的应用程序须具备以下特有品质：

维度	指标	指标定义与说明	建议数据来源	金标尺
媒体经营合规性	媒体经营年份	媒体上线经营的年份	工商登记信息、ICP 许可证	媒体上线经营年份 3 年或以上（经营 3 年以下不能申请金银铜）
	广告经营环境合规（违法违规次数）	（中国境内）违法违规事件含内容违法、违规；广告违法违规；网络安全、个人隐私、数据相关违法违规	内容相关事件以国家相关部委通报的媒体违法违规事件为准；广告相关事件以市场监督管理总局通报的违法违规事件为准（国家企业信用信息公示系统、工信部、网信办、国家广电出版总局、文化旅游部等部委公告）以及网络安全个人隐私数据相关违法违规信息来源，比如：工信部每季度 App 专项检查	应用程序向电子设备传输违法违规的数字图文音像营销素材的次数近 3 年平均不超过 10 次
	媒体及广告内容合规（内容审核流程合规性与审核效果）	是否有建立符合《互联网广告发布者广告审查标准》的内容审核流程；内容违法违规事件数量趋势	媒体自行上报内容审核流程，中广协进行核查	有合规内容审核流程；近 12 个月内容违法违规事件数量比上 12 个月减少
媒体规模	年度独立应用之独立用户人数或设备数渗透率（%）（基于人或设备含 cookies、浏览器的统计，总用户或设备基数对应移动端、数字电视端、电脑网站端统计）	独立媒体应用（移动端、数字电视端、电脑网站）之年度独立用户或独立设备数占全国总用户数或总开机设备数之比例。反映该独立媒体应用的年度用户渗透率	数据来源建议：运营商数据研究机构，或经审计的公司财报相关数据，或市场调研机构报告	年度独立用户或设备渗透率达 20% 及以上
	月度活跃用户数或设备数（万人）（基于人或设备含 cookies、浏览器的统计，总用户或设备基数对应移动端、数字电视端、电脑网站端统计）	独立媒体应用（移动端、数字电视端、电脑网站）之月度独立用户或独立设备数占全国总用户数或总开机设备数之比例。反映该独立媒体应用的月度用户渗透率	同上	月度独立用户或设备渗透率达 20% 及以上
	人均（基于独立用户或设备数）单日使用次数（次）	独立媒体应用（移动端、数字电视端、电脑网站）之人均单日单设备使用次数。反映该独立媒体应用的用户可触达概率，次数越高，广告可触达概率越高	同上	单日单设备接收传输次数不低于 5 次
	人均（基于独立用户或设备数）单次使用时长（分钟）	独立媒体应用（移动端、数字电视端、电脑网站）之人均单次使用时长。反映该独立媒体应用的用户可曝光概率，平均单次持续时长越长，广告可曝光概率越高	同上	单日单设备单次有效接收传输时长不低于 15 分钟
媒体广告信用	媒体透明度（支持行业标准：《互联网广告投放监测与验证要求》（T/CAAAD 002—2020）、MRC 媒体测量标准）	应用程序透明度表征该应用程序对数字图文音像营销素材传输数据的开放程度和第三方监测的配合程度。包括：A. 是否开放第三方监测；B. 是否支持 C2S 监测机制；C. 是否使用符合《互联网广告投放监测与验证要求》（T/CAAAD 002—2020）要求的 SDK 进行参数收集和传输；D. 是否开放无效流量验证；E. 是否支持回传上下文和剧目信息；F. 是否支持独立第三方审计机构专项审计	媒体支持 C2S 监测，符合行业标准对“客户端触发”开始渲染曝光、可见曝光监测及 IVT 甄别的要求（证明方：具备审计、检测人员资质的机构、获得行业认证的第三方监测公司） 媒体使用 S2S 监测，符合行业标准对“客户端触发”开始渲染曝光、可见曝光监测及 IVT 甄别的要求（证明方：具备审计、检测人员资质的机构、获得行业认证的第三方监测公司）	应用程序的透明度须至少满足其中的 A、B、C、D 项
	无效流量占比（年度）	应用程序传输数据无效流量比例：数字图文影像营销素材在传输过程中产生的无效流量数据于总流量占比	行业认证第三方提供年度监测报告，或媒体直接通过审计方专项测量指标合规审计	无效流量占比低于行业年度平均比例并保持逐年下降
	反欺诈	获得 TAG 认证或获得 MRC SIVT 认证	认证书	
	一般无效流量 GIVT 过滤	中国广告协会 GIVT List 工作组成员并贡献数据、使用数据	中广协出具的相关证明	
	地域定向符合行业共识	使用中国广告协会发布的 IP 地址库、IP 地址库工作组成员并贡献数据	中广协出具的相关证明	

（续）

维度	指标	指标定义与说明	建议数据来源	金标尺
媒体广告信用	广告标识规范使用	媒体使用符合《移动互联网广告标识技术规范》的标识，或媒体在使用标识时符合行业规范	提供外部证明材料	
	广告数据应用安全；媒体信息安全	1. 媒体参照《互联网广告数据应用与安全技术要求》等相关要求进行广告数据安全使用 2. 媒体客户端不存在恶意行为与安全风险，具有安全防护能力，符合信息安全相关标准要求	提供外部证明材料	至少满足一项
广告实效性	广告效果数据及广告形式创新性	广告效果数据及广告形式创新性	媒体广告按符合行业测量标准报告广告实效性【测量指标至少包含但不限于：总曝光数、一般无效流量曝光数、广告互动（如：点击、评论、转发、点赞等）及效果转化指标】。媒体展示广告形式的创新性，提升广告触达用户的效果	提交 3 个完整数据案例

申请使用“银标尺 +Silver Ruler + 图形”证明商标的应用程序须具备以下特有品质。

维度	指标	指标定义与说明	建议数据来源	银标尺
媒体经营合规性	媒体运营年份	媒体上线经营的年份	工商登记信息，ICP 许可证	媒体上线经营广告业务年份 3 年或以上（经营 3 年以下不能申请金银铜）
	广告经营环境合规（违法违规次数）	（中国境内）违法违规事件含内容违法、违规；广告违法违规；网络安全、个人隐私、数据相关违法违规	内容相关事件以国家相关部委通报的媒体违法违规事件为准；广告相关事件以市场监督管理总局通报的违法违规事件为准（国家企业信用信息公示系统、工信部、网信办、国家广电出版总局、文化旅游部等部委公告）需补充：网络安全个人隐私数据相关违法违规信息来源，比如：工信部每季度 App 专项检查	应用程序向电子设备传输违法违规的数字图文音像营销素材的次数近 3 年平均不超过 15 次
	媒体及广告内容合规（内容审核流程合规性与审核效果）	是否有建立符合《互联网广告发布者广告审查标准》的内容审核流程；内容违法违规事件数量趋势	媒体自行上报内容审核流程，中广协进行核查	有合规内容审核流程；近 12 个月内容违法违规事件数量比上 12 个月无增减
媒体规模	年度独立应用之独立用户人数或设备数渗透率（%）（基于人或设备含 cookies、浏览器的统计，总用户或设备基数对应移动端、数字电视端、电脑网站端统计）	独立媒体应用（移动端、数字电视端、电脑网站端）之年度独立用户或独立设备数占全国总用户数或总开机设备数之比例。反映该独立媒体应用的年度用户渗透	数据来源建议：运营商数据研究院，或经审计的公司财报相关数据，或市场调研机构报告	年度独立用户或设备渗透率达 5% 及以上
	月度活跃用户数或设备数（万人）（基于人或设备含 cookies、浏览器的统计，总用户或设备基数对应移动端、数字电视端、电脑网站端统计）	独立媒体应用（移动端、数字电视端、电脑网站端）之月度独立用户或独立设备数占全国总用户数或总开机设备数之比例。反映该独立媒体应用的月度用户渗透率	同上	月度独立用户或设备渗透率达 5% 及以上
	人均（基于独立用户或设备数）单日使用次数（次）	独立媒体应用（移动端、数字电视端、电脑网站端）之人均单日单设备使用次数。反映该独立媒体应用的用户可触达概率，次数越高，广告可触达概率越高	同上	单日单设备接收传输次数不低于 3 次
	人均（基于独立用户或设备数）单次使用时长（分钟）	独立媒体应用（移动端、数字电视端、电脑网站端）之人均单次使用时长。反映该独立媒体应用的用户可曝光概率，平均单次持续时长越长，广告可曝光概率越高	同上	单日单设备单次有效接收传输时长不低于 5 分钟

（续）

维度	指标	指标定义与说明	建议数据来源	银标尺
媒体广告信用	媒体透明度（支持行业标准《互联网广告投放监测与验证要求》（T/CAAAD 002—2020）、MRC 媒体测量标准）	应用程序透明度表征该应用程序对数字图文音像营销素材传输数据的开放程度和第三方监测的配合程度。包括：A. 是否开放第三方监测；B. 是否支持 C2S 监测机制；C. 是否使用符合《互联网广告投放监测与验证要求》（T/CAAAD 002—2020）要求的 SDK 进行参数收集和传输；D. 是否开放无效流量验证；E. 是否支持回传上下文和剧目信息；F. 是否支持独立第三方审计机构专项审计	媒体支持 C2S 监测，符合行业标准对“客户端触发”开始渲染曝光、可见曝光监测及 IVT 甄别的要求（证明方：具备审计、检测人员资质的机构、获得行业认证的第三方监测公司） 媒体使用 S2S 监测，符合行业标准对“客户端触发”开始渲染曝光、可见曝光监测及 IVT 甄别的要求（证明方：具备审计、检测人员资质的机构、获得行业认证的第三方监测公司）	应用程序的透明度须至少满足其中的 A、B、C 项
	无效流量占比（年度）	应用程序传输数据无效流量比例：数字图文影像营销素材在传输过程中产生的无效流量数据于总流量占比	行业认证第三方提供年度监测报告；或媒体直接通过审计方专项测量指标合规审计	无效流量占比控制在行业年度平均比例，但需逐年下降
	反欺诈	获得 TAG 认证或获得 MRC SIVT 认证	认证书	
	一般无效流量 GIVT 过滤	中国广告协会 GIVT List 工作组成员并贡献数据、使用数据	中广协出具的相关证明	
	地域定向符合行业共识	使用中国广告协会发布的 IP 地址库、IP 地址库工作组成员并贡献数据	中广协出具的相关证明	
	广告标识规范使用	媒体使用符合《移动互联网广告标识技术规范》的标识，或媒体在使用标识时符合行业规范	提供外部证明材料	
	广告数据应用安全； 媒体信息安全	1. 媒体参照《互联网广告数据应用与安全技术要求》等相关要求进行广告数据安全使用 2. 媒体客户端不存在恶意行为与安全风险，具有安全防护能力，符合信息安全相关标准要求	提供外部证明材料	至少满足一项
广告实效性	广告效果数据及广告形式创新性	广告效果数据及广告形式创新性	媒体广告按符合行业测量标准报告广告实效性【测量指标至少包含但不限于：总曝光数、一般无效流量曝光数、广告互动（如：点击、评论、转发、点赞等）及效果转化指标】。媒体展示广告形式的创新性，提升广告触达用户的效果	提交 2 个完整数据案例

申请使用“铜标尺 +Bronze Ruler + 图形”证明商标的应用程序须具备以下特有品质：

维度	指标	指标定义与说明	建议数据来源	铜标尺
媒体经营合规性	媒体运营年份	媒体上线经营的年份	工商登记信息，ICP 许可证	媒体上线经营广告业务年份 3 年或以上（经营 3 年以下不能申请金银铜）
	广告经营环境合规（违法违规次数）	（中国境内）违法违规事件含内容违法、违规；广告违法违规；网络安全、个人隐私、数据相关违法违规	内容相关事件以国家相关部委通报的媒体违法违规事件为准；广告相关事件以市场监督管理总局通报的违法违规事件为准（国家企业信用信息公示系统、工信部、网信办、国家广电出版总局、文化旅游部等部委公告）以及网络安全个人隐私数据相关违法违规信息来源，比如：工信部每季度 App 专项检查	应用程序向电子设备传输违法违规的数字图文音像营销素材的次数近 3 年平均不超过 20 次
	媒体及广告内容合规（内容审核流程合规性与审核效果）	是否有建立符合《互联网广告发布者广告审查标准》的内容审核流程；内容违法违规事件数量趋势	媒体自行上报内容审核流程，中广协进行核查	有合规内容审核流程；近 12 个月内容违法违规事件数量比上 12 个月增加

（续）

维度	指标	指标定义与说明	建议数据来源	铜标尺
媒体规模	年度独立应用之独立用户人数或设备数渗透率（%）（基于人或设备含 cookies、浏览器的统计，总用户或设备基数对应移动端、数字电视端、电脑网站端统计）	独立媒体应用（移动端、数字电视端、电脑网站端）之年度独立用户或独立设备数占全国总用户数或总开机设备数之比例。反映该独立媒体应用的年度用户渗透率	数据来源建议：运营商数据研究院，或经审计的公司财报相关数据，或市场调研机构报告	年度独立用户或设备渗透率达 1% 及以上
	月度活跃用户数或设备数（万人）（基于人或设备含 cookies、浏览器的统计，总用户或设备基数对应移动端、数字电视端、电脑网站端统计）	独立媒体应用（移动端、数字电视端、电脑网站端）之月度独立用户或独立设备数占全国总用户数或总开机设备数之比例。反映该独立媒体应用的月度用户渗透率	同上	月度独立用户或设备渗透率达 1% 及以上
	人均（基于独立用户或设备数）单日使用次数（次）	独立媒体应用（移动端、数字电视端、电脑网站端）之人均单日单设备使用次数。反映该独立媒体应用的用户可触达概率，次数越高，广告可触达概率越高	同上	单日单设备接收传输次数不低于 1 次
	人均（基于独立用户或设备数）单次使用时长（分钟）	独立媒体应用（移动端、数字电视端、电脑网站端）之人均单次使用时长。反映该独立媒体应用的用户可曝光概率，平均单次持续时长越长，广告可曝光概率越高	同上	单日单设备单次有效接收传输时长不低于 2 分钟
媒体广告信用	媒体透明度（支持行业标准《互联网广告投放监测与验证要求》（T/CAAAD 002—2020）、MRC 媒体测量标准）	应用程序透明度表征该应用程序对数字图文音像营销素材传输数据的开放程度和第三方监测的配合程度。包括：A. 是否开放第三方监测；B. 是否支持 C2S 监测机制；C. 是否使用符合《互联网广告投放监测与验证要求》（T/CAAAD 002—2020）要求的 SDK 进行参数收集和传输；D. 是否开放无效流量验证；E. 是否支持回传上下文和剧目信息；F. 是否支持独立第三方审计机构专项审计	媒体支持 C2S 监测，符合行业标准对“客户端触发”开始渲染曝光、可见曝光监测及 IVT 甄别的要求（证明方：具备审计、检测人员资质的机构、获得行业认证的第三方监测公司） 媒体使用 S2S 监测，符合行业标准对“客户端触发”开始渲染曝光、可见曝光监测及 IVT 甄别的要求（证明方：具备审计、检测人员资质的机构、获得行业认证的第三方监测公司）	应用程序的透明度须至少满足其中的 A、C 项
	无效流量占比（年度）	应用程序传输数据无效流量比例：数字图文影像营销素材在传输过程中产生的无效流量数据于总流量占比	行业认证第三方提供年度监测报告，或媒体直接通过审计方专项测量指标合规审计	无效流量占比处于行业年度较高比例，但需逐年下降
	反欺诈	获得 TAG 认证或获得 MRC SIVT 认证	认证书	
	一般无效流量 GIVT 过滤	中国广告协会 GIVT List 工作组成员并贡献数据、使用数据	中广协出具的相关证明	
	地域定向符合行业共识	使用中国广告协会发布的 IP 地址库、IP 地址库工作组成员并贡献数据	中广协出具的相关证明	
	广告标识规范使用	媒体使用符合《移动互联网广告标识技术规范》的标识，或媒体在使用标识时符合行业规范	提供外部证明材料	
	广告数据应用安全； 媒体信息安全	1. 媒体参照《互联网广告数据应用与安全技术要求》等相关要求进行广告数据安全使用 2. 媒体客户端不存在恶意行为与安全风险，具有安全防护能力，符合信息安全相关标准要求	提供外部证明材料	至少满足一项

（续）

维度	指标	指标定义与说明	建议数据来源	铜标尺
广告实效性	广告效果数据及广告形式创新性	广告效果数据及广告形式创新性	媒体广告按符合行业测量标准报告广告实效性（测量指标至少包含但不限于：总曝光数、一般无效流量曝光数、广告互动（如：点击、评论、转发、点赞等）及效果转化指标）。媒体展示广告形式的创新性，提升广告触达用户的效果	提交 1 个完整数据案例

中国广告协会
“金标尺”“银标尺”“铜标尺”
证明商标使用管理工作办法

第一条 为了明确中国广告协会“金标尺”“银标尺”“铜标尺”证明商标使用管理工作的工作规范和审查程序，依据《中国广告协会“金标尺”证明商标使用管理规则》《中国广告协会“银标尺”证明商标使用管理规则》《中国广告协会“铜标尺”证明商标使用管理规则》制定本工作办法。

第二条 中国广告协会负责研究、制定和贯彻《中国广告协会“金标尺”证明商标使用管理规则》《中国广告协会“银标尺”证明商标使用管理规则》《中国广告协会“铜标尺”证明商标使用管理规则》以及《中国广告协会“金标尺”“银标尺”“铜标尺”证明商标使用条件细则》，确定量化评分的原则和办法，对申请使用证明商标的企业进行综合审查和管理。

第三条 证明商标使用审查工作机构

1. 中国广告协会成立证明商标使用审查委员会，其职责是审查确定申请使用“金标尺”“银标尺”“铜标尺”证明商标的企业。审查委员会以公正、公平、保密、独立为宗旨，采取投票表决的方法，遵循少数服从多数的原则，保证不对外泄露企业信息，不擅自披露讨论结果。审查委员会成员包括：政府监管部门、行业协会、广告主、广告企业、数字广告市场调研机构、高等院校广告专业教授、独立审计机构等相关人员。

2. 审查委员会下设办公室，负责处理证明商标使用管理的日常事务。

3. 根据工作需要，办公室可聘请业内人员组成评审专家组。其职责是对申请使用“金、银、铜标尺”证明商标的数字媒体（应用程序）进行评审并提出书面意见与建议，研究申请使用证明商标中的有关问题。评审专家组成员包括：广告主（或其代理公司）、广告企业数字媒体业务负责人、数字广告测量服务企业负责人、数字广告市场调研机构专家、高等院校广告专业教授等相关代表。

4. 审查委员会及评审专家组成员，审查委员会主任由中国广告协会分管证明商标使用管理工作的领导担任，主持召开专家组和审查委员会的会议。

5. 获得初审资格的行业组织参照以上条款开展证明商标初审工作。

第四条 获得初审资格的行业组织对企业材料的真实性、合规性进行初审，在“申请书”中填写意见并盖章后，申请企业将“申请书”扫描上传证明商标申请系统。材料全部上传完毕后，再最终确认提交。

企业在申请使用证明商标期间，有下列行为之一者，不予核准：

1. 违反广告法律法规，被严厉处罚过的；

2. 违反广告行业自律条款，在行业内造成恶劣影响的；

3. 违反其他法律法规的；

4. 企业财务信誉欠佳的；

5. 企业申请材料不真实。

第五条 “金标尺”“银标尺”“铜标尺”证明商标申请和评审工作全年常态化开展，具体要求按照本年度证明商标使用管理工作通知执行。

第六条 根据《中国广告协会“金、银、铜标尺”证明商标使用管理规则》《中国广告协会“金标尺”“银标尺”“铜标尺”证明商标使用条件细则》的规定和量化评分细则，办公室组织召开专家组评审会议，对申请使用“金标尺”证明商标的企业材料进行综合评审。

办公室根据初审情况和专家组评审意见与建议，形成完整的审查报告，组织召开证明商标使用审查委员会会议，对申请使用证明商标的企业情况进行终审。审查委员会会议必须有半数以上专家参加方为有效。在经过充分讨论后，即可付诸表决，二分之一以上委员同意为通过。对有争议的个案，有一位委员提出，2 位委员附议，可付诸表决，三分之二以上的委员同意方可通过。

第七条 证明商标审查周期不超过 90 个工作日，审查周期的开始以企业注册手机收到成功提交短信为准，申请企业须及时关注证明商标申请系统，在规定时间提交补充材料，评审结果短信也将发至申请注册手机，企业可登录证明商标申请系统查看申请进度。

第八条 中国广告协会将对“金标尺”“银标尺”“铜标尺”证明商标终审结果进行公示。公示期满后，与符合证明商标使用条件的企业签订“金标尺”“银标尺”“铜标尺”证明商标使用许可合同。

第九条 获得“银标尺”“铜标尺”证明商标的企业，在证明商标使用许可合同有效期内，可根据企业发展状况，按程序申请使用上一级广告企业证明商标。

第十条 本工作办法自发布之日起执行。

中国广告协会
“金标尺”“银标尺”“铜标尺”
证明商标申请材料清单

一、企业简介（JPG、PNG、PDF 格式、视频）。

二、媒体简介（JPG、PNG、PDF 格式、视频）。

三、媒体应用平台名单及链接（JPG, PNG, PDF 格式）。

四、工商登记证明（JPG, PNG, PDF 格式）。

五、ICP 许可证（JPG, PNG, PDF 格式）。

六、媒体近三年广告收入财务报告（可供中国广告协会进行工商核实）。

七、媒体内容审核内部流程(JPG, PNG, PDF 格式)。

八、媒体近三年每年违法违规事件清单（含内容违法违规；网络安全、个人隐私、数据违法违规）。信息来源建议：内容相关事件以国家相关部委通报的媒体违法违规事件为准；广告相关事件以市场监督管理总局通报的违法违规事件为准（国家企业信用信息公示系统、工信部、网信办、国家广电出版总局、文化旅游部等部委公告）以及网络安全个人隐私数据相关违法违规信息来源比如：工信部每季度 App 专项检查（JPG, PNG, PDF 格式）。

九、媒体规模报告，含年度及月度媒体独立用户数或独立设备数，于全国总用户数或开机设备数占比、人均单日单设备使用次数、人均单次使用时长。数据来源建议：运营商数据研究机构，或经审计的公司财报相关数据，或市场调研机构报告（JPG, PNG, PDF 格式）。

十、无效流量年度报告说明该媒体无效流量占比。（建议数据来源：行业认证的第三方监测公司或行业认证的媒体发布的无效流量报告）。

十一、TAG 反欺诈认证证书或进入认证流程证明（证明方：互联网广告技术实验室、TAG）。

十二、MRC SIVT 验证产品认证证明或进入认证流程证明（证明方：CMAC、MRC）。

十三、中国广告协会 GIVT List 工作组成员证明、GIVT List 使用证明、GIVT List 数据贡献证明（证明方：互联网广告技术实验室）。

十四、中国广告协会发布的 IP 地址库使用证明、IP 地址库工作组成员证明、IP 地址库数据贡献证明（证明方：互联网广告技术实验室）。

十五、广告标识规范使用：使用广告标识名称以及符合规范的外部证明（证明方：具备审计、检测人员资质的机构、互联网广告技术实验室）。

十六、广告数据应用安全、媒体信息安全，以下两项至少满足一项：1. 媒体广告数据应用安全；2. 媒体信息安全。提供外部证明（证明方：具备审计、检测人员资质的机构、互联网广告技术实验室）。

十七、广告实效案例报告内容包括：案例活动名称；客户名称；活动时间；目标受众；活动广告费用；监测数据方名称；总曝光数；无效流量曝光数；广告互动数（如：点击、评论、转发、点赞等）；效果转化指标数据。数据来源建议：行业认证的第三方监测公司，行业认证的媒体监测平台，广告主证明的广告实效数据，案例获行业实效性相关奖项证明，广告形式创新性描述、展示（PDF 格式、视频）。申请金标尺需提交 3 个完整数据案例，申请银标出需提交 2 个完整数据案例，申请铜标尺需提交 1 个完整数据案例。

中国广告年鉴 2023

CHINA ADVERTISING YEARBOOK

广告专著与学术论文选登

Selected Advertising Monographs &Academic Papers

基于演化博弈的互联网广告流量欺诈现象的仿真实验与治理启示

雷蕾[1]

| 摘　　要 | 基于前期的文献研究与深度访谈，本研究从互联网广告流量交易现状中抽离关键变量，借助计算机仿真软件 Netlogo 构建了互联网广告流量欺诈的行动者模型，设计并运行六项仿真实验重点考察互联网广告流量交易的收入、成本、净收益、增长阈值、欺诈者占比、需求方起始数量六项变量对市场均衡状态的影响作用，从而展现互联网广告流量欺诈现象的产生机制。研究发现，相较于流量需求方相关的内生变量（起始数量与增长阈值），市场环境相关的外生变量（收入—成本—净收益与欺诈者占比）对市场均衡状态的影响更显著；“高利诱惑”与“欺诈容忍度”在对市场均衡状态的影响上势均力敌。此外，模型也提供了探索市场临界状态（介于全部退出与市场饱和）的方法，对互联网广告流量欺诈现象的治理也有一定的启示。

| 关 键 词 | 互联网广告；流量欺诈；演化博弈；计算机仿真；治理

一、引言

流量、互动与转化是当前互联网广告效果监测的三大指标体系，其中，广告流量反映广告展示与到达的情况。（王淼，2017）尽管互动与转化指标日益被广告主重视，但是流量仍然被视为衡量受众价值最直接与最重要的量化指标，其价值不可替代。（Jacob L., Nelson & James G., 2016）一直以来，互联网广告效果因流量欺诈现象而饱受诟病。近年来，互联网广告市场频频爆出虚假流量事件。比如，因平台数据接口更新导致刷量工具失效，六成微信公众号阅读量下跌80%；又如，脸书曾被《华尔街日报》披露其对外宣称的用户观看广告时间比真实情况高出60%至80%。尽管在传统媒体时代，广告市场也存在发行量与视听率造假问题，但并未如互联网广告流量欺诈影响的范围之广、规模之大。据世界广告主联合会预计，到2025年，流量欺诈问题将会成为犯罪组织的第二大市场，仅次于毒品贩卖。（World Federation of advertisers, 2016）虚假流量啮噬着互联网广告市场的信任根基，宝洁与联合利华等全球广告主因虚假流量问题而大幅减少互联网广告开支。

本文为2022年中国广告业大奖长城奖（广告学术类）论文银奖作品。

[1] 中央民族大学新闻与传播学院

互联网广告流量欺诈现象的治理成为行业发展的重要议题，关系着互联网商业生态健康与可持续发展，也引起了业内人士及研究人员的广泛关注。在中国广告与品牌大会、美国广告研究会、互动广告领袖会议、戛纳国际创意节、纽约广告周等多个重要场合，流量欺诈问题都成为讨论的核心议题。

二、文献综述

（一）互联网广告流量欺诈相关研究评述

从研究的层次与视角来看，已有的相关研究大致可以划分为宏观与微观两类。前者主要是由行业协会、互联网媒体巨头及第三方数据公司等机构发起，对互联网广告虚假流量的总体规模及分布情况进行追踪式监测，定期发布研究报告，以期从数量上直观把握流量欺诈问题的整体情况与变化趋势。比如，中国广告协会数据服务平台的第一个落地项目便是“一般无效流量数据服务”；又如，从2017年开始，腾讯旗下数据分析平台“灯塔”携Ad Master、秒针共同发布了《广告反欺诈白皮书》；美国全国广告商协会（Association of National Advertisers）与反欺诈供应商White Ops已合作发布四次《Bot Baseline 数字广告欺诈报告》。后者则是专业领域的技术专家与广告研究者对流量欺诈的参与主体、技术与手段等进行分析。

无论是宏观统计，还是微观刻画，两类研究均偏重对互联网广告流量欺诈现状的描述，而非解释，且两者之间相对独立，缺少关联。流量欺诈现象是如何从微观的个体行为演绎为宏观的规模现象，这一过程始终处于“黑箱”之中，尚未被揭示。本研究试图突破描述性研究的局限，通过展现流量欺诈现象的产生机制，寻求解释力上的突破，架构一座从微观的个体动机与行为到宏观的现象涌现之间的“桥梁”。基于行动者的模型（Agent-based Model）处于微观与宏观之间，提供可以被理解的中观尺度，不仅小到解释方式是透明的，而且大到足够为我们理解社会现象提供“杠杆”（托马斯·谢林，2008）。

（二）市场交易的演化博弈分析

20世纪70年代，生物学界大量引入经济学博弈论的分析方法，发展了进化博弈理论；到了20世纪80年代，经济学家们将进化博弈理论应用于研究经济、金融以及贸易等领域问题；进入20世纪90年代，社会科学又将其引入研究社会问题，逐渐形成了演化博弈的分析视角。相对于传统博弈论，演化博弈论从有限理性的假设出发，建立在动态博弈基础上，系统考察参与者的行为演化规律和稳定策略，强调市场均衡是不断学习和调整的结果而不是选择的结果。（张维迎，2013；于斌斌，2013）

演化博弈理论被广泛应用于证券、保险、电商、地产以及农产品等各类市场交易的分析之中（夏茂森，2009；杨德勇等，2007；张付标等，2012；徐妍，2014），其中一些研究重点考察了交易主体在信息不对称的情形下，由于无法观察对方行动或观察成本太高，一方行为变化导致另一方利益受损的道德风险问题，例如有学者考察了网购市场中买方与卖方的不守信行为（李苏文，吴清烈，2007），保险交易中被保人欺诈索赔的问题（李秀岩，2017）以及电子商务平台卖方高价售卖劣质产品的问题（杨肃昌，董甜甜，2018）。这些研究均采用动态博弈论的分析方法，结合交易双方的博弈策略及每种策略的收益，运用仿真软件建立模型，调整参数设置，推演出不同情形下长期博弈的稳定均衡状态。在互联网广告流量交易中，由于交易主体数量庞大，观察成本高，流量商品的质量信息难以评定，交易存在严重的信息不对称，双方只能根据局部信息进行策略选择，导致流量欺诈问题。

综上所述，本研究将以互联网广告流量交易的演化博弈策略与收益为模型底层的行为规则，通过计算机仿真软件建构行动者模型，模拟交易双方的互动，调节相关参数设置，从而推演不同情形下的市场稳定均衡状态。

三、基于演化博弈的互联网广告流量交易的行动者模型建构

“互联网广告流量交易生态”的行动者模型对流量欺诈现象的解释力度，取决于该模型对真实流量交易的模拟程度。基于流量交易欺诈的市场案例与

专业人士的深度访谈，研究者试图厘清流量交易与欺诈现象的真实状况与丰富细节，并以此为依据建构模型。

（一）程序化广告交易对模型建构的影响

随着广告投放进入程序化时代，相较于传统模式，流量交易的进入与退出门槛大幅降低，交易日益碎片化、高频化与灵活化。流量交易规则逐渐明晰，剔除了之前广告投放的不可测、人为的因素干扰，这为模型建构提供了方便，提升了研究结论对真实情景的解释效力。程序化技术的兴起也使得广告得以定向投放，不为广告主所见，流量欺诈现象也越来越难被发现，因而也越来越严重（廖秉宜，2015）。流量交易的不透明导致广告主对流量监测数据非常依赖。然而，广告主是否采用第三方机构监测流量取决于广告预算额度。技术专家在接受笔者访谈时表示，目前，在国内广告市场上，由于技术成本问题，一般年度广告投放预算上亿的广告主才会采用第三方机构监测流量，改善投放策略[1]。对于市场上绝大多数流量需求者来说，真假流量信息无法甄别，只能依据后期的长期效果及转化率来模糊判断流量质量。本研究模型基于这一实际情况设计了符合目前互联网广告流量交易的情境。

（二）互联网广告流量欺诈的参与主体与模型中的行动者

在广告流量交易的产业链上，多方主体皆因流量欺诈而获益：内容生产者发布的内容更容易被纳入热门推荐列表，进而获得更多的广告收入；流量交易平台也可按照广告费用的一定比例而收取更多的平台费；媒介代理商反馈给客户的效果数据更加令人满意；第三方数据监测公司也通过帮助客户清除虚假流量而盈利；提供流量作假工具与服务的“流量工厂”更是享受高额收益。（Kantrowitz, A.，2014）由此可见，流量欺诈并非某一主体的行为，而是涉及产业链的多方主体，位于流量交易的上游供应者在利益的驱使下均有动机做出欺诈交易的决策，位于下游的需求者的利益遭受损失。因此，在本研究中，行动者模型将互联网广告流量交易欺诈涉及的多方主体简化为两类行动者，位于上游的的流量供应方与位于下游的流量需求方两类行动者。

（三）互联网广告流量交易是多方主体间博弈与动态演化的过程

在互联网广告流量交易过程中，流量供应方有两种策略：欺诈交易与诚信交易。模型将流量供应方划分为欺诈与诚实两类，假定总数固定，但是欺诈者占比可以调整。对流量监测技术专家深度访谈发现，虽然欺诈流量在整体市场上的占比并没有出现大波动，但是流量欺诈现象会因时、因地、因人而异：在流量供应紧张时，欺诈比例更高；一线城市流量欺诈占比相对于三四线城市更高；大型平台欺诈比例相对于中小媒体、垂直媒体更低；视频广告形式的欺诈流量相对于展示型广告更低；交通行业异常流量最高。其次是美妆个护、食品饮料与母婴用品行业[2]。因此，模型将“欺诈者占比”列为关键变量，便于模型结合流量欺诈现象的严重程度进行设置。

流量需求方也有两种策略：增加预算与退出市场。在现实中，广告主因担忧流量欺诈问题，减少投放网络媒体数量，缩减数字化平台的开支，在媒介购买决策更加谨慎，甚至退出市场，回归传统媒体，以期减少流量欺诈所带来的损失。尽管对于绝大多数流量需求方来说，无法实现对流量信息的充分掌握，但是仍然可以根据流量转化率或实际效果来间接判断流量的价值。随着流量数据与下载、注册、销售等后链路效果数据打通，流量需求方的判断将会更加直接与便捷。流量需求方根据效果来判断之后的交易是增加投入还是退出市场[3]。因此，流量交易的“净收益”与“累积资本量”是流量需求方决策选择的主要依据，也是模型建构的重要变量。至于累积到何种程度才会做出增加预算，这与流量需求方的谨慎程度相关。如果流量需求方如果非常担忧流量欺诈，就会在交易决策上更加谨慎，需要多次交易累积到较高的资本量之后才会认可效果，增加广告预算，这在模型中表现为“孵化”新的流量需求方，谨慎程度则体现为“增长阈值”。最终，模型以“流量需求方的数量”反映整个流量交易市场的繁荣程度——市场饱和与全部退出。

综上所述，研究者从供应方维度、需求方维度、交易维度提炼了 13 项关键要素建构与真实世界相对应的“互联网广告流量交易生态”仿真模型（表 1）。

表 1 互联网广告流量交易生态模型建构的关键要素

	模型要素	说明
供应方	供应方角色	诚实交易与欺诈交易
	供应方整体数量	固定值 1089
	欺诈供应方的占比 P_f	可设置数值
需求方	需求方起始数量 N_0	可设置，最大值 1089
	需求方实时数量 N_t	可监测，最大值 1089
	需求方起始资本量 C_0	[0~2 倍交易收入] 随机取值
	需求方实时资本量 C_t	可监测，C_t=0 需求方死亡
交易维度	交易成本 P	可设置
	交易收入 G	可设置
	交易净收益 I	I=G-P
	需求方增长阈值 T	$C_t \geqslant T$ 时，孵化需求方
	运行周期 ticks	每个周期发生一次交易
	市场均衡状态	$N_t \geqslant 1089$，市场饱和
		N_t=0，全部退出

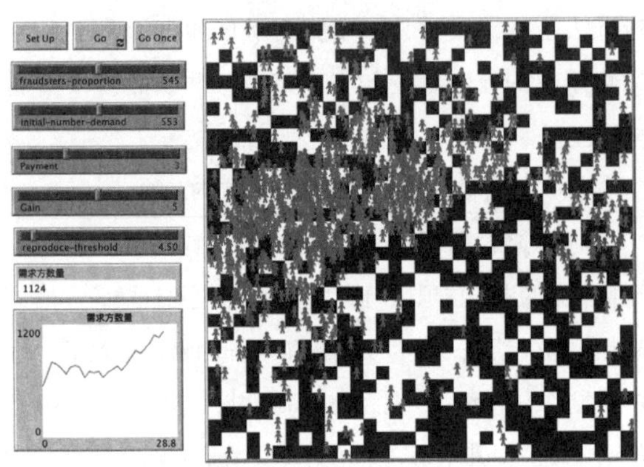

图 1 互联网广告流量欺诈行为模型的 Netlogo 界面

四、研究方法及过程

（一）本研究采用的研究方法

计算机仿真实验是构建与检验演化博弈模型的有效途径。为获悉从流量交易主体的微观行为到流量欺诈整体现象的产生过程，本研究采用的主要研究方法是基于行动者的计算机建模，并辅之以流量欺诈的相关文献研究。基于行动者的计算机建模是一种计算社会学的研究方法，它通过建立计算机程序的模型，创造行为规则控制行为主体的策略，从而创建“社会现实”的简化代表，使得研究者通过创建、实验和分析由在环境中互动的行动者构成的模型，从而描述人类行为及社会机制的复杂系统。（奈杰尔·吉尔伯特，2012）由于无法在真实的互联网广告流量交易市场进行实验，所以，本研究创建了“互联网广告流量交易生态”的行动者模型，通过设置一系列的参数与允许一些因素的随机变化，尽可能清晰地展现互联网广告流量交易双方的行为策略、博弈过程以及均衡状态。

（二）基于计算机模拟软件 Netlogo 平台上建构行动者模型

1. 模型中的主要行动者及其属性

在计算机模拟软件 Netlogo 6.0.2 的平台上，我们构建了一个“互联网广告流量交易生态”的行动者模型。我们将广告流量交易产业链上的多方主体，简化为两种角色，流量的需求方与供应方，分别对应 Netlogo 模型中的“海龟”（Turtles）与“瓦片”（Patches）。

流量供应方的属性设置：在流量交易市场模型中，流量供应方“瓦片”有白色与黑色两种颜色，分别代表着两种不同的交易主体——“诚实交易者”与“欺诈交易者”，前者提供真实流量，能够给流量需求方带来收益增长；后者提供虚假流量，耗尽流量需求方的交易预算。在本模型中，我们假设市场上流量供应方的总体数量不变。模型总共有 1089 块瓦片，代表市场中总共有 1089 名流量供应方，其中欺诈供应方占整体流量供应方的比例 P_f 可以使用“滑块”进行调整。

流量需求方的属性设置：流量需求方“海龟”使用红色的人形图标来表示，其初始数量 N_0 可以使用“滑块”进行调整，最大值为 1089。由于流量供应是有限的，因此，模型假设市场流量需求方的数量等于流量供应方的总数时，流量交易市场即达到饱和。流量需求方还有一项关键属性——资本量 Capitals，在初始状态下，每名需求方都有一个初始资本量 C_0，其取值的范围在 0 和 2 倍每次交易收益 Gain 的区间之内任意取值。

2. 行动者的行为规则

在模型开始运行时，市场上存在着 1089 个流量供应方，其中欺诈流量供应方占比为 P_f，起始数量为 N_0，持一定资本量的流量需求方在市场上自由活动。

每次交易之后需求方资本量会发生变化。在每个周期中，与供应方完成一次流量交易。由于真实的广告展示（真实流量）会带来生意的潜在增长，而虚假的广告展示（虚假流量），除了消耗广告费用之外，并不能带来生意的任何增长。在真实流量交易时，流量需求方付出一定的成本 Payment，而收获流量带来的生意价值 Gain，因此，每次交易的净收益值 I=Gain-Payment，资本量累积值 $C=C_0$-Payment+Gain，而在虚假流量交易中，流量需求方付出成本，而没有带来任何生意价值，每次交易的净收益值为负，I=-Payment，资本量 $C=C_0$-Payment。

多次交易之后，流量需求方数量会发生变化，市场最终达成均衡状态。模型持续运转，当流量需求方收益累计值到一定规模（增长阈值 T）时，即会采取增加投放规模与频次，表现在模型中即为原先的流量需求方会“孵化”一个新的流量需求方，流量需求方的数量增加，饱和值为 1089。反之，当流量需求方收益累计值跌为零时，流量需求方则会“死亡”，即退出市场，流量需求方的数量减少。经历一定的周期运转之后，模型最终会达到两种状态“市场饱和”与“全部退出”。

（三）计算机仿真实验的具体步骤

1. 提炼关键要素，创建行动者模型。

2. 调整参数设置，进行仿真实验，观察市场博弈的过程及均衡状态。

模型重点考察六项变量——需求方起始数量 N_0、欺诈供应方占比 P_f、每次交易的收入 G、每次交易的成本 P、每次交易的净收益 I、需求方增长阈值 T 的变化将会对市场均衡状态产生怎样的影响。（图 2）通过设置不同参数的取值，观察模型从微观流量交易主体行为规则触发，到最后宏观现象的涌现的整体过程，获得一个关于流量交易系统复杂性与流量欺诈现象产生机制的解释，从而了解不同变量对于市场现象产生的影响作用。

具体设置过程是：实验一至四均是通过控制其他变量，考察单独变量对最终市场均衡状态带来的影响；实验五是观察临界状态在打破与恢复的过程中，哪些变量发挥了作用、作用层级及机制；实验六是以真实世界的欺诈流量占比为线索，推演真实市场在临界状态对应的收益值。

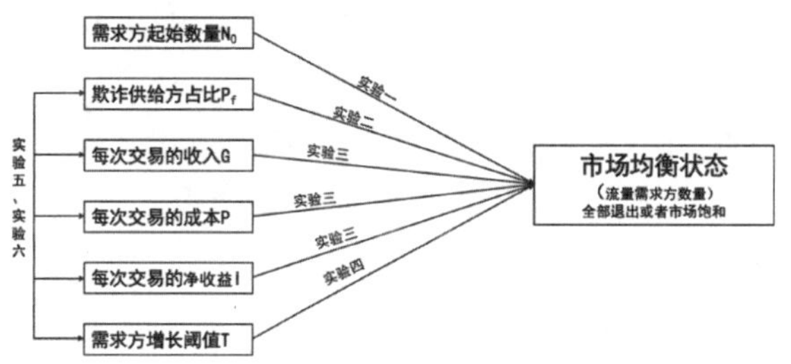

图 2 研究模型的关键变量与相关实验

五、仿真实验的结果分析

在上述模型中，保持其他变量不变，考察某一因素的取值变化会对市场均衡状态的达成带来怎样的影响，由于随机因素的存在，每种情况之下，我们进行 30 次实验取平均值的方式，来反映各个因素对市场的影响。

表 2 流量需求方初始数量 N_0 的市场影响实验结果

	数值设置	实验次数	实验结果		平均周期（ticks）
			达到饱和	全部退出	
买方初始数量N0	109（10%）	30	17	13	194
	363（33.3%）	30	23	7	192
	545（50%）	30	17	13	307
	726（66.7%）	30	20	10	145
	980（90%）	30	30	0	1

（一）实验一：流量需求方初始数量 N_0 对市场均衡状态的影响

在其他因素不变（欺诈者占比 P_f=50%，每次交易收入 G=5，成本 P=3，净收益值 I=2，增长阈值 T=4.5）的情况下，流量需求方的初始数量取值分别为饱和值 1089 的 10%、33.3%、50%、66.7% 和 90% 时，除了极端情况（N_0=980，占饱和值 90%），初始买方数量多寡并不影响市场博弈均衡状态的分布，最后市场的均衡状态均有可能是饱和或全部退出。（见表 2）

（二）实验二：欺诈供应方所占比例 P_f 对市场均衡状态的影响

表 3 欺诈供应方所占比例 P_f 的市场影响实验结果

	数值设置	实验次数	实验结果		平均周期（ticks）
			达到饱和	全部退出	
欺诈方比例P_f	109（10%）	30	30	0	2
	363（33.3%）	30	30	0	3
	545（50%）	30	17	13	307
	726（66.7%）	30	0	30	17
	980（90%）	30	0	30	7

在其他因素（流量需求方数量 N_0=545，每次交易收入 G=5，成本 P=3，净收益值 I=2，增长阈值 T=4.5）保

持不变，欺诈供应方所占比例 P_f 非常显著地影响最后的市场均衡状态。总体来说，欺诈供应方所占比例越低，流量需求方数量就越有可能达到饱和的均衡状态。在市场欺诈者占比较低时（P_f=10% 与 P_f=33.3% 时），流量需求方的数量迅速达到饱和值。值得注意的临界值在 50% 左右出现。当 P_f=50% 的时候，市场均衡状态开始发生变化，出现既有可能达到饱和，也有可能全部退出的状态，且达到均衡状态所需要的平均周期为 307，比其他几种情况的周期数量明显增加了，这表明交易主体的博弈进入一个相对不稳定状态，交易主体之间的博弈最为复杂与紧张。（见表 3）

（三）实验三：每次交易的收入 G- 成本 P- 净收益值 I 对市场均衡状态的影响

表 4 每次交易的收入 G- 成本 P- 净收益值 I 的市场影响 实验结果（1）

	数值设置	实验次数	实验结果		平均周期（ticks）
			达到饱和	全部退出	
净收益值 I	4（=5-1）	30	30	0	2
	3（=5-2）	30	30	0	2.3
	2（=5-3）	30	22	8	188
	1（=5-4）	30	0	30	21.4

在其他因素（收入 G=5，流量需求方数量 N_0=545，欺诈方占比 P_f=50%，增长阈值 T=4.5）保持不变的情况下，通过调节成本 P 的取值，进而调整净收益值，观察市场的均衡状态。显然，净收益值越高时，市场上流量需求方的数量越容易达到饱和。其中，当净收益值 I=4 或 3 时，市场流量需求方数量均稳定地达到饱和。当净收益值 I=2 时，市场均衡状态开始出现扭转，开始出现“达到饱和”与“全部退出”两种市场结果，且达到均衡状态所需要的平均周期的数量为 188，明显高于其他情况，表明此时市场开始进入压力状态，流量交易主体之间的博弈需要较多回合才能达到均衡状态。（见表 4）

当收入 G=5，成本 P=3，净收益值 I=2，流量需求方数量 N_0=545，欺诈方占比 P_f=50%，增长阈值 T=4.5 时，流量交易市场进入关键的临界状态。这一结论也适用于“收入 G- 成本 P- 净收益值 I- 阈值 T”成倍联动变化的时候。（见表 5）当“收入 G- 成本 P- 净收益 I- 阈值 T”四个数值成倍联动变化时，市场的均衡状态不会随之发生变化。

表 5 每次交易的收入 G- 成本 P- 净收益值 I（成倍变化）的市场影响实验结果（2）

倍数关系	数值设定				实验次数	实验结果		平均周期（ticks）
	G	P	I	T		达到饱和	全部退出	
1	5	3	2	4.5	30	17	13	306.8
1.5	7.5	4.5	3	6.75	30	18	12	196.9
2	10	6	4	9	30	23	7	149.1
2.5	12.5	7.5	5	11.25	30	17	13	322.1
3	15	9	6	13.5	30	20	10	182.1
3.5	17.5	10.5	7	15.75	30	19	11	216
4	20	12	8	18	30	19	11	164
4.5	22.5	13.5	9	20.25	30	20	10	178.7
5	25	15	10	22.5	30	19	11	174.5

（四）实验四：流量需求方增长阈值 T 对市场均衡状态的影响

表 6 流量需求方增长阈值 T 的市场影响实验结果

	数值设置	实验次数	实验结果		平均周期（ticks）
			达到饱和	全部退出	
增长阈值 T	6	30	0	30	122
	5.5	30	2	28	133.2
	5	30	5	25	209.7
	4.5	30	17	13	306.8
	4.25	30	28	2	149.7
	4	30	30	0	8.2

增长阈值反映的是流量需求方根据之前的交易经验与资本量的累积情况，作出增加流量需求方数量的决策依据，在一定程度上反映的是流量需求方增加投入时的谨慎程度。增长阈值越高，表明流量需求方越谨慎，需要经过前几轮交易累积到较高的资本量之后，才会增加一名流量需求方。

从表 6 可以得出，在其他因素（收入 G=5，成本 P=3，净收益值 I=2，流量需求方数量 N_0=545，欺诈方占比 P_f=50%）保持不变时，增长阈值 T 值越低，则市场流量需求方达到饱和这一状态出现的概率就越高。当流量阈值 T=6 的时候，流量需求方非常谨慎时，市场最后的均衡状态是流量需求方全部退出市场；当流量阈值降低，T=5.5 与 T=5 的时候，市场最后的均衡状态中，逐渐出现流量需求方达到饱和的情况；T=4.5 时，市场最后的均衡状态，饱和与全部退出两种情况同时出现，且达到均衡状态所需要的周期数明显更多，此时市场进入相对胶着的压力状态；当 T=4.25 时，饱和的均衡状态开始大范围出现，直至 T=4 时，饱和的均衡状态开始稳定出现。

（五）实验五：欺诈者占比 Pf、每次交易的收入 G-成本 P- 净收益值 I 与流量需求方增长阈值 T 之间的交互作用

上述实验分别考察了不同要素对市场均衡状态的独立影响，没有考察这些要素之间的交互作用会如何影响市场。因此，为了了解要素的交互作用，我们设置了这样一系列的操作：设置市场环境，使得市场达到临界状态（全部退出与达到饱和的概率相等）；然后，增加欺诈者占比 P_f 时，市场均衡状态又会"倒"向全部退出这一状态；接着，分别调整"收入—成本—净收益"的组合与"流量需求方增长阈值 T"看看市场系统是否能够重新回到临界状态。

这一实验选取了上述实验验证过的临界状态，即收入 G=5，成本 P=3，净收益值 I=2，增长阈值 T=4.5，流量需求方数量 N_0=545，欺诈方占比 P_f=50%。

第一步：提升欺诈供应方的占比，从 50% 到 66.7%，实验结果可参见表 2。随着流量欺诈供应方占比的提升，原先的临界状态被打破，市场开始稳定地出现"全部退出"的结果。

第二步：保持收入 G=5，成本 P=3，净收益值 I=2，流量需求方数量 N_0=545，欺诈方占比 P_f=66.7% 不变，降低流量需求方增长阈值 T。从表 7 可见，无论怎样降低增长阈值 T，市场最终"全部退出"的结果仍然无法改变。从图 3 可以看出，图中曲线呈现增长后减少，降低流量需求方的增长阈值 T，可以在短时间里带来流量需求方的数量增长，即短暂的市场繁荣，但是这一繁荣是不可持久的，随后市场便快速地衰退。

表 7 增长阈值 T 对临界状态的回归影响实验结果

	数值设置	实验次数	实验结果		平均周期 (ticks)
			达到饱和	全部退出	
增长阈值 T	4	30	0	30	28.2
	3	30	0	30	22.9
	2	30	0	30	26.5
	1	30	0	30	23
	0.5	30	0	30	34.5
	0.1	30	0	30	36.2

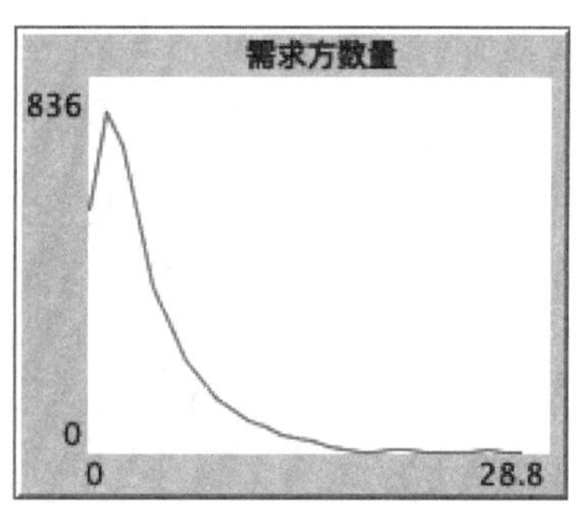

图 3 调节增长阈值对临界状态回归的影响

第三步：保持成本 P=3，增长阈值 T=4.5，流量需求方数量 N_0=545，欺诈方占比 P_f=66.7% 不变，增加每次交易的收入 G，净收益值 I 随收入增长而增长。从表 8 可以得出，欺诈方占比的提升对市场临界状态的打破，可以通过收入 G 的增长来缓解。

表 8 收入变化对临界状态的回归影响实验结果

	数值设置	净收入值	实验次数	实验结果		平均周期 (ticks)
				达到饱和	全部退出	
收入 G	5	2	30	0	30	17.2
	5.5	2.5	30	1	29	32.1
	6	3	30	4	26	82.7
	6.5	3.5	30	11	19	104.5
	7	4	30	30	0	15

第四步：保持收入 G=5，增长阈值 T=4.5，流量需求方数量 N_0=545，欺诈方占比 P_f=66.7% 不变，降低每次交易的成本 P，净收益值 I 随成本降低而增长。从表 9 可以得出，欺诈方占比的提升对市场临界状态的打破，可以通过降低成本 P 来重新进入临界状态。

表 9 成本变化对临界状态的回归影响实验结果

	数值设置	净收入值	实验次数	实验结果		平均周期 (ticks)
				达到饱和	全部退出	
成本 P	3	2	30	0	30	17.8
	2.5	2.5	30	1	29	61.2
	2	3	30	6	24	121.6
	1.5	3.5	30	30	0	3.1
	1	4	30	30	0	2.7

（六）实验六：根据真实市场上 30% 的异常流量推演市场临界状态的基本情况

从上文引用报告数据得知，国内流量交易市场的异常流量占比平均为 30%，对应着模型中欺诈供应方占比 P_f 这一变量，通过上面的方法，我们可以推演出

市场临界状态时，市场对应的收入—成本—净收入值以及增长阈值的大概取值。市场状态的设置情况：流量需求方的起始数量 N_0=108，欺诈供应方占比 P_f=30%，收入 G=5，增长阈值 T=4.5，通过调节成本 P 的取值来找到临界状态。（见表 10）由此可见，当成本 P=3.9，I=G-P=1.1（比例关系固定）时，市场两种均衡状态出现的概率大致相等。

表 10 根据 30% 的欺诈供应方占比推断市场的临界状态实验结果

	数值设置	净收入值	实验次数	实验结果		平均周期(ticks)
				达到饱和	全部退出	
成本P	3.85	1.15	30	29	1	136.3
	3.9	1.1	30	14	16	280.7
	3.95	1.05	30	10	20	345
	4	1	30	1	29	159.2

六、结论及治理启示

（一）研究结论

本研究致力于打开互联网广告流量交易的“黑箱”，揭示互联网广告流量欺诈现象的产生机制。研究借助计算机仿真软件 Netlogo 模拟互联网广告流量交易市场生态，设定行动者属性与行动规则，并观察在不同的情境设置下，市场均衡状态（全部退出与市场饱和）的达成情况。

1. 模型的价值在于揭示影响市场均衡状态的机制与细节

本研究的贡献之一体现在探索了关键因素对市场均衡状态的影响机制。虽然依据交易常识，不难推测上述因素（收入、成本、净收益、起始数量、增长阈值、欺诈者占比）影响市场均衡状态的大致方向，但是影响程度、机制与细节却是未知的。本研究通过仿真实验的方法，保持其他因素不变，改变某一变量的取值，从而获知单一变量的影响程度与市场演化的过程。此外，仿真实验还探索关键变量对于市场均衡状态的交互影响机制。

2. 外生变量显著影响，内生变量微弱影响

基于上述实验结果，我们形成了互联网广告流量交易的影响机制初步结论：外部环境设置显著地影响市场的发展趋势，需求方难以左右市场。“高利诱惑”与“欺诈容忍度”是一对势均力敌的影响因素。这一方面表示，一定比例的欺诈供应方对应着一个最低限度的净收益数值；另一方面也表示，市场对于欺诈的容忍度会随着流量交易收益的增加而提升。

与流量需求方相关的两大影响因素——流量需求方的起始数量与增长阈值，相对来说，影响更弱。流量需求方的起始数量基本不影响最后的市场均衡状态。而与流量需求方增加流量交易规模的谨慎程度（增长阈值），只有在净收益与欺诈供应方占比可行的情况下，才能发挥影响作用。当净收益值低于这一欺诈者占比的市场情境时，单纯地降低增长阈值，虽然可以短期地提振市场，但是市场的长期走向仍然是“全部退出”。由此可见，在这一影响机制中，“欺诈供应方占比”与“净收益值”是位于高阶的影响因素，而增长阈值是位于相对低阶的影响因素。

3. 探索在不同情形下的市场临界状态，预测真实的市场趋势。

本研究的贡献之二提供了探索市场临界状态的可能性方法。临界状态是介于全部退出与市场饱和两种均衡状态之间的中间情境。在临界状态时，市场上既有 50% 的可能性出现“全部退出”的均衡状态，也有 50% 的可能性出现“达到饱和”的均衡状态。基于市场的基本情境，可以在模型中推演出临界状态，并将其对应还原于真实市场，从而判断目前市场的承压状态，预测未来市场的发展走向。在一定的欺诈供应方占比的情境下，可以推演“收入—成本—净收益—阈值”的取值，由于 4 个变量的比例关系固定，在确定其中一项的取值规模后，可同比例推演其他变量，进而推演真实的流量交易。

（二）治理启示

目前，互联网广告流量欺诈的治理尚处于探索阶段，各种治理建议与手段不断涌入市场。这些治理手段大多来自实践经验，孰优孰劣，缺少评判与验证。技术路径虽直接见效，但仅仅依靠技术容易陷入循环反复之中，在利益的驱使下，反欺诈技术终会被破解。经济路径抹去欺诈的高收益，遏制欺诈行为，但谁才是制定评判标准与执行的“裁判”，如何平衡各方利益，执行起来却不易。信用认证的制度路径，媒体通过加入组织认证，由第三方组织向市场传递信号，但信用认证是一种自律承诺，约束力比较有限。每项治理手段都有各自优缺点，都会对市场产生或多或少的影响，同时也会耗费大量的治理成本。当务之急是对多种治理手段的有效性进行评估，从而制定最有效的治理策略。本研究的发现也在一定程度上回应上述的治理难题，为提升治理水平与效率提供了相关建议。

1. 流量欺诈治理应着眼于生态改善，协会、平台及大规模交易主体应联手治理

本模型以互联网广告流量交易市场生态为对象，强调治理并不是针对单一环节、单一主体、单一问题的简单遏制，而应着手改善整个交易生态。流量欺诈创造了流量数据虚假繁荣的景象。从短期来看，产业链多方主体因流量欺诈而获益，从系统中清除虚假流量可能意味着更高的媒体价格与更低的效果数据，尽管数据更加准确，但结果并不一定受欢迎。广告主作为最末端的流量需求者，为此蒙受经济损失。此外，当竞争对手虚报流量获取更多收益时，发布真实流量的媒体发布者的实际收益将会受损。从长远来看，市场会因需求方在信息不对称下的逆向选择而出现“劣币驱逐良币”，欺诈将会愈加泛滥；当越来越多的广告主因流量欺诈泛滥而退出流量交易市场时，互联网广告流量交易生态将会崩塌，所有交易个体都将无法生存，重建信任将会是更加漫长与艰难的过程。

治理流量欺诈将从根本上惠及市场生态及所有个体，但并非每个个体都有能力治理。流量欺诈治理需要耗费大量的成本，小规模交易主体选择放任的收益始终是高于治理的收益。因此，在规则的制定与实施的过程中，真正有能力与动机去治理的主要集中在大规模流量交易的媒体、平台、广告主及具有行业影响的协会等主体。这类主体应该承担更多的市场责任，投身或资助流量治理技术与制度完善，联手治理欺诈问题。

2. 技术手段与经济手段搭配使用，可显著提升治理效率

从“高利诱惑”与“欺诈容忍度”这一对的平衡关系中，我们得知，互联网广告流量欺诈治理的关键在于平衡流量交易净收益与欺诈占比。经济手段与技术手段协同使用、双管齐下，流量欺诈治理效率将显著提升。

降低欺诈供应方占比的根本办法是反欺诈技术。目前，反欺诈技术的应用场景主要是：在投放广告时，广告主针对消费者的地理、行为与兴趣进行精准定位，从而使信息更多地被消费者看到，控制机器人流量（Rich Kahn，2015）；在投放广告后，对实时数据与微观数据追踪，分析异常情况，降低无效流量（Aaron Fetters，2016）。新的技术工具也不断被研发出来，如 IAB 技术实验室推出 ADS.TXT 项目、Meta X 构想的区块链技术等均被用于清理虚假流量（Scott McDonald，2017）。反欺诈技术的核心在于运用规则判别流量来源终端是机器还是真人，大多数流量监测机构发展出多重复杂规则来帮助流量监测系统甄别真人流量还是机器流量。随着反欺诈技术的进步，“道高一尺，魔高一丈”，欺诈技术也变得更加复杂、隐蔽，甚至可以做到让机器人可以模仿真人的浏览行为，欺诈更加难以被察觉，反欺诈技术陷入无休止的对抗之中[4]。单独使用技术手段来清除市场流量欺诈，体系脆弱且成本高昂。

提升流量交易净收益可缓解流量欺诈泛滥对市场生态的破坏。一方面，可通过降低流量交易成本来提升净收益。谷歌自 2017 年 7 月宣布，向遭遇流量欺诈的买方（媒介代理公司或广告主）退回平台费用。一些媒体购买商为了打消广告客户对于虚假流量的顾虑，承诺在虚假流量超过 3% 的情形下，对虚假流量的部分进行退款 (George Slefo, 2016)。另一方面，可通过提升流量交易收入来提升净收益。这意味广告行业需要不断地创新流量的使用方式，更加精细地管理与经营流量，改进其经济效益，从而平衡流量欺诈现象所带来的经济损失。近两年行业频频出现探讨流量经营的热议话题，“流量池”“裂变流量”“流量变现”“带货”“私域流量”等新生词汇相继诞生，均体现了行业在提升流量价值方面的努力[5]。随着互联网流量红利时代的结束，未来互联网广告的流量交易也将从规模关注转向价值关注，高质量的流量交易将会是未来市场存续的关键。

3. 治理时机与手段匹配，可提升治理水平，降低治理成本

该模型提供了识别流量交易市场临界状态、预测市场走向的工具，从而帮助治理者判断何时需要介入干预，何时可依赖市场生态自我恢复。治理时机判断取决于市场的临界状态。当市场临界状态被打破时，我们需要使用强劲的治理手段——经济手段或技术手段，降低欺诈供应方占比，或者提升流量收益，从而保证市场走向健康。而当市场临界状态未被打破，我们仅仅需要使用温和的治理手段——消除流量需求方的顾虑，降低流量需求方的增长阈值，促进市场朝有利的方向发展，或者让市场生态自我修复。因此，信用认证的制度路径，能够传递积极的市场信号，降低流量需求方的担忧，适合在临界状态尚未打破时使用。

作为信息优势方的流量供应方应通过可靠手段向流量需求方传递信息，消除顾虑。提供真实流量的供应方如果发现自身说真话也无法取信于人时，就要放弃任何人都可以轻易发送的“廉价话语”，而应主动发送可靠信号，证明自己在“讲真话”（陈友芳，2011）。例如，媒体可主动邀请第三方流量监测机构、媒介代理商、广告主等流量需求方前去媒体内部调研，披露流量统计标准以及虚假流量的识别与清理技术，等等；也可以加入信用组织，参与流量质量的评级，并接受组织的定期巡检。行业组织 Trustworthy Accountability Group 提供 TAG 认证，从公司认证注册与支付确认系统两个方面推进交易的透明化（ARF，2015）。媒介评估委员会（Media Rating Committee，简称 MRC）以及中国媒介评估委员会（China Media Assessment Council，简称 CMAC）等类似组织会发布指导手册，要求所有 MRC 和 CMAC 认证的组织加强内部控制，包括规范雇员行为政策、审核合伙人资格、分析获得或支付的流量、定期评估风险、完善工作流程、删除无效业务（Erik Sass，2015）。此外，流量转化所带来的真实价值与市场成功案例，作为一种积极的市场信号，也可降低流量欺诈给广告主所带来的不信任感与不安全感。

七、本研究的不足之处及未来改进

本研究基于前期的深度访谈与文献研究，引入 13 项关键要素构建了互联网广告流量交易市场生态的行动者模型，展现了 6 项变量对流量交易市场均衡状态的影响机制。从整体来看，首先，为了揭示流量交易的基本特征，模型只保留了核心变量，对真实的流量交易的复杂性反映可能比较有限。其次，模型中的交易收入、成本、增长阈值是对流量需求方利益权衡的简化，在模型实际应用上可能会面临比较烦琐的估算难题。

在未来的研究中，笔者将以本研究模型为起点，进一步完善模型——增加新的建模视角，如以流量供应方为 Netlogo 模型中“海龟”的行动者模型；增加新的影响因素，如将行动者之间的网络关系纳入模型之中，考察网络关系将会如何影响市场的发展；增加治理变量，考察各种治理手段的效果，评估现有治理手段的效果、成本、风险与适用情境。此外，笔者也将结合现实市场的真实数据对模型进行验证与修正，提升模型在现实模拟与预测的准确性。

【注释】

[1] 深度访谈．访谈对象：刘沛（第三方营销数据技术服务商秒针系统技术副总裁；MMA 中国移动营销协会技术专家），访谈时间：2019 年 4 月 18 日下午；访谈形式：面访地点：秒针公司。

[2] 同 [1].

[3] 深度访谈．访谈对象：陈传治（营销数据技术服务商秒针系统运营合伙人，MMA 中国广告标准委员会副主席）；访谈时间：2019 年 4 月 19 日下午；访谈形式：电话访谈．

[4] 同 [3].

[5] 深度访谈．访谈对象：谭北平（第三方营销数据技术服务商秒针系统产品合伙人）；访谈时间：2019 年 5 月 15 日上午；访谈形式：面访地点：秒针公司。

【参考文献】

[1] 陈友芳 . 重复博弈、信息不对称与诚信建设的博弈机制 . 福建论坛 (人文社会科学版),2011(1):17-21.

[2] Juniper Research. 互联网广告异常流量 2018 年度报告 . 秒针系统 (2019),http://www.miaozhen.com/index.php/Index/newsxq/id/2718.html.

[3] 李苏文 , 吴清烈 . 电子商务交易过程中信用的演化博弈分析 . 科技情报开发与经济 ,2007(17):114-116.

[4] 李秀岩 . 基于演化博弈视角的保险欺诈问题分析 . 纳税 ,2017(6):58.

[5] 廖秉宜 . 中国程序化购买广告产业现状、问题与对策 . 新闻界 ,2015（24）,43-46.

[6] 互联网广告异常流量 2018 年度报告 . 秒针系统 (2019),http://www.miaozhen.com/index.php/Index/newsxq/id/2718.html.

[7] 奈杰尔 · 吉尔伯特 . 基于行动者的模型（盛智明译）上海 : 上海人民出版社 ,2012:4-10.

[8] 托马斯 · 谢林 (2008). 中文版序言 .2008 年 10 月 . 载彼得 · 赫斯特罗姆 (2010), 解析社会: 分析社会学原理 . 陈云松 , 等 , 译 . 南京: 南京大学出版社 .

[9] 王森 . 数据驱动的互联网广告效果监测研究 . 广告大观·理论版 ,2017(8):31-46.

[10] 夏茂森 , 朱宪辰 , 江波 . 农产品交易行为的动态演化博弈分析 , 技术经济 ,2009(8):123-127.

[11] 徐妍 . 基于演化博弈的证券交易者策略选择研究 . 南京理工大学学报（社会科学版）,2014(6):13-21.

[12] 杨德勇 , 董左卉子 . 证券市场羊群效应的演化博弈分析 . 北京工商大学学报：社会科学版 .2007(4):21-24.

[13] 杨肃昌 , 董甜甜 . 市场监管机制对网购市场诚信经营的作用——基于动态演化博弈分析 . 兰州财经大学学报 ,2018,34(04):56-63.

[14] 于斌斌 . 演化经济学理论体系的建构与发展 : 一个文献综述 . 经济评论 ,2013(5):139-146.

[15] 张付标 , 邢精平 , 季峰 . 合谋操纵与散户跟风的演化博弈分析 . 证券市场导报 ,2012(2):33-37.

[16] 张国华 . 净化广告数据监测环境 , 促进广告产业繁荣发展 . 中国广告 ,2017(5):30-32.

[17] 张维迎 . 博弈与社会 . 北京 : 北京大学出版社 ,2013:297-298.

[18] 中国广告协会 . 一般无效流量数据服务 ,2019,http://www.china-caa.org/digital.

[19] Aaron Fetters, Amaya Garbayo & Jon Suarez-Davis (2016). Combat (Digital) Fraud to Drive ROI. Retrieved from https://thearf.org/category/news-you-can-use/editors-note-from-the-am-conference-in-june-combat-digital-fraud-to-drive-roi-presented-by-aaron-fetters-comscore-inc-amaya-garbayo-kellogg-and-jon-suarez-davis-krux.

[20] ARF (2015). TAG Rolls Out "Approved" List and Payment IDs to Fight Ad Fraud: Group Takes Aim at Fraudsters with Two-Step Verification Process[EB/OL]. (2015-11-09) [2019-11-11]. https://thearf.org/category/news-you-can-use/tag-rolls-out-approved-list-and-payment-ids-to-fight-ad-fraud-group-takes-aim-at-fraudsters-with-two-step-verification-process.

[21] Association of National Advertisers, White Ops. (2019). The Bot Baseline: Fraud in Digital Advertising 2018-2019 Report. Retrieved from https://www.ana.net.

[22] Erik Sass (2015). MRC Issues Ad Fraud Rules[EB/OL]. (2015-11-09) [2019-11-11] https://thearf.org/category/news-you-can-use/mrc-issues-ad-fraud-rules.

[23] Slefo G. (2016). Senators take aim at Ad fraud. Advertising Age, 87(14).

[24] Jacob L., Nelson & James G. (2016). Audience Currencies in the Age of Big Data, International Journal On Media Management, 18(1), 9-24.

[25] Kantrowitz, Alex (2014). Fraud is Rampant in the Digital Ad World. Here’s Why So Little Has Been Done about It. Advertising Age, 85(6).

[26] Rich Kahn (2015). Four Reasons Why You're Losing Large Chunks of Your Budget to Click Fraud. Retrieved from http://www.marketingprofs.com/opinions/2015/28244/four-reasons-why-youre-losing-large-chunks-of-your-budget-to-click-fraud.

[27] Scott M. (2017). Is Block chain a solution to digital Ad fraud. Retrieved from https://www.pubexec.com/post/blockchain-solution-digital-ad-fraud/.

[28] Napoli, P.（2011） Audience evolution: New technologies and the transformation of media audience. New York: Columbia University

Press.

[29] Meehan, E. (1984). Rating and the institutional approach: a third answer to the commodity question. Critical Studies in Mass Communication,2(1), 216-225.

[30] World Federation of Advertisers (2016). WFA issues first advice for combatting ad fraud. Retrieved from https://www.wfanet.org/news-centre/wfa-issues-first-advice-for-combatting-ad-fraud/.

人工智能传播的信任维度及其机制建构研究

杨先顺[1] 莫莉[2]

| 摘　　要 | 人工智能传播技术应用中引发的伦理问题，一定程度挫伤了公众对于技术的信任，建立人工智能传播信任是深入实施创新驱动发展战略、加快建设创新型国家的迫切需要。通过回溯以往的信任研究发现，人工智能传播信任在信任发生的基础、信任结构、信任边界方面都发生了变化。人工智能传播信任包含了人际信任、系统信任以及技术信任三个不同维度的信任层次，技术信任是人工智能传播信任建构的基础，系统信任是人工智能信任传播建构的保障，人际信任则是人工智能传播信任可感知与实践落实的部分。人工智能传播信任机制建构中的难点在于明确信任交互对象的信义责任与义务、专业知识不对等性与沟通渠道的建设、道德规范与伦理价值观的认同三个方面。可从构建与分享共同规范与伦理价值观的角度切入，突出重点、循序渐进地推进人工智能传播全周期的信任生态系统的建设。

| 关 键 词 | 人工智能；信任；人工智能传播伦

在人工智能传播社会，“镶嵌”于社会中的人工智能传播技术孕育了特定的社会形态与社会文化，个体数字化以及数字社会的发展是当代社会变迁的一大重要特征。在人工智能传播技术创新应用并不断推进社会发展的当下，我们还需要警惕由于人工智能传播技术使用而出现的伦理问题，如算法歧视、隐私侵犯、大数据杀熟等。这些伦理问题严重挫伤了公众对于人工智能技术产品或服务的信任，公众缺乏信任的影响在于，不仅会导致技术创新速度放缓，甚至还可能导致技术在应用过程中受到阻碍，这并不利于当前我国推进“建设创新型国家”的战略要求。在各方共同努力协调推进我国科技伦理治理体系建设中，如何更好地在多重行动者间开展合作、发展良性互动关系，如何提升公众对于科学技术的信任与使用，是目前深入实施创新驱动发展战略的要求。因此，构建人工智能传播全方位、全过程的信任生态系统，是科技伦理治理体系建设的重要组成部分，可以通过对人工智能传播信任的研究，探讨人工智能传播伦理的未来图景。

1. 人工智能传播信任关键要素的变化

1.1 信任研究及其关键要素

信任作为一个多维度、多层次的概念，在目前学术研究中大致可分为信任的社会学研究、心理学研究、组

本文为 2022 年中国广告业大奖长城奖（广告学术类）银奖作品。

[1] 杨先顺，暨南大学新闻与传播学院、媒体国家级实验教学示范中心教授，博士生导师，暨南大学传播与国家治理研究院院长，广东 广州，510632。

[2] 莫莉，暨南大学新闻与传播学院博士研究生，广东 广州，510632。

织管理学研究、技术学研究。信任研究虽呈现多学科化的特点，但核心脉络是沿着社会现代性进程引发的信任内涵结构化变迁而展开，意即信任研究需置于现代性过程背景之中。

信任的心理学研究构成了早期信任研究中的主流，并对信任的分支研究也产生了重大的影响。信任的心理学研究主要将信任视为个体的一种心理活动状态，注重将信任置于人际交往或个体交往的背景之中，与基于熟悉、地域、血缘关系而链接的传统社会交往形式密不可分。但是拘泥于个体的心理特质的心理学研究很快就遭遇了挑战，对信任的研究逐步拓展到中观的组织管理领域以及宏观的社会系统领域。信任的组织管理学研究将“信任”置于经济交易环境中，研究信任与效率、制度、员工与企业发展之间的问题。在这一领域的研究中，信任的属性得到了拓展——信任是一种信心、期待，也是一种契约、承诺，后者属性在商业环境下得到了强调。信任的组织管理学研究拓展了信任的主体，即信任的主体和对象可以是作为实体的人或物（产品），也可以是企业声誉、形象、影响力、品牌等符号化产物。信任的社会学研究起始于学者对于“现代性”的讨论。社会学视域下的信任研究，将信任视为镶嵌于社会关系中的运行机制，信任的发生机制、维度以及变迁，是与社会结构的变化相联系的，“风险与信任是交织在一起的（安东尼·吉登斯，2000）”[1]。信任的社会学研究将信任上升到系统的、社会的、抽象的、脱域的层次进行探讨，信任研究由个体微观层面进入社会宏观层面，丰富了信任的发生机制、结构维度与功能等研究成果。关于信任的技术学研究，是基于当前数字社会背景下，探讨技术与信任间的关系研究，技术信任（是）对人际信任和制度信任的重要补充，甚至部分替代亦得以实现（张权，2020）[2]。技术视角下的信任研究普遍认为，信任的构成可以来源于技术，信任的对象也可以是一种技术人工物。

信任是一种与社会过程共生共在的系统性存在，它不仅是一种“本体性安全”概念，与人的自我认同、伦理价值观念相关，同时也是一种“存在性安全”概念，与现代性社会、时间与空间相联系。

结合上述关于信任研究回溯的讨论，可以发现信任研究中存在着几个关键要素，这些关键要素决定着信任的概念定义、内涵外延以及结构维度，这些关键要素分别是：信任发生的基础：面临何种风险；信任的主体以及结构：信任处于何种交往关系中；信任的结果：信任是否能转化为行动。

1.2 人工智能传播社会中信任关键要素的变化

1.2.1 信任发生基础：风险的“日常化”与“个体化”

风险与人类社会共存，风险环境与结构随着社会变迁而发生变化。人工智能传播社会中，风险环境的复杂化、不确定性以及风险个体化趋势有所增强，技术风险和社会风险是人工智能传播社会中的主要风险构成。

人工智能传播社会中的技术风险主要指人类在使用人工智能技术改造客观世界过程中，因现有条件约束的非主观恶意技术使用行为而引发的威胁。人工智能技术风险一方面主要表现技术在具体使用中的不确定性、不稳定性、鲁棒性等带来的潜在威胁，另一方面表现为由于技术在具体使用情境中的“功能—结果”黑箱导致的过程不确定性。例如，算法导致的歧视结果可能出现在由于数据集的隐性偏差、算法模型欠缺检验、运行环境偏差以及理解环境偏差的全周期过程中，无论对于设计者或使用者而言，都存在着部分环节的风险“黑箱”。

人工智能传播社会风险体现在人为主观的技术使用行为而引发的威胁中，这种人为技术风险还可能构成风险的连锁反应，引发生存性、系统性和全面性的社会威胁。数字权力的不平等、数据主义是人为主观技术使用行为而引发的社会风险类型代表。

数字权力是自然人主体在人工智能传播社会中享有与现实社会同样基本权利的具体体现。数字权力的不平等是自然人的基本权利在人工智能传播社会中受到损害的表现，即自然人的人格权、隐私权、劳动权等基本权利受到一定的损害。数字权力不平等的原因来自存在于现实社会中的结构性不平等随着人的主观意识和资本裹挟进入了人工智能传播社会中。算法歧视、数字劳工、信息茧房、数据鸿沟等现象，相互作用产生连锁反应，即是作为数字权力不平等的原因，也是数字权力不平等的表现，渗透到人们的日常生活当中。

人工智能领域中的社会风险还体现在奉行数据主义带来的弱化“人”的主体性风险。随着身体的数据化，“人”

下降为剥离了一切社会关系和政治身份，仅保留身体之生物性特征及其行动轨迹的“数字化个体”[3]。缺乏人本思考的单一化数据主义，是扭曲数字化生活的体现，也是消解人作为“人”本身存在的主体性与自由。如果一切都以数据对人作为量化，那么数字人是否是现实中的人本身的真实反映？在数字化生存过程中，人是否会反过来被数据所束缚？基于人的行为分析和预测而构建的算法模型是否反过来会制约人本身的自由与发展？这些关于人工智能传播社会中基本生存问题和主体性问题，也是作为主观性社会风险的具体体现。

人工智能传播风险如同社会关系一样镶嵌于每个人的日常活动与交往行为中，面对趋于“日常化”的风险情境，信任将处于一种动态关系中，信任不是解决风险的处理办法，而是让个体如何应对“日常化”风险关系中的一种结构。人工智能传播社会风险环境又具备个体性，即个体的不同选择又可能导致所承受的风险类型和风险程度的不同。风险意识的个体化，使得个体在进行抉择时，不仅要考虑现存的境况，还要考虑因选择产生的连锁反应的未来境地，由此增加了选择的认知和预期成本。

1.2.2 信任边界：交往关系的多重性与不确定性

信任必然存在于交往关系中，考察人工智能传播信任的边界以及结构问题，必须在人工智能传播交往关系的情境中展开。人工智能传播情境下的多重交往关系大致可以简化归纳为三种：人与人、人与群体、人与技术。这三种交往关系既包含基于实地环境的人际交往、群体交往与组织交往，还包括存在于脱域情境中的网友关系、社群链接、公共领域以及基于算法推送而形成的“标签”链接，个体可以在实体与虚拟的流动空间中参与复合性交往关系。人工智能传播环境下的交往关系主体不单是具体实在的他人、群体及组织，还可以是人工技术物、专家系统以及抽象的符号。

同时，人工智能传播交往关系具有更多的不确定性，这种不确定性一方面体现在交往关系的偶发性、无感知性以及链接关系的隐秘性，还体现在交往关系的主体间存在部分难以明确的责任与义务问题。以精准广告推送服务为例，当消费者开启授权交易平台对其进行精准广告推送服务后，消费者的个体数据搜集方是提供产品或服务的公司，而对消费者数据进行处理、分析形成用户画像并进行算法分析的服务提供方可能是第三方技术服务公司。此外，运用这一分析数据并结合用户媒体使用数据，获得用户“触点”并提供渠道与消费者进行接触的服务提供方可能是媒体方或第三方渠道服务公司。更关键的是，算法在自我学习和运算过程中对自身模型不断进行改进优化，同时也会对分析提供的报告或数据产生一定的影响，算法技术也是这一委托代理关系中的重要组成。由此可见，人工智能传播关系的技术对象还不具备等同于人的主体资格，交往关系的多重性使得交往主体难以窥见整体，如何厘清交往关系中不同主体的责任和义务也成为法律监管中的难点问题。

2. 人工智能传播信任的构成维度及其相互关系

2.1 人工智能传播中信任的基础：技术信任

人工智能传播中的技术信任是对技术本身的稳定性、安全性的信任（产品的信任），其次是对技术使用过程中是否能解决人的需求、提供价值的信任（收益的信任），最后是对技术使用不会对主体造成伤害的信任（不伤害的信任）。

技术信任的基础是对技术产品的信任，技术产品的使用感受和使用经历直接决定了是否适用或采纳某项技术服务或产品。技术产品的安全性、稳定性是技术使用主体信任来源或信任授予的最直接对象，一旦技术使用主体感知到了使用技术产品带来的风险性高于其实际获得的收益，那么极大可能会放弃技术产品的使用（特别是拥有是否使用该技术产品的主动选择权时）。正因为技术使用主体在使用技术产品时很有可能是间接选择使用结果，即一方面并未投入过多精力对技术信息进行认知和评估，另一方面技术使用主体并不能主动或强烈感知到技术产品带来的收益，即认为这一技术产品并不是必备的。所以基于技术产品的信任是技术使用主体采纳并可持续使用技术的根本。只有在基于技术产品自身的信任基础上，才能继续发展对于技术产品提供价值、满足需求的信任以及对技术的不伤害信任，三者之间相互作用、相互影响。

此外，人工智能传播的技术信任主体不仅包含实际可感知的技术客观物，还包含存在于抽象、脱域层次中的符号和系统。技术信任作为最基础的部分，需要与其他维度的信任层次相互作用，共同构成整体的人工智能传播信任。

2.2 人工智能传播中信任的保障：系统信任

人工智能传播信任中的系统信任维度，是对技术信任的背书与保障。系统信任最早由卢曼提出，他认为“日常生活必要的社会信任不能单纯通过这种类型的对个人的取向来创造……必须有其他的不依赖于人格因素的建立信任的方式”[4]。人工智能传播信任中的系统信任维度，包括组织信任、制度信任、功能性系统的信任三个方面。

组织信任是系统信任中的基本元素与最小单元，从外部视角来看，组织信任指在人工智能传播领域中发生经济往来与开展合作企业之间的信任以及消费者对于企业的信任。从内部视角来看，是员工对企业的信任。员工对于企业的信任是企业发展、内部凝聚力和企业文化构建的基础。企业间的信任是双方开展合作的前提以及维持可持续商业关系的关键。消费者对于企业的信任，则是企业业务开展、获得盈利和长足发展的核心。企业的内部与外部信任相互影响，构成了企业的组织信任，组织信任是一种“契约信任”，是不同行动主体在开展经济交往中对彼此间的行为的有效控制与预期。

制度信任是系统信任发挥关系保障效用的重要方式，制度包含了人们制定和创立的一系列政治制度、法律法规、管理规定、行业规范、契约规则与道德习俗。制度具有一定的约束、监督和行为建构作用，是社会信用体系的重要构成。制度信任的建构依赖于制度的建构过程以及发挥效用的方式。

功能性系统信任是对于起到简化复杂性作用的传播机制的信任，是系统信任中的“沟通”环节。“功能性系统”存在的作用在于打破前两个系统之间的人为界限，使得它们之间人为的、彼此隔绝的存在得以沟通[5]，“功能性系统”是以一种抽象符号表征，来简化社会复杂性的沟通系统而存在的。在人工智能传播领域中，象征标志与专家系统是一种“功能性系统”存在，象征标志诸如品牌符号、企业口碑、资质认证、企业文化等是品质保证、信誉保障的体现，也是消费者简化决策过程、提高决策效率进行参考的内容。即使处在抽象层次或脱域的情境之下，象征标志的沟通作用并不会丢失。专家系统是对消费者在使用技术产品或服务过程中存在的知识不对等性的一种补差性存在，以缓解和帮助消费者对技术风险带来的不安感和不确定感。“功能性系统”本身的维持也需要信任关系的融入，同时“功能性系统”的信任也是“系统信任”在抽象层次中的表现。

2.3 人工智能传播中信任的可感知：人际信任

人工智能传播信任的最终“落脚点”是个体，是近似于人际交往产生的“触点层面”的信任层次。通过人工智能传播技术的广泛应用，不同层次的行动主体间都有可能做到个性化、精准化以及拟人化的沟通与交流。人工智能传播中的人际信任既可以表现为主体对他者虚拟数字身份的信任，也可以表现为对技术有能力保障自身虚拟数字身份安全的信任。人工智能传播的人际交往关系中是不信任行为的高发区域，如大数据杀熟、算法关系下的就业歧视、骚扰电话、电信欺诈等，其不信任的根源是在技术与人的交往关系中，存在侵害合法权益、伤害个体利益的行为。

人工智能传播信任的建构要注重“触点”信任的建设，即无论数字社会中人际交往的对象主体是人或人工技术物，人工智能传播信任的实际行为表现最终会落在在人际交往关系之中。

3. 人工智能传播信任机制的建构路径

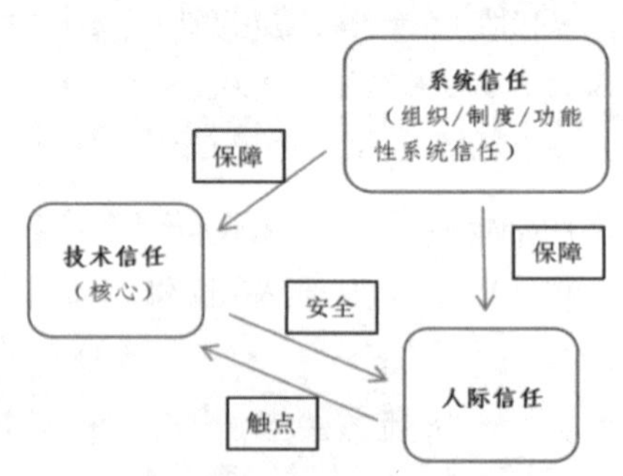

图 1 人工智能传播的信任维度及维度间关系

3.1 人工智能传播信任机制建构中的难点

一般而言，信任的出现需要满足“(1) 行动者 (agent) 之间的直接交互；(2) 在交互环境中，有共同的规范和伦理价值观；（3）参与交互的各个部分是可以识别的”这三个条件[6]。人工智能传播信任机制建构中的难点在于明确信任交互对象的信义责任与义务、专业知识不对等性与沟通渠道的建设、道德规范与伦理价值观的认同三个方面。

如何明确信任交互对象的信义责任与义务是信任机制建构中需要攻破的首要问题。信任的对象可以是实体存在的人或组织，也可以是抽象的符号、技术或系统，但不论这一对象是实体或抽象的，信任主体双方所承担的角色本质上是一种责任或义务的化身，是一种信任关系中能相互寄予期望的对象，所以信任对象必须是可识别的，这种可识别体现在信任关系中能明确信任主体身份，且信任主体有能力承担相应责任与义务。人工智能传播技术目前已在很多领域发挥着重要作用，在提供便捷和帮助的同时，实际上已经与相关行动者构成了委托代理关系，即委托方支付一定报酬或出让己方的部分利益以换取被委托方的技术服务，并获得一定的收益。不同于传统的委托代理关系，委托方与代理方在技术服务开展的过程当中，存在着多个行为发生对象。以精准广告推送服务为例，当消费者开启授权交易平台对其进行精准广告推送服务后，消费者的个体数据搜集方是提供产品或服务的公司，而对消费者数据进行处理、分析形成用户画像并进行算法分析的服务提供方可能是第三方技术服务公司。此外，运用这一分析数据并结合用户媒体使用数据，获得用户“触点”并提供渠道与消费者进行接触的服务提供方可能是媒体方或第三方渠道服务公司。算法技术也是委托代理关系中的重要组成，不同的算法模型与评价指标体系会对分析报告或行为决策产生一定的影响。但是技术人工物目前在社会认知中尚不具备等同于人的主体性资格，其责任和义务目前还是落在技术的开发、设计或使用购买方。如何厘清信任关系中的主体责任与义务也同样是当前法律法规制定与监管中的难点问题。

专业知识不对等性与沟通渠道的建设也是人工智能信任建构中的难点问题。信任本身是一种基于过往与既有认知，对即将到来的不确定性和未知性的一种判断与预期，信任关系是具有时间差的。信任主体间对专业技术知识认知和理解的不对称性，加剧了因信任关系时间差带来的不安感。信任关系的脆弱与断裂容易发生在存在知识不对称性的时间差中。信任是一种主观判断，信任主体由于缺乏对专业技术知识的理解，极易受到非理性情绪以及相关事件报道或舆论引导的影响，从而对信任对象产生怀疑，或选择终止信任关系。人工智能传播信任关系的“触点”在于人际交往层面，近似于人际交往的信任关系更需要获得及时的、双向的沟通与反馈，特别是对用户存在的技术疑问进行有效的回应，并赋予用户一定能动性以促进问题的解决。沟通传播渠道的建设，特别是“点对点”传播渠道的建设，增强应对舆情能力，提高科学传播水平，也是人工智能传播信任建设中的难点问题。

道德规范与伦理价值观认同是信任关系稳定、持续、循环发展的必要条件。上文提到，人工智能传播技术的中介化、媒介化作用，对传统的伦理道德观念产生了一定影响，在新的人技关系情境下，信任关系主体需要持有共同认可的新的伦理道德价值观。道德规范与伦理价值观作为形塑我们日常生活的必要条件，也是评判是非标准的重要原则。在科学技术的发展过程中，创新与风险并存，特别是在经济社会已经发展到一定阶段，技术与人的深度融合情境之下，不能单纯考虑以获得技术带来的发展效应为主，还需要对技术带来的价值效应与负面影响之间进行权衡。为促使科技创新得到更好的充分的利用，更要对带来的负面影响和风险进行全面评估，特别是对公众隐私、数据权利、信息安全、数据管理等先前忽略的成本因素，需要在社会治理层面进行推进，技术社会由发展型向规约型转变。社会对技术的宽容度，特别是公众对于技术的信任度，是营造有利于技术发展创新的外部环境的关键所在。如何权衡技术价值与负面效应，是持有何种伦理价值观的具体表现，是道德规范与伦理原则建构需要考量的现实问题，也是信任体系建构的难点。

3.2 人工智能传播信任机制的建构路径

人类的实践活动是有目的的创造性活动，也是价值追求的体现。人需要的多层次性、动态性、复杂性决定了其必须进行价值选择，并且作为主体的人必须在此过程中不断调整自身的需要而做出合乎自身目的的选择。作为人类在世方式的技术在不同价值选择的指引下构建着人类存在之境域[7]。技术使用行为是合目的性与合价值性的统一。

人工智能传播信任，是一种技术信任，也是一种价值信任，更是对主体自身的信任。信任建设需要基于技术与价值选择的统一，这种价值选择需要主体理解、持有并分享共享的价值观，并且能够承诺兑现。信任建设的价值指向需明确是为满足何种需求、追求何种理想生活。信任关系不仅需要建立在市场经济逻辑之中，还需要走入价值共享层面，以增加信任关系的厚度。

在现有的研究成果中，围绕不同层面的信任建构路径研究已取得较为丰富的成果，特别是在被信任对象的能力与责任要求、法律与制度保障、社会信用方面的信任构建研究较为完善，这些成果都值得我们在具体实践中参考与借鉴。本文拟从构建与分享共同规范与伦理价值观的角度切入，对上述人工智能传播信任建设难点问题进行回应，以期对现有研究进行补充。

3.2.1 信任主体的内化自觉：明确价值基础、促进价值认同与提升价值动力

价值基础是对事物的基本态度与看法，价值主体即“价值观规范的主体是谁的问题”[8]。确立价值基础的前提是厘清价值关系中不同利益主体的权利与责任分配问题，价值主体规范的是价值指向对象。人工智能传播信任建设不仅需要明确信任交互对象的信义责任与义务，还需要信任主体将其内化为行动自觉的价值标准与准则规范，形成价值认同、提升价值动力，在信任关系交往中分享共同的价值观。

确立价值基础首先需要明确信义关系中不同利益主体的权利与责任分配。目前我国网络与数据安全治理体系建设，从法律层面（如《数据安全法》与《个人信息保护法》）到行业标准层面（如《信息安全技术——个人信息安全规范》）再到伦理治理原则（如《新一代人工智能治理原则——发展负责任的人工智能》），以及相关配套文件对互联网、个人信息和数据活动的多个实践场景中的权责义务进行了说明与解释，并对相关违规行为制定了相应的惩罚措施。在法律规范制度保障作用下，价值认同需要作为一种内在涵养路径，与外在强制力形成互补，共同促进主体自觉行为，降低强制规范的管理成本。形成价值认同，首先需要明确其价值基础与价值主体。

人工智能传播的价值基础来自技术信任层面。技术首先作为一种合目的性的存在而具有其特定的工具价值，这种工具价值构成了价值基础的根基。戴维斯的技术接受模型（TAM）指出，公众对技术接受主要影响因素为感知有用性与感知易用性[9]。感知易用性和感知有用性分别表示学习使用技术付出的努力程度和使用技术而获益的程度，二者是对技术功能价值的全面衡量[10]。感知有用性与易用性本身体现的就是一种技术的价值选择。人工智能传播信任的价值基础需要以技术产品的稳定性、安全性为根基，向公众明确并承诺技术产品的使用能带来确实收益，技术企业需注重对技术产品的使用说明、反馈与承诺，即必须要坚守“不伤害”伦理原则。

价值基础不仅包含技术的工具价值，还包含着技术的理性价值。这种理性价值建立在工具价值基础上，同时包含了更广泛的阶层社会成员以及技术应用动态情境中的价值诉求。这需要多方利益相关者在社会生产实践中形成一种价值共识，一方面是在技术的使用与发展过程中，必须杜绝强制行为、排他行为、隐秘行为的出现，共同营造行业的基本信任氛围。另一方面，需要对交往实践中不同行动者间利益的平衡、排序与取舍达成主要共识，这种共识有助于维持市场经济秩序的稳定。

明确价值主体是促进价值认同的基本要求。人工智能传播社会中的价值主体不仅存在于人际交往关系层面，还进入了人与物的交往关系之中，即抽象的符号、人工技术物以及专家系统等也应纳入价值主体的涵盖范畴。明确价值主体的实践路径可以从人工智能传播技术的透明性和可解释性方面入手，特别是确保关键算法的价值取向以及评价标准，确保责任主体链条的追踪识别[11]，实现动态的可监督。企业可将自身愿景和使命作为企业文化建设的重要部分，落实伦理风险机制的建设并将其纳入企业的社会责任中。行业龙头可结合自身能力与实践，率先树立起标杆作用，并联合行业协会共同推进科技伦理共识的实现。

认同的内在动力来自科学体系自身本质的逻辑力量[12]。价值认同需要转化为价值动力，来自长期实践中的成果凝结与提炼，也来自实践中对价值观点与看法的检验，考量其是否符合社会发展规律，是否真正能促进社会和谐发展。价值动力是社会成员日常生活中的言语、行为以及态度观点的体现，是认同当前制度规范、思想

交流以及行为实践的结果。价值动力的过程需要情感共鸣与理论学习并重，在理性认同与情感认同的基础上内化为个体的价值观。价值动力的学习过程需要联动实践与理论机制，将具体的理论内容落实到实践环节中，对实践环节出现的是非问题要清晰表明立场和观点。

3.2.2 加强“触点”层面的信任建设：从信息流通到价值分享

人工智能“触点”层面的信任建设是为化解因专业知识的不对等性而引发的传播沟通层面的信任危机难题的有效治理路径。可以从传播渠道、手段与方法的建设、传递价值诉求与建立情感联系入手。

“触点”层面的信任关系近似于人际交往信任关系，这意味着在信任主体交往中需维系通畅的、及时的、精准的、人性化的沟通交流模式。信息渠道的通畅、信息流通的顺畅以及信息披露制度的完善是建立有效“触点”层面信任沟通的基础条件。搭建畅通的公共意见交流对话平台，满足不同信任层次中主体的情感交流与价值诉求表达需求，促进良性信息的传播与流动。在涉及企业责任、技术产品以及受到重大舆情事件影响时，要注重信息反馈的及时性与针对性，并尽快采取有效的应对措施。建立并完善相应的信息披露制度，明确相关日常信息运营管理流程以及应急管理措施，及时更新相关企业或技术产品信息，采用专业技术知识的“人性化”表达方法，拉近与受众距离。

“触点”层面的信任建设不仅需要信息传播方式方法层面的建设，还包含信息层面价值诉求的传递，即对价值目标的传达，进而与受众建立情感联系，对信任关系起到推进与稳固作用。价值目标是价值与实践的“和”，是对信任关系预期结果的“和”，价值目标需要通过价值诉求进行传递。价值诉求的内容不仅包含技术产品的工具价值，还需要将企业文化、价值观与责任感、信誉与声誉等内容一并纳入，特别是对技术产品不伤害性的承诺。价值诉求需要根据不同传播对象的特点，结合多样化、多渠道、多层次以及具体化的传播方式与手段，使传播对象真正地理解价值诉求。

价值分享是价值认同进一步深化的表现，也是坚定价值信仰的必然过程。鼓励个体就重要伦理案例、技术案例以及技术创新应用进行积极的、建设性的观点与意见交流，是以价值分享促进价值认同的可实践路径。主流的价值认同需要经过公众讨论，经历与多元价值观点的碰撞与交融，通过采用不同的话语形式进行表达，充分体现出主流价值观的生命力以及感染力。围绕“用户为中心”的价值诉求，推进各项工作的开展，营造群体认同的情感文化交流氛围，在情感交流与共鸣中推进价值认同，对个体的行为起到情感激励与促进作用。

3.2.3 构建价值共同体：从信任“实体”到信任“主体”

人类社会在某一时期所形成的价值取向作为人对自然现象和社会现象所作的质的评价，它具有规范人的社会行为的能力[13]。当信任成为系统层面的信任时，个体的行为会受到来自集体信任的规范和导引，这种指引作用并不因为个体差异而改变，“信任是一种社会关系或一种社会体制中为所有成员增进利益的创造者”[14]。信任进入了一个抽象的、系统的、集体的层面。社会中存在着影响其秩序的力量：“强制、互惠、习俗”，其中“互惠与习俗造就的社会秩序将是一个包含信任，即社会成员间保持丰富信任关系的秩序”[15]。意味着进入系统层面的信任建设，一方面需要延续和坚守中华民族的传统美德，另一方面需要依赖于价值认同的内在动力，促使个体认可信任是一种理性行为。

信任“实体”，是信任个体能遵守信任的规则、承诺，并将其转化为自身的实践活动的主体性表现，这是一种遵守信任规则的外在体现。当信任“实体”转化为信任“主体”时，信任个体将信任关系作为一种对美好生活的追求，从实践活动转化为内心信仰，即个体在具体实践中将自身主动建构为信任“主体”。信任“主体”将社会主流价值观作为自身的信仰。价值观作为一种“内在”的路径，区别于外在的强制力效应，更是一种带有审美的、信念的力量。将信任“实体”转化为信任“主体”的关键在于坚定信任关系中的价值信仰，即坚定立场、明辨是非，主体内在坚信并认可信任是作为实现理想生活与自由的一种有效的路径。信任关系建设的核心价值观应是“以人为本”，以增进人类共同福祉为目标，坚持“向善”“福祉”“和谐”的伦理原则，在实践中具体体现“科技向善”，促进共享共荣发展，鼓励开放有序的竞争，服务于人类文明的共同进步。

4. 结语

人工智能传播技术带来了社会建设与发展的新机遇，同时也带来了新的问题。在着眼于技术进步创新的同时，技术对它打破又重新组合的社会结构和社会生活提出了新的挑战，我们需要调整与重塑信任关系来认识与看待我们周遭的现实。人工智能传播信任建设与伦理价值要求的发展目标要求一致，信任建设实质也是贯穿于伦理价值融入的逻辑之中。人工智能传播信任建构作为大数据时代下人工智能伦理治理实践路径，可与现有的伦理治理体系相辅相成。信任作为维持社会秩序的重要因素，当前正面临着信任主体模糊、信任维度复杂以及信任保障制度的缺失等困境。现有的情况不单单需要指出科学技术存在的风险性，更重要的是通过对于科学技术的反思，重塑社会中维持秩序稳定、维护道德伦理的重要力量，以使公众在使用新技术时获得更多的安全感、信任感，以更好地推动科技发展创新、社会发展进步。

【参考文献】

[1] 安东尼·吉登斯 . 现代性的后果 . 南京：译林出版社 ,1983(8).

[2] 张权 . 技术信任的崛起及其信任基础的巩固 . 中国发展观察 ,2020(Z2):93-95.

[3] 苏涛 , 彭兰 . 技术与人文：疫情危机下的数字化生存否思——2020 年新媒体研究述评 . 国际新闻界 ,2021,43(01):49-66.

[4] 尼克拉斯·卢曼 . 信任 : 一个社会复杂性的简化机制 . 瞿铁鹏 , 李强 , 译 . 上海 : 上海世纪出版集团 ,2005(61).

[5] 车凤成 , 卢曼 . "复杂性理论" 辩证——兼论其信任观之内涵 . 江南大学学报 (人文社会科学版),2008(03):10-14.

[6] 闫宏秀 . 可信任 : 人工智能伦理未来图景的一种有效描绘 . 理论探索 ,2019(04):38-42+63.

[7] 闫宏秀 . 人 : 技术与价值选择—— 人之为人的两个基质 . 科学技术与辩证法 ,2007(03):70-73.

[8] 郭建新 . 社会主义核心价值观大众认同路径与机制研究 . 江苏社会科学 ,2014(01):11-16.

[9] F.D.Davis (1989). "Perceived Usefulness, Perceived Ease of Use, and User Acceptance of Information Technology". MIS Quarterly,13(3),319-340.

[10] D.Gefen, E. Karahanna, D. W. Straub (2003). "Trust and TAM in Online Shopping: An Integrated Model". MIS Quarterly,27(1),51-90.

[11] 唐林垚 . 人工智能时代的算法规制 : 责任分层与义务合规 . 现代法学 ,2020,42(01):194-209.

[12] 刘新庚 , 刘峥 . 社会主义核心价值观认同的动力要素与过程机制探索 . 中南大学学报 (社会科学版), 2012,18(03):1-4.

[13] 闫宏秀 . 人 : 技术与价值选择—— 人之为人的两个基质 . 科学技术与辩证法 , 2007(03):70-73.

[14] B.Barber (1983). The Logic and Limits of Trust. New Brunswick: Rutgers University Press.

[15] 郑也夫 . 信任与社会秩序 . 学术界 ,2001(04):30-40.

改革开放 40 年中国广告研究在国际话语体系中的学术图景与范式取向

——以 25 本 SSCI 期刊为样本

杜艳艳[1] 陈培爱[2]

| 摘　　要 | 在全球化与数字化背景下，中国广告市场总量持续上扬，有关中国广告的学术研究在国际学术共同体中的关注亦渐趋升温。本研究以 1979 年为起点，历时性地研究了作为一个学术研究领域的中国广告在国际学术话语体系中的发展与变化趋势。研究发现，作者个体和国家的来源国优势生产力效应明显。同时学术研究的本土化优势减弱，国际合作渐趋明显。理论驱动型研究在过去 40 年中呈上升趋势，文化理论为中国与跨国广告比较研究提供参照基础。经验和定量研究主导了研究方法，其中问卷调查、内容分析和实验法是主要的研究方法。希冀中国广告研究未来在研究方法、国际合作和学科共创方面能够创新研究范式，探索新现象。

| 关 键 词 | 中国广告研究；内容分析；作者与机构生产力

1. 引言

一百多年前，全球广告学者筚路蓝缕开创了广告理论的构建与研究。1903 年，美国西北大学心理学家斯科特（Walter Dill Scott）出版《广告心理学的理论与应用》，1936 年，美国广告教育之父桑迪（Charles H. Sandage）出版畅销书《广告理论与实践》（*Advertising Theory and Practice*），这些早期成果影响了美国乃至全球广告业的发展与广告研究的理论取向。我国最早的一本广告学著作是 1918 年 6 月甘永龙编译的《广告须知》，此书译自美国的《如何做广告》（*How to Advertise*）。最早由国人独立创作的广告学著作是 1918 年 8 月出版的《广告学》，此书由四体印业社朱庆澜编写，供经商之人参谋。早期中国的广告学研究以指导商战的方式成为函授学校培养商业美术人才的经世致用之说。

改革开放以来中西方思想观念的交融与重建，市场制度的成熟与全球化为中国广告的复兴和参与国际竞争孕育了土壤，中国广告教育与学术共同体也蓬勃发展。学术研究在学习西方理论方法的过程中逐渐“突破西方广

本文为 2022 年中国广告业大奖长城奖（广告学术类）铜奖作品。

[1] 杜艳艳，浙江工业大学 人文学院，浙江 杭州 310023。

[2] 陈培爱，厦门大学 新闻传播学院，福建 厦门 361005。

基金项目：国家社会科学基金“中国近代广告史史料整理与研究（1840—1949）”（15CXW004）。

告学术话语”（孙美玲，2018：314），有了“发展广告学”等自省式建构。但是，与传统学科相比，仍显得稚嫩。值此改革开放 40 年，本文选取 25 本国际广告学、营销学和传播学期刊发表的中国广告研究论文为样本，对 1979—2018 年国际话语体系中的中国广告研究给予纵向的历时性系统分析，一方面回顾全球化背景下学术共同体对中国广告研究所给予的关注，另一方面以中国广告作为新兴市场国家的广告研究样本，为全球化时代广告业的发展勾勒一个独特的视角与领域，描摹中国广告的知识谱系、议题和理论方法。

2. 前人研究综述和拟研究的问题

学者信（Sin，Ho & So，2000）等最早对 1979—1998 年 20 年间中国广告研究的广告环境、广告内容、广告实践与效果以及对广告的态度进行了理论和方法论发展的系统分析，从 18 种商业期刊和 8 种传播期刊中获取 58 篇论文，地域范围聚焦于中国大陆，选文中排除了香港、台湾的广告研究，以及中国产品在美国和其他国家地区进行广告宣传的研究。研究发现共 44 篇论文分布于后 10 年，20 世纪 90 年代学者对中国市场的广告研究尤其浓厚，1997 年峰值最高。1979—1998 年大部分中国广告研究缺乏既定理论或概念框架，只有 18.97%的文章可以归类为理论研究。从方法论的角度来看，采用样本缺乏代表性，大多数研究采用非概率便利抽样。信等的研究颇具启发性，但是随着中国在全球广告市场重要性的日益凸显，需要更长的时段和样本比较研究才能做出更客观的趋势判断，在时间维度上更新和扩展中国广告研究过去的成就并思考未来的研究取向。

在洪、曾和程（Hung，Tse & Cheng，2012）的研究中，以“全球化”为理论框架，回顾了中国加入 WTO 后 10 年间 13 家期刊上有关中国的广告研究，遵循泰勒（Taylor，2005）关于国际广告研究的议程分类对 2002—2011 年中国广告研究的 65 篇论文进行分类总结。研究发现，2002 年《广告杂志》（*Journal of Advertising*）和《广告研究杂志》（*Journal of Advertising Research*）刊登的有关中国广告的文章增加了 6 倍。随着全球化的到来，集体主义价值观和传统文化仍然根深蒂固地存续在中国广告中，西化和现代化的价值观已开始出现，语言和迷信文化是设计促销口号和品牌名称时值得关注的重要问题。本文认为，中国消费者对广告总体上持积极态度，名人代言在中国是一种十分有效的劝说方式，因其与本土文化价值观非常契合。

其他学者（Russell & Martin，1976；Ash & Wee，1983；Maracle，1984；Yale & Gilly，1988；Muncy，1991；Henthorne，LaTour & Loraas，1998；Muncy & Eastman，1998；Sin，Hung & Cheung，2002；Ford & Merchant，2008；Kim et al.，2014；Carlson，2015；Laczniak，2015；Khang et al.，2016）的研究，对本文也有诸多参考价值，尤其是耶鲁和吉莉（Yale & Gilly，1988）的研究在理论、方法和研究主题分类方面具有开拓性意义，本研究在编码过程中借鉴了诸位学者的分类标准。

中国学者韦路、胡文财（2019）通过文献分析的方法，梳理了近 40 年发表于国际期刊的中国广告学研究成果，其关注点在中国学者在国际发表的状况，通过对 Web of Science 进行检索分析中国学者及高校机构的表现。在研究议题方面，并未对文章内容进行研读，仅对被引频次在 20 以上的论文标题、关键词进行词频分析。

鉴于信等（Sin，Ho & So，2000）以及洪、曾和程（Hung，Tse & Cheng，2012）的研究跨度为 1979—1998 年和 2002—2011 年，不包括香港和台湾。因此本文的研究重点以世界顶级广告学、营销学和传播学期刊为样本库，在地域范围上包括中国香港和台湾，对国际话语体系中的中国广告研究进行整体性、综合性和动态性历时分析。具体而言，本文旨在考察：（1）从更广阔的历史视角审视中国广告研究数量的进展；（2）作者和机构生产力、中国学者和非中国学者的学术贡献；（3）所采用的理论框架、议题和媒体；（4）研究方向和方法的评估；（5）抽样单位和统计技术；（6）未来研究的愿景与使命。本研究将回顾和讨论研究者关于中国广告研究在国际话语体系中的研究范式、趋势和模式，旨在通过历时性的研究来阐明中国广告作为一个学术研究领域的方向和进展，为有兴趣从事该领域研究的学者提供参考。同时，对全球互联网社区和数字广告发展而言，本研究也可以为单个国家或其他新兴市场提供理论观察的视角与研究启示。

3. 研究设计

3.1 研究方法

本研究采用内容分析法，内容分析“是对显在（obvious）传播内容进行客观、系统和定量地描述的一种研究方法。”（Berelson，1952：18）1979—2018 年这四十年提供了一个充分的时间长度，通过内容分析法对国际广告、营销和传播学期刊中关于中国广告研究的文章进行客观、系统、定量的描述，对其研究的显性意义进行技术分析，我们可以还原中国广告研究在国际学术话语体系中的进展和变化趋势，总结其理论方法与范式取向。

3.2 样本选择

在期刊的选择方面，遵循前人的标准（Zou，2005）进行：（1）商业和传播类期刊排名；（2）社会科学引文索引；（3）至少有 2 篇以上文章与中国广告研究有关；（4）可以找到全文。具体如下。

3.2.1. 使用 EBSCO 数据库和 Web of Science，搜索“标题”或“摘要”包括“广告”“中国”[1] 的文章，来确定学术期刊，时间范围为 1979—2018 年。

3.2.2. 根据 Web of science 期刊影响因子排名进行选择，并咨询国际知名的广告和营销学者。

3.2.3. 参考前人研究中的期刊选择（Sin，Ho & So，2000；Hung，Tse & Cheng，2012；Yale & Gilly，1988；Pitt et al.，2005；Kim et al.，2013；Khang et al.，2016）。

3.2.4. 确定 25 本目标期刊后，从 ABI/Inform、Business Source Premier、EBSCO、Springer、Sage journals 和 Elsevier 数据库对期刊标题或摘要中包含“中国”“广告”等关键词的文献进行检索，产生最初的 247 篇文章，然后通过篇目阅读判断，剔除社论、书评和评论，以及对其他问题的回应等，最终确定与中国广告研究相关的原创研究论文 200 篇，下表 1 是选定期刊的列表，包括其创刊时间和来源，以及样本分布情况。

表 1 期刊列表和样本分布

期刊名称＊（创刊时间）	期刊来源	样本数量	学科分布 单位：%	总样本分布 单位：%
Advertising				
IJA（1982）	ENGLAND	45	47.9	22.5
JA（1972）	USA	20	21.3	10
JAR（1960）	USA	16	17	8
JCIRA（1978）	USA	10	10.6	5
JIAD（2000）	USA	3	3.2	1.5
总计		94	100.0	47
Marketing				
JICM（1988）	ENGLAND	14	21.7	6.7
JBR（1973）	USA	10	16.7	5.2
JBE（1982）	NETHERLANDS	8	13.3	4.1
JGM（1988）	ENGLAND	7	8.3	2.6
JMC（1995）	ENGLAND	6	8.3	2.6
EJM（1967）	ENGLAND	4	6.7	2.1
JIM（1993）	USA	4	6.7	2.1
JPM（1992）	UK	3	5.0	1.6
JCP（1992）	ENGLAND	2	3.3	1.0
JCR（1974）	USA	2	3.3	1.0
JMM（1999）	ENGLAND	2	3.3	1.0
JMR（1964）	USA	1	1.7	0.5
JPPM（1982）	USA	1	1.7	0.5
JM（1934）	USA	0	0.0	0.0
总计		64	100.0	32
Communication				
AJC（1990）	ENGLAND	18	43.9	9.3
CJC（2008）	ENGLAND	9	22.0	4.7
MIA*（1976）	AUSTRALIA	5	12.2	2.6
IJC（2007）	USA	4	9.8	2.1
MCS（1998）	ENGLAND	2	4.9	1.0
IJMM（1985）	ENGLAND	2	4.9	1.0
JC（1951）	ENENGLAND	2	2.4	0.5
总计		42	100.0	21
合计	25	200		100.0

注：*Media International Australia Incorporating Culture & Policy 于 2008 年改名为 Media International Australia；IJA=International journal of advertising；JAR=Journal of advertising research；JA=Journal of advertising JCIRA=Journal of Current Issues and Research in Advertising JIAD= Journal of Interactive Advertising；JICM=Journal of International Consumer Marketing；JBR=Journal of Business Research; JBE=Journal of Business Ethics；JGM=Journal of Global Marketing；JMC=Journal of Marketing Communications；EJM=European Journal of Marketing；JIM=Journal of International marketing；JPM=Journal of Promotion Management；JCP=Journal of Consumer Psychology；JCR=Journal of Consumer Research；JMM=Journal of Marketing Management；JMR=Journal of Marketing Research；JPPM=Journal of Public Policy & Marketing；JM=Journal of Marketing; AJC=Asian Journal of Communication；CJC=Chinese Journal of Communication；MIA=Media International Australia; IJC=International Journal of Communication；MCS=Mass Communication & Society；IJMM= The International Journal on Media Management；JC=Journal of Communication.

3.3 编码与信度效度

200 个样本按表 2 的分类标准进行编码，为确保样本编码的有效性。本研究遵循学界普遍采用的科恩系数（Cohen’s Kappa）来确定信度和效度。样本由两名广告专业研究生进行编码，在编码前对两名编码员进行了培训。为保证编码类别的可靠性，由两位编码员独立

表 2 编码分类

分类	编码来源
作者：每篇文章作者的名字，数量，国籍和所属机构（期刊出版时的机构），年代和来源期刊 理论驱动与否（.900）	
(1) 理论驱动：明确指出理论，理论框架 / 模型或结构作为指导研究的文章 (2) 非理论驱动：仅由经验结果驱动或不使用理论的研究	Pitt et al. (2005),Kim et al. (2014)
理论的类型（.890）	
(1) 理论：一组由关系语句链接在一起的结构，这些结构在内部彼此一致。（全球市场战略理论、理性行动理论、使用与满足理论、培养理论、社会比较理论、社会认同理论。） (2) 理论框架：思考问题的框架，可能演变为理论命题之间关系的陈述。（文化维度、个人主义与集体主义、男性与女性、权力距离、FCB 网格、高低语境。） (3) 构造：未直接观察到的解释变量。（对广告的态度、对品牌的态度、购买意愿、广告诉求、原产国、产品类型、怀疑来源可信度。）	Berger, Roloff, & Roskos-Ewoldsen (2010),Wilson(1999),Kim et al. (2014)
研究主题 (.839)	
（1）广告实践：广告管理问题、广告代理关注和媒体主题、预算、广告营销环境、公共关系、战略、专业化、品牌定位、整合营销传播（IMC）、定位和细分、策略等	Yale & Gilly (1988), Muncy(1991), Muncy & Eastman(1998), Kim et al.(2014),Khang, et al.(2016), Sin, Ho & So(2000)
（2）广告内容：诉求方式、潜意识广告、广告来源因素、信息内容、广告中使用性或裸露、形象 / 企业广告、广告视觉等	Yale & Gilly (1988),Kim et al.(2014),Sin, Ho & So(2000),Khang, et al.(2016)
（3）文化方面：(文化比较、标准化和本土化、文化价值多元 / 变迁等)	Shangming Zou(2005),Khang, et al.(2016),Hung, Tse & Cheng(2012)
（4）广告效果：回忆、识别、脑电波研究、反应、感知、态度、意识、参与、说服、疲惫、注意力、口碑、认知、情感、行为、心理生理、经济效应等	Yale & Gilly (1988),Sin, Ho & So(2000),Kim et al.(2014) Khang, et al.(2016)
（5）社会问题：普遍社会问题、政治广告、种族、道德、广告的社会 / 经济影响、老年人问题、政府广告法规、欺骗性广告、儿童问题、性别角色刻板印象等	Yale & Gilly (1988),Muncy(1991) Muncy & Eastman(1998),Kim et al.(2014),Khang, et al.(2016)
（6）方法论：研究方法、学术研究的其他方面、量表开发和实验、复制实验等	Yale & Gilly (1988),Muncy(1991), Muncy & Eastman(1998),Kim et al.(2014),Khang, et al.(2016)
（7）其他 : 广告服务、直销广告、工业广告、广告教育、历史等	Yale & Gilly (1988),Kim et al.(2014)
感兴趣的媒体 (.933)	
（1）电视；（2）广播；（3）印刷；（4）户外；（5）互联网；（6）直邮；（7）电影广告；（8）手机；（9）所有；（10）没有；（11）其他（例如：电子游戏 MIMOG）	Khang, et al.(2016)
研究方向（.931）	
（1）经验的：基于主要和 / 或次要数据的收集和分析。经验的方法分为内容分析、调查、实验、二手数据的使用和组合方法 （2）非经验的：不符合上述经验条件，则编码为非经验的	Yale & Gilly (1988)
研究方法 （.860）	
（1）定量；（2）定性；（3）混合	Yale & Gilly (1988)
具体研究方法（.878）	
（1）内容分析；（2）调查法；（3）实验法；（4）元分析；（5）观察法；（6）焦点小组法；（7）纵向分析法；（8）历史研究法；（9）文本分析法；（10）系统评价；（11）案例研究；（12）访谈法；（13）多重方法；（14）其他	Yale & Gilly (1988),Kim et al.(2014), Khang, et al.(2016)
样本单位（.852）	
（1）广告作品；（2）儿童；（3）学生；（4）成年人 (男女 18+)；（5）仅限女性 (18+)；（6）仅限男性 (18+)；（7）老年人；（8）从业人员；（9）二手数据；（10）多种样本；（11）其他	Yale & Gilly (1988) Kim et al.(2014)
抽样方法（.838）	
具体的抽样方法（.756） （1）概率抽样： ①简单随机；②系统随机；③分层抽样；④整群抽样 （2）非概率抽样： ①便利；②判断；③配额；④滚雪球	Sin, Ho & So(2000),Khang, et al.(2016)
统计技术（.854）	
（1）频率 / 百分比；（2）差异；（3）t 检验或 x2 检验；（4）AN(C)OVA；（5）MAN(C)OVA；（6）相关性；（7）回归；（8）分类；（9）其他	Yale & Gilly (1988)

编码 40 个样本进行有效性预测试（200 个样本中随机抽样 20%），编码员之间的类别可靠性得分均高于 0.8（Landis & Koch，1977；Popping，1988），通过使用 IBM SPSS Statistics 24.0 程序计算，并利用 Graph Pad Prism 7.00 将分析结果可视化，本研究的编码器可靠性平均值为 0.866，范围为 0.756—0.933（不包括期刊，年份，作者和机构的名称代码）。

为确保信度和效度，预测试后再一次与编码员进行讨论，以解决编码类别的细微差异（Nelson & Paek，2007）。然后，将其余 160 样本平均分配给两个编码员进行分类。由于对所分析的文章进行了全面普查，因此本研究未进行统计学显著性检验（Cheng & Kim，2010）。

4. 研究发现

4.1 发文数量

1994—1998 年是中国广告研究在国际期刊发表量转变的分水岭，与前人研究（Sin，Ho & So，2000）结论吻合（1997 年为前 20 年的最大峰值）。1994—2003 10 年间有关中国广告的学术论文在国际话语体系中的比重显著增加，25 本国际期刊共发表 65 篇与中国广告有关的论文，比前 10 年增长 3 倍，与学者洪、曾和程（Hung，Tse & Cheng，2012）研究结论相同（见图 1）。

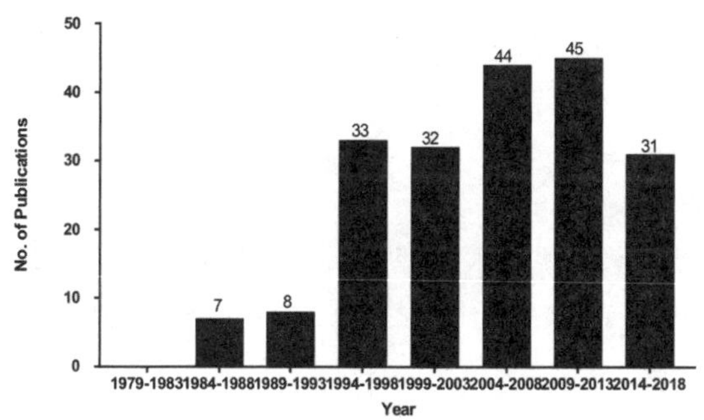

图 1 1979—2018 年中国广告研究的论文数量变化图（n=200）

就单个期刊来看，IJA、JA 和 AJC 是改革开放 40 年发表中国广告研究最多的期刊。IJA 最高，1979—2018 年发表 45 篇与中国广告有关的原创研究论文（占 23.3 %），这一结论与学者信等（Sin，Ho & So，2000）1979—1998 年的研究相似。然后是 AJ（n=20 或 10.3%），AJC（n=18 或 9.3%）。从信等人的研究来看，AJ 和 AJC 这两个期刊也是前三名，但是顺序相反[2]。比较不同时长跨度下的发文数，尽管各期刊数量有所增加，与中国广告研究有关的出版物排名在 1979—2018 年相对稳定。

在学科分布方面，广告学期刊在各学科期刊发文中排名第一，共发表 94 篇文章（占 47%）。其次是营销学科（n=64 或 32%）和传播学（n=42 或 21%）。

4.2 作者与机构生产力

25 本国际期刊（n=200）中，共 453 位作者从事过中国广告研究，每篇平均作者数为 2.265。从国家和地区来看，美国学者占 39.3%，中国学者（包括香港和台湾地区）占 39.1%。

为评估从事中国广告研究的个人和机构生产力，我们采用了 WA 算法（Weighted appearance），即福特和阿尔塔夫（Ford & Altaf Merchant，2008）的做法。同样，我们也注意到康等（Khang et al.，2016）采用了 RPI 和加权公式。比较这两个标准，WA 与 RPI 和加权公式的结果相同。在本研究中，前 5 名的绝对排名，作者南舟（Nan Zhou）以 11 位绝对优势领先，杰拉德（Gerard Prendergast）以 7 位绝对优势排名第二，米歇尔和陈（Michel Laroche，Kara Chan）并列第三，程红（Hong Cheng）排名第五[3]。在计算加权排名时，与绝对排名发生较大变化，其中陈和劳伦（Kara Chan & Lauren A. Swanson）并列第一，南舟排名第三[4]，程红排名第四，杰拉德排名第五。

根据表 3，排名前 5 的机构依次是香港浸会大学、香港中文大学、香港城市大学、香港理工大学和香港大学。其他分别是来自美国、澳大利亚和加拿大的康科迪亚大学、夏威夷大学、犹他大学、昆士兰科技大学和瑞德大学。当以 WA 计算机构生产力时，排名发生变化，香港浸会大学位居榜首，其次是香港城市大学、香港中文大学、香港理工大学、夏威夷大学、香港大学、康科迪亚大学、犹他大学、北京大学和密歇根州立大学。就机构贡献来看，香港浸会大学在国际话语体系中对中国广告研究的贡献和作用最大。

从表 3 可知，共计 18 个国家和地区的学者对中国广

表 3 机构、作者和国家 / 地区生产力

机构	排名	TA*	加权排名	WA*	作者	排名	TA*	加权排名	WA*	国家 / 地区	排名	总数（百分比）
Hong Kong Baptist University	1	39	1	19.12	Nan zhou	1	11	3	3.81	USA	1	178(39.3)
City University of Hong Kong	2	22	3	7.54	Gerard Prendergast	2	7	5	2.82	Hongkong	2	119(26.3)
Chinese University of Hong Kong	3	17	2	9.83	Michel Laroche	3	6	9	2.16	CHINA	3	50(11.0)
Hong Kong Polytechnic University	4	13	4	7.50	Kara Chan	3	6	1	4.00	Canada	4	29(6.4)
University of Hawaii	5	11	7	3.58	Hong Cheng	5	5	4	3.50	UK	5	17(3.8)
University of Hong Kong	6	10	5	4.83	Douglas West	6	4	16	1.32	Australia	6	15(3.3)
Concordia University	6	10	6	3.66	Lauren A.Swanson	6	4	1	4.00	Korea	7	12(2.6)
University of Utah	8	8	8	3.16	suk-ching Ho	7	3	13	1.33	Singapore	8	9(2.0)
Peking University	8	8	13	2.33	Carrie La Ferle	7	3	17	1.16	Taiwan	9	8(1.8)
Michigan State University	10	7	11	2.49	Wei-Na Lee	7	3	17	1.16	New Zealand	10	3(0.7)
Queensland University of Technology	11	5	9	3.00	Hye-Jin Paek	7	3	10	1.50	England	11	2(0.4)
Bradley University	11	5	12	2.43	Dongsheng Zhou	7	3	20	.99	France	11	2(0.4)
Rider University	13	4	10	2.66	Fei Xue	7	3	6	2.33	Austria	11	2(0.4)
York University	13	4	14	2.25	Zhihong Gao	7	3	6	2.33	Macau	11	2(0.4)
California State University	13	4	15	2	Kineta Hung	7	3	17	1.16	Germany	11	2(0.4)
Georgia State of University	13	4	15	2	Yi-Zheng Shi	7	3	14	1.33	Finland	16	1(0.2)
University of Florida	13	4	17	1.83	Xin Zhao	7	3	10	1.50	UAE	16	1(0.2)
National University of Singapore	13	4	18	1.5	ZHILIN YANG	7	3	20	.99	Turkey	16	1(0.2)
University of Alabama	13	4	23	1.32	Stella L.M.So	7	3	6	2.33	总计		453(100)
Southern Methodist University	13	4	23	1.32	Ying Wang	7	3	10	1.50			
Nanyang Technoiogical University	21	3	18	1.5	Shaojing Sun	7	3	10	1.50			
University of Illinois	21	3	18	1.5								
University of Wisconsin-Madison	21	3	21	1.33								
Wuhan University	21	3	21	1.33								
Fudan University	21	3	25	1.25								
University of Quebec in Montreal	21	3	25	1.25								
Tsinghua University	21	3	27	1.15								
The University of Texas	21	3	27	1.15								
Beijing International Studies University	21	3	27	1.15								
University of British Columbia	21	3	30	0.99								
University of Southern California	21	3	30	0.99								
Penn State University	21	3	32	0.83								
TA= 总提及率 WA= 权重提及率 上述表格提及的作者和机构 TA 均≧ 3										国家 / 地区的总数 =18		

告研究兴趣浓厚，美国学者和中国学者最多。另外，学者国籍贡献与期刊来源交叉比对，我们发现 25 本期刊有 11 本来自美国，学术期刊的地缘优势为美国学者提供了研究交流的有利平台。香港学者的海外教育背景，经受西方学术理论和方法的规范训练，也使其具有得天独厚的优势。

4.3 理论框架

过去 40 年，理论驱动型研究在中国广告研究领域占比较高。总体而言，1979—2018 年有关中国广告研究的样本，理论驱动型研究呈稳步上升趋势，总样本（n=200）中，有近 2/3 的研究（74%；n=148）是理论驱动型研究。1999—2003 年，84.4% 的研究属于理论驱动型。不同学科间进行比较，与传播学期刊（69%；n=29）和广告期

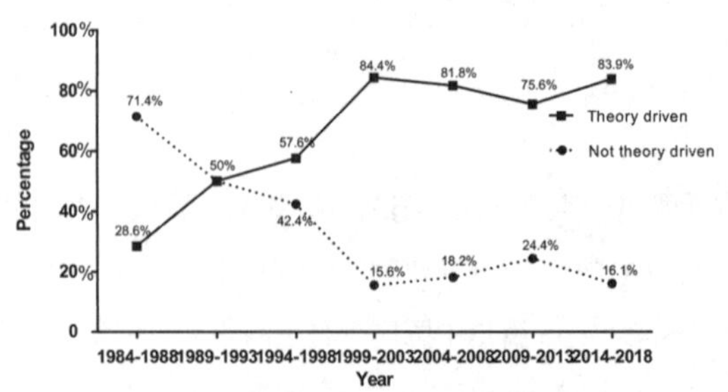

图 2 1979—2018 年中国广告研究中的理论驱动与非理论驱动分布图（n=200，以 5 年为间隔）

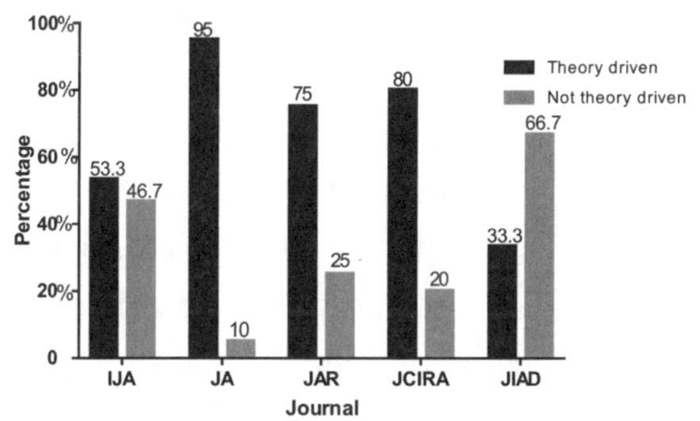

图 3 1979—2018 年国际广告学期刊中国广告研究的理论驱动与非理论驱动分布图（n=94）

刊（68.8%；n=66）相比，营销学期刊中理论驱动型研究（85.5%；n=53）占比更多。

然而，同一学科各期刊的理论驱动型占比存在显著差异。以广告学期刊为例，JA、JCIRA 和 JAR 在理论驱动型研究占比方面要高于 IJA 和 JIAD。JA 中超过 90%的文章（95%，n=20）属于理论驱动型，这也决定了其影响因子较高，在 SSCI 传播学期刊中排名第 1[5]，在全球广告学术领域影响力最大。

文化维度（14.9%；n=22）是 40 年来国际话语体系中中国广告研究领域最常采用的理论，中国市场的文化独特性，使其成为比较全球化与标准化和本土化的重要参照。其次是广告态度（10.8%；n=16），价值观（7.4%；n=11），其他理论（7.4%；n=11），全球市场战略理论（7%；n=10），个人主义 VS 集体主义（6.8%；n=10）和广告诉求（6.8%；n=10）。

理论是学科的基石，作为一门相对年轻的学科，广告研究借鉴了人类学、社会学、心理学和市场营销等更古老更成熟的学科理论（Pasadeos，Phelps & Edison，2008；Nan & Faber，2004）多学科理论与范式方法的输出为广告学学科体系的成熟、知识的增量储备和理论研究创新做出贡献。在 18 种理论中，广告态度和广告诉求是广告学科特有的研究要素。

从不同时间段的理论框架来看， 1979—2018 年最常用的理论是广告态度、文化维度和价值观。1979—1988 年，常用理论是广告态度和文化维度（n=1）。1989—1998 年，常用理论是广告态度和价值观（n=4）。2001 年中国加入 WTO，全球市场战略理论（n=7）成为这十年（1999—2008）学者们研究中国广告市场的常用理论，仅次于文化纬度（n=8）。2009—2018 年，常用理论是文化维度（n=10），其他（n=10），广告态度（n=5）以及个人主义 VS 集体主义（n=5）。

表 4 中国广告研究中排名前 18 的理论 (1979—2018)(提及率≧ 2)

排名	理论 / 理论框架 / 理论构建（提及率）	理论类型	来源学科
1	文化纬度（22）	理论框架	人类学
2	广告态度（16）	理论构建	广告学
3	价值观（11）	理论构建	社会学
4	其他理论 *（11）	理论	社会学
5	全球市场战略理论（10）	理论	营销学
5	个人主义 vs 集体主义（10）	理论框架	人类学
5	广告诉求（10）	理论构建	广告学
8	品牌态度（9）	理论构建	心理学 / 营销学
9	符号学（6）	理论	社会学
10	经济理论（5）	理论	营销学
10	归因理论（5）	理论	社会学 / 心理学
10	高低语境（5）	理论框架	人类学
13	社会比较理论（3）	理论	心理学
13	信息处理模型（3）	理论框架	心理学
15	理性行为理论（2）	理论	社会学 / 心理学
15	社会认同理论（2）	理论	社会学 / 心理学
15	男性 vs 女性（2）	理论框架	人类学
15	购买意向（2）	理论构建	营销学
15	FCB 方格（2）	理论框架	心理学
15	来源国（2）	理论构建	营销学

注：一共提及的理论有 148 个（n=148）
* 其他理论包括社会判断理论，自我选择与社会化，社会契约论，社会责任，详尽可能性模型（elaboration likelihood model）等。

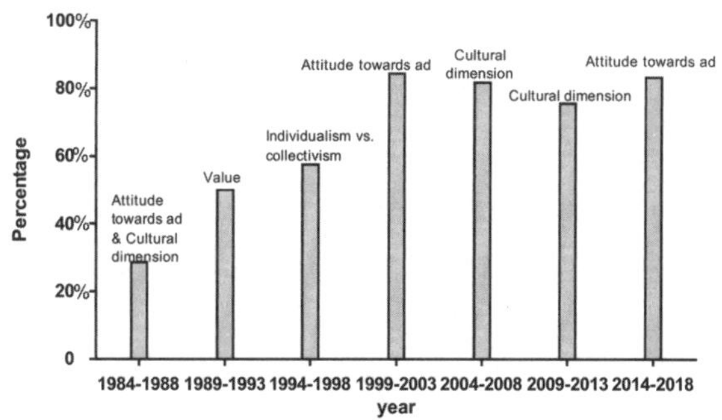

图 4 1979—2018 年中国广告研究的理论运用（n=148，以 5 年为间隔）

4.4 研究议题

广告研究的议题与广告产业、广告市场的发展有着密切关系。伴随着中国成为世界第二大经济体和第二大广告市场，广告效果（32%；n=64）成为 1979—2018 年学者们最感兴趣的研究议题，其次是广告实践（22.5%；

n=45），文化纬度（17.5%；n=35），广告内容（15%；n=30），社会问题（9%；n=18），其他（3%；n=6）（如广告教育和历史）和方法论（1%；n=2）。

比较不同时间范围内的研究议题，前二十年（1979—1998）国际话语体系中的中国广告研究更加关注广告内容和广告效果，后二十年（1999—2018）广告效果和广告实践成为重点关注的研究议题。由此可见，广告研究的议题随着广告体量的增长发生变化，过去零星的、边缘描述的信息和内容政策的介绍，转变为后二十年与国际社会更加接轨的标准化、统一的量表和实证研究。

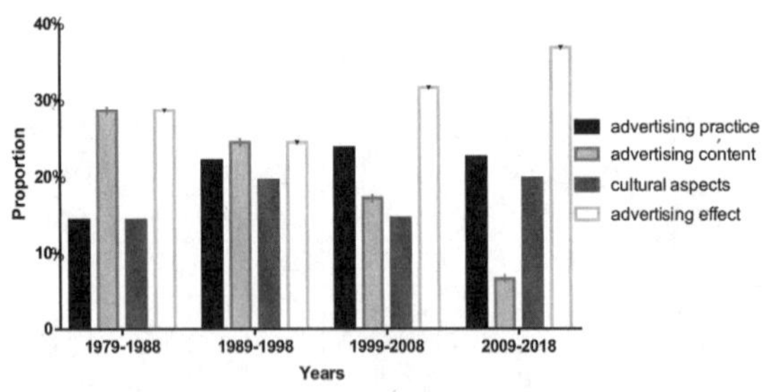

图 5 1979—2018 年中国广告研究的主题分布（n=200，以 10 年为间隔）

不同学科期刊因其属性不同，在研究议题上各有侧重。国际广告学期刊主要集中于广告效果（n=27；28.1%）和广告实践（n=25；26%），营销学期刊更倾向于广告效果 43.5%（n=27），传播学期刊中有关中国广告研究的主题更多集中在文化纬度（n=12；28.6%）。

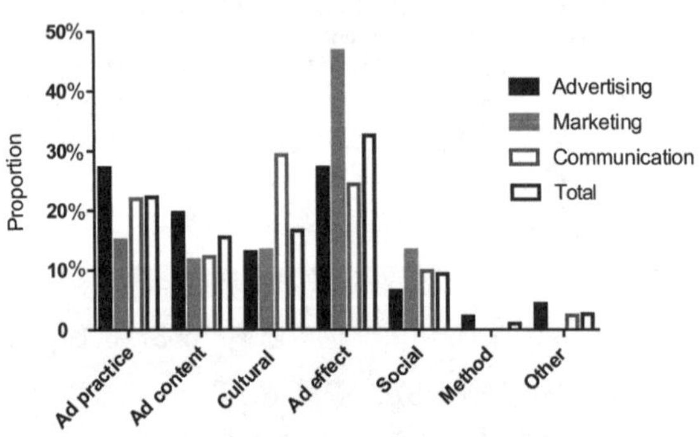

图 6 1979—2018 年不同学科期刊对中国广告研究的议题分布（n=200）

4.5 感兴趣的媒体

随着媒介技术的创新发展，学术研究感兴趣的媒体平台也发生了变化。1979—2018 年中国广告研究关注最多的媒体是印刷品（20.5%；n=41）、电视（15.5%；n=30）和互联网（9.5%；n=19）[6]。在不同学科的样本中，都观测到相似的媒体研究模式。

中国广告研究 40 年的媒体关注度总体反映了中国乃至全球 40 年的媒体发展格局变化。互联网研究从 1994—1998 年的 3.0%（n=1）上涨至 2009—2013 年的 15.6%（n=7），体现了 Y 世代的到来和互联网对人类社会与用户行为的影响。由于媒体行业结构与生态的变化，2003 年以前，电视是最受关注的媒体，2004 年以后对电视媒体的关注发生重大转变，并且在过去 15 年间持续下降。与此同时，随着全球数字化和中国互联网行业智能媒体的发展，近 10 年国际学术共同体开始关注移动广告在中国的实践应用和研究。

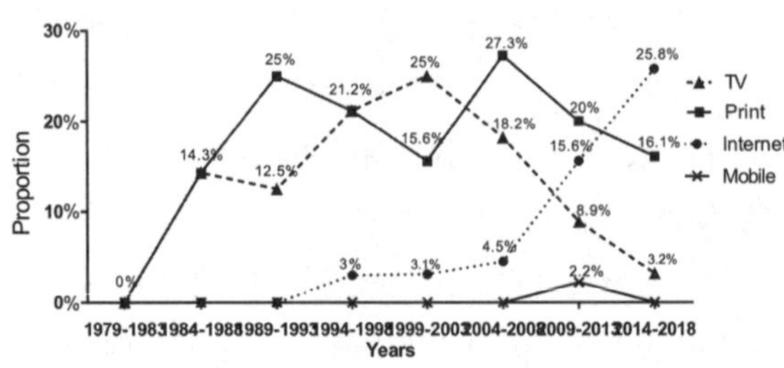

图 7 1979—2018 年中国广告研究的媒体趋势图（n=200，5 年为间隔）

4.6 研究方法论和方法

4.6.1 实证与非实证研究

无论是过去还是现在，实证研究和量化方法在传播学和广告研究中占据绝对主流地位。近年来，广告研究因方法缺乏多样性而受到谴责（Bogart，1986；Kerra & Schultz，2010；Kim et al.，2014）。研究发现，

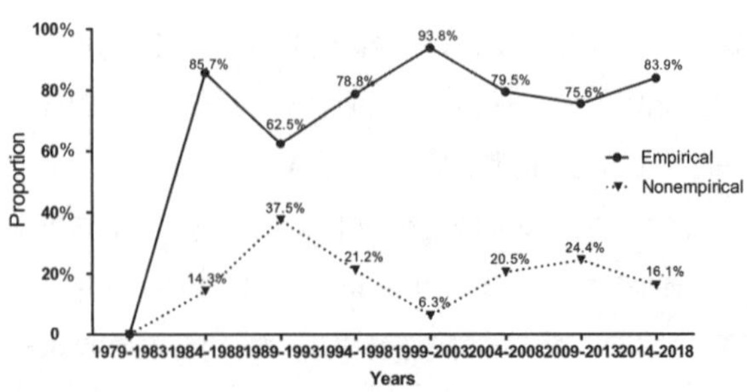

图 8 1979—2018 年中国广告研究的研究方向和方法分布图（n=200，以 5 年为间隔）

1979—2018 年 25 本国际期刊有关中国广告研究的研究方法，81% 为实证研究（n=162），定量研究在方法中占据主导地位（73%；n=146）。实证研究 VS 非实证研究，与定量研究 VS 定性研究之间的差距始于 1989 年，并在 1999—2003 年达到了最大峰值变化（见图 8）。

4.6.2 研究方法

具体而言，定量研究中的调查法（35.5%；n=71），内容分析（20.5%；n=41）和实验法（13%；n=26）是 25 本期刊中中国广告研究的常用方法。不同学科期刊中，广告学和传播学期刊更有可能使用内容分析（23%；n=23 和 26.2%；n=11）和调查法（38.5%；n=37 和 19%；n=8），而营销学期刊则更加青睐调查法（41.9%；n=26）和实验法（19.4%；n=12）。

3 本国际广告期刊中，IJA 和 JAR 采用最多的是调查研究（44.4%; n=20 和 31.3%; n=5），JA 为实验研究（25%; n=5）和内容分析（30%；n=6）。

4.7 抽样单位

抽样的目的是能够代表全部样本并总结一般规律。先前的研究（Yale & Gilly，1988；Kim et al.，2014）发现，广告研究使用的学生样本与成人样本一样多。就便利性而言，学术界更倾向于将学生作为研究样本或实验主体（Kerr & Schultz，2010；Sarstedt et al.，2017）。那么，过去 40 年，研究中国广告的抽样单位是什么？统计技术如何？

总体而言，1979—2018 年国际话语体系中最常采用的抽样是广告作品（25.9%；n=43），依次是学生（17.5%；n=29），组合运用（16.9%；n=28）和行业从业者（15.1%；n=25）。在不同学科，广告学期刊的抽样单位倾向于广告作品（26.5%；n=22）和行业从业者（20.5%；n=17），传播期刊更倾向于使用广告作品

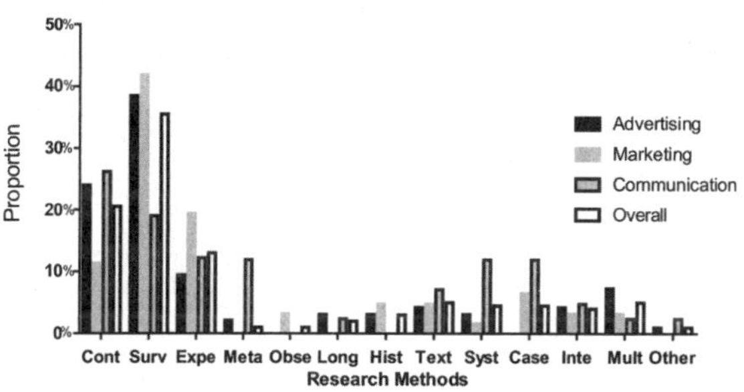

图 9 1979—2018 年中国广告研究的研究方法分布图（n=200，以 5 年为间隔）

（* 图中仅使用前 4 个字母代表每种研究方法，例如 Cont = 内容分析，Surv = 调查）

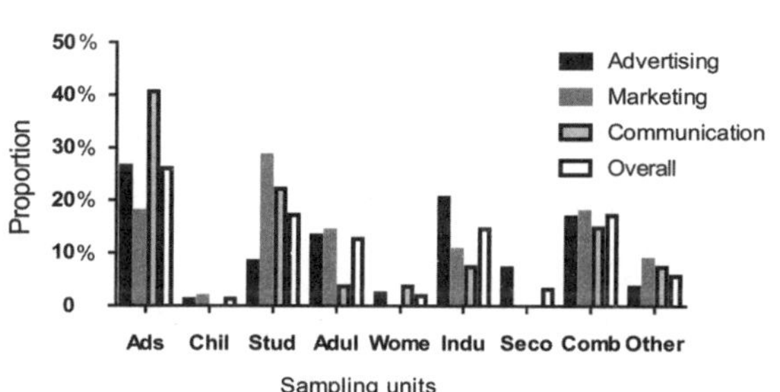

注：图中仅使用前 4 个字母代表每种抽样类型，例如 Chil =Children，Adul=Adult。

图 10 1979—2018 年不同学科期刊的抽样单位（n=164）

表 5 1979—2018 年 25 本期刊中的抽样方法（以 5 年为间隔）

抽样方法	1984—1988 n=6	1989—1993 n=5	1994—1998 n=26	1999—2003 n=30	2004—2008 n=35	2009—2013 n=34	2014—2018 n=28	总计 n=164
概率抽样	3（50%）	4（80%）	16（61.5%）	14（46.7%）	23（65.7%）	13（38.2）	14（50%）	87（53%）
简单随机			2（7.7%）	5（16.7%）	6（17.1%）	4（11.8%）	5（23.8%）	25（15.2%）
系统随机		1（20%）	1（3.8%）		1（2.9%）			3（1.8%）
分层抽样		1（0%）	3（11.5%）	1（3.3%）	8（22.9%）	5（14.7%）	1（4.8%）	21（12.8%）
分群抽样	3（50%）	2（40%）	10（38.5%）	8（26.7%）	10（28.6%）	4（11.8%）	3（14.3%）	40（24.4%）
非概率抽样	3（50%）	1（20%）	10（38.5%）	16（53.3%）	10（28.6%）	20（58.8%）	13（46.4%）	73（44.5%）
方便抽样	1（16.7%）		2（7.7%）	2（6.7%）	4（11.4%）	4（11.8%）	1（4.8%）	14（8.5%）
判断抽样	2（33.3%）	1（20%）	7（26.9%）	10（33.3%）	3（8.6%）	15（44.1%）	8（38.1%）	46（28%）
配额抽样			1（3.8%）	3（10.0%）	1（2.9%）	1（2.9%）	1（4.8%）	7（4.3%）
滚雪球				1（3.3%）			2（9.5%）	4（2.4%）
两者都有							1（3.6%）	1（0.6）
无特别指出					2（5.7%）	1（2.9%）		3（1.8%）

表 6 1979—2018 年 25 本期刊中的统计技术（5 年为间隔）

统计技术	1984—1988 n=7	1989—1993 n=7	1994—1998 n=44	1999—2003 n=48	2004—2008 n=56	2009—2013 n=50	2014—2018 n=43	总计 n=255
频率 / 百分比	6（85.7%）	3（42.9%）	19（43.2%）	12（25%）	17（30.4%）	15（30%）	7（16.3%）	79（31%）
差异	-	1（14.3）	8（18.2%）	14（29.2%）	16（28.6%）	14（28%）	6（14%）	59（23.1%）
AN(C)OVA	1（14.3%）	1（14.3%）	8（18.2%）	12（25%）	5（8.9%）	6（12%）	6（14%）	39（15.3%）
MAN(C)OVA	-	-	-	2（4.2%）	1（1.8%）	-	6（14%）	9（3.5%）
相关	-	-	2（4.5%）	1（2.1%）	5（8.9%）	4（8%）	5（11.6%）	17（6.7%）
回归	-	2（28.6%）	1（2.3%）	4（8.3%）	9（16.1%）	6（12%）	12（27.9%）	34（13.3%）
分类	-	-	6（13.6%）	-	-	2（4%）	1（2.3%）	9（3.5%）
其他	-	-	-	3（6.3%）	3（5.4%）	3（6%）		9（3.5%）

（40.7%；n=11），而市场营销类期刊则更倾向于招募学生（28.6%；n=16）作为抽样单位。

25 本期刊中有关中国广告的研究的样本既依赖概率抽样也依赖非概率抽样。人们普遍认为，与非概率样本相比，概率样本更加可靠，因为可以更好地保证样本的准确性（Sin，Ho & So，2000）。从表 5 可以看出，关于中国广告的实证研究在选择样本单位时更加依赖概率抽样（53%；n=87），这与信等对 1979—1998 年中国广告研究的结果发生变化（Sin，Ho & So，2000）。考虑到具体的抽样方法，判断采样是最常用的方法（28%；n=46），其次是分群抽样（24.4%；n=40），简单随机抽样（15.2%；n=25）和分层抽样（12.8%；n=21）。

在 200 个样本中，一共有 164 篇文章报告了样本量。平均样本量为 1599。最小样本数量为 10。最大样本数量为 48000。许多研究人员将 100 个样本视为最小样本量（Bailey，1982；Sin，Ho & So，2000），164 篇文献中只有 24 项研究的样本量少于 100 名受试者。就中国广告研究的样本量而言，85%的研究超过了学界普遍认可的标准样本量。

4.8 统计技术

表 6 列出了 162 篇实证文章中使用的统计技术，学者耶鲁和吉莉 1988 年指出，通常情况下学者采用一种以上统计技术（（Yale & Gilly，1988），这就可以解释统计技术总数（n=255）大于实证文章数量（n=162）的原因。从样本得知，频率 / 百分比是中国广告研究使用最多的统计技术（31%；n=79），其次是差异（23.1%；n=59）和 AN（C）OVA（15.3%；n=39）。除了这些简单的统计技术外，在过去 40 年，国际话语体系中的中国广告研究出现了复杂的统计技术，并逐渐摆脱了其“外行”地位，这种趋势已与前人研究（Yale & Gilly，1988；Sin，Ho et al.，2000）发生改变。

不同学科中，营销类期刊由于拥有大量实践案例和统计经验，因此更可能采用复杂的技术，而主要面向研究人员的广告类期刊和传播类期刊在某种程度上更依赖基本的统计数据。广告期刊中，IJA 的使命是“从学术、从业者和公共政策的角度对营销传播的各个方面做出原创性贡献”，其更可能使用简单的统计技术，而 JA 和 JAR 则更可能使用复杂的统计技术。

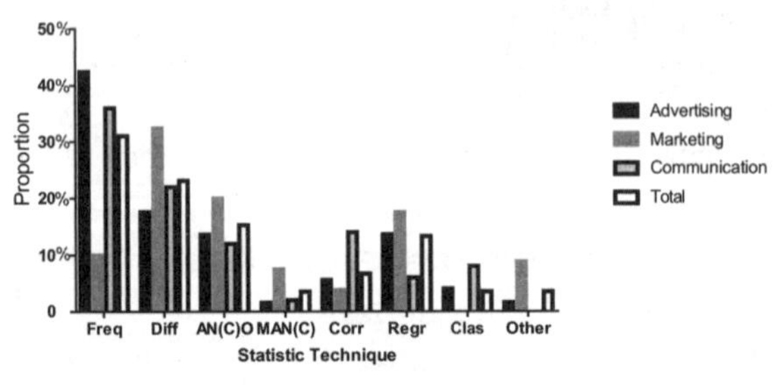

图 11 1979—2018 年中国广告研究不同学科的统计技术分析（n=164）

（* 图中仅使用前 4 个字母代表每种统计技术，例如 Freq = 频率 / 百分比，Diff = Differences。）

5. 结论与讨论

1979 年是中国广告业复兴的起点，中国广告研究亦随着“淘金热”与市场体量的增加，引起了全球营销商和广告代理商以及全球学者的浓厚兴趣。本文选取 1979—2018 年国际广告学、营销学和传播学领域的 25 种期刊发表的 200 篇中国广告研究的文章，通过内容分析法阐明了一个国家地区（尤其是中国）广告市场的研究进展与路径方向。

5.1 作者个体和国家贡献的来源国优势效应明显

研究表明，在国际学术共同体中关于中国广告研究的来源国优势效应明显。在计算作者和机构生产力时，我们发现美国和中国香港的学者与机构占据绝对的话语权。首先，美国学者长期在世界范围内广告研究中占据主导地位，不仅在中国广告研究领域，在国际广告研究（Khang et al.，2016）、亚洲广告研究（Cheng & Kim，2010）领域一直处于引领地位。其次，学者关于一个国家 / 地区的研究成果似乎与其和该国家 / 地区的熟悉度呈正相关。香港接受西方学术训练的学者日渐增多，由于中国大陆经济和广告业的蓬勃发展，使得他们更加关注中国市场和广告研究。在全球范围内，许多华裔学者都曾在北美和欧洲获得博士学位，与中国大学和机构保持着密切联系。这种合作，对广告领域的知识增长和全球化合作，显然是一件好事（Taylor，2012）。这一研究结论与张志安对中国新闻传播学国际发表现状（张志安，2015）的研究结果相同。

学者本土化的优势地位正在逐渐减弱，国际合作的趋势渐趋明显。值得注意的是，美国学者撰写的论文数量从 20 世纪 90 年代的 48.1% 下降到 2009—2018 年的 33.60%；与此同时，中国香港，台湾和中国大陆的作者人数从 20 世纪 90 年代的 37% 增至 2009—2018 年的 39.0%。考虑到 40 年作者国籍的贡献，美国学者的贡献从 20 世纪 90 年代的 42.4% 降至 2009—2018 年的 38.5%，与此同时中国学者的人数 20 世纪从 90 年代的 48% 降至 2009—2018 年的 37.0%。同时，国际合作多元化趋势渐趋明显，其他国家和地区的参与度显著提高，每篇文章的平均作者数从 1989—1998 年的 1.96 增至 2009—2018 年的 2.46。

从出版物对中国广告研究领域的贡献来看，IJA 是过去 40 年刊发中国广告研究最多的刊物。该刊物为中国广告研究在国家话语体系的参与合作和输出传播提供了重要的学术平台。本文所选取的 25 种广告学、营销学和传播学期刊，尽管对中国广告研究的关注度比重不同，但旨在对国际期刊出版和发表勾勒一份中国广告学研究的出版草图，供有志从事中国广告研究学者台鉴。同时，本文在理论驱动、方法论和样本类型方面描摹了 25 本国际期刊的历时趋势和现实特征。40 年历时性的经度回顾，理论应用和方法抽样将有助于对中国广告研究感兴趣的学者，了解同一领域的其他学者如何思考和治学，并将极大影响他们对提交稿件的反应（Marla B. Royne，2016）。

5.2 文化理论为解释中国广告现象和跨文化研究提供参照基础

理论的发展与应用对广告研究和市场研究都至关重要（Pitt et al.，2005）。我们可以肯定的是，过去的 40 年，理论驱动型研究在中国广告研究领域呈上升趋势，样本中近 3/4 的研究（74%；n=148）属于理论驱动，最突出的“理论”凸显在文化层面，广告态度，价值观，全球市场战略理论，个人主义与集体主义以及广告诉求。

尽管文化具有普遍性，但每个国家都有一套独特的价值观，可以将一个地区与其他地区区隔开来。中国作为一种独特的亚洲文化样本，东西方文化价值的“熔炉”，其传统历史、儒家文化为研究广告传播和个人主义 VS 集体主义的比较研究提供了独特的参照基础（Cheng & Schweitzer，1996；Zhang & Sharon，2003）。中国广告中的传统价值观，在 20 世纪 80 年代被视为一种文化产物和社会价值观，但是其他价值观“个人主义”“现代性”随着全球化和互联网的发展，消费文化的盛行以及中国 X 世代的崛起显示出越来越多的多样性（McIntyre & Ran，1998；Lin，2001；Zhang & Harwood，2004；JingZhang，2010）。对于未来，我们显然希望中国广告研究，能普遍采用理论来增强学科知识，并指导实践。我们认为广告研究应该朝着全球化、消费文化、多样性方向发展，以便能将理论应用于实践。

5.3 中国广告研究的议题更加务实多元

上文图 5 比较了 40 年中国广告研究的议题分布，前 20 年（1979—1998 年）广告内容和广告实践比重较大。后 20 年（1999—2018 年），基于中国人口红利和数字经济对全球广告市场的贡献，期刊作者和审稿人希望关注中国广告研究的实际价值，广告效果和广告实践成为重点关注的研究议题，全球学者对中国社会、文化、法规和技术问题等话题产生浓厚兴趣。在实践层面，更加注重中国广告业的复兴和全球化，国际广告商的出现以及跨国广告公司的标准化问题。考虑到中国的示范效应，不同阶段各媒体及对广告的态度，40 年间与美国及其他地区的比较研究较为普遍（Semenik，Nan Zhou & Moore，1986；Ferle & Lee，2003；Chan & McNeal，2004；Gao，Zhang & Li，2014；Haytko et al.，2018），并采用了框架理论，在线广告建模和结构方程建模应用于中国市场的广告效果研究（Hongwei，Hui & Zhou，2010；Ying & Sun，2010）。

在媒体方面，互联网智能手机的优势地位日趋凸显。近年来，我们看到的媒体格局与 10 年前截然不同。分析表明，40 年来印刷和电视是学者最感兴趣的媒体，互联网紧随其后。这与先前对 1963—2014 年国际广告研究和 1980—2010 年主要的广告、市场营销和传播期刊的纵向分析述评一致（Khong et al.，2016；Kim et al.，2014）。全球学者已普遍达成共识，在样本选择上更倾向于采用可以轻松创建或修改的"印刷"广告（Avant et al.，2017）。2000 年以后，与电视有关的广告研究文章减少，原因在于互联网对广告业生态系统的冲击和影响。2005 年，互联网真正成为一种适用于广告和促销的成熟的广告媒体（Taylor，2009）。2010 年，移动互联网和社交媒体广告引起学者的关注。随着互联网和媒体融合的趋势呈爆炸性增长，我们对未来涉及媒体融合的广告也抱有极大热情（Moriarty，Mitchell & Wells，2009；Turow，2008；Cheng & Kim，2010）。

对于未来中国广告研究的方向，有必要探寻新的方法来解释现象，过去 40 年，经验和定量研究主导了研究方向和方法。问卷调查，内容分析和实验等定量研究是国际话语体系中国广告研究的主要研究方法。尽管大数据的兴起使得在线调查和实验可以轻松进行，但对定性广告研究的需求却比以往任何时候都要多（Belk，2017）。我们应重视定量和定性研究，重视预测和解释。此外，寻求多种方法的组合以促进理论创新。最后，加强与其他学科团队的整合，创新研究方法和理论进步，探索新现象。

5.4 研究局限

本文主要采用内容分析法进行文献计量学研究，尽管内容分析法可以使广告研究人员和从业人员更好地了解过去 40 年中国广告研究，但必须指出该研究具有一些局限性。首先，本研究选取的 25 种期刊不能代表中国广告研究的全部，其他期刊和书籍每年都刊发中国广告研究的文章，例如 *Advertising Age*，*The China of Quarterly*，*China Journal of Communication* 等期刊，一些图书的部分章节（Cheng Hong：China advertising yesterday and today，international advertising realities and myths，2000：255-284）。此外，在市场营销 / 业务领域以及通信和其他学科中，也有些许有见地的论文。另外，本研究仅以英文发表的论文进行评论，排除了其他语言期刊上发表的有见地的论文。

尽管有上述不足使得所呈现的学术图景仍有缺憾，但我们仍然认为，本文作为第一个全面分析中国广告研究领域在国际学术话语体系的系统研究，研究结论仍然有积极的参考意义和启示价值。我们相信，在本文的基础上，以内容分析结合访谈、文本分析、调研等研究手段，可以为中国广告研究的理论应用、研究主题和方法运用揭示出更有价值的观点和路径方法，明确下一步努力的方向，进一步唤起该领域研究者和从业者的兴趣。中国广告市场重要性的日益凸显，5G 技术以及人工智能的应用和变革将越来越多地改变全球广告业务的开展方式与方法，中国广告研究是一个非常有前途的领域。我们不仅面临增加量的问题，还将努力提高科学研究的范式和路径方法。中国以及亚洲、东欧、拉丁美洲和非洲其他地区不断增长的市场，在未来全球广告研究中，应受到越来越多的关注（Taylor，2013）。

【注释】

[1] 用 China,Chinese,Advertisement,Advertising,Ads 等词汇进行交互搜索 .

[2] 在学者信等（Sin，Ho & So，2000）的研究中 ,AJC 有 5 篇文章（8.6%）排名第二 ,AJ 有 3 篇文章（5.2%）排名第三 .

[3] 因米歇尔和陈并列第三 , 故无第四位 .

[4] 因陈和劳伦并列第一 , 故无第二位 .

[5] 时间以 2019 年 Web of Science 数据库 Communication-SSCI 排名为准 .2018 年排名第 7,2020 年排名第 10.

[6] 除“全部”（没有指定特定媒体）和“没有”以外 .

【参考文献】

[1] 孙美玲 . 社会、观念、与实践：历史制度主义视野下新中国广告学研究 70 年 (1949—2019)[J]. 新闻与传播研究 (11):19-36+126.

[2] 韦路 , 胡文财 . 中国广告学研究国际化的现状与问题：以 SSCI 论文为例 [J]. 新闻大学 ,2019(2):86-96.

[3] 张志安 , 贾鹤鹏 . 中国新闻传播学研究的国际发表现状与格局——基于 SSCI 数据库的研究 [J]. 新闻与传播研究 ,2015(5):5-18.

[4] Berelson, B. Content Analysis in Communication Research. Michigan: Free Press,1952.

[5] Bryce T. McIntyre & Ran Wei. Value Changes in Chinese Advertisements From 1979 to 1995: A Longitudinal Study. Asian Journal of Communication,1998,8(2):18-40.

[6] Carolyn A. Lin. Cultural Values Reflected in Chinese and American Television Advertising. Journal of Advertising,2001,30(4):83-94.

[7] Carrie La Ferle & Wei-Na Lee. Attitudes Toward Advertising: A Comparative Study of Consumers in China, Taiwan, South Korea and the United States. Journal of International Consumer Marketing,2003,15(2):5-23.

[8] Charles R. Taylor. The Six Principles of Digital Advertising. International Journal of Advertising, 2009,28(3):411–418.

[9] Charles R. Taylor. On Advertising in the BRICs and Other Emerging Markets. International Journal of Advertising,2012,31(2):227–230.

[10] Charles R. Taylor. Hot Topics in Advertising Research. International Journal of Advertising,2013,32(1):7–12.

[11] Diana L. Haytko, Ronald A. Clark, Charles M. Hermans, & R. Stephen Parker. Examining the Dimensionality in Global Attitudes Toward Advertising: A Comparison of Perceptions of Chinese and United States Consumers. Journal of International Consumer Marketing, 2018,30(2):85-97.

[12] Gordon E.Miracle. An Assessment of Progress in Research on International Advertising. Current Issues & Research in Advertising,1984,7(2):135-166.

[13] Hong Cheng & Kwangmi Ko Kim. Research on Advertising in Asia: A Critical Analysis of the Articles Published in Major Advertising and Communication Journals, 1990-2009. Asian Journal of Communication, 2010,20(2) :248-263.

[14] Hong Cheng & John C. Schweitzer. Cultural Values Reflected in Chinese and U.S. Television Commercials. Journal of Advertising Research, 1996,36(3):27-45.

[15] Hongwei Yanga, Hui Liub & Liuning Zhou. Predicting Chinese Young Consumers’ Acceptance of Mobile Advertising: A Structural Equation Modeling Approach. Chinese Journal of Communication, 2010,3(4):435–452.

[16] Hyoungkoo Khang, Sangpil Han, Sumin Shin, A-Reum Jung & Mi-Jeong Kim. A Retrospective on the State of International Advertising Research in Advertising, Communication, and Marketing Journals: 1963-2014. International Journal of Advertising, 2016,35(3):540-568.

[17] J.Thomas Russell & Charles H. Martin. Sources of Scholarly Publications in Marketing, Advertising, and Public Relations. Journal of

Advertising, 1976,5(3):29-34.

[18] J. Adam Avant, Kyongseok Kim & Jameson L. Hayes. Thirty Years of Advertising Research in Leading Communication and Marketing Journals: Learning From the Parent Disciplines. Journal of Current Issues & Research in Advertising, 2017,38(1): 44-64.

[19] James A. Muncy. The Journal of Advertising: A Twenty Year Appraisal. Journal of Advertising, 1991,20(4):1-11.

[20] James A. Muncy & Jacqueline K. Eastman. The Journal of Advertising: Twenty-Five Years and Beyond. Journal of Advertising, 1998,27(4):1-8.

[21] Jing Zhang & Sharon Shavitt. Cultural Values in Advertisements to the Chinese X-Generation: Promoting Modernity and Individualism. Journal of Advertising, 2003,32(1):23-33.

[22] Jing Zhang. The Persuasiveness of Individualistic and Collectivistic Advertising Appeals Among Chinese Generation-X Consumers. Journal of Advertising, 2010,39(3):69-80.

[23] John B. Ford & Altaf Merchant. A Ten-Year Retrospective of Advertising Research Productivity, 1997-2006. Journal of Advertising, 2008,37(3):69-94.

[24] Kara Chan & James U. McNeal. Chinese Children’s Attitudes Towards Television Advertising: Truthfulness and Liking. International Journal of Advertising,2004, 23(3):337-359.

[25] Kenneth D. Bailey. Methods of Social Research(2nd ed). New York: Free Press,1982.

[26] Kineta Hung, CalebH.Tse & Shirley Y.Y.Cheng. Advertising Research in the Post-WTO Decade in China: Meeting the Internationalization Challenge. Journal of Advertising, 2012,41(3):121-145.

[27] Kyongseok Kim, Jameson L. Hayes, J. Adam Avant & Leonard N. Reid.Trends in Advertising Research: A Longitudinal Analysis of Leading Advertising, Marketing, and Communication. Journal of Advertising, 2014,43(3):296-316.

[28] Landis, J.R. & G.G. Koch. The Measurement of Observer Agreement for Categorical Data. Biometric, 1977,33 (1):159-174.

[29] Laura Yale &Mary C. Gilly. Trends in Advertising Research: A Look at the Content of Marketing–Oriented Journals from 1976 to 1985. Journal of Advertising, 1988,17(1):12-22.

[30] LeoY.M. Sin, Suk-ching Ho & Stella L.M. So. An Assessment of Methodological Development in Advertising Research on Mainland China: A Twenty-Year Review. Journal of Current & Research Advertising, 2001,22(2):53-69.

[31] Leo Y. M.Sin, Kineta Hung & Gordon W.H. Cheung. An Assessment of Methodological Development in Cross-Cultural Advertising Research: A Twenty-Year Review. Journal of International Consumer Marketing,2002,14(2/3):153-192.

[32] Les Carlson. The Journal of Advertising: Historical, Structural, and Brand Equity Considerations. Journal of Advertising, 2015,44(1):80-84.

[33] Marko Sarstedt, Paul Bengart, Abdel Monim Shaltoni & Sebastian Lehmann. The Use of Sampling Methods in Advertising Research: A Gap Between Theory and Practice. International Journal of Advertising, 2017,37(4):650-663.

[34] Marla B. Royne (Stafford). Research and Publishing in the Journal of Advertising: Making Theory Relevant. Journal of Advertising, 2016,45(2): 269-273.

[35] Michelle R. Nelson & Hye Jin Paek. A Content Analysis of Advertising in a Global Magazine Across Seven Countries: Implications for Global Advertising Strategies. International Marketing Review, 2007,24(1):64-86.

[36] Moriarty, S., Mitchell, N., & Wells, W. Advertising Principles and Practice (8th ed). NJ: Prentice Hall,2009.

[37] Popping R. On Agreement Indices for Nominal Data, Sociometric Research. Palgrave Macmillan: London,1988:90-105.

[38] Richard J. Semenik, Nan Zhou & William L. Moore. Chinese Managers' Attitudes Toward Advertising in China. Journal of Advertising, 1986,15(4):56-62.

[39] Rusell N. Laczniak. The Journal of Advertising and the Development of Advertising Theory: Reflections and Directions for Future Research. Journal of Advertising, 2015,44(4):429-433.

[40] Shaoming Zou. Contributions To International Advertising Research: An Assessment of the Literature Between 1990 and 2002. Journal of Advertising, 2005,34(1):99-110.

[41] Stephen B. Ash & Chow-Hou Wee. Comparative Advertising: A Review with Implications for Future Research. Advances in Consumer Research,1983,10(1):370-376.

[42] Tony L. Henthorne, Michael S. LaTour, &Tina Loraas. Publication Productivity in the Three Leading U.S. Advertising Journals: 1989 through 1996. Journal of Advertising,1998, 27(2): 53-63.

[43] Turow, J. Media Today: An Introduction to Mass Communication. New York: Routledge,2008.

[44] Xiaoli Nan & Ronald J. Faber. Advertising Theory: Reconceptualizing the Building Blocks. Marketing Theory, 2004,7(2):7-30.

[45] Ying Wanga & Shaojing Sun. Modeling Online Advertising: A Cross-cultural Comparison Between China and Romania. Journal of Marketing Communications,2010,16(5):271-285.

[46] Yorgo Pasadeos, Joseph Phelps & Aimee Edison. Searching for Our “Own Theory” in Advertising: An Update of Research Networks. Journalism & Mass Communication Quarterly, 2008,85(4): 785-806.

[47] Zhang, Y. B., & Harwood, J. T. Modernization and Tradition in an Age of Globalization: Cultural Values in Chinese Television Commercials. Journal of Communication, 2004,54(1):156-172.

[48] Zhihong Gao , Hongxia Zhang & Sherry F. Li. Consumer Attitudes Toward Advertising in the Digital Age: A China–United States Comparative Study. Journal of Current Issues & Research in Advertising, 2014,35(1):12-28.

国际品牌形象设计的“融民族性”表达

杨超[1] 梁蓝波[2]

| 摘　　要 | 目的: 在疫情时代, 国际商贸从过去的“全球化”逐渐走向“全球在地性”。本文探索在这样一种经济格局下, 国际品牌应如何通过“融民族性”的视觉设计手法, 来提升品牌在各国和各地区受众人群中的文化认同感, 以促进其国际竞争力, 赢得更大市场。方法: 通过对“世界品牌 500 强”企业中前 232 个著名品牌的标志设计使用图像分析和分组统计等方法进行分类和比较研究, 论证了目前国际品牌形象的主要设计手法仍是以瑞士国际主义风格为框架的特点。结论: 然而, 一些国际著名品牌已经意识到其中的不足, 并开始采用“融民族性”的设计理念和手法, 将各地的民族元素经过解变与重构, 融入国际主义风格的设计框架及延展应用之中, 来实现具有多元风格和在地元素的品牌视觉识别系统, 做到国际品牌的“国际性”和“在地性”共存。这一手法终将成为当代国际品牌形象设计的重要表达方式和成功要素之一。

| 关 键 词 | 品牌形象设计; 品牌标志设计; 国际主义风格; 全球在地性; 融民族性

在疫情时代, 商业、经济从过去的“全球化”逐渐走向“全球在地性”, 这个变化并非简单的“逆全球化”, 而是在“全球化”基础上形成的一种新型的国际市场关系。如果说, “全球化”是以欧美国家所建立的规则为主导的世界经济体, 那么, “全球在地性”则表现为世界经济从以西方国家为主导逐渐转向包括亚洲多个国家共同参与、平衡发展的全新格局。面对这种变化, 国际品牌曾经广泛采用的“国际主义”设计风格是否仍然适合? 笔者从国际品牌的传播角度进行分析研究发现, 国际品牌的形象设计和推广策略需要根据“全球在地性”的经济和市场环境及时做出调整, 力求在全球经济转型中争取到主动权。具体而言, 由于“在地性”特征的加强, 国际品牌在各个国家的销售将会受阻, 但品牌应以此为契机, 通过将品牌形象与不同国家和地区的文化元素相结合, 使品牌更好地获得不同受众人群的文化认同感, 从而实现品牌竞争力的提升, 赢取更大市场。

本文通过梳理品牌形象设计的历史发展路径, 以及深入剖析国际品牌形象设计的典型个案, 总结出一套当代品牌形象设计的转型策略, 并创造性地提出了品牌形象设的“融民族性”表达这一特定理念。这一理念强调国际品牌形象设计要想在国际市场获得成功, 首先必须实现国际主义的设计风格, 并在此框架之下融入各地的民族元素,

本文为 2022 年中国广告业大奖长城奖（广告学术类）铜奖作品。

[1] 杨超, 浙江传媒学院, 杭州 310018。

[2] 梁蓝波, 澳门大学, 澳门 999078 。

来提升国际品牌在不同国家和地区的受众人群的认同。这一表达方式已经成为不少成功的国际品牌进行形象设计与推广的重要手段。

1 品牌形象设计的历史发展路径

1.1 从民族性到国际性

1.1.1 民族性设计风格阶段

千百年来，伴随着世界各国经济和贸易发展的趋势，品牌形象设计经历了一个从民族性到国际性的发展过程。例如，在中国北宋时期出现的“济南刘家功夫针铺”广告，中间是华夏文化“白兔捣药”的图案，两侧标注着“认门前白兔儿为记”，上下方则刻有商家名称和商品信息等广告文字。四寸见方的一张广告纸上，汇聚了标志、插画、广告等多种品牌形象的要素和功能；在欧洲，巴宝莉（Burberry）创始人托马斯·博柏利（Thomas Burberry）于 1856 年设计了“左手持盾牌、右手举旗帜”的英国骑士标志，公司名称为英文的有衬线字体；1976 年 Ronald Wayne 为苹果公司设计了第一个品牌标志，采用了牛顿坐在苹果树下读书的图案，一个苹果从树上掉下，标志用飘带缠绕，上面写着“Apple Computer Co.”。可见，无论是东方的刘家功夫针铺广告，还是西方的 Burberry 或苹果等公司的品牌形象设计，都是通过

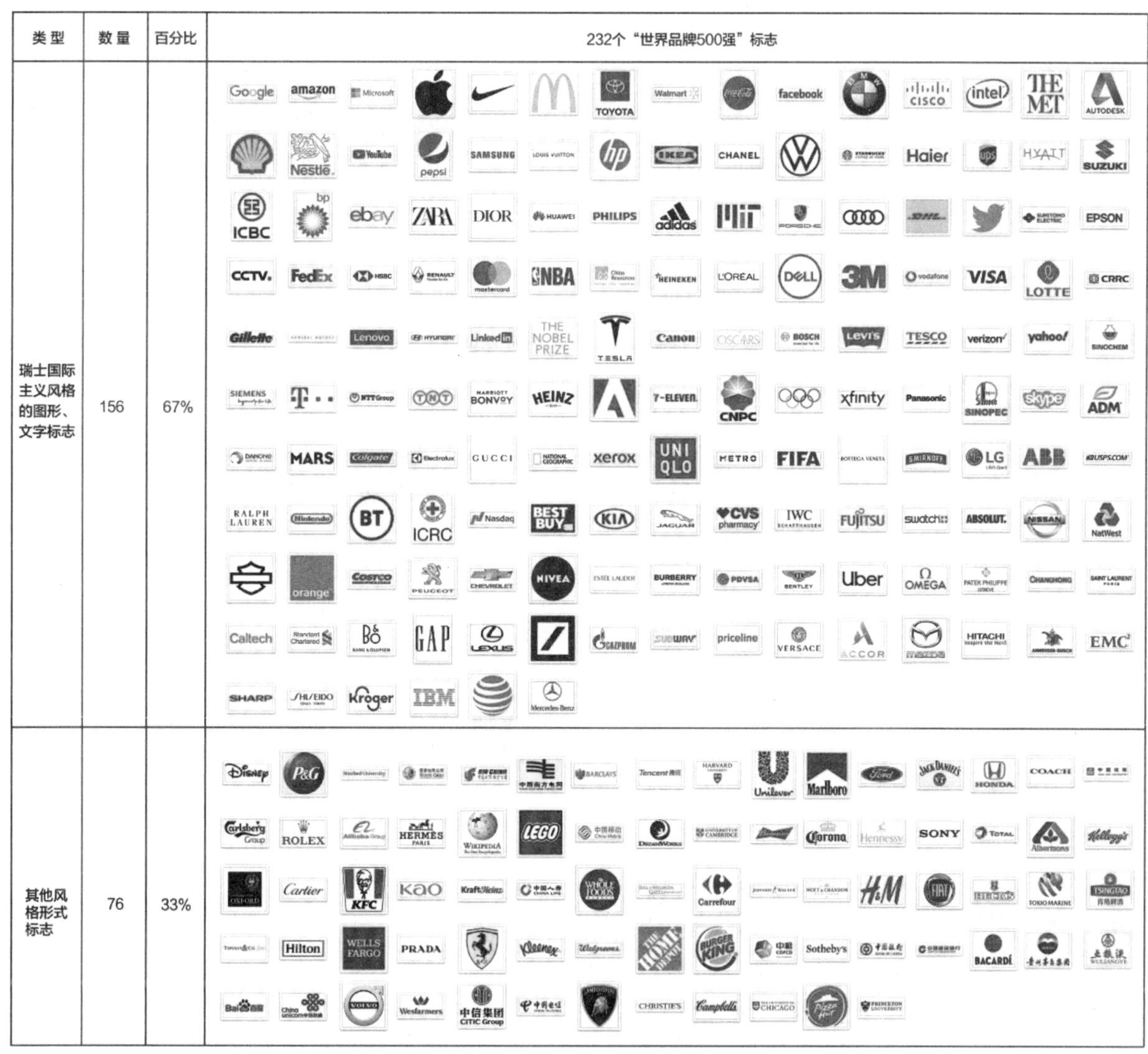

类型	数量	百分比	232个“世界品牌500强”标志
瑞士国际主义风格的图形、文字标志	156	67%	
其他风格形式标志	76	33%	

图 1 “世界品牌 500 强”中前 232 个品牌的标志类型统计图

Fig.1 Logo design style analysis of the top 232 logos within the “The World's 500 Most Influential Brands”

插画和图文并茂的视觉形式传达，表现了某种民族风格及文化内涵。笔者将这个阶段的品牌形象设计归纳为民族性设计风格时期。

1.1.2 国际主义设计风格阶段

20 世纪包豪斯设计风格的出现，使国际品牌形象设计的民族性风格逐渐发生了变化。1919 年德国包豪斯设计学院的成立以及 20 世纪 50 年代瑞士国际主义设计风格的兴起，使品牌形象的“国际主义”设计风格[1]迅速风靡全球，且延续至今，形成了全球认可的以标志为核心的国际主义设计风格。我们能够从不少成功的国际品牌形象设计中发现，很多品牌都是通过国际主义的设计风格来构建其形象，以达到更好地在全球推广其产品的目的。

当代国际品牌标志设计呈现出扁平化、极简和去装饰等趋势，这与西方“少即是多”[2]的设计理念相吻合。我们将这一风格与瑞士国际主义设计风格的特点比对就能发现，扁平化、极简和去装饰这些特点其实就是瑞士国际主义设计风格的延续。瑞士国际主义设计风格（International Typographic Style）是在第二次世界大战后的 20 世纪 50 年代发展起来的一种国际性的平面设计风格，有如下的特点：文字上多采用一种直截了当的新无饰线体，版式风格达到标准化、规范化和高度的视觉统一；以几何学的理论结合图形与文字，追求几何学式的严谨；以网格为设计基础，注重理性科学观念和数学逻辑[3]。可见，瑞士国际主义设计风格与当代设计的扁平化、极简趋势十分吻合。

笔者运用视觉分析法和统计学上的统计分组法，对国际品牌的成功案例进行分组研究和分析，得出当代品牌形象的国际性表达与瑞士国际主义设计风格高度相似的结论。本文所选择的研究对象是 2019 年度世界品牌实验室 (World Brand Lab) 发布的“世界品牌 500 强”[4]，该数据来自世界品牌实验室的一项国际品牌研究，他们自 2003 年起对全球 60 个国家约 15000 个知名品牌进行跟踪研究，从市场占有率 (Market Share)、品牌忠诚度 (Brand Loyalty) 和全球领导力 (Global Leadership) 等多个方面评核，每年评出世界最具影响力的500个品牌。笔者对“世界品牌 500 强”中的前 232 个品牌的标志设计进行了深入的研究，采用图像分析法和统计分组法按“瑞士国际主义风格的图形和文字标志”及“其他风格形式的标志”两个大类进行划分，去归纳这些标志的设计风格，见图 1，得出了符合瑞士国际主义设计风格的品牌标志占 67%，其他风格的品牌占 33% 的结论。此结论清晰地显示了目前国际品牌形象设计以国际主义设计风格为主的特质。

为了进一步论证此观点，笔者对时装、信息技术、多元科技等不同领域的几个品牌标志在近年的更新设计进行了深入研究，见图 2，发现这些品牌标志的每一次更新均朝着弱化图形和强化文字的方向发展，而且文字具有去衬线、几何化和以文字标志为主的演化特点，这些都符合瑞士国际主义的设计风格。从这些国际品牌的形象设计变革趋势可以看出，品牌形象的国际性表达成为了一项以瑞士国际主义设计风格为核心的具体实践。这些标志在早期多具有带明暗阴影、立体变化、装饰图案或多种色彩等风格，并逐渐发展到了今天的扁平化[5]、具有极简的图形和色彩单纯的风格。当品牌标志实现了国际性风格后，其产品也更加国际化了，在世界不同国家都获得了广泛的认可。

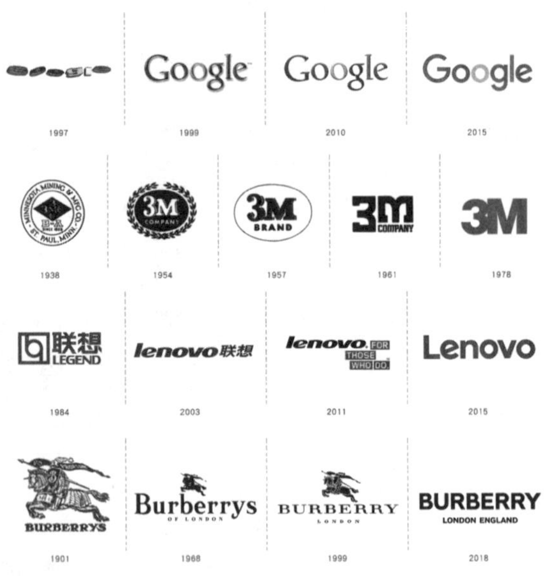

图 2 世界品牌标志更新趋势分析

Fig.2 Analysis of the stylistic evolutions in international brand design

根据“标志是品牌视觉系统的核心要素，也是对品牌内涵的概括性表达”[6]的理念，结合世界品牌 500 强标志所呈现出来的主流形态，以及近年来世界品牌标志演变的趋势可以推断，在“全球在地性”经贸环境出现之前，国际品牌形象设计主要以瑞士国际主义设计风格为核心。这种设计手法，使品牌能够被人们广泛地接受，因此为品牌的全球化推广打下了良好的国际受众基础，并为品牌从本土走向国际，以及在国际市场上更好地发展起到了积极的作用。

从 3M、巴宝莉（Burberry）、联想等国际品牌形象设计的演化过程可以看出，世界各国的品牌形象设计之初，往往是依托于具有民族性的文字、装饰等进行表达，强调的是品牌的民族特色和本土认同感；而随着品牌渐渐走向国际，特别是近几十年的全球化浪潮，推动这种民族性的设计风格逐渐转向以包豪斯和瑞士国际主义风格为标准的设计风格。因此，世界各国的品牌形象设计具有一个从民族性到国际性的发展趋势和过程。

1.2 从国际性到“融民族性”

当下“全球在地性”进程加速，世界经济呈现出从以欧美国家所建立的“全球化”规则为主导，逐渐转向包括亚洲多个国家共同参与的、平衡发展的多元化状态。各国市场呈现出强化本土产品，削弱国外供给的经济格局。随着“全球化”向“全球在地性”的转变，后现代时期已经萌芽的对国际主义品牌形象设计忽视各国文化差异、风格单一的诟病就愈发凸显，而新冠疫情的到来更成为了一个转折点，人们会更加关注世界文化的多元性和各民族风格的多样化。各国的对外经济、文化及对内的宣传策略，都将使民众对本土文化和商品的推崇逐渐加强，甚至导致人们对外来商品和文化形成一定的抵触心态。

此时，国际品牌所采用的统一的国际性的设计风格将不再完全适合，“全球在地性”的市场格局迫使国际品牌纷纷作出调整来应对目前的经济转型，以求在新一轮的品牌竞争中赢取更大市场。为适应国际形势的变化，品牌应加强其视觉形象的“在地性”表达，通过采用“融民族性”的品牌设计表达方式来对品牌形象进行再设计，从而塑造一个具有时代感且融合当地民族风格的品牌形象，加强品牌在目标受众人群心目中的地位[7]，提升国际品牌的在地价值。基于此，本文提出，在当前“全球在地性”的新格局中，采用“融民族性”的设计手法将是品牌获得新生的重要策略。

2 国际品牌形象设计的“融民族性”表达策略

2.1 “融民族性”概念的界定

品牌形象设计的“融民族性”表达强调的是，在“全球在地性”的经贸市场环境下，为了适应世界各地不同的受众人群的审美品位和需求，在具有国际主义设计风格的原有品牌形象的框架下，融入一些在地的民族元素，以求赢取各地区不同受众人群的认同。

本文提出的“融民族性”表达不同于“民族性”的表达，这一表达方式往往需要符合以下几个条件：（1）品牌形象必须已经具有“国际性”的设计风格；（2）恰当采用民族元素而不是直接搬用民族元素，也就是说，必须通过提取民族元素的核心内容，经过某种“解变”与“重构”，将民族元素巧妙地融入原有的国际主义风格的框架里；（3）融入民族元素后的设计，应该没有失去其国际主义的设计风格，而是在国际主义风格的框架下增加了某种在地性，与原品牌形象仍然保持着密切的、可辨认的亲缘关系。

必须强调的是，“融民族性”的表达并非对国际主义风格的消解，而是通过融入某些在地民族的元素，使其品牌形象在不同的国家和地区具有千变万化的特点，但万变不能离其宗，这一表达方式的目的是既保持原有品牌的识别性，又增加品牌形象在各国和地区的亲和力，从而达到国际品牌接受度的最大化[8]。

2.2 国际品牌形象设计“融民族性”表达的案例分析

尽管“融民族性”的设计理念由本文首次提出，但融民族性的设计方法已经陆续地被一些成功的国际品牌所探索和运用，且取得了良好的效果。本文希望通过对几个国际品牌“融民族性”表达的具体策略做一些归纳和分析，找寻其中的规律，见图 3。

2.2.1 可口可乐“融民族性”表达的案例分析

世界著名品牌可口可乐为了实现其品牌的全球推广，针对不同的国家和地区，邀请在地设计师对其品牌标志和形象进行了再设计。可口可乐亚洲区总裁桑迪艾化指出“本土化理念实施的结果就是可口可乐比过去任何时候都更加贴近消费者”。由此可见，可口可乐希望通过对其品牌形象的再设计，将各地的文化元素融入他们的品牌中，从而让国际品牌更加符合当地受众的审美品味。在这样一种思

图 3“融民族性”表达案例

Fig. 3 Examples of "Glocalization Expression"

图 4 可口可乐“融民族性”风格的品牌形象设计

Fig.4 Coca Cola brand image design with “glocalization expression”

图 5 融合中国纹样的 Adobe 标志再设计

Fig.5 Adobe logo redesign with traditional Chinese patterns

维的指导下，可口可乐品牌形象的设计表达延伸到了有着各自独特民族文化和语言的国家，如阿拉伯、泰国、中国等。在保留可口可乐原品牌的经典红底白字的基础上，将原品牌“飘带式”的英文风格转换成不同民族的语言文字，人们一眼就能认出这还是可口可乐，成功地设计出各地专属的可口可乐品牌识别系统，见图 4。这种“融民族性”的设计手法，拉近了可口可乐品牌与各国人民的情感关系，在世界各地赢得了广大的市场。

2.2.2 Adobe 公司“融民族性”表达的案例分析

2019 年 4 月，Adobe 公司与文藏中国纹样博物馆合作，邀请了 29 位中国设计师设计了 29 个具有中国纹样风格的 Adobe 标志，见图 5。希望通过这样的方式来建构文化认同的桥梁，实现当代科技品牌在中国的推广。

Adobe 在中国发起的这次对其品牌形象的再设计对于 Adobe 品牌在中国的传播，以及保存和活化中国的传统艺术，都具有重要的意义。

1）Adobe 软件技术能够实现将中国传统纹样与当代审美相结合。在创作中，设计师先将中国的传统纹样扫描取样，再通过 Adobe 的相关软件对纹样进行修复和矢量化处理，之后采用后现代的设计手法将矢量化的中国元素与 Adobe 的品牌标志结合，最终实现了一系列融合了中国民族元素，又保留了 Adobe 原品牌标志美感的全新形象。

2）中国的传统纹样在当代社会因失去其实用功能渐渐被人们所遗忘，而通过 Adobe 软件能够将传统的纹样以数字化的形式保存下来。而且，通过矢量化的处理，传统纹样能够供人们在日常更便捷地使用。可见，依附 Adobe 的当代科技手段，传统的中国元素能够得到有效的保存、传播和开发利用。

显然，Adobe 以品牌标志的外形为基础框架，采用“融民族性”的设计手法，将青花、国画山水、青铜器纹样、敦煌壁画等中国民族纹样融入其中，架构起品牌与受众人群的文化认同[9]，同时亦让中国观众重新认识了华夏文化的当代价值。

2.2.3 LV 公司的“融民族性”表达案例分析

2003 年，LV 与日本著名艺术家村上隆 (Takashi Murakami)[10] 合作，推出了一款独具特色的 LV 标志及品牌形象延展设计，见图 6。在传统 LV 品牌图形多彩会标 (Monogram Multicolor) 系列的基础上，村上隆将日本御宅族文化的动漫符号，用波普艺术的形式融入其中，创造出独特的视觉语言[11]，打破了 LV 近 150 年的传统风格。Monogram Multicolor 系列产品一经推出，欧美国家的

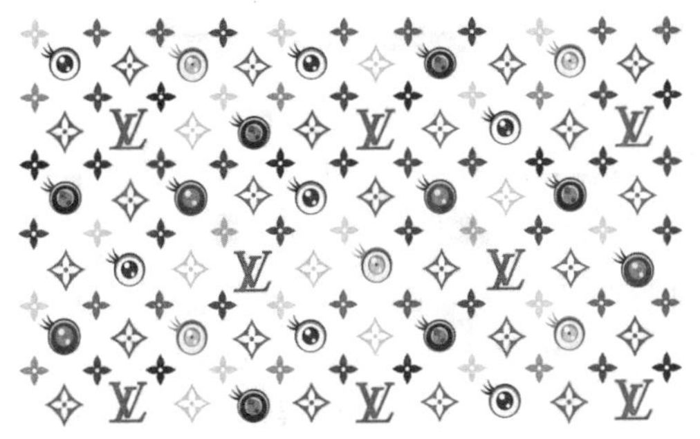

图 6 LV 与村上隆携手打造的多彩会标图形

Fig.6 Monogram multicolor graphics created by LV and Murakami

图 7 多彩会标图形在产品和建筑上的应用

Fig.7 Application of Monogram multicolor graphics on products and architecture

图 8 村上隆风格的 LV 标志和产品

Fig.8 Murakami style LV logo and product

年轻人在 LV 销售店排起了长队购买，据《纽约时报》报道，这个设计让 LV 创下了上亿美元的收入。

村上隆在精英文化与大众文化、动漫与时尚、西方与东方之间，搭建起一座沟通的桥梁，开创了 LV 品牌更具包容性的当代美学理念，见图 7。一般来说，大多数的欧美波普艺术仅停留在“架上艺术”的领域，而 LV 与村上隆的合作成为商业品牌与艺术融合的典范，传达了 LV 品牌“将艺术渗透到生活中各个领域”的全新理念。同时，这个设计还渗入了在地性文化，依托这种“融民族性”的设计手法将日本的民族元素推向了主流国际市场，见图 8。

2.2.4 苹果公司的“融民族性”表达案例分析

2018 年 10 月 30 日苹果公司在纽约布鲁克林音乐学院霍华德吉尔曼歌剧院举办了一场“There’s More in the Making”主题活动，并为活动设计了 371 个风格各异的标志，见图 9。苹果公司将这些不同的标志用在了不同媒体和嘉宾的邀请函中，因此每人所收到的标志都是独一无二的。此外，在苹果官网的活动页面上，每次打开或刷新页面都会随机更换一个不同的标志，传达了“每一个图案都是对苹果标志进行的一次重新想象”的含义。人们亦可根据自己的喜好从官网下载这些标志来作为苹果手机和电脑的屏幕壁纸。活动当天，371 个苹果标志以动态视频的方式呈现，通过动画、特效和声音向观众传达了一个全新的“动态可变式”[12] 的苹果品牌形象。371 个苹果标志很快就在 Facebook 等社交媒体和网络上发酵，成为了被广泛关注的事件。CNN 记者希瑟·凯利（Heather Kelly）调侃说，这家科技巨头所设计的标志，意味着你的眼睛每天可以“吃”到一个不同口味的“苹果”，而且整整一年都不会重复。这正好传达了苹果公司的创新理念。

图 9 “动态可变式”的苹果品牌标志设计

Fig.9 “Dynamic changeable” Apple logo design

从品牌形象设计和推广的角度来分析，这 371 个苹果标志都是基于苹果原始标志的形状，但融入了文化、艺术、科技、娱乐、生活等各领域的元素，符合老人、小孩、科学家、艺术家、媒体人士等不同受众人群的兴趣爱好和职业特征，打造了品牌的个性化需求。主题活动和网络上通过“动态可变式”的手法，呈现了苹果品牌的多元化和创新精神，这是对苹果品牌极简风格标志的补充。苹果公司希望通过一系列的动态图像来吸引不同受众人群对其新产品的关注[13]，每个人都能从中找到自己喜欢的风格，实现了赢得每一位受众的目标，并彰显了品牌不断变革的核心理念。

2.2.5 可口可乐品牌与东京奥运会合作的“融民族性”表达案例分析

2017 年，作为东京奥运会的赞助品牌[14]，可口可乐一改以往委托专业设计公司设计海报的做法，向全球发布了以“Coke×Adobe×You”为主题的品牌广告设计的征集活动，拟通过征集活动去获得一系列可口可乐品牌形象与 Adobe 科技、奥运精神、东京文化及设计师自我风格相融合的全新品牌形象推广海报。此外，可口可乐还联名 Adobe 邀请了来自西班牙、德国、南非、日本等地的 10 余位顶尖创意专业人士参与设计活动。这种全球征集的方式，也正好契合奥林匹克运动会全球参与的理念。

在这些海报里，设计师们以可口可乐品牌的红白主打色彩、飘带式的字体和经典的弧形瓶等国际性识别符号作为框架，将日本国旗、文字、建筑、浮世绘等文化元素解变、重构后融入品牌形象设计，实现了一系列具有日本民族风格的可口可乐时尚海报设计，并很好地利用了东京奥运的时效性和热点，吸引着全球的关注，成为了设计经营的一种潮流，见图 10。

图 10 融合东京文化和奥运精神的可口可乐品牌广告设计

Fig.10 Coca Cola brand advertisement design synthesising Tokyo culture and Olympic spirit

2.3 “融民族性”设计表达的价值和意义

在“全球在地性”的背景下，国际品牌采用“融民族性”的设计手法，在品牌形象国际传播、文化认同、审美引领及创新表达等多个方面都具有重要的价值和意义。

1）当下国际品牌的表达风格多采用瑞士国际主义风格而呈现出趋同的品牌调性。“融民族性”的品牌形象表达，是在国际主义设计风格的框架下，融入民族元素，从而打破了品牌表达的单一性特征。这既是对国际主义设计风格的延续，也促进了品牌的多样性和与时俱进。

2）国际品牌通过将各种民族文化元素与品牌标志相融合，去消除因文化差异而导致的品牌与受众间的隔阂，建构起品牌与不同受众人群的情感沟通和文化认同，从而最大程度地赢得市场。

3）传统的品牌形象表达方式往往严格遵循企业识别手册（VIS），对品牌标志和辅助图形的应用有一套严格的规范，不可随意变动。然而，在当下，随着科技和社会发展的日新月异，一成不变或者等待十年八年一次的品牌更新将会使企业和品牌被时代所抛弃。而解决这一问题的办法则是在原有国际品牌形象的框架里，融入不同的民族元素和不同受众人群所喜好的风格，来实现一系列顺应时代审美变化的品牌表达方式，使品牌跟上时代的步伐。

4）在 5G 时代，网络速度加快、媒体技术越来越发达，生活节奏也在加速，人们每天使用的手机、电脑、LED 屏幕充满了不断变动的广告信息、图片和影像。相较于传统的静态品牌视觉形象传播，“动态可变式”的品牌形象显然更具吸引力，在同一单位时间内传播的信息量也会更大。因此，未来的品牌形象传播将会更多地借助当代科技的优势，结合更多的动态媒体技术和手段，来实现具有数字时代审美品味和特质的、“动态可变式”的品牌传播。

3 结语

随着国际经济贸易“全球化”环境的改变和“全球

在地性”时代的到来，国际品牌形象设计和推广策略必须及时作出调整。本文通过梳理品牌形象设计的历史发展路径，并对当代国际品牌形象设计的典型个案进行深入剖析，总结出一套当代品牌形象设计的策略，创造性地提出了“融民族性”的品牌形象设计理念。具体的设计手法是将“在地的”民族元素经过解变与重构，融入以国际主义设计风格为框架的品牌标志及其延展应用当中，实现一系列具有多元民族风格的品牌视觉识别系统，从而提升国际品牌在全球各地受众人群心目中的文化认同感。

“融民族性”表达倡导品牌形象设计要做到：既要以国际主义设计风格为框架（因为这种全球通用的设计语言是品牌具备国际性特征的基础），又要提取在地的民族元素融入其中（因为民族元素是使设计达到具有在地性特征的源泉）。此手法可以帮助品牌应对“全球在地性”的市场格局，提升品牌的国际竞争力，因此，“融民族性”的表达方式终将成为当代国际品牌形象设计和推广的重要手段。

【参考文献】

[1] 多布尼·D, 辛汗·GM. 寻找品牌形象：基础分析 [J]. 消费者研究进展 ,1990,17(1): 110-119.

Dobni D, Zinkhan GM. In Search of Brand Image: A Basic Analysis[J]. Advancement in Consumer Research, 1990, 17(1): 110-119.

[2] 程新浩 . 少即是多之于平面设计 [J]. 美术观察 , 2011(1): 110.

Cheng Xin-hao. Less is More in Graphic Design [J]. Art Observation, 2011 (1): 110

[3] 理查德·B·道布尔迪 , 汪芸 . 绘制瑞士平面设计的网格 [J]. 装饰 , 2015(8): 64-71.

DOBLEDY, Richard B., WANG Yun. Drawing a Grid for Swiss Graphic Design [J]. Zhuangshi, 2015 (8): 64-71.

[4] 本刊讯 . 国家电网第四年蝉联世界品牌 500 强中国品牌第一 [J]. 电器工业 , 2020(1): 5.

Journal News. State Grid Ranked No. 1 among the Chinese Brands for the Fourth Consecutive Year in "The World's 500 Most Influential Brands" [J]. Electrical Industry, 2020 (1): 5.

[5] 陆原 . 浅谈界面设计中的“扁平化”现象 [J]. 美术与设计 (南京艺术学院学报), 2014(6): 213-216.

LU Yuan. Discussion on "Flattening" Phenomenon in Interface Design [J]. Art and Design (Journal of Nanjing Academy of Arts), 2014 (6): 213-216.

[6] 张南岭 . “简约而不凡”——品牌标志设计的视觉美学与文化内涵 [J]. 艺术评论 , 2016(10): 144-146.

ZHANG Nan-ling. Simplicity and Extraordinary: Visual Aesthetics and Cultural Connotation of Brand Design [J]. Art Review, 2016 (10): 144-146.

[7] 吴瑜 , 马丽莎 . 中国民族装饰图案研究综述 [J]. 包装工程 , 2020, 41(22): 186-190.

WU Yu, MA Li-sa. A Review of Chinese Ethnic Decorative Patterns [J]. Packaging Engineering, 2020,41 (22): 186-190.

[8] 任晓军 . 发现再设计之美——视觉识别中视觉调整的重要性 [J].《艺术评论》, 2009(5): 94-97.

REN Xiao-jun. Discover the Beauty of Redesign: The Importance of Visual Adjustment in Visual Recognition [J]. Art Review, 2009 (5): 94-97.

[9] 冯雪红 , 张文文 . 中华文化认同研究现状及展望 [J]. 贵州民族研究 , 2020(3): 81-86.

FENG Xue-hong, ZHANG Wen-wen. The Status Quo and Prospects of the Research on Chinese Cultural Identity [J]. Guizhou Ethnic Studies, 2020 (3): 81-86.

[10] 初枢昊译 . 村上隆 : 超扁平到超自然 [J]. 世界美术 , 2012(4):9-13.

Murakami: from Super Flat to Supernatural [J]. World Art, 2012 (4): 9-13.

[11] 秦兴华 . 论新媒介的形式与规则及其对当代艺术的影响 [J]. 当代传播 (中国传媒大学学报), 2020, 42(8): 102-106.

QIN Xing-hua. On the Form and Rules of New Media and its Influence on Contemporary Art [J]. Modern communication (Journal of Communication University of China), 2020,42(8): 102-106.

[12] 杨超 , 梁蓝波 . 5G 时代动态可变式校标设计及延展应用 [J]. 包装工程 , 2020(2): 252-258.

YANG Chao, LEONG Lampo. Dynamic Changeable University Design and Its Extended Applications in the 5G Era [J]. Packaging Engineering, 2020 (2): 252-258.

[13] 赵凌之 . "川酒历史故事之五粮液" H5 信息可视化海报设计 [J]. 中国出版 , 2020(22):85.

ZHAO Ling-zhi. "Wuliangye: A Historical Story of Sichuan Liquor" – H5 Information Visualization Poster Design [J]. China Press, 2020 (22): 85.

[14] 高力翔 , 陶于 . 审视可口可乐的奥运体育赞助策略 [J]. 体育与科学 , 2006(1): 31-33.

GAO Li-xiang, TAO Yu. A Review of Coca Cola's Olympic Sports Sponsorship Strategy [J]. Sports and Science, 2006 (1): 31-33.

企业社会责任营销要素组合 DRMS

王佳炜[1]

从企业自身的可持续发展性来衡量，更多企业开始选择以对社会负责的方式开展企业经营，企业竞争范围也扩展至社会责任领域，企业社会责任成为构建企业竞争优势的新维度，社会责任竞争能力成为新时代企业必须具备的基本能力。[1] 与此同时，社会的发展离不开健康稳定的企业支持，企业也有能力创造繁荣发展的局面。在此大背景之下，企业的社会责任营销活动既能提升企业竞争力，同时也能帮助企业不限于被动适应而是采取一种更为积极的方式主动参与到这场“社会改造运动”之中。企业的社会责任营销活动不是公益，也不同于慈善，对企业和营销人员而言，需要按照产品运营的思路，即将企业社会责任营销活动视为产品，同时结合企业社会责任需求和企业自身的营销需要，企划运营企业社会责任营销活动。本书参照市场营销组合要素 4Ps，从产品化运营企业社会责任营销活动的角度出发，在此提出企业社会责任营销要素组合 DRMS，即 D（Design Product，产品设计）、R（Reduce Cost，降低成本）、M（Motivate Participation，激励参与）、S（Share Communication，分享传播）。

图 1 企业社会责任营销要素组合 DRMS

一、D（Design Product，产品设计）设计符合企业价值的 CSR 营销活动产品

DRMS 要素组合的初衷是用营销产品的思路运营基于企业社会责任的营销活动，产品（Product）是市场营销组合要素 4Ps 的首位，因此 DRMS 要素组合的第一个要素就是 Design Product，即产品设计。

（一）明确受益对象

明确受益对象是设计企业社会责任营销活动产品时需要考虑的第一个问题。一项企业社会责任营销活动应该具有的基本特征之一便是，其最基础的受益对象应该是个人、家庭、某个社会群体或者各类宽泛意义上的社会，而不是企业本身。营销专业人士在思考设计企业社会责任营销活动产品时，这一点必须明确。当然，企业在此类营销活动中也必须是受益对象，需要注意的是，企业的受益对象身份应该建立在个人、家庭、某个社会群体或者各类宽泛意义上的社会等受益对象基础之上，它可以是企业设计、运营企业社会责任营销活动的受益对象之一，但在此类营销活动产品的设计阶段不应该将企业本身作为最直接且最

本文选自第 29 届中国国际广告节长城奖（广告学术类）铜奖作品《中国互联网企业社会责任营销履践与消费者感知——基于 BAT 的实践》一书中的第七章。

[1] 王佳炜，西安外国语大学，西安，710128

重要的受益对象。

（二）确定具体话题

在设计企业社会责任营销活动产品时，可选择的企业社会责任话题范畴非常宽泛，从经济责任到道德责任、伦理责任等多个企业社会责任纬度，从环境保护、性别平等到动物福利、扶贫脱贫等多元的社会责任话题。一方面受资源限制，一家企业无法选择所有的企业社会责任话题进行营销活动的设计；另一方面，对具体的一家企业而言，并非所有的企业社会责任话题都适合该企业。社会责任绩效考核指标需要兼顾企业社会责任营销活动的传播目的性，本文在此提出在选择企业社会责任营销活动产品的话题时，可以综合三个视角，即《社会责任绩效分类指引》国家标准、社会需求、消费者关注，在三者的交集地带选择话题。

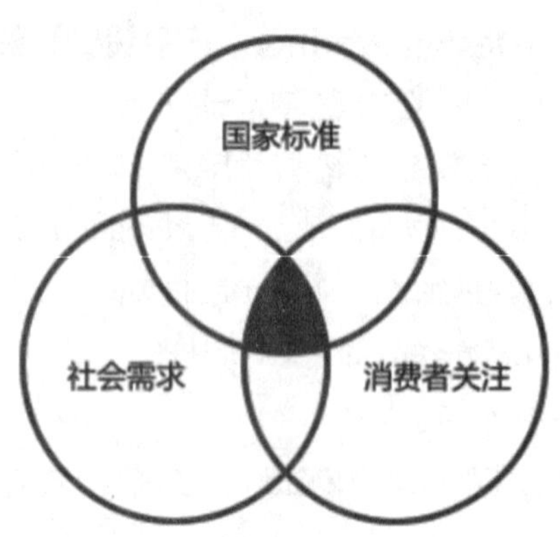

图 2 企业社会责任营销活动之话题选择范围

1. 国家标准

2015 年 6 月 2 日，国家质检总局和国家标准委联合发布社会责任的系列国家标准，并在《社会责任指南》基础上制定《社会责任绩效分类指引》国家标准，所有指标均来自《社会责任指南》社会责任核心主题和议题，该国家分类指标将社会责任核心主题分为七大类：Z——组织治理；R——人权；L——劳工实践；H——环境；G——公平运行实践；X——消费者问题；S——社区参与和发展，在七大类主题基础上各自划分出 21 项二级议题和 223 项三级相关行动和期望指标。[2]

2. 社会期待

企业社会责任概念本身具有流动性，在不同政治、经济、文化背景下，社会对企业社会责任的需求和期待也会有所差异。2016 年，夏玉珍、卜清平在研究高风险时代的中国社会问题时，提出当下中国面临的主要社会问题有 8 类：农民失地问题、公共安全问题（包括公共卫生事件、灾难事故、网络谣言、极端恐怖事件、全民焦虑症、自然灾害等）、食品安全问题、生态环境问题（雾霾污染、蓝藻事件等）、群体性事件问题（环境群体性事件、讨薪事件、拆迁事件、网络群体事件等）、贫困问题、腐败问题（官商勾结、权力寻租等）、人口结构失衡风险（养老问题、失独问题、老龄化、性别失衡）。[3] 营销人员在设计 CSR 营销活动的产品时，势必需要将企业所处社会对该企业社会责任的期待纳入话题选择因素之中。

3. 消费者兴趣

消费者作为企业 CSR 营销活动的重要参与者和传播对象，他们所关心在意的社会问题也是在设计此类活动产品中筛选话题的衡量标准之一。本研究所进行的问卷调查结果显示（见下图 3），中国消费者关心的社会问题或者公益话题比较广泛，其中关注度最高的话题聚集在食品安全问题、生态环境问题和公共安全问题 3 个领域。60% 的消费者表达出对食品安全问题的担忧，58% 的消费者对公共安全问题中的灾难事故和健康问题格外关注，56% 的消费者对生态环境问题中的环境保护话题最为关心。比照其他国家消费者最关心的公益话题，[4] 中国消费者关心的公益话题既有和全球趋势一致之处，也有其独有的关注话题。环境保护问题是经济全球化之后摆在全世界面前的严峻问题，对中国消费者而言也不会例外。此外，中国消费者关注度最高的是食品安全问题、健康问题和灾难事故

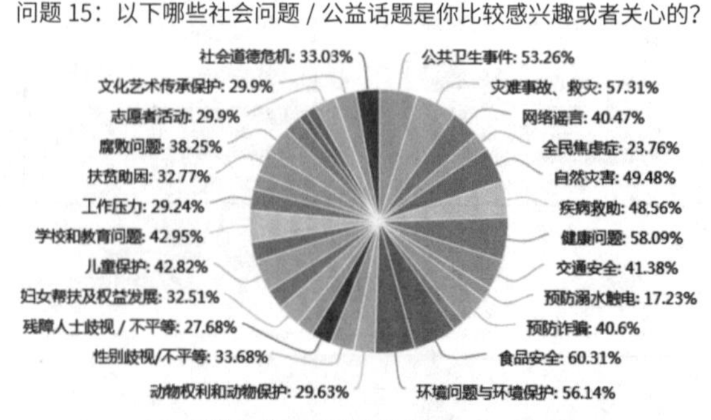

图 3 消费者较为关注的社会问题／公益话题

有效样本：766 位网络用户

话题，则代表了中国社会在发展过程中的阶段性特征，即在社会转型和全球化两股力量交织作用下，各种社会问题的风险在当下中国社会相继出现。[5]

消费者关心的公益话题会随着时间和外部社会环境的变迁而不断变化，这也要求企业在履行社会责任的过程中、在制定企业社会责任战略的时候，对社会问题和公益话题的圈定既要着手于当下的社会问题，同时也需要着眼于促进社会未来发展的视角进行甄选。

（三）寻找切入角度

即便面对同样的社会责任话题，企业在设计自己的企业社会责任营销活动产品时要能在公共话题中寻找到自己的切入角度，即面对某一特定社会问题时，一方面需要结合企业自身的核心能力和核心资源优势，同时也要洞察消费者对该社会问题的态度、看法、兴趣点等，在此基础上锁定该企业围绕这一具体社会问题设计企业社会责任营销活动的恰当切入角度。恰当的切入角度包含以下几个方面：a. 是否对该社会问题进行并发现了全新的洞察；b. 在该切入角度下设计的企业社会责任营销活动产品是否和其他企业围绕此社会问题所作的社会责任营销活动形成明显差别；c. 在该切入角度下设计的企业社会责任营销活动产品是否能够充分发挥该企业的资源优势，是否能和该企业的价值观保持一致；d. 在该切入角度下设计的企业社会责任营销活动产品与消费者对该社会问题的关注点、兴趣距离是否足够近。最后一点尤为重要，因为企业社会责任营销活动产品的价值不再由企业来定义，而是由消费者来定义，消费者要求企业能够提供诚实的行动和沟通，企业必须展示出其对该社会问题的积极影响，并将其产品和服务融入对该社会问题的解决方案之中。

（四）考虑长期运营

本研究的消费者访谈结果显示，持续性和参与性是消费者支持企业社会责任营销活动的重要指标，比如，“像我自己之前也参加了腾讯公益平台的日捐、月捐，每个月捐几块钱的这种，可能我一年下来只捐了一两百块钱，但是会觉得我一直在持续地做这件事情，有种水滴石穿的感觉，还是很满足的”。（受访者）

企业的社会责任营销活动不仅仅是一种营销手段。单点式一次性的社会责任营销活动不但很难让消费者留下印象，而且对具体社会问题的缓解、解决的帮助程度非常有限；另一方面，在本研究对消费者进行的访谈中发现，不少消费者对那些一次性的企业社会责任营销活动印象并不好，[6] 比如“（让我印象深刻的 BAT 做过的企业社会责任营销活动是）我曾经注意到过 BAT 的慈善基金会、募捐活动等，但我更在意他们做过的可持续性的社会责任活动，而不是一次性的、一锤子买卖的那种社会责任活动”。（受访者）

比起一次性参与，消费者更在意这些企业社会责任营销活动的后续效果和真实的改善结果。消费者判断互联网企业社会责任活动水平的影响之一，便是该项活动能否有效针对某一具体社会问题，有计划地长期开展进行。因此，营销人员在设计基于企业社会责任营销活动产品时，就需要将长期运营的因素纳入产品规划范畴，考虑该营销活动的后续保障价值，设计出能够长期发展、对社会可能带来可持续性改善的企业社会责任营销活动产品。同时，消费者也需要“听到”企业在持续输出其社会责任行动的声音，以维持消费者对企业及其发起的社会责任活动的忠诚度。比如“支付宝我每天都会用，类似捐步、水滴筹之类的公益活动信息我都能看到，它的活动是系列的，我就跟着它走，一开始我参与蚂蚁森林，后来又发现还有蚂蚁庄园，我发现自己也能参与，就继续跟进，一步步参与进入这些公益项目里面来”。（受访者）

二、R（Reduce Cost，降低成本）尽量降低活动参与成本

不同于商业消费类的产品服务，企业的 CSR 营销活动产品对其消费者而言，该产品的消费成本包括时间成本、心理成本、物质成本。

（一）时间成本。消费者参与这项企业 CSR 营销活动需要花费多长时间，该活动产品是否会因为过于繁复的流程或参与方式而消磨掉消费者关注参与的兴趣度和好感度。

（二）心理成本。即便企业的 CSR 营销活动的目的是面向“美好生活”，但也需要注意不能一味为了追求激发消费者的高度关注和参与，而采取一些胁迫式的传播手段。比如，采用道德绑架式的传播策略和说辞，这种手段

不但会增加消费者参与该企业社会责任营销活动的心理成本，还会引发消费者反感，这种反感甚至会迁移至企业。

（三）物质成本。不少的企业社会责任营销活动会以公益的方式呈现，这类活动在社会中能够引发普遍关注和参与的重要因素之一就是尽量控制、降低参与该活动的物质成本。特别在中国，人人公益的理念正在萌芽发展中，过高的物质参与成本会影响社会大众的参与积极性。况且，公益本身就可以通过若干途径撬动极其有限的资源，调集非营利组织的力量和资源来扩大慈善的影响；[7]可以将一些力量集中到倡议活动上，以此动员政府投入更多的力量解决紧迫的社会或环境问题，继而实现促进更大的社会进步。

在中国，腾讯、阿里巴巴等大型互联网企业正在让公益门槛越来越低，读书、走路这些日常行为都可以成为社会大众贡献参与社会公益的方式，更低的参与门槛和更具创造性的公益活动，这些大型中国互联网企业通过融合互联网技术和公益初衷，大幅降低社会大众参与公益的门槛。对于原本民间公益氛围就欠缺的中国社会来说，“互联网＋公益”通过降低公益参与的物质成本和随时随地的时间成本，在中国社会培育人人公益的环境。在本研究进行的消费者访谈中，不少消费者表示阿里巴巴等大型互联网企业开启了他们参与公益的兴趣，比如“一开始我并没有接触过公益方面的信息，也不知道应该怎么做公益，但后来我看到阿里巴巴做了一些活动，它引导我参加，让我发现原来做一些小事就能帮助到别人，所以我会觉得我对公益的兴趣和参与习惯是被阿里巴巴启蒙和养成的”。（受访者）

三、M（Motivate Participation，激励参与）设计充分的成就体验感

从企业社会责任形象的层面来看，为了获得关注、获取企业社会责任竞争力，最终实现企业的永续性发展，企业需要将社会责任真正地融入产品体验中。特别是对于以提供信息服务为主的互联网企业而言，不仅要将企业的社会责任营销活动紧密融入自己的产品服务使用过程中，更要重视为参与其企业社会责任营销活动的消费者设计充分的成就感受。在本研究的访谈中被消费者提及次数最多、好感评价最多的中国互联网企业社会责任营销活动就是蚂蚁森林，大部分消费者认为及时的、充分的参与成就体验感，是维系他们对蚂蚁森林好感度和持续性参与的重要动力。

如果说对社会责任话题和切入角度的选择是设计有效的企业社会责任营销活动的基石，那么如何让消费者或者说社会大众在参与该营销活动的过程中获得源源不断的成就感并愿意长期持续参与其中，就是推进这类营销活动获得成功的核心要素。把焦点放在让消费者如何积极参与其中，从而激励他们“做更多”，企业和社会都能从消费者、社会大众寻求的积极变化中受益。这种消费者的成就感体验设计可以从以下几个角度考虑。

（一）参与结果的可视化

让消费者在参与活动的过程中总是能够及时、形象生动地看到其参与行为的成果，这种参与成果的可视化能够增进消费者对活动参与的感知，是维系激励消费者参与热情的方式之一。比如，“印象最好的活动是蚂蚁森林，我每天都会（在支付宝蚂蚁森里）看到我的树在成长，我会盼着我的树有一天能够成为一棵真正的大树。当我能够捐出真树的时候非常开心，这种体验真的是阿里巴巴以外的其他企业给不了的成就感”。（受访者）

“在腾讯公益上我可以点击查看自己的公益轨迹，我加入腾讯公益有多久了，我的累计捐款有多少，我都捐助了哪些项目……我自己可能会忘了但是互联网不会忘，它会让我觉得我是公益的一部分，不仅仅是捐钱，而是由内而外地参与其中，哪怕只是一次捐几块钱”。（受访者）

（二）线上参与成果的线下转化

由于互联网产品的线上属性，互联网企业的社会责任营销活动大部分也以线上为主。对消费者来说，移动互联网时代线上活动参与的便捷性得到很大提升。但同时，线上虚拟的参与行为如何转化为真实的参与感，进而维系其参与热情？解决方式之一就是把线上的活动参与成果转化为真实可见、可实地参观见证的成果。比如“（印象深刻的 BAT 做过的社会责任营销活动）支付宝蚂蚁森林，虽然我自己没有参与，但我周围的同学、朋友都在参与，天天偷能量。我很好奇有一次打开看了一下，收集够一定的碳能量后就可以种一棵真正的树，这种能将线上的虚拟

变成线下的真实，让我印象很深刻”。（受访者）

“我觉得蚂蚁森林是一种非常好的模式，当时我真的特别想去阿拉善去看看他们有没有真的去种那些树，但是蚂蚁森林真的有卫星照片，可以让我看。……而且我有很多好友真会乐此不疲地每天收能量，刚开始我还不能理解，说这有什么好玩的，收能量看着是个很无聊的事情，但后来发现它真的能种树。我支付宝里的一个好友是我们公益圈的男生，河北的，他每天认真偷能量、收能量，种了很多树。我觉得这就是在互联网背景下对人们一些真实的影响吧，因为大部分人可能都没有机会实打实地去做公益，深入其中，但是蚂蚁森林会把这些低碳环保的意识贯彻到人们的生活当中，这种意识的改变可能才是最重要的，希望互联网企业都能这样”。（受访者）

（三）微小行动也能看到成果反馈

对于每一位消费者而言，如果能够看到其在某项企业社会责任营销活动中微小的参与行动真的会产生一些效果时，这就会对消费者继续参与该活动产生积极影响。比如：“阿里巴巴在倡导全民做公益，你哪怕不花钱，只要走路就可以做公益，把公益的门槛降到最低，这对全民的影响是很重要的，它会告诉你骑个自行车就是低碳行为了。更重要的是，它很适合普通大众，哪怕我是一个穷人、我是个学生，或者我是一个有钱人，我都可以做公益、种树。所以，蚂蚁森林真的是这几年我见到过的比较好的一个公益项目，是我在其他平台上没有感受到的。”（受访者）

（四）融入社交因素

作为互联网应用的必然产物，互联网用户已经不是一种简单的数字移民身份，也是一种真实的存在状态，社交媒体的兴起支持人们建立更加互信和亲密的社会关联，从脸书、推特到微博微信等社交媒体应用将人们前所未有的紧密联系在一起。在设计企业的CSR营销活动时，为产品注入社交因素也是能够激励消费者主动参与和持续参与的重要影响因素，比如：“我印象深刻的BAT社会责任营销活动就是蚂蚁森林，最早有朋友每天偷我的能量，后来我才加入。另外，我还记得腾讯在微信朋友圈曾做过一块钱买自闭症儿童绘画作品作为手机屏保的活动，我觉得既有爱心又挺小众，那段时间，我朋友圈里好像都在展示自己买了什么画，感觉大家都对爱心公益很感兴趣，挺好的一件事儿”。（受访者）

四、S（Share Communication，分享传播）建立反馈机制和传播矩阵

企业的社会责任营销需要在企业所传播的信息和社会大众实际得到的激励之间形成平衡，事实上，实际状况是这两者之间缺乏平衡，消费者对互联网企业在企业社会责任方面的行为缺乏沟通了解通道，而信息是企业与社会大众共享企业社会责任行动成效的重要因素。

对消费者等社会大众来说，他们对企业社会责任营销活动的信息接触属于一种非主动型的信息获知方式。“（关于企业社会责任表现的相关信息）在大多数情况下我并没有主动搜索过，就能从很多渠道了解一个企业正面或负面的社会影响，这种影响会对我的认知产生启发或干扰。主要是新闻，比如热搜或头条推送，很明显是一种非主动的获知方式。”（受访者）“（对企业社会责任活动）我很感兴趣，但是不想费时间专门去了解，所以希望企业可以更好主动地传达给我，而不是让我费劲的去搜索。”（受访者）

互联网应用产品是消费者接触参与互联网企业社会责任营销活动的主要渠道，在消费者访谈中，很多被访者表示对互联网产品的使用是其接触、了解互联网企业社会责任营销活动的主要渠道。比如：“主要在产品的使用过程中了解到相关的信息，还有周围人的反馈推荐，像我周围的人都用蚂蚁森林，每天收能量种树，我即便刚开始不知道，后来也慢慢必然知道了；比如说朋友圈传播的医疗众筹项目的信息，最早肯定是亲友发的，点进去看了才知道原来是个平台，能看到其他人的求助信息，为想做公益的人提供了渠道。”（受访者）

良好的企业社会责任营销活动产品设计需要建立对外及时共享信息的透明反馈机制和最大化整合企业资源的传播矩阵。

（一）设定透明的企业社会责任营销对外反馈沟通机制，主动引入权威第三方参与

解决“（企业社会责任）企业做的很多而消费者知道的很少”这种信息不对称矛盾的最直接方式就是在这类企业社会责任营销活动中设定透明的反馈沟通机制，企业

社会责任活动或履行情况需要对外进行透明呈现，借助多种企业社会责任传播渠道和内容，向利益相关者传播告知企业社会责任相关活动的实时进展和透明改变，避免由于信息传播不够透明而造成的“黑箱操作”印象。首先，将企业社会责任营销活动的阶段性进度定期、稳定、客观地进行对外反馈，以便参与者及时知晓进度，避免由于信息黑箱导致社会大众的不信任。同时，这种定期呈现的进度报告，也有利于社会大众对该企业社会责任营销活动（特别是涉及捐助改善、捐赠承诺类的活动）进行社会监督，提升消费者对互联网企业社会责任营销活动的信任感。其次，企业所披露公布的企业社会责任相关信息需要得到权威第三方认可，实现企业社会责任的专业披露，以此保证相关传播内容的真实性。因此，在设计企业社会责任营销活动时，特别是慈善捐助、行动改善类的营销活动，需要在活动进程中主动引入第三方独立机构的参与，比如 NGO 组织或者隶属于官方的政府相关职能机构等。在设定透明反馈机制的基础上，将这些独立的第三方机构的声音融入此类营销活动的对外信息披露，也是提升活动透明度、增进信赖感、强化企业社会责任积极形象的有效途径。

（二）提升企业社会责任营销结果沟通文本的表达力，保证充分信息量

企业发布的社会责任报告、新闻稿、企业网站都是企业开展社会责任营销活动之重要的传统沟通载体。在建立透明反馈机制的基础上，关于企业社会责任营销活动的相关信息量是否充分，是否能够较为完整、全面、生动地向利益相关者传递企业真实的社会责任营销实践情况，就需要考虑提升这些企业社会责任沟通文本自身的表达力和信息量。需要注意的是，这里所说的表达力不是对夸张和戏剧性的追求，而是对企业社会责任营销活动之结果事实的充分、完整、清晰、客观地高效传达。比如企业发布的社会责任报告就是对企业的社会责任态度、重要行动成果、社会影响等内容进行形象化集成传达的传播载体。在这类传播载体的文本设计中，充足的信息量只是基础，这些信息如何能够以切合公众情绪和公众兴趣的传播角度和信息语气进行最终展示，是提升企业社会责任营销活动之传播效果的要素之一。

（三）注重个人相关性，互联网企业社会责任营销活动本身就是最佳传播载体

传统企业在社会责任传播方面，除去企业社会责任报告之外，在相关的传播层面的努力不多，还有相当多的企业将社会责任报告纳入企业年度财报的做法也是此类情形的一种缩影。大部分的企业即便对外涉及企业社会责任形象传播时，也往往侧重于试图借助宣传企业对社会责任的态度或规划类的信息塑造企业社会责任形象，这种以企业为中心的单向信息传播方式主要是为了服务企业自己，而非面向社会、面相消费者等利益相关者。这也这意味着，企业社会责任营销活动的有效传播需要超越企业社会责任报告、公司网站等传统方式，把企业社会责任营销活动变成一种社会大众能够真实感知到的、实实在在的体验。企业社会责任营销活动需要更加强调“个人相关性”，这是 2016 年索拉基姆（Sola Kim），玛丽安（Marianne T.）和弗格森（Ferguson）通过实证研究提出的企业社会责任营销传播之六个传播维度之一，[8] 企业社会责任营销活动的内容和方式是否能够找到与以消费者为代表的传播对象之间的关联性，以此更好激发消费者对企业社会责任营销相关信息的兴趣和有效关注。高水平创意支持下的企业社会责任营销活动既是一个载体，也是一个媒介。因为在社交媒体时代，有创意、有足够参与度、能够产生社交话题的企业社会责任营销活动本身就是最好的传播载体。

一方面，互联网实现了几乎无所不能的连接，它的存在使各种连接变得非常容易，消费者对产品的每次使用都代表着价值的生产，极致的产品体验则会激发消费者分享热情，消费者的评价和分享通过社交媒体会为企业创造口碑传播，甚至会形成一个新的社会热点话题。另一方面，互联网企业的产品很容易具有媒体属性，在此背景下，一个足够有创意的、能够激活公众参与兴趣的企业社会责任营销活动本身就会成为企业社会责任的最佳传播载体。

（四）发挥互联网企业媒体属性优势，整合企业资源规划传播矩阵

互联网企业的媒体属性使得互联网企业在开展企业社会责任营销活动传播时，能够整合的传播资源较其他行业更为丰富，围绕企业自媒体（包括企业的官方微博、微信、优酷、爱奇艺等各类社交媒体账号）、互联网企业的产品平台（互联网企业自己的应用产品平台，例如淘宝、QQ、微信、支付宝等）、互联网企业发起的某个具体的社会责任营销活动的自有平台（互联网企业发起的社会责任营销活动平台，比如支付宝蚂蚁森林、腾讯月捐平台等），以及在此基础上形成的消费者的二次传播力量（营销活动引发消费者关注和参与兴趣后，消费者也会主动贡献自己的社交力量在社交媒体上发起二次传播），共同构建企业社会责任营销传播矩阵（如下图 4 所示）。在此传播矩阵基础上，营销人员在设计规划互联网企业社会责任营销活动时，可以整合调度矩阵内的传播力量，实现企业社会责任营销活动效果的最大化。

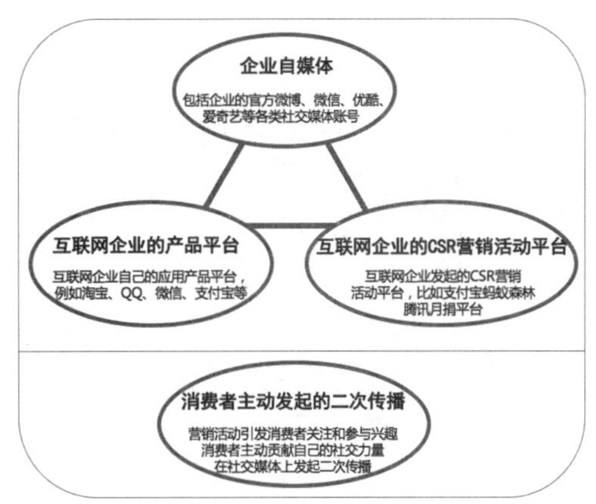

图 4 互联网企业社会责任营销活动传播矩阵

【注释与参考文献】

[1] 吴华明，林峰．基于企业社会责任的竞争模式比较与转型——组织学习视角的分析 [J] 经济与管理，2011(10).

[2] 郝琴．社会责任国家标准解 [M]．北京：中国经济出版社，2015：98.

[3] [5] 夏玉珍，卜清平．高风险时代的中国社会问题．甘肃社会科学，2016 (1).

[4] 苏·阿德金斯．善因营销．逸文，译，北京：中国财政经济出版社，2006:84.

[6] 更多详细内容见本书第六章第三节．

[7] 莱斯特·M. 萨拉蒙．《撬动公益：慈善和社会投资新前沿导论》[J]. 叶托，张远凤，译．北京：社会科学文献出版社，2017:2．

[8] Sora Kim, Mary Ann T. Ferguson. Dimensions of effective CSR communication based on public expectations. Journal of Marketing Communications,2016(43).

奖项折射出行业的未来之光
——长城奖、黄河奖创意趋势解读

王世龙[1]

广告奖项是广告行业发展的风向标，以戛纳国际创意奖为代表的国际奖项，到国内的长城奖、黄河奖、CAMA 等，因各个奖项的主办方政府、行业组织、媒体、广告营销机构差异和诸多因素，形成了各自的独特文化。奖项是面镜子，反映了当前广告行业的面貌；奖项也是三棱镜，折射出行业发展的本质和未来趋势。2020 年，受新冠疫情影响，戛纳创意奖等国际广告奖项取消举办，2021 年陆续恢复至线上举办。近两年国内广告奖项如长城奖、CAMA 等奖项依然照常举办，这得益于国内对疫情的有力防控和广告行业的坚守。

一、长城奖、黄河奖：中国广告营销奖项的“双子星座”

中国广告业大奖由长城奖、黄河奖两部分构成，由中国广告协会主办。长城奖与黄河奖，堪称中国广告营销奖项的“双子星座”。正如中国广告协会会长张国华所言：“广告业奖项众多，但国家级奖项却凤毛麟角，中国广告业大奖在中国广告业具有举足轻重的地位，每年都会涌现出很多优秀的作品。”长城奖与黄河奖是中国国际广告节的重要活动，广告节始办于 1982 年，是中国最具权威性和影响力的广告行业盛会，目前已举办 28 届。

1. 长城奖：广告之巅看长城

长城奖始创于 1982 年，是唯一经国务院批准的商业广告奖项，作为中国广告业历史悠久、权威的国家级广告赛事，被业内人士誉为“广告之巅看长城”。奖项以创意和制作为准绳。长城奖在中国广告业具有极大的影响力，获奖作品代表行业最高水准。正如中国传媒大学广告学院院长丁俊杰教授所言：长城奖对广告业是标杆、导向，也是态度和立场。”不到长城非好汉，“获得长城奖是一个至高无上的荣誉”。首都经贸大学杨同庆教授等人表示。

2. 黄河奖：以公益温度传播人间大爱

黄河奖起源于 1982 年，是唯一经国务院批准设立的公益广告奖项。黄河奖，寓意公益广告就像黄河母亲无私哺育中华儿女一样，需要承担更多的社会责任。黄河奖是国内最早成立、最具影响力的公益广告奖项。分年度类和创作类两大类，年度类为年度内发布过的公益广告作品；创作类，根据国家发展战略和规划设定主题专门创作的作品。“黄河奖，要承担广告业的社会责任，要体现广告业的导向，然后更好地服务社会发展。”北京大学新闻传播学院副院长陈刚教授表示。

二、2021 年长城奖、黄河奖创意趋势解读

1. 长城奖创意趋势

2021 年长城奖征集作品 4000 余件，最终评选出全场大奖 1 件、金奖 25 件、银奖 41 件、铜奖 67 件等奖项。

本文为 2022 年中国广告业大奖长城奖（广告学术类）铜奖作品。

[1] 王世龙，辽宁师范大学。

（1）创意趣动品牌，技术赋能创意

长城奖全场大奖《华为 P40 系列手机创意动画广告〈有惊无险〉》，作品讲述了以一只兔子向同伴们分享它的历险故事，借助华为 P40 的夜摄、防抖等拍照功能化险为夷，并运用大量网络流行语。以萌趣动物视角，体现了产品强大功能，拉近了与观众的距离，塑造了品牌的独特个性。3D 动画制作精良，故事引人入胜。《双汇筷厨 x 小米 ,AI 上家的味道》，双汇筷厨与小米营销的跨界合作以 AI 智技术为核心串联用户生活的有效场景。创意依然长城奖重要的评选标准，其次是技术的呈现。

（2）品牌态度与社会责任的高度融合

2021 年长城奖全场大奖《蕉内三部曲——底线》，蕉内把“基本款”比作“底线”，号召年轻设计师和蕉内为普通人画一条新的底线，传播了“重新设计基本款”的品牌理念，塑造了新国货品牌形象，彰显了在消费升级的时代背景下，品牌态度、消费者价值观和社会责任感，“底线”更成为一个公共性质的社会议题。《潘婷 3# 闪耀如她 # 社会化营销》，有氧借助三八节为潘婷打造一系列“闪耀如她”的主题活动，聚焦“职场女性”遭遇的职场偏见。潘婷另辟蹊径为“潘亭”寻找“女”字旁，发出“寻她启示”，强调女性不要丢掉“她”，鼓励每一位职场女性发声，体现了品牌态度，更承载着社会责任。

图 1 2021 长城奖全场大奖

《蕉内三部曲——底线》，SG 胜加

（3）从商业营销到公益营销转变

中国银联诗歌 POS 机《万物有诗》，通过动画形式，将山区孩子的诗与古诗名句结合，还原名画中的自然景象，呼吁大家关注大山中留守儿童的内心世界，作品出圈后，又推出了《诗歌长河》，将话题扩展至户外场景。《我在秦陵修兵马俑》，用一支专业而生动的沉浸式 H5，让受众化身兵马俑修复师亲临兵马俑修复现场，开启跨越千年的文化之旅，借助公益营销进行数字品牌传播，让历史变得有趣。公益营销已经成为渗透年轻圈层、破圈的重要品牌传播方式。

图 2 长城奖内容营销金奖

中国银联诗歌 POS 机《万物有诗》，上海天与空

2. 黄河奖创意趋势

2021 年黄河奖征集作品 4320 件，评选出全场大奖 1 件、金奖 7 件、银奖 10 件、铜奖 14 件、优秀奖 179 件，作品以公益创意促进公益行动，树立了正确的价值观导向。

（1）人物故事与家国情怀的交汇

由中央广播电视总台报送的庆祝建党百年公益宣传片《一百年，一切为了人民》获得全场大奖。该作品节选建党百年历程中重要人物和重大历史事件，通过极具震撼力的音画，再现建党百年来的辉煌时刻，体现了中国共产党“一切为了人民”的初心使命和奋斗历程。《八一建军节公益片》，展现军装具有的“超能力”，他们错过每一次流行，却未错过任何一次千钧一发的险情，充分展现了中国军人昂扬向上的精神面貌；《妈妈的请假条》，讲述了扶贫工作队员舍小家顾大局开展脱贫攻坚的感人故事，体现了中国共产党人的使命和担当；《我的超级英雄》，展现了一群小朋友进行 Cosplay 游戏，体现了少年儿童对国家栋梁崇拜与敬仰的“偶像观”和价值观。作品将公益与时政结合，既有讲述平凡人物的温情故事，也有歌颂家国情怀的宏大叙事，弘扬了时代主旋律，传播了社会正能量。

图 3 2021 黄河奖全场大奖

《一百年，一切为了人民》，中央广播电视总台

（2）公益向善，回归人性

《没有尽头的朝圣》，作品以朝圣者对西藏圣地的虔诚信仰为切入点，通过"每弯腰捡起一个垃圾瓶，就是对大自然的一次朝圣"的创意概念，把西藏游客变成美丽公约的志愿者，进行清理垃圾行动，广告中呈现的善意，展现了人与自然的和谐；《吉心工程》，讲述了刘启芳的"吉心工程"改变了先天性心脏病贫困儿童患者的人生，以一心守万心，用微光照亮希望；《冰川的"碳"息》用萌趣画风，讲述了北极熊和海豹这对好朋友因冰川融化而分别，体现了"碳中和"的公益理念，用轻松萌宠去传递公益理念。创意向善，回归人性，让公益广告更具中国特色。作品聚焦社会问题，不仅能给观者带来触动，更能唤起公众的社会思考与行动。

图 4 2021 黄河奖互联网金奖

《没有尽头的朝圣》，TOPic&Loong

三、长城奖、黄河奖的创变之道

1. 长城奖奖项内容调整变化

第一，是评选方式的变化，2021 年除了常规报送，主办方还主动搜集年度优秀作品纳入评选；第二，是评选维度更多元，增设内容营销、跨界营销、场景营销等新型类别，新增平台类、年度品牌、公司类，2022 年将新增品牌数智经营；第三，是评审流程更加严格、公正，评审分组、多轮投票、多轮合议；第四，评委数量增多也更多元，70 位评委，覆盖高校、知名媒体、品牌、4A 广告公司等多方主体；第五，2019 年长城奖在国内首次设立"广告学术类别"征集，具有里程碑的意义。

2. 黄河奖奖项内容调整变化

2020 年新冠肺炎疫情暴发，中广协联合国家卫健委特别设立"抗击疫情"专项奖，是国内最早发起、作品数量最多的"抗击疫情"公益广告征集，年度奖新增 H5、公益效果类别。创作奖命题，2021 年为乡村振兴、纪念建党 100 周年等，紧贴当下国家重大战略和社会主题。内容主题为社会主题、重大主题、公益人物。

长城奖、黄河奖奖项内容的调整，是基于中国乃至全球广告行业的发展与变革。长城奖和黄河奖与时俱进，洞察数字时代新趋势，贴近行业需求，在创变中不断升级转型，且长期坚持不收费用的公益性，致力于打造具有国际影响力的综合性广告行业业大奖。

四、2022 年中国广告的营销新趋势解析

1. 元宇宙：品牌虚拟营销

2021 年，"元宇宙（Metaverse）"爆火，元宇宙是平行于现实世界的虚拟数字世界。元宇宙概念股、元宇宙 IP 层出不穷，脸书的智能眼镜"Ray-Ban Stories"等元宇宙产品不断涌现。元宇宙催生新兴营销玩法，"虚拟偶像"首当其冲。"一个会捉妖的虚拟美妆达人"柳夜熙在抖音首条视频，3 天吸粉 200W+，让"美妆遇上元宇宙"的话题引爆社交网络。视频中的她由虚拟现实、建模技术、真人跟踪等打造而成。虚拟偶像的诞生催生出虚拟主播、虚拟模特等多种形式的虚拟数字人，例如蓝标推出的"苏小妹"。通过虚拟形象打破次元壁结界。和明星相比，虚拟偶像有不易翻车、可塑造、费用较低等优势，能够持续为品牌创造价值。

元宇宙是去中心化的新营销生态系统，2022 年品牌要拥抱元宇宙，在数字营销时代，更要积极主动创造品牌

自身的虚拟形象，不只是打造虚拟偶像，还包含构建自己的元宇宙，甚至 NFT 产品、社交互动游戏和虚拟演出等多种方式，一个属于品牌的虚拟营销时代正在到来。

2. 体育营销：品牌新契机

2022 年，北京冬奥会、杭州亚运会、卡塔尔世界杯等重磅赛事的举办，对于品牌来说，体育营销是绝佳的营销机会。中国女足参加的亚洲杯，从比赛到夺冠，引发媒体特别是社交媒体的广泛传播，甚至打出了“我们永远相信中国女足”的口号。北京冬奥会，从开幕式到赛中，不同转播平台的多档相关节目，吸引大量品牌赞助。“蒙牛支持中国女足和要强的你”等体育营销活动，为品牌赚足了声势，冰雪公主谷爱凌成体育圈顶流，令其代言的二十多个品牌收获满满。2022 年，通过赞助或借势的体育营销将成为各品牌的优选。

3. 新冠疫情背景下的创意价值观

新冠疫情的长尾影响，改变着我们的生活和认知。2022 年，疫情依然是全球共同面对的最大挑战。在营销领域，其对用户的使用习惯等方面影响逐渐扩大，如何在不断变化的环境中有效触达更多的用户？品牌如何解决社会问题？疫情期间，品牌传播与以往迥然不同，品牌如何借助创意，促进与受众有效沟通，引起广泛共鸣。公益类营销、健康主题传播成为趋势和必然。

五、广告奖项核心竞争力解码

广告行业奖项，竞争日益激烈，出现奖项同质化、评奖“翻车”、程序繁杂、过度商业化等现象，甚至知名广告公司拒参的窘况。奖项要想实现可持续发展，需要打造自己的核心竞争力。首先，是奖项的专业性，奖项类别、评审规则、评委构成等，要做到专业、公正；其次，是奖项的权威性和公信力，需要长期专业经营而形成；再次，是奖项的差异化定位，国际广告奖项我们会想到“戛纳创意奖”，实效奖会想到“艾菲奖”，奖项如同品牌，需要进行品牌定位和品牌建构，切忌“千篇一律”，要基于市场需求和自身优势而进行差异化定位；最后，是奖项的创新性与引领性，奖项务必与时俱进，具有创新思维和变革意识，助推行业发展，甚至能够引领行业。奖项的运营和发展，需要顺势而为，更需要匠心和公益心，打造核心竞争力，方能持续发展。

【参考文献】

[1] 第 27 届中国国际广告节——长城奖征集活动参与攻略 [EB/OL], 中国国际广告节 , http://www.chinaciaf.org/,2022 年 1 月 6 日访问 .

[2] 中国广告业大奖——长城奖各级别获奖作品名单公布 [EB/OL], 中国国际广告节 ,http://www.chinaciaf.org/,2022 年 1 月 6 日访问 .

[3] 中国广告业大奖——黄河奖各级别获奖作品名单公布 [EB/OL, 中国国际广告节 ,http://www.chinaciaf.org/,2022 年 1 月 6 日访问 .

[4] 【金秋聚金陵 大咖评大奖】2021 中国广告业大奖——长城奖终审会圆满收官 [EB/OL], 中国国际广告节 ,http://www.chinaciaf.org/, 2022 年 1 月 6 日访问 .

[5] 【聚放公益温度 彰显广告力量】2021 中国广告业大奖——黄河奖终审会圆满落幕 [EB/OL], 中国国际广告节 ,http://www.chinaciaf.org/, 2022 年 1 月 6 日访问 .

[6] 汇善念之意促公益行动中国广告业大奖“黄河奖”在厦颁奖 [EB/OL], 每日经济 ,https://cn.dailyeconomic.com/,2022 年 2 月 5 日访问 .

[7] 品牌营销榜 , 黄河奖 , 用人间大爱奏响时代最强音 [EB/OL], 腾讯网 ,https://view.inews.qq.com/,2022 年 2 月 5 日访问 .

效果广告的概念及其研究面向

陈刚[1] 高腾飞[2]

| 摘　　要 | 随着数字经济的蓬勃发展，兼具传播功能和经济功能的效果广告发挥了越来越重要的作用。但目前对效果广告的认识和研究仍然不够深入。效果广告是数字营销的重要组成部分，目的是达到可确定的营销效果；技术动力、创意生产、传播执行、监管规范是推进效果广告理论研究和开展实践活动的重要领域；制度约束、新兴技术、品效合一、公益广告等是未来需要被进一步研究的重要议题。

| 关 键 词 | 效果广告；品牌广告；促销广告；程序化广告

随着数字经济持续发展，数字技术不断成熟，人工智能、大数据、机器学习在广告领域的深化应用，使得品牌和消费者之间形成了规模化且个性化的互动联系，这推动广告逐步迈入了效果导向的发展阶段。广告主和媒体方可以更精准地把握数字时代的营销传播规律，以导向更明确、过程更精细的广告运作来创造更多的价值。这其中，效果广告是实现这一进程中发挥着重要作用。可以发现，近年来，在数字技术驱动下，直播带货、社交电商、短视频营销等新业态不断涌现，以更加数字化的方式结合效果广告激发更多消费者融入数字营销全链路，在满足自身需求的同时也实现了广告投放等多元目标。为此，效果广告或者基于效果广告的效果营销逐步成为了广告产业数字化发展的重要表征。

与此同时，不论在学界还是业界，虽然已经有了一些探索性的分析，但人们对于效果广告的认识仍然不够清晰。除了习惯性地将它与品牌广告关联对比之外，对其内涵本质、与相关概念的关联区别等仍然缺乏充分研究。在数字经济逐步成为国家顶层战略、数字技术持续赋能广告产业发展的大背景下，人们开始强调效果广告的作用，并不断推进效果广告研究进展。但截至目前，关于效果广告的研究依然不够充分，在效果广告的概念、特征、机理、情境、趋势等基础性议题方面没有达成相对统一的观点。为此，本文基于数字化发展的大背景，重点对近年效果广告领域的研究内容进行系统回顾，深刻辨析效果广告的概念内涵，提炼重点研究议题，挖掘未来可行的研究方向，以期为后续研究提供有价值的参考。

1. 效果广告的概念辨析

明确界定效果广告的概念，厘清它与相关概念之间的区别，对把握效果广告的本质、洞察效果广告的研究进程具有重要的基础作用。

1.1 效果广告的起源与概念

纵观整个营销的发展历程，“效果”一词始终占据核心地位，它是由某种因素作用后所产生的结果，在营销

[1] 陈刚，北京大学新闻与传播学院院长、教授、博士生导师。

[2] 高腾飞，北京大学新闻与传播学院博士后、讲师。

中一般体现为某个可以监测或衡量的现象，比如销售额、关注度等。对企业而言，不仅力图能以效果为目标来进行营销策划、预算设置、策略制定，还希望可以通过对效果的衡量来判断是否达成了预期目标，并将这一结果作为后续营销的研判基础。所以，“效果”贯穿了以产品为中心、以消费者为导向、以价值创造为核心、以自我实现为驱动的多个营销时代。在这些时期，促进产品销售、树立品牌形象、积累企业资产等始终是营销活动的重要目标，也是广告效果的重要体现，并逐步发展为效果广告的重要组成部分。可以说，没有效果的营销是失败的，没有效果的品牌也无法存活。[1] 由此，揭开了效果广告研究的序幕。

关于效果广告的概念，不管在学界还是业界，目前都没有权威的界定。较为流行的观点是“效果广告”（Performance-based Advertising）一词的英文所对应的定义，即为效果而付费的广告。但这一理解在客观性、合理性等方面仍然存在较大不足。为此，国内外学界也展开了相关探讨。

在国内研究方面，自移动广告诞生以来，效果广告就一直是主要形态，特别是 App 应用和游戏推广类的效果广告一直受到广告主们的欢迎，这些行业也获得了持续快速的发展。[2] 因为效果广告的监测方式更加简单，它注重直接点击效果，广告主只需为可衡量的结果进行付费。效果广告的广告主一般集中在中小型企业范围，它们预算有限，注重投资回报率，更关注广告活动的精准性和对消费者行为的驱动。[3] 效果广告和效果营销、直效营销等具有紧密关联，也一直是广告和营销领域的重要研究对象和运作工具。[4] 效果广告是企业的一种营销策略，它希望在短时间内实现具体的、可衡量的财务结果，这样的目标包括提高销售额、用户留存、增加消费者忠诚度或者其他特定指标。效果广告能够使得广告主充分利用所有的营销渠道和营销预算，使得每一分钱的广告费用都能最大限度地获得投资回报。

在国外研究方面，效果广告被认为是在线广告的一种实践方式，广告主仅在广告产生特定动作时（如点击、购买等）才向媒体方付费，而传统广告的收益却不取决于广告实际吸引的消费者数量以及产生的交易规模。[5] 从全球范围来看，效果广告与互联网技术紧密相关，因为新技术能够将曝光量与一个可以用传统大众媒体无法统计、跟踪和分析的行为联系起来，如搜索引擎能够记录某个在线广告产生的点击率进而衡量广告的效果，这也是效果广告早期主要以在线广告、网络广告等形态存在的重要原因。而谷歌、亚马逊等互联网公司则是当时效果广告的重要展示平台，也是它们经营收入的主要来源。此后，效果营销（Performance Marketing）的概念被提出，它是企业所拥有的在增加销售、提升竞争力、开发新产品、提高产品质量、减少产品交付时间、优化客户服务、扩大市场份额等方面的营销能力。[6] 而效果广告是效果营销的重要构成，也是一种数字营销活动，包括付费搜索、社交广告、展示广告等，它对广告主掌握广告费用的流向以及实际产生的经济效益具有重要影响。

可以看出，国内外学界关于效果广告的定义并没有达成共识性的结论。但综合这些已有相关观点，可以发现他们在关键词方面存在一定重叠，如行为、付费、可确定、可衡量、营销、产品、服务等等。本文认为，这些多次重复出现的关键词其实构成了效果广告概念的核心要素，它们也是效果广告内涵的重要体现。为此，本文参考陈刚和潘洪亮（2016）[7] 关于数字传播时代广告的定义，结合这些高频关键词，尝试性地对效果广告做出明确界定：效果广告是数字时代为塑造品牌、推销产品或提供服务，并达到可确定的传播效果或销售转化效果，以付费的方式通过数字平台等向生活者传播有沟通力的内容的广告活动。在这一定义下，效果广告具有三个典型特点：一是过程的可追溯性，包括广告主、媒体方、生活者等任何主体在效果广告过程中的所有行为和活动都会形成数据积累，并且可被追溯；二是结果的可衡量性，效果广告投放的所有结果最终都可以通过某种方式被量化呈现和进一步分析；三是目标的经济性，效果广告的最终目标始终是以更少的广告成本尽可能获取更多的传播和转化。

1.2 效果广告与相关概念辨析

为进一步厘清效果广告的概念，深化对效果广告的理解，结合现有研究基础和业界主要观点，本文尝试性地对效果广告有关的部分概念进行辨析。

1.2.1 效果广告与促销广告

促销广告是传统营销视域下企业向消费者直接推销

其产品和服务的一种广告形式。它与传统时代品牌广告相对应，但不同于品牌广告提升品牌知名度的主要诉求，促销广告的核心目标是产品销售或服务推广，内容主要基于产品或服务的功能、价格、折扣以及组合优惠等其他信息，通过广告创意的方式，将这些利益点强化传达给消费者。通过促销广告，可以激发消费者的消费需求，影响和刺激消费者进行直接购买，最终增加市场销售。但受制于当时技术的发展，实际上没有办法对促销广告的转化效果进行有效监测，无法知道促销广告最实际产生了多少效果。传统时代关于广告的经典名言“你知道一半广告费是浪费的，但你不知道是哪一半”并不只是针对品牌广告，对促销广告来说同样存在这样的困境。所以，相对于传统促销广告来说，效果广告最大的区别就是可以实现广告投放的精准化和广告效果监测的准确化。同时，促销广告的诞生背景是工业时代、大众传播、市场营销等传统语境，而效果广告的诞生背景则是数字时代、人际传播、数字传播、数字营销等全新的数字化语境，这其中的显著差异就是大数据的出现、数字技术的发展、人工智能的应用等重要变量的影响。在数字时代，促销广告依然存在，如在线下超市、商场仍然会有打折、赠券、优惠、试用等促销活动，也会伴随相应的促销广告。但总体来看，大多数促销广告都注入了数字基因，融入了数字化浪潮，以效果广告这一形态在营销传播领域继续发挥作用，如传统电视购物广告在数字化和5G发展背景下，逐步转变成以电商直播为主的广告形态。

表 1 效果广告与促销广告的关联与区别

	促销广告	效果广告
广告目的	刺激消费转化，增加市场销售	聚焦精准人群，刺激消费转化，增加市场销售
创意内容	产品功能、价格活动等利益点，创意内容的形式与方法较为单一	产品功能、价格活动等利益点，通过数字化工具创作丰富多元的创意内容
承载渠道	以传统媒体、户外广告为主要渠道，还包括传单、邮递广告等线下渠道	可监测的线上渠道为主，如数字平台等
投放节点	通常与各类促销节点结合，多与节日和事件相结合，具有一定的时间规律	日常持续投放，或者与促销活动相结合
投放模式	粗放广泛投放	精准定向投放
计费方式	媒体执行固定价格收费	实时竞价计费
效果监测	无法详细精准监测	可监测，监测指标详细

1.2.2 效果广告与品牌广告

随着技术持续创新变革，品牌广告的发展也逐步适应了数字时代的发展趋势。在数字时代，品牌广告和效果广告是以广告目的作为区分标准的两种广告类型。品牌广告的目的是建立品牌知名度、美誉度等等，虽然它在行为层面的效果可以被量化监测，但在心理、情感等层面却很难被测量。而效果广告则是为促进生活者的进一步行动，包括传播行动（如点赞、转发）、转化行动（如下载App、购买产品）。相较于品牌广告，效果广告对资金起投量需求较少，降低了企业广告推广的门槛，在数字技术的支持下，效果广告创意生产、投放过程、效果监测等都更易操作。在数字时代，品牌广告和效果广告，都可以实行对人群的精准定向投放，虽然侧重点不同，但都能实现对广告效果的有效监测。其实，当下二者的界限已经非常模糊，因为所有的广告的效果都可以被监测。虽然品牌广告本意是要提升对品牌的认知，但同时又可以通过这条广告，促进产品购买和销售转化。而效果广告投放时，在拉动转化销售的同时也对品牌进行了宣传。现在常说的“品效合一”已经成为广告传播追求的方向，但现实是品效可能很难做到真正的合一。所以，今天的广告需要在兼顾品牌传播的同时又能产生产品销售，在增加销售转化的同时又能兼顾品牌宣传，最终实现“品效协同”。

表 2 效果广告与品牌广告的关联与区别

	品牌广告	效果广告
广告目的	增加品牌的知名度和美誉度，让更多消费者形成品牌认知	刺激转化，引导消费行为，精准聚焦对产品和服务有潜在需求的人群
创意内容	强调创意的独特性，品质和视觉效果；通常为一次性工作，少数创意作品需要完成整年或整个季度的宣传任务	更注重创意效果；会结合各项数据不断对创意进行优化；创意更新换代速度快；通常与程序化创意相结合
承载渠道	传统媒体、户外广告和数字媒体的更优曝光渠道，如开屏等	根据当前的广告效果（尤其是成本）决定投放渠道，如信息流、短视频、电商直播等；通过程序化广告来执行
投放节点	通常与节点营销和活动营销相结合，基本分为预热期、上线期、推广期三个阶段	更注重广告投放的持续性，一般为长期不间断投放
投放模式	多采取排期购买形式，按广告位置和流量付费；也会采取竞价计费的方式	竞价计费，包括CPC、CPS、CPA等
计费方式	主要对传播效果进行评估，如广告曝光、人群认知、社会影响、心理认知等	主要对转化效果进行评估，如成本、获量规模、转化率、ROI等指标
效果监测	单次投放费用高，投放频次较低	单次投放费用较低，投放频次较高

1.2.3 效果广告与程序化广告

程序化广告是通过广告技术平台自动执行广告资源购买的过程。与传统的人力购买方式不同，程序化广告是在用户数据分析的基础上，找到符合营销诉求的目标受众，通过采购这些受众浏览的广告位曝光，刺激点击、互动或下单等行为实现对受众的购买，并可以快速将受众相关行为数据反馈给广告主。在数字营销发展初期，程序化广告作为一种可以购买精准人群并能够及时准确反馈广告效果的便捷工具，得到了中小广告主的广泛认可，被用于效果广告的投放。而KA广告主更偏向于以品牌宣传为主的品牌广告，依旧通过排期的方式对广告资源进行采买。而且，由于早期数字广告资源相对较少，受技术制约，也只能对部分广告效果进行监测，这些广告资源位也基本都是程序化购买的对象。为此，当时人们普遍认为程序化广告在某种程度上等同于效果广告。但是，随着广告形式的不断多元、监测技术持续提升，现在广告主几乎可以对所有形式的广告进行效果监测，包括许多未被程序化的广告资源，如社会化媒体的软文推广、种草广告、电商直播等。与此同时，包括品牌广告和效果广告在内的所有广告类型都开始追求“品效协同”，品牌广告也由传统粗放型的排期购买转向更为集约型的程序化投放。所以，在数字时代，程序化广告其实是一种广告投放形式，也是效果广告在执行层面的一种方式。除了程序化广告，效果广告也可以通过其他非程序化形式进行广告投放活动。

2. 效果广告研究的框架构建

在前述分析的基础上可以发现，现有关于效果广告的研究整体较为分散，不仅没有达成共识性的概念，在研究主题、研究视角、知识基础等方面也纷繁复杂，缺乏一个整体性的能够厘清效果广告研究内容的框架体系。为此，本文以近年来相关文献为基础，围绕效果广告研究的主要观点、重点议题进行分析，提炼核心要素，探索性地围绕技术动力、创意生产、传播执行和监管规范四个方面构建了一个整合式分析框架，尝试性地从宏观层面建立效果广告研究的全局性视角，并从微观层面洞察效果广告的内在机理，以期为后续研究提供分析依据。

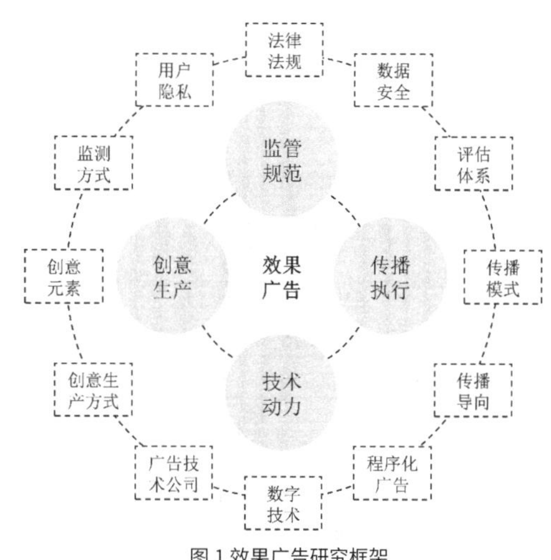

图 1 效果广告研究框架

2.1 技术动力

在广告学研究、广告产业发展等理论和实践层面，技术始终占据非常关键的位置，并发挥着重要作用。[8]围绕技术与广告的诸多研究，也拓展了该领域的边界。在效果广告方面，技术也发挥着重要的基础性作用。广告技术的持续进步让广告的效果变得更加有迹可循，各类数字营销平台、工具、手段的不断成熟也使得效果广告有了更加广阔的应用领域。而围绕技术与效果广告，学者们也展开了深入的探讨，主要观点包括以下三个方面。

2.1.1 数字技术是效果广告兴起与发展的核心动力

效果广告的兴起与广告技术的发展密切相关，特别是数据收集、分析、处理等新兴技术的出现为效果广告蓬勃发展构建了新的技术基础设施。通过追踪和统计广告接触渠道、用户消费行为等，可以使营销效果更加精准。也正因为此，数字技术是效果广告发展的核心动力。比如，大数据技术推动效果广告发展，可以进行实时反馈与优化，这使得广告主能够根据反馈回来的信息或数据，提前制定相应的策略进行应对；虚拟现实技术、增强现实技术等以近乎现实的互动体验和全面感知，把消费者带入了一个新的沉浸式空间，并从传统被动接收广告信息，变为主动参与和沉浸融合，不断增强品牌的互动能力与感受能力；还有区块链等技术，使得效果广告投放更加精准、交易过程更加安全、营销效果大大提升。当然，如眼动追踪技术[9]、定向广告技术[10]等其他技术，也为驱动效果广告发展发挥了重要作用。

2.1.2 技术公司是技术与效果广告关系交织的重要体现

与此同时，这也带动了一批与效果广告相关的新型企业的出现。[11] 包括提供各种技术支持的广告技术公司，如广告验证公司、数据提供和数据管理公司、监测分析公司、采购交易技术公司等，以及提供技术支持的数据聚合、挖掘、算法公司，通过技术将潜在消费者需求转化为实际的产品曝光和销售规模，实现人工智能、机器学习驱动的效果广告。其实，国内业界早在 2004 年前后就开始尝试基于当时方兴未艾的互联网技术为 B 端互联网用户提供在线推广服务，并获得了较好的效果。此后，效果广告涉及的产业主体不断丰富，从互联网企业向传统企业拓展，从技术领域向泛技术领域渗透，这些变化都极大地拓宽了效果广告的范围。[12]

2.1.3 程序化广告是当前技术驱动下效果广告的主流形态

程序化广告的出现源于广告自动化技术和算法技术的发展，使得广告购买过程能够实时化、自动化地优化。它应用于所有类型的广告创作和交付过程中（包括效果广告），通过复杂的实时竞价（RTB）算法，在数据驱动的消费者特征分析和精确竞价技术的支持下，程序化广告通过将预先创作的效果广告创意元素组合成基于数据的个性化广告，实现了更精细的目标定位和实时广告投放。程序化广告目前是一个快速增长的技术领域，它不仅对效果广告的发展具有重要影响，[13] 也是效果广告在执行层面的重要体现。在程序化广告中，SSP、DSP、DMP 等平台和广告主是重要的组成部分，我国程序化广告生态体系也已经初步形成。[14] 而大数据、云计算、人工智能等是驱动程序化广告发展的重要技术基础，特别是人工智能支持的程序化广告目前是侧重于效果的广告，因为它很容易追踪用户的短期行为并评估广告的直接影响。但是，仅从广告投放成本或消费者可见的有效性而言，程序化广告并不透明。而且，随着程序化广告的发展，目前也出现了虚假流量、机器人欺诈、品牌安全等问题，通常会导致广告主为一些永远看不到的广告进行付费。[15]

2.2 创意生产

一般来说，广告的效果取决于其创意元素和传播语境。[16] 而创意是广告与生活者产生连接的前沿触点，近年不断丰富的创意生产方式、创意表现形式也已经表明了创意在效果广告中的重要作用。为此，学者们主要围绕两个方面展开了探讨。

2.2.1 效果广告的创意生产方式正在持续升级

程序化创意是人工智能驱动广告内容生产和管理变革的重要体现。[17] 它也是效果广告创意的主要形式，更是程序化广告不可或缺的部分。其中，程序化创意又分为动态创意优化（Dynamic Creative Optimization，简称 DCO）和程序化广告创意（Programmatic Advertisement Creation，简称 PAC）两个部分。DCO 可以对不同情境下的不同创意形态进行对比测试，通过人工智能、机器学习、算法分析等来获取实时效果数据，它可以帮助 PAC 动态提高广告的创意质量，最终能够促进生产规模化和个性化的创意内容，为推动效果广告产生了积极的影响。[18] 段淳林和任静（2020）基于精准营销等理论，围绕用户相关性、场景匹配性、内容适配性和用户协同性等方面，提出了程序化创意 RECM 模型，并认为未来内容创意将会平台化，而短视频创意将成为重要趋势。[19] 因为短视频在数秒或数十秒的极短时间里包含了文本、图片、声音、影像等丰富多彩的创意元素，承载的信息更丰富，互动性更高，表现力更强，是目前增长最快的效果广告形态。但是，也需要考虑到广告内容的创意性、品牌、广告与消费者的关联性等诸多因素，[20] 进而借助技术驱动下的实时效果反馈等功能对创意生产策略、内容元素、组合方式等进行动态实时优化。

2.2.2 效果广告创意生产的元素正在不断丰富

通常情况下，创意内容的内在特征对消费者的视觉感知效果具有重要的影响，不同元素组合方式会导致创意的广告效果产生一定差异，比如色彩搭配、总体布局、尺寸大小、产品嵌入、图文组合等。这是因为不同消费者对效果广告创意的视觉感知存在差异，它可能会带来独特性视觉体验，引起了消费者的反馈行为，也可能会导致消费者直接忽略该广告。而在创意元素的筛选方面，传统的 A/B 测试可以让广告主迅速比较得出不同方案下的创意内容优劣。但这种方式只能表明创意元素配置与广告效果之间存在关系，却不一定能够证明每个创意元素的独立贡献以及与其他创意元素的协同效应。而DCO和PAC的结合，既可以衡量每个创意元素的独立效果，也可以衡量不同创意元素组合的互动效果，再结合技术和大数据，可以使得创意的最终效果不断趋于最优解。

为此，在程序化创意的助力下，效果广告的创意生产过程已经与传统的创意生产过程发生了颠覆性的改变，最显著的区别就是形成了一个智能的协同创意创作平台，所有广告主、媒体方、第三方乃至生活者都可以参与进来，随时获取、按需使用高效的创意工具，通过首次创作、二次设计、多次迭代的方式持续生产和优化创意，在极短时间内创造出成千上万个内容，为提升广告效果提供强大支撑。

2.3 传播执行

广告的本质是广告信息的说服性传播活动和过程。[21]为此，“传播”是效果广告研究的重要考虑因素，目前也已经形成了诸多观点。具体来看。

2.3.1 效果广告带动了传播模式的重构式变革进程

这主要体现在两个方面：一是效果广告的传播模式实现了从传统的“中心点—节点”模式向网络型传播模式的转变。虽然这会分散一些广告资源，但由于智能化、数字化、程序化等技术的支持，可以实现千人千面的个性化规模化传播。而且，效果广告可以充分利用与生活者直接互动沟通的能力来促成交易。生活者如果被效果广告的创意内容吸引，就会点击广告链接，获取详细信息，进而在线完成支付环节。也正因为这种以效果为导向的传播模式极大地拓展了广告主的传播和转化水平，它在近年正迅速成为广告的主流模式。二是在技术驱动下，效果广告领域目前正在兴起新的研究范式，如计算传播学。它是一种通过寻找传播学可计算化的基因，以传播网络分析、传播文本挖掘、数据科学等为工具，广泛收集并分析人们的传播行为数据，挖掘人们传播行为背后的模式和法则进而得出背后机理的传播范式。[22]

2.3.2 效果广告引发了传播导向的融合化趋势

一方面，效果广告中的创意、传播、营销正在呈现一体化的融合趋势。数字时代，生活者在点击广告的同时也就接收到了广告主通过创意内容希望传递的信息，他可以通过实时沟通、在线支付等方式进行互动和反馈，降低了创意在传播、营销过程中的不确定性因素，迅速将生活者的认知转化为销售额、下载量、获客数等。为此，积极的广告主、传播渠道和创意内容对广告的传播效果具有重要影响。另一方面，效果广告和品牌广告的长远发展趋势是品效合一。虽然效果广告在促进销售方面具有较大优势，但长期来看，不利于广告主差异化品牌形象的建立和品牌价值的提升。真正持续的发展都是通过清晰的品牌战略，占领消费者心智，再通过效果广告来促成购买。为此，效果广告和品牌广告必须融合。即使是长期坚持品牌导向的公益广告，目前也正在逐步向效果导向转变，进而实现品效合一。[23]但也应认识到，过于强调效果广告，可能会面临流量成本趋高、投资回报下滑、营销难度加大，甚至流量造假、虚假繁荣等问题。

2.3.3 效果广告促使监测对象和监测方式产生了重大改变

效果研究一直是传播学研究的重要领域，而广告效果包括传播效果、经济效果和社会效果。[24]其中，传播效果一般关注传播者通过特定媒体渠道向受众传递广告信息，并对他们思想和行为造成的影响与变化。而效果广告的传播效果则离不开广告的传播者和受众这两大主体。特别是在数字时代，数字技术驱动传播理念和模式发生了变革，受众被赋予了更大的主动性，他们在数字生活空间中不只有消费，更会有生活，这也是“生活者”概念的重要基础，这一变化使得效果广告监测体系也发生了较大改变。一方面，效果监测的对象发生了改变。数字时代，数据贯穿效果广告的整个流程，包括目标确立、策略制定、方案设计、创意生产、内容投放、传播执行、效果监测等活动。此时，生活者在整个链条中的重要性开始凸显，必须从生活者的角度，而非传播者的角度，来对效果广告的传播环节进行验证，这就需要建立新的评估标准和体系。[25]另一方面，效果监测的方式产生了变化。传统问卷调研已经难以适应数字时代广告日新月异的发展趋势，大数据作为应用于广告效果监测的最新技术手段，虽然也存在一些缺陷，但也改变了以往的效果监测方式，广告主、媒体方等可以通过多个路径获取广告投放数据和生活者行为数据，进而做到实时监测广告过程，动态调整广告策略。[26]

2.3.4 基于效果广告的效果评估体系已经初步建立

一方面，效果计费方式体系已经建立并正在完善。随着效果广告发展日益智能化、数字化，广告主的需求开始更加多元化、差异化，特别是在广告费用的设置和分配方面的要求也更加精细化和理性化。广告主希望建立更加科学全面的计费标准，降低广告费用的投入风险。为此，效果广告衍生出了许多计费方式，如 CPC（按点击付费）、CPA（按行为付费）、CPS（按成交付费）、CPL（按引导成本付费），还有如 CPR（按回应付费）、CPP（按购买成本付费）、CPT（按时长付费）、CPE（按用户参与付费）等。另一方面，效果广告投放效果评估指标体系也正在不断丰富。效果广告评估需要考虑到效果指标、品牌定位、渠道组合、用户行为、广告主需求等多个方面，在大数据的支持下，通过量化统计和分析的方式进行呈现就显得十分必要。总体来看，目前已经形成了包含三类指标的评估体系：一是基础类指标，是效果广告在投放过程中必须产生的数据，包括推荐量、阅读量、点击率等等；二是行为类指标，是生活者在接到效果广告做出的行为反应或互动情况数据，包括转发量、评论量、点赞数等；三是结果类指标，是契合广告主预期需求的数据，包括交易量、下载量、复购率、贡献度等。

2.4 监管规范

作为广告产业的重要组成部分，效果广告对经济增长、社会发展也具有重要影响。为此，效果广告的发展也必须受到法律法规、社会道德等方面的约束。对此，学者们也展开了诸多探讨，主要集中在以下两个方面。

2.4.1 用户隐私与数据安全始终是效果广告研究与实践的重点内容

近年，效果广告的快速发展虽然促进了国内营销传播的整体进程，但也带来了流量造假、数据欺诈等问题，这背后的核心点就是用户隐私和数据安全。虽然这并不是效果广告独有的问题，而是数字时代商业活动发展共同面临的问题，但效果广告在其中具有一定的代表性。闫海和韩旭在对定向广告进行研究的过程中就发现，定向广告存在不当收集用户信息、数据安全、信息泄露等风险。[27] 广告综合服务企业应该持续关注这些问题，在广告投放中以用户感知为导向，不断优化各个环节，实现定向广告精准投放与用户隐私保护之间的平衡[28]。于婷婷和杨蕴焓在针对精准广告的研究中，也认为消费者对精准广告的认知水平以及隐私泄露风险防范意识与他们对自身隐私的关注程度具有显著关联。[29] 此外，还有许多研究围绕隐私、安全等现实问题进行了探讨，都充分表明了这些议题在效果广告研究中的紧迫性和重要性。

2.4.2 效果广告监管体系已在探索中初步建立并正持续完善

“广告也要讲导向”是我国广告治理和发展的重要指导思想，这凸显了加强重点领域广告监管的必要性。效果广告作为当前广告发展的重要形态，也是广告监管的核心领域。在研究层面，与国外侧重于广告主、媒体方等企业主体责任研究方向不同的是，国内广告监管研究更注重从政府的主体视角出发，分析广告监管导向、政策体系等制度情境。在实践层面，随着数字化发展、广告产业发展、技术变革等诸多领域的演进，我国也同步探索并初步建立了以新《广告法》《互联网广告管理暂行办法》《个人信息保护法》为主要构成的法律体系和以互联网广告监测中心为主要工具的监测体系，这些广告监管体系对强化效果广告监管、规范广告秩序具有重要作用。如 2021 年 11 月 1 日正式实施的《个人信息保护法》第 24 条就对个人信息、自动化决策、差别待遇、消息推送、商业营销等与效果广告非常相关的方面做出了明确规定。这表明利用消费者信息进行自动化决策进而从事商业活动将会存在一定风险，需要对此进行防范。[30] 总之，这些政策的出台对以算法、程序化、人工智能等为重要基础的效果广告提出了规则约束，起到了积极的监管作用。[31] 这或许也表明未来效果广告的监管还需引入公众力量，实现从政府主导监管向政府与社会共同监管的转变。[32]

3. 未来展望

综上可知，本文认为，效果广告是数字时代重要的营销传播活动，它以可确定的营销效果为目的，具有过程的可追溯性、结果的可衡量性、目标的经济性等典型特征。现有关于效果广告的研究主要围绕技术动力、创意生产、传播执行和监管规范四个方面展开了分析，并初步形成了一个整体性的框架体系。这对明确效果广告的概念、厘清效果广告的内涵、深化对效果广告研究的认识具有重要贡献。但也应认识到，在可见的未来，效果广告仍是我国广告发展的重要形态，效果广告研究也需要进一步强化与深化，还有诸多问题需要进行探讨与分析。结合前述内容，本文认为未来还可以从以下几个方面继续进行研究。

第一，新的制度情境下我国效果广告的发展问题。《个人信息保护法》实施以后，对用户隐私信息的获取和使用要求越来越高，相关监管约束也越来越严，这一制度层面的重大变化，将会对效果广告产生怎样的影响？广告主、媒体方、技术公司等又该如何应对？整个广告产业又将朝着怎样的发展方向演变？这些重大问题需要展开深入的理论分析。同时，在实践层面，未来广告的发展都将基于数字化场景，在制度约束下，广告需要减少对用户行为数据等个人信息的依赖。但当前几乎所有的效果广告都将用户数据作为广告系统的核心位置，所以，这必然会带来广告系统的重建，需要在人群定向、用户标签、算法推荐、自助投放、过程监测等全链路进行调整和重构。而以 KOL 为流量分发渠道的社会化营销，以及以 KOC 为抓手的短视频和电商直播广告可能因为账号和流量之间更具黏性，相对来说受到影响较小，在未来反而可能会成为效果广告更大的发力点。类似这些实践层面的诸多现象和问题，也需要进行深入研究。

第二，不断涌现的新兴技术业态在效果广告中的应用问题。当前，计算广告、隐私计算、区块链、NFT（非同质化代币），乃至元宇宙等新兴技术理念、业态，在未来将会对经济发展、营销传播产生重要影响，而广告或效果广告也是这些技术重要的应用领域。那么，这些动向在效果广告中将会发挥怎样的作用？又会通过哪些机制、产生怎样的影响结果？这些问题也值得深入分析。比如，正在兴起和发展的隐私计算可以在数据本身不泄露的前提下对数据进行分析计算，这一技术变革对效果广告将产生怎样的影响作用？在隐私保护日趋严格的过程中，又将扮演什么角色？效果广告如何利用隐私计算来实现更精准的营销传播？隐私计算能否支撑效果广告所需要的隐私数据和用户信息，以及隐私计算的应用空间和伦理边界又将如何？这些问题都有待积极探索或展开前瞻性研究。

第三“品效合一”的内在机理与外在影响问题。随着广告趋势的不断演进，诸多企业已经开始从品牌广告导向或效果广告导向逐步转变为“品效合一”导向，但这一转变进程既与整个广告市场的发展环境有关，也与企业自身的数字化进程有关，需要较长的转变周期，在此过程中也必然会出现诸多问题。比如，虚假广告、流量欺诈就已经受到了重视，但人们的焦点可能侧重于效果广告执行过程中出现的对社会、经济等宏观层面的消极影响，却没有充分关注效果广告对品牌主可能带来的负面作用。因为同一家广告主发布的效果广告和品牌广告如果存在明显区别，容易给生活者带来认知上的混乱，这不仅不利于建立、维护和提升企业品牌认知，反而可能损害企业的品牌形象。为此，针对“品效合一”的内在和外在变化等问题还需要展开更全面深入的分析。

第四，公益传播与效果广告的创新发展问题。如前文所述，品牌广告和效果广告相结合的传播方式不仅出现在传统商业传播活动中，即使在公益传播中也已经开始关注效果广告的作用。而公益传播与商业传播最显著的区别就是公益传播的核心内容是价值观，它的出发点是谋求社会公众利益。在公益传播中引入和借鉴效果广告模式将对达成传播目标产生积极的促进作用。如近年来，许多数字平台基于公益传播的理念，采用商业化的运作方式，借助效果广告的思路，通过直播带货、电商营销等途径，有效解决了农副产品滞销的难题，为助农扶农、促进乡村产业发展、实现互联互动做出了一定贡献。为此，在助力乡村振兴，推动共同富裕的道路上，公益传播与效果广告创新性的融合发展将产生重要作用。对这一重大议题及相关领域，未来也可以展开关联性的研究，并极具理论意义和实践价值。

【参考文献】

[1] 佘世红，周琴雪．效果营销与品牌营销互为驱动，助力品牌可持续发展 [J]. 中国广告，2021(8):31-33.

[2] 许正林，杨瑶．基于大数据的移动互联网 RTB 广告精准投放模式及其营销策略探析 [J]. 上海大学学报（社会科学版），2015,32(6):104-117.

[3] 王淼．数据驱动的互联网广告效果监测研究 [J]. 广告大观（理论版），2017(4):31-46.

[4] 莫梅锋，周湛．全域化、敏捷化、生态化：效果营销新对策 [J]. 中国广告，2021(8):27-30.

[5] Feng J., Jinhong X. Performance-based advertising: Advertising as signals of product quality[J]. Information Systems Research, 2012,23(3):1030-1041.

[6] Afzal A. M., Soltanpanah H. Reviews about the effectiveness of marketing strategies and performance marketing in the city of Sanandaj banks[J]. Journal of History Culture and Art Research, 2017,6(3):1299-1314.

[7] 陈刚，潘洪亮．重新定义广告——数字传播时代的广告定义研究 [J]. 新闻与写作，2016(4):24-29.

[8] 姜智彬，师梦瑶．广告智能评估：基于共振效应的识别、分析与应对模型 [J]. 现代传播（中国传媒大学学报），2021,43(4):121-127.

[9] 杨强，王钰灵，蒋玉石，陈蛇．视觉显著性对横幅广告注意及记忆效果的影响研究 [J]. 运筹与管理，2019,28(6):190-199.

[10] 张建强，仲伟俊．企业定向广告的竞争效果及模式选择研究 [J]. 系统管理学报，2017,26(6):1022-1033.

[11] Helberger N., Huh J., Milne G., Strycharz J., Sundaram H. Macro and exogenous factors in computational advertising: Key issues and new research directions[J]. Journal of Advertising,2020,49(4):377-393.

[12] 聂艳梅．效果营销的提升策略与未来发展趋势展望 [J]. 中国广告，2021(8):20-23.

[13] Samuel A., Gareth R. T., White P., Thomas R., Jones P. Programmatic advertising: An exegesis of consumer concerns[J]. Computers in Human Behavior, 2021,116(3):1-9.

[14] 王佳炜，杨艳．移动互联网时代程序化广告的全景匹配 [J]. 当代传播，2016(1):92-95.

[15] 杨轩．程序化广告的信任危机与对策 [J]. 青年记者，2018(34):37-38.

[16] Liu-Thompkins Y. A decade of online advertising research: What we learned and what we need to know[J]. Journal of Advertising, 2018,48(1):1-13.

[17] 谭辉煌，张金海．人工智能时代广告内容生产与管理的变革 [J]. 编辑之友，2019(3):77-82.

[18] Chen G., Xie P. H., Dong J., Wang T. F. Understanding programmatic creative: The role of AI[J]. Journal of Advertising, 2019,48(4):347-355.

[19] 段淳林，任静．智能广告的程序化创意及其 RECM 模式研究 [J]. 新闻大学，2020(2):17-31+119-120.

[20] 金摞美．数字户外广告类型及效果研究 [J]. 广告大观（理论版），2018(5):17-25.

[21] 陈梅婷，师扬．感性消费时代情绪对广告效果的影响研究——基于媒介心理生理学的视角 [J]. 新闻界，2019(2):76-83.

[22] 张伦．计算传播学范式对传播效果研究的机遇与挑战 [J]. 新闻与写作，2020(5):19-25.

[23] 丁汉青，王军，刘旻．公益广告效果研究：自变量与因变量的梳理与确认 [J]. 郑州大学学报（哲学社会科学版），2015,48(4):182-185.

[24] 禹杭，陈香兰．含蓄还是直白？——隐喻广告效果研究回顾与展望 [J]. 外国经济与管理，2018,40(10):54-65.

[25] 吴帆．影响力价值回报——品牌数字化传播效果评估研究 [J]. 广告大观（理论版），2019(3):4-11.

[26] 王浍，傅蓉蓉．微信信息流广告效果评价创新方法探析 [J]. 传媒，2018(7):87-89.

[27] 闫海，韩旭．互联网定向广告中个人信息安全风险及其法律防范 [J]. 科技与法律，2019(1):55-60.

[28] 赵江，何诗楠．定向广告中消费者隐私态度对行为意愿的影响机制 [J]. 系统管理学报，2021,30(2):373-383.

[29] 于婷婷，杨蕴焓．精准广告中的隐私关注及其影响因素研究 [J]. 新闻大学，2019(9):101-116+121.

[30] 杨立新，赵鑫．利用个人信息自动化决策的知情同意规则及保障——以个性化广告为视角解读《个人信息保护法》第 24 条规定 [J]. 法律适用，2021(10):22-37.

[31] 彭桂兵，丁奕雯．网络空间个人信息的强化保护与规范流通——《个人信息保护法》解读 [J]. 青年记者，2021(19):83-85.

[32] 窦锋昌．新《广告法》的规制效果与规制模式转型研究——基于 45 起典型违法广告的分析 [J]. 新闻大学，2018(5):109-116+151-152.

颗粒度、信息质量和临场感：计算广告品牌传播的新维度

——基于 TOE 理论的研究视角

段淳林[1] 崔钰婷[2]

| 摘 要 | 新时期品牌传播理论亟须适应时代发展需要，思考信息精准化、互动个性化和场景多元化的分析维度 。借鉴多学科研究成果，结合计算广告时代发展特性，对颗粒度、信息质量和临场感三个维度的概念加以延伸和发展，并在技术— 组织— 环境 (TOE) 理论框架中进一步探讨三维度应用的可行性与必要性，从而为计算广告品牌传播的发展提供理论支撑 。颗粒度是量化品牌用户关系的分析单元，信息质量是品牌用户互动关系的重要载体，临场感是提升品牌契合度的关键动因 。三维度以细粒度的用户洞察为逻辑起点，驱动高信息质量与高临场感的融合，有利于深入阐释计算品牌传播的特征重构 。新维度的提出为传统的品牌传播理论注入更多的技术元素，为传统的计算科学研究注入更多的人文洞察，为新文科时代背景下的计算广告学和整合品牌传播的理论研究提供了新的思路。

| 关 键 词 | 计算广告；品牌传播；颗粒度；信息质量；临场感；TOE 理论

随着大数据、人工智能技术在广告传播中的应用与发展，品牌、用户、传播渠道和场景的表现形式与关联方式发生变化 。计算广告研究的迅速兴起，为品牌在大数据时代的理论发展提供了新的思考维度。计算广告的精准性、匹配性、融合性、互动性、个性化等特征变革了品牌传播和营销推广的多个环节 。技术、个人 / 群体与市场 / 环境的变化深刻影响了品牌全链路的信息传播、用户行为、感知交互、决策反馈与价值共创等环节 。基于数据对品牌广告、品牌关系、品牌价值等方面产生的深刻变革，在计算机科学、神 经科学、心理学、统计学等多学科背景的融合与运用下，整合品牌传播理论的发展亟须在计算广告视域下进一步发展与完善。

整合品牌传播理论认为品牌是具有功能价值 、社会价值 、情感价值以及精神文化价值的价值统一体，需要围绕品牌价值，通过全渠道的传播策略进行品牌的传播活动，最终目的是使受众与品牌在核心价值观上保持一致，即实现从双向沟通价值认同到社会化认同到品牌价值最大化的提升。在信息技术、渠道和内容生产力快速发展的背景下，整合品牌传播理论在计算广告时代的研究不断深化。有学者探讨了品牌传播的程序逻辑和进化逻辑[1]、智能化

[1] 段淳林，华南理工大学新闻与传播学院。

[2] 崔钰婷，华南理工大学新闻与传播学院。

时代品牌的创新路径[2]以及智能技术对品牌传播效果[3]等问题，但对于个体用户与品牌之间的关系研究、传播在内容和方式的精准性和匹配性等特征方面的变革研究，以及整合品牌传播的模式创新等问题上并没有深入讨论。本文将结合技术— 组织— 环境 (TOE) 框架理论以及业界的实践经验，提出计算广告品牌传播理论三个亟须重视的研究维度：颗粒度、信息质量与临场感，并探讨其在品牌传播领域发展的可行性、必要性、发展特征和实践应用，力求为新文科时代背景下的计算广告学和整合品牌传播研究提供新的思路。

一、基本概念和文献综述

计算广告时代技术的赋能促进了品牌、用户、传播渠道和广告内容在传播、交互等方面的变革，交叉学科和新兴领域的知识体系和研究成果将依托品牌与用户的关系，不断碰撞融合激发更加多元化的探索。颗粒度、信息质量、临场感是计算广告品牌传播中具有跨学科意义的三个重要维度。一方面，三个维度起源于计算机科学，在人机交互等科学领域拥有了成熟的技术性研究成果。另一方面，伴随着算法、增强现实 (AR) 等技术性功能植入于品牌孵化、品牌战略发展的基因中，三个维度在品牌与用户的互动中不断优化和学习，积累了以用户为学习样本的丰富的实践经验。因此，颗粒度、信息质量与临场感既具备了计算广告的技术属性，又具备了以用户为中心的人文属性。本节将重点厘清三个维度的来源和发展，为阐述其在整合传播理论中应用的可行性与必要性提供理论依据。

(一) 颗粒度、信息质量和临场感概念的来源及演进

颗粒度、信息质量与临场感的概念由来已久，并且少数学者正在探讨将其运用在广告和传播理论中。但从现有概念的发展和演进看，还未有研究将三个概念同时纳入广告传播领域或者品牌研究领域，也未有相关研究将这三个概念放置于计算广告的语境中进行探讨。而在实践领域，算法驱动下的计算广告正在深刻变革着品牌向数字化智能化方向发展。

1. 颗粒度

颗粒度早期主要应用于物理、生物、摄影艺术，指材料、系统或者信息由可区分的碎片组成的程度。随着数据分析的需求不断提高，逐渐拓展到计算机科学等领域。在人工智能时代，数据和信息颗粒度的概念被广泛应用，主要指数据的处理维度、信息转化的范围等。目前颗粒度的概念已经在哲学[4]、信息检索[5]、自然语言处理[6]等领域中具有相关的定义和阐述。基于上述各学科对颗粒度的概念认知，可以将其泛指为事件或描述对象的详细程度和测量单位。

1990 年，斯坦福大学语言和信息研究中心的杰瑞·R·霍布斯（Jerry R.Hobbs）在《物理系统定性推理》杂志中发表了《颗粒度》一文，认为颗粒度可以被视为从更复杂的理论中构建简单理论的一种手段。他从简化、理念化、清晰度和智能 4 个角度探讨了颗粒度的概念，认为人类是通过不同颗粒度来概念化世界，并指出人类切换不同层级之间颗粒度的能力是人类在人工智能社会自由生活的基础。因此，在面对复杂世界和大规模的知识库时，必须在其推理的基础上融入粒度理论[7]。2016 年，布希（Busch）等来自全球 45 位知名专家共同编撰的论文集《程序化广告》，首次将颗粒度概念引入广告研究领域，认为颗粒度是充分考虑个体广告印象机会及其一般参数，颗粒度的发展将为广告商提供一种优化预算效率的新方法。因为通过综合科学的预测方法，个体广告印象机会可以被选择、评估、定价和创造在一个前所未有的特异性水平上[8]。瑞士和德国的数字媒体专家 阿恩特·格罗斯（Arndt Groth）和维克多·泽瓦茨基（Viktor Zawadzki）在此基础上提出颗粒度可以为程序化广告中每个目标创造附加值[9]。在后续的智能化传播研究中，颗粒度概念相继被引入媒体渠道、市场细分、受众、情感等计算广告的细分研究中，作为描述对象的详细程度和测量单位。

2. 信息质量

信息质量的概念在多学科具有不同程度的发展和延伸。1992 年，质量学家朱兰（Juran）在其著作《将质量规划到商品和服务中的新步骤》中提到信息质量是信息在某个场景下对信息接受者的适用性程度[10]。1994 年，美国企业家克劳斯比认为信息质量是满足信息用户需求的信息特征[11]。1996 年，中国学者倪波与霍丹在其著作《信息传播原理》强调信息质量体现在人与信息的交互过程中，信

息接收者对信息内容和信息量的判断，只有在传播信息和交流过程中才能被接收者所感知[12]。同年，有学者提出信息质量就是数据质量，他们认为高质量的数据质量属性应该来自用户，它的特征由四个类别组成：内在的、可访问的、有情境的和具有代表性的[13]。由此可见，早期的信息质量研究就已经强调了数据与人与信息的交互性，强调信息质量的研究不能脱离使用数据信息的人，并且信息数据对人的需求洞察的研究正在逐步发展成为热点。例如，美国学者埃文斯（Evans）与林赛（Lindsay）就在其专著《质量的管理和控制》中关注了信息质量与用户需求之间的关系，即信息质量是满足或超越用户期望、满足用户需求和偏好[14]。学者瑞尔（Rieh）在探讨网络信息质量与认知权威关系的研究中深化了信息质量在网络时代的定义，即信息质量是用户在多大程度上认为信息是准确的、当前的、好的、有用的。信息质量的认同就是满足和超越用户期望或满足用户需求和偏好的程度[15]。我国学者关于信息质量的研究中，曹瑞昌、吴建明等人认为，信息质量测量维度分为信息内容质量、信息符号质量、信息效应质量与信息表达质量[16]。还有学者认为，信息质量主要指信息的质与量，信息质由第一质和第二质两个层面构成：第一质是指信息内容的真实性 、准确性 、正确性 (真理性)、深刻性程度；第二质是指信息内容及其形式，以及物质载体的确定性、恒定性 (耐久性) 和可靠性程度。信息量有信息总量和信息分量之分，信息总量是信息分量的总和[17]。但早期关于信息质量的研究更多是从计算机领域和社会科学的范式进行研究，还未真正渗入营销领域或者大众媒体的传播研究中。

随着互联网时代的发展，信息质量被应用于分析在线文本和在线消费者。这些研究和发展为探讨计算广告时代下的品牌传播提供了理论依据和方法借鉴。例如，有学者证实了社交媒体的高质量信息广告会导致网购者拥有更大的购买冲动[18]。近期还有研究探讨了在 C2C(consumer to consumer) 社区里信息质量与广告的关系，为探讨计算广告时代下的品牌传播提供了理论依据和方法借鉴 。在 C2C 社区中，内容是由用户生成，广告信息的质量具有固有的差异。因此，该研究利用文本挖掘技术探讨了在印度市场中信息质量的不同维度对购买意图产生的影响[19]。在方法上，各类非结构化文本分析和挖掘的测量方法, 也为探讨计算广告时代下的品牌传播理论提供了借鉴,这与计算广告时代的个性化洞察方法具有较高的契合度。

此外，在计算广告背景下，业界对于品牌传播的信息质量发展也极为重视。结合当下短视频、弹幕等新形态的广告方式还提出了信息密度的概念。例如，2019 年腾讯平台与内容事业群下属的“腾讯看点”为了进一步融合碎片化的场景形态，在其短内容信息流形态中强调其高信息密度的特征旨在让受众在单位时间内可以获得更多的信息[20]。短视频领域也在积极通过提高信息密度，提升内容质量获取流量与用户关注度[21]。

3. 临场感

近年来随着融媒体、在线平台和直播经济的发展，临场感相关概念的研究在心理学、神经科学、教育学、管理学等众多学科研究中不断具有新的研究成果。临场理论最早由社会心理学家肖特 (Short) 等人在 1976 出版的《通讯社会心理学》一书中提出，即用户在使用媒介产品中，感知作为一个独立真实的个体与他人联系、互动的程度，媒介技术决定了这种临场感的强弱程度[22]。临场感是个人对自身出现在某个环境中的真实感知[23]，即主体面对某个环境所产生的身临其境之感。随着互联网技术和人工智能技术的发展，教育、办公、购物等多个生活场景都可以在网络上感受到“身临其境”的感觉。临场感在不同时代、不同领域的发展都被赋予了新的意义。

随着多学科的实证研究和概念融合，临场感发展出了不同的概念维度。虚拟环境与人机交互领域研究学者 Biocca 的研究强调人工智能技术在社会临场感中的重要性[24]，并基于网络化思维将社会临场感的概念划分为三个维度，即共存 (co-presence)、心理卷入 (psychological involvement)、行为参与 (behavioral engagement)。国内学者吕洪兵将临场感划分为意识社会临场感、情感社会临场感和认知社会临场感, 并将该研究运用于营销领域,分析顾客与品牌在情感和认知方面的契合[25]。

从相关研究可以发现，近十年来，社会临场感在传统的通信领域、远程教育、人机互动、信息系统、市场营销领域都具有了一些成熟的研究成果，但在传播或者营销领域的研究起步较晚，而且更多地偏向于用户行为和感知等方面的研究。例如，有研究模拟了健身领域的社会影响者（网红）在社交软件 Instagram 上的帖子，探讨了社会临场可以通过交互方式显著预测个人对帖子中品牌的购买意图以及自我效能感[26]。然而，对于品牌的信息质量、分析单元与临场感关系的研究相对较少。计算广告的发展使得用户情感和行为的量化计算成为可能[27]。精细化的分析单元（颗粒度）和高信息质量的传播，将有效提升用户与品牌交互在各个阶段的临场感。

（二）TOE 理论：技术、组织与环境生态

20 世纪 90 年代，技术创新领域专家托纳提兹基（Tornatizky）和弗莱舍（Fleischer）在其著作《技术创新过程》中率先提出了技术—组织—环境生态 (Technology-Organization-Environment Framework，简称 TOE) 理论框架 。该著作探讨了从企业家或者工程师处产生发展的创新成果，如何在企业中不断被扩散传播，使得组织和用户接受、采纳并实施这些创新成果[28]。TOE 框架理论解释了技术背景、组织背景和环境背景三个不同因素对采纳决策的影响，认为这三者都会影响技术的创新。而后，TOE 理论框架常用于探讨新兴技术和服务在本土化的发展，强调不同场景中对技术应用和影响效果的评估。有学者进一步探讨了 TOE 理论框架和用户采纳 (adoption) 之间的关系，并通过实证研究发现在考虑个人情况的背景下，这些组织层面的影响因素与用户采纳之间仍然存在显著关系。该研究还发现，TOE 理论框架在探讨技术创新和用户采纳关系时具有较高的适用性[29]。因此，在探讨以人工智能等技术驱动下的计算广告如何更高效地让品牌主和用户接受并采纳新技术和多元化信息时，使用该理论框架具有较高的适配性。

从 TOE 框架理论的构建和后续的研究中可以发现，该理论框架和创新扩散理论的融合较为紧密，即创新技术如何通过传播扩散促进使用者采纳和实施。美国社会学家埃弗雷特·M·罗杰斯（Everett M.Rogers）提出的创新扩散理论 (Diffusion of Innovations，简称 DI）探究了信息随着时间和不同媒介将社会进程中的创新结果（新观念、实践和事物）传递给他人或组织的过程[30]。创新技术的使用和被采纳的过程是一个信息源逐步扩散、接收者逐步采纳的过程。当创新具有相对优势性、相容性、易懂性、可试性以及可观察性时，创新具有较高程度的创新采用率，而扩散是创新通过沟通渠道共享给社会组织中的过程 。近年来，新兴技术的发展促进了信息扩散方式（传播渠道）的改变，因此也出现了将两种理论综合应用的研究。

二、TOE 理论框架下颗粒度、信息质量和临场感的概念与应用

从上述的定义和理论研究可以发现，使用技术—组织—环境生态 (TOE) 理论框架和创新扩散 (DI）理论研究计算广告时代的品牌传播可以从宏观（环境生态）、中观（组织对技术的采纳）和微观（用户对技 术的采纳）层面进行较为全面的洞察。在借鉴已有研究的基础上，计算广告品牌传播的三个分析维度可划分为：颗粒度、信息质量和临场感（以下简称“三维度”)。颗粒度强调了计算广告时代品牌传播的精准性，是量化品牌用户关系的分析单元 。信息质量强调了计算广告时代品牌传播内容的丰富性、灵活性和匹配性，是品牌用户互动关系的重要载体。临场感强调的是计算广告品牌传播的体验性、共情性，即通过增加个性化和真实性的人机交互体验，增强品牌共鸣，促进品牌价值的共创，是提升品牌契合度的关键动因。在三者的关系中，颗粒度是信息质量、临场感在计算品牌传播发展中的基础分析单位，不同层级的颗粒度构建了不同程度的信息质量和临场感，从而形成了多元化的内容、用户和场景匹配。

随着算法的优化和算力效率的大规模提升，用户画像不断被丰富，个体的实时动态性交互与场景进行深度匹配，各个交互节点的反馈信息均可通过优化数据链条直接传达给品牌研发甚至供应链的生产端，从而推动品牌主加快组织变革，快速制定和实施计算广告时代的数字化转型战略。因此，不管是实践发展还是理论发展，计算广告深刻变革了品牌主、用户和广告平台等品牌传播的生态主体，亟须进一步探讨三维度在计算广告品牌传播实践和理论层面的可行性和必要性。

从品牌传播的业界发展来看，现有发展现状和发展问题亟须以三维度的理论分析进行梳理与分析，原因主要在于以下三点。第一，根据中国第三方报告显示，中国移动网民互联网经济整体增速放缓[31]，互联网流量红利正在

逐渐褪去。流量存量的缩减使得广告行业更加关注消费者的心智营销，即获取消费者的注意力，进而转化效率的提升成为品牌主和品牌运营方最为关注的问题。计算广告时代，算法优化促进了分析单元（颗粒度）的精细化，进一步满足了用户的个性化需求，从而更容易获取消费者的注意力，提升品牌在大数据时代的曝光率和转化率。第二，内容质量和内容丰富度成为用户在不同阶段提升品牌与用户契合度的关键因素。直播、短视频、弹幕等新形式的品牌创意曝光，都是通过提升信息质量或者信息密度来增强与消费者的触点，引发品牌的情感共鸣。第三，场景互动呈现多元化的新颖方式。计算广告时代，大众消费品牌正在不同程度地增加社交属性，完善与场景相融合的内容输出，产生了一批例如“花西子”“完美日记”等互联网新兴的社交品牌。这类品牌的发展模式强调以内容为核心、以输出品牌价值为目的、增强用户的沉浸感与体验感。

从理论层面而言，本文遵循 TOE 框架理论，从技术、组织、环境三个层面进行分析（如图 1）。技术层是计算广告品牌传播与传统广告时代品牌传播的差异化所在。人工智能技术、5G 物联网技术和神经科学技术改变了传统广告洞察用户的方式，精细化的用户需求洞察为广告内容的自动化生产、智能化推荐和交互式体验提供了可学习、训练和优化的数据集。品牌主和广告平台（广告代理）可以

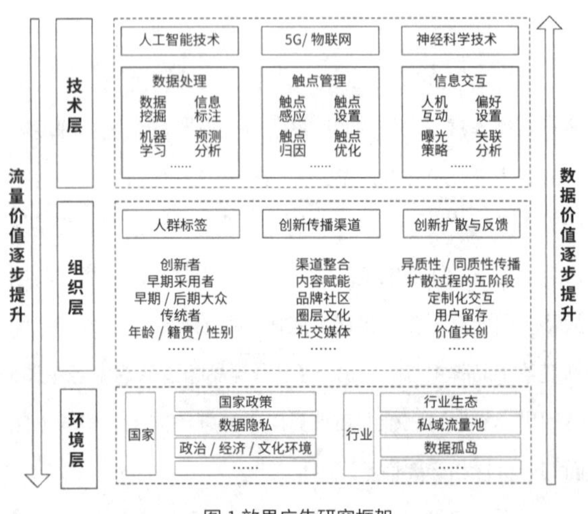

图 1 效果广告研究框架

因此基于更加精细化的数据分析单位制定用户关系测量指标。在组织层面，数据的实时动态化升级响应促进了品牌主和广告平台（广告代理）在组织层级上加快数字化转型。本文借鉴以往学者研究经验，同时采用创新扩散理论讨论计算广告品牌传播创新性的变化。计算广告视角下，用户实时反馈对于计算广告生态发展的各主体都具有极高的信息价值，所以在第三阶段的扩散过程中增加了对反馈机制的研究。环境层面主要从宏观探讨品牌价值提升和行业生态对品牌发展战略的影响。

（一）数字技术与颗粒度、信息质量和临场感

品牌传播在技术层面的变革之一是基于数字技术进行精准传播，而精准性的先决条件就是在技术层面依据应用需求提供不同程度的颗粒度细化方法。数据挖掘、信息的自动标注技术、机器学习和预测分析等技术的应用，极大程度地提升了粒度细化的效率。

品牌内容传播方面，用户数据洞察对品牌发展初期的产品曝光和产品销量具有重要作用。现有研究和实践更多地关注触点或者渠道的发布与传播，而忽略了触点所呈现的内容与用户在不同场景下的需求。然而，从品牌长期发展的角度而言，触点的管理要更多地关注触点上内容与用户的匹配性，即触点所呈现的价值与用户的共鸣。技术赋能使得电子数据痕迹具有了可追踪性。场景、用户和触点内容不仅可以高效匹配，而且大样本数据通过机器学习可以不断优化，从而提升品牌传播内容的质量和匹配的精准度。例如，现阶段动态识别和智能生成等技术的发展可以在视频弹幕、直播文字、游戏植入等方式中自动匹配和实时植入符合场景和用户需求的品牌信息，并刺激在特定场景下的品牌交互。因此，数字技术有效提升了品牌在各触点传播中的信息质量。再者，数字技术是品牌传播临场感发展的重要技术支撑。基于生物识别、特征抓取、模块匹配、图像识别等技术而产生的新的场景体验如虚拟试妆、虚拟装修、语音合成等，已经成为部分品牌在与用户进行交互时的差异化竞争优势。因此，计算广告时代，品牌传播精细化的数据分析单元（颗粒度）借助数字技术，促进了高信息质量内容、个性化的用户需求与不同场景下的触点的整合。

（二）组织创新与颗粒度、信息质量和临场感

计算广告品牌传播在组织层面的变革主要着重于品牌主、受众和广告平台（广告代理）在“人、内容（产品）、

场景”三者交互和匹配的研究。数据颗粒度分析的能力关系到计算广告生态主体的运营价值与数据资产。品牌主、广告平台、广告代理等组织单元在数字化转型过程中最为重要的步骤是细化各类场景与用户、构建精细化的数据标签库。动态性、多元化、规模化和自动化的数据标签是品牌实现数据资产运营的主要燃料。目前，大多数的广告发布主体平台都非常注重结构化标签库的建设。品牌主在制定了阶段性的传播内容、传播场景、传播人群等品牌策略后，广告平台或广告代理公司则根据品牌主的品牌策略进行标注，再和结构化标签库中已有的网页标签、场景标签、人群标签等进行匹配，在算法的不断学习与优化下进行投放。在这个过程中，部分品牌主发现颗粒度并不是越细越好，因为细粒度也可能会受到“信息茧房”的困扰，即只关注特定的受众需求或只针对特定群体进行曝光，从而产生停滞或现有市场趋于饱和的问题。此时，一些品牌主会再次进行相关市场调研和广告预投放，洞察差异化的用户需求，再次针对特定人群进行产品研发，实现品牌升级。

与此同时，在组织层面还需要着重品牌信息和传播内容的创新与扩散发生的变革 。参考 DI 理论，创新性可以理解为品牌相较于其他人或组织能相对较早采用某项创新的程度 。罗杰斯（Rogers）提出了五类创新采用者：创新者、早期采用者、早期众多跟进者、后期众多跟进者和滞后者[30]。计算广告时代的品牌传播群体划分同样可以参考这五类创新采用者，并且基于数据单元的细化和可追踪性可以进一步细化不同创新扩散群体的传播策略。近年来，用户原创内容 (UGC) 在各大传播平台快速发展，品牌主可以根据用户的活跃度、粉丝量、内容维度等指标分析和划分不同等级的创新采用者，并制定相应的策略[31]。对于第一类创新采用者 (创新者)，因其热衷于尝试新观念并且拥有广泛的社会关系，可以通过在信息质量方面强调品牌的新颖性和差异化，并基于以往细粒度的用户行为分析，进行精准投放。而对于第二类创新采用者 (早期采用者)，相关研究认为该人群属于信息系统内部的最高层次的意见领袖[32]。在计算广告时代，品牌和广告代理对于各类触点中关键意见领袖 (KOL) 进行快速布局和发展的策略，正是不断扩大品牌早期采用者的过程。精细化颗粒度可以针对不同消费者的使用场景推荐相应 KOL 所推荐的内容，并凭借其广泛的流量和话题影响力进而影响大众对品牌的认知 。第三类创新采用者 (早期众多跟进者)，其作为较为深思熟虑的群体可以被视为计算广告时代下品牌传播的关键意见消费者 (KOC)，相关的功能和用户体验则会以更贴近大众的方式进行再次裂变传播 。这一阶段的传播通过大规模、多样化的体验式交互式传播，凭借社交网络的扩散，打通线上与线下、用户与品牌之间的交互壁垒，提升用户品牌之间的关系 。再看第四类创新采用者 (后期众多跟进者)，该人群的特点是疑虑较多，且经济压力或者社会关系压力相比于其他群体较大[32]。因此，对于这类群体，品牌主和广告代理在品牌传播策略中需要更加 注重提升临场感从而精准把握用户痛点，善于运用社会关系的价值分享和优惠刺激，缓解用户对品牌消费中产生的疑虑，减轻消费中的压力。当品牌信息在这四类创新采用者中进行有效传播后，流量和用户洞察则会进行有效的积累和转化 。第五类创新采用者 (滞后者) 的特点是信息闭塞且参考以往经验[32]，品牌在数据、用户洞察方面的积累可以进一步影响滞后者对品牌的感知。因此，细粒度的用户分析画像可以快速洞察用户的传播和分享属性，并将其划分为不同的创新采用者。根据不同创新采用者，匹配不同程度的曝光或者互动内容，即不同的信息质量和临场感，有效提升品牌与用户在不同阶段的参与度。

此外，组织层面还需要注重创新传播的渠道和触点的反馈，即用户在不同场景中对于品牌信息曝光的回应程度。精细化颗粒度、高信息质量与高临场感是品牌传播在计算广告时代亟须研究和实践的一项组合。基于 DI 理论在创新扩散过程中的研究，当信息来源于大众媒介和外部渠道，则对品牌的认知阶段相对来说更重要。当信息来源于人际渠道和本地渠道，则在劝服阶段更为有力[33]。大众渠道和外部渠道更加强调的是高信息质量带来的高曝光率，通过高临场感的作用，进一步强化受众对品牌的认知。而人际渠道和本地渠道 (例如品牌社区、圈层文化) 更强调的是关系营销，在促进品牌参与互动的环节中更具有优势。随着计算广告的发展，精细化的颗粒度在大众渠道和内部渠道方面都产生了更高的精准性和互动性。品牌传播的信息可以有效区分不同渠道的传播内容和用户反馈，从而提高品牌传播的信息质量，并实时洞察和调整传播策略，进一步匹配相应的场景，提升临场感。

再者，在组织层面传统的品牌信息传播中往往会存在异质性的问题。异质性是指品牌主在推广创新性概念时，作为接收者的受众而言是具有高度异质性的，即信源和接收者在交互属性上的差异程度。相较而言，同质性则是指创新扩散的过程中兴趣、价值观和社会地位等方面具有的相同属性[32]。计算广告通过细化和分析用户的行为数据，智能化创作品牌传播内容，找准品牌与用户在兴趣和价值等方面的契合点，有效缓解了异质性带来的不利性因素，并进一步通过提升共鸣感增加同质性的有利因素。

（三）环境生态与颗粒度、信息质量和临场感

虽然三维度在品牌传播理论中主要探讨微观对象，却不能忽视其在环境和行业生态中对于品牌传播的影响。从国家层面而言，颗粒度是数据挖掘和数据处理分析技术的基本处理单元，涉及数据隐私的问题。精细化颗粒度的脱敏处理有利于保证数据隐私。此外，信息质量、临场感的发展和规范同样受到国家政治经济文化的影响。例如，政府部门对于视频广告传播中的宣传乱象和虚假宣传进行专项整治，保证了品牌在提升信息质量方面的良性竞争；新冠肺炎疫情期间，一些官方媒体联合企事业单位共同开展线上直播，通过实时互动、在线解答等方式提升用户临场感，不仅有效增加了本土品牌的曝光率和知名度，而且提升了用户对品牌的参与意愿与购买意愿。

从行业生态层面而言，三维度的分析和发展将促进行业生态格局的变化。通过颗粒度的细化、高信息质量和高临场感对用户进行引流，品牌将有效打破线上和线下的壁垒，构建企业自有的私域流量池。私域流量池是一个更加细粒度的客户管理平台，通过对流量的价值分析，有效提升品牌和用户在内容、场景等方面更深层的交互和契合，从而制定更精准的品牌战略，提升用户对品牌的信任与忠诚度。

三、颗粒度、信息质量和临场感在品牌传播理论中的特征重构

品牌传播理论的创新亟须适应计算广告时代的发展，探讨新技术所带来的跨学科的理论创新成果。颗粒度、信息质量和临场感在计算广告品牌传播中的发展，既是实践发展的需要，也是理论创新融合的必然成果。三维度在计算机学科和传统广告学科的融合下对原有概念和定义产生了更多元的应用和延伸，既继承了细粒化、可量化的技术属性，也融合了用户情感洞察，意图识别与预测等人文属性。在 TOE 理论框架的分析中可以发现三维度在计算广告品牌传播中具有较高的匹配度，从而为探讨品牌传播主体采纳创新成果和创新品牌传播路径提供了理论依据。本节将在此基础上进一步探讨三维度在计算广告品牌传播理论中的特征重构。

（一）颗粒度：以用户为基础的信息单元分析维度

计算广告视角下，颗粒度可以被理解为一个衡量受众、信息、触点等在品牌信息投放、交互、评估、优化、价值共创等全流程参与要素的最小可计量单位。细粒度的数据分析单元可以尽可能地捕捉对象（人、产品、场景、渠道等）的细节，更清晰地把控和合理分配各个环节的有效资源。因此，细粒度的用户洞察成为计算广告品牌传播的逻辑起点。可量化的细粒度用户分析单元驱动了高信息质量与高临场感融合，从而形成计算广告品牌传播的精准性、动态化和智能性的创新发展。在这一创新过程中，品牌传播主体在细粒度的用户洞察中亟须转变品牌传播策略，制定基于细粒度数据匹配的动态化传播策略。

因此，从品牌信息传播过程的角度进行分析，颗粒度概念以细粒度用户分析洞察为基础，变革品牌信息发布者、信息传递过程和信息接收者（受众）三个关键的信息节点。品牌主和广告平台作为信息的发布者，早期主要是购买网页上特定的广告位置曝光品牌；随着算法、数据挖掘、机器学习等计算机科学的发展，程序化广告等广告技术开始出现，购买方式从购买固定的展示位置，转变为购买网页上特定广告位置的特定时间给特定人群。颗粒度细化的过程逐渐体现在精细化的人群和时间的利用方式上；在信息传递过程中，信息编码和解码的过程通过大数据分析技术，实现了高效精准的分析，颗粒度可以根据市场需要逐渐细化。例如，用户在某电商平台完成一次商品购物，再浏览该平台网站时会出现与该产品相关的其他产品的推荐，并且可能告诉用户“你的好友也在看”。从这个例子中可以发现以下信息编码解码中颗粒度细化的过程：一是从单一产品拓展至相关产品，算法推荐从相似的产品拓展

到了同一父类的其他子类，通过对产品的品类品牌进行自动化的标注和再次下发推荐，如此颗粒度不仅完成了细化，更将细化后的颗粒度进行了有效的整合，增加了品牌与用户之间的黏性 。二是通过追踪分析并对受众的社会关系进行标注，分析用户的潜在消费点 。从受众的角度而言，年龄层次、兴趣爱好、地理位置、购物习惯等细粒度的标注方式运用也愈加广泛，成为计算广告时代精准化品牌推荐的基础。

(二) 信息质量：以内容为本的品牌契合分析维度

在现有信息质量的研究基础上，结合计算广告时代下品牌传播的发展变化，本文认为信息质量可以包含以下四个层面。第一，信息内容的丰富性，即信息具备的较高承载量。例如，通过技术手段增加综艺节目中的品牌曝光、直播中的文字互动、视频中的弹幕、创意中插等话题互动，都在一定程度上提升了 品牌在计算广告传播时代的信息承载量 。第二，信息内容的有效性，即信息内容可有效表达，并对用户需求和用户场景的匹配程度高，尽可能地获取用户心智。例如，通过人工智能技术进行自动抓取、多方位识别、精准匹配用户需求。第三，信息内容的自动化能力。在计算广告时代，内容的模块化、定制化流程促进了其多元化的展现方式和高效率的个性化产出。此外，对于信息内容的展现不仅仅要强调快速传播，更要强调精准匹配。基于机器学习对用户兴趣进行分析和学习，从而自动匹配适合的信息内容将成为提升用户情感共鸣的关键因素。例如，针对女性用户和男性用户，针对都市白领和小镇青年的不同品牌宣传海报，将引发品牌与不同群体产生共鸣。第四，信息内容的互动和反馈。通过单位时间的品牌曝光量，提升与消费者交互，获得实时的反馈信息，对品牌后端产生反作用力，促进逆价值链的发展，并 且在多次曝光互动中促进用户参与品牌价值的共创。

(三) 临场感：以价值为核心的场景融合分析维度

计算广告时代，品牌传播理论中临场感可以被理解为品牌与用户通过多触点的交互逐步发展近似“面对面”的体验 。高程度的临场感将有效提升品牌在传播内容、传播场景和传播受众之间的契合度，从而更直接地在各个环节洞悉用户心理与用户行为，并在品牌认知、品牌参与、品牌价值共创等环节中提升用户体验，寻求更高层次的品牌共鸣感。临场感在计算广告品牌传播发展具有以下特性。在品牌认知层面，计算广告通过自动化内容生成和匹配等技术拓展并关联了品牌联想，促进了品牌体验中的多重认知。在品牌参与层面，VR/AR 等虚拟现实技术和高媒介技术一定程度延伸了用户对品牌的触觉、视觉等感官体验，为用户带来更高程度的沉浸感。在品牌价值层面，高临场感通过用户对场景的认可，促进其在价值层面内化为认同感，进而通过分享和融入品牌价值共创，提升用户与品牌的契合度。

四、颗粒度、信息质量和临场感在品牌传播中的应用

计算广告品牌传播是在传统的品牌传播理论中注入技术性基因，即用规模化的数据、现场自然实验的方法和精细化的数据分析单元对传统品牌关系进行深化和创新。但其理论内涵仍以深化用户关系、 提升品牌价值、促进品牌长期可持续发展为研究本质。本节将基于三维度在计算广告品牌传播中的特征，从价值提升、流程变革的角度深入探讨计算广告品牌传播的应用和可持续发展。

(一) 三维度优化用户价值的洞察与分析

在计算广告时代，用户价值的积累一定程度上反映了品牌主与广告平台的数据资产潜力。TOE 框架理论探讨了三维度作为计算广告品牌传播创新成果的可行性和必要性，即有效增加品牌传播各主体接纳和采用计算广告品牌传播的创新模式，品牌主或广告平台通过计算广告的精准化匹配、曝光和互动等方式获得大规模的用户流量。在理论知识和实践经验的基础上，对用户流量的特征和行为进行科学挖掘、分析和预测，形成不同颗粒度的标签化存档，进一步转化为具有高价值的数据池。而后，数据池的算法分析和预测能力在不断增加的数据流量中通过机器学习完成自动优化，算法优化又进一步提升用户匹配和预测效率的精准性，从而提升用户对品牌的关注程度，形成新一轮的流量价值与数据价值的转换。数据池的不断优化和发展成为品牌或者广告平台自建的可持续发展引擎，不断创造新的能量为获取流量和建设数据池服务，而在以数据池为引擎的可持续发展过程中，其良性发展的外在表征体现在新用户的不断增长和老用户活跃度的提升，以及通过

丰富多元的用户洞察提升服务效率。

值得注意的是，在流量增速放缓的时代，洞察用户需求、培养用户关系、提升用户参与度成为品牌优化客户关系的关键。新兴的广告传播渠道(例如“美图程序化广告投放系统”等垂直媒体渠道、“小红书” 等社交属性渠道、“短视频+直播”等渠道)提升了品牌直达用户的效率，从而产生了更多品牌与用户在购买前和购买后的交互。通过高信息质量的传播内容与高临场感解决用户的痛点和需求，强化了平台与用户直接的联系，不仅可以更加满足用户个性化的需求，还可以收到用户的实时反馈。品牌通过收集和分析这些精细化颗粒度的反馈信息，可以进一步调整生产和营销策略，形成品牌与市场双向发展的良好互 动模式。而在这种双向互动中，用户不仅成为品牌的使用者，更可以在购买前、购买中、购买后等多个阶段进行互动，反馈、分享或者参与品牌故事的演绎，激励用户提升品牌忠诚度和品牌参与度等。因此，对于三维度的研究发展促进了品牌传播理论从关注“购买中”阶段的消费者价值，转换为关注“购买前、购买中和购买后”全旅程阶段的用户价值。

(二)三维度提升品牌价值的共鸣与共创

基于上述分析，数据价值和用户价值可以动态明晰不同群体用户与品牌的契合点，提升用户与品牌的共鸣感，促进用户品牌的价值共创行为。基于整合品牌传播理论中的品牌价值模型(AVISA 模型)[34]，三维度在计算广告时代进一步细化和丰富了品牌价值模型的发展路径。在引起注意(Attention)阶段，颗粒度的细化首先带来的是个性化内容精准匹配用户需求，引起用户对品牌的注意。在价值认同(Value)阶段，高信息质量的品牌传播内容满足了用户的个性化需求，高临场感为品牌释放品牌价值和情感信息提供了更加完善和立体的渠道，两者的融合驱动了用户在价值层面对品牌产生认同 。在兴趣与互动(Interest & Innteraction)阶段，通过对用户情感和行为进行分析，自动生成符合用户喜爱的高信息质量传播内容，引发用户的兴趣，并通过新兴的人工智能技术与社交网络的创意挖掘刺激用户的互动与反馈。在信息分享(Share)和消费者行动(Action)阶段，社交网络的精细化数据单元和可追踪性的数字痕迹有效提升了品牌的分享方式和分析效率，流计算等新兴技术的发展保证了高质量信息在分享和互动过程中的实时性 。此外，精细化的数据分析单元有效整合了用户在线上和线下的场景体验，线上的用户洞察吸引用户进行线下的体验，线上数据价值运用到线下用户的体验与发展中，进一步促进了用户与品牌从价值认知、价值认同到价值共鸣，再到价值共创行为的转变。

(三)三维度驱动品牌价值链的提升

品牌价值链是“一种评价品牌资产来源和结果的结构化方法，也是营销活动创造品牌价值的方式。 它包括创造价值阶段和增值阶段两大部分”[35](p294—295)。 计算广告时代，因为用户与品牌主的实时交互和反馈，用户需求对品牌的影响渗透品牌价值链传播的各个环节，并促进了品牌价值链的逆向化发展。

在传统的品牌价值链中，创造价值阶段按照流程顺序包括营销活动投资、顾客心智、市场业绩和股东(用户)价值四个阶段。增值阶段包括营销活动效果、市场状况和投资者情绪三部分[35]。基于用户与品牌在实时广告中的互动和反馈，打破了原有单向的品牌价值流向。基于上述分析可知，三维度促进了品牌快速获取数据价值与用户价值，从而可以精准分析用户的需求与契合点，进一步洞察品牌在市场中的定位，即通过精准的渠道投放和点击率、购买率和复购率等指标进行洞察，明晰品牌在不同用户群体和场景下的需求，从而有针对性地通过投放符合不同群体需求和适应不同场景的高质量信息。在数据和算法的赋能下，精准的品牌定位和清晰的传播群体划分可以更加细化获取不同群体顾客心智的品牌传播策略，并基于此最终反向影响营销活动的投资规划。 因此，在计算广告时代，三维度的发展打破了原有品牌价值链的单向传播，通过前端的实时交互与反馈，快速提升用户价值，洞察市场定位，制定获取顾客心智的策略，最终影响后端产品的研发以及品牌的营销投资战略。增值阶段的营销活动效果、市场状况、投资者情绪三个部分将基于计算广告时代大数据对效果类广告的实时监控、自动投放、情感计算和行为分析等方式进一步提升其对品牌价值链的增值过程。

五、结语

计算广告品牌传播理论发展具有重要的实践意义和

理论意义。就实践层面而言，智能化时代的流量计算和数据价值挖掘成为企业和品牌发展的重要资产。在 TOE 理论框架下，颗粒度，信息质量和临场感对于品牌主和广告平台提升数字化运营发展能力和用户关系提供了新的思考维度。对于新兴品牌而言，三维度的探索将有效降低广告投放的成本，提升用户的精准性，快速实现品牌的曝光和突破式的增长。对于具有一定品牌知名度和数字化运营能力的品牌而言，三维度的深化研究将有利于拓展新的用 户和市场，并且基于现有流量池深耕用户价值，培养全旅程全链路的用户关系洞察，鼓励和培养用户参与研发、生产或者品牌形象的建设，实现品牌价值共创模式的个性化突破。对于广告平台而言，在发展其现有优势即三维度的技术性优势的同时，提升三维度的人文属性，更好地与品牌主，与用户形成长期良性的互动，将涉及更加广阔的研究领域与研究话题。因此，基于不同品牌传播主体发展的特性和发展需求，各主体都应该以细粒度的用户洞察为逻辑起点，充分挖掘用户价值，构建和发展适应自身发展需 要的数据资产，促进品牌的可持续发展。

在理论层面，计算广告品牌传播是一个需要多学科知识不断碰撞、融合发展的新兴研究领域 。三维度的研究既有在计算机科学、人机交互等领域成熟的概念，也有对广告内容方面的创新性研究。本文在已有研究基础上，进一步丰富和融合了三维度的发展，探讨其在计算广告时代的概念延伸、特征重构和应用发展。计算广告品牌传播理论中的三维度概念，既要强调“计算”的技术属性，也要强调“广告受众”的人文属性。使用大规模数据集、现场自然实验等方式，探究三维度下品牌与用户、技术与内容等要素之间的关系具有较高的研究价值，而更多基于大数据计算的方法应用和实践将产生更多优秀案例，为归纳、演绎计算广告品牌传播的理论提供丰富的实践经验。在理论创新发展的动态化视角下，TOE 架理论探讨了计算广告的创新性应用与发展，以及创新成果如何被品牌传播各主体在技术、组织和环境层面更好地接受和采纳。随着技术发展和广告交互程度的提升，计算广告品牌传播将在技术—组织—环境的发展产生新的变化，基于框架内的组织行为研究和用户行为研究值得更深层次的探索。

【参考文献】

[1] 杨效宏，唐丽雪．品牌传播的现在与未来：一种人工智能赋能的程序逻辑．现代广告，2020(15).

[2] 汪菲．智能营销与品牌传播创新研究．现代营销（经营版），2020(5).

[3] 刘超，吴倩盈，开容，等．CGI 仿真虚拟代言人应用与品牌传播效果：消费者感知视角的质性研究．新媒体与社会，2020(1).

[4] T. Bittner, B. Smith. Granular Partitions and Vagueness. Proceedings of the International Conference on Formal Ontology in Information Systems, 2001, (10).

[5] R.Y. Lau, C. C. Lai, Y. Li. Mining Fuzzy Ontology for a Web-based Granular Information Retrieval System. International Conference on Rough Sets and Knowledge Technology, 2009, (7).

[6] R. Mulkar-Mehta, J.R. Hobbs, E. Hovy. Granularity in Natural Language Discourse. Proceedings of the Ninth International Conference on Computational Semantics (IWCS 2011).

[7] D. S. Weld, J. De Kleer. Readings in Qualitative Reasoning about Physical Systems. San Francisco: Morgan Kaufmann,1990.

[8] O. Busch. Programmatic Advertising. Switzerland: Springer, 2016.

[9] A. Groth, V. Zawadzki. Granularity Creates Added Value for Every Objective// O. Busch. Programmatic Advertising. Swit - zerland: Springer International Publishing, 2016.

[10] J.M. Juran. Juran on Quality by Design: the New Steps for Planning Quality into Goods and Services. New York: Simon and Schuster, 1992.

[11] 克劳斯比．零缺点的质量管理．陈怡芬，译．北京：生活·读书·新知三联书店，1994.

[12] 倪波，霍丹．信息传播原理．北京：书目文献出版社，1996.

[13] D.M. Strong, Y.W. Lee, R.Y. Wang. Data Quality in Context, Communications of the ACM, 1997, 40 (5).

[14] R. J.Evans, W. M. Lindsay. The Management and Control of Quality. Cincinnati: West Publishing Company, 2002.

[15] Rieh, Soo Young. Judgment of Information Quality and Cognitive Authority in the Web. Journal of the American Society for Information Science and Technology, 2002, 53 (2).

[16] 曹瑞昌，吴建明．信息质量及其评价指标体系．情报探索，2002(4).

[17] 张辑哲．论信息形态与信息质量（下）——论信息的质与量及其意义．档案学通讯，2006(3).

[18] A.Y. Chua, S. Banerjee. Helpfulness of User-generated Reviews as a Function of Review Sentiment, Product Type and In - formation Quality, Computers in Human Behavior, 2016, 54(1).

[19] D. Trehan, R. Sharma. Assessing Advertisement Quality on C2C Social Commerce Platforms: an Information Quality Ap - proach Using Text mining. Online Information Review, 2021, 45(1).

[20] 费倩文．腾讯宣布将腾讯信息流服务统一升级为“腾讯看点”．新浪科技，2019- 11- 18.[2021- 11- 16] https://baijiahao. baidu.com/s?id=1650538556282942763&wfr=spider&for=pc.

[21] 企鹅号．短视频发展遇瓶颈，快手、抖音双双延长短视频求破局．搜狐新闻，2019-09-09. [2021- 11- 16] https://www.so- hu.com/a/339709226_697916.

[22] E. B. Parker, J. Short, E. Williams, et al. The Social Psychology of Telecommunications. New York: Wiley, 1976.

[23] N. Durlach. Auditory Localization in Teleoperator and Virtual Environment Systems: Ideas, Issues, and Problems. Percep - tion, 1991,20(4).

[24] F. Biocca, C. Harms. Defining and Measuring Social Presence: Contribution to the Networked Minds Theory and Measure. Proceedings of Presence, 2002, (1).

[25] 吕洪兵．B2C 网店社会临场感与黏性倾向的关系研究．大连：大连理工大学博士学位论文，2012.

[26] H. Kim. Keeping up with Influencers: Exploring the Impact of Social Presence and Parasocial Interactions on Instagram, In - ternational Journal of Advertising, 2021, 1(21).

[27] 段淳林，崔钰婷．广告智能化研究的知识图谱．新闻与传播评论，2021(1).

[28] L.G.Tornatzky, M. Fleischer. The Processes of Technological Innovation.Massachusetts: Lexington Books, 1990.

[29] H.O. Awa, O. Ukoha, S.R. Igwe. Revisiting Technology-organization-environment (TOE) theory for Enriched Applicability. The Bottom Line , 2017 , (1).

[30] Rogers, M. Everett. Diffusion of Innovations. New York: Simon and Schuster, 2010.

[31] QuestMobile.2021 中国移动互联网春季大报告．腾讯网，2021-04-28. [2021- 11- 16] https://new.qq. com/omn/20210428/ 20210428A0512200.html.

[32] J.SeverinWerner，W.Tankard James. 传播理论：起源，方法与应用．郭镇之，译．北京：中国传媒大学出版社，2006.

[33] 董璐．传播学核心理论与概念．北京：北京大学出版社，2008.

[34] 段淳林．整合品牌传播．广州：世界图书出版广东有限公司，2014.

[35] Philip Kotler，Kevin Lane Keller. 营销管理（第 15 版）. 何佳讯，于洪彦，牛永革，等译．上海：格致出版社，2016.

新文科背景下新闻传播学本科专业人才培养研究

周茂君[1] 柏茹慧[2]

| 摘　　要 | 新文科建设提出强调学科的交叉融合和理论实践并重，为新闻传播教育改革指明了方向。本文通过对国内 59 家新闻传播院校最新本科培养方案进行内容分析，系统梳理出新闻传播学本科专业人才培养的现状及问题，并针对反映出的问题对 16 位来自学界、业界的专家进行访谈。基于此，本研究提出以下建议：更新专业划分标准、重构知识框架、优化课程体系，对跨学科知识进行新闻传播化改造，并且注重能力型人才的培养。

| 关 键 词 | 新文科；新闻传播教育；人才培养；本科培养方案；内容分析

进入新世纪以来，科学技术进步对新闻传播行业形成全方位冲击，带来媒体格局的颠覆性变革，促使我国高校新闻传播教育走上改革与创新之路。一方面，新闻传播人才培养被纳入国家战略。《教育部中共中央宣传部关于提高高校新闻传播人才培养能力实施卓越新闻传播人才教育培养计划 2.0 的意见》（以下简称《卓越新闻人才 2.0 计划》）提出加强和改进高等学校新闻传播专业建设，形成全媒化复合型专家型新闻传播人才培养体系（中国人民共和国教育部，2018）。另一方面，新文科概念的提出打破了原有学科模块化人才培养的藩篱，为我国新闻传播学本科教育的改革指明了方向，也打开了想象的空间。人才培养方案是高等学校本科人才培养的核心组成部分，是学科教育理念的最直观呈现，是对人才培养目标与课程设置的详细阐释。有鉴于此，本文收集了前 4 次学科评估排名靠前的 59 家新闻传播院校的本科培养方案，并以之为样本进行内容分析，以期弄清我国高校新闻传播人才培养现状、找到存在问题并提出相应的对策。

1. 文献回顾与问题的提出

新闻传播学本科人才培养问题一直是学界关注的重点，对相关文献的回顾有利于把握学界在此领域取得的研究进展，发现研究不足，以利于后续相关研究的开展。

1.1 文献回顾

其一，对新文科背景下新闻传播专业建设的研究。作为教育部“四新建设”的重要组成部分，新文科概念最早提出于 2018 年，于 2019 年正式推出，它突破传统文科的思维模式，以继承与创新、交叉与融合、协同与共享为主要发展建设途径（王铭玉，张涛，2019），对新闻传播教育具有重要的指导意义。由于提出的时间较短，相应的研究成果不多，但也有一些代表性的观点。吴岩（2019）指出，新文科要求新闻传播教育实现高等教育内涵式发展，提高质量，建设具有中国特色、世界水平的高等教育质量

本文为中国高等教育学会 2020 年度“基于一流课程的教学改革与实践研究”专项重点课题（项目编号：JXD05）的阶段性成果。

[1] 周茂君，武汉大学新闻与传播学院，武汉，430072。

[2] 柏茹慧，武汉大学新闻与传播学院，武汉，430072。

标准。白贵、杨强（2019）从意识形态筑立、全媒化课程体系构建、专业实践平台搭建、教学队伍优化、人文基础的塑造五个方面，论述了新文科背景下新闻教育改革的新进路。强月新、孔钰钦（2019）则指出，新文科视野下的新闻传播人才培养可以从建立技术思维、深化交叉融通、接轨实践需求、服务国家战略四个维度进行探索。

其二，对学科、专业、课程与人才培养模式的边界与关系的界定。对新闻传播教育的探讨，往往陷入学科、专业、课程概念不清的误区，而对人才培养模式的研究又被裹挟其中，故而有必要厘清四者的边界与关系。学科、专业与课程三者形成了层层嵌套、相互影响的关系。学科是一种知识体系；课程来源于学科，并选择学科中最有价值的知识组成教学内容；专业则是由围绕一个培养目标组成的课程群组成（周光礼，2016）。人才培养模式包括人才培养目标、人才培养体系、人才培养过程与人才培养机制（刘英，高广君，2011）。人才培养与人才培养模式不可混谈，人才培养模式是“人才培养”系统中最重要的要素系统，是关于人才培养过程质态的总体性表述（董泽芳，2012）。

其三，对传统文科下新闻传播本科教育困境的反思。我国新闻传播学科的本科教育开办得红红火火，然而这种大规模的新闻传播人才培养呈现出相对过剩的态势，且新闻传播教育面临的最大困境是，现有人才培养模式以传统文科建构方式为主，难以适应数字媒体时代传媒产业发展的需求。白净（2020）指出，新闻传播学各专业间内部缺少联系，专业划分过细专业知识和技能有局限，难以适应时代的需要。严励、张悦（2017）认为，我国新闻传播教育仍然依附传统学科，专业教学承袭传统模式，除此之外还面临教育与业内脱节、课程设置上不完善、教材陈旧、理论更新慢、教学实践滞后等问题。新闻传播学作为一门应用型学科，对于学生能力的要求较高，而教育却落后于产业发展。我国高校的专业设置、师资的准备、所有教学管理的体制和制度整体不适应文化产业发展（吴予敏，2010）。胡正荣、李巧针（2011）指出，传媒教育滞后于传媒产业发展，表现为社会需求多样化与高校传媒教育同质化、媒介融合与高校传媒教育学科（专业）设置分割、传媒业快速发展与高校传媒教育师资队伍建设滞后、业界所需的人才普遍缺乏与高校培养的传媒教育人才相对过剩这四大矛盾。李明德（2020）认为，既有的人才培养目标、课程体系等与行业对高质量人才的需求不匹配。

其四，对现有新闻传播人才培养模式的梳理。针对以上问题，各新闻传播院校结合自身优势、特色在人才培养模式上进行了优化与创新。中国人民大学新闻学院打通专业壁垒，逐步弱化“专业—方向”，推行“兴趣—专长”“项目—任务”导向的人才培养机制（胡百精，2017）。复旦大学实行“2+2”模式，在第一、二学年学生需在经济学、法学、社会学等七大方向中任选一个方向，按照所选方向培养方案进行学习；第三、四学年按照新闻传播学科专业的培养方案和课程设置进行学习（刘海贵，2019）。深圳大学形成了“二三二”的应用型人才培养体系：通过“全媒体培养 + 产学研合作”的双轮驱动，以“优质课程建设工程 + 教学实践平台创新工程 + 本科毕设改革工程”三大工程为抓手，实现“理论与实践融通 + 技术与人文融通”高水平应用性传媒人才培养的目标（巢乃鹏，2020）。华中科技大学则发挥其工科院校办学优势，加强交叉融合，做到文工交叉、应用见长（张昆，2020）。河北大学探索了一套“大师 + 工作坊 + 项目”和“分层多阶晋级培养”人才培养机制（王文娟，2018）。人才培养目标是高等教育的核心要素之一。以 2018 年（卓越新闻人才 2.0 计划的提出）为分割点，2018 年前学界关于人才培养目标多讨论“全媒型”“应用型”“复合型”，而 2018 年后，学界则广泛地加入了“专家型”人才培养的讨论。董天策（2016）认为，新闻传播教育人才培养目标应当为培养复合型、应用型、创新型人才，卓越新闻传播人才培养目标至少需要做到“全媒化”“复合型”“专家型”“创新型”（董天策，2019），从“应用型”到“专家型”具有本质的飞跃。强月新（2019）则认为，专业性人才需要具备在某一领域深入研究的能力。虽然学者们对于专家型人才的理解各异，但是均强调新闻传播人才应当具备深刻认识社会、分析事物、深度挖掘整合的能力。

课程设置是教育理念和人才培养目标的直接呈现，是人才培养模式中重要要素之一。当前，打破学科限制成为课程设置改革中被普遍认可的趋势，即有研究主张两种模式：一是学科交叉的课程设置模式。何志武（2012）提出，应当在专业设置上体现文理兼容，课程体系上淡化纯文科属性，打破各专业壁垒，大幅交叉。二是专业课程群的模式。韩立新（2011）指出，媒体对新闻传播专业学生的需求正在被其他专业稀释，新闻教育需要构建与“新闻报道领域”相一致的新闻学课程体系，包括建立完善的专业分流机制，并建立“学科融通教学特色专业群”。

1.2 问题的提出

学界对于新闻传播教育的探索成果颇丰，综合多方学者的观点，学科与专业融合、人文与技术的平衡、理论与实践的结合，是学界公认的新闻传播教育发展之进路。但是，既有研究同样具有一定的局限性。其一，学界对新文科背景下新闻传播人才培养研究仍处于起步阶段，其研究的深度和广度还有待加强。其二，部分研究所提出的对策性意见虽具有战略高度，但对我国新闻传播教育的痛点和难点却聚焦较少，真正能落到实处的更少。其三，既有研究往往基于学者长期的一线教学、行政体验和单个院系的实践改革经验，具有较强的启示性和借鉴性，却对我国新闻传播教育的整体性、系统性改革缺少观照；部分学者进行了多院校的横向对比研究，但样本数量有限，其成果的代表性不足。针对上述不足，本文以本科培养方案的内容数据为基础，直面国内新闻传播教育的痛点、难点，提出本选题并展开研究。

2. 研究设计

本文收集了国内 59 家具有代表性新闻传播院校的最新本科培养方案，样本院校的选取综合了前 4 次学科评估情况；充分考虑地域分布，各省高校皆有兼顾（港澳台地区高校不纳入调研范围）；平衡院校性质的多样性，兼具综合性大学、理工科院校、师范院校等。它们分别来自下列学校（见表 1，排名不分先后）。由于清华大学已暂停新闻传播学专业本科招生，中国传媒大学各专业以院级单位组织教学活动，培养计划难以统一，故以上两所高校未被纳入本次调研；由于西藏大学未开设新闻传播专业，所以西藏自治区的调研高校选取的是西藏民族大学（办学点在陕西省咸阳市）。

通过 EXCEL 软件对 59 家院校进行随机排序后，根据排序结果依次进行编码，编号为 A01、A02、A03……A59，下文中将隐去相应院校名，以编号代替。本文采用了人工编码与 Python 程序语言关键词提取两种形式进行分析，重点对培养目标定位、培养要求和课程体系 3 类内容展开内容分析。根据内容分析的相关结果，本文邀请 10 位新闻传播学界专家与 6 位业界专家进行半结构式访谈。（访谈名单见表 2，排名不分先后）

表 1 59 家新闻传播院校分布表

地区	院校
华北地区（7 所）	北京大学、河北大学、内蒙古大学、山西大学、中国人民大学、中央民族大学、天津师范大学
东北地区（3 所）	黑龙江大学、吉林大学、辽宁大学
华东地区（15 所）	安徽大学、复旦大学、南昌大学、南京大学、厦门大学、山东大学、上海大学、上海交通大学、浙江大学、浙江万里学院、南京财经大学、江苏师范大学、江西师范大学、南京师范大学、山东师范大学
华中地区（11 所）	河南大学、湖北大学、湖南大学、武汉大学、郑州大学、华中科技大学、中南民族大学、河南财经政法大学、中南财经政法大学、湖南师范大学、华中师范大学
华南地区（7 所）	广西大学、广州大学、暨南大学、深圳大学、中山大学、华南理工大学、海南师范大学
西南地区（7 所）	四川大学、云南大学、重庆大学、贵州民族大学、西南政法大学、重庆工商大学、重庆师范大学
西北地区（9 所）	兰州大学、宁夏大学、西北大学、新疆大学、西安交通大学、西藏民族大学、西北政法大学、青海师范大学、陕西师范大学

表 2 访谈对象名录

曹志高 星空华文国际传媒有限公司首席运营官	陈刚 北京大学新闻与传播学院教授
陈志强 浙江万里学院文化与传播学院教授	黄宏彦 湖南卫视节目制作中心主任
卢志明 搜狐公司人力总监	强月新 武汉大学新闻与传播学院教授
陶喜红 中南民族大学文学与新闻传播学院教授	田华 网易传媒副总裁
王佳 南方都市报社编委、新媒体事业中心 CEO	韦路 浙江大学传媒与国际文化学院教授
杨先顺 暨南大学新闻与传播学院教授	张昆 华中科技大学新闻与信息传播学院教授
张涛甫 复旦大学新闻学院教授	赵东 中央人民广播电台广告经营中心副主任、主任编辑
郑素侠 郑州大学新闻与传播学院教授	周勇 中国人民大学新闻学院教授

2.1 培养目标定位

对于培养目标定位的分析采用人工与 Python 程序语言混合编码方法：1. 通过 Python 程序语言对 59 家院校

所有专业培养方案中的培养目标进行分词；2. 进一步提取培养目标定位关键词并进行词频统计；3. 通过人工编码，对培养目标定位关键词的具体含义进行编码。

2.2 培养要求

对于培养要求的分析采用人工编码方法，汇总 59 家院校中所有专业培养方案中培养要求的文本，逐句进行编码，并在尊重各院校原有培养要求框架的基础上，适当进行归纳总结，共获得三级编码。

2.3 课程体系

对于课程体系的分析采用人工与 Python 程序语言混合编码方法：1. 对各个院校总体课程进行分类汇总，按照院校编号、课程类别（通识课、学院平台课、专业必修课、专业选修课）、课程名称、课程学分等内容进行收集，并将整理后的数据以数据库形式进行存储。2. 构建课程停用词词库，基于 Python 程序语言对课程进行分词、去停用词等处理，并构建编码分类标准。3. 通过人工编码进行二次校对。将功能相似的课程类别进行合并，如合并专业基础平台课、学科基础课，统一为学院平台课；由于各院校的实践创新活动体系区别过大，难以形成统一的标准，故保留专业实习与毕业（设计）论文，删去其他实践创新（如课外劳动、创业创新实践等）课程。4. 在对相关课程比重的分析中主要基于学分进行统计。

3. 数据呈现与研究发现

本研究对于 59 家院校本科培养方案的分析主要包含人才培养目标、模式与课程体系的系统分析，从而梳理出我国新闻传播本科教育的现状。

3.1 新闻传播学科人才培养目标

人才培养目标是人才培养素质的规定性，是培养模式中的决定性要素。具有专业教育和通识教育两种基本模式（林玲，2008）。其中人才培养定位是人才培养目标的高度浓缩，人才培养能力是人才培养目标的具体体现。

3.1.1 人才培养定位

基于培养方案中对于人才培养定位的具体要求，通过合并近义词，统计出人才培养定位关键词27个（见图1）。

新闻传播院校人才培养定位整体呈现多元化特点，83.4%的专业在设立人才培养目标时提出了两个及以上的

图 1 59 家新闻传播院校人才培养目标词频图

人才培养定位关键词。

通过词频分析，得到 59 家新闻传播院校人才培养目标词频图，如图 1 所示，出现频次最高的词组为“复合型”“专门”“应用型”“高级”“创新型”。这表明我国新闻传播院校更倾向培养立足于专业应用的、具有复合能力与创新能力的高级人才。

为更好地对各专业人才培养目标相似性进行分析，本文通过对培养方案文本编码，提取“复合”“全技能”“家国情怀”“学科交叉”“地方特色”等在内的 27 个人才培养目标定位特征，并基于各专业相关特征出现的频次进行赋值，如对出现频次最高的特征“复合”赋值 27，以此类推，出现频次越低的特征赋值越小。对相关结果通过欧式距离算法进行各专业培养目标相似性分析，数值越大表明相似性越低。

表 3 各专业人才培养目标相似性

	新闻学	广告学	网络与新媒体	广播电视学
新闻学	0	452.8245	600.2933	669.0374
广告学	452.8245	0	307.6296	297.8372
网络与新媒体	600.2933	307.6296	0	351.7826
广播电视学	669.0374	297.8372	351.7826	0

如表 3 所示，新闻学与其他专业在人才培养目标定位上的相似性较低。广告学、网络与新媒体及广播电视学 3 个专业的人才培养目标定位的相似性相当。整体上，新闻学与广播电视学专业的相似度最低，广告学与广播电视学的人才培养目标定位相似性最高。

3.1.2 人才培养要求

对各院校培养目标中培养要求进行编码表明，我国新闻传播院校的人才培养要求按照从高到低、从抽象到具体的排列，可分为 3 个层级：一级要求维度，即道德维度、能力指向、就业指向；二级能力指向分为 12 大类，即思想道德品质、职业道德、伦理与法规素养、理论能力、业务能力、数据分析能力、人文及科学素养、个人能力、外语能力、思维能力、岗位、单位；三级具体要求较为多样，各院校虽然表述各异，但是整体上均涵盖了以上 3 大维度、12 类能力指向（表 4）。

表 4 人才培养具体目标编码表

一级要求维度	二级能力指向	三级具体要求（示例）
道德维度	思想道德品质	A03：良好的思想政治素质、人文情怀、道德品质
	职业道德	A13：始终坚守新闻真实性等基本准则以及服务国家、服务人民、服务中国特色社会主义的社会责任感和职业理想
	伦理与法规素养	A24：了解党和国家新闻宣传的方针、政策和相关法律
能力维度	理论能力	A28：具备与本专业工作相适应的理论学习能力，并掌握持续学习的方法
	业务能力	A48：能熟练地运用现代传播技术
	数据分析能力	A43：具备运用现代信息技术进行文献检索、分析、整理、归纳的能力
	人文及科学素养	A06：有深厚的人文素养和科学素养
	综合能力	A10：具备创新能力、沟通协作能力和终身学习的能力
	外语能力	A41：熟练掌握一门外语，具备跨文化沟通能力
	思维能力	A50：培养学生历史发展的眼光和辩证逻辑思维的能力
就业维度	岗位	新闻生产、传播、内容产品策划与制作、营销推广、发言人等
	单位	传统媒体及新媒体平台、政府和企事业单位、网络和电子商务企业、游戏公司、文化创意企业、广告传媒企业等

横向对比新闻学、广播电视学、广告学和网络与新媒体各专业的人才培养要求，其中道德维度各专业高度的一致；而在能力维度与就业维度中，除广告学具有较强的专业特性，更加强调创意能力的培养与营销知识的积累，新闻学、广播电视学和网络与新媒体三大专业的重合度较高，相互区别较小，未能凸显专业特色与优势。

3.2 课程体系研究

课程体系是高等学校人才培养的主要载体，我国普遍使用的是“通识课 + 学院平台课 + 专业课”课程体系。如图 2 所示，通识课（通识必修课 + 通识选修课）总学分占比最高，达到 33%。跨专业课程占比最少，为 5%。

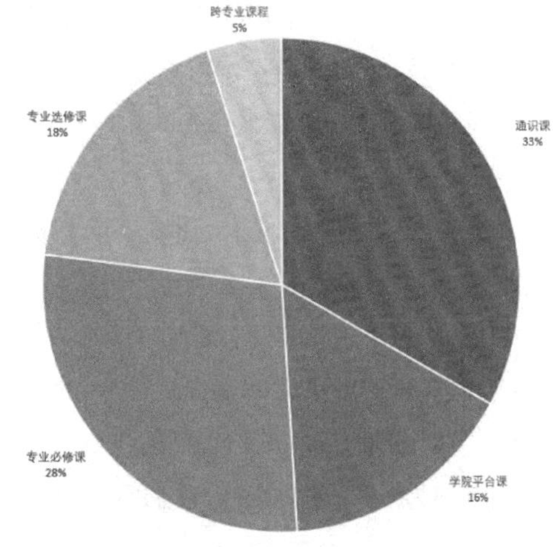

图 2 59 家新闻传播院校课程体系占比图

3.2.1 通识课程以公共基础课程为主，重视人文素养类课程

本文基于不同科目的类型与目的，对 59 家新闻传播院校通识必修课程进行编码，分为“思想政治教育及身心健康类课程”“语言类课程”“计算机科学与数据科学课程”“人文与社会科学素养课程”等 14 大类（见图 3）。其中思想政治理论、大学外语、计算机基础及应用、体育类、职业生涯规划、就业指导及创新创业教育等为国家指定公共基础类课程。除公共基础课外，各院校整体上给予其他类型的通识必修课程学分比例仍然较小，大部分以通

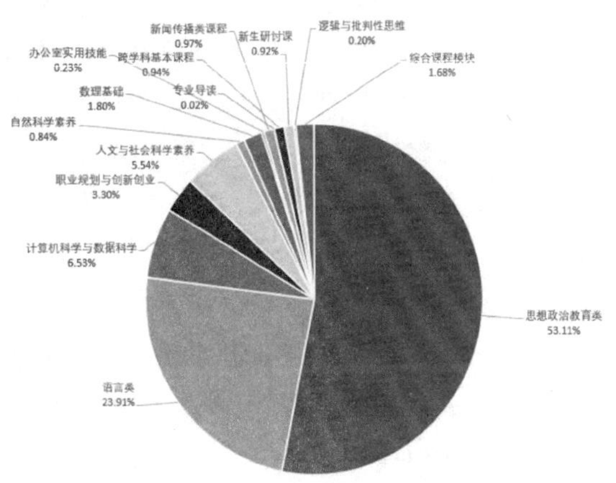

图 3 59 家新闻传播院校通识课程类别学分占比图

识选修的方式开设。59 家院校中，有 19 家院校未开设除了公共基础类课程以外的通识必修课程。

如图 3 所示，通识必修课中，除了公共基础类课程外，人文与社会科学素养课程学分占比较高，为 5.54%。通过统计，共计 25 家院校开设了人文与社会科学素养类课程，门类多达 88 门，涵盖国学、文学、历史、哲学、艺术、政治、法律、经济、语言学等多领域。除了传统单一课程外，有 61.7% 的院校在通识必修与选修课程中采用了课程组或课程包的形式。

3.2.2 学院平台课中概论课占比最大，新闻传播学相关课程以史论课为主

59 家院校中，有 43 家院校开设了学院平台课，并开设学院平台课 548 课次。对课程进行编码后，共归纳出 30 类课程，并对各类课程的开设课次与学分进行整理。为了编码过程更为精准，本文对部分课程进行多重编码，为避免重复统计，表 5 中每门课仅统计一次，传播学类课程、新闻学类课程、广告学类课程、广播电视学类课程、网络与新媒体类课程均不包含概论类、媒体技术实务类及基础业务类课程。

学院平台课是衔接了通识课与专业课程，课程体系的构建应当遵循受益面广、性质相同、建设共性的原则（戴发山，黄世秀，2005）。在此原则之下，平台课与通识课和专业核心课程的区别在于，既要基于学科本身，成为学生进入专业学习的基石，又要对不同专业的共同基础课程进行打通与整合。

（1）学院平台课以学科基础概论为主

如表 5 所示，学院平台课中课程开设最多、学分占比最高的课程类目为概论课，43 家院校全部开设了概论课，总课次达 130 课次，共计学分 386.5。概论课主要分为 3 类：新闻传播学专业概论课、社会科学基础概论课、人文素养概论课，涵盖新闻传播学、社会学、艺术学等多领域。

如图 4 所示，新闻传播学专业概论课占比最高，共开设 130 课次，总学分 309，占总体概论课学分的 79.48%，5 大新闻传播专业概论课程——传播学概论、新闻学概论、网络与新媒体概论、广告学概论、广播电视学概论，其学分总占比高达 71.41%。相关数据反映整体

表 5 59 家新闻传播院校学院平台课概况

课程类别	课程类目	总课次	总学分	代表课程
新闻传播学相关课程	传播学类课程	17	37	传播学 跨文化传播 传播心理学
	新闻学类课程	8	17	新闻理论 理解新闻
	广告学类课程	6	15	广告学 广告策划
	广播电视类课程	2	5	视听语言 视觉传播理论
	网络与新媒体类课程	2	7	网络与新媒体 数字媒体基础
	市场营销类课程	4	11	市场营销学
	品牌与公关类课程	10	22	公共关系学 品牌学
	史学类课程	29	69	中国新闻传播史 外国新闻传播史 中外广告史
	伦理与法规类课程	20	47	新闻传播伦理与法规
	马克思主义新闻观课程	22	49	马克思主义新闻思想
	数据分析与挖掘基础类课程	13	33	数据挖掘与分析 数据库基础
	消费者行为分析与市场调研类课程	3	6	市场调查与分析 消费者行为学
	研究方法类课程	22	51	新闻传播学研究方法 社会调查方法 社会科学研究方法
	媒体技术实务类课程	27	64.5	数字媒体技术 视觉传达设计基础 影视后期制作基础
	经营与管理类课程	10	21	经济学原理 媒介经营与管理
	业界前沿类课程	2	5	学科前沿与实践 数字媒体前沿
	基础业务课程	45	107	新闻采访 新闻写作 新闻评论 电视编辑 摄影基础
	融媒体类课程	3	12	融合媒体实务 融合报道 媒介融合
	媒介素养课程	2	5	媒介素养
能力培养课程	科研能力培养课程	6	17	论文写作训练 学术思想史
	个人素质类课程	6	13	表达与沟通 公共演讲
专业延展类课程	文学素养类课程	77	195.5	中国文学 简明中国历史 现代汉语
	艺术素养类课程	2	4	文艺美学

专业延展类课程	艺术素养类课程	2	4	美学基础
	社会科学基础类课程	25	53	西方哲学史 社会学 逻辑与批判思维
	概论课	130	386.5	新闻学概论 传播学概论 广告学概论 广播电视学概论 网络与新媒体概论 社会学概论
	英语课程	2	4	高级英语视听说 英语写作
	数学基础类课程	6	20	文科数学 微积分 线性代数
其他	翻转课堂或实践活动	1	2	开放式读书活动
	国情教育课程	3	6	国情教育 法治中国与善治

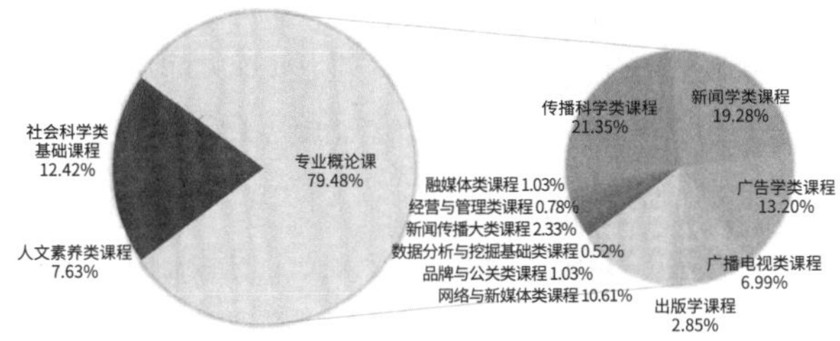

图 4 学院平台课中各类概论课学分占有比例

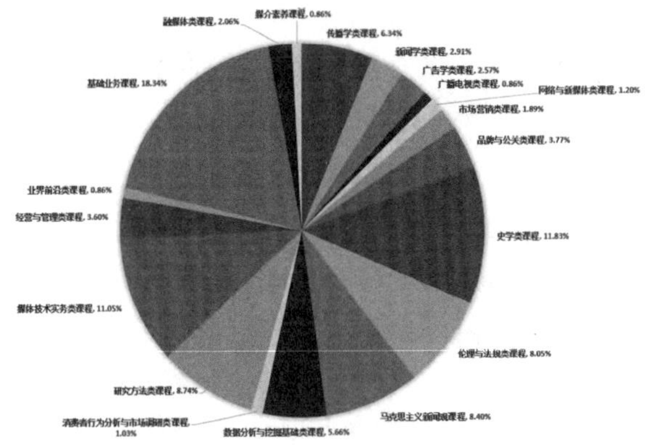

图 5 学院平台课中新闻传播学相关课程类别学分占有比例

上新闻与传播学院平台课呈现了以专业基础课为主，学科发展方向课程为辅的特点。

（2）新闻传播学相关课程中史论类课程与基础业务类课程占比较高

学院平台课中新闻传播学相关课程类别开设课程类目最多、最庞杂。其中以基础业务课、史论课、媒体技术实务类课程学分占比最高，分别占比 18.34%、11.83% 与 11.05%（如图 5 所示）。根据相关培养方案具体课程设置分析，基础业务课以传统新闻的采、写、编、评、摄为主，仅有 A15 号学院开设了“融媒体实务课程”；A32 号学院开设“新媒体新闻报道”。大部分院校注重开设马克思主义新闻观、伦理与法规类课程，学分分别占比 8.4%、8.05%，数据表明学院平台课业务课程设置较为保守，重视培养新闻传播人才的理论素养与马克思主义新闻思想。

整体上，学院平台课中的新闻传播学相关课程类别较多，包括理论类课程、实务应用类课程，并加入了经营管理、运营、策划等课程。学院平台课中新闻传播学相关课程从侧面体现了新闻传播学科对于人才培养中专业能力的综合要求。

3.2.3 专业课程体系以史论类与业务技术类课程为主

在 59 家院校的培养方案中，有 53 家院校开设新闻学专业、38 家开设广告学专业、34 家院校开设广播电视新闻学专业、35 家开设网络与新媒体专业（方向）。通过编码，将新闻与传播学专业课程分为史论课程、业务技术课程、数理统计课程、跨学科人文艺术素养课程、跨学科社会科学课程、跨学科理工素养课程、行业前沿课程及研究方法课程。

如图 6 所示，现有的专业课程体系中，以史论课与

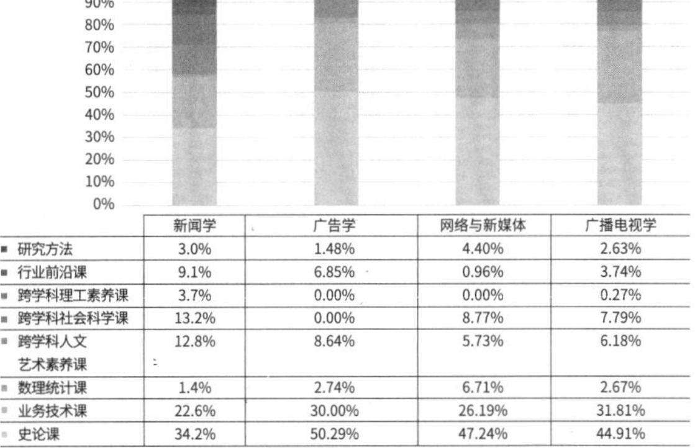

	新闻学	广告学	网络与新媒体	广播电视学
研究方法	3.0%	1.48%	4.40%	2.63%
行业前沿课	9.1%	6.85%	0.96%	3.74%
跨学科理工素养课	3.7%	0.00%	0.00%	0.27%
跨学科社会科学课	13.2%	0.00%	8.77%	7.79%
跨学科人文艺术素养课	12.8%	8.64%	5.73%	6.18%
数理统计课	1.4%	2.74%	6.71%	2.67%
业务技术课	22.6%	30.00%	26.19%	31.81%
史论课	34.2%	50.29%	47.24%	44.91%

图 6 新闻学、广告学、网络与新媒体、广播电视学之专业课程体系比例

表 6 新闻学、广告学、网络与新媒体、广播电视学之专业课程体系相似性分析

	新闻学	广告学	网络与新媒体	广播电视学
新闻学	0	0.2300	0.1907	0.1778
广告学	0.2300	0	0.1298	0.1049
网络与新媒体	0.1907	0.1298	0	0.0808
广播电视学	0.1778	0.1049	0.0808	0

业务技术课程为主。网络与新媒体专业最重视数理统计类课程和研究方法类课程，新闻学与广告学专业最重视行业前沿类课程。与其他专业相比，新闻学专业开设的跨学科课程更多。

本文通过欧式距离算法对四大专业的各类专业课程类别的学分分布情况进行相似性计算，从而反映新闻传播学各专业间课程体系的相似程度，数值越大代表相似性越低。如表 6 所示，各专业课程体系整体上相似度较高，其中广告学与新闻学之间相似度最低，网络与新媒体和广播电视学之间相似度最高。

4. 讨论

基于对 59 家新闻传播院校培养方案的内容分析所呈现的课程设置与人才培养现状，本文结合对 10 位学界专家与 6 位业界专家的半结构式访谈，对我国新闻传播学专业本科人才培养存在的问题及未来发展趋势进行讨论。

4.1 各专业间区分度不显著

数据分析显示，新闻学、广播电视学、广告学、网络与新媒体本科四大专业的人才培养定位与课程设置均没有呈现出显著的区隔。对学界、业界专家的访谈也清楚地表明了这点。

业界受访专家均表示对于学生专业背景的关注程度并不高，“专业背景仅是一个方向性的门槛，在实践工作中并不重要”（受访专家：田华），不同专业的毕业生在能力上也没有反映出显著的区别。

“专业所带来的壁垒很小，区隔不够……在运营、传播等方面，学生并没有展现出更强的能力……专业并不是我们的一个否决项，我们对于岗位的面向是一个开放的态度。”（受访专家：卢志明）

针对这一问题学界受访专家也认为专业逐渐融合的趋势显著，以往由媒介形态作为专业设置依据的划分方式势必面临冲击。

“信息传播对其他社会系统的渗透导致其他社会系统里也需要传媒或传播的专业技能，新闻传播的学生就业越来越多样化，社会各行各业也越来越需要具有传播素养和技能的人才。在这种情况下越分越细、越来越专的专业体系结构就呈现出了不合时宜的特质。”（受访专家：张昆）

在如何进行专业的改革方面，受访专家均认为专业的更新不能一蹴而就。更新的方式可以是“小步快跑”（受访专家：强月新）。有一个“新陈代谢的过程”（受访专家：张涛甫）。这个复杂的过程一方面需要理论与知识体系的更新、建构；另一方面需要梳理专业间的重叠部分、厘清各专业的层次与逻辑。

“新闻传播这个学科在应对这样一个非常大的技术变革与知识革新肯定是有变化的，原有的知识、概念、逻辑、原理都发生了一定的变化，针对这些变化进行变更、修订是有必要的，甚至是推翻重来。……通过跨学科的努力，在知识上已经有了一些知识的增量，但是从另一个角度，并非把所有现有的知识存量和知识的积累清空或是颠覆原有的逻辑，这个新陈代谢的过程需要知识共同体的共同努力。”（受访专家：张涛甫）

具体的专业改革思路，受访专家有两种主要观点。一类观点认为，我国新闻传播专业从长期来看势必会颠覆现有的专业划分方式。另一类观点则认为现有的专业划分方式虽然略滞后于行业发展，但具有稳定性，各新闻传播院校应基于自身的情况在现有专业划分的基础下进行融合与改革。

“在媒体融合背景下确实存在专业区隔不显著、学科的边界不清晰的问题，但是（将专业）全部推翻重来我认为不要太急，因为业界变化太快了，现在不成熟地贸然地去改变没有必要。我们可以在现有专业下设置特色方向以适应业界的变化，当时机成熟了再去改变更好。”（受访专家：陶喜红）

4.2 业务课设置以传统的新闻传播类业务课程为主，实践教学环节存在诸多不足

技术对新闻传播业界的冲击导致新闻传播学科一直在寻求专业课程设置中“术”与“道”的平衡点。对比各院校专业设置情况，不同院校之间存在较为显著的理念分歧，形成了三种不同的专业业务课程设置风格。第一类院校在整体课程设置中传统的采、写、编、评、摄等的业务课程占总学分比例较高；第二类院校在专业设置中较为显著地区分了各专业特点，如新闻学注重新闻实务类课程的教学，网络与新媒体专业课程中加入了新媒体运营、新媒体内容生产等课程；第三类院校聚焦行业发展，将传统的

新闻实务课程与史论课程进行整合，压缩出学分空间，开设了数据分析与挖掘、数据新闻、人工智能相关的课程。通过对 59 家新闻传播院校的整体分析，我国业务课设置以第一类院校为主，即传统业务课程为主。新业务的课程，如数字新闻实务，开设较少且大多以选修课方式开设。

传统的业务课程设置在教学实践中主要存在两方面的困境。首先，这种业务课程设置方式可能造成了课堂资源的浪费：传统的“采写编评摄”的课程划分方式会出现一定知识的重合。其次是不符合行业发展需要：全媒体环境下，新闻传播行业对于职能的划分更为模糊，业内更需要的是身兼多职的综合性人才。业界受访专家普遍认为新闻传播学专业的学生虽然初步具备了基础的采、写、摄等能力，但是在内容生产、产品策划能力及结构化思维能力上有所欠缺。这就需要各院校基于自身的教学设计对相关课程进行改革，整合传统的业务类课程，加强如运营类课程的投入。

分析现有的本科培养方案，有部分院校已经开始着手整合课程内容，将原有的业务课程合并为“新闻业务基础”等。同时也有受访专家建议以新闻生产流程作为业务课程设置的依据。

“采、写、编、评、摄的课程是按照新闻报道的环节进行设计的，但是实际上每个环节都会遵守共同的一些规则，所以环节越完善，交叉的知识点就越多，重复（的内容）越多。不同的流程之间会有一些共同的要求，所以有必要对相关课程进行整合……比如说客观性、真实性的问题，包括新闻理论（的课程）中也涉及这些问题，所以还是需要进行整合。”（受访专家：强月新）

“新闻传播面临多媒体化、多渠道传播的现实，新闻传播业务类课程需要改革。建议以新闻生产流程作为业务课程设置的依据，如：根据新闻生产流程不同环节的业务要求，设置《新闻采集》《新闻生产》《新闻分发》《受众反馈与效果测评》等课程。”（受访专家：郑素侠）

除了对课程内容进行整合之外，另一种业务课程优化的方式是加入以任务为导向，第一课堂、第二课堂相结合的课程形式，如工作坊教学，在具体实践中加强学生业务能力。在 59 家院校中有 7 家开设了工作坊及相应课程。这类课程以选修课居多，并基于学生兴趣开设了多种主题的工作坊，有两家院校将工作坊的课程纳入学生必修科目，如 A22 号院校在网络与新媒体专业必修课中加入了新媒体创意工作坊。

不论是较为主流的“学理＋实验”的课程形式还是工作坊的课程形式，其本质均在如何更好地将理论与实践相结合，坚守新闻传播学的核心价值，培养学生的核心能力。如受访专家周勇教授指出要坚守住学科中“退无可退”的核心课程。

“我们主张无论课程怎么变，核心能力需要灌注，课程可以变，但是其中的逻辑不能断。我们有全媒体新闻报道、融媒体报道这种新的东西，但是报道能力、采访能力、价值判断这些不能变，内在逻辑需要贯通。……要适应新技术或者融媒体这种报道能力，采访写作中的文本写作可能与原来不一样了，但是基本的写作能力、逻辑判断能力等还是一样的，……是贯穿始终的，我们将其称为学科中退无可退的课程。”（受访专家：周勇）

也有业界受访专家指出，只聚焦业务“术”的层面并不能满足未来行业的发展，必须关注最基本的理论，培养学生对行业发展和社会变迁的洞察力，并且与实践进行深度结合，要充分利用媒介手段的多样化挖掘学生潜能。

“传统媒体在转型过程中涉及的媒体融合的问题，媒体人要知道媒体发展的逻辑，并理解用什么手段进行匹配。在这个过程中‘术’并不重要，比如大家都会剪视频，这个技能很快就能学会，但很多人不能提供我需要的视频，这就需要‘道’，也就是理论的指导……但是理论是非常枯燥的，学生必须要在实践当中得到理念的反馈和理论的深入理解。”（受访专家：王佳）

“媒介的变迁同时也是一个时代的变迁，也是人生活方式的变迁，我们的传播方式会发生怎样的变化？我们需要对整个社会变迁更有洞察力的人才，这种洞察力需要专业院校在学校就进行培养，需要丰富的技术和知识的储备，而这种对于普遍性和深刻性的（审视）是高校教学一体的优势……现在学生拿着手机就能够拍摄，学生应该在课堂上就开始培养这种对行业和社会的观察，并且转为实践，甚至从大一、大二就可以开始（这种训练）。”（受访专家：曹志高）

还有部分业界专家指出新闻传播学专业的学生实践

实习需要更加深入。

“现在学生的实践时间是不够的，学生需要有一个沉浸式的实习体验才能够获得相关知识，比如接触到核心才能够得到有效的训练，参与了全程才能够对媒体有一个全面的了解。”（受访专家：黄宏彦）

面对以上行业的实际诉求，新文科所倡导的协同育人的培养模式给新闻传播实践教学提出了更高要求，也为实践教学提供了新的思路。部分学界受访专家指出应当在课堂学习时就与媒体、企业进行深度的协同，让学生深度参与到媒体的新闻项目中。

“实践教学肯定不能完全在课堂里面进行，完全在课堂里面上的实践课程肯定不是好的实践课程。实践课程应该是至少有一半都要在课堂之外进行。新文科倡导协同育人，不能到实习阶段才体现，而是应该在课堂教学中就体现这种协同育人。现在大部分新闻院系都是在学生实习阶段才到媒体去，这已经晚了，应该在课堂学习的时候就与媒体进行深度协同，这也能比较好地解决实践类师资匮乏的问题。”（受访专家：韦路）

“我们与区域的龙头企业进行合作，让他们的经验进入我们的课堂，并且把他们的内容、思路嫁接于我们的课程当中……通过这种方式与业界产生更深层次的融合。”（受访专家：陈志强）

4.3 课程设置不够合理，知识杂糅重复

通过内容分析发现，我国新闻传播学在本科课程设置中存在史论课程占比过大的问题。过多过滥地设置史论课程会导致知识点的大量重合以及课堂资源的浪费，导致“知识的相互打架、相互矛盾、相互消解”。（受访专家：张昆）造成这种现象的原因在于，新闻传播学相关专业如新闻学和网络与新媒体、广播电视学在理论知识上存在一定交叉重叠，如果简单地按照现有专业进行理论课程的教学，一味地进行课程堆砌，而不加以整合，难免出现知识和内容的重复。针对这一问题，样本院校中部分院校在课程设置中开设了网络与新媒体概论，未开设更为传统的新闻学概论，或在未开设新闻学概论的同时，合并了广播电视概论与新媒体概论课程。这一变化从某种程度上，反映了相关院校逐渐由传统新闻教育走向融合媒体新闻教育的趋势。

受访专家均认为史论课程的优化甚至是整合颇为必要，然而仅对单一课程进行整合只是基于短期或中期的教育实践的对策性措施。

“谈更新首先需要研究变化，要跳出现有的阶段性现象，不能仅停留在现有的业态和技术的变化进行思考，需要具有一定的超前性。我们新闻传播学科的建设需要从理论层面概括、提炼从而形成框架，并基于这个框架形成人才培养，指导我们教学的创新发展。”（受访专家：陈刚）

针对以上问题，从宏观学科整体发展来看，新闻传播学迫切地需要加强新理论体系建设，从而指导知识体系及课程体系的优化；从中观教学设计的层面，需要在顶层教学设计中对不同课程的边界进行划分，进一步明确对核心概念的一致性；从微观教学实践层面，教师教学中需要尽可能把握知识的精炼与全覆盖。

4.4 数理统计与技术类课程需适应新闻传播学科的实际需要

信息时代改变了新闻传播人才的技能需求，数据分析与挖掘能力日益重要。然而目前新闻传播学本科教学难以满足行业发展需要。业内6位受访专家中4位认为数据思维与技术思维至关重要。也有业内受访专家认为，不论技术与行业如何变革，新闻传播人才需求的本质没有改变。

“对于整体的信息传播平台来说，现在对我们（从业者）的要求也比较高，我们希望学生有数据思维的能力，能够判断我们应该给用户提供什么内容……这方面的能力是欠缺的……这种思维方式需要在大学的时候进行培养。”（受访专家：田华）

“技术无论再如何千变万化，技术都是为人服务的，人需要输出内容，没有内容技术再先进也没有作用……人性没变，需求的本质没有变。”（受访专家：赵东）

数据显示，共计15家院校开设了数理基础相关课程，包括高等数学、应用统计学、微积分、数学分析等数理课程。然而从整体课程比例上看，此类课程学分、学时占比较小。针对这一现象，学界10位受访专家中7位认为未来应当进一步加强数理统计与技术类课程的投入。另3位专家则认为是否加强此类课程需要依据院校自身的实际人才培养定位来考量。在新闻传播本科教学中加入数理统计与技术类课程的目的在于作为一门应用型学科，教育适应

于行业需求，“具体表现在技术适应、技术赋能与技术批判三个方面，在学生会用相关技术的基础上，对新闻生产理念产生影响且不能完全陷入工具理性之中”。（受访专家：强月新）

“技术类课程中这些技能是嵌入到你的工作目标和任务之中的，所以我们会更强调它的技术性，把最新的那些技术类的课程不断地嵌入到我们的课程体系里，但是更重要的是要让这些技术类课程更好地内化到我们的学科里，内化到我们的人才的核心技能里，融化到血液里。”（受访专家：周勇）

“原有的师资难以适应技术类课程，为了解决这一问题我们与其他学院合作，同时与业内合作，比如请科技公司的老师进入课堂，所教授的内容非常实用、接地气。”（受访专家：杨先顺）

在实际课程内容设计中，需要切实考虑专业差异化的问题，以实际的新闻传播的技术运用为主，服务于信息的生产与运营；以前端技术的教学为主，培养学生的运用能力和对技术的理解能力，充分利用多学科及行业资源，将这类课程真正地融合于新闻传播学科中。

5. 结论与建议

新文科建设，并非将原有的学科、课程体系全部推倒重来，而是既要“守正”又要“创新”，只有将二者很好地结合，才是新文科建设的精髓所在。本文结合对 59 家新闻传播院校培养方案的内容分析结果与专家访谈，提出了以下 4 点建议。

5.1 变更专业划分方式，更新知识框架和知识体系

我国新闻传播学专业的划分方式受媒体样式影响较大。在传统媒体时代，这种专业划分方式具有一定的现实依据。然而，时代变了，媒体格局变了，对于从业者的能力要求更多地加入创意生产、运营、大数据统计等，与之联系紧密的新闻传播学专业划分标准和设置依据也应该随之改变，按照媒体样式来划分专业和设置系科的做法，其弊端越来越明显。与此问题相关，我国还有相当一部分院校知识体系陈旧问题亟待解决。这些院校从课程设置到课程内容、从案例选择到知识体系搭建，基本上依据传统媒体时代的媒体格局和认知结构，对数字时代新的媒体格局和新理论、新知识、新业态的把握还有待深入。

部分学校通过大类培养方式应对新闻传播、营销泛化的变化，但是在实际操作中依旧困难重重。在媒体生态中有几个关键节点值得特别关注：一是媒体内容生产环节，这是媒体内容生产的起点，选题策划、采访、写作、内容创意、数据新闻、舆论监测等；二是媒体渠道、传播环节，渠道扩展与管理、利用人工智能和大数据技术进行投放与分发等；三是媒体运营环节，内容运营、用户运营、活动运营、媒体产品及衍生产品开发等；四是媒体市场环节，广告市场主体及其运作机制、市场调查与数据分析、营销策划与创意、程序化购买、计算广告、营销效果测评等。上述节点是否能成为专业划分和系科设置的依据？值得深入探讨。

与上述问题紧密相联的是知识框架和知识体系更新问题。我国新闻传播学本科专业课程构成经历了以单一的人文类课程为主，到增加社科类课程，再到近年来自然科学类课程不断增多的演进过程，这在各院校培养方案中均有所体现。随着新文科建设不断深入，新闻传播教育的“新”着重体现在知识框架和知识体系的更新上，即需要对现有的以人文、社科类知识为主的课程进行更新。伴随着数字媒介的发展和人工智能技术的应用，原有的知识框架和知识体系难以适应业界的需求，因而打破原有的知识框架，更新知识体系，就成为顺应时代需求的必然选择，这也是新文科建设的必然要求。所以，突破文科思维的局限，加大新媒体技术、数理基础、数据分析等课程在知识框架和知识体系中的比重，使学生能拥有更加完善的知识结构，是新闻传播学专业核心课程体系改革在新文科建设中的首要任务。

5.2 新闻传播学专业核心课程优化的构想

“厚基础、宽口径”已成为我国新闻传播学界的基本共识，但是在具体的教学实践中，课程体系构建不够严谨、欠缺规范的问题较为突出，而且部分院校课程之间边界不清、内容冗杂，导致实际的教学陷入“基础不够扎实，口径不够宽广”的现实困境。

在新文科背景之下，新闻传播学本科专业核心课程体系改革的重点在加大学科间——人文学科、社会科学和自然科学交叉融合力度的同时，对原有课程体系的改革和优化，真正将“重基础、宽口径”的教育理念落到实处。

在专业课程优化中，整合知识点重复的课程，能够

提高课堂效率的同时，为改革节省出一定的学分与学时。为此，本文提出以下设想：将“中外新闻史”课程、“中外广播电视史”课程和“中外电子媒介史”等课程合并成学年课程“世界新闻传播史”；将“传播学概论”课程、“新闻学概论”课程、“广播电视概论”课程和“网络与新媒体概论”课程合并为学年课程“新闻传播学概论”。此举在保证学理基础的情况下，能解决史论课程内容交叉过多、概论课泛滥的问题。新闻传播业务课程方面，面对“全媒体新闻报道”“新媒体内容生产与编辑”“数据新闻”之类的新型业务课程，传统媒体时代的“采、写、编、评”课程也相应地需要进行调整，尤其需要更新这类业务课程的方法、技术手段和案例。

5.3 对多学科课程进行“新闻传播化”改造

新闻传播学作为应用型学科，行业需求是专业发展重要的导向。现有的课程中，行业前沿理论类课程与前沿技术类课程开设比重均不高；对于数据挖掘、分析类课程接纳程度与业内需求相比仍然较低；多学科融合程度不够，多家院校尝试跨学科培育模式以扩大学生的知识面，但是其中少数院校在多学科课程设置上存在其他学科与新闻传播学科的知识体系分离的情况，尚未真正做到融合教学，学生在多学科间游离，存在学科面广了但是基础却不扎实的问题。

新文科建设要求新闻传播学本科教育要敢于突破现有教育思路，实现多学科知识的交叉融合。对新的社会科学类课程、自然科学（或理工科）类课程的设置，并非将这些课程“原汁原味”地移植到新闻传播学本科课堂，而是要对其进行“新闻传播化”的改造，而改造的总体原则是让学生“懂原理、会实操”，即将这类课程的知识的实际应用放在首位,使之更适合新闻传播学本科专业学生的学习。

从课程设置上，加强数理及前沿技术类课程的设置，提升学生的数理基础与技术敏感度，为日后进行新闻传播数据类工作打下基础，同时，要避免简单的“拿来主义”，对于核心的数理及技术类课程，如数据新闻、新媒体数据分析和计算广告等课程皆需进行新闻传播化改造，从新闻传播实践应用的角度出发，适当调整课程内容、知识体系与学习难度，让学生对数据有感觉、对技术有感情。

在实际的教学中，要避免出现新闻传播知识体系与其他学科知识体系不兼容的分离情况。学生无法在短时间内吸收、融合不同学科的知识，出现知识的不兼容或分离，这就要求课程设计者将二者很好地结合起来，避免出现脱节。

5.4 增强专业底色，把握业界人才需求变化，注重能力型人才的培养

“新文科”虽然要求多学科的融合，但是绝非对于其他学科知识无差别接纳。在吸纳与融通的同时，新闻传播学本科教育仍应当增强专业底色，明确立身之本，并根据业界人才需求变化，注重培养能力型人才。

所谓的新闻传播学专业核心能力表现在两个方面：专业核心业务能力与扎实理论基础所形成的学科思维。结合多位受访专家的观点，虽然对于新传播手段与新工具的快速掌握能力是媒体从业者的重要要求。然而扎实的书面语言表达、口语表达、视听语言运用、新闻与信息传播的敏感度等“退无可退”的核心业务能力则是新闻传播的专业底色；厚实的理论基础和学科思维才是传播创新的基石，是业界对于新闻传播人才的终极诉求，也是新闻传播学教育与人才培养的制高点。

然而，业界实践环节需要也不可忽视。“专”与“博”的博弈是新闻传播教育改革的重要议题，但是本文认为找到“专”与“新”的平衡点更为重要。在课程改革中，不能停滞不前，也不是一味求新，而是要找到业界人才诉求的主要矛盾，把握行业人才需求变化。行业人才需求变化呈现出了从岗位驱动转化为项目驱动的趋势，这就要求新闻传播学本科教育应增加以项目为驱动的教学模式，让学生有更多的机会真正将所学的理论践行于传播实践中。

综合 6 位来自业界专家的意见，新闻传播学本科毕业生仅具有较好的专业基础，仅有基本的专业理论知识及操作技能，仍难以满足业界对人才的实际需要。产品策划及平台运营能力、独立思考能力、社会及行业洞察力和实践动手能力是业内急需但新闻传播学专业毕业生尚未完全具备的四大能力。所以，新闻传播学的本科人才培养应该在坚持专业壁垒与核心能力的基础上，将人才培养的重点由知识型向能力型转变。唯其如此，才能从根本上做好新文科背景下新闻传播学本科专业人才培养这篇大文章。

【参考文献】

[1] 白净 . 媒体融合背景下新闻实务教学改革和创新 . 新闻与写作 ,2020(07):30-36.

[2] 巢乃鹏 . 面向新时代的传媒教育——以深圳大学传播学院人才培养模式为例 . 中国出版 ,2020(14):22-26.

[3] 戴发山 , 黄世秀 . 大类招生培养模式下平台课程体系的构建研究 . 商场现代化 ,2005(29):385-386.

[4] 董天策 . 探索媒体融合时代新闻传播教育的改革与创新——重庆大学新闻学院的认识与实践 . 中国记者 ,2016(02):48-50.

[5] 董天策 . 优化改革课程教学 造就卓越新闻人才——以媒介批评教学为例 . 青年记者 ,2019(28):55-57.

[6] 董泽芳 . 高校人才培养模式的概念界定与要素解析 . 大学教育科学 ,2012(03):30-36.

[7] 韩立新 . 建设与"新闻报道领域"相一致的新闻学课程体系 . 北京 : 中国共产党 90 年新闻实践与新闻思想研讨会暨全国新闻学研究会 2011 年中国新闻学学术年会 ,2011(11).

[8] 何志武 ."多元融合"语境下传媒复合型人才培养模式的转型与创新 . 中国新闻教育史学会 2012 年年会论文 . 广西南宁 ,2012(04).

[9] 胡百精 . 新闻传播教育改革中的若干基本问题 . 青年记者 ,2017(34):64-65.

[10] 胡正荣 , 李巧针 . 应对产业发展新形势 培养新型传媒人才 . 中国高等教育 ,2011(19):15-16+22.

[11] 李明德 , 陈盼盼 . 不忘本来·吸收外来·面向未来——智媒时代的新闻传播教育 . 新闻战线 ,2020(03):50-52.

[12] 林玲 . 高等院校"人才培养模式"研究述论 . 四川师范大学学报 (社会科学版),2008(04):110-117.

[13] 刘海贵 ."名记者摇篮": 复旦新闻实务教学实践与特色 . 新闻大学 ,2019(10):55-60+125.

[14] 刘英 , 高广君 . 高校人才培养模式的改革及其策略 . 黑龙江高教研究 ,2011(01):127-129.

[15] 强月新 . 媒介融合背景下的新闻传播人才培养 . 人民论坛·学术前沿 ,2019(03):30-37.

[16] 强月新 , 孔钰钦 . 新文科视野下的新闻传播人才培养 . 中国编辑 ,2020(10):58-64.

[17] 王铭玉 , 张涛 . 高校"新文科"建设 : 概念与行动 . 中国社会科学报 ,2019(03.21):004.

[18] 王文娟 . 挑战与抉择 : 转型期新闻传播教育变革的思考与实践——访河北大学白贵教授 . 今传媒 ,2018,26(10):1-4.

[19] 吴岩 . 加强新文科建设 培养新时代新闻传播人才 . 中国编辑 ,2019(02):4-8.

[20] 吴予敏 . 产业环境的创意人才培养 . 深圳大学学报（人文社会科学版）,2010,27(05):99-100.

[21] 严励 , 张悦 . 融媒时代我国新闻学专业人才培养模式探析 . 新闻世界 ,2017(11):86-90.

[22] 杨晓东 , 崔亚新 , 刘贵富 . 试论高等学校专业导论课的开设 . 黑龙江高教研究 ,2010(07):147-149.

[23] 张昆 . 中国新闻传播教育"华科大模式"的内涵及价值 . 新闻大学 ,2020(01):113-123+129.

[24] 中华人民共和国教育部 .（2018）.《教育部 中共中央宣传部关于提高高校新闻传播人才培养能力实施卓越新闻传播人才教育培养计划 2.0 的意见》.2021-10-12, 取自 http://www.moe.gov.cn/srcsite/A08/s7056/201810/t20181017_351893.html.

[25] 周光礼 ."双一流"建设中的学术突破——论大学学科、专业、课程一体化建设 . 教育研究 ,2016,37(05):72-76.

中国广告产业十年发展研究（2012—2021）

高腾飞[1] 董婧[2] 曲韵[3]

党的十八大以来，中国特色社会主义进入新时代。我国广告产业的发展同中国社会的整体进程保持一致，也实现了跨越式的增长和历史性的飞跃，尤其在数字化转型方面，完成了突破性的创新与跃迁，在国民经济和社会发展中发挥了不可替代的重要作用。随着我国迈上全面建设社会主义现代化国家、向第二个百年奋斗目标进军的新征程，回顾我国广告产业过去 10 年（2012—2021）的历程、成就与经验，对推动未来发展也具有重要价值[1]。

一、我国广告产业进入高质量发展阶段，取得显著成就

2012—2021 年，我国广告产业规模显著提升，创意水平不断增强，产业的数字化转型不断深化，产业集群化进一步加强，实现了广告产业的高质量发展，在全球引领地位进一步确立。

（一）产业规模大幅增长，10 年间增加了约 2.5 倍

数据显示，2012 年，全国广告经营额约为 4698 亿元[2]。而在 2021 年，全国广告业事业单位和规模以上企业的广告业务收入首次突破 1 万亿元，达到 11799 亿元[3]，10 年间增幅超过 2.5 倍（见图 1）。可以看出，我国广告市场规模逐年扩大，并总体呈现出快速增长态势。

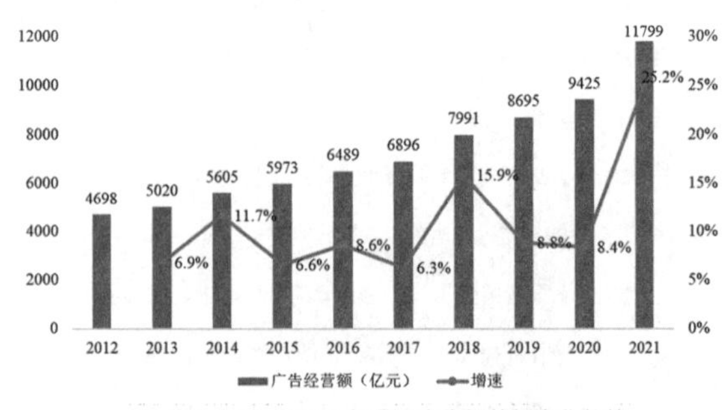

图 1 2012—2021 年我国广告经营额变化趋势

（二）稳居全球第二大广告市场，在全球广告产业中的地位进一步确立

Statista 统计数据显示，2012 年全球广告经营额约为 4070 亿美元，2021 年这一规模提升至 7724 亿美元[4]。这一时期，我国广告产业占比则从 18.3% 显著提升至 23.7%，增幅达 5.4 个百分点，成为仅次于美国的全球第二大广告市场（见图 2）。表明我国广告产业整体发展实力进一步增强，在全球广告市场中的重要性不断提升，处于引领地位。

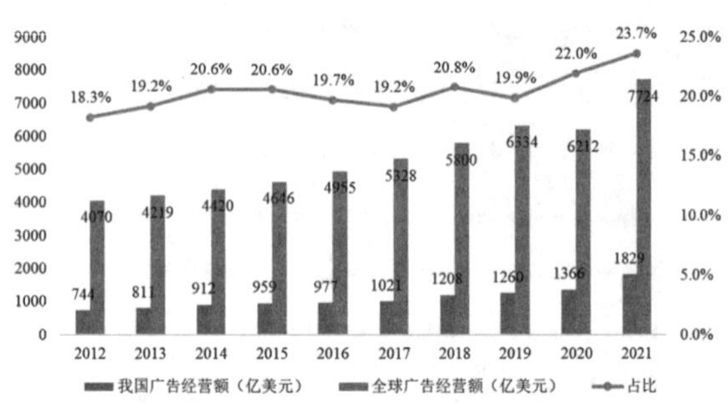

图 2 2012—2021 年我国广告经营额在全球市场的比重变化[5]

[1] 高腾飞，北京大学新闻与传播学院，北京，100871。
[2] 董婧，北京大学新闻与传播学院，北京，100871。
[3] 曲韵，北京大学新闻与传播学院，北京，100871。

（三）创意水平显著增强，在全球创意领域具有不可忽视的地位

10 年来，我国广告创意的质量和水平有显著变化，在国际赛事中，屡获殊荣。以全球广告和创意界最具影响力的“戛纳奖”为例，在不考虑新冠肺炎疫情影响的情况下对比可知，2012 年我国共获得 16 个奖项，2019 年这一数据增长至 22 个（见图 3），我国广告人的专业能力被国际普遍关注且认可，在全球创意领域已经占据了不可忽视的地位，我国广告创意作品也逐步成为引领全球广告创意的风向标。

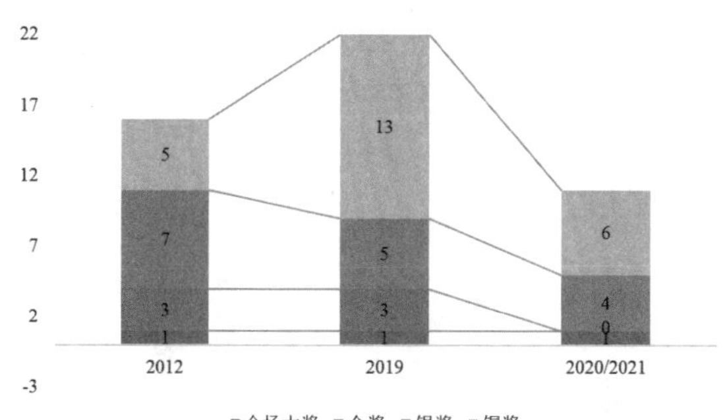

图 3 2012—2021 年我国在戛纳国际创意节获奖数量 [6]

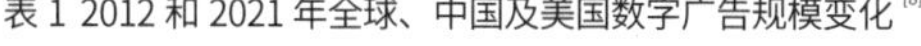

表 1 2012 和 2021 年全球、中国及美国数字广告规模变化 [8]

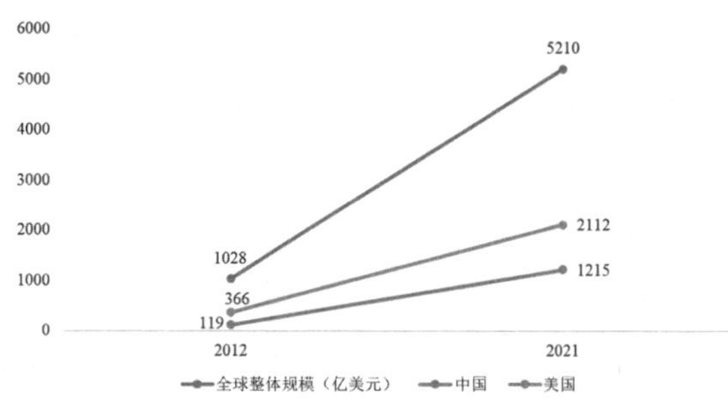

表 2 2012 和 2021 年全球、中国及美国数字广告行业占比变化 [9]

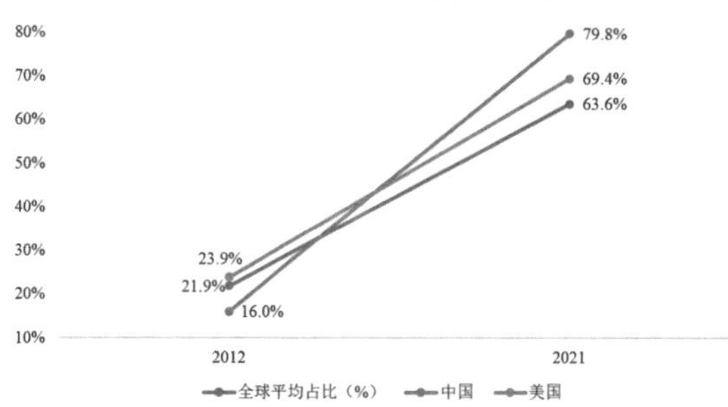

（四）产业数字化程度大幅提高，增速全球领先

一方面，我国数字广告产业规模在这 10 年间实现了大幅增长，从 2012 年的约 119 亿美元增至 2021 年的约 1215 亿美元，在全球数字广告中的占比也从 11.6% 提升至 23.3%，增长了 11.7 个百分点（美国同期增幅约为 4.9 个百分点）。另一方面，2012 年，我国数字广告占广告产业规模的比重仅为 16%，远低于美国 23.9% 的水平，也低于 21.9% 的全球平均水平；但在 2021 年，这一数据则显著跃升至 79.8%，不仅超过了全球 63.6% 的平均水平，也比美国数字广告产业占比高出 10.4 个百分点。数字广告行业发展迅速，我国广告产业的数字化水平也已经走在了全球领先的位置 [7]。

（五）推进广告产业园区建设，探索产业集约化发展路径

2012 年，《广告产业发展“十二五”规划》明确提出，积极稳妥推进广告产业园区建设……在广告业发展基础比较好的地方加快建设广告产业园区，认定一批国家广告产业园区。同年，批准认定了北京、上海等 9 个国家广告产业园区，拉开了我国广告产业集约化发展的序幕。截至 2021 年底，我国广告产业已经形成了以 29 家国家广告产业园区为骨干、省级及以下广告产业园区为基础的广告产业集聚区框架体系（见图 4），一定程度上提高了我国广告产业集约化水平，也为我国提升广告产业能级、产业链协作能力、产业资源配置效率等进行了有益尝试。

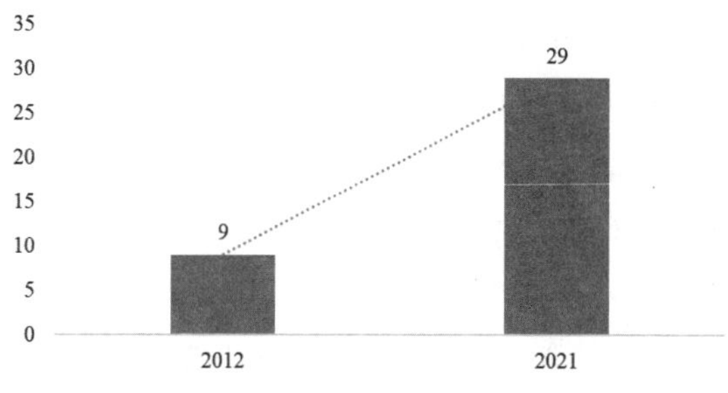

图 4 2012 和 2021 年国家广告产业园区数量变化

二、正导向，强治理，广告积极服务于人民美好生活

习近平总书记在党的新闻舆论工作座谈会上明确指出“广告宣传也要讲导向”，为新时代的广告产业发展指

明了方向。2012—2021 年，我国广告产业不仅实现了经济层面的增长，也更强调导向功能和社会效益，助力实现人民对美好生活的向往。

（一）广告法律法规体系持续完善，市场秩序不断规范

1. 法律法规体系不断健全

2015 年新修订的《中华人民共和国广告法》正式颁布，加大了对媒体广告发布的监管力度，针对广告代言人的法律责任和义务等一系列热点问题也做出了规范，也弥补了此前公益广告管理主体和互联网广告管理上的不足。在此基础上，对公益广告和互联网广告的治理也逐步精细化。

在公益广告方面。2016 年出台的《公益广告促进和管理暂行办法》针对此前公益广告发展中的商业化、权责不明等问题，明确了公益广告与商业广告的边界，并规范了媒体的公益广告发布义务。在权责明晰的基础上，公益广告发展加速，相关部门也增加了更多扶持性举措，对公益广告发展提供了重要的政策保障（见图 5）。

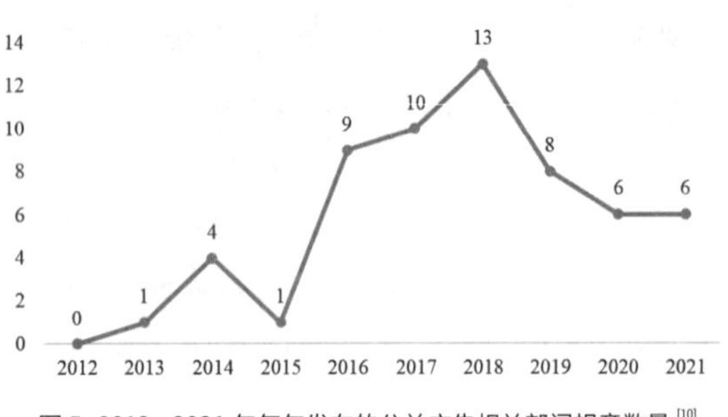

图 5 2012—2021 年每年发布的公益广告相关部门规章数量 [10]

在互联网广告方面。2016 年出台的《互联网广告管理暂行办法》是全球首个专门针对互联网广告的法规，针对异地管辖、平台责任等问题进行了规范，具有显著的开创性。针对随着数字技术发展而浮现的算法推荐、数据隐私等现象，2021 年来，《中华人民共和国数据安全法》《中华人民共和国个人信息保护法》《互联网信息服务算法推荐管理规定》等陆续出台，它们和广告法律法规共同对广告产业及相关活动进行监管与规范，保障广告产业在数字时代持续向好发展。

2. 广告市场秩序不断规范，产业发展环境持续优化

数据显示，2012 年，市场监管部门查处广告违法案件 4.39 万，罚没金额 2.81 亿元。2021 年违法案件查处下降至 4.27 万件，罚没金额却增至 7.44 亿元（见图 6 和图 7）。这一变化说明在违法案件数量总体不变的情况下，加大了对每个违法广告案件的处罚力度。当然，对于违法广告的治理目的不在于罚，更重要的是形成“警示效应”，营造风清气正的行业环境，最终更好地促进广告产业发展。

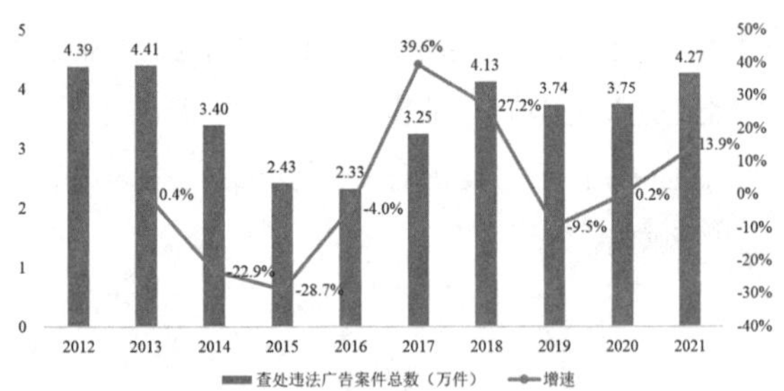

图 6 2012—2021 年每年发布的公益广告相关部门规章数量 [11]

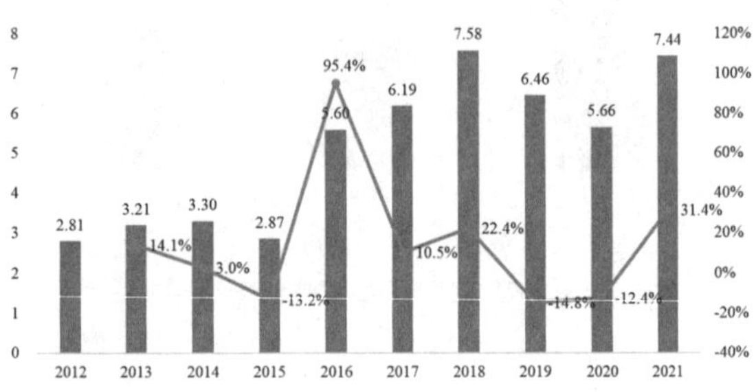

图 7 2012—2021 年每年发布的公益广告相关部门规章数量 [12]

（二）从管理到治理，广告产业长效发展机制日益健全

2012 年来，广告领域的“放管服”改革也在不断深化，市场监管部门强化了公共服务职能，既为科学的产业发展搭建了服务体系，也为公众参与广告治理提供了制度化渠道，形成了政府部门掌舵、全民共建的产业发展格局。

在治理机制改革方面。监管机构治理范式改革持续推动广告监管更加专业化、规范化。例如，2015 年建立了整治虚假违法广告部际联席会议工作制度，并迅速在省市级广告监管实践中落实推广，这使得政府部门间的系统协同得以更高效的推进。综合执法的方式也越来越多地应用到了广告治理上，打破了因“条块分割”造成的管理空地，通过形成合力，提升监管效能。

在产业治理机制建设方面。一方面，多方参与建立广告产业标准化体系，如 2017 年发布了《关于加强广告业标准化工作的指导意见》，这是我国首份专门指导广告业标准化工作的官方文件。另一方面，产业分析研判能力不断提升，如国家市场监督管理总局在“十三五”期间逐步优化全国广告业统计工作，统一统计口径，使统计数据更具有科学性、预测性，以支持政策决策。

在推动社会共治方面。一是通过普法制度建设和技术创新，强化市场主体的自我规范意识。市场监管部门积极打造普法品牌，并运用大数据、人工智能等提升网络普法的到达率、阅读率[13]；部分省、市广告行业协会还通过专业咨询、培训交流等方式，引导企业加强网络经营活动自我规范[14]。二是探索搭建违法广告的公众监督平台，许多地区建立了群众投诉举报机制，提升群众自治活力的同时补足了监管可能存在的盲区。三是政社、政企、政民联动机制的建立，充分调动了各方力量参与社会治理，形成了共建共享的广告产业发展机制。

（三）推动公益广告创新，促进广告服务社会美好生活

这十年，通过公益广告发展机制的建设和多方主体的共同参与，我国公益广告的内容更加丰富多元，品质大幅提升，在传播社会主义核心价值观、服务人民美好生活上发挥了重大作用，产生了广泛影响。

1. 多管齐下、多效并举，提升和推动公益广告创新发展

首先，2012 年来，通过创新发展机制，撬动社会各方力量，公益广告实现了作品数量和艺术水准的双提升。例如，2013 年，由中央媒体组成的公益广告创作团队选定了“泥人张”的“梦娃”形象作为诠释“中国梦”内涵的民间艺术作品，将中国传统文化与时代精神相结合，制作了一批平面作品和动画短片，受到全社会的普遍欢迎和赞誉。

其次，公益广告发展长期存在的资金和制度供给瓶颈也得到了持续改善。2014 年，国家新闻出版广电总局设立 1000 余万元专项资金，用于扶持公益广告创作播出，产出了一系列受到广泛好评的作品。2016 年发布的《广播电视公益广告扶持项目评审办法》又健全了这一激励引导制度，吸纳了社会力量，从作品质量、刊播等层面为公益广告的发展保驾护航。

此外，随着公益广告深入到健康、扶贫等关系国计民生的诸多领域，搭建专业交流平台也成为推动公益广告发展的重要手段。例如，中国公益广告黄河奖自设立以来，持续发挥着其在公益广告领域的影响力和风向标的作用。同时，面对“走出去”“引进来”的时代命题，北京国际公益广告大会于 2019 年创办，这是首次聚焦公益广告领域的国际性交流活动，海内外专业人员共同探索公益广告在内容、管理上的创新路径。

最后，数字技术加速赋能，推动公益传播数字化转型。民政部分别在 2016 年、2018 年、2021 年公布了三十余家互联网募捐信息平台，其中部分平台探索创新了社交、文娱、电商等数字生活方式与公益传播的结合，如电商平台的公益宝贝、互动游戏形式的公益项目以及借助在线社交进行的公益传播等。在数字化、智能化、场景化的公益传播发展趋势下，公益逐步与人们的日常生活相结合，通过数字化的方式在社会范围内广泛传播与渗透。

2. 主流媒体积极承担社会责任，以公益传播服务人民美好生活

2012 年来，我国主流媒体将社会效益放在首位，以优秀作品丰富了人民群众文化生活。一方面，对此前部分媒体发展过程中出现的过度商业化现象进行了整治，纠正了部分媒体过度追求商业价值和市场效果的问题，增加了新闻专题、公益节目和公益广告播出量。另一方面，主流媒体将社会效益作为主要发展目标，持续以优质人文内容吸引观众。如《中国诗词大会》等活动成功“破圈”，这些作品通过创新的形式，传承和弘扬了传统文化。

同时，媒体在广电主管部门的引导下，强化了导向意识，回应时代重大命题，策划并落地实施了一系列紧跟时代命题的项目。例如，国家广播电视总局在 2018 年提出了实施“舆论引导能力提升”工程和“记录新时代”纪录片创作传播工程，主流媒体则通过打造全媒体平台等形式，提升传播力、影响力。近年陆续推出的“新时代精品”工程、“记录新时代”纪录片创作传播工程等，催生了《领航》《超级工程》等彰显民族和时代精神、受到广泛好评的作品。

此外，主流媒体也在以多元化的公益传播服务社会发展。一方面，主流媒体承担了公益广告的刊播义务，拿出了较多的优质资源用于公益广告的发布。例如 2021 年全年播出广播公益广告时长 56.4 万小时，占播出广播广告节目时间的 39.3%；播出电视公益广告时长 108.1 万小时，占播出电视广告节目时间的 47.8%（见图 8 和图 9）。另一方面，各级主流媒体也参与建设了公益广告的长效发展机制。如各省市电视台、广播电台都积极参与公益广告作品库的建设，并且配合相关行政机构，组织公益广告评比活动，开展对从业人员培训等。

在国家重大事件和社会重大议题上，主流媒体也发挥其舆论引导优势，以公益广告传播正能量。例如中央广播电视总台在 2021 年制作的《一百年，一切为了人民》公益广告，在发布后登上微博热搜榜首并引发了网友的自觉转发，触达亿万受众。此外，“时代楷模”系列人物宣传片也引起了广泛的关注和讨论，强化了观众对时代精神和社会主义核心价值观的认可。

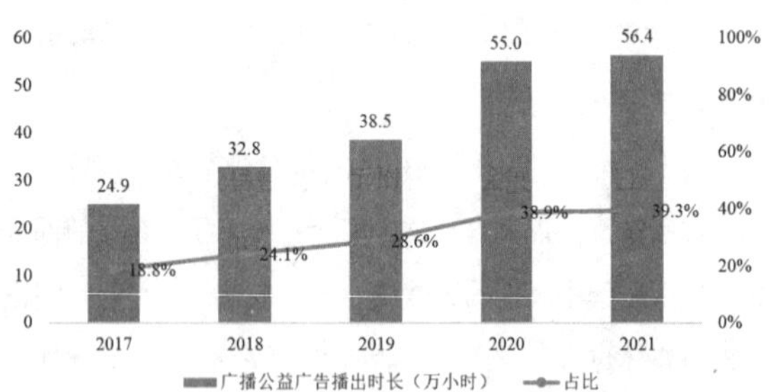

图 8 2017—2021 年广播公益广告播出时长及占比[15]

图 9 2017—2021 年电视公益广告播出时长及占比量[16]

三、数字化转型持续加速，广告产业成为数字经济发展的有生力量

十八大以来，我国数字经济进入快速期，不仅规模不断提升，新技术、新业态也加速涌现，为我国经济注入了“数字”活力。习近平总书记一系列重要论述和多项国家政策的出台，已经深刻阐明了数字经济在党和国家事业全局中的重要战略地位。10 年来，广告产业中的数字广告快速崛起，不仅成为推动数字经济发展的重要力量，数字广告自身也正在深度融入数字经济，成为其有机组成部分。

（一）创新驱动中国广告产业加速数字化转型

广告产业的数字化转型是中国广告业这 10 年发展最突出的变化。虽然以新浪、百度等为代表的网络广告一直在持续发展，但是 2012 年之前，以中央电视台为代表的传统广告一直在广告业中占据着主导地位。2012 年之后，移动互联网的发展推动了数字广告进入高速增长阶段。2013 年，在广告经营规模上，中央电视台的中国广告业龙头地位，首次被百度和阿里同时超过。随着大数据和人工智能等技术的加速变革，中国广告业的数字化转型不断深化，创新驱动，在基于技术应用的新理念新模式方面处于全球发展前沿。

从相关数据来看，2012—2021 年，我国数字广告产业规模从 753 亿元[17]（约 119 亿美元）增至 7836 亿元[18]（约 1215 亿美元），在广告产业中的占比从 16% 大幅增长至 79.8%，复合年均增长率（CAGR）高达 26.4%，显著高于广告产业的 CAGR 水平（约为 9.8%）。这说明数字广告为这 10 年间广告产业的增长做出了主要贡献，数字广告也已经成为中国广告产业的主导力量。随着技术持续升级和渗透，中国的广告业正在进入深度数字化发展阶段。

（二）数字广告是推动数字经济发展的有生力量

1. 数字广告与数字经济具有高度相关性

如表 3 所示，2012—2021 年，我国数字经济规模从 11.6 万亿大幅增长至 45.5 万亿，占国内生产总值（GDP）的比重由 21.6% 提升至 39.8%，CAGR 约为 14.7%，大幅高于 GDP 的 CAGR 水平（约为 7.8%）。因而，数字经济正在成为宏观经济增长的重要推动力量。同时，数字广告在数字经济中的占比，不仅在这 10 年间从 0.6% 大幅增长至 1.3%，增幅超过 1 倍，CAGR 水平也显著高于数字经济的同期变化（26.4% > 14.7%）。可以看出，

表 3 2012—2021 年我国经济、数字经济、数字广告的变化情况

	2012	2021	CAGR
GDP 规模（万亿元）[19]	53.9	114.4	7.8%
数字经济规模（万亿元）[20]	11.6	45.5	14.7%
数字广告规模（亿元）	753.1	7836	26.4%
数字经济规模占比	21.6%	39.8%	/
数字广告占数字经济比重	0.6%	1.3%	/

数字广告的发展推动了数字经济的增长，但数字经济的发展又为数字广告提供新的增长空间。数字广告与数字经济高度相关，相互促进。

2. 数字广告是推动数字经济运行的信息动脉

在不断的探索中，数字广告通过适应大数据、人工智能等数字技术变化，不断推动产品、业务、模式等创新，使自身成为能够满足数字经济发展需求的新的广告业态。2021 年出台的《数字经济及其核心产业统计分类（2021）》明确将广告产业中的数字广告（代码为 040409）纳入数字经济的核心产业之一。在数字经济成为国家战略的当下，这也是对数字广告以及整个广告产业在数字经济发展中的作用和价值的权威认可。这又体现在三个方面：一是数字广告是数字经济中数字产业化的有机组成。它与数字产品制造业、数字产品服务业、数字技术应用业等共同承载了以数据为关键要素，以价值释放为核心，以数据赋能为主线，对相关经济产业链进行全要素数字化升级、转型和再造的功能。二是数字广告属于数字要素驱动业。它与互联网平台、互联网批发零售、互联网金融、信息基础设施建设、数据资源与产权交易、其他数字要素驱动业等产业在数字经济发展中共同承载了以数据资源、数字要素为动力来驱动相关经济活动数字化发展的功能。三是数字广告属于数字内容与媒体产业，它与广告、电视、影视节目制作、广告电视集成播控、电影和广播电视节目发行、电影放映、录音制作、数字内容出版等产业在数字经济发展中共同承载了生产和传播数字内容，发展数字媒体的功能。

（三）广告产业正深度融入数字经济，实现协同发展

1. 数字化驱动广告产业与数字创意产业协同发展

从 2014 年《国务院关于推进文化创意和设计服务与相关产业融合发展的若干意见》提出要发展数字内容，到 2016 年《“十三五”国家战略性新兴产业发展规划》首次将数字创意产业纳入战略性新兴产业范畴，再到 2020 年《关于扩大战略性新兴产业投资培育壮大新增长点增长极的指导意见》提出要加快数字创意产业融合发展……可以看出，数字创意产业的相关政策是随着数字经济的发展而不断变迁的，而这与广告产业也存在紧密联系。数字化驱动广告产业发生了诸多变化，其中就包括程序化创意的广泛应用，它也是数字创意的重要组成部分。习近平总书记在 2018 年就曾指出，要发展数字经济，加快推动数字产业化，依靠信息技术创新驱动，不断催生新产业新业态新模式，用新动能推动新发展。在这一重要指示精神下，与广告产业有关的数字创意产业，遵循数字逻辑，发展数字内容，连接文化、生活、生产等领域，已经成为数字经济的重要组成部分，也正深度服务于数字中国、文化强国等战略。而且，发展数字创意产业也是通过对文化产业的数字化重构，来不断提升其对数字经济的服务能力和贡献程度[21]。

2. 数据要素持续促使广告业深度融入数字经济

随着数字技术的渗透和数据要素的积累，必然也会为数字经济带来许多新的治理难题，如数字经济发展不平衡不充分的问题、生产领域数字经济相对滞后、数字经济治理环境亟待优化等。这些问题的解决都离不开对数据要素的监管与治理。而数据目前也已经成为广告产业的关键生产要素，广告活动的所有环节基本都离不开数据的支持。进一步来说，近年随着大数据、人工智能等领域的快速发展，广告产业对数据的依赖性显著提升[22]。广告产业目前所面临的数据孤岛、虚假流量等问题，在一定程度上也属于数字经济治理需要解决的核心难题之一。

对此，2019 年来，我国相继出台并构建了以《中华人民共和国网络安全法》《中华人民共和国数据安全法》《中华人民共和国个人信息保护法》为“三驾马车”的法律体系，共同为网络空间治理、数据安全、用户隐私保护等提供坚实的法律基础。这不仅为数字经济的发展保驾护航，也对解决广告产业数字化进程中的问题提供了保障。最终，在“数据”逐步成为第五大生产要素的背景下，制度优势与监管体系双管齐下，促进广告新业态新模式在深度嵌入数字经济发展规律的同时，也助推其高质量发展。

四、提升专业能力，广告产业推动我国品牌发展进入新时代

2014 年 5 月 10 日，习近平总书记在河南考察时明确要求“推动中国制造向中国创造转变、中国速度向中国质量转变、中国产品向中国品牌转变”。中国经济在新时代的发展，不断加强品牌建设、推动中国自主品牌成长、

打造品牌强国，已成为重要任务。这十年，中国广告业不断提升专业能力，对接国家的战略需求，在提升自主品牌影响力、塑造中国品牌形象、服务国家品牌战略、建设品牌强国等过程中发挥了积极作用。

（一）品牌发展成效显著，品牌整体价值大幅提升

2012—2021 年，我国品牌建设取得了积极进展，品牌价值大幅增长。以 World Brand Lab 所发布的数据为例，2012 年“中国 500 最具价值品牌”的总价值约为 6.6 万亿元，2021 年迅速增至 27.9 万亿元，年均复合增长率达 15.5%（见图 10）。这反映出我国品牌建设与发展在这 10 年中取得了重要成效。

图 10 2012—2021 年“中国 500 最具价值品牌”总价值变化情况[23]

虽然广告支出对品牌价值的促进作用通常存在一定的时间滞后性，但通过对比分析，剔除疫情因素对 2021 年结果产生的影响，二者呈现出基本同步的变化趋势，即当年如果广告产业规模迅速增长，则下一年或两年的中国 500 最具品牌价值也会高速增长，二者存在显著的高度相关性（见图 11）。可以看出，10 年来，广告业在我国品牌建设中充分发挥了驱动作用和助推作用。如果没有广告业的支持，中国的品牌发展不可能发生如此巨大的变化。

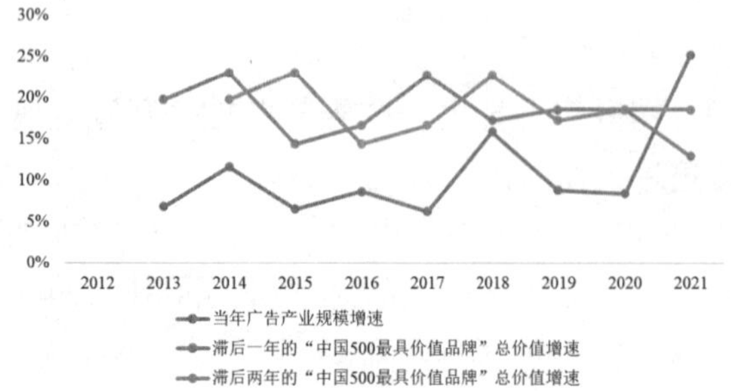

图 11 广告产业与“中国 500 最具价值品牌”总价值的同步变化趋势

（二）服务国家重大战略需求，推动品牌建设的全媒体传播

1. 品牌建设与发展是国家的重大战略

2014 年，习近平总书记做出“三个转变”重要指示。2017 年起，每年 5 月 10 日设立为“中国品牌日”，这是在国家战略高度为实施品牌战略、加强品牌建设、推动品牌强国所做出的重要决策。随着中国品牌日活动的持续开展，逐步形成了企业创造品牌、政府支持品牌、中介服务品牌、消费者关爱品牌的良好局面[24]。2019 年，“品牌强国工程”启动，品牌强国战略联盟也正式成立，并逐步成为全球数字传播最重要的品牌阵地。总之，从我国经济社会发展来看，品牌建设力度持续加强，进程也在逐步提速。

同时，以中央电视台为代表的主流媒体一直是品牌建设的超级舞台。由于互联网的冲击，近年来这些媒体的影响力有所下降，商业价值有所降低。但是，主流媒体不断创新，在媒体融合的过程中探索品牌传播的新型模式，为中国优秀品牌提供全方位的融媒体传播服务，大力提升了品牌的海内外影响力。为此，传统媒体的大公共传播平台价值推动了品牌建设的发展，掀起了自主品牌建设热潮，推动了中国品牌走向世界。根据 World Brand Lab 发布的《世界品牌 500 强》报告，2012 年我国品牌入选数仅为 23 个，排名第五。而 2021 年我国品牌入选数增至 44 个，排名升至第四，说明我国品牌在市场占有率、品牌忠诚度和全球领导力方面已经处于世界前列。同时，2012 年入选的品牌主要包括 CCTV、中国移动、国家电网等，在 2021 年，腾讯、华为、小米等企业品牌新晋上榜，表明自主品牌建设取得一定成效。

2. 品牌数字化建设进程加速

伴随着数字商业场景的丰富和数字营销技术的发展，在品牌的数字化建设方面也进行了很多有益尝试。得益于电子商务、互联网、数字广告等领域的创新发展，新消费品牌、DTC（Direct-to-Consumer）等新模式接连涌现，品牌可以直面消费者进行产品销售、广告投放、品牌传播等活动，“互联网 + 服务”“数字化 + 服务”等消费新业态不断成熟。2020 年出台的《关于以新业态新模式引领新型消费加快发展的意见》也鼓励直播电子商务、社交

营销等新模，促进品牌消费、品质消费。同时，随着年轻群体正在成为消费主力军，传统品牌也在尝试数字化转型进程，甚至创建专门面向年轻群体的新品牌。而一些国潮品牌、国货品牌也通过对传统文化的挖掘和对数字消费趋势的把握，在品牌建设等方面获得了年轻消费者的认同。总之，在大数据、人工智能、数字化等背景下，我国品牌建设已经发生并正在继续发生着许多新的变化。

也要认识到，在适应新时代的变化，推动中国品牌发展的过程中，数字化领域的品效协同等模式是应该关注和推动的变化。在数字化发展过程中，为塑造品牌、推销产品、提供服务、达成营销效果等，根据不同的广告目标而产生了以品牌广告与效果广告为主的两种广告类型，前者相对侧重于建立品牌知名度、美誉度，后者侧重于传播行动、转化行动。虽然“品效合一”是当前许多品牌追求的方向，但从这十年的实践经验来看，尚未找到“品效”真正合一的理想路径。为此，数字时代的广告需要在兼顾品牌传播的同时又能促进产品销售，在增加销售转化的同时又能兼顾品牌传播，最终实现“品效协同”。

（三）品牌国际化进程取得一定突破，但依然任重道远

1. 广告是推动我国企业加速出海，拓展国际市场，建立国际化品牌的重要方式

近年，国际广告节、国际广告标识展、国际广告产业展览会、国际创意节等面向全球的重大活动相继举办，并逐步成为世界级的交流平台，这在助力我国企业品牌国际化进程中发挥了重要作用。大力发展广告业是提升品牌影响力、加速民族品牌国际化进程的重要手段。在打造国际品牌的过程中，广告仍然是企业普遍选择的手段，也是品牌触达国际消费者，并与之建立连接的有效方式。

在过去10年，我国广告产业的专业服务能力不断提升，助推中国品牌拓展全球市场呈现出良好的发展态势。数据显示，2018年来，“中国全球化品牌50强”企业在海外市场知名度提升了60%，海外市场考虑意愿提升了82%[25]。与此同时，入围世界500强企业数量也能在一定程度上反映相应成就。数据显示，2012年以来，世界500强上榜的我国企业数量持续增长，并从2018年开始保持世界首位。2012年我国上榜企业数量为95家，2021年增至145家，10年间增加了50家。2012年我国上榜企业营业额占全部500强企业营业额的比重约为17.3%，2021年则提升至30.6%，10年间增长了13.3个百分点[26]。虽然中国品牌国际化受到全球发展格局等诸多因素的影响，但总体来看，2012—2021年是中国品牌在全球舞台绽放的10年，华为、阿里、腾讯等成为具有全球影响力的中国品牌，而SHEIN、花西子、安克等体现了中国新锐全球品牌的形象，在“一带一路”进程中，传音等中国品牌的国际传播也取得了显著的成效。

也要认识到，经过10年发展，我国目前仍然不是品牌强国，品牌建设任重道远。根据凯度BrandZ最具价值全球品牌排行榜等资料，2011年上榜的100强品牌中，中国企业占据12席，贡献了全球100强品牌总价值的11%；2021年，百强中上榜的中国品牌数量是18席，贡献了总价值的14%。与此同时，2021年入围World Brand Lab“最具品牌价值500强”的企业数量（44家）和入围《财富》“世界500强”的企业数量（145家）相差101家，与2012年72家的差距相比，不仅没有缩小，反而持续拉大（见图12）。这说明，虽然我国已经是经济大国、制造大国，但却不是品牌大国，也不是品牌强国。我国品牌的自强之路仍充满挑战，仍需继续努力推进。

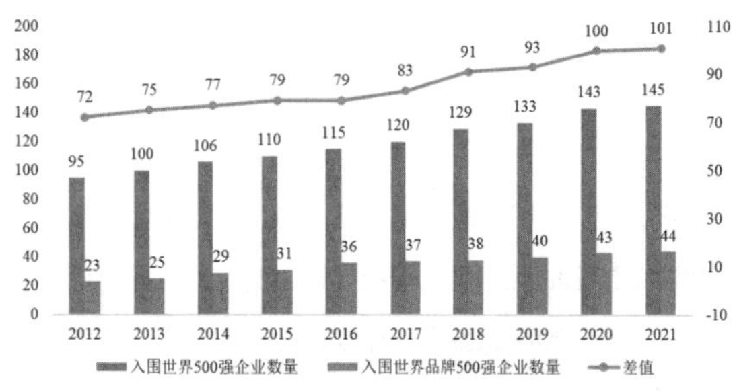

图12 2012—2021年我国入围世界500强和世界品牌500强企业数量与差值[27]

2. 广告企业的品牌国际化也是我国企业品牌国际化的重要组成部分

走向国际市场、提升国际化水平一直是广告产业自身发展的重要目标。只有打造具有国际化服务能力的大型广告企业集团，积极参与和深化国际交流，才能在服务国家自主品牌建设、展示中国广告形象、树立国家形象方面发挥更大作用，这也是贯彻落实“讲好中国故事，传播好中国声音，展示真实、立体、全面的中国”重要指示精神的实际体现。这其中，广告企业品牌国际化也是我国企业品牌国际化的重要组成部分。加强国际传播能力建设，也是时代赋予广告产业的重要使命。十年来，虽然在国际化道路上遇到了许多困难，但广告及相关产业在探索国际化的进程中也实现了一定突破。如蓝色光标等广告企业在全球布局已经基本完成，为北美、西欧等众多全球 500 强品牌以及“出海”的中国品牌提供国际传播服务；Tik Tok 短视频社交平台发展迅猛，在全球具有广泛的影响力，其国际化运营已经成为品牌出海的新模式，也成为推动更多中国品牌走出去的新平台。

五、广告教育与研究加速转型，并取得突出成就

2012 年来，互联网的加速普及、数字技术的快速迭代、疫情的影响等诸多因素不断迫使整个产业优胜劣汰、自我革新和进化升级。在这场变革中，中国广告产业逐步走到了全球广告产业发展的中心。作为其中的重要组成部分，中国的广告教育和广告研究也在这一时期呈现出了诸多值得关注的变化。

（一）广告教育加速转型，逐步迈入高质量发展阶段

1. 广告教育开启数字化转型，探索数字人才培养的新路径

数字化变革背景下，对中国广告教育的发展来说，思考和讨论最多的问题就是“广告教育的数字化转型”。虽然数字技术的优化迭代、数字营销的日新月异给广告教育带来的焦虑和困惑到今天仍未消散，但唯有对广告教育进行系统性的创新，才能从根本上解决数字时代营销传播专业人才培养的问题。2012 年以后，中国广告协会学术委员会、中国高等教育学会广告教育专业委员会、原中国广告教育研究会等专业组织曾连续多年将广告教育的转型、突破、创新、发展等作为年会主题，举办学术研讨，以期为我国广告教育的数字化转型找到抓手和突破口。2015 年起，北京大学广告学系在创意传播管理理论的指导下率先开展“数字营销实战教学创新项目”，在日常教学中引入大数据实战工具和真实的客户，推动线下理论教育与线上数字营销实战的结合，为学生提供广告流量费，在课堂上完成从数据分析、策略、创意、内容、投放、销售转化的线上全链条实战操作，从教学理念、课程内容、教学方法、教学管理等方面进行了系统化的教学改革。该模式不仅创造性地解决了传统广告教学的问题和难题，而且成功推动了数字化实战教学在我国广告教育中的开展与应用，为全球首创。复旦大学、中国传媒大学、暨南大学、深圳大学等在此模式的启发下也通过与腾讯广告、巨量引擎、代理公司等平台资源的合作，开启了同类型的实战课程。为此，产学协同、校企合作育人等逐步成为广告教学数字化转型实践中的路径之一。

2. 一流本科专业建设，推动我国广告专业建设高质量发展

在新文科建设的部署下，诸多高校广告学科结合自身特色，整合资源，探索跨专业人才培养路径。比如中国人民大学新闻学院与艺术学院合作，增设“创意传播实验班”；华南理工大学新闻与传播学院与软件学院进行深度合作，设立了“广东省大数据与计算广告工程技术研究中心”等。2019 年为深入贯彻落实全国教育大会和《加快推进教育现代化实施方案（2018—2022 年）》，教育部启动了一流本科专业建设“双万计划”。据不完全统计，从 2019—2021 年，包括中国传媒大学、暨南大学、深圳大学、武汉大学、厦门大学、北京大学、中国人民大学等在内的共 46 所高校的广告学专业获批国家一流本科专业建设点。这些举措促进了广告学科教学理念的持续改进、人才培养模式的持续优化、教学改革的持续深化，有利于形成符合新时代要求的各具特色的广告学专业建设新格局，为新文科建设提供可供借鉴和推广的新路径。

3. 广告教育更加强调价值引领

广告教育承担着为国家、为社会培养符合新时代需求的新型营销传播人才的重任。强调专业教育中的价值引领既是高校教学改革、双一流建设过程中思考和探索的重要问题之一，也是贯彻落实“广告宣传也要讲导向”重要指示精神的具体体现。这些年，许多高校在思政教育与专业教育有机融合方面进行了很多讨论和探索，深入挖掘广告学课程蕴含的思政元素的广度和深度，培育新一代青年学生的使命感、社会责任感及文化自觉，努力成为新时代的文科人才。

（二）广告研究积极回应新时代重大关切，取得一系列突破性、原创性成果

1. 广告研究进入新阶段，推动建构具有全球影响力的中国广告学术研究理论体系

2012 年来，广告研究开始探索并强调具有创新性、原创性、引领性的学术研究。这其中，尤以创意传播管理理论和发展广告学理论为代表。创意传播管理理论是由北京大学陈刚教授 2008 年提出的用于理解和指导数字时代营销变革的理论体系。2012 年出版《创意传播管理》一书。此后，该理论中的概念、方法等逐渐被应用于行业、教学实践，产生了广泛影响。如今，广告产业的发展模式已经发生了质的改变，但创意传播管理理论的框架体系却愈发完善。随着大数据、人工智能、云计算等技术的发展和产业数字化、数字产业化的不断推进，创意传播管理理论的价值将会得到更大的发挥。发展广告学理论则是以陈刚教授为首的学术共同体从中国独特的环境出发，尝试对中国广告产业发展问题进行分析、解释、研究、判断的理论框架和话语体系。2012 年来，连续举办了多届“发展广告学论坛”，分别围绕制度、资本、技术、市场、社会治理、数字营销与中国广告业发展等问题进行了深入研讨。

这些都是在对中国广告业发展的长期思考和中国广告长期研究积累之上逐步构建起的能够适应全球化、数字化和中国情境的原创性理论体系，体现了中国广告学人不断增强的学术自觉和学术自信。2018 年，包括中国广告长城奖在内的中国广告业大奖成为唯一经国务院批准设立的中国广告业国家级奖项；而在 2019 年，为鼓励学术创新、树立研究标准，在中国广告长城奖下增设了广告学术类，这是我国广告学术发展史上第一次举办国家级学术奖项评审。

2. 广告研究主题反映产业发展变化，研究内容密切回应社会重大关切

真正的广告研究不能、也不应该仅停留在对现象的描述和总结，尤其是在这个充满变化和不确定的大时代，更需要去洞察和把握现象背后的本质逻辑，发现和找到真正值得研究的问题，进而通过深入研究，给社会和产业发展以启发、借鉴和指导。2012—2021 年间，在已立项的国家社会科学基金项目中，以“广告”为主题的研究课题数量约为 70 项，内容涉及广告产业研究、公益广告、互联网（智能）广告、社会治理、法律法规、广告监管、广告史等。2018 年以后，数字营销技术的普及和行业数字化转型的进一步加速，以互联网、大数据、智能广告等为主题的研究在立项项目中的占比明显提升，这些科研动向不仅与我国广告产业的数字化转型紧密相关，也和我国经济社会在数字时代的发展规律密切相连。

（三）我国广告教育与学术研究的影响力在国际学术交流和对话中不断提升

伴随我国广告业在全球广告业发展中地位和角色的变化，我国的广告研究和广告教育的数字化转型也日益成为全球学者关注的热点。2016 年 4 月，中国新闻史学会广告与传媒发展研究委员会和韩国广告与公关学会共同举办了“2016 年中韩广告文化交流学术研讨会”；同年 12 月，美国西北大学整合营销传播之父唐·舒尔茨（Don E. Schultz）教授、美国广告学会会长许智修（Jisu Huh）教授等众多国内外知名学者受邀参加在广州召开的第 15 届中国广告教育学术年会，共同探讨广告业的使命与责任、中国广告的创新与未来；2018 年起，上海外国语大学开始举办“智能科学与广告发展国际学术研讨会”定期邀请海内外学者围绕相关话题进行学术研讨；2019 年 7 月由北京大学新闻与传播学院、中国广告协会、美国广告学会共同主办的“智慧传播引领数字世界——2019 美国广告学会全球会议”在北京大学成功举办。与会学者共同探讨智能化与广告业发展的前沿问题，促进了各国广告营销传播及相关专业学者互动，向海外同仁展现了数字时代中国广告业在学术研究、技术与应用方面的进展；2019 年 8 月至 9 月，全球广告研究领域的顶级期刊 *Journal of Advertising* 智能营销专刊刊发了 3 篇中国学者的文章，体现出国际学术界对中国智能营销研究前沿价值的关注和认可。在转型发展的过程中，我们应该也需要以更加积极的姿态去融入和加强国际对话，以专业研究为平台和纽带，讲好中国故事，传播好中国声音。

此外，十年来，我国的广告教育、广告研究、学科建设等在不断的变化发展、探索实践中逐渐明确了问题与方向，形成了很多具有中国特色的、值得记录和总结的经

验模式。为此，每年都会举办丰富多彩的学术活动，在交流分享中相互借鉴、共同发展。例如，2017 年，中国广告协会学术委员会成立 30 周年专题论坛在北京举办。创立于 1987 年的中国广告协会学术委员会，是中国广告协会下设的专业委员会之一。作为推动中国广告学术发展和交流的国家级平台，中国广告协会学术委员会为中国当代广告理论建构和学术发展做出了不可替代的作用。2019 年是中国广告发展 40 年，在这一重要的历史节点，中国广告协会、中国商务广告协会、广告主协会共同举办了“中国广告 40 年纪念大会”；同年 7 月，“中国广告发展四十年学术论坛活动”在北京成功举办。类似这些活动的成功举办，不仅是对中国广告产业发展历程的回顾与梳理，也有效促进了广告学界与业界的良性互动，推动了我国广告产学研等多方主体联动、创新、和谐发展。

六、结语

回望过去，党的十八大以来，我国广告产业认真贯彻落实党和国家的战略部署，产业发展能力不断提升，取得了一系列历史性成就，成为推动数字经济发展、加强品牌强国建设、服务人民美好生活的重要力量。

展望未来，党的二十大擘画了中国式现代化的宏伟蓝图。在向着全面建成社会主义现代化强国的第二个百年奋斗目标迈进的新征程上，广告产业将以习近平新时代中国特色社会主义思想为指导，在新时代新征程上展现新担当新作为，为实现中国式现代化贡献广告力量。

（作者信息：高腾飞，北京大学新闻与传播学院博士后，讲师；董婧，北京大学新媒体营销传播研究中心副主任、中国广告协会学术委员会委员；曲韵，北京大学新闻与传播学院 2022 级博士生）

【参考文献】

[1] 高腾飞，董婧，曲韵．我们这十年 中国广告产业发展的精彩进程 [J]. 现代广告，2022(21):54-59.

[2] 数据来源：《2013 中国广告年鉴》．

[3] 国家市场监督管理总局广告监督管理司．2021 年度中国广告业发展指数发布 [EB/OL]. (2022-07-04) [2022-11-08], https://www.samr.gov.cn/ggjgs/sjdt/gzdt/202207/t20220714_348626.html.

[4] Statista. Advertising media owners revenue worldwide from 2012 to 2027[EB/OL]. [2022-11-14], https://www.statista.com/statistics/236943/global-advertising-spending/.

[5] 考虑到数据的可对比性，此处根据国家外汇管理局公布的《人民币汇率中间价（1994—2021）》，对当年每天的人民币对外币汇率加总后取均值，进而得出 2012—2021 年每年人民币对美元的年度汇率平均水平，并依此计算出可对比的货币单位结果．

[6] 2020 年戛纳国际创意节因疫情原因取消，2021 年合并了两年的作品进行评选。但受疫情影响，全球及中国参赛作品数量都明显减少．

[7] 闫德利．行业观察 | 数字广告是数字经济的重要基石 [EB/OL]. (2022-11-14) [2022-11-16], https://mp.weixin.qq.com/s/ySzTNkqfPd2a9EEzhn9kYw.

[8] [9] 根据 eMarketer、OAAA、MAGNA、Bureau of Labor Statistics、中国广告协会、国家外汇管理局等数据整理和计算而成．

[10] 数据来源：北大法宝数据库．

[11] [12] 数据来源：《中国广告年鉴》、国家市场监督管理总局．

[13] 国家市场监督管理总局法规司，全国市场监管系统法治宣传教育第八个五年规划（2021—2025 年）（EB/OL），https://www.samr.gov.cn/fgs/fzxc/202112/t20211203_337756.html，2021-12-03/2022-11-20.

[14] 中国质量新闻网，成都打好精准治理“组合拳”营造风清气正的互联网广告市场环境（EB/OL），https://www.samr.gov.cn/ggjgs/sjdt/gzdt/202112/t20211229_338654.html，2021-12-29/2022-22-10.

[15] [16] 数据来源：国家广播电视总局．

[17] 数据来源：中国广告协会．2012 年中国网络广告市场规模突破 750 亿元 [EB/OL]. (2013-01-04)[2022-11-08], https://www.cnr.cn/advertising/

gnggxx/201303/t20130304_512079070.html. 由于早期数字广告缺乏权威统计数据，此处将网络广告、互联网广告等同于数字广告，仅作为参考 .

[18] 闫德利 . 行业观察 | 数字广告是数字经济的重要基石 [EB/OL]. (2022-11-14) [2022-11-16].

[19] 数据来源：国家统计局 .

[20] 数据来源：人民日报 . 我国数字经济规模超 45 万亿元 [EB/OL]. (2022-07-03) [2022-11-08], http://www.gov.cn/xinwen/2022-07/03/content_5699000.htm. 然后，结合国家统计局数据计算而成 .

[21] 陈刚 , 宋玉玉 . 数字创意产业发展研究 [J]. 贵州社会科学 ,2019(2):82-88.

[22] 马二伟 . 数据驱动下广告产业的智能化发展 [J]. 现代传播 (中国传媒大学学报),2020,42(5):138-143.

[23] 数据来源 :《中国 500 最具价值品牌》历年榜单。该榜单是由世界领先的独立品牌评估及行销策略咨询机构 World Brand Lab 根据中国企业的财务分析、消费者行为分析和品牌强度分析等数据而发布的榜单，自 2004 年起，每年发布一次 .

[24] 何立峰 . 共谋中国品牌发展未来 共享中国品牌发展成果 [J]. 宏观经济管理 ,2021(6):1+9.

[25] 数据来源：《2022 年度 BrandZ ™中国全球化品牌 50 强》.

[26] 国务院 . 党的十八大以来经济社会发展成就系列报告 : 综合实力大幅跃升 国际影响力显著增强 [EB/OL]. (2022-09-30) [2022-11-14], http://www.gov.cn/shuju/2022-09/30/content_5715091.htm.

[27] 《财富》“世界 500 强”排行榜每年年中发布，因其主要采用相关企业的上一财年数据，对此，文中将其进行了前置一年处理。如 2022 年 8 月发布的“世界 500 强”数据在文中被视为 2021 年的年度指标，其余年份以此类推 .

中国广告年鉴 2023
CHINA ADVERTISING YEARBOOK

广告行业发展报告

Advertising Industry Development Report

中国数字营销发展报告（2022 年）

李芙蓉[1] 周茂君[2]

| 摘　　要 | 本报告从现有规模、综合环境、当前特点、变化之处四个方面，总结了 2022 年中国数字营销产业的发展情况，简要分析了 2022 年中国数字营销行业遭遇的多重困境，并对 2023 年中国数字营销产业可能出现的趋势进行了预测。

| 关 键 词 | 数字营销；营销产业；行业发展

中国互联网络信息中心（CNNIC）2023 年 3 月发布的《第 51 次中国互联网络发展状况统计报告》显示，截至 2022 年 12 月，我国网民规模已达 10.67 亿，其中手机网民规模达 10.65 亿，互联网普及率已达 75.6%，以上数据较 2021 年 12 月均有不同程度的提升。[1] 如此庞大的用户基数足以说明，大力发展基于互联网的数字经济对我国意义非凡。放眼全球，正如 2022 年 1 月国务院印发的《"十四五"数字经济发展规划》中所述，数字经济发展速度之快、辐射范围之广、影响程度之深前所未有，正推动生产方式、生活方式和治理方式发生深刻变革。党的二十大报告也指出，要加快发展数字经济，促进数字经济和实体经济深度融合，打造具有国际竞争力的数字产业集群。[2] 因此进入"十四五"阶段，我国政府多次强调，发展数字经济是大势所趋，我国必须把握住新一轮科技革命和产业变革的新机遇，将发展数字经济作为核心目标之一，着力构建现代化的新经济体系。

2022 年，我国数字经济发展迅速。本年度我国数字经济规模达到 50.2 亿元，同比名义增长 10.3%，已连续 11 年显著高于同期 GDP 名义增速。[3] 在 2023 年 4 月召开的第六届数字中国建设峰会开幕式上，国家互联网信息办公室发布的《数字中国发展报告（2022 年）》指出，2022 年我国数字经济规模总量稳居世界第二，占 GDP 比重提升至 41.5%，这一比重相当于第二产业占国民经济的比重。[4]

以上数据均说明，数字经济正成为我国经济稳增长促转型的重要引擎，在数字经济全力加速的大环境当中，我国各类企业当前阶段面临的关键问题即在于数字化转型。数字营销是企业数字化转型的最佳切入点，更有学者认为数字营销将会成为中国企业未来数字化发展中的核心。目前，学界对"数字营销"内涵的表述虽未达到高度统一，但已形成一定共识：数字营销是一类偏向于由技术驱动的营销方式，借助对各类信息、数据技术的

本文系国家社会科学基金项目"中国新媒体广告规制研究"（17BXW094）阶段性成果。

[1] 李芙蓉，武汉大学新闻与传播学院 2021 级硕士研究生。

[2] 周茂君，武汉大学新闻与传播学院教授，博士生导师。

综合运用来实现营销[5]。

与我国数字经济的整体高质量发展相适配，国内数字营销领域在近几年同样成长迅速，并根据社会发展进程不断进行了多元化的适应性调整。本报告将从发展实况、优秀案例、多重困境及未来展望四个维度出发，对2022年度中国数字营销发展作出整体回顾与梳理，并对2023年中国数字营销发展趋势作出一定预测。

一、2022年中国数字营销市场发展实况

2022年中国数字营销市场的总体发展情况较为平稳，虽受疫情影响，上升速度与扩张幅度并未达到2021年末的预测水平，部分细分领域甚至表现出些许回落，但综合来看2022年我国的数字营销市场仍表现出较大进步，与宏观经济稳中求进的整体态势保持一致。

（一）现有规模

1. 营收概况

在当前数字营销领域，数字广告是多数企业首选的营销形式。融文与全球市场营销顾问公司Kepios、全球性创意广告公司维奥思社共同发布的《2023年度中国数字化营销洞察报告》指出，2022年，中国品牌的线上与线下广告的总支出约为1961亿美元，较前一年上升12.2%，数字广告支出所占的比例更大，高达81.8%。[6]秒针营销科学院与GDMS、媒介360于2022年12月共同发布的《2023年中国数字营销趋势报告》则显示，2022年国内数字广告市场表现一般，第二季度收紧状况最为明显，4月、5月、6月的互联网广告流量分别同比下降19%、21%、18%，1—11月互联网广告流量整体同比下降9.2%；2022年位于中国互联网广告流量前10的行业包括零售及服务、IT产品、美妆个护、食品饮料、休闲娱乐、母婴用品、医药保健等热门领域，其中休闲娱乐、医药保健、母婴用品3个行业的互联网广告流量降幅最为明显，分别高达32%、24%、22%，其他主流行业的数字广告流量也均有不同程度下降。[7]

虽然2022年国内数字营销市场整体收缩，但数字营销发展的脚步并未停滞，数字营销细分领域数量不断增多，数字营销体系建设更加完善。[8]电商运营、用户运营、广告投放、行业及消费者洞察是数字化应用程度最高的营销领域，在2022年的数字化应用比例分别为41%、36%、36%、31%，都较2021年的数字化应用程度有不同幅度的显著提升；然而，线下渠道运营、产品研发创新、创意与内容生产管理3个领域的数字化应用程度相对较低（均在20%以下），还存在充裕的提升空间，未来的数字营销可能会从这些方向开拓新的突破口。

受整体社会环境的影响，2022年中国企业的营销目标也发生了重心偏移。[9]2021年，有88%的受访广告主希望通过数字营销提升品牌形象、深化品牌印象，对品牌目标的重视比效果目标更甚；而在2022年，想要通过数字营销达到提升产品销量目的的广告主占比明显提高，而想要通过数字营销实现品牌目标的广告主仅有78%。综合来看，2022年广告主的数字营销预算倾向“效果”目标。虽然仍有超过六成的广告主认为数字化时代的品牌建设十分重要，但在2022年，他们普遍选择了更为稳健的数字营销策略。

2. 产业图谱

在2022年11月的第十届中国数字营销峰会上，《2022中国数字营销生态图年度解读》[10]正式对外发布，本报告参考其中公布的数据对2022年数字营销产业的整体发展作简要分析。

《2022中国数字营销生态图年度解读》当中的“2022年中国数字营销生态图”依然延续了2021年的一级分类，将全部的企业赛道归为“服务和管理”“数据和运营工具”“触点和内容”三大维度。但二级分类在2021年的16类基础上有所增加，原有的位于三级细分赛道的“元宇宙营销”被提升到了二级。更进一步细分的三级赛道，则由2021年的93个增加到了今年的102个，新增部分主要来自“元宇宙营销”和“社媒营销”两个二级分类。对“元宇宙营销”赛道的新增和细分充分反映了元宇宙给数字营销领域带来的巨大冲击，冲击的表象之下又蕴含着机遇和挑战。以元宇宙为基础的全新数字营销类别（形式）正逐渐成为各大数字营销公司吸引客户的亮点及优势，多个与元宇宙相关的数字营销案例“出圈”更是为品牌方提供了可参考的成功范本，元宇宙营销会在未来一段时间内重构当前数字营销领域的产业结构。而在“社媒营销”中新增的细分类别，则可视作对2021年

原有的“社交平台”这一细分赛道的进一步完善扩充。

具体来看，在“2022 年中国数字营销生态图”中，“服务和管理”一级分类下共有 501 个有效企业赛道，较 2021 年增加 283 个；“数据和运营工具”一级分类下共有 398 个有效企业赛道，较 2021 年增加 104 个；“触点和内容”一级分类的增长个数最多，2022 年共有 992 个有效企业赛道，较 2021 年增加 451 个。以上数据均散发出数字营销产业正不断扩张的强烈信号，现有的数字营销企业不断开拓新业务，同时越来越多的数字营销企业开始重视业内声望参与行业活动。

3. 营销投入情况

《2023 年中国数字营销趋势报告》中公布的数据显示，有 74% 的受访广告主认为，2022 年国内市场的整体营销投入较上年有所下降，仅 13% 广告主认为国内市场的整体营销投入较上年有所增长。虽然这组数据反映的是受访者对于国内市场整体营销投入情况的主观判断，但至少在一定程度上表明业内人士对当年国内营销市场情况的非乐观心态。

但在国内营销市场整体投入减少的大背景下，广告主们在数字营销上的投入却并未减少。《2023 年中国数字营销趋势报告》当中的数据显示，2022 年，在数字营销上的投入占总营销投入不足 20% 的广告主比例大幅减少，仅有 26%；超过 32% 的广告主将总营销投入的六成以上用于数字营销，其中 18% 的广告主在数字营销上的投入超过总营销投入的 80%。毫无疑问，数字营销已经成为多数企业在营销活动上的第一选择。

由于一些超预期因素对经济环境的影响，2022 年整体营销投入的增速未达到预期水平。而基于疫情情况的不断平稳，2023 年国内企业用于营销的投入将会增加，数字营销市场也很可能延续疫情前的发展态势继续扩张。

（二）综合环境

1. 经济环境：高“不确定”性导致波动频繁

数字营销市场的运转无法脱离整体经济环境，而经济环境能否保持稳定则取决于政治、文化、生态等多方面的综合因素。2022 年是非常复杂的一年，意外频频涌现。从世界环境来看，2 月发生的俄乌冲突对全球政治经济局势产生巨大影响，给中国品牌的海外发展和国际营销带来挑战；从国内形势来看，新冠肺炎疫情不断反复，部分城市或地区的经济发展受限。可以说，2022 年中国经济环境以高不确定性为特征而且波动频繁，不同领域的从业者们都偏向于选择保守型行动策略，数字营销领域自然也不例外。

2022 年的国外国内环境并非只给国内数字营销市场带来负面影响。在高不确定性的经济环境中，数字营销市场仍有着较为明确的发展方向，灵活方便、成本更低、效果可量化的数字营销优势在 2022 年愈发凸显。《2023 年度中国数字化营销洞察报告》显示，2022 年有 41.9% 的中国互联网用户在作出购买决策之前都会上网搜索产品、服务和品牌相关信息，以互联网为主要舞台的数字营销对品牌的作用不言而喻。

2. 政策导向：国家大力发展数字经济

习近平总书记在 2022 年第 2 期《求是》上发表的重要文章《不断做强做优做大我国数字经济》强调，近年来，数字经济发展速度之快、辐射范围之广、影响程度之深前所未有，正在成为重组全球要素资源、重塑全球经济结构、改变全球竞争格局的关键力量。[11]《“十四五”数字经济发展规划》中也明确指出，推动企业数字化转型、企业数字化专项行动是“十四五”时期数字经济发展的重点任务和重点工程。数字营销行业作为数字经济的重要组成部分，对我国数字经济的发展起到至关重要的作用。

“国潮”兴起也是当下中国经济发展的一大趋势。为支持民族品牌扩大影响力、迈入快车道，国家发改委、工信部等七部门于 2022 年 7 月印发《关于新时代推进品牌建设的指导意见》[12]，提出要进一步引导企业加强品牌建设，进一步拓展重点领域品牌，营造品牌发展良好环境，不断促进品牌建设高质量可持续发展。而要在互联网时代进行高效有力的品牌建设，数字营销是必选动作。因此政府为助力民族品牌振兴而制定的一系列新政策新规划也必然包含数字营销领域的多个方面。

数据是数字营销能够实现的基础，数据保护问题一直是近年来受到热议的社会问题。数据安全属于国家战略，我国在保障数据安全方面已经做了不少努力。例如从 2021 年 11 月 1 日起，《中华人民共和国个人信息保护法》（以下简称“《个人信息保护法》”）正式施行，开启我国个人信息保护法治发展新篇章，但如何实现数字营销发展与个人信息保护二者的动态平衡是当前亟须解决的关键问题。此外，《个人信息保护法》施行后，数据获取的难度进一步增大，个性化的营销模式受到了一定限制，这些都会对数字营销活动产生不同程度的影响。

3. 行业背景：营销支出增长速度放缓

2022 年国内企业在营销上的投入整体下降，而且与前几年的实际情况相比，2022 年国内企业的营销支出增长速度明显放缓。

从 CNNIC 近 3 年内发布的国内网民规模统计数据来看，网络用户增长速度也明显放缓，在同样的半年时间内，2022 年下半年网民增长数量不及 2020 年下半年的三分之一。随着我国互联网普及率越来越高，未来一段时间的网络用户增长速度仍会不断递减。

表 1. 近 3 年国内网民规模统计

	2020 年 6 月	2020 年 12 月	2021 年 6 月	2021 年 12 月	2022 年 6 月	2022 年 12 月
国内网民规模	9.4 亿	9.89 亿	10.11 亿	10.32 亿	10.51 亿	10.67 亿

数据来源：中国互联网络信息中心（CNNIC）2020—2023 年发布的历次《中国互联网络发展状况统计报告》

网络用户增长速度降低意味着国内互联网的流量红利见顶，各大网络平台的用户数量增长遭遇瓶颈。广告主获取流量的成本也一涨再涨，过去依赖高曝光率的营销策略能够发挥的作用会越来越有限，品牌开始从流量抢夺之争转向用户存量之战。如何快速适应数字经济生态，如何从“流量为王”的营销准则转向新营销思路的开拓，广告主们急切想要寻求答案。2022 年国内整体经济环境的不稳定更让广告主在营销投入上信心不足，流量红利见顶加上经济波动频繁，导致广告主们在营销投入上愈发谨慎。

（三）当前特点

1. 元宇宙对数字营销领域的渗透更加深入

为提升营销效果，数字营销领域不断求新求变，一直大胆尝试运用各类新科技成果，为数字营销的发展持续注入新鲜动力。疫情影响下，社会对网络构建的虚拟世界的依赖程度不断加深，“元宇宙”进入大众视野，全面渗透数字营销领域。2022 年，浙文互联、蓝色光标、华扬联众等多家数字营销公司纷纷布局元宇宙，在虚拟人物、虚拟空间、虚拟藏品等三大方向上获得了较大成功。

其中虚拟人物是品牌元宇宙应用最多也最为成功的案例。根据《2023 年中国数字营销趋势报告》所提供的数据，2022 年有 13% 的受访广告主已拥有品牌自创的虚拟代言人，有 15% 的受访广告主已开始用虚拟助手或人物提升用户的服务体验，例如在国内家喻户晓的洛天依、主攻美妆领域的柳夜熙以及虚拟偶像女团 A-SOUL 等。有 53% 的受访广告主表示会在未来 2 年内开展元宇宙相关营销，有 40% 的受访广告主正计划自创品牌虚拟代言人，对开设虚拟展厅、开创虚拟私域感兴趣的受访广告主数也均在 30% 以上。在虚拟空间方向，2022 年 3 月中国一汽与百度联合，在百度打造的“希壤”元宇宙世界中为奔腾 B70S 召开了产品发布会。开发数字资产进行数字营销的品牌也比较常见，例如国产品牌李宁发布 NFT 球鞋艺术品，给李宁带来了不小的关注度。

当前，支撑元宇宙大范围发展的技术生态、内容生态、社交生态三大生态体系框架已初步形成，元宇宙很可能将被更多更广地运用于数字营销各个阶段。

2. 从用户需求出发，多方共创价值生态体系

当前的数字营销活动的参与者日益丰富，在广告主、数字营销公司、互联网平台、各类媒介之外，有一定影响力的 KOL 和普通用户也纷纷加入数字营销，各自发挥优势以推动营销活动落地。用户身份发生了从接受营销客体到参与营销活动主体的明显转变，不仅作为二次传播者为数字营销活动增大影响力，也通过社媒平台作为内容创作者参与内容生产中，许多用户生产的内容深受其他用户喜爱，并在一定程度上引发大范围的情绪波动，而广告主又能借势策划新一轮次的营销活动，依靠用户的力量形成裂变式的消息传播与口碑传递。

除个体用户外，各类互联网平台在数字营销中发挥的作用也不容小觑。各大互联网平台是广告主开展数字营销活动的主要空间，社交媒体类平台更是广告主和用户进行直接交流的主要媒介，个体用户创作的内容也需通过社交媒体获得被其他用户看到的机会。有 20% 的受

访广告主认为自己公司在社交媒体上进行的数字营销非常成功，并且有 45% 的受访广告主正在推进在社交媒体平台的营销计划。相比于成熟广告主，超过 80% 的新锐广告主打算在 2023 年增加社交媒体平台的营销投入。[13] 综合来看，2022 年中国数字营销领域继续坚持以消费者需求为核心、以数据为基础、以多方主体协为纽带，共创高端价值生态体系。

3. 直播、私域、社群成三大“必争之地”

2022 年中国广告主纷纷将营销重心放在线上数字营销活动，直播、私域和社群成为广告主在数字营销中的三大必争之地。

CNNIC 发布的《第 51 次中国互联网络发展状况统计报告》中对我国各类直播用户规模进行了统计。截至 2022 年 12 月，我国网络直播用户总规模达 7.51 亿，较 2021 年 12 月增长 4728 万，占网民整体的 70.3%。其中电商直播用户最多，达到了 5.15 亿，较 2021 年 12 月增长 5105 万，占网民整体的 48.2%；体育直播、演唱会直播、游戏直播及真人秀直播的受众量也非常大。《2023 年中国数字营销趋势报告》提供的数据表明，2022 年有 76% 的受访广告主已将直播形式运用于直播活动中，有近半数的受访广告主表示会将本公司 2023 年的社媒营销重点放在品牌直播上。

在 2022 年 11 月举行的“2022 腾讯数字生态大会”上，腾讯智慧零售副总裁陈菲公布了这样一组数据：私域收入百亿以上的企业数达到了 5 个，10 亿以上的企业数也达到了 40 个。根据公开信息整理，2022 年部分私域运营服务商获取融资的具体情况如表 2 所示。

表 2.2022 年私域运营服务融资情况一览表

时间	公司	融资量	融资环节
1 月	探马 SCRM	1000 万美元	B++ 轮
1 月	星云有客	4000 万元	天使轮及 Pre-A 轮
2 月	咕咚来客	数千万元	战略融资
2 月	微盛网络	3 亿元	B1
3 月	星云有客	1 亿元	A 轮
4 月	企域数科	数千万元	战略融资
4 月	艾客 SCRM	数千万元	B 轮
4 月	大人小店	1000 万元	B 轮
5 月	纷享销客	1 亿元	战略融资
7 月	卫瓴科技	1 亿元左右	A 轮
8 月	微小团	1000 万元	战略融资
8 月	客户通	数千万元	A 轮
10 月	OTM 中数旅科技	百万美元	Pre-A 轮

在 2021 年年中，仅有一家企业实现私域收入破百亿，20 家企业 GMV 超 10 亿，80 余家企业 GMV 破亿。2022 年能有多家企业获得融资，足以说明私域流量经营发展速度快，并且仍具有巨大潜力。有数据显示，2022 年有 71% 的受访广告主已经使用私域流量进行创新营销活动，56% 的广告主已开始进行社群营销，有 47% 的受访广告主表示会将私域流量和社群营销作为本公司 2023 年的社媒营销重点 [14]。

4. 技术创新缺乏资金支持，应用同质化严重

我国大力发展数字经济的总体背景之下，企业纷纷借助技术力量加速自身数字化进程。在营销领域，营销技术也从广告领域向其他领域扩张，例如社交媒体领域。

然而近 3 年来，资本大规模出资助力技术创新的意愿不断降低，尤其是一些研究周期长、所需投入大的技术概念，更是无法得到出资人青睐。目前，行业内只能继续沿用原有的旧技术概念维持市场运作，这也导致近几年营销技术领域缺乏有效的创新增长点。适应于新数据环境的技术支撑条件尚不成熟，流量碎片化、数据孤岛等行业共有问题一直未能有效解决，多数数字营销公司仍致力于在短视频、社交媒体、直播、程序化等几个常规赛道深耕，不同数字营销公司之间的技术差距不断缩小，数字营销活动或产品的相似度越来越高，同质化问题逐渐严重。

（四）变化之处

1. 部分行业巨头大幅削减营销支出

2022 年受整体经济环境收紧的影响，不少行业巨头也大幅削减了用于营销上的支出，例如腾讯在 2022 年前 9 个月的广告和营销支出削减了 31%，阿里巴巴则在半年内将其销售和营销费用削减了 14%[15]。腾讯和阿里巴巴分别位于中国互联网综合实力企业排名的前两位。[16] 这两家企业在 2022 年作出大幅削减广告营销支出的决定，在一定程度上反映了 2022 年国内企业面临的真实情况，也预示着中国营销行业需要采取适应性对策。逐步降低营销花费可能是未来一段时间的主流观点，提高效率、持续优化，则是当下广告主们选择数字营销公司、开展数字营销活动的基本要求。

2. 由精准营销向智慧营销转型

2022 年中国数字营销领域的又一变化之处是，行业内部出现了由基于大数据技术的精准营销向基于人工智能技术的智慧营销转型的趋势。以成熟的大数据技术应用为基础的精准营销是通过对网络用户的各类交互行为进行挖掘、收集，对海量数据做深度分析，并根据个性化特征为网络用户做精准画像，明确不同用户的喜好与习惯，并从需求出发实现对用户的精准内容推送，这减少了对无兴趣用户的打扰，多方位提升了用户体验，营销效率显著提高。然而，以用户过去的网络行为为分析基础的精准营销仍存在部分滞后性，相比之下，基于人工智能的智慧营销拥有更为突出的优势。人工智能技术可以在多种情况下模仿人类行为，以最贴近人类本身的方式与人类进行实时交互并自然地开展数字营销活动，让营销活动的过程更加智能化、定制化、自动化，用户能够随时随地获得仿真顺畅的体验，并在潜移默化中加深对产品或服务的了解。人工智能有极强的学习能力，可以在与用户的交流互动中不断适应用户的个性化反馈，因此基于人工智能技术的智慧营销不仅具备精准营销的优势，其应用领域也更加广阔。

二、2022 年中国数字营销优秀案例分析

本部分以“第七届（2022 年度）中国最具影响力的十大数字营销传播案例”评选活动最终产生的“第七届（2022 年度）中国最具影响力的十大数字营销传播案例”[17]名单为参考，选取部分 2022 年优秀的数字营销案例进行分析。

（一）北京冬奥会：数字技术赋能云上奥运

2022 年 2 月，第 24 届冬季奥林匹克运动会在北京顺利举行。为克服由新冠疫情导致的诸多现实困难，此次冬奥会在传统电视直播转播的基础上，还全面应用了 5G+8K 超高清远程传输、Press+ 网络专线传输服务等新技术来拓展各项赛事的转播渠道，并首次使用 UHD、HDR 和 5.1.4 沉浸式音频完成原声制作，不仅让本次冬奥会的转播时长创下前所未有的全新纪录，更从传播媒介、视听质量及观看方式等多个维度提升了观众的观看体验。国际奥委会发布的《北京冬奥会市场营销报告》显示，与 2018 年平昌冬奥会相比，北京冬奥会的全球观众超过 20 亿，以数字形式观看北京冬奥会的人数增加了 123.5%。国际奥委会主席巴赫表示：“北京冬奥会是有史以来数字化参与程度最高的一届冬奥会。”[18]

北京冬奥会的数字营销在各大社交媒体平台上都异常出彩，很大程度上完成了以北京冬奥会为主题的网络空间虚拟场景搭建。例如推特专门为北京冬奥会上线了 20 个专属表情符合，包括奥运会吉祥物、体育图标和奖牌；TikTok 上也有多个北京冬奥会相关话题及专门的内容中心，运动员们通过照片、短视频及直播等方式与观众分享北京冬奥会的方方面面，赋予北京冬奥会更平和、欢乐、热烈的感染力。据统计，TikTok 上与北京冬奥会相关的视频浏览量超过 21 亿次，新浪微博上有关北京奥运会吉祥物冰墩墩的话题讨论甚至达到惊人的 60 亿次。通过数字技术的帮助，2022 年北京冬奥会的在各个平台上吸引了超过 1100 万的新粉丝，网民参与度也达到了空前规模。[19]

（二）《羊了个羊》：营销思维的出奇制胜

《羊了个羊》是一个连续闯关升级的休闲类益智游戏，于 2022 年 6 月中旬通过微信小程序上线，上线不久就在小红书、抖音、微信朋友圈、新浪微博等国内主流社交媒体平台引发讨论热潮，玩家们自发的二次传播引爆话题热度，让《羊了个羊》在一时间成为热搜榜上的常客。2022 年中秋节前后，《羊了个羊》频繁登上新浪微博热搜榜单。9 月 14 日，相关热搜词条占据 8 条，日活突破 2000 万。截至 9 月 16 日，抖音相关视频播放总量超 16 亿次，小红书相关笔记更是高达 9 万多个。

《羊了个羊》的玩法非常简单，以 3 个同类方块消除为基本规则，消除页面所有方块即可通关。但《羊了个羊》与其他相似小游戏不同的地方在于它的关卡难度设置与底层营销逻辑。上线之初，《羊了个羊》就打出“通关率只有 0.1%”的口号，号称自己是“史上最难小游戏”。该游戏仅有两关，第一关非常简单，但在第二关却难度陡增，多数玩家都无法一次通过第二关，游戏出品方以此激发玩家的挑战心理，利用玩家的好胜心增加用户黏性。《羊了个羊》设置了部分道具供玩家使用，但拿到

道具的前提是完成分享游戏链接或观看广告的任务，既能通过现有玩家为游戏继续引流，又能增加广告曝光度获得广告收入。通常商业游戏的收益除广告收入外还主要有用户充值或提供增值服务，但《羊了个羊》的游戏全程没有任何要求玩家充值的地方，这也就意味着《羊了个羊》从一开始就只计划通过广告获得收入，或者说，该游戏是个完全为广告营销而服务的营销载体，其设计、传播的底层逻辑都是营销。在 2023 年 2 月举行的 2022 年度中国游戏产业年会上，创始人张佳旭表示《羊了个羊》营收已破亿。《羊了个羊》的成功能够说明，在数字营销时代，好的营销思维能让简单的产品也拥有火爆网络的可能性。

（三）刘畊宏健身直播：在线健身迎合特殊时期健康需求

2022 年 4 月，处于疫情隔离下的刘畊宏在抖音平台进行的健身直播短时间内热度大涨，他自创的毽子操与使用的健身音乐《本草纲目》更是得到了众多网友喜爱。据相关数据统计，从 2022 年 4 月 13 日开始的 12 天时间内，刘耕宏的抖音平台账号涨粉 4408.4 万，作品最高点赞量为 314.6 万，直播间观看人数累计超过 3.1 亿[20]，同时他的微博、小红书等其他社交平台账号也出现了粉丝量的迅速增长。从表面上看，刘耕宏此次健身直播的火爆是 3 次封号事件带来了网友的大量关注——由于直播时露出腋毛、胸肌过于发达及祝福好友周杰伦身体健康，抖音平台分别做出了“穿着不雅”“哺乳期擦边”“涉及医疗健康”的判定，并对其禁播。连续不断的意外情况给众多网友带来了情绪冲击，也助推刘耕宏健身直播掀起传播热潮。然而，疫情期间大众对身体健康的渴望与通过运动强身健体的现实需求，才是刘耕宏健身直播能够火遍全网的根本原因。刘耕宏健身直播爆火后，抖音官方随即宣布推出“抖音全民健身计划”，联合体育明星、演艺明星以及粉丝量较大的头部健身博主等扩大健身直播的开展范围，细化健身直播的分类以满足各类用户的健身需求，开创了直播行业的另一方向。

（四）小鹏汽车：沉浸式体验元宇宙探险

2022 年元宇宙概念异常火热。各具特色的虚拟人物、在区块链技术基础上成长的数字藏品、打造主题虚拟空间提供沉浸式体验，是成功案例较多的几个元宇宙营销应用方向。2022 年 4 月初，小鹏汽车在抖音平台正式上线了“鹏克星球”，这是一个搭建了完整剧情并能与用户进行互动的元宇宙世界，以虚拟探险为主线，场景设定真实、人物角色有代入感，结合直播形式以每周一次的频率吸引用户，给用户带来沉浸式的虚拟星球探险体验。综合来看，“鹏克星球”将元宇宙、直播及剧情游戏巧妙地结合在了一起，这些元素既是当下年轻人感兴趣的热点话题，又与小鹏汽车的高新科技类汽车生力军形象非常契合。

在“鹏克星球”直播活动得到较好关注的关键节点，小鹏汽车又继续布局元宇宙营销的其他方向，于 2022 年 8 月在天猫购物平台推出其为产品 P7 打造的 NFT 数字藏品，同时还邀请知名度较高的抖音虚拟美妆达人“柳夜熙”拍摄系列广告短剧，将小鹏汽车的亮点功能在短视频中做软性植入，并在 P7 汽车大量出厂的时期完成了在元宇宙中的品牌故事讲述与品牌价值塑造，既实现了产品推广的现实目标，又让品牌知名度与好感度大涨。

三、2022 年中国数字营销遭遇多重困境

（一）营销收入增长乏力，营销投资信心不足

2022 年，中国营销行业面临着严峻挑战，营销市场遭遇了投资信心和投资费用双双下降的巨大难题。面对 2022 年经济环境的不稳定现实，减少在广告营销上的投入是多数广告主的统一选择。据《2023 年中国数字营销趋势报告》中的预测，虽然 2023 年国内企业营销总投入的增长率预期值为 16%，但仍比疫情前的年均增长率低，甚至低于疫情后处于快速复苏期的 2021 年（与 2020 年相比，2021 年的营销费用年增长率为 17%）。

除经济环境不稳定导致广告主对营销投资抱有不乐观态度这一主要原因外，新兴技术应用成本高、流量红利趋于见顶以及新法律出台影响原有行业生态体系等次要因素，也都或多或少地增加了广告营销行业的收益难度，在营销行业仍延续当前整体发展现状的一段时间内，可以预见营销收入的增长速度不会出现大幅度增长。如何从内部实施营销数字化，如何在外部提升营销实效，是当前形势下困扰营销人的主要问题。

（二）流量红利趋于见顶，营销效率提升困难

从前文中引用过的 CNNIC 公布数据（表 1）可以明显看出，随着我国互联网的普及率不断升高，近三年来网络用户数量的增长速度已明显放缓，新增网络用户数量也进入逐步减少阶段。种种迹象均表明，流量红利趋于见顶，流量时代即将结束。现阶段，国内的数字营销方式对流量的依赖程度普遍较高，广告主获取流量的成本不断上涨，营销投入带来的收益持续减少，营销效率与过去相比明显降低，流量红利趋于见顶对现有的数字营销方式来说无疑会带来致命打击。为了让营销投入真正发挥应有的作用，目前广告主已开始从流量抢夺之争转向用户存量之战，增加用户黏性、深耕私域流量是广告主们现在的主要努力方向。

营销效率提升困难的另一重要原因是线上数字营销与线下传统营销的分离。在移动互联网深度渗透大众日常生活的当下，广告主们非常清楚线上数字营销的重要意义，并纷纷抓紧各类社会议题开展营销活动。然而，不少营销活动在提升品牌声望上确实起到了一定作用，但在触动网络用户的现实消费选择上仍然不够有效。

（三）数据获取难度增大，营销模式亟须变革

《个人信息保护法》已于 2021 年 11 月 1 日正式施行，推动我国个人信息保护实践进入更规范更明确的层面。在《个人信息保护法》出台之前，我国也制定发布了一些关于保护个人隐私信息的规定或办法，但由于管理模式不成体系或责任划分不够明确，隐私泄露问题仍有发生，发生在网络平台上的隐私信息泄露问题依然难以有效解决。《个人信息保护法》中细致规定了个人信息处理的规则，突出强调了“个人同意”的重要性；明确说明个人对自身信息的处理有知情权、决定权、请求删除权，并且要求相关部门必须严格按照法律规定履行保护个人信息的职责等。《个人信息保护法》的施行将有效规范互联网中的用户个人信息收集行为，通过提供部分服务的方式变相迫使用户让渡隐私权利不再被允许，广告主或数字营销公司获取用户数据的难度必然会增大，收集并分析用户数据以掌握用户兴趣与喜好的个性化推荐类营销模式也将受到明显影响。如何实现数字营销发展与个人信息保护二者之间的动态平衡是当前亟须解决的一大关键问题。

四、2023 年中国数字营销趋势展望

（一）2023 年中国数字营销发展状况整体预期

随着新冠疫情对社会影响的逐渐减弱，我们有理由对 2023 年中国营销传播的发展情况保持适当乐观，在国内经济持续复苏的 2023 年，广告主在广告营销上的投入也很可能有所增长。移动互联网将是广告主们选择增投的主要媒介，新锐和中小预算广告主大幅增投数字营销的比例相比成熟和预算较多的广告主会更高。此外，KOL 营销、官方账号运营是广告主在 2023 年社交媒体营销的重中之重。

然而，2023 年中国营销传播的发展情况也不排除其他可能。企业在没有明确经济走势和行业趋势的情况下会降低期望，同时适当放慢步伐，在保持原有优势的基础上结合实际情况寻求新的突破机会。总之，我们应该对 2023 年中国数字营销的发展抱有期待，同时也要做好延续 2022 年低迷状态的准备。

（二）2023 年中国数字营销应用范围将继续扩大

数字营销活动以线上形式开展为主，信息的实时传递与跨地区跨国界的远距离传输需要借助互联网渠道，因此当前国内的数字营销主要活跃在金融、电商等与互联网深度交互的领域。在数字营销的助力下，金融、电商等行业的发展速度更快、繁荣程度更高，可以说营销的数字化是互联网时代多数行业的必经之路。接下来，数字营销将会进一步深入各个行业。

事实上，数字营销活动已经开始广泛深度联结农业领域，例如各类助力农产品销售的专场直播、社交媒体平台发起的农村相关话题的内容创作以及农业主题的真人秀综艺节目等，为农产品销售、农村现状宣传及乡土文化弘扬拓展了表现渠道，对乡村振兴起到了非常积极的作用。然而，在不同行业成功实现营销的数字化转型还需多方主体的共同努力。例如与大众生活息息相关却又具有较强特殊性的医疗行业，数字营销活动的顺利开展需要高针对性的法律、严格监管的政府部门、有序的行业环境、自律的广告主等多主体协同以降低意外情况发生的可能性。因此，在数字营销道路越走越宽的过程中，

监管体系也需要不断进行适应性变革，在保障数字营销行业拥有充分发展空间的同时做好规范与管理的顶层设计，让数字营销在各行各业都能发挥其自身优势，推动行业经济向好向上发展。

（三）2023 年中国数字营销侧重点将发生转移

广告主在广告营销上进行大量投入，无论营销活动的具体目标是品牌目标还是效果目标，其最终追求都落点于商业利益。过去一个时期，数字营销依托流量获利，通过信息的裂变传播获取更大的用户基数是重点；然而在流量红利趋于见顶的当下，用户基数增长的潜力即将枯竭，收割新用户不再可持续，强化与现有用户的深度交互、提升现有用户的用户体验将更有助于实现营销目标。因此在 2023 年，国内数字营销的侧重点也将从传播获客转移到强化用户运营全过程交互、提升用户体验等方面。

与此同时，人工智能将重构数字营销行业。ChatGPT 类型工具与其他 AI 技术将作为辅助工具加入数字营销行业的实际应用行列，承担数字营销产业链中的部分任务以改进营销模式、提高营销效率。与 UGC 给数字营销行业带来的机遇与挑战类似，AIGC（人工智能生成内容）很可能成为下一阶段数字营销的核心，数字营销行业应对 AIGC 给予应有重视，推动营销数字化进入全新阶段。

【参考文献】

[1] 中国互联网络信息中心 . 第 51 次中国互联网络发展状况统计报告 [R].2023-03-02.

[2] 习近平 . 高举中国特色社会主义伟大旗帜 为全面建设社会主义现代化国家而团结奋斗——在中国共产党第二十次全国代表大会上的报告 [R/OL]. 中国政府网 ,2022-10-25.http://www.gov.cn/xinwen/2022-10/25/content_5721685.htm.

[3] 中国信息通信研究院 . 中国数字经济发展研究报告 (2023 版)[R].2023-04-27.

[4] 国家互联网信息办公室 . 数字中国发展报告 (2022 年)[R].2023-04-27.

[5] 朱逸 , 赵楠 . 数字营销的多重关键性面向 [J]. 商业经济研究 ,2021,826(15):72-76.

[6] 融文媒体实验室 .2023 年度中国数字化营销洞察报告 [R].2023-03-24.

[7] [8][9][13][14] 秒针营销科学院 ,GDMS, 媒介 360.2023 年中国数字营销趋势报告 [R].2022-12-20.

[10] 中国商务广告协会数字营销专业委员会 , 虎啸奖组委会 , 秒针营销科学院 . 中国数字营销生态图 2022 版及解读报告 [R].2022-11-28.

[11] 习近平 . 不断做强做优做大我国数字经济 [J]. 求是 ,2022,807(2):3-5.

[12] 国家发展改革委等部门关于新时代推进品牌建设的指导意见 [Z/OL]. 中华人民共和国国家发展和改革委员会官网 ,2022-8-25.https://www.ndrc.gov.cn/xxgk/zcfb/tz/202208/t20220825_1333667_ext.html.

[15] 戴莉娟 .《广告时代》全球广告主 Top100 发布 : 疫情和通胀后广告主们的起起伏伏 [EB/OL]. 搜狐网 ,2022-12-21.https://www.sohu.com/a/619529936_120088046.

[16] 中国互联网协会 . 中国互联网企业综合实力指数 (2022)[R].2022-11-02.

[17] 廖秉宜 , 陈建敏 , 等 .2022 年度中国最具影响力的十大数字营销传播案例 [EB/OL]. 现代广告杂志社微信公众号 ,2022-02-13.https://mp.weixin.qq.com/s/m8i-P9rqUXiPnPIoe3fXGw.

[18] 姬烨 , 许仕豪 . 国际奥委会发布《北京冬奥会市场营销报告》: 全球观众超 20 亿 [EB/OL]. 新华网 ,2022-10-21.http://www.news.cn/2022-10/21/c_1129073177.htm.

[19] International Olympic Committee.IOC Marketing Report of Beijing 2022[R].2022-10-20.

[20] 刘佳怡 , 方雨霏 . 为什么刘畊宏能火？我们分析了微博的 175 万条信息 [EB/OL]. 上观新闻 ,2022-04-30.https://export.shobserver.com/baijiahao/html/479631.html.

中国元宇宙营销传播发展报告（2022 年）

朱磊[1] 季欢欢[2] 郑文淮[3]

| 摘 要 | 本报告从国际竞争施压、国内巨头引领、疫情社会促就、中央地方支持等四个方面，介绍了中国元宇宙营销传播兴起的背景，并归纳出其渐进式引爆、协同式跟进的整体发展态势。同时，本报告从人、货、场三个维度，分别回顾了 2022 年中国元宇宙营销传播业界关注的热点，即虚拟数字人、NFT 数字藏品、元宇宙中的场景营销。另外，本报告也对 2022 年中国元宇宙营销传播的学术研究进行了重点回顾。

| 关 键 词 | 元宇宙营销传播；虚拟数字人；NFT

2022 年，中国元宇宙营销传播实现了由虚构概念向初步实践的有益转化，迎来了一次全方位、多主体、开创性的革新尝试。各级政府理性看待新兴技术，审慎地将元宇宙纳入地方政府工作报告与相关产业规划当中，为元宇宙在中国营销传播领域的长足发展营造了优良的政策环境。基于此，大、中、小行业积极拥抱元宇宙营销传播，依据各自行业属性为元宇宙这一社会想象注入现实内容。学术界则围绕中国元宇宙营销传播开展了大量探索式研究，积蓄了众多有价值的理论养料。2022 年，元宇宙显露出了更大的现实可能，其发展指向未来的社会形态，决定着明天的营销传播。

一、中国元宇宙营销传播的兴起

元宇宙营销传播，是指组织或个人运用元宇宙技术，通过配置时、空、物、人和价值等场景要素，连接虚拟、现实及其相互关系，围绕特定的营销传播目的，为满足自身、用户及社会价值，针对目标用户开展的一切沟通活动的总和。这里所说的元宇宙技术主要包括区块链技术、交互技术、电子游戏技术、网络及运算技术、人工智能技术和物联网技术等。1992 年，美国科幻小说家斯蒂芬森（Neal Stephenson）在其著作《雪崩》中首次提出了“元宇宙”概念。经过 30 年的技术铺垫，相关技术要素开始产生群聚效应，“元宇宙”这一虚构概念逐渐显露出实现可能，为营销传播带来了崭新的思路。于是，在进入 2021 年后，世界各大科技巨头纷纷布局元宇宙，掀起了元宇宙建设热潮，并围绕元宇宙开展各式营销传播。中国的科技巨头也因势而动，相继进军元宇宙。2022 年，植根于中国自己的技术土壤，在国家政策的引导支持下，中国元宇宙营销传播迅猛兴起，呈现出蓬勃发展的良好态势。

---

[1] 朱磊，暨南大学新闻与传播学院广告学系系主任，暨南大学新闻与传播学院广告学系副教授。

[2] 季欢欢，暨南大学新闻与传播学院 2022 级传播学专业研究生。

[3] 郑文淮，暨南大学新闻与传播学院 2022 级传播学专业研究生。

（一）国际竞争施压，中国元宇宙营销传播势在必行

2021 年，美、日、韩三国强势布局元宇宙，对中国科技产业的发展施加了极大压力。首先是美国，作为传统的科技大国，美国再次充当元宇宙理念的开拓者、技术的领先者。2021 年 7 月 27 日，美国科技巨头 Facebook 高调入场（该集团于 2021 年 10 月 28 日正式更名为“Meta”），宣布将成立元宇宙团队并会在 5 年内转型为元宇宙公司，此举成功将元宇宙概念重新引入全球公众视野。2021 年 4 月 13 日，美国游戏公司 Epic Games 宣布投资 10 亿美元打造元宇宙，其公司旗下游戏《堡垒之夜》被业界视为游戏行业首个可信的“元宇宙”虚拟世界。其次是韩国，主要依靠政府力量有序有力地推进了该国的元宇宙发展。2021 年 5 月 18 日，韩国信息通信产业振兴院联合 25 个机构和企业成立“元宇宙联盟”，旨在通过政府和企业的合作，在民间主导下构建元宇宙生态系统，在现实和虚拟的多个领域实现开放型元宇宙平台。再者是日本，主要依托原有的游戏、动漫产业基础扎实地推进元宇宙建设。2021 年 8 月初，日本社交网站巨头 GREE 称，将以子公司 REALITY 为中心开展元宇宙业务，预计到 2024 年将投资 100 亿日元（约 5.9 亿人民币），在世界范围内发展 1 亿以上的用户。

2021 年下半年，世界各国陆续推进元宇宙营销传播，为中国元宇宙营销传播的兴起提供了诸多有价值的示范。例如，国际知名艺术拍卖行苏世比拍卖行成功入驻虚拟世界 Decentraland，成为元宇宙营销传播的先行者。在 Decentraland 中，地块借助 NFTs 机制成为稀缺资产，划分出高低、流量地块。这意味着，元宇宙中同样存在“黄金地段”，品牌方需提前抢占高流量地块为未来营销传播活动的开展奠定基础。与 Decentraland 类似，日本 VR 开发商 Hassilas 于 2021 年 8 月首创该国的元宇宙平台 Metaverse。对于普通用户来说，此平台无须注册，通过浏览器可直接访问，实现了用户对元宇宙的低门槛体验；对于商务用户而言，此平台支持快速举办产品发布会、虚拟音乐会、虚拟体育场等常见项目，单一场景最多可同时容纳 1000 名用户，极大便利了企业对消费者的有效触达。

（二）国内巨头引领，构筑中国元宇宙生态基础

元宇宙的实现依托于多元技术基础。目前我国在人工智能技术、物联网技术、虚拟现实交互技术以及区块链技术层面均已取得突破性进展，为元宇宙的发展奠定了坚实的技术基础。首先是人工智能方面，我国人工智能产业技术创新实力强劲、产业生态较为完备、融合应用丰富多样，跻身于全球第一梯队。中国信息通信研究院的数据显示，2022 年我国人工智能核心产业规模达 5080 亿元，同比增长 18%。[1] 在虚拟现实产业方面，我国虚拟现实的传感、交互、建模、呈现技术不断成熟，终端市场规模迅速扩大，虚拟现实已展现出拉动新型消费的潜力。根据赛迪研究院统计，2022 年国内虚拟现实产业规模为 1200 亿元，预计到 2025 年将超 2500 亿元。[2] 在区块链方面，全球区块链产业格局基本成型，我国区块链产业规模仅次于美国。据中国信息通信研究院统计，截至 2022 年 9 月，全球共有区块链相关企业 6914 家，中美两国区块链企业数量处于全球领先，合计占比达 52%。[3]

与此同时，2022 年我国科技巨头面向元宇宙作出各类重大战略布局，采取“硬件 + 内容”的方式，融资元宇宙相关企业。2022 年 2 月腾讯首次出手 Web3.0 项目，斥资 2 亿美金参投澳大利亚 NFT 游戏公司。2022 年 3 月，阿里牵头向国内知名消费级 AR 眼镜制造商 Nreal 完成 6000 万美金（约 3.8 亿元）C+ 轮投资，构建进入元宇宙的入口。2022 年 6 月字节跳动收购北京波粒子科技有限公司，将北京波粒子团队并入字节旗下 Pico VR 软硬件创业公司的社交中心当中，开始涉足二次元虚拟社交。

2022 年，中国元宇宙生态版图渐趋成型，不论是底层技术支撑、前端设备平台，还是终端的场景内容入口均得到高度关注，收获了大量投资，这为中国元宇宙营销传播提供了广阔的落地空间。

（三）疫情社会促就，公众积极拥抱元宇宙

2022 年，新冠肺炎疫情影响仍在扩散，受到出行限制的消费者将线下的生活消遣转移到了线上，线上的文娱、购物、医疗、教育、办公等业务成为补充线下需求的新生力量，公众的数字消费习惯加速形成。线上消费习惯的养成大大提升了公众对元宇宙的接受度与期待值，促成各色元宇宙的火爆。例如，在习惯了二维化的电商购物后，消费者开始追求更加身临其境的线上购物体验。因此，当具备三维化购物场景、个性化购物互动的电商元宇宙出现后，

便受到消费者的热烈追捧。在即时通信、线上娱乐、线上教育、线上求职等的基础需求之上，涌现出了社交元宇宙、演艺元宇宙、旅游元宇宙、教育元宇宙、校园元宇宙、招聘元宇宙等的丰富元宇宙应用。这些元宇宙应用巧妙地解决了疫情造成的面对面交往限制，有效地弥补了线上互动不足的弱点，因此受到消费者的广泛欢迎。

（四）中央地方支持，政策推动元宇宙营销传播

2022 年，国家对元宇宙做出积极表态，指导我国发展元宇宙建设。2022 年 1 月，工业和信息化部有关负责人在中小企业发展情况发布会上表示，要特别注重培养一批深耕专业领域工业互联网、工业软件、网络与数据安全、智能传感器等方面的“小巨人”企业，培育一批进军元宇宙、区块链、人工智能等新兴领域的创新型中小企业。

除了国家层面对元宇宙产业化发展的指导和支持外，2022 年以来，超过 20 个省市和地区以产业政策、政府工作报告、行动计划等形式提出元宇宙相关支持意见，提供培育土壤，扶持相关产业落地。2022 年 1 月 23 日，成都市第十七届人民代表大会第六次会议开幕，首次将元宇宙纳入政府工作报告中。报告指出，在推动新经济新赛道加快布局方面，成都将大力发展数字经济，主动抢占量子通信，元宇宙等未来赛道，打造数字化制造“灯塔工厂”。2022 年 8 月，北京市发布《北京城市副中心元宇宙创新发展行动计划（2022—2024 年）》，提出要培育元宇宙 4 大产业链，并打造 4 大“元宇宙 +”应用场景。其中，明确提出要打造“元宇宙 + 消费场景”：运用 AI（人工智能）和虚拟数字人等技术产品，探索发展虚拟品牌代言和虚拟直播经济。

此外，各省市投入大量资金支持元宇宙建设。5 月底，广州市天河区成立元宇宙联合投资基金，参与的投资机构基金在管规模逾 200 亿元。6 月中旬，上海提出在 2022 年将发起设立百亿级元宇宙新赛道产业基金，打造 10 家具有国际竞争力的头部企业、100 家掌握核心技术的专精特新企业，并计划到 2025 年，上海元宇宙产业规模突破 3500 亿元。

二、中国元宇宙营销传播的整体发展态势

2022 年，中国元宇宙营销传播行业呈现出从无到有，逐渐升温，进而火爆的整体发展态势。

（一）渐进式引爆，元宇宙营销形成全行业之势

2021 年底，国内只有少量科技企业和大品牌主试水元宇宙营销传播，其标志性事件为百度“希壤”的发布。进入 2022 年，由于疫情因素影响，互联网流量见顶，其他行业随之跟进，中国元宇宙营销传播自 2022 年 7 月起逐渐升温，于 8 月至 11 月期间达到高峰。

2022 年 12 月 17 日，首届元宇宙数字经济大会暨元宇宙数字经济百人论坛（智库）盛大召开。各行各业殷切关注元宇宙，共同商讨如何应对元宇宙带来的新业态、新模式。元宇宙数字经济百人论坛发起者、联合发起者、发起成员代表以及元宇宙数字经济领域知名专家、领军企业代表、行业组织代表等 300 多人通过线上方式参加此会议，3 万多人通过大会直播矩阵观看了大会直播。会上，中关村数字媒体产业联盟智库主席何加正表示，“党的二十大对数字中国建设已经作出全面部署，中央经济工作会议更是吹响了号角，元宇宙数字经济处在我国供给侧结构性改革和消费新需求的结合点上，是潜力最大的机会，希望大家在新的一年成为成功的‘机会主义者’”[4]。

（二）协同式跟进，各营销传播环节接轨元宇宙

在公关领域，中国内容营销高峰论坛于 2022 年 10 月 27 日在虚实结合的线下会场和元宇宙空间中同步举办。该论坛由中国国际公共关系协会公关公司工作委员会和中国商务广告协会内容营销专业委员会共同主办、迪思传媒承办。此次论坛中，业内专家大咖与一线操盘手聚焦“元宇宙时代内容营销探索”，畅快交流关于元宇宙营销的真知灼见。论坛上，中国内容营销高峰论坛执行主席、著名内容营销专家黄小川做了题为《让元宇宙时代的内容营销回归本质》的主旨演讲。他指出，元宇宙时代的内容营销要基于 AI、AR、MR、VR 等技术展开探索，但内容营销的本质并没有改变，即如何利用技术手段在元宇宙时代帮助品牌与用户有效沟通、建立深层链接。[5]

在广告领域，2022 中国元宇宙广告与数字营销峰会于 2022 年 12 月 22 日在厦门举办。该峰会由中国广告协会指导，中国广告协会数字元宇宙工作委员会主办、北京元圈科技发展有限公司承办，并邀请了十余位专家学者、行业协会负责人与企业代表共同组建了专业评审委员会。峰会围绕元宇宙广告与数字营销、数字空间、数字人、数

字藏品、元宇宙品牌、元宇宙电商等主题展开汇报与讨论，展现出了中国品牌迈向数字化经济发展的优势及核心力量。此次峰会充分肯定了各大企业在元宇宙营销传播上的有益尝试，并发布了2022年度元宇宙广告与数字营销相关榜单，包括“2022年度元宇宙数字空间创意开拓企业”“2022年度数字人营销影响力企业”“2022年度元宇宙数字广告与营销突显企业”等等。

三、2022年中国元宇宙营销传播业界热点

元宇宙概念发展至今，已于社交娱乐、医疗健康、文旅演艺等多个领域得到广泛应用。在营销传播上，元宇宙凭借强大的技术基础，打造了丰富多元的内容生态和社交生态，为用户提供了虚拟现实交融的统一开放空间，以高沉浸式内容提升用户体验，拉近品牌与消费者之间的距离。同时，用户作为品牌内容的一部分，也能够参与内容生产设计的过程中，这增强了用户的互动交流，用户黏性得以提升。2022年，虚拟数字人及NFT成为营销行业热点，品牌主纷纷加入元宇宙赛道，以集沉浸与交互为一体的虚拟场景，为品牌创造出新的营销切入点。

（一）人：虚拟数字人，多领域应用变现

数字人是基于CG（Computer Graphics，计算机图形）技术与人工智能技术共同打造的数字化虚拟人物。根据数字人的产业应用类型，数字人可分为服务型数字人和身份型数字人。服务型数字人强调功能性，如虚拟教师、虚拟客服、虚拟导游、虚拟主播等，为人们提供多种服务以提升生活的便捷性；身份型数字人则体现出更强的身份性，如虚拟偶像、真人偶像的数字分身等，主要用于社交、娱乐等场景。

在具体应用中，服务型数字人就像一个真正的“员工”参与到相对标准化的工作中。例如，2022年2月宁波银行推出虚拟员工“小宁”为顾客提供专业的业务咨询和问题回复，实现与顾客的智能交流互动；“央视频”在冬奥会期间推出了AI手语主播“聆语”，冬奥期间完成手语手势2000个，服务人次超216万，帮助听障人群更好地观看比赛；阿里巴巴推出虚拟主播“冬冬”，在淘宝直播间售卖冬奥会相关商品。相比于真人主播而言，虚拟员工的运营成本较低、IP形象稳定、可持续工作时间长，能够为品牌带来更多的价值，以及更少的成本和风险。据B站虚拟直播间数据显示，2022年8月，虚拟主播“阿萨Aza”在B站直播95小时创造营收近200万元，直播间付费人数3.4W、互动人数11.6W、粉丝量110W，拥有强大的粉丝基础和超高的粉丝黏性，促进了品牌变现。然而，在当前阶段，虚拟数字人的发展还不稳定，如虚拟主播的收入呈现出两极分化的态势，有部分虚拟主播的月收入甚至不足100元。不仅如此，虚拟数字人在一定程度上只能从事相对标准化的工作，缺乏自主创意性，如湖南卫视打造的虚拟主持人“小漾”在亮相节目《你好星期六》4期后便告下线，其表现被观众质疑刻意模仿，甚至在节目中显得多余。

图1 宁波银行虚拟员工“小宁”与央视频AI手语翻译官“聆语”

（图片来源：宁波银行官网、央视频官网）

作为身份型数字人的典型代表，“虚拟偶像”在数字化营销中应用最为广泛，品牌利用“虚拟偶像”进行品牌代言、直播带货等以提升辨识度，吸引年轻用户的关注。具体来说，在品牌代言中，“虚拟偶像”又可分为两种类型，一种是品牌与现有虚拟IP进行合作，如上海禾念公司打造的虚拟歌手“洛天依”、字节跳动和乐华娱乐共同打造的“A-soul”虚拟偶像女团、创壹视频打造的虚拟美妆达人“柳夜熙”等；另一种是品牌创造符合品牌定位的专属数字人形象，如欧莱雅旗下品牌羽西所推出的虚拟代言人“羽茜茜”、国产彩妆品牌花西子同名虚拟代言人“花西子”。随着技术的变革和算法的精细化，“虚拟偶像”

呈现出生产工业化、形象拟人化等发展特点，生产成本降低，功能趋于完善。

（二）货：NFT 数字藏品，成为品牌新宠

NFT（Non-Fungible Token，非同质化通证），是区块链网络中具有唯一性特点的数字权益凭证。主流 NFT 项目包括艺术收藏、视频游戏、工具类等形式，其中艺术收藏是主要组成部分。在国外，NFT 被视作虚拟货币的一种；在国内，NFT 被视为数字藏品；在法律上，二者都归属于网络虚拟财产。国内 NFT 更被强调是一种数字虚拟产品，其艺术与收藏价值被放大，并与虚拟货币划清界限。

在品牌营销的具体实践上，各行业对于 NFT 都已有了积极探索。例如体育运动行业，冬奥会期间安踏联合天猫商城打造“安踏冰雪灵境”沉浸式互动数字空间，以 12 个冰雪项目运动姿态为原型首发“2022 年特别纪念版高能冰雪数字藏品”，共 6000 份。用户在指定时间内了解回答冬奥相关知识才有机会参与活动，该数字藏品上线 72 小时即发放完毕。2022 年 4 月，中国李宁与无聊猿游艇俱乐部合作发售“中国李宁无聊猿潮流运动俱乐部”系列产品，将区块链、NFT 等虚拟产品概念与实体产业、实体产品相结合。除此之外，中国李宁还以“无聊不无聊”为主题开展线下限时快闪活动，并邀请编号 #4102 的“无聊猿”担任快闪店限时主理人，深度迈进元宇宙空间，融合青年潮流文化和元宇宙新兴玩法助力品牌破圈。在食品行业，2022 年 6 月，农夫山泉结合高山、湖泊、东北虎、猫头鹰等自然元素，发行 1000 款不同系列的数字藏品，得到了用户的支持与喜爱。2022 年 8 月，饿了么在上海推出首个外卖奶茶数字藏品，用户通过 App 打卡“下午茶品类菜品图鉴”以抢兑“数字奶茶”。

图 2 安踏、中国李宁、农夫山泉、饿了么等品牌发行的主题 NFT

（图片来源：各品牌官网）

不仅如此，元宇宙还顺利挤入房地产赛道。作为基于区块链技术发行的数字资产，元宇宙虚拟房产本质上也属于一种 NFT，其产权归属、交易流转都将被记录。2021 年底国内上市公司天下秀数字科技集团推出了元宇宙虚拟社区“虹宇宙”以及 13 种虚拟房产，用户可以在虹宇宙中建立专属的虚拟形象和虚拟住宅，并开展社交、生活等。在元宇宙元年（2021）中，大众对元宇宙情绪高涨，短时间内元宇宙房产爆火，但随着时间的流逝，虚拟房产概念开始冷却。品牌方和研究者对元宇宙的认知逐渐深入——元宇宙是一个已经存在的数字空间，不需要以土地形式建构，这种觉醒能够帮助元宇宙更好更稳发展。

图 3 天下秀“虹宇宙”虚拟品牌社区

（图片来源：天下秀“虹宇宙”）

（三）场：场景交互，虚实融生空间再造

1. 国内的重点元宇宙平台

随着元宇宙概念的兴起和落地，我国头部互联网企业在 2021 年元宇宙爆发之际纷纷推出各自的元宇宙平台，不断完善技术研发和用户体验。这些元宇宙平台都为用户提供了虚实融生的沉浸式空间，但功能特点又略有不同，可以根据主要特点将其分为场景型、社交型、综合型三类。场景型元宇宙平台注重虚拟场景的搭建，满足用户不同的场景需求，如百度的“希壤”、网易的“瑶台”等；社交型元宇宙平台更加侧重用户的兴趣社交，如 Soul 构建的“年轻人的社交元宇宙”、腾讯与韩国 Nexon 合作推出的“Nexontown”等；综合型元宇宙平台则关注用户兴趣与商业活动的融合，构建沉浸式的品牌虚拟社交场景，如天下秀的“虹宇宙”、阿里巴巴旗下的“未来城”、京东旗下的“京造元宇宙”等。

(1) 场景型元宇宙平台

百度的“希壤”在技术领域上更加成熟和专注，能够支持 10 万人实时在线，被业内称为“元宇宙社交万人场景实验室”。该元宇宙的外观呈现采用“莫比乌斯环”的造型设计，用户可以在个人手机、电脑、可穿戴设备上登录“希壤”星球，体验虚拟社交、虚拟购物等活动，是一个跨越虚拟现实的、支持多人互动的沉浸式社交空间。当前，“希壤”更多的是与景点、文创 IP 等合作，为用户提供高沉浸式的场景体验，在希壤 App 中已开放“三体”馆、三星堆、少林寺、冯唐艺术中心等场景。同时，“希壤”也与商业品牌合作，助力品牌的元宇宙营销传播，如 2022 年 3 月，吉利汽车集团旗下高端品牌“领克”联合“希壤”共同推出了“领克乐园”汽车数字展厅，为用户提供沉浸式看车、购车等创新体验。

网易旗下的“瑶台”主要广泛应用于大型会议或展览，如国际学术会议、产品发布会、艺术展览、拍卖会、公司年会等，为用户提供数十个活动场景和近百款虚拟服饰以满足不同场景的需要。“瑶台”支持网页、App、微信端登录，登录设备自由度更高；但登录前的用户资质审查要更严格，仅支持与会议或展览相关场景需求的企业用户登录。2022 年，“瑶台”已在中国国际大数据产业博览会、网易云音乐 IPO 大会、第二届分布式人工智能国际会议、河南智慧文旅大会等百余场活动中得到应用。

(2) 社交型元宇宙平台

作为一款社交型 App，Soul 基于自研引擎 NAWA Engine 为用户提供个性化的虚拟场景和 3D 虚拟形象，进而形成了沉浸式社交的虚拟空间。不同于其他元宇宙平台，Soul 结合了年轻用户的需求和社交特点，鼓励用户创作图文、语音、视频等形式的多元优质内容，推行“用户共建”新模式。

2022 年 12 月，腾讯旗下的“腾讯云”与韩国游戏公司 Nexon 合作，推出了名为“Nexontown”的元宇宙平台，主要提供“社交 + 游戏”的功能，为用户解锁虚拟世界的更多玩法。根据“腾讯云”的声明，Nexontown 主要在韩国运营。在国内，腾讯注册了“王者元宇宙”“天美元宇宙”两个商标，积极布局元宇宙赛道。

(3) 综合型元宇宙平台

“天下秀”推出的元宇宙虚拟社区“虹宇宙”集“个人兴趣社交”和“品牌营销传播”于一体，注重品牌商业活动。在虹宇宙中用户可以拥有专属的虚拟形象，拓展现实生活中的社交互动关系；品牌也能通过延展空间，在虹宇宙中为用户搭建基于真实世界的品牌商店，开展品牌营销传播活动。2022 年 12 月，小鹏汽车登陆虹宇宙“未来岛”，联合打造了“小鹏·敢闯公园”元宇宙品牌体验中心。

2022 年“双十一”期间，阿里巴巴推出的元宇宙平台“未来城”在淘宝上线。“未来城”包含核心购物区、特色活动区及娱乐观赏区三个主要场景，以社交和电商直播引流为主要功能，结合星空、极夜等元素，打造出具有赛博朋克风的线上沉浸式购物空间。除了“未来城”，阿里巴巴也通过旗下“达摩院”的 XR 实验室，为不同细分市场打造了专属的元宇宙平台，如“淘宝人生”“曼塔沃斯”等。

“京造元宇宙”是由京东自有品牌“京东京造”推出的元宇宙虚拟空间，为用户提供不同的“家”场景体验。同时，京东将产品生产流水线搬到虚拟的开放世界中，让用户通过互动游戏来体验产品的打造过程，与用户建立互动与联系。

2. 元宇宙营销传播中的场景应用

虚拟场景是元宇宙同现实世界相连接的重要窗口。元宇宙的场景营销传播主要包括泛娱乐场景、零售场景、文旅场景等。

(1) 泛娱乐场景

元宇宙为体育、游戏、影视等泛娱乐场景开拓了新的沉浸式体验和交互方式。在 2022 年卡塔尔世界杯比赛期间，咪咕视频联合中国移动推出了“5G+ 算力网络”分布式实时渲染的元宇宙比特空间“星际广场”，打造了首场支持“元宇宙”虚拟观赛互动的世界杯。用户可以获得专属比特数字人身份，和其他比特数字人一起观赛观影观演等各种互动；5G+ 超高清视音频技术实时捕捉高清赛况，结合 XR 技术实现了多赛场视角的沉浸式观赛。同时，咪咕视频还为聋哑特殊人群提供智能字幕和 AI 数字人手语解说，满足不同人群的观赛需求。在影视领域，2022 年 8 月，上海文广演艺集团借助 5G 高清技术和多视角实时传输技术，通过元宇宙形式为观众提供沉浸式戏剧《不眠之夜》直播，2 小时有近 100 万人次观看。基于此次直播探索的成功，具有 IP 内容优势的上海文广演艺集团联合腾讯成立了 XR 联合实验室，解锁影视产品在虚拟空间中的更多玩法。

（2）零售场景

元宇宙使得线上和线下的用户消费体验升级。在元宇宙的线上购物场景中，用户可以通过 AR 在线试穿数字服装，也可以搭配个人的虚拟形象。2022 年，淘宝“6·18 购物节”面向部分群体小范围测试“元宇宙购物”，在用户不穿戴外挂设备的基础上，初步搭建虚拟购物链路，实现沉浸式虚拟购物。同时，联合虚拟数字人 AYAYI 和“锗亚 Noah”共同演绎“莫比乌斯”元宇宙虚拟服装大秀。在线下购物场景，元宇宙通过交互式游戏化设置，为用户提供创意的数字购物体验。2022 年，上海罗森便利店与云拿科技合作，结合 AI 技术实现无人零售。用户通过刷脸或扫码进店，购买商品时自动结算，为用户带来最为简便的线下实体店购物体验。店内的虚拟数字导购能够完成欢迎用户到店、解说商品、推荐优惠等绝大部分功能，降低了人工成本，实现了数字化门店运营与管理。除了上海，云拿科技 AI 无人便利店在北京、南京、苏州、深圳、大连等城市已经落地。

（3）文旅场景

随着 VR、AR、5G、AI 等技术的发展与融合，元宇宙强调的“沉浸式体验”得以实现，正好契合了数字化时代下文旅产业对营销新模式的追求。元宇宙在文旅场景当中的应用，突破了传统文旅场景的时空局限，也将线上场景和线下场景叠加在一起。近年来，各地政府、景区、酒店以元宇宙技术体系为基础框架，为用户打造“旅行元宇宙”。2022 年 7 月，咪咕在厦门成立元宇宙总部，凭借其“5G+T.621+AR”技术优势，以“海上花园，元梦厦门”为主题给人们呈现了一场融合鼓浪屿文化遗产的元宇宙 AR 首秀。2022 年 10 月，张家界应用 5G 技术、UE5 游戏引擎开发、云端 GPU 实时渲染等多种融合技术，推出了全球首个景区元宇宙平台“张家界星球”，构建张家界景区虚拟空间，还原大自然美景。

图 4 “海上花园，元梦厦门”与“张家界星球”

（图片来源：中央广播电视总台福建总站官网、张家界·武陵源旅游官网）

四、2022 年中国元宇宙营销传播学术研究情况

（一）学术期刊：多元视角融合

元宇宙是人类对未来数字化生存的深远想象，也是业界和学界共同关注的重要话题。近两年来，元宇宙相关研究呈现出令人瞩目的增长趋势。在中国知网数据库当中，2020 年全文含有“元宇宙”的文献数量仅为 168 篇，2021 年已达到 1611 篇；而到了 2022 年，这一数字更是猛增至 1.28 万篇，计算机技术、新闻与传播、信息经济三大学科的期刊论文数量占比之和超过 35%，有 30 个学科的发文数量占比超过 1%。这些论文围绕“元宇宙”“媒体融合”“虚拟现实”“人工智能”“区块链”等展开了跨学科讨论，研究视角主要聚焦于数字技术应用、社会人文关怀、虚拟现实反思三个方面。

在数字技术应用方面，研究者比较关注依托于数字技术融合基础的元宇宙如何在品牌营销、社交零售、工业生产、文化教育、城市建设、医疗健康等方面进行实践应用，也关注元宇宙在不同领域内的宏大叙事，例如石培华等人从文旅领域探索元宇宙实践的模式路径，推进文旅领域中的“人—场—物”重构[6]。郑世林等人详细剖析了元宇宙在实践中面临的产业发展和监管模式变化[7]。在社会人文关怀方面，元宇宙为用户提供了一个高度去中心化、自由化的开放空间，推动实现个体生命价值的最大化。对此，吕鹏指出，元宇宙突破了现实社会中的约束性条件，为个体提供了更丰富的生命体验，是一种有效的“终极关怀”[8]。然而，该空间在一定程度上模糊了虚拟和现实的边界，也模糊了法制和自由的边界，严格统一的制度共识还未形成、用户言行失范、社会伦理、数据隐私遭受挑战。一些学者从技术—社会的媒介学路径出发，探讨作为技术中介的元宇宙对个体存在和社会形态的影响，并基于社会演进规律，探索数字智能时代下的社会治理机制。例如高奇琦、隋晓周结合总体国家安全观，讨论了元宇宙中的不同要素及其特点对

国家主权安全、意识形态安全、经济安全、人口安全等社会问题造成的风险，并提出防范和治理风险的 5 项原则[9]。在虚拟现实反思方面，我国学者从文化批判视角对元宇宙开启的虚拟现实交融的生存模式进行了探讨。在元宇宙带来的高沉浸感体验之下，用户如何避免产生精神依赖、区分虚拟与现实，是亟待思考的问题。刘永谋、秦子忠、王海东等多位学者基于本体论和存在论，从哲学视角出发讨论了作为虚拟世界的元宇宙与真实世界的关系。[10-12]

但是，目前聚焦于元宇宙营销传播的学术论文，大多探讨元宇宙营销传播策略的制定、案例应用和伦理探讨，且多从品牌方或者平台的角度去思考问题，在一定程度上忽略了消费者的地位和作用，随着元宇宙的广泛普及、深度应用和有序发展，未来的学术研究可以思考在元宇宙当中，消费者与品牌的关系、消费者行为和消费者心理是否与现实生活保持一致，元宇宙营销传播中的品牌方和平台是否产生变化、如何变化、为何变化，并进一步关注用户发展、用户增长、用户体验、用户关系等问题。

（二）学术著作：成果数量攀升

2022 年，国内元宇宙营销传播研究领域的学术著作迎来出版高峰。2022 年 5 月，西湖大学学者成生辉编著的《元宇宙：概念、技术及生态》一书出版，该书详细介绍了元宇宙的概念和相关数字技术，从信息安全和制度保障等方面剖析了元宇宙发展中可能存在的风险问题和应对方法。[13]7 月，由中国移动通信联合会元宇宙产业委组织撰写的《元宇宙十大技术》一书于中译出版社出版，该书将元宇宙技术体系归纳为“五大地基性技术” 和“五大支柱性技术”，前者包括计算技术、存储技术、网络技术、系统安全技术和 AI 技术，后者包括交互与展示的技术、数字孪生与数字原生的技术、创建身份系统与经济系统的技术、内容创作技术和治理技术[14]。除了技术视角，我国学者在 2022 年还从其他学科视角探索了元宇宙发展的可能性，例如，中国科学院软件研究所博士冀俊峰从历史、哲学、经济、技术等视角，展示了元宇宙在多个行业领域内的应用。[15]朱嘉明聚焦于数字经济和元宇宙的关系，从经济学视角解析了元宇宙的经济逻辑和产业发展前景。[16]在虚拟共生的元宇宙时代，元宇宙的技术应用是众所关注问题，但是，结合多元视角思考用户、法律、伦理等重要因素，以及元宇宙营销传播中的“变”与“不变”，多方合一才能推动元宇宙向更高标准更高质量发展。

（三）高校学科建设：需要理性追随

随着元宇宙的应用普及和教学、科研、就业、社会服务等方面的需求，高校也结合市场状况和自身情况对学科建设体系作出了相应的调整。2022 年 4 月，清华大学成立元宇宙文化实验室，中国人民大学随之成立元宇宙研究中心。2022 年 9 月 24 日，国内双一流高校南京信息工程大学人工智能学院将信息工程系更名为元宇宙工程系，设立了国内高校首个元宇宙院系。2022 年 10 月，南开大学基于新闻与传播学院秀山堂推出首个元宇宙新闻与传播学院，制作虚拟教授数字人、搭建虚拟课堂，开展元宇宙沉浸式教学。

然而，无论是元宇宙深度应用还是人才教育培养，都是一个漫长的过程，二者的融合并非简单相加，高校需要结合自身建设条件理性思考元宇宙教育问题。目前来看，高校展开元宇宙相关研究具有良好前景，但要完全实现“课堂元宇宙”“校园元宇宙”，搭建虚拟共生的元宇宙空间，仍需一定的时间积累。

【参考文献】

[1] 王政 . 人工智能产业迎来发展新机遇(产经观察·构建新引擎 制胜新赛道④)[EB/OL]. 人民网 ,2023-03-15.http://finance.people.com.cn/n1/2023/0315/c1004-32644409.html.

[2] 中国电子信息产业发展研究院 . 虚拟现实产业发展白皮书 (2022)[R].2022-11-14.

[3] 中国信息通信研究院 . 区块链白皮书 (2022)[R].2022-12-29.

[4] 首届元宇宙数字经济大会成功举办 元宇宙数字经济百人论坛(智库)正式成立 [EB/OL]. 中国网 ,2022-12-29.http://big5.china.com.cn/txt/2022-

12/29/content_85032195.htm.

[5] 第七届中国内容营销高峰论坛召开，探索元宇宙时代内容营销 [EB/OL]. 中央广电总台国际在线 ,2022-10-28.https://news.cri.cn/20221028/b512368c-8a4d-fdf5-a64c-27e022017872.html.

[6] 石培华 , 王屹君 , 李中 . 元宇宙在文旅领域的应用前景、主要场景、风险挑战、模式路径与对策措施研究 [J]. 广西师范大学学报 (哲学社会科学版),2022,58(4):98-116.

[7] 郑世林 , 陈志辉 , 王祥树 . 从互联网到元宇宙 : 产业发展机遇、挑战与政策建议 [J]. 产业经济评论 ,2022,(6):105-118.

[8] 吕鹏 . “元宇宙”技术——促进人的自由全面发展 [J]. 产业经济评论 ,2022(1):20-27.

[9] 高奇琦 , 隋晓周 . 元宇宙的政治社会风险及其防治 [J]. 新疆师范大学学报 (哲学社会科学版),2022,43(4):104-115+2.

[10] 刘永谋 . 元宇宙的现代性忧思 [J]. 阅江学刊 ,2022,14(1):53-58+172-173.

[11] 秦子忠 . 生存还是毁灭 : 元宇宙效应的哲学考察 [J]. 阅江学刊 ,2022,14(3):68-81+174.

[12] 王海东 . 元宇宙论 : 新牢笼抑或新世界 ?[J]. 国外社会科学前沿 ,2022,502(3):12-23.

[13] 成生辉 . 元宇宙 : 概念、技术及生态 [M]. 北京 : 机械工业出版社 ,2022.

[14] 叶毓睿 , 李安民 , 李晖 , 岑志科 , 何超 . 元宇宙十大技术 [M]. 北京 : 中译出版社 ,2022.

[15] 冀俊峰 . 元宇宙浪潮 : 新一代互联网变革的风口 [M]. 北京 : 清华大学出版社 ,2022.

[16] 朱嘉明 . 元宇宙与数字经济 [M]. 北京 : 中译出版社 ,2022.

中国虚拟数字人发展报告（2022 年）

陈韵博[1] 刘喜雯[2] 王鑫[3]

| 摘　　要 | 本文在介绍虚拟数字人的定义、分类及发展历程的基础上，总结了2022年中国虚拟数字人行业的发展状况，包括政策保驾护航，支撑行业增长；产业链快速完善，形成全域营销新模态；“虚拟人 +”拓宽赛道，跨界联动成为新风向；AIGC 探索服务边界，行业迎来新赛点；巨头下沉运营，行业马太效应显现。此外，本文还回顾了 2022 年虚拟数字人的学术研究及教育相关动态，并对其发展趋势进行了展望。

| 关 键 词 | 虚拟数字人；产业生态；AIGC

1985 年，当哲学家哈拉维（Donna Haraway）在《赛博格宣言：二十世纪后期的科学、技术和社会主义女权主义》一文当中[1]，将赛博格（Cyborg）定义为无机物机器与生物体的结合体时，虚拟数字人的思想便在其中孕育。目前，各种虚拟数字人频繁出现在娱乐、社交、营销等诸多领域，发挥着巨大价值。从实践层面来看，虚拟数字人是指存在于虚拟世界中，由计算机图形学、图形渲染、动作捕捉、深度学习、语音合成等综合技术手段打造出的一种智能化产品，它具有多重人类特征，并且会模拟人的行为。在机器与人类结合、物质与非物质交融之下，虚拟数字人已成为新的人机交互形式，或将成为人类的重要存在方式。

一、虚拟数字人的发展历程及其功能

（一）虚拟数字人的发展历程

虚拟数字人的萌芽可追溯至 40 年前。20 世纪 80 年代，日本“宅文化”兴起，各种游戏、动漫行业发展迅速。受限于技术，萌芽期的虚拟人更多是以平面与动画的形式来展现，表达的内容有限，且灵活性不足。林明美（动画片《超时空要塞》女主角）是虚拟偶像的重要代表，动画公司以她的虚拟形象发行了唱片专辑《超时空要塞 Macross Vol. Ⅲ Miss D. J.》（1983），该专辑甚至打入了当时的音乐排行榜 Orion 榜单前列。随着技术的不断发展与进步，各种动作捕捉技术以及 3D 建模技术日趋成熟，步入 21 世纪后，虚拟数字人开始以人为蓝本进行打造，在制作层面上愈发精良，产业更加兴盛。2001 年的电影《指环王》当中，首次引入真人 CG 技术塑造角色；2007 年日本虚拟偶像“初音未来”诞生，正式拉开了虚拟偶像的繁荣大幕。此后随着 AI 的崛起，各种虚拟数字人在形象设计和智能化方面越来越饱满丰富。国内二次元文化的兴起也让一些互联网企业看到了潮流，开始利用虚拟人形象来进行商业化价值创造。小米手机

本文系 2023 年广东省研究生教育创新计划项目“暨南大学—舜飞科技联合培养研究生示范基地”阶段性成果。

[1] 陈韵博，暨南大学新闻与传播学院广告教研室主任，副教授，硕士生导师。

[2] 刘喜雯，暨南大学新闻与传播学院 2021 级硕士研究生。

[3] 王鑫，暨南大学新闻与传播学院 2022 级硕士研究生。

曾推出“初音未来”手机联名款，并且也在 2017 年推出了自家的语音助手虚拟形象——“小爱同学”。

近两年元宇宙概念的爆火，也为虚拟数字人的发展带来了新机遇。一方面，新兴巨头纷纷下场虚拟空间布局，虚拟数字人成为其中不可缺少的一部分。2021 年初，Epic Games 发布了虚幻引擎 MetaHuman Creator，可在数小时内创造高拟真的数字人，AYAYI 成为中国首个 Metahuman。另一方面，各大行业也开始向元宇宙发力，“虚拟人 +”成为新潮流，产业发展逐渐呈现百花齐放的姿态。

（二）虚拟数字人的功能分类

基于行业发展方向以及具体应用场景的差异，目前的虚拟数字人可主要分为服务型虚拟数字人和身份型虚拟数字人。

1. 服务型虚拟数字人

服务型虚拟数字人主要扮演着替代真人的服务性角色，并且越来越向拟人化方向发展。虚拟主播、虚拟客服和虚拟 AI 助手都可归为服务型虚拟数字人，基于人工智能的 AI 服务助手能够结合场景、定位和情境，提供顾问、关怀、陪伴和事件处理等服务，借助于大数据和算法技术，这种高度个人匹配的服务往往更能实现千人千面的效果[2]。2022 年亮相百度世界大会的“度晓晓”就实现了智能化的进一步升级，在听到主持人的一句抱怨：“好困啊！要是有杯咖啡就好了！”之后，不到一秒就分析出了他的言外之意，还根据他的口味与兴趣精准推送了咖啡的外卖信息。得益于其全天候在线、多线程并发的处理能力，服务型虚拟数字人可 24 小时不间断承担服务与陪伴的功能，更大程度地节省人力成本。

2. 身份型虚拟数字人

以虚拟偶像为代表的身份型虚拟数字人发展已久，它承担着大众对于偶像的情感寄托，是当今常见的大型品牌商的营销推广渠道之一。随着元宇宙的兴起，用户也可以借助技术来建构自己的数字化身，这一形式在近年来得到高速发展。从 2017 年苹果手机首先搭载 animoji 功能开始，越来越多的厂商进行了定制化赛博形象的研发，现在很多平台都可以自主塑造数字人分身。

二、2022 年中国虚拟数字人行业发展状况

（一）政策保驾护航，支撑行业增长

2022 年，国家进一步支持虚拟数字人的产业生态建设，各级政府机构密集出台有关于元宇宙以及网络空间的管理办法和政策文件，推动数字经济与虚拟数字人的进一步发展。2022 年 1 月国务院印发《“十四五”数字经济发展规划》，明确提出数字经济发展的重要性，要求以数据资源为关键要素，以现代信息网络为主要载体，以信息通信技术融合应用、全要素数字化转型为重要推动力，促进公平与效率更加统一的新经济形态，继续深化人工智能、虚拟现实、8K 高清视频、区块链、大数据等技术的综合应用与创新研发，进一步推进全产业的数字化发展。[3]3 月，在《2022 年政府工作报告》中，再次强调了数字经济的重要性与大力发展数字经济的决心。2022 年底，工信部等五部委联合发布的《虚拟现实与行业应用融合发展行动计划（2022—2026 年）》提出，到 2026 年，三维化、虚实融合沉浸影音关键技术重点突破，新一代适人化虚拟现实终端产品不断丰富，产业生态进一步完善，虚拟现实在经济社会重要行业领域实现规模化应用，形成若干具有较强国际竞争力的骨干企业和产业集群，打造技术、产品、服务和应用共同繁荣的产业发展格局。我国虚拟现实产业总体规模（含相关硬件、软件、应用等）超过 3500 亿元，虚拟现实终端销量超过 2500 万台[4]。

在中央全力推进数字化进程的基础上，地方也开始着力推动虚拟数字人产业的发展。2022 年上半年，浙江省、北京市、上海市先后发布了有关于元宇宙建设的指导意见，提出要加快推进元宇宙的创新发展，将元宇宙产业列入重点发展领域，并积极推进知识产权保护、人才培养等方向，为虚拟数字人的建设提供了保障；8 月，北京市经济和信息化局为抓住数字人经济发展机遇，发布了《北京市促进数字人产业创新发展行动计划（2022—2025 年）》，这是国内首个数字人产业专项支持政策。该政策的发展目标是，到 2025 年，北京市数字人产业规模突破 500 亿元；培育 1—2 家营收超 50 亿元的头部数字人企业、10 家营收超 10 亿元的重点数字人企业；突破一批关键领域核心技术，建成 10 家校企共建实验室和

企业技术创新中心；在云端渲染、交互驱动、智能计算、数据开放、数字资产流通等领域打造5家以上共性技术平台；在文旅、金融、政务等领域培育20个数字人应用标杆项目；建成2家以上特色数字人园区和基地；初步形成具有互联网3.0特征的技术体系、商业模式和治理机制，成为全国数字人产业创新高地。[5]

（二）产业链快速完善，形成全域营销新模态

在近年来国家政策的大力扶持下，虚拟数字人产业快速发展。中国传媒大学主流融媒体研究中心联合STEPVR旗下迈塔星（iMetaStar）对外发布的《2022虚拟数字人（元宇宙原住民）商业化发展报告》指出，虚拟数字人产业链近年来逐步走向成熟，形成了上游制作、渲染工具，中游虚拟人驱动及运营，下游场景应用的产业链生态谱系。[6]不仅如此，从场景落地的模式来看，ToC业务正发展火热，针对泛娱乐中的游戏与传媒领域，打造虚拟偶像与虚拟IP的产业变现形式已经规模化成型，技术的不断下放也带来了更加全民参与的虚拟数字人制作，催生了更开放的创作者生态、更丰富的UGC内容；ToB业务在影视、金融、文旅等方面大放异彩，伴随着AI的不断发展，虚拟数字人的智能化和拟人化进一步得到提升，推动了服务和效率升级。整体来看，虚拟数字人已然进入大规模应用期，伴随着数字技术的不断发展，以及越来越多的产业需求与应用场景被挖掘，其发展版图也会越来越大。

web2.0下流量红利逐渐见顶，web3.0的到来重塑了B2C的商业逻辑，传统的"人—货—场"关系被再次重构。"虚拟代言人＋虚拟直播+AI虚拟人助手"的形式实现了企业以虚拟人为核心的全时全域营销[7]，全时全域互动营销成为虚拟数字人发展的新玩法。2022年，众多品牌跨界合作寻求元宇宙一席之地，通过虚拟数字人建构新的IP与品牌形象成为各大产业行业的优先选择。借助于元宇宙的全场景沉浸体验、虚拟人的高仿真全时陪伴，以及多重数字技术的跨媒介传播，虚拟人营销的可知可感可触达得以真正实现。安踏在2022年以"重新想象运动"为主题，联合百度的AI虚拟数字人"希加加"，带领一众style3D虚拟模特，亮相SS23中国国际时装周。以百度深耕的AI数字人技术为基础，结合3D超现实虚拟运动时装，安踏借助虚拟人和虚拟场景为消费者带来了一次全新的时装秀。在营销场景的不断丰富下，虚拟人的新潮和沉浸式的互动不仅激发了消费者兴趣，还为品牌塑造出更加科技与未来化的形象，增强了品牌与消费者之间的黏性，使整个营销活动的周期全时全域化，营销的深度与广度都得到了进一步拓展。

（三）"虚拟人＋"拓宽赛道，跨界联动成为新风向

国内各行业巨头已在纷纷采用虚拟数字人营销方式，虚拟数字人的发展赛道正不断拓宽。

从发展过程来看，我国在2001年数字影片《青娜》中便使用了本土化的虚拟偶像，但直到2012年雅马哈公司推出全球首个以中国元素为基础制作的虚拟形象"洛天依"之后，我国的虚拟偶像产业才正式勃发。得益于近年来数字技术的飞速发展以及亚文化和偶像文化的不断繁荣，虚拟偶像在形象刻画和人格化构建方面愈发成熟，元宇宙技术的创新推进也为虚拟偶像产业发展带来进一步的契机。据艾媒咨询数据显示，2022年中国虚拟偶像核心市场规模为120.8亿元，预计2025年将达到480.6亿元；2022年虚拟偶像带动周边市场规模为1866.1亿元，预计2025年为6402.7亿元。[8]从产业布局来看，虚拟偶像产业积极拓宽其价值链条，与其他众多产业结合，驶入了跨界联合的发展轨道。在文娱方面，元圆科技打造的"天好"因其具有敦煌艺术内涵和神话故事内核广受大众喜爱，2022年成功签约壹心娱乐，成为首位签约经纪公司的国风虚拟人；在游戏竞技行业，脱胎于《绝地求生》游戏角色的"吉莉"被赋予勇敢自信、不畏失败与挑战的人格化形象并成为官方的虚拟代言人，不仅充分体现了该游戏的特色，也推动了营销升级。在直播、广告以及其他众多数字行业领域，虚拟数字人的应用与发展正逐渐加速。

传统行业也借此东风，进行着更为年轻和数字化的行业生态革新。在金融领域，以全时、全天、全自动为特点的虚拟数字人拥有人格化形象和智能化处理能力，为金融行业带来了服务上的全新突破。2022年10月18日，中金财富和魔珐科技合作，推出了代表中金财富的数字人形象——Jinn。一方面，它可以提供智能客服、理财顾问等服务，其背后的大数据与智能技术支持让服务变得更加高效与精准，为用户提供了更好的服务体验；另一方面，这种以人格化为蓝本构建的虚拟形象也能够让用户感受到现实陪伴，享有更温暖、更智能的交互体验。

（四）AIGC 探索服务边界，行业迎来新赛点

2022 年年底，Chat GPT 的推出引发了新一轮的人工智能行业变革，对 AIGC（人工智能生成内容）的理论探讨与实践跟进均出现大幅增长。AIGC 的发展并非突如其来，在大数据技术不断应用的过程中，MGC 的生产形式就已初见 AI 的影子，但彼时的内容生产更多体现在机器化、批量化等方向上，并未像 Chat GPT 一般具有内容的高度创造性。2022 年国内厂商也在 AI 上发力，推动了信息技术的智能化转型。2022 年百度世界大会上，百度用 AI 技术复原了中国名画《富春山居图》残卷，不同于以往的 AI 修复技术，此次的技术以文心大模型的 AIGC 为基础，用户可以根据自己的想法对《富春山居图》进行虚拟补全，创作出独具特色的修复画作，使机器生成不再机械化与重复化。

MGC 向 AIGC 的转型将在很大程度上影响虚拟数字人的发展趋势。回顾 2022 年，AIGC 应用直击近年来虚拟数字人智能化不足的痛点，stable diffusion、DALL-E2、Midjourney 等图片生成类 AIGC 工具风靡一时，200 万名可以自主带货的数字员工开始“上岗”，虚拟数字人逐渐从“拟人化”转向“同人化”。从服务行业来看，“AIGC+ 虚拟人”的组合能够根据用户所在情境提供更为匹配的服务，对话也摆脱了过去僵硬的停留表面的回答，而是转为根据话语情境去揣摩语言中的情绪，并给予更加情感化的反馈。这不仅推动了服务行业的升级革新，也使虚拟人服务更加人性化。对身份型虚拟人而言，AIGC 的发展能够进一步推进它的自主内容生产能力。例如，2019 年成立的讯飞音乐借助科大讯飞的 AI 技术，在 2022 年 8 月 26 日推出了首位 AI 虚拟歌手 Luya，上线半年内即已发布原创歌曲 20 余首，登上微博、抖音、快手、B 站等多平台热搜。

（五）巨头下沉运营，马太效应显现

国内各大科技巨头以及独角兽公司纷纷进入虚拟数字人赛道，加大技术投入和创新研发力度，希望抓住新的科技风口带动企业竞争力升级。艾媒数据显示，2021 年中国虚拟人存续企业数量为 167670 家，其带动产业市场规模和核心市场规模分别为 1074.9 亿元和 62.2 亿元[9]，这一数据在 2022 年也有显著提升。“天眼查”数据显示，截至 2022 年底我国目前状态为在业、存续、迁入、迁出的虚拟人相关企业数量超过 50 万家，近半数企业为 2022 年成立。[10]

尽管近两年来新增企业为数众多，产业规模不断扩大，但能够盈利的企业仍然相对较少。相关企业大量井喷的背后，是行业巨头阵地不断坚固，马太效应日渐凸显。有互联网媒体报道称，在 B 站的 3606 名虚拟主播中绝大多数存在低收入现象。B 站虚拟主播的月营收排行榜中，排名在前 120 的虚拟主播营收就占据了整个行业总营收的一半以上，而其余主播的平均月营收仅为月营收前 120 的虚拟主播的 1% 到 5%。[11] 从基础层来看，超级硬件巨头往往会制造技术壁垒，先进技术与大市场体量使得虚拟数字人的制作更加精细，不论在 AI 化还是拟人化方面，这些虚拟数字人都更能吸引利益相关方。而在平台层，国内互联网大厂不仅推进虚拟数字人的全行业全领域普及，还根据自家业务建立起完整的虚拟人产业体系，一方面提供一站式的虚拟数字人产品服务，另一方面还根据不同垂类业务场景定制解决方案。以技术和资本为支撑的头部企业既能实现虚拟人产业的链路式生产，也能兼顾上下游的发展，在技术创新、营销创新和产业链掌控上都具有极大话语权，国内虚拟数字人产业逐渐显现出寡头格局。

三、2022 年中国虚拟数字人学术研究特点及教育状况

（一）2022 年中国虚拟数字人学术研究特点

2022 年，随着年初元宇宙概念的兴起，虚拟数字人成为全国学界研究的热点之一，相关成果数量爆发式增长。学界从营销、法律、教育等多角度入手对虚拟数字人进行研究，产生了一批具有指导意义的学术著作。

1. 成果数量迎来爆发式增长

2022 年，国内有 30 余本元宇宙主题的学术著作出版，其中大部分涉及虚拟人这一主题。由百信银行首席战略官陈龙强和中国传媒大学大数据与社会计算中心高

级研究员张丽锦共同撰写的《虚拟数字人 3.0：人"人"共生的元宇宙大时代》，是国内首本虚拟数字人专著，以科普和产业的双重视角，论述了虚拟数字人的定义、产业链及应用实践，为宏观上理解元宇宙、数字经济及数字生活提供了新思路，对元宇宙产业的参与者有很强的借鉴价值[12]。马健健、张翔合著的《虚拟偶像 AI 实现》一书，则从虚拟偶像发展历程和制作流程入手，结合实际案例讲解了虚拟偶像制作的完整过程[13]。

在虚拟人相关期刊论文的发表方面，以"虚拟人"为主题关键词在中国知网进行检索，结果显示 2022 年共有 281 篇相关论文被收录，相比于去年的 87 篇增加了 204 篇。以"数字人"为主题关键词在中国知网进行检索，可以看到 2021 年有相关文献 103 篇，2022 年则有 358 篇相关文献被刊载，期刊论文发表数量大幅增加。这些论文不仅能够为社会公众建立起虚拟数字人以及元宇宙的系统知识框架，也能为广告公司和媒体单位开展相关业务提供理论指导。

除此之外，2022 年，一批有关虚拟人、虚拟现实的科研项目，在全国各级各类科研项目的立项名单中榜上有名。其中值得注意的是，2022 年 9 月 30 日公布的《2022 年国家社会科学基金年度项目立项名单》中，暨南大学新闻与传播学院广告学系阳翼教授负责的《人工智能营销的伦理问题及其规制研究》名列其中。上海大学法学院袁曾副教授负责的《人工智能的法律人格与未来发展研究》也出现在《2022 年度国家社科基金后期资助项目立项名单》中。实际上，在 2021 年即有至少 200 项与此相关的国家社会科学基金和国家自然科学基金项目获得立项。这些相关科研项目的立项，从一定程度上反映了虚拟数字人研究在我国国家级科研领域的学术分量及其发展进步。

2. 多元研究视野，实现崭新突破

2022 年我国学者所作的虚拟人研究充分显示出了该研究领域的跨学科特色。从宏观来讲，有学者以整个虚拟人行业的发展现状为切入口，构想了虚拟人的未来可能。例如，中国民族大学新闻与传播学院的郭全中教授在其论文《虚拟数字人发展的现状、关键与未来》中指出，虚拟数字人及其产业正进入加速期，应用场景不断拓展、市场规模快速扩大、大量企业涌入。虚拟数字人及其发展主要受技术、用户、参与企业、政策与资本等关键因素的影响，而虚拟数字人的真正未来则取决于元宇宙的发展。[14]

在中观层面，从营销学、广告学角度来看，学者们基于虚拟人的应用，分析了虚拟人对营销策略、消费者体验的影响，有论文详细解读了虚拟人营销的价值、困境与机制。例如，武汉大学廖秉宜教授在《虚拟数字人与元宇宙营销新景观》中指出，虚拟数字人将成为内容营销升级的新载体，同时也会成为品牌年轻化营销的重要突破口，帮助品牌在不同的场景中与用户实现良好的交互体验。[15]除此之外，也有学者对于特定类型的虚拟人应用所带来的影响进行了研究，例如基于虚拟偶像而产生的粉丝行为。从法学、伦理学角度来说，有学者关注到因政策规定、法律规范、技术标准未及时跟进，虚拟数字人在内容安全、法律责任、行业标准、伦理道德等方面面临风险。从教育学角度来说，越来越多的学者开始关注虚拟数字人辅助下的课堂教学探索实践。基于人工智能、大数据、云计算等技术构建的虚拟数字人可以利用其多元角色，融入教育教学改革、学生管理之中，贯通育人全过程，从而提高人才培养成效。在虚拟人的协助下，教育元宇宙也可以为在线教育提供沉浸式的教与学空间，打造教学模式的新范式。

（二）2022 年中国虚拟人教育状况

教育部发布的《教师教育振兴行动计划（2018—2022 年）》指出，要充分利用云计算、大数据、虚拟现实、人工智能等新技术，推进教师教育信息化教学服务平台建设和应用，推动以自主、合作、探究为主要特征的教学方式变革。[16]虚拟人作为虚拟世界和现实世界融合的载体，在教育培训领域，一方面是为学生创设沉浸式体验的环境，另一方面是作为高校产学研融合的新方向，不断推动高校教学模式革新，同时助力虚拟人技术的发展。2022 年，国内已经有超过 17 家高校开始拥抱元宇宙，开设与虚拟人相关的院系及专业课程。

1. 课程建设重点：前沿技术和创新思维并行

2022 年，国内高校以前沿技术和创新思维为课程建设重点，不断深化重点领域学科专业与虚拟人相关学科专业的交叉融合，不断丰富完善虚拟数字人的知识图谱和知识体系。2022 年 10 月 17 日，南开大学推出中国首家“元宇宙新闻与传播学院”，根据南开大学新闻与传播学院秀山堂现实物理空间虚拟复制的数字空间正式上线，计划联合南开大学相关院系以及元宇宙领域先进的技术公司，共建元宇宙联合实验室，通过制作虚拟教授数字人、在虚拟现实空间建设虚拟课堂、在元宇宙空间开设网络前沿大师课等，逐步充实和加强“元宇宙新闻与传播学院”特色。[17] 无独有偶，2022 年 9 月 23 日，南京信息工程大学人工智能学院将下属的信息工程系更名为元宇宙工程系，专业培养方案中增加了与元宇宙相关的选修课。

一些高校从课程着手，开设了虚拟人创作的相关课程或工作坊。例如，南京大学围绕制作技术和艺术创作开设了“数字人虚拟创作”工作坊，通过具体的应用场景，让学生了解数字人与虚拟制片的行业现状，以及数字人的制作流程。[18] 上海外国语大学开设了数字虚拟形象制作系列工作坊；上海美术学院推出了“数码公园”系列工作坊，探讨数字人技术在商业及当代艺术中的应用与创作。总体来看，在 2022 年，我国高校在虚拟人课程建设中既重视为学生普及前沿技术，也注重培养学生的创新思维，通过优化数字人相关学科专业布局，夯实基础支撑学科，进一步发展提升交叉学科，为虚拟人产业发展提供了教育支持。

2. 培养机制创新：校企合作培养复合型人才

一个新产业的兴起，往往意味着出现大量的专业人才缺口。虚拟人制作涉及建模、动捕、场景制作等一系列技术，同时还涉及价值、伦理、法律、教育等人文社会科学，亟须高校培养出更多跨学科、跨行业的复合型人才。2022 年，我国高校不断推动跨学校、跨学科、跨领域、跨国界的协同创新，进一步创新人才培养机制，通过与国内外知名科研院所、企业的协同，进一步优化研究资源配置，培养复合型人才。国内多个地市颁布了元宇宙相关的支持性政策或征求意见稿，北京、厦门、南京等多地在相关政策中点明要加强校企合作，联合培养虚拟人行业所需要的复合型创新人才。

目前，已开设与虚拟人相关的专业及课程的高校，均联合业界为学生创作者提供数字人技术、数字资产和孵化平台的支持。校企之间的不断合作，标志着元宇宙核心产业和技术正在进入高等教育体系。通过课程共建，校企将行业前沿技术融入课堂，在科技研发与成果推广、人才培养、创新能力建设等领域开展更加广泛的交流与合作，从而打通了专业教育与职业需求的“最后一公里”。

四、2022 年中国虚拟人行业发展评价与展望

回望 2022 年，在政策支持、技术升级、成本回落的背景下，虚拟数字人的应用场景不断扩大，产业规模迅速扩张，成为业界和学界共同瞩目的焦点。在国家有关部门、行业组织、高等院校、企事业单位的共同发力下，虚拟人行业快速发展，学术研究成果显著。面对营销行业乃至整个互联网的“洗牌”，只有提前布局虚拟数字人，才能在下一个时代获得制高点。

1. 元宇宙背景下 Web3.0 将成为营销新媒介

元宇宙是 Web2.0 向 Web3.0 的跃迁，也是移动互联网时代的又一次“破坏式创新”。在元宇宙背景下，新一轮的营销革命是大势所趋，Web3.0 即将成为下一代营销的新媒介。未来的 Web3.0 营销将以 XR 交互设备为载体，形成去中心化的多元营销形式，呈现出沉浸式、共享、共建、动态、可交互体验等特点，实现所见所触即可得，营销也不再受到平台限制。

作为元宇宙的核心交互载体，数字人将成为品牌主寻求营销增长的重要突破点。在过去，线上营销的内容同质化很高，交互程度有限，难以洞察消费者的情绪情感，难以激发消费者兴趣，并且营销费用高昂。而在 Web3.0 时代，品牌将通过数字人营销获得新故事、新流量，拥有新内容、新玩法，赢得元宇宙的入场券，消费者则可以获得全新的沉浸式交互消费体验，情感得到更大寄托。

2.AI 和 CG 是构成下一代互联网的核心

作为元宇宙的核心要素，虚拟数字人的技术与艺术相辅相成、缺一不可，品牌主需要创造“始于颜值，终于才华”的形神合一的智能数字资产。从长远来看，AI 和 CG 是构成下一代互联网的核心，其中 AI 是智能服务维度，CG 是视觉维度 [19]。

在技术层面，AI 是才华，能够让数字人进化到“数智人”，去呈现和提供企业的产品及服务。2022 年被称为是 AIGC 元年，以 ChatGPT 为代表的生成式 AI 将赋能虚拟数字人的“智能进化”。同时，与垂类场景结合的 AIGC 技术也将拓展虚拟数字人的应用领域，降低制作和传播成本并提升变现能力。依托于“人 +AI”的能力值，虚拟人在未来可以传递并沉淀营销全链路中的消费者真实声音，使产品服务真正做到以消费者为核心，也为消费者和品牌主协同共创品牌和产品提供了新的落地可能。

在艺术层面，CG 是颜值，是内容的视觉表现力，也是虚拟数字人产品的核心竞争力，高精度、超仿真、高质量是发展方向。美术模块是用户接触虚拟数字人时最直接的触点，决定了虚拟人的气质调性以及内容类型。从长远来看，虚拟数字人的技术门槛会越来越低，美学和内容反而会成为差异化的关键。AI 和 CG 的高效结合，可以降低虚拟人的成本，让“人人都有分身”成为现实，也能帮助品牌主构建和沉淀智能数字资产，开启通往元宇宙的长期复利价值路径。

3. 同质化竞争中，虚拟人运营将成为突破点

当前，由于成本控制、商业化运用场景等原因，虚拟数字人的形象相似、服饰撞衫、技能雷同等现象频繁出现，虚拟人产品同质化程度较高。随着虚拟数字人生成及直播技术的成熟和成本降低，数字人的应用将越来越普及，但数字人的“同质化”或将更加严峻。竞争更加激烈，就会更加考验内容策划和运营能力。

运营是连接虚拟数字人技术、产品与消费者的重要环节，但目前面临技术门槛较高、制作成本较高、运营工具尚未普及、专业运营机构和运营人才不足等困境。业界、学界、培训机构等应不断在技术方面发力，降低虚拟人的使用成本，并重视运营人才的培养。2022 年，“虚拟人 + 品牌”的营销模式更加深入，成为品牌与消费者的创新对话方式。因此，赋能广告公司、营销公司，增强虚拟 IP 的生命力，是虚拟数字人应用的重要命题。未来，品牌的虚拟数字人会从简单的“可视化”传递上升到“人格化”运营，这就需要技术公司与营销公司深度沟通，在 App、小程序等端口搭建消费者与虚拟数字人互动的轻量级的“场”，让消费者愿意反复互动，从而保持数字人的低成本、常态化运营，真正打通元宇宙数字人的营销逻辑。

4. 产业融合背景下，行业监管及治理法规亟待深化

随着虚拟人产业的快速增长，虚拟人产业与其他产业的交叉融合不断加深，行业制作及应用标准、可信数字身份治理体系、数据安全体系等的建设迫在眉睫，行业监管及治理法规亟待深化。目前，在虚拟人的具体应用中仍然存在着名人虚拟分身的人格权问题、虚拟代言人广告责任承担问题、智能驱动型虚拟人生产内容的著作权问题、真人驱动型虚拟偶像场景下中之人的劳动合同、表演权及个人信息保密等问题[19]，对于虚拟人直播、演出等场景也需要作出进一步监管。

目前法律对于虚拟人没有针对性的规定，对于虚拟人的相关权利的法律保护仍相对薄弱，虚拟人的创作者和经营者仅能利用合同约定以维护自身权益。因此，在立法、司法以及行政执法实践层面，都需要尽快明确虚拟人典型应用场景的法律问题。在元宇宙大背景下，随着技术升级和商业模式迭代，虚拟人产业及产品应用必将更为丰富，法律问题也会更为复杂，对现实问题进行积极回应、对行业发展予以规范的立法需求显得必要而迫切。同时，虚拟人行业也要加强自律，与外部规范相向而行，共同推进虚拟人产业的持续健康发展。

【参考文献】

[1] (美)唐娜·哈拉维 . 类人猿、赛博格和女人：自然的重塑 [M]. 开封：河南大学出版社 ,2016.

[2] 侯文军 , 卜瑶华 , 刘聪林 . 虚拟数字人：元宇宙人际交互的技术性介质 [J]. 传媒 ,2023(4):25-27+29.

[3] 国务院关于印发“十四五”数字经济发展规划的通知 [EB/OL]. 中国政府网 ,2022-01-12.http://www.gov.cn/zhengce/zhengceku/2022-01/12/content_5667817.htm.

[4] 虚拟现实与行业应用融合发展行动计划 (2022—2026 年)[Z/OL]. 中国政府网 ,2022-11-01.https://www.gov.cn/zhengce/zhengceku/2022-11/01/5723273/files/23f1b69dcf8b4923a20bd6743022a56f.pdf.

[5] 北京市促进数字人产业创新发展行动计划 (2022—2025 年)[Z/OL]. 国际科技创新中心网络服务平台 ,2022-08-08.https://www.ncsti.gov.cn/zcfg/zcwj/202208/P020220808546496456459.pdf.

[6] 中国传媒大学主流融媒体研究中心 , 迈塔星 .2022 虚拟数字人（元宇宙原住民）商业化发展报告 [R].2022-09-02.

[7] 甲子光年智库 .Web3.0 体验营销方法论白皮书——营销数字化：从新一代营销理论创新开始 [R].2023-02-10.

[8] 艾媒咨询 .2023 中国虚拟偶像产业发展研究报告 [R].2023-03-30.

[9] 艾媒咨询 .2022—2023 年中国虚拟人行业深度研究及投资价值分析报告 [R].2022-06-09.

[10] [19] 中国传媒大学媒体融合与传播国家重点实验室 . 中国虚拟数字人影响力指数报告 (2022 年度)[R].2023-02-21.

[11] 房坚班 , 黄文楷 , 王瑞枞 . 繁荣与阴霾——3606 名虚拟主播的真实生活 [EB/OL]. 澎湃新闻 ,2022-05-11.https://www.thepaper.cn/newsDetail_forward_18022449.

[12] 陈龙强 , 张丽锦 . 虚拟数字人 3.0: 人“人”共生的元宇宙大时代 [M]. 北京：中译出版社有限公司 ,2022.

[13] 马健健 , 张翔 . 虚拟偶像 AI 实现 [M]. 北京：清华大学出版社 ,2022.

[14] 郭全中 . 虚拟数字人发展的现状、关键与未来 [J]. 新闻与写作 ,2022(7):56-64.

[15] 廖秉宜 , 向蓓蓓 . 虚拟数字人与元宇宙营销新景观 [J]. 国际品牌观察 ,2022(19):28-30.

[16] 教师教育振兴行动计划 (2018-2022 年)[EB/OL]. 中华人民共和国教育部官网 .2018-03-23.http://www.moe.gov.cn/srcsite/A10/s7034/201803/t20180323_331063.html.

[17] 南开大学推出元宇宙新闻与传播学院 [EB/OL]. 中国新闻网 ,2022-10-17.http://www.chinanews.com.cn/gn/2022/10-17/9874787.shtml.

[18] 《数字人与虚拟制片》课程探索校企合作新模式 [EB/OL]. 南京大学新闻传播学院官网 ,2022-07-04.https://jc.nju.edu.cn/e0/4a/c11888a581706/page.htm.

[19] 孙山 . 虚拟偶像“表演”著作权法规制的困境及其破解 [J]. 知识产权 ,2022(6):74-91.

中国计算广告隐私保护发展报告（2022 年）

林升梁[1]　嘎日查戈[2]

| 摘　　要 | 本报告从个人信息数据的政府监管、隐私保护对计算广告产业产生的重大影响、隐私保护技术的发展、关于隐私悖论解决方案的探讨等四个方面，总结了 2022 年中国计算广告隐私保护的发展情况，并对 2022 年中国计算广告隐私保护的学术发展进行了回顾。

| 关 键 词 | 计算广告；隐私保护；政府监管；数据安全

2022 年，国内业界与学界关于计算广告隐私问题的探讨呈现以下 5 个特点：（1）国家监管重拳出击促使行业更加规范发展；（2）隐私保护对计算广告产业产生重大影响；(3) 新技术的出现为隐私保护提供无限可能；(4) 隐私悖论解决方案的探讨正式提上议程；（5）学术活动日益活跃、学术成果不断涌现，隐私伦理体系初现雏形。

一、国家监管重拳出击促使行业更加规范发展

（一）立法讲规矩："三驾马车"法律架构下细化法则有法可依

承接上一年、开启新一年，从《网络安全法》到《数据安全法》再到《个人信息保护法》，"三驾马车"的法律架构推动我国进入个人信息保护及企业数据合规的新纪元。[1]

2021 年 11 月 1 日正式实施的我国首部《个人信息保护法》（以下统称《个保法》）中明确界定了计算广告采集的用户数据主体。《个保法》中规定："个人信息是以电子或者其他方式记录的与已识别或者可识别的自然人有关的各种信息，不包括匿名化处理后的信息。"在明确主体的基础上，《个保法》将生物识别、宗教信仰、特定身份、医疗健康、金融账户、行踪轨迹等信息，以及不满十四周岁未成年人的个人信息，进一步归属为"敏感个人信息"，规定应当对个人信息及敏感信息进行全生命周期保护。这意味着，当前互联网广告行业使用到的各类个人设备识别号，包括 Cookie ID、IMEI、IDFA、IDFV 及各网站 /APP 体系下的用户注册 ID、编号、手机号、邮箱等，都属于个人信息。使用以上信息用于广告营销都属个人信息的使用行为，需告知收集目的、方式及范围，明确取得个人授权。而且，取得授权不应只停留在收集阶段，全生命周期保护意味着收集、使用、存储、传输、出境、删除等所有环节全覆盖，每个环节的处理都须经由"告知—同意"。除信息收集环节，《个

本文系 2022 年度国家社科基金后期资助重点项目"计算广告的隐私问题及其治理研究"（项目编号：22FXWA002）阶段性成果。

[1] 林升梁，暨南大学新闻与传播学院、媒体国家级实验教学示范中心教授。

[2] 嘎日查戈，暨南大学新闻与传播学院 2022 级硕士研究生。

保法》中还明确规范个人信息的处理必须合法、公正和透明。通过自动化决策方式向个人进行信息推送、商业营销时，应尊重个人信息主体的权利，满足公平、透明、可拒绝原则。

2022年2月15日起施行的新版《网络安全审查办法》将平台企业的数据处理活动明确纳入网络安全审查制度的监管范围；《个保法》中对个人信息跨境传输也出现明确规定。关键信息基础设施运营者以及处理的个人信息达到规定数量的个人信息处理者，个人信息跨境需要经过相关部门的安全评估，其他企业当经过专业机构进行个人信息保护认证，或者同境外接收方签署标准合同。需要注意的是，如果部分企业服务器在国外，且频繁将境内收集的个人信息传输到国外的服务器，就会存在被认定为出境的可能性，此类企业需要按照《个保法》的要求履行个人信息保护影响评估等义务。对于提供重要互联网平台服务、用户数量巨大、业务类型复杂的个人信息处理者，《个保法》也专门规定了一系列合规义务，包括建立健全个人信息保护合规制度体系、成立主要由外部成员组成的独立机构对个人信息保护情况进行监督、定期发布个人信息保护社会责任报告等。

2022年3月1日起正式实施的《互联网信息服务算法推荐管理规定》明确规定，应用算法推荐技术，是指利用生成合成类、个性化推送类、排序精选类、检索过滤类、调度决策类等算法技术向用户提供信息。短视频平台、电商平台、社交平台及餐饮外卖平台等各类提供算法推荐服务的互联网公司几乎都在监管范围之内。此外，《互联网信息服务算法推荐管理规定》还明确将“个性化推荐”纳入规制范围，算法推荐服务提供者具有保障用户算法知情权、选择权、用户标签完善等合规义务。公民的知情权得到保障、算法透明得到推进，不仅利于增强用户对产品的信任，也有利于解决算法歧视、决策偏差。

2022年1月1日《上海市数据条例》开始施行。这是自国家层面公布和实施《网络安全法》《数据安全法》和《个保法》后最先一批公布和实施的地方性数据法规。这表明除了国家层面出台相关法律法规，地方政府也开始根据当地特色形成自己的隐私保护条款。

（二）行政严执法：保持高压态势多管齐下树立反面典型

行政执法方面，2022年国家互联网信息办公室、工业和信息化部、市场监督管理总局等部门，依旧保持着高压收紧态势，监管措施涵盖公开通报、应用下架、罚款、网络安全审查、过渡性指导措施等多种手段。监管处罚对象不仅包括企业，还覆盖高管及相关责任人，处罚方式主要体现为警告与罚款。

2022年7月，因滴滴出行平台“过度收集个人信息、个人敏感信息；超范围获取用户权限；未告知用户个人信息处理目的”等，国家网信办根据《网络安全法》《数据安全法》《个保法》，对滴滴出行平台处以人民币80.26亿元人民币罚款，对公司董事长、总裁各处人民币100万元人民币罚款。[2] 滴滴事件之后，境外上市企业的数据出境与安全审查力度大大加强。于2022年2月15日起正式施行的新版《网络安全审查办法》明确规定，掌握超过100万用户个人信息的网络平台运营者如赴国外上市，必须先行申报网络安全审查。由此可以看出，国家在整治隐私保护、数据安全问题上的决心。[3]

美团网络餐饮外卖平台积累了大量的平台内经营者和消费者，拥有海量的交易、支付、用户评价等数据，基于数据建立了较为高效的配送安排和调度系统，较大程度实现了运力自动化调度及资源优化配置。同时，美团研发的基于位置的算法系统可以为用户精准“画像”，提供个性化、针对性服务，并能够监测平台内经营者是否在其他竞争性平台经营。然而，2022年9月9日，美团全资控股的持牌第三方支付公司北京钱袋宝支付技术有限公司（简称“钱袋宝”或“美团支付”）因存在17项违法违规事实，被央行开出大额罚单。行政处罚决定书文号“银管罚〔2022〕24号”显示，北京钱袋宝支付技术有限公司存在“侵犯金融消费者个人信息安全”“与身份不明的客户进行交易或为其提供服务”等多项违法违规行为，中国人民银行营业管理部对其进行警告，并处罚款1165万元。

当然，也有企业胜诉的例子。2022年8月，杭州互联网法院将“郭某某诉某网络有限公司个人信息保护纠纷案”作为“个人信息保护十大典型案例”之一发布，该案与自动化推荐应用有关。原告郭某某在注册、使用被告公司运营的某购物 App 过程中发现，打开案涉 App 时，会弹窗显示《隐私权政策》《用户协议》等，要求其选择“同意”或“拒绝”，若选择“拒绝”，则不能继续使用该 App。郭某某认为《隐私权政策》中的算法推荐广告相关内容违反了《个保法》的规定，侵犯了其个人信息权益。法院表示，案涉 App 在《隐私权政策》中采取了首次运行时、用户注册时均提示用户是否同意隐私政策的事前概括同意机制，对用户基本知情同意权进行了保障。同时，通过在 App 内部设置便捷的拒绝自动化推荐选项，对用户个人信息权益保障提供了事后选择机制，利用个人信息具有合法性基础。因此判定被告公司未侵害原告个人信息权益，依法驳回原告的诉讼请求。

2022 年爆发的多起隐私泄露事件给企业敲响了警钟，随着消费者隐私保护意识的觉醒，维护网络安全、保护用户数据成为企业的核心业务，也是企业良性发展的必然选择。工信部共发布《关于侵害用户权益行为的 App 通报》5 批，并敦促相关企业完成整改要求。[4]2022 年工信部在 App 违法通报中，首次将内嵌第三方软件开发工具（SDK）违规收集用户设备信息的行为纳入监管视野。治理工作重点突出关键责任链监管，对应用商店、SDK、终端企业、重点互联网企业等实现监管全覆盖。

二、隐私保护对计算广告产业产生重大影响

广告并非一开始就和隐私发生关系。这种关系的产生，是随着时代的发展，大数据、云计算、机器学习等人工智能前沿技术在广告行业的应用越来越多，计算广告被广为采用之后的结果。广告主对广告精准性和变现率不断提出更高要求，这种高要求倒逼相关平台对用户数据无底线地获取与使用，于是出现了用户隐私权益与广告主广告利益之间的博弈。诚然，一方面，计算广告摒弃了传统广告“广撒网”的传播方式，能够大大降低相关企业的广告成本；但另一方面，计算广告的大量使用也让企业陷入隐私侵犯的诟病当中。在消费者维权意识日益觉醒的今天，隐私问题已是企业的“必答题”，隐私合规能力更好的企业将获得更强大的核心竞争力。

从本质上看，科技产业的发展往往会经历一个由乱到治的过程，而隐私权的滥用早晚也会如其他问题一样被重视和整改。2022 年，“数字主权”问题越来越被各国所关注，而“数字主权”的一个核心表现，就是对本国公民信息资产权益的保护。这也在一些国家和跨国企业巨头之间，形成了一种博弈关系。当然，在中国，这种关系更多的是在政府主导和掌控之下。多数企业收集数据是为了双赢实践，比如数据驱动广告营销，反过来反哺消费者，让消费者得到更便利的购物体验。但是，恶意使用个人数据的可能性总是存在，这种恶意使用的后果有时十分严重。有人曾言“中国人对隐私问题更加开放，没有像外国人那么敏感，如果可以用隐私交换便利和效率的话，多数情况下他们是不会反对的。”这个观点引发了当时的舆论批评。退一步讲，即使这种观点有合理的成分，我们也不能天然地认为中国的消费者不需要隐私保护。因此，从长远看，计算广告的隐私问题必须加以解决，否则将始终困扰计算广告的发展。

早在 2018 年 Facebook 隐私事件的爆发，就意味着“统治”互联网广告的计算广告模式走入了困境。2022 年，谷歌、苹果、华为等大公司和大平台纷纷选择更为严格的隐私标准，这对行业起到很大的示范意义和引导价值，有益于计算广告的良性发展。在隐私问题日渐受到公众重视的今天，隐私保护在品牌方面的布局尤为重要。如何平衡好用户隐私保护与广告投放效果之间的权益与利益，是每个广告主需要认真对待的议题。成功的品牌不仅可以在营收和利润上表现优异，更要建立起与消费者之间深厚的信任基础。消费者信任的建立，不仅需要讲好品牌故事、有效地与消费者进行互动等，还要在商业道德和商业规则上做到不可逾矩，注意保护消费者隐私。

在整个 2022 年，计算广告的标志性事件大多是 2021 年变革的延续，隐私问题方面最重要的事件或多或少都与第三方 Cookie 的存在有关。这些事件的出现，使得不少计算广告从业者进一步思考数字广告的未来，于是我们看到各种各样的新数字广告产品问世，也看到过去一直在幕后的 B2B 企业走向台前与消费者直接对话，又或是各个企业应对同类事件的不同反应。不可否认的

是，Meta、Google、苹果这些巨头在整个数字广告行业依旧有着举足轻重的地位，甚至从某种程度上来说，它们的改变就代表着计算广告行业的发展趋势。在2022年，数据隐私、Cookie、通货膨胀和疫情，深刻地改变了几乎所有消费者的消费习惯，各家数字广告公司的变化几乎从未停止。例如，从“数据净室”、隐私保护广告技术产品，再到因为拥有合法第一方数据而最终成为“数据避风港”的零售媒体的兴起，隐私保护强烈影响着计算广告产业的发展方向。

《关于构建更加完善的要素市场化配置体制机制的意见》已将数据纳入“生产要素”，相关部门还下发了《数据资产评估指导意见（征求意见稿）》，通过规范数据资产评估机构和专业人员来更好地服务于数字经济时代的生产要素市场。在数据时代下，企业间的数据流转是大势所趋。包括广告主、广告公司、广告投放平台、第三方数据平台等在内，计算广告产业链的隐私保护问题涉及多方利益，最重要的是个人用户、企业用户牵扯其中。例如，原生广告的数据隐私侵犯问题有不断强化的趋势，个人隐私保护迫在眉睫。数据共享的隐私计算可与区块链技术相结合，既保证输入数据可信，也可隐藏运算过程，可谓鱼和熊掌兼得，这将促使隐私与计算技术成为数字经济时代建设的“新基建”。

三、新技术的出现为隐私保护提供无限可能

数据隐私的法律法规越来越严格，数据的跨域传输也存在比较大的风险，这对于目前互联网的“采—传—存—算”模式提出了很大挑战。为了确保在未来的赛道中不落于人并且脱颖而出，各个行业巨头都在抓紧布局隐私计算技术。

2022年2月1日，区块链与隐私计算算力集群Hive“蜂巢”在京启用。作为北京市重大科技创新及高精尖产业项目，Hive“蜂巢”依托我国首个自主可控的区块链软硬件技术体系“长安链”，建设具备先进算力、服务国家重大应用场景的区块链与隐私计算算力基础设施，以1000台高性能专用算力服务器组建庞大集群，每秒可处理超过2.4亿笔智能合约交易、百亿条数据隐私计算，算力性能全球领先。Hive“蜂巢”的算力性能已在全国首个超大城市区块链基础设施——北京市“目录链”的升级中率先发挥作用。

2021年11月，全球最大的非营利性专业技术学会“电气和电子工程师协会—标准化协会”（IEEE-SA）全票通过了《隐私计算一体机技术要求》（P3156）的国际标准立项，并且在IEEE-SA成立了隐私计算一体机工作组。该标准由蚂蚁集团、国内外专家共同参与筹备，是全球首个隐私计算一体机国际标准。IEEE-SA专家一致认为，通过制定国际标准，能够使业界形成对隐私计算一体机的共识，有利于引导业界利用隐私计算一体机解决数据共享场景下的数据安全问题，并有效降低协作成本。2022年2月16日，谷歌宣布将在安卓系统上推出“隐私沙盒”，引入更新的、更具私密性的广告解决方案。这些解决方案会限制与第三方共享用户信息，并且能够在没有跨应用标志（包括广告ID）的情况下运行。同时，谷歌也在试图通过技术手段降低私密数据收集的可能性，比如以更安全的方式对接App与广告SDK。

2022年10月26日，由原语科技公司推出的开源同态加密库HEhub发布。作为PrimiHub开源生态的一部分，HEhub目前包含BGV、CKKS、TFHE等全同态加密算法，是一个易于使用，可扩展性强且性能优秀的密码学算法库。HEhub也是国内第一个自研的开源（全）同态加密算法库，及时填补了国内开源生态中的空白，有利于国内同行在同态加密领域的前沿研究与落地实践，并促进隐私技术的自主发展。[5]

2022年11月3日，蚂蚁集团在“云栖大会”公布科技业务全景图，并发布云原生、隐私计算、安全科技、区块链等六大科技产品。2022年12月，联通数科携手美团共同申报的“基于隐私计算的到店服务类消费分析”项目入选第六届大数据“星河”标杆案例，该项目以联通大数据赋能美团生活服务类业务场景，基于隐私计算充分激发双方数据要素效能，大幅提升了美团相关业务场景的业务指标。项目团队表示，基于隐私计算技术的应用可以使传统的交付式数据交流模式得到改变，在数据不出本地的情况下开展跨域数据合作，数据可用不可见。该项目通过“分桶”方式提升运算效率及稳定性、在保证合规前提下共建数据特征，提升数据价值，优化

建模效果、以实际业务切入，进一步拓展了隐私计算的应用场景。

2021 年末，2022 年初，元宇宙概念开始大热，甚至被认为是互联网的未来。元宇宙是一个平行于现实世界且高度互通的虚拟世界，包含了 AR/VR、云计算、AI、5G、区块链、物联网等技术。企业能够通过这些技术，将单一设备、生产技术、企业要素串联起来，实现网络化、数字化和自动化，提升业务运转效率。元宇宙中的区块链应用非常重要，因为一切都将存储在中心化网络中。结合区块链技术实现企业间的数据和业务协同是数字化发展的新阶段，它将发挥工业互联网和区块链的技术特性和优势，解决更多现实问题，重铸企业信用价值。区块链也将可能促成更大甚至更好的社交网络出现。

为了提高自身竞争力，越来越多的企业希望与产业上下游公司、政府等数据主体进行数据共享，实现深入合作。针对“数据孤岛”问题，业界提出了“数据可用不可见”的合作新模式。借助以联邦学习、安全多方计算等为代表的隐私计算技术，数据合作主体可以实现原始数据不出库，仅数据“价值”和“知识”出库，从而完成数据融合的目标。在面对数据的所有者、搜集者、发布者和使用者以及意图窃取数据的攻击者时，隐私计算技术能够实现数据处于加密状态或非透明状态下的计算，也就是说，任何对数据的需求最后都会落到一个具体的使用场景上，数据使用者只能按照具体场景拿到使用结果，而不是拿走数据本身。

四、隐私悖论解决方案的探讨正式提上议程

隐私悖论，是指社交媒体用户一方面因为网络风险而担忧隐私泄露，另一方面又热衷于在网络上分享与披露信息的矛盾行为。在感知收益和感知风险博弈下产生的隐私悖论问题，是计算广告必须求解的一个重大课题，否则我们将深陷数据利用的两难选择之中。计算广告的精准性特征产生的一致性诉求，反过来促进了这种广告形式的隐蔽性与侵蚀性。一方面，计算广告在丰富的用户行为数据的基础上，推送出与用户兴趣、习惯和行为高度一致的广告信息，具有较强的侵蚀性；另一方面，用户与计算广告越互动，互联网平台对用户数据的信息自动化采集就越频繁、越隐蔽，这催生并加剧了隐私悖论问题的严重性。从自发生成行为数据到自主采集行为数据的转变，使得用户对个人信息的控制权旁落，这种旁落触发了现代人对隐私担忧和隐私焦虑的种种过度猜测，不利于计算广告的发展。[6]

2022 年不断爆出的企业用户数据恶意泄露、恶意使用事件令我们感到人人自危。从心理和行为看，全球网络用户在不同程度上都存在着“隐私悖论”，因此必须从源头上提出解决办法。有必要将保护个人隐私的意识融入产品开发设计中，并将隐私保护技术相结合，以达到有效保护个人隐私的目的。生产者和用户主体在数据生产、流转、使用、利益分配和风险管理过程中唇齿相依，数据价值离不开大数据的整个生命周期。通过适当的机制设计和先进的技术，可以实现隐私风险控制与数据共享收益之间的动态平衡。[7]

解决隐私悖论问题的关键是分清何种信息应当被管制，在应用算法推荐中与互联网广告相关的信息范围与边界是什么。2022 年 3 月 1 日，我国《互联网信息服务算法推荐管理规定》（以下简称《算法推荐管理规定》）正式施行，算法备案系统也同步上线。《算法推荐管理规定》中对“应用算法推荐技术”做如下定义：“应用算法推荐技术，是指应用生成合成类、个性化推送类、排序精选类、检索过滤类、调度决策类等算法技术向用户提供信息。”[8] 因此，互联网广告中通过上述算法技术生成的信息内容都属于本规定的管制范围。《算法推荐管理规定》第二十三条规定：“网信部门会同电信、公安、市场监管等有关部门建立算法分级分类安全管理制度，根据算法推荐服务的舆论属性或者社会动员能力、内容类别、用户规模、算法推荐技术处理的数据重要程度、对用户行为的干预程度等对算法推荐服务提供者实施分级分类管理。”[9] 该规定对算法推荐服务者进行的分类分级管理，即对信息的使用程度与种类不同进行分类，界定隐私信息的边界。《算法推荐管理规定》针对用户标签和算法模型加强了管理，完善了用户选择机制与反歧视偏见规则，切实解决了消费者所遭遇的隐私悖论问题，维护了国家安全和社会公共利益，保护了公民、法人和其他组织的合法权益，促进了互联网信息服务的

健康有序发展。

2022 年 4 月 20 日，在“博鳌亚洲论坛”期间，数字经济研究机构罗汉堂发布了《了解大数据：数字时代的数据和隐私》报告。在解决隐私悖论方面，这份报告从源头提出了解决方法，即需要将隐私工程（Privacy Engineering）和隐私增强技术（Privacy-Enhancing Technologies，PETs）结合起来。该报告提出了一个“数据演算”模型，模型指出，生产者和主体在数据生产、使用、利益分配和风险管理过程中都紧密相连；数据价值与大数据的整个生命周期不可分割。如果有恰当的机制设计和先进的技术，隐私风险和数据分享带来的收益两者就会变得可控，隐私悖论便能实现平衡。[10] 作为一个整体性的模型框架，“数据演算”对于数字时代的数据治理、权利保护等具有一定启示意义。

隐私计算是解决隐私悖论的一种重要手段。为全面展示全球隐私计算概貌及未来趋势，OpenMPC 社区组建编写委员会，通过调研、分析等多种方式，最终形成《2022 全球隐私计算图谱报告》，并于 2022 年 12 月在首届全球数字贸易博览会上发布。该报告通过共建全球隐私计算图谱，展现了隐私计算在技术、产品、应用场景、产业生态等多维度的新趋势、新探索，为社会各界提供了参考，促进了中国计算广告产业的高质量发展。

五、学术活动日趋活跃，学术成果不断涌现，隐私伦理体系初现雏形

2022 年，全国广告学界持续深耕计算广告伦理领域，相关学术会议如雨后春笋般出现，计算广告治理相关的科研项目立项取得重大突破，学术著作的出版数量与科研论文发表数量双双保持较快增长，计算广告治理相关的学术研究成果丰硕。

2022 年 9 月 24 日，第五届中国品牌传播青年学者论坛“智能社会 品牌升级：智能时代的品牌传播”（深圳大学传播学院主办）在深圳举行，9 个会议主题里涉及计算广告治理的是“智能品牌传播伦理研究”。2022 年 11 月 6 日，2022 年智慧传播与计算广告发展论坛“计算赋能，融合创新”（华南理工大学新闻与传播学院主办）在广州举行，7 个会议主题里涉及计算广告治理的是“计算广告伦理风险与治理”。2022 年 12 月 3 日至 4 日，2022 年计算广告教学国际学术研讨会（中国新闻史学会广告与传媒发展史专业委员会、上海外国语大学主办）在上海举行，6 个会议主题里涉及计算广告治理的是“计算技术与广告原理”。2022 年 12 月 21 日至 23 日，中国广告协会学术委员会第九届委员代表大会暨 2022 全国广告学术研讨会（中国广告协会学术委员会主办）在厦门举行，会议围绕“中国广告产业数字化发展与广告学科知识体系构建”展开了热烈讨论。

2022 年，对计算广告领域乃至整个广告学理论研究领域而言，都是一个具有里程碑意义的年份。一批与计算广告相关的科研项目，在全国各级各类科研项目的立项名单中榜上有名。值得关注的，是在 2022 年 9 月 30 日公布的《2022 年度国家社科基金年度项目和青年项目立项名单》和 2022 年 11 月 28 日公示的《2022 年度国家社科基金后期资助暨优秀博士论文出版项目立项名单》中，郑州大学新闻与传播学院马二伟教授负责的《广告算法陷阱及其治理研究》和暨南大学新闻与传播学院林升梁教授负责的《计算广告的隐私问题及其治理研究》获得立项，这是作为新兴学科的计算广告科研项目首获国家社科基金重点项目立项，是迄今为止计算广告在国家最高级别科研立项中所取得的重大突破，显著提升了计算广告作为新兴学科在国家社科研究领域当中的学术分量。此外，在 2022 年 9 月 30 日公布的《2022 年度国家社科基金年度项目和青年项目立项名单》中，江西师范大学新闻与传播学院蔡立媛负责的《智能广告伦理风险与监管研究》、上海大学新闻传播学院刘志杰负责的《智媒时代互联网广告的平台垄断及规制研究》和徐州工程学院人文学院袁建负责的《自媒体广告乱象的生成逻辑、负面效应与治理机制研究》也榜上有名。上述科研项目的正式立项，从一定程度上反映了国家对计算广告治理的重视与我国计算广告领域科研所取得的进步。从另一个侧面来讲，也是我国计算广告学术研究水平的具体体现。

2022 年，国内计算广告研究领域的学术著作与硕士博士学位论文也在持续产出。2022 年 3 月，由华南理工大学段淳林教授编著的《计算广告学导论》（华中科技

大学出版社）教材出版，该书是继 2021 年暨南大学林升梁教授出版的《计算广告学》（中国人民大学出版社）著作之后的第二部教材，两书对计算广告伦理道德问题均设有专门章节进行论述，丰富了计算广告学的学科建设。2022 年，多位硕士研究生以计算广告伦理及其治理为选题的学位论文通过答辩，如“计算广告接受行为的影响因素研究”“感知风险和感知收益对计算广告用户态度的影响：隐私关注的中介作用”“计算广告客观特性和主观特性对用户态度的影响：感知隐私关注的中介作用”“中国互联网广告‘隐私悖论’解决方案探析 ——行业隐私保护策略的对比”“针对行为定向广告的个人信息保护法律问题研究”等等，这些研究大大拓展了计算广告隐私问题及其治理的研究的深度和广度。以上论著展现了 2022 年我国计算广告相关伦理研究的蓬勃发展。

在计算广告期刊论文的发表方面，以“计算广告”为篇名、关键词和摘要在中国知网（CNKI）平台高级检索相关期刊文献，结果显示 2022 年共有 75 篇相关论文被收录。其中具有代表性的是暨南大学杨先顺教授和博士研究生莫莉在《新闻大学》2022 年第 11 期上发表的《智能营销传播中基于算法推荐的个性化广告“可供性浮现”实证研究》一文，以及两人合作在《学术研究》2022 年第 3 期发表的《人工智能传播的信任维度及其机制建构研究》，《人工智能传播的信任维度及其机制建构研究》一文也获得了 2022 年第 29 届中国广告长城奖学术类银奖（金奖空缺）。华南理工大学段淳林教授和博士研究生崔钰婷在《武汉大学学报（哲学社会科学版）》2022 年第 1 期上发表《颗粒度、信息质量和临场感：计算广告品牌传播的新维度——基于 TOE 理论的研究视角》一文，作者认为，新时期品牌传播理论亟须适应时代发展需要，思考信息精准化、互动个性化和场景多元化的分析维度。文章结合计算广告时代发展特性，对颗粒度、信息质量和临场感 3 个维度的概念加以延伸和发展，并在技术—组织—环境（TOE）理论框架中进一步探讨了三维度应用的可行性与必要性。

运用 CiteSpace 软件对 2022 年发表的 75 篇“计算广告”期刊文献进行聚类分析（图 1），可以看到，以“隐私保护”为核心节点，形成了围绕“智能广告”“隐私”“数据安全”“隐私计算”等元素的节点群，说明该主题的重要性日益凸显。

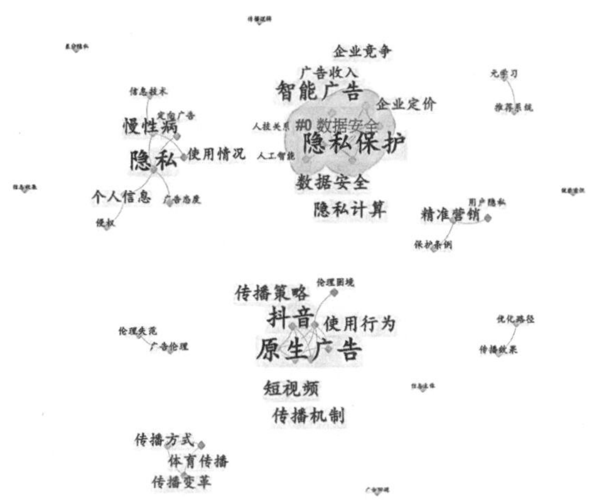

图 1 2022 年“计算广告”中国知网收录论文的关键词共现分析图

回望 2022 年，北京大学、清华大学、复旦大学、中国人民大学、武汉大学、华中科技大学、华东师范大学、华南理工大学、中国传媒大学、暨南大学、上海大学、上海外国语大学等高校的诸多学者在各种期刊或会议上发表计算广告类别的学术文献，这标志着计算广告学正以一种昂扬姿态步入中国广告学术的舞台中央，全面重塑着中国特色广告学研究的历史格局。而对于计算广告隐私保护的相关实践和研究，也为计算广告的持续健康发展以及中国广告产业的高质量发展，提供了必要基础保障和持续强劲动力。

【参考文献】

[1] 陈际红 . 网络安全与数据保护 2022 年度法律观察与 2023 年前瞻 [EB/OL]. 中伦律师事务所 ,2022-12-26.https://www.zhonglun.com/Content/2022/12-26/1322275448.html.

[2] 国家互联网信息办公室有关负责人就对滴滴全球股份有限公司依法作出网络安全审查相关行政处罚的决定答记者问 [EB/OL]. 中国网信网 ,2022-07-21.http://www.cac.gov.cn/2022-07/21/c_1660021534364976.htm.

[3] 网络安全审查办法 [Z/OL]. 中国政府网 ,2022-01-04.http://www.gov.cn/zhengce/zhengceku/2022-01/04/content_5666430.htm.

[4] 中国消费者协会 .2022 年个人信息保护领域消费者权益保护报告 [R/OL]. 中国消费者协会官网 ,2023-03-08.https://www.cca.org.cn/xxgz/detail/30617.html.

[5] 隐私计算头条周刊 (10.23—10.29)[EB/OL]. 今日头条 ,2022-11-02.https://www.toutiao.com/article/7161225508196663842/?wid=1681735050682.

[6] 刘燕南 , 吴浚诚 . 互联网原生广告中隐私悖论的嬗变与规制 [J]. 当代传播 ,2019(6):84-87.

[7] [10] 罗汉堂 . 理解大数据 : 数字时代的数据和隐私 (2021)[R].2021-11-19.

[8] [9] 互联网信息服务算法推荐管理规定 [Z/OL]. 中国网信网 ,2022-01-04.http://www.cac.gov.cn/2022-01/04/c_1642894606364259.htm.

中国跨界营销发展报告（2022 年）

万木春[1] 焦婧妍[2] 邱慧敏[3]

| 摘　　要 | 2022 年，中国经济活力开始逐步提升，消费品市场竞争愈发激烈。本报告认为，2022 年中国跨界营销主要具有（1）聚焦社会话题，触达公众情绪；（2）融合数字技术，打造营销矩阵；（3）“互联网 +”拓宽跨界维度，异业品牌深耕文化共创；（4）场景设计成为竞争核心，社交场域提升营销效果；（5）打造用户型企业，推动品牌年轻化等几个特征。另外，本报告也对 2022 年中国跨界营销的学术研究进行了回顾。

| 关 键 词 | 跨界营销；数字技术；场景；社交网络传播

“跨界”一词在国内市场营销领域的风行，经历了篮球—音乐—艺术—营销、由西方至东方的流变过程。“跨界营销”（Crossover Marketing）概念起源于“共生营销”（Symbiotic Marketing），但在跨界营销当中，进行资源共享的多种主体往往是非竞争性的异业成员，而且“共生”的目标可能设在任何营销层面，所谓的“界”“边界”也很难清晰划定，因此，虽然国内外学者试图给“跨界营销”赋予严格定义，但当参与跨界合作的主体为企业或品牌时，无论是业界运营跨界品牌还是学术界研究跨界品牌，跨界联合、跨界联盟、跨界协同、异业合作等概念经常与跨界品牌混合交叉使用。出于企业的发展性动机和竞争性动机，目前中国企业已经惯常使用跨界营销方式满足消费者的多元化需求，持续不断与外界环境交换资源、信息、能量以获取竞争优势，降低营销过程中可能发生的资源使用冲突、运行风险等。

2022 年，中国经济活力开始稳步提升。面对一系列新的时代特征与社会走势，消费品市场竞争愈发激烈。较往年相同，作为企业寻找营销突破点的重要手段之一，跨界营销仍然得到相关利益者的青睐。但在新形势之下，2022 年国内的跨界营销呈现出一些新的面貌与特征。

一、聚焦社会话题，触达公众情绪

企业价值和消费者价值是跨界营销绩效的重要组成部分。在消费者价值中，强调跨界法则需以消费者体验为中心、寻找消费者共同情感价值，[1] 进而确认不同产业、不同产品、不同偏好的消费者之间所拥有的共性和联系，

[1] 万木春，暨南大学新闻与传播学院营销传播教研室主任、暨南大学传播与国家治理研究院中国式现代化与国家形象传播研究中心执行主任，广告学博士，硕士生导师。

[2] 焦婧妍，暨南大学新闻与传播学院 2022 级硕士研究生。

[3] 邱慧敏，暨南大学新闻与传播学院 2022 级硕士研究生。

本文系 2022 年度教育部“春晖计划”合作科研项目 (项目编号 :202200853) 的阶段性成果。

并在此基础上赢得异业品牌双方（多方）的目标消费者的好感。然而，在 2022 年的跨界营销业界实践中，营销主体的关注点不再仅仅局限于公众的“情感”，还包括公众的“情绪”，以此在异业品牌的消费者中求得共鸣。

从认识论的视角来看，情绪是指有机体的天然生物需要是否获得满足的情况下产生的一种较低层次的内心体验，具有较大的情景性、激动性和短暂性，例如由于饮食的需求引起满意或不满意的情绪，由于危险情境引起的恐惧等。而情感则是指受稳定社会关系所制约的具有稳定而深刻社会含义的内心体验，具有较大的稳定性和深刻性，例如集体感、荣誉感、责任感、羞耻感、事业心等，可以称之为较高层次的情绪或社会情操。[2] 为了实时把握、触达公众的情绪情感，聚焦社会话题成为2022年企业（品牌）的一种快速又准确的跨界营销打法。

在触达公众情绪方面，2022 年 5 至 6 月，润滑油品牌“壳牌喜力”抓住消费者对于户外出行、自驾露营等新生活方式短暂且强烈的渴望情绪，与 Discovery 探索频道展开跨界联动。Discovery 自带“冒险”“自驾”“出行”“自然”等强烈且明显的标签，所以此次跨界营销的出发点是把久违的户外世界、探索之力带到消费者面前，激发其内心诉求，满足渴望情绪。8 月至 9 月，干露集团旗下的著名葡萄酒品牌“红魔鬼”洞察到，越来越多的中国年轻一代渴望脱离都市日常的无聊和平庸，希望在城市中找到一个乌托邦。基于对放飞身心这一急切情绪的把握，“红魔鬼”与网红冰激凌品牌 FLUFFY. FLB 展开跨界合作，以“魔力一刻，趣玩一夏”为主题，用一杯冰淇淋葡萄酒放飞自我，向年轻人发起了一场走出空调间、出去探险的夏日冒险号召，从而为其打造一个夏日乌托邦。

在触达公众情感方面，同样是在“壳牌喜力”与 Discovery 探索频道的跨界营销实践中，由于目标消费者——新世代车主对于祖国的大好山河、广阔地貌、特有动物品种、不同区域下的自然风光民族特色等具有很强的民族自豪感、归属感与共鸣，“壳牌喜力”在产品设计上首次引入中国不同地域及不同珍稀保护动物的概念，将其作为视觉营销沟通语言，引发不同地区消费者的情感共鸣。9 月，针对生态可持续发展这一社会话题，京东电视联手时尚媒体 ELLE 打造了一场敦煌沙漠生态秀，与消费者所具有的爱护自然资源、爱护生态环境的情感进行互联，通过一场自然秀，向消费者传达品牌关于生态可持续发展、未来世界的内容思考，从而实现了话题曝光与品牌价值双提升。

综观以上案例，如果说，聚焦社会话题是跨界营销实践紧跟时事与热度的重要切入视角，那么，公众情绪情感的触达则是决定跨界营销实践成功与否的关键要素。

二、融合数字技术，打造营销矩阵

跨界营销的内容输出形态与传播生态随着数智化时代的快速发展不断被重塑。大数据、人工智能、元宇宙、AR、VR、3D 数字建模等新兴技术的崛起使得跨界营销的内容产出形式更为多元，自元宇宙概念兴起以来，虚拟产品和形象被 Z 世代视为潮流的象征。2022 年的跨界企业（品牌）愈发重视营销矩阵的搭建，其中离不开各类新媒体平台与技术的强大背书。

2022 年 8 月，德国马牌轮胎联名敦煌博物馆 IP，以敦煌古艺的匠心演绎新品轮胎的全面性能，通过前沿的科技玩法，将产品特性娓娓道来。例如，在 TVC 影片中运用电影级别的全 CG 特效手法，以借喻的方式，将敦煌千年文化古艺与品牌先进科技工艺贯通呈现；在年轻人喜爱的潮流文化平台上，品牌双方联合创作 NFT 数字藏品，吸引年轻群体目光。

12 月，欧莱雅集团与法国本地的 AR 内容制作商 Histovery 跨界合作，在拥有百年历史的上海久事艺术空间内，举办了为期一个月的巴黎圣母院增强现实感沉浸式展览。通过 AR 技术，欧莱雅复原了巴黎圣母院在不同历史时期的 21 个场景、数以百计的装饰、几千个角色、上万件物品，带领观众“亲历”其数个世纪的峥嵘变迁和历史故事，实现不同时空中的东西方文化对话。

在营销传播环节，绝大多数的企业（品牌）对于搭建传播矩阵的重要性有着深刻认知，它们以多平台营销共振、多元技术呈现的方式来占领话题阵地，提升传播声量。在德国马牌轮胎与敦煌博物馆的跨界营销中，德国马牌便用了一支融合了敦煌古风和前沿科技的 3D 裸眼视频，在成都线下宣告产品震撼上市的消息。此外，无论是在啤酒品牌 1664 与珠宝品牌 ROSEONLY 的跨界联动中，还是在“植村秀”与敦煌美术研究所的深度合作中，微博、微信公众号、小红书、抖音、网媒 PR 稿件、线下快闪活动、淘宝、天猫等的身影均频频出现。营销矩阵的同频共振成为提升跨界营销效果不可或缺的重要因素。

三、“互联网 +”拓宽跨界维度，异业品牌深耕文化共创

“互联网 +”是互联网发展的新形态。在马化腾看来，“互联网 +”是指传统行业与互联网的深度融入，即传统行业借助互联网平台开放、共享和协作的优势进行转型和发展，创造出一种全新的行业生态，焕发新的生命力。[3]但随着互联网本身以及经济的快速发展，“互联网 +”开始更多强调互联网同各行各业跨界融合“连接一切”，强调企业具有互联网思维之后，其营销活动对人们的生活方式和消费习惯形成的潜移默化的影响。因此，如果结合跨界营销边界模糊的特点，就可以在一定程度上将“互联网 +”理解成为跨界营销在数智时代的原动力。也正是基于此，对 2022 年跨界营销的业界发展情况进行梳理，便会发现“互联网 +”进一步拓宽了企业跨界营销的维度。跨界合作者不再局限于实力、企业战略、市场地位、消费群体等各方面资源相匹配的两个或更多企业，而且 IP 跨界营销、生态化跨界营销等合作方式也在进一步成熟与完善。在此过程中，为避免“类别相差过大”的异业品牌无法很好地产生关联，进而降低跨界营销效果，文化共创成为“互联网 +”时代异业品牌“破壁”合作的有效路径。

生态化跨界营销是指在“互联网 +”时代，传统行业与互联网、现实空间与信息空间、新旧产业之间不断地跨界与融合，在企业之间形成关联，打造生态式的营销环境[4]。2022 年 9 月，防脱医药品牌蔓迪针对脱发现象低龄化这一现状，与年轻用户增势强的京东展开跨界合作。“90 后”消费者对 OTC 药物治疗的认知较低，且对最终效果持怀疑态度。但京东早已拥有最完整的健康布局，消费者也已习惯在京东进行健康消费。平台信任推动了商业化生态系统的形成，商业元素在此营销生态系统中畅通无阻地流动与优化配置。

IP 源于“知识产权”，是指有一定受众基础、可跨媒介平台进行不同形式开发的优质内容版权[5]。2022 年 7 月，随着电视剧《梦华录》的热播，女主角赵盼儿作为茶铺娘子开设的半遮面茶馆为观众所津津乐道，中国传统茶文化步入大众视野，这与“喜茶”“弘扬茶文化”的品牌文化不谋而合。“喜茶”在剧内外开展了多维度的 IP 联名合作，为用户带来沉浸式的追剧体验，以“新茶饮”产品带动传统茶文化传播，也进一步实现了品牌势能的累积。8 月，为实现品牌破圈、塑造品牌精致优雅的风格，传统真丝企业 LILYSILK 将跨界合作的视线聚焦于著名艺术家蜷川实花身上。迷幻华丽、浓烈奔放的色彩捕捉是蜷川实花最鲜明的创作风格，LILYSILK 将其设计元素融入产品当中，完美融合双方的文化基因，彰显关于美学的一致追求。同时，借助艺术家本人的强大影响力，品牌声量和销量得以攀升，实现了 1+1>2 的 IP 联名效应。

四、场景设计成为竞争核心，社交场域提升营销效果

“移动互联网时代，场景成为营销竞争的核心，营销必须基于用户特定的、具体的和鲜活的场景。”[6]企业（品牌）需要通过设计特定的场景应用，在合适的场景中以合适的方式进行营销，才能建立企业与顾客之间的良好联系，强化与顾客的交互链接，提升品牌的亲和力。这一观点的正确性与重要性在 2022 年跨界营销的业界案例中体现得淋漓尽致。

8 月，时值盛夏，同时也是胃病高发季节，人们常常因为天热而选择冰爽冷饮和热辣刺激性食物来消暑、增强食欲。基于对此的情况考察，“达喜”联合“小龙坎”以及三大连锁药房，在六大城市发起一场名为“热辣对‘胃’，更有滋味”的盛夏火锅行动。这是“小龙坎”首次与 OTC 品类进行跨界合作，双方通过夏季嗨吃嗨喝后的护胃场景输出，找到了胃药与火锅这两个异业品类的高度契合点。也正是因为场景的互通，使得异业品牌之间的关联更加紧密，更使得品牌能够站在消费者的角度上、站在鲜活的场景中开展营销传播活动，从而带来了品牌双方的价值最大化。9 月，恒洁卫浴联合新华书店，在北京、重庆、杭州等具有话题性的城市门店进行公共卫生空间改造，打造出一个符合中国人使用习惯的、富有现代中国文

化与特色的、展现高品质环保节能理念的卫浴空间。其将“产品传播”转变成“场景沟通”，进而塑造了恒洁卫浴差异化的“新国货”品牌形象。

在前文所提及的“打造营销矩阵”的基础之上，2022 年进行跨界营销的企业愈发重视场景搭建之后从社交场域带来的营销能量。例如，在“达喜”与“小龙坎”的跨界合作中，双方品牌通过对线下主题店进行专属氛围布置，引导到店消费者在社交平台打卡拍照，从而产生社交传播效果，最终成功将主题火锅店升级为网红店；恒洁卫浴在联合新华书店打造出“中国式”的公共卫生空间场景之后，邀请行业媒体人、平台达人、地域红人进行实地探访，随即在社交场域进行放大宣传，扩大营销事件在社交平台上的感知度，向消费者传达品牌对人居空间、精神空间的不断追求。

由此看来，场景确实是跨界营销中连接品牌与消费者的重要桥梁，但如果想将场景营销的效果最大化，社交场域的传播助力至关重要。

五、打造用户型企业，推动品牌年轻化

从 4P 到 4C，现代营销的工作中心发生了极大转变，即从以企业、产品为中心的营销思维，转向以消费者为中心的营销理念，在跨界营销实践中同样如此。跨界企业愈发关注消费者需求，注重提升消费者的体验和感知，打造用户型企业也成为众多品牌的发展目标。而随着 Z 世代成为消费市场的主力军，2022 年跨界营销的业界生态呈现出一片年轻态势，品牌主不得不及时调整自身的营销战略，追求品牌的年轻化转型，以谋求占领年轻用户心智和足够的市场份额。“所谓的品牌年轻化，是指两种趋向：一是消费者趋向于消费能让人感觉自己更年轻、更时尚的品牌；二是品牌倾向于接近更年轻的消费者人群，在形象诉求上不断追求时代感、新鲜感。”[7]

当“深夜食堂”不断兴起、“夜间经济”成为拉动消费的新力量，Z 世代“夜猫子”对晚间美食和社交的需求日益强烈，众多企业开始抢夺晚间时段增量。5 月，麦当劳推出了全新“麦麦夜市”，将其打造为各地年轻人晚间美食的社交新选择。通过定制场景化“Night Menu”来满足年轻群体晚间场景的创新口味需求。此外，在万圣节期间，“麦麦夜市”与年轻潮流地标——长隆欢乐世界进行联动，聚焦年轻圈层的文化 IP，玩转“国潮 + 万圣狂欢”，刷新了广东区域的品牌年轻化娱乐标签。

11 月，为拓宽大众既有认知，丰富产品形象与创作场景，江中牌健胃消食片不再主打“家中消化必备”定位，转而与高势能餐饮品牌——“不超级文和友”进行跨界合作，期望对喜爱美食、关注美食的年轻消费者群体产生影响，与年轻消费者建立直接有效的走心沟通。为此，品牌双方以“没什么，是一顿美食消化不了的”为传播主题，在联名夜市中搭建起江中牌健胃消食片与年轻人美食生活的多种强关联场景。在文化输出上，江中品牌还致力于解决两大青年难题：从传统“消食”的物理消化到“情绪压力”“人生难题”的情感消化，助力年轻人将难题转化为人生不断前进的养料，以此引发年轻圈层社交分享，塑造了品牌的年轻化形象。以用户为中心、注重品牌年轻化转型已然成为跨界营销的显著趋势之一。

回望 2022 年跨界营销的整体实践，企业（品牌）在营销的内容、形式、渠道、主体、对象等方面均在不断实现新突破，既追求深度、广度与精度的提升，也寻求与中华优秀传统文化元素的高质量融合。跨界营销领域呈现出一片生机与新意，为我国的营销市场发展不断注入新鲜活力。

六、学术成果产出稳定，研究领域逐步拓宽

跨界营销的成本绩效、创新绩效、品牌资产绩效如何，都必须首先从消费者感知的角度出发作初步衡量，之后才能反馈到企业的各个价值链环节进行调整，并进一步与异业合作伙伴协同调适。消费者是否能够从营销信息的传递当中感知到跨界营销产品的价值，是跨界营销的起点和关键点。

从消费者行为理论的感知视角来看，目前学术界认为主要有两种影响跨界营销效果的因素，即消费者创新性和消费者对于跨界产品属性的感知。干广昊和计春阳研究发现，当消费者创新性程度较高时，他们更有可能率先购买跨界产品，而缺乏消费者创新性特质的群体则相反。[8]提升消费者对于跨界产品属性的感知不仅能够影响跨界营销的即时销售效果，也有助于提升跨界营销系统中的品牌

资产绩效[9]，借助消费者对异业品牌的熟悉度、品牌联想来增强自身的品牌资产。但这既要取决于异业合作伙伴的品牌资产，也要取决于品牌间的匹配效应。品牌匹配对跨界营销的推动作用最大[10]，这些影响主要体现在品牌形象、品牌声誉和品牌个性上。企业可以从产品合作、联合营销、内容传递、场景设计等方面开展跨界营销合作。

2022 年，学界对于跨界营销的学术研究愈加深入。一方面，学者持续深耕跨界营销领域，相关学术著作内容丰富、精思博览；另一方面，高校师生高度关注跨界营销的优秀实践成果与经典案例，结合相关理论，及时总结跨界营销发展规律，进行相关策略探析，产出了一批高质量的学术成果，进一步完善了我国跨界营销领域研究的理论体系。

（一）学术著作持续出版

2022 年，国内共有 5 本与跨界营销相关的学术著作出版。由赵致毅撰写的《新国货：品牌打造、跨界创新与营销重构》对跨界联名营销“勇于创新、资源共享”的特点进行了探讨，总结了当下的跨界营销传播特点与形式。[11]由北京印刷学院张颖慧编著的《跨界联名包装设计》，详细介绍了跨界包装的起源和发展、原则和规范、方法与实践以及跨界包装应用等，结合大量的前沿案例进行深度研究，强调艺术与科技、理论与实践、技术与美学相结合的设计观。[12]由中国科学院大学柳卸林教授等人著作的《创新生态系统：理论、战略与实践》一书中，在提出“创新生态系统理论框架”这一创新和战略管理研究新范式的同时，也强调了近年来新兴企业的生态战略实践给经典创新生态系统及管理带来的巨大变化，如颠覆性创新、企业跨界创新、数字创新生态系统等复杂动态创新现象带来的机遇和挑战。[13]由武汉理工大学陈耘、秦远建、赵富强等人主编的《企业战略管理》力图反映新商科时代企业战略管理理论和实践全貌，其中于“扩张篇”当中提及创业发展、共生并购、跨界联盟及多元整合。[14]由徐玲、安萌主编的《品牌管理》一书在内容上可分为品牌创建、品牌维护和品牌提升三部分，于品牌提升部分提出的“品牌延伸、品牌授权、品牌联合”等，与跨界营销理论密不可分。[15]

以上学术著作的出版，为学界提供了丰富的参考研究素材，为业界实践提供了科学的理论指导，对我国跨界营销的教育和实践探索都具有积极的现实意义。

（二）期刊文献有所增加

在跨界营销期刊论文的发表方面，以“跨界营销”为关键词检索篇名，获取 2018—2022 年收录于中国知网的跨界营销论文数据，得出近 5 年跨界营销相关研究数量折线图（图 1）。2022 年跨界营销相关中文文献的发文数量为 33 篇，相较于 2021 年增加了 8 篇。

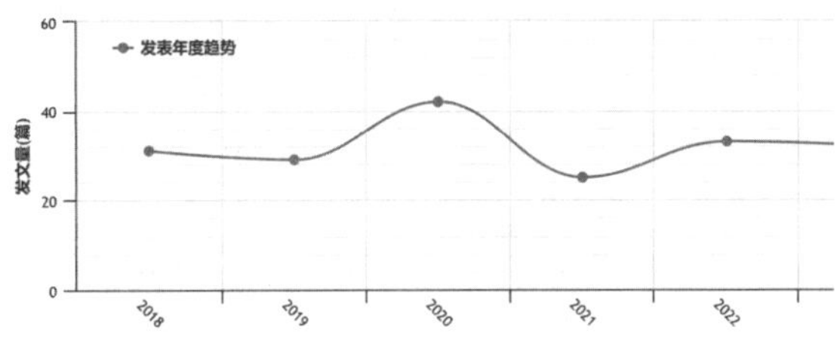

图 1 2018—2022 年跨界营销研究发表年度趋势图

检索结果显示，2022 年的 33 篇跨界营销文献分布于 19 个不同学科，主要以企业经济、工业经济、贸易经济、新闻与传媒、出版等学科为主（图 2），且分布于以上主要学科的研究发表数量较上年均有所增长。

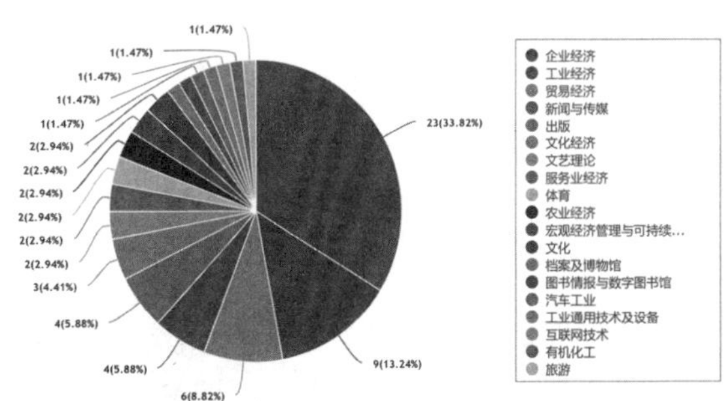

图 2 2022 年跨界营销研究学科分布（中国知网）

对 2022 年发表的期刊论文进行整理并运用 VOSviewer 软件进行可视化分析，根据关键词共现分析图（图 3）可以看出，2022 年我国跨界营销理论研究以关键词“跨界营销”为核心节点，以“新媒体”“H5 数字广告”“互联网时代”为主形成节点群，说明学者对于新媒体环境下的跨界营销进行了深入研究，反映出了跨界营销研究对于时代主题的紧密把握以及对于跨界营销背后的技术驱动力的关注。以“IP”“老字号品牌”“王者荣耀”“云南白药”“三棵树”“浦江葡萄”等为主形成的节点群，以及“发展现状”“策略研究”“影响因素”等关键词，显示出2022年关于跨界营销的研究与业界实践紧密相关，研究热点广泛分布于文娱、医药、农产品、餐饮等多个领域。各研究中对于“4C理论”“4P营销理论”“上瘾模型”“CAS理论”“SOR模型”“SWOT分析”等理论模型的选取，以及在内容上对营销学、心理学、经济学、新闻传播学等领域的涉及，充分显示出跨界营销自身具有丰富、多元的属性，也说明我国跨界营销理论研究具有多维度、多视域、跨学科的特色。

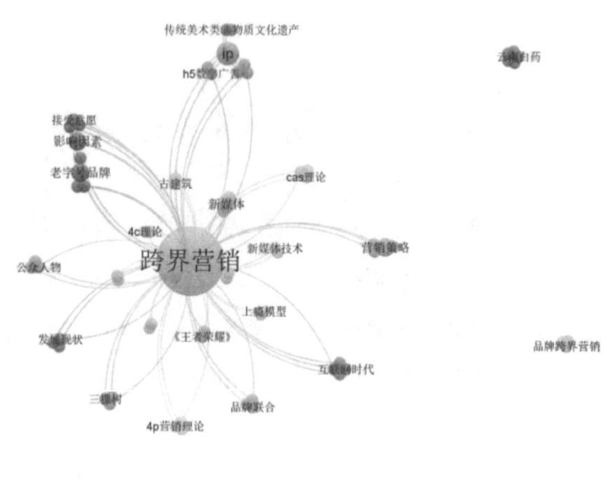

图3 2022年跨界营销关键词共现分析图

七、研究视角多元创新，理论探索愈发深入

跨界营销是品牌实现跨行业发展、焕发品牌持续生命力的重要手段之一，可以将诸多本不相关的元素组合到一起，打造具有立体感、纵深感的品牌。学者们选取业界不同企业的跨界营销实践案例，结合丰富多元的研究视角、理论框架或研究方法对跨界营销展开学术研究，对创新业界实践、推进业态融合具有一定的参考价值和指导作用。

（一）深度结合跨界营销实践，实现路径创新

各企业、各品牌的调性和发展道路存在差异，因此不同类型的品牌所选取的跨界营销模式也有所不同。在涂料行业的营销领域，李震、林巧理以三棵树为例，从跨界营销现状、跨界营销战略（多品牌战略、集中化战略、市场定位战略）和跨界营销策略（产品、价格、渠道和促销）三个层次展开剖析，提供了传统品牌通过跨界转变为互联网优势品牌的方法路径[16]。在图书跨界营销领域，新媒体时代“两微一抖”平台的应用要求出版社在跨界营销中树立战略观念，通过制订科学的图书跨界营销方案，丰富推送内容，树立品牌形象，重视用户互动，明确跨界边界，拓宽营销渠道，取得品效合一的效果[17]。在车企跨界营销领域，吴玉梅结合民族品牌车企W公司“产业跨界、产品跨界、渠道跨界、跨界传播”等跨界营销策略与营销活动，运用SWOT分析模型为W公司制定了增长性战略、扭转性战略、多元化战略、防御性战略[18]。在老字号品牌跨界营销领域，陈炎坤、杨兴华基于消费者特性视角，考察了在老字号品牌跨界营销情境下消费者创新性以及风险厌恶对品牌感知价值的影响，并探析了性别、年龄和收入在该过程中的影响关系中的边界条件效应，为老字号品牌的“活化”提供了有效策略。[19]业界不同品牌的跨界营销实践为学术研究提供了丰富的现实参照，学术研究则通过对真实案例的分析实现理论创新，反哺实践。

（二）探索数字技术赋能营销，推进业态融合

各类新兴技术与品牌营销的结合日益紧密，数字技术的广泛应用为品牌带来了更加精确、智能、丰富的效果呈现可能。吴霜从内容、渠道、消费模式和商业模式四个方面阐述了智能交互技术如何对品牌跨界营销进行赋能——在内容跨界层面，以各省市、地区博物馆实现文博资源数字化为例，借助VR、短视频、网上展览等“博物馆+”跨界融合的技术形式、融媒体传播方式，能够更好地实现生产要素数字化，加速虚拟体验发展；在渠道跨界层面，例如比亚迪携手华为这一跨界带来的破圈层传播，有助于打造多元传播矩阵，发掘更多兴趣群体作为潜在用户，全面赋能终端销售；在消费模式层面，随着用户对自我意见表达、与品牌对等互动更加重视，元宇宙、区块链等技术能够更好地激发用户基于虚拟社区的品牌价值共创行为；在商业模式层面，IP价值能够在跨界融合的发展模式中，让品牌的商业资本发挥出最大的优势，实现多领域、多媒介融合共生。[20]曹美星通过对于新媒体跨界营销服务精准、提升价值、成本低、效率高等优势的分析，指

出了中华老字号品牌利用新媒体跨界营销的必要性，并提出老字号品牌更应该重视多媒体多元化的营销途径、坚持老字号品牌特色、优化跨界产品、重视消费者感受、拓展老字号品牌营销渠道等，从而和消费者之间构建和谐稳定的关系。[21]

正如以上研究中所指出的，品牌跨界不仅是品牌发展的选择，更是业态融合的基础。利用各类智能交互技术，谋求数字化转型，与其他相关产业领域进行互动交流，巧妙借助数字技术赋能跨界营销，是实现数字经济与实体经济深度融合的有效路径之一。

（三）持续探寻跨界营销传播价值，丰富研究视角

2022 年的跨界营销研究中，研究者从非遗 IP 等不同研究视角切入，运用各种理论模型，深入探究跨界营销的营销传播价值。在 IP 跨界营销领域，樊传果、李旭丰考察了传统美术类非物质文化遗产 IP，将其跨界营销传播看作一种叠加与共赢，从运营管理、跨界对象选择和多元媒介传播三个角度，探究非物质文化遗产 IP 的跨界营销传播方法：依托新兴数字技术、社群媒体平台等构建跨界传播矩阵，展现品牌新美学，提升品牌文化价值，建构积极的品牌联想与文化认同，实现传统美术类非遗 IP 与多元业态的融合创新。[22] 孟令光、程文倩结合了 H5 数字广告与 IP 跨界营销，将 IP 营销视域下的 H5 数字广告的实践路径分为流量导流、品牌建设、信息传递，重点分析了该视域下 H5 数字广告高流量基础聚集特定受众、高质量内容裂变病毒式传播以及高互动性促进目标受众转化的传播价值，并针对该视域下 H5 数字广告的优势、问题和不足，指出看向高性价比、高创意要求和营销补充手段三个方向发展的未来趋势。[23] 黄春萍等在跨界营销研究背景下基于 CAS 理论，建立了在线互动对跨界营销效应的影响机制模型，从企业引导视角考察了激励强度、激励方式、情感引导力度、网络规模、网络关系及综合引导策略对跨界营销效应的影响，应用计算实验深入探讨了在线互动对跨界营销效应的影响机制。[24] 刘慧灵通过构建有调节的中介模型，以消费者行为为落脚点，探究互联网背景下日化品牌跨界营销战略在消费者层面的影响，指出新时代的跨界营销应当更注重利用互联网的大数据赋能，精准定位目标客户，追求高效率的营销信息推送。[25] 以上研究不仅使得理论问题与社会现实更加贴近，还丰富了计算实验的相关研究，很大程度上填补了跨界营销领域研究在研究视角、理论基础等方面存在的部分空缺，为未来的研究提供了更多启发。

回顾 2022 年，在业界以积极创新精神进行跨界实践、学界敏锐关注跨界营销研究的共同推动下，我国的跨界营销活动精彩纷呈，技术应用具有亮点，经典案例层出不穷，相关研究成果显著，为中国营销传播的高质量发展进一步夯实了基础。

【参考文献】

[1] 黄春萍，王芷若，马苓，曾珍香．跨界营销：源起、理论前沿与研究展望 [J]. 商业经济研究，2021(4):80-82.

[2] 张浩．论情绪和情感及其在认识中的功能——主体认识结构中的非理性要素研究 [J]. 广东社会科学，2006(6):78-84.

[3] 陈炳祥．跨界营销：“互联网 +”时代的营销创新与变革 [M]. 北京：人民邮电出版社，2017.

[4] 林汶奎．跨界时代：从颠覆到融合 [M]. 北京：人民邮电出版社，2016.

[5] 刘琛 .IP 热背景下版权价值全媒体开发策略 [J]. 中国出版，2015(18):55.

[6] 黄嘉涛．移动互联网环境下跨界营销对价值创造的影响 [J]. 管理学报，2017,14(7):1058.

[7] 李光斗．打造品牌年轻化 [J]. 企业科技与发展，2009(5):27.

[8] 于广昊，计春阳．个体消费者视角的产品创新扩散研究综述 [J]. 消费经济，2014,30(2):90-96.

[9] [10] 黄嘉涛．移动互联环境下跨界营销的影响因素 [J]. 中国流通经济，2016,30(7):98-105.

[11] 赵致毅．新国货：品牌打造、跨界创新与营销重构 [M]. 北京：化学工业出版社，2022.

[12] 张颖慧 . 跨界联名包装设计 [M]. 北京 : 化学工业出版社 ,2022.

[13] 柳卸林 , 等 . 创新生态系统 : 理论、战略与实践 [M]. 北京 : 知识产权出版社 ,2022.

[14] 陈耘 , 等 . 企业战略管理 [M]. 武汉 : 武汉理工大学出版社 ,2022.

[15] 徐玲 , 安萌 . 品牌管理 [M]. 北京 : 北京理工大学出版社 ,2022.

[16] 李震 , 林巧理 . 传统品牌的跨界营销研究——以三棵树为例 [J]. 商业经济 ,2022(2):80-82+130.

[17] 吴昕 . 新媒体时代图书“两微一抖”跨界营销探析 [J]. 新闻爱好者 ,2022(4):76-78.

[18] 吴玉梅 .W 公司跨界营销策略研究 [J]. 商场现代化 ,2022(3):56-58.

[19] 陈炎坤 , 杨兴华 . 老字号品牌跨界营销的影响因素分析——基于消费者特性视角 [J]. 商业经济研究 ,2022(14):86-89.

[20] 吴霜 . 智能交互技术赋能品牌跨界营销 [J]. 公关世界 ,2022(19):54-55.

[21] 曹美星 . 中华老字号品牌利用新媒体跨界营销的必要性和措施 [J]. 老字号品牌营销 ,2022(3):4-6.

[22] 樊传果 , 李旭丰 . 非物质文化遗产 IP 的跨界营销传播探析——基于传统美术类非遗的视角 [J]. 传媒观察 ,2022(12):85-90.

[23] 孟令光 , 程文倩 .IP 跨界营销视域下 H5 数字广告的实践路径与传播价值 [J]. 中国广告 ,2022(4):63-67.

[24] 黄春萍 , 文雯 , 章静敏 , 王芷若 . 在线互动对跨界营销效应影响机制的计算实验研究 [J]. 技术经济 ,2022,41(5):145-162.

[25] 刘慧灵 . 互联网背景下日化品牌跨界营销对消费者行为的影响研究 [J]. 日用化学工业 ,2022,52(5):553-557.

中国广告伦理治理研究与实践发展报告（2022 年）

杨先顺[1]　薛凯丽[2]　熊恒晓[3]　陈雨[4]

| 摘　　要 | 本报告对 2022 年中国广告伦理治理的研究、实践、教育等情况进行了回顾与分析，认为（1）2022 年中国广告伦理治理研究具有 3 项特点和 5 种不足，应从 4 个方向进行突破；（2）在广告伦理治理的实践方面，政府监管持续发力、行业自治日渐增强、企业自律有待提升、公众投诉渠道渐多、舆论监督有效配合、技术防范渐受重视；（3）伦理法规课程的开设仍有较大不足。

| 关 键 词 | 广告伦理；伦理治理；技术伦理；伦理教育

2022，国际局势动荡不安，世界经济依然下滑，广告行业步履艰难……

2022，疫情防控进入常态，信息技术不断更迭，中国方案彰显力量……

这一年党的二十大胜利召开，提出全面建设社会主义现代化国家、全面推进中华民族伟大复兴，为中国的未来发展指明了方向。在此背景下，中国广告伦理治理正上升到国家治理体系和治理能力现代化的高度，并将为中国式现代化建设和中国经济的高质量发展作出积极贡献。回首 2022，中国广告伦理治理无论在理论研究还是在实践举措层面，都取得了长足进步和重要成效。

一、2022 年中国广告伦理治理研究状况

智能广告时代，大数据、人工智能等技术在广告和营销领域的应用，在带来机遇和成果的同时，也引发了一系列伦理问题。因此，中国广告伦理治理研究成为当下的重要研究议题，包括广告伦理、数字营销传播伦理、大数据营销传播伦理、智能营销传播伦理、元宇宙营销传播伦理等等。

以“主题＝广告”并且包含“主题＝伦理”，或者“主题＝营销”并且包含“主题＝伦理”为检索词，在中国知网期刊数据库进行相关文献检索（文献发表时间为 2022 年 1 月 1 日至 2022 年 12 月 31 日），剔除报纸文章和不相关论文，可以获得 39 篇相关有效文献。其中，与广告伦理、营销伦理、数字营销伦理、大数据营销伦理、智能营销伦理等直接相关的论文分别有 32 篇、3 篇、1 篇、2 篇、1 篇。遗憾的是，经过在国家版本数据中心的查询，2022 年并未出版与广告伦理、数字营销传播伦理、大数据营销

本文系国家社科基金项目“大数据营销传播的伦理治理体系研究”（编号：19BXW100）系列研究成果。

[1] 杨先顺，暨南大学新闻与传播学院广告系教授、博士生导师，暨南大学传播与国家治理研究院院长，中国广告协会学术与教育工作委员会常务委员会副主任。

[2] 薛凯丽，暨南大学新闻与传播学院博士生。

[3] 熊恒晓，暨南大学新闻与传播学院博士生。

[4] 陈雨，暨南大学新闻与传播学院博士生。

传播伦理、智能营销传播伦理、元宇宙营销传播伦理等相关的专著。

（一）2022 年中国广告伦理治理的研究特点

1. 拓展研究视域，完善广告伦理治理的理论架构

有学者在广告伦理问题的治理中引入新的视角，尝试建构广告伦理治理的新框架。杨先顺等人认为在大数据营销传播中，要打破规则伦理学的固有范式，引入当代德性伦理视域，从治理目标、治理视角、话语构造、实践路径等角度建构大数据营销传播伦理治理的新框架。[1] 有学者采用历史考察的方式，拓宽广告伦理治理的研究视野。苏士梅通过对中国近代广告伦理研究的媒介图谱、知识主题、知识溯源的分析，厘清了近代广告伦理知识的生成路径和思想来源。[2] 一些学者从人机关系出发，关注智能技术在广告中的应用，以及由此引发的人机生态的变化。皇甫晓涛从身体伦理学的视角出发，结合梅洛 - 庞蒂（Maurice Merleau-Ponty）“身—心—世界”的勾连，讨论了智能广告传播中身体伦理问题的表现和成因；[3] 何志荣以行动者网络理论中的关系框架为思考原点，将人工智能广告之中的人与“非人”因素都纳入伦理主体的考量中，打破固化的主客体关系，突出强调技术物的社会意义。[4] 一些学者结合实证研究方法细化了智能传播伦理研究的面向。杨先顺等运用实证研究方法，对智能营销传播中基于算法推荐形成的个性化广告场景下的“可供性浮现”展开研究，强调信任关系在营销中的重要作用；[5] 辛自强等关注价值观营销，运用实验法分析广告中“环境保护”“孝顺父母”“热爱祖国”三种神圣价值观，认为神圣价值观的工具性使用，导致了“降低消费者行为判断时的伦理道德水平”等负面效应。[6]

2. 关注广告新业态，探讨广告伦理问题

在智能营销背景下，一些学者关注技术在广告行业的应用所带来的伦理问题。吕铠等人分析了广告内容化的内涵、特征及其伦理困境，认为广告内容化导致忽视用户的广告知情权、侵犯用户隐私权和广告接触选择权、消解新闻专业主义、损害新闻品质；[7] 袁建认为广告内容的智能化生产，在提高广告的生产效率和传播效果的同时，也导致广告内容庸俗化、共情能力消减与公共性弱化等消极效应；[8] 徐可谈及数字广告、精准营销等广告形式建立在用户个体信息的采集上，数字市场的信息保护不足可能导致对个人信息的滥用，但是对于数据信息的保护也可能成为企业用以抑制竞争对手的工具。[9] 有学者从类型化广告出发，探究其中存在的伦理问题。张兵等提到公益广告之中存在的歧视、暴力等问题，可能对弱势群体造成二次伤害；[10] 苏士梅从“漂绿”广告的广告意涵、广告生态、认知遮蔽、治理创新等角度展开讨论，指出“漂绿”广告的本质是虚假宣传，在一定程度上误导消费者，导致消费者陷入消费陷阱之中；[11] 张玮等关注手机虚假广告的生成因素及其治理方式，认为低成本、隐匿技术、开放主体、数据伦理缺失是虚假广告泛滥的重要因素；[12] 王子昱对影视作品的植入式广告的现状进行分析，认为存在植入数量过多、植入僵硬、要素过多等伦理问题，其形成的原因可归结于饭圈文化、监管滞后、质量与效益不匹配等因素的影响。[13]

3. 聚焦应对之策，多角度探讨广告伦理治理策略

一些学者将中国优秀传统文化视为解决广告伦理困境的途径，苏士梅认为，“儒家的义利观和诚实守信的传统商业思想等中国传统伦理道德”是近代中国广告伦理的思想基础来源；[14] 卢强在其文章中提出将中华优秀传统文化应用于公益广告之中，在提升广告品质的同时，能够提升价值传播和文化认同。[15] 一些学者从伦理主体的角度出发，探寻伦理治理的主体责任。吕铠等人就原生广告为代表的广告内容化趋势所引发的伦理问题，提出构建政府、平台、行业和用户的多元主体协同治理模式；[16] 杨先顺等将大数据营销传播从业者的道德意志培育视为“大数据营销传播伦理治理体系的一个重要环节”，强调儒家伦理中的思想在现代性中所发挥的作用，认为儒家“人文精神、社会交往一般准则、义利观”等内容为当下从业者道德意志培养提供重要的理论指导；[17] 雷蕾采取基于行动者的计算机建模的研究方法，对互联网广告流量欺诈现象进行分析，强调“真正有能力与动机去治理的主要集中在大规模流量交易的媒体、平台、广告主及具有行业影响的协会等主体”，将广告流量治理视角放置于顶层设计中，提出以交易市场方为基点、从改变交易生态着手的治理方式；[18] 朱学芳等对虚假广告产生的原因进行分析，并从政府、行业、消费者等角度提出多维治理措施。[19] 一些学者提出以技术为媒介，寻找解决广告伦理问题的可能性路径。姜智彬等人针

对互联网广告之中的数据安全问题，提出应将区块链技术运用至互联网数据安全问题的治理之中；[20] 柳庆勇以区块链智能合约平台 Ad Chain 作为分析案例，认为其去中心化的技术特性有利于抑制数字广告流量造假现象。[21]

（二）2022 年中国广告伦理治理研究的不足之处

1. 对消费者伦理感知的研究相对薄弱

目前广告伦理研究多以问题导向为出发点，对广告传播中的伦理问题进行探析，但是较少从消费者视角出发，考察消费者对于广告中伦理问题的感知。消费者是企业伦理问题界定的主体之一，其伦理感知和伦理判断是影响广告效果和品牌形象的重要因素，也对消费意愿产生很大影响。忽视消费者的伦理感知，可能导致对广告伦理问题的认知出现偏差。尤其是互联网中的老年人、儿童等弱势群体，对其广告接受、广告认知和广告信任进行考察，应成为广告伦理治理的重要议题。

2. 缺乏从企业内部视角的深入调研

广告从业者的行为和决策受到企业价值、市场需求、客户意见等多方因素的影响，从内部视角出发调研广告行业的伦理问题，有助于理解广告从业者的行为和决策背后的动机。然而，由于时间、资源和“商业秘密”借口等限制，目前研究多从外部视角对广告案例进行伦理治理分析，鲜少深入企业内部，探寻广告生产过程之中的伦理问题。例如，在广告制作、发布等环节中，是否存在伦理问题，广告人员是否对伦理问题有充分的认识和重视，企业是否有足够的伦理规范和监管机制等，这些都是需要深入调研的问题。

3. 对新技术下的广告伦理及其治理的研究尚需深耕

随着技术的发展，广告实践不断变化和创新，相应的伦理问题也逐渐显现。目前学界对于新技术发展下的广告形态及其伦理问题、伦理治理的讨论还不够深入。例如，个性化推送广告导致用户隐私和个人信息保护等问题的出现，虚拟现实技术主导的沉浸式广告体验可能引发虚假宣传。因此，广告伦理研究应该加强对新技术下的广告实践及其伦理的分析，把握技术推动下广告行业的发展规律，聚焦广告伦理治理的痛点，深入了解新兴广告实践及其伦理问题的本质，以制定相应的伦理规范。

4. 体系化建构有待加强

随着计算广告、数字营销等新的营销传播形式的发展，隐私侵犯、数据安全等新型伦理失范现象层出不穷。伦理研究的目的是寻找解决伦理问题的路径，但当下的广告伦理研究较多停留于描述性层面的分析，缺乏对广告伦理问题的深入思考，容易陷入表面现象和功利主义的思维模式，忽视广告伦理问题的本质和深层次影响，难以实现宏观层面的广告伦理的体系化建构，由此导致伦理研究同质化、伦理治理研究创新性成果不足等问题。同时，当下伦理治理的重点主要放置于事后积极伦理的建构和伦理意识的唤醒，伦理治理的方式也主要以政府的法律制定和监管为主，缺乏系统化的价值体系引导。

5. 跨学科研究成果较少

当下对于广告伦理的研究多集中于传播学、市场营销学等学科，导致研究视角相对单一，难以突破既有的范式和视野，无法揭示广告伦理的复杂性。但广告行业涉及经济、法律、市场、传播等多层面因素，利益关联者包括广告主、广告公司、媒体、技术提供方、政府机构、行业协会和消费者等等，如果只关注其中的一个方面，就无法把握广告伦理的全局性，也难以实现有效的广告伦理治理。

（三）中国广告伦理治理研究展望

1. 采取多样化研究方法，丰富广告伦理的研究范式

在智能媒介技术发展的背景之下，应借助广告效果、广告数据等相关信息和数据的可得性和易得性，采取问卷调查、深度访谈、内容分析、网络田野考察、案例分析等多样化研究方法，并通过与企业建立合作关系等方式，深入行业内部，对广告设计、广告执行、广告效果等生产流程进行考察，把握行业的风向标，探讨智能广告在行业中的应用及其所产生的伦理问题，为广告伦理及其治理研究提供新的范式。

2. 积极回应新技术挑战，深化新技术背景下的广告伦理及其治理研究

在 5G、大数据、云计算、人工智能、机器学习、增强现实等关键技术的推动下，智能技术已经被应用于消费者智能分析、广告智能创作、精准营销等广告制作流程中，技术的发展推动着广告行业的智能化变革，但也引发了相应的数据歧视、隐私侵犯、信息窄化等伦理问题。对于这些问题的观察和把握，为我们重新审视广告行业提供了新的思路。此外，技术变迁下人机关系的内涵得以延展，从

内在主义视角而言，机器的概念及其意向性实现人机关系的发展；从外在主义视角而言，机器对于人类行为及活动的影响发生变化，人机协同的运作方式将成为未来广告行业的主要模式。从人机关系的哲学视角把握广告的伦理内涵，厘清广告之中的责任主体和道德主体，有利于探索广告伦理的发展趋势，为广告发展提供伦理指导。

3. 树立系统思维，探讨数智化时代广告伦理治理体系的创新

在数字化和智能化时代，需以系统深入思考广告伦理治理体系的创新，解决复杂的系统性问题。首先，确立多主体伦理责任。从政府、行业、从业者和用户出发，规定不同主体的伦理责任。其中，相关法律法规的完善与实施是广告伦理治理的重要保障。此外，应加强对行业及其从业者伦理价值的引导、伦理规范的建立和伦理素质的培养，提高行业的道德水准。其次，挖掘中华优秀传统思想，促进广告伦理治理与中国式现代化建设相呼应。广告在现代化进程之中起到重要作用，但在计算理性下，广告的工具价值得以发挥的同时，其社会价值被削弱，导致相应的伦理问题的出现。广告伦理治理应汲取中华优秀传统文化（特别是儒家伦理思想精华），把握“仁爱”“诚信”“公正”等价值观念的内涵，结合人文关怀、社会责任等原则，探寻广告伦理治理的新路径，从而促进广告行业的可持续发展，维护社会公共利益。

4. 丰富跨学科研究视角，产生学科融合效应

跨学科视角有利于突破单一学科视野下的局限性，丰富分析框架和方法，从多维度深入探究广告伦理的本质，开辟学术研究的新境界。在广告伦理治理的研究中，一方面，可以借鉴哲学、心理学、社会学、法律学、经济学、管理学等多个学科的知识，开展整合式研究；另一方面也应丰富研究方法和理论，促进范式融通，例如，对医疗广告、金融广告、保健食品等不同行业中关乎百姓切身利益的产品广告及其伦理问题的探究，可以吸收相应学科的理论和方法，开展更具针对性的研究。

二、2022 年中国广告伦理治理实践

（一）政府监管持续发力

广告产业具有技术、文化、商业等多元属性，广告治理涉及国家网信办、市监总局、知识产权局、商务部、发改委等众多部委的行政职能领域。作为数字经济的重要组成部分，完善广告产业的监管机制创新对于国家治理现代化，保障消费者权利，提升我国在国际商业竞争中的话语权，社会风气意识形态建设等方面大有裨益。2022 年，在广告产业全面智能化的发展背景下，政府利用行政、制度、法律、技术等多种治理工具的协同实现高效管控，聚焦于信息内容审核、生态治理、数据安全和个人信息保护、直播带货、明星代言规范化、未成年人保护等受社会各方关注的议题，对新业态负面风险与实质性危害进行规制，保障行业发展与多元利益平衡。

2022 年 4 月，国家市场监督管理总局出台了《十四五广告产业发展规划》，规划指出目前我国广告产业发展态势稳中向好，但重点领域广告违法问题易发多发，应特别注意新技术带来的法规滞后问题，为下一阶段广告伦理治理进行了全面布局。2022 年 10 月，按照中央宣传部文娱领域治理有关工作部署，国家市监总局会同中央网信办等七部门联合印发《关于进一步规范明星广告代言活动的指导意见》，鼓励有关行业道德委员会依法依规对明星广告代言等活动开展道德评议、评价活动，发挥道德约束惩戒功能。督促明星、企业、媒体开展自查整改，切实承担维护广告市场秩序主体责任。

2022 年，国家网信办先后出台了《互联网信息服务算法推荐管理规定》《移动互联网应用程序信息服务管理规定》《互联网用户账号信息管理规定》《数据出境安全评估办法》《互联网弹窗信息推送服务管理规定》《互联网跟帖评论服务管理规定》《关于实施个人信息保护认证的公告》《互联网信息服务深度合成管理规定》等十余项管理规定，持续提出明确的数据、算法伦理治理要求。数据和算法是智能广告行业发展的基础要素。广告伦理治理的技术面向呈现出由伦理规范“软法”向政策法律“硬法”过渡，这是对数据、算法伦理治理在广告场域建制化、法治化的进一步深化。政府部门基于风险管控思路，对广告伦理治理的技术功能、价值等要素加以综合研判，明确主体责任、监管模式和违规惩罚机制，对各级行政部门的权力、义务及统筹管理、社会各方力量的协同联动进行了场景约定，通过立法、执法平衡产业创新与安全。

个性化广告合规仍是智能广告伦理研究的热点议题。《互联网信息服务算法推荐管理规定》的正式出台是具有标志性意义的伦理治理实践，其立法原则是将数据控制权归还给用户本人，用户可以选择“一键关闭平台个性化推荐服务”，打破了原有以平台为主导的信息分发权力结构。除国家层面的法规政策外，各地管理部门亦针对新传播技术下衍生的非典型广告活动及形式进行有效引导。上海市市监局印发《商业广告代言活动合规指引》，明确界定了广告代言人、广告代言活动以及广告代言活动的负面清单；倡导开展代言活动的基本行为规范；对商业广告代言活动相关主体提出了合规建议。江苏省市监局亦出台《商业广告代言行为监管执法指南》，对 11 种具体情形是否属于广告代言行为予以明确，并将以“种草”（网络流行语，指推荐好货诱人购买）等形式变相发布商业广告，导致消费者不能辨明其为广告并被欺骗、误导的代言行为列入负面清单。

此外，2022 年我国政府通过专项行动、敦促自查整改等方式切实推进广告伦理治理工作。2022 年“清朗”系列专项行动聚焦影响面广、危害性大的问题开展整治，具体包括“清朗·打击网络直播、短视频领域乱象”专项行动、“清朗·MCN 机构信息内容乱象整治”专项行动、“清朗·2022 年算法综合治理”专项行动等 10 个方面的重点任务。这些专项行动营造了风清气正的网络广告传播环境，对于处在模糊地带的违法广告行为起到了震慑作用。

（二）行业自治日渐增强

广告行业合法性建立于绩效、价值、规制正当性之上，相比政府监管，行业内部规范机制能以更高效率更低成本发现问题所在，具有针对性和实效性的行业规范机制使得市场行动者产生更强烈的道德意识，为广告伦理治理积蓄行业向心力。2022 年，中国的广告行业协会多措并举，强化了行业自治。

一是举办不同层次广告审查法律法规培训班，共同构建符合行业需求的广告审查员队伍及制度体系。2022 年 9 月 14 日至 15 日，2022 第一期全国广告审查法律法规培训班在青岛举办；2022 年 10 月 28 日至 29 日，中国广告协会、上海市广告协会在上海市共同举办“2022 第一期全国高级广告审查法律法规培训班（上海）”，中国广告协会鼓励各广告经营单位将是否持有广告审查员证书、高级广告审查员证书作为聘用相关岗位工作人员的重要参考依据，以培养实用性人才需求为目标，为广告行业发展提供人才支撑。2022 年 9 月 17 日至 18 日，中国广告协会与浙江省网商协会在浙江省杭州市举办“全国互联网直播营销合规培训班”，市场监督管理部门专家、知名院校法律专家、知名企业法务专家等就《网络直播营销管理办法（试行）》及有关行政规章进行了解读，就直播带货合规要点以及网络直播营销中的典型违法案例等内容进行了讲解。

二是举办各类研讨会，深入探讨行业规范。2022 年 4 月 14 日，由中国通信标准化协会、中国广告协会主办，互联网广告技术实验室（CDA Tech Lab）承办的“互联网广告数据要素流通与隐私保护研讨会”在线上召开。2022 年 4 月 24 日，中国广告协会成功举办“移动互联网应用程序广告自律研讨会”，来自政府有关部门、消费者组织、行业协会、法学界、科研机构和互联网产业界 30 余位专家和代表围绕《移动互联网应用程序广告行为规范（征求意见稿）》《移动互联网启动屏广告新型交互行为技术要求（征求意见稿）》两项标准及行业重点关注的问题进行了交流和讨论。

三是积极开展技术标准研究，加速形成我国数字营销技术标准体系。中国广告协会、中国通信标准化协会对应互联网广告展现形式和交互方式日趋多样的现实背景，联合出台了《移动互联网应用程序广告行为规范》《移动互联网广告启动屏新型交互行为技术要求》两项标准，为行业提供了可操作性的自律参照。

除行业培训、研讨之外，我们认为行业组织在广告伦理治理领域大有可为。首先，行业组织能够通过市场力量构建行业伦理治理标准，加强行业内部的统一引导，即联合学校科研机构、社会组织、头部企业等社会资源设立多维度的行业标准，对智能化广告中的行业术语、产业生态构成等进行科学规范；从技术、内容管理、经营、从业人员等多个维度构建行业标准体系，技术层面包含数据安全、数据应用合规、算法透明、隐私保护等，内容管理层面包括广告真实性、正向引领、网络环境构建等，经营维度包括企业社会责任评价等，从业人员维度包含大数据营销传播从业人员的职业种类和等级、能力要素、能力要求和评价办法等。通过可评价的指标体系实现的行业内部精细化广告伦理治理，能够为国家广告伦理治理标准的出台与完善、各相关组织的具体工作提供协助指引。

其次，广告行业组织在伦理治理实践中加强与政府的合作，对于优秀行业成员给予政府认定，同时建立规范、专业的批评体系，开展大数据营销传播相关公司声誉评价，建立企业“红黑榜”公示制度，定期发布年度不良案例，打通与消费者联络的渠道联络，征集侵犯消费者利益的案例与营销事件，牵头搭建大数据营销传播背景下的企业社会责任指标体系，等等，有利于增加伦理问题的治理权重，树立行业组织的信誉及社会形象，提升广告行业的行业地位。

（三）企业自律有待提升

以搜索服务平台、内容平台、社交平台、电商平台为代表的互联网平台已成为我国互联网广告营收主体，在内容治理、广告合规等伦理治理方面，平台型企业是第一责任人。从《互联网信息服务算法推荐管理规定》的提出到督促重点互联网平台整改算法不合理应用带来的信息茧房、算法歧视等问题，各大平台均以上线算法关闭键等方式呼应政策关照。2022 年，除了在监管部门的指导下进行的广告伦理治理实践，平台发挥主体能动性，在内部开展法规、典型案例解读，参加业内学术研讨会，并在广告经营管理、审核、举报受理机制等方面有所作为，不断优化广告合规机制。一是实现技术赋能创新，例如腾讯基于“太极”机器学习平台，使用混元 AI 大模型和腾讯广告精排大模型共同完善优化了广告理解、用户理解、广告和用户匹配的全流程，提升了广告主的推荐精准度和转化效率。[22] 二是对接国际，提升数据安全标准。例如，巨量引擎收到由美国注册会计师协会（AICPA）出具的 SOC 2 Type 1 报告认证通过回复。SOC 报告是国际认可的最严格的独立第三方数据安全报告之一，对于企业的安全性、可用性、保密性及隐私性均有严格要求，通过该报告认证的企业的用户安全及隐私保护能力均达到国际领先水平。[23] 但总体而言，目前企业内部自律机制的建立与健全尚有较大的提升空间，对此我们提出以下建议。

一是重视组织机构建设。平台或大数据营销传播技术公司可设立一个独立于现有职能部门，由伦理专家、技术专家、法律专家、公众代表等多元背景成员组成的伦理审查委员会，在发行新产品之前启动伦理审查，进行伦理风险等级评估，基于算法公平、透明性等维度，预防、识别、消除对基本价值观的背离，以主动披露方式将问题及其解决方案及时向政府主管部门和行业协会反馈。

二是加强伦理规范培训。应结合企业自身与智能营销传播中出现的问题进行重点分析，定期对企业内部员工尤其是技术人员和营销人员进行伦理规范培训，提升企业内部成员的伦理感知水平和行为规范水平，加强不同部门成员的交流和互动。

三是构建明晰的奖罚机制，建立企业内部伦理引导制度。可在企业组织中尝试开设伦理专门机构以及培训道德监督员，对员工的职业道德进行考量，根据其伦理和道德表现作出奖惩。推行算法责任制，对于数据、算法进行审计，健全数据和算法服务提供者的责任体系。

四是进行伦理课程教育。企业应推动伦理课程建设，与高校、科研机构、行业协会、第三方组织等形成互动，结合各方优势补足自身短板，聘请具有学界专家、资深人士进入公司进行伦理教育，凝练伦理规则，通过项目合作等方式增强对具体伦理问题的认知和改善。

五是加强企业文化建设。以企业文化为推动点，加强主体的道德意识，才能有效提升企业整体自律性。应结合企业文化建设推动企业伦理道德建设，将伦理理念落实在业务操作关键步骤当中。管理层的个人道德表现对企业的伦理决策有着重要影响，因而也需同时加强企业管理层的道德建设。

（四）公众投诉渠道渐增

在数据主义主导下的计算广告中，公众权益稍不谨慎就会受到侵害，小则影响个人权益，大则影响社会秩序。广告伦理治理实践需要公众的主动参与，这主要是指各方面社会成员以提供信息、发表意见、协商讨论、表达诉求等方式参与广告伦理治理的决策和行动。投诉是控制广告伦理失范行为最有效、最直接的方式之一。对于广告的伦理失范行为，公众可以通过投诉的方式来促进伦理秩序的塑造。完善投诉通道是提升公众乐诉善诉的意识、参与度以及提高伦理治理效率的关键，也是法律规定营销传播主体必须遵守的行为规范。2022 年出台的《互联网跟帖评论服务管理规定》提出，跟帖评论服务提供者应当建立健全跟帖评论违法和不良信息公众投诉举报和跟帖评论服务使用者申诉制度，设置便捷投诉举报和申诉入口，及时受理和处置跟帖评论相关投诉举报和申诉。

目前公众投诉渠道逐渐增多，常见的有国务院客户端、12315 网站等政府平台，重要的互联网平台如头条、腾讯等各种信息流广告平台也自行设置了网络广告投诉入口，以弹窗、操作指引界面等提示，引导公众学习认知。公众在进入投诉通道时，将需要提交的信息和证明材料列清楚，平台便能够及时提供法律参考建议并帮助判断是否构成侵权。

我们建议，在公众参与方面，可依托数字化技术实现治理方式和治理工具的创新，采取众包等形式，发掘公众力量协同政府、平台开展治理运动，也可尝试通过各种激励方式增进公众参与深度，这不仅能够提升治理效率，亦能建立良好互动信任关系。

（五）舆论监督有效配合

2022 年出现了多个女性污名化广告事件，一些广告主以打擦边球作为引流噱头，有悖社会风气，招致广大网民反感，也受到媒体强烈批评。出事品牌或下架商品，或受到行政处罚，或发表道歉声明。这些事件的发展路径通常是由网民通过各种发声渠道表达对广告内容的愤慨，专业性媒体通过舆情监督对于所涉企业恶劣行为进行纠偏，行政部门依法追究相关企业责任。

对于伦理失范广告的舆论监督中，“散步性 + 专业性”的媒体道德监督矩阵发挥了重要的舆论监督作用，并在其中相互扩散渗透。“散步性”的媒体即以自媒体以及信息流平台为主要传播媒介，在进行舆论监督过程中主要依靠个体引发群体效应。通过分散的个体信息反馈，投诉信息曝光、引发转发；获得群体性认可，引发话题讨论，获得意见领袖关注，并受到专业性媒体关注。“专业性”媒体具有权威性，通过搭建媒体舆论监督平台，接受个体或群体投诉，建立投诉排行榜、投诉年度报告等机制，对于信息的真实性进行审核，或与政府政务部门联合进行信息共享，对伦理失范行为进行行政处罚，妥善解决伦理问题。[24]

舆论监督对于保护消费者的权利与利益、提升广告主违法成本、抵制行业内的不公平竞争以及维护社会良好道德风气起到积极作用。通过公共舆论的监督，能够在消费者—广告主—政府—平台企业之间创造一种关于权利的新共识。政府监管部门、行业协会、媒体平台企业应建立联动舆情监控系统，给予公民多渠道发声机会；作为舆论监督的主体力量，媒体要积极参与到失范行为的道德批评与道德长效监督当中。构建“散步性 + 专业性”的媒体道德监督矩阵，有利于发挥官媒、社群、自媒体等多圈层媒体的道德监督作用，在舆论兴起的发酵、扩散、生成等不同阶段给予正面引导，创造社会共识。

（六）技术防范渐受重视

从智能广告的生产流程来看，目前已经存在或潜在的广告技术伦理风险多集中在数据伦理和算法伦理两个部分，如隐私侵犯、抄袭侵权、流量劫持、算法黑箱、运作壁垒、消费异化等。在 2022 年，行业协会、头部平台等多方采取了多种技术工具对伦理风险加以防范。

为打击互联网广告数据造假和作弊行为，2022 年 3 月，中国信息通信研究院、中国广告协会、中国互联网协会联合 46 家高校、科研院所与企事业单位正式发起“数字营销质量与透明度提升计划”，“提升计划”将依托互联网广告技术实验室（CDA TechLab）与 12321 网络不良与垃圾信息举报受理中心，开展数字营销产品能力测评、数字营销流量反欺诈测评、数字营销可见性测评、数字营销第三方自动化工具测评等具体工作，并定期发布测评结果。[25]

头部企业不断优化技术以实现技术发展和用户权益的平衡。例如，腾讯组成跨学科研究团队，于 2022 年 1 月发布了《可解释 AI 发展报告 2022——打开算法黑箱的理念与实践》，全面梳理可解释 AI 的概念、监管政策、发展趋势、行业实践，并提出未来发展建议。[26]

我们认为，在智能广告（或智能营销传播）时代，技术防范的重点应放在对人工智能技术进行价值敏感设计（Value sensitive design）之上，也就是将人类的伦理价值和伦理规则融入人工智能技术当中，让算法具有道德判断与伦理决策的能力。

三、2022 年广告法规与伦理教育情况

2018 年出版的由教育部高等学校教学指导委员会编写的《普通高等学校本科专业类教学质量国家标准（上）》当中指出，设有新闻传播学类专业的高校应该根据各专业教学目标和任务，开设新闻传播学类基础课程，主要包括新闻学概论、广播电视概论、广告学概论、传播学概论、网络与新媒体概论、出版与数字出版概论、新闻传播伦理与法规、马克思主义新闻思想（或马克思主义新闻论著选读）、数字媒体技术、新闻传播学研究方法等[27]。

整体而言，我国广告学专业已经形成较为成熟的课程体系，课程结构也趋于稳定。接下来，我们主要从高校广告学专业开设“广告法规与伦理”或“传媒法规与伦理”或“传播伦理学”或“广告伦理学”等课程和举办相关会议讲座两个方面，进一步说明我国广告法规与伦理教育情况。

（一）课程开设情况

如表 1 所示，广告学专业核心课程可分为理论素养类课程、实务操作类课程、广告前沿类课程。其中，伦理与法规类课程具体包括信息政策与法规、传媒法律与法规、传播伦理学、新闻传播伦理与法规、中外广告管理法规与职业道德、媒介伦理与法规、新媒体文化与伦理、广告法规与伦理、广告伦理学、广告规范与数据伦理等，但伦理法规课程开设仍有较大不足。[28]

表 1. 广告学专业本科核心课程构成

一级编码	二级编码	占比（%）
理论素养类 (54.20%)	新闻传播学类	27.29
	市场营销类	6.49
	广告学类	2.15
	品牌与公关类	4.44
	文学素养类	4.17
	艺术素养类	2.26
	数据分析与挖掘基础类	4.38
	伦理与法规类	2.33
	马克思主义新闻观	0.69
实务操作类 (39.38%)	消费者行为分析与市场调研类	6.49
	创意生产类	24.62
	效果评估类	0.87
	媒介策略类	0.45
	媒介经营与管理类	6.53
	广告策划类	0.42
前沿类课程 (6.42%)	前沿类课程	6.42

图表来源：周茂君，何江移．新文科背景下广告学专业核心课程设置与人才培养——基于国内 48 所院校本科培养方案的内容分析 [J]. 新闻与传播评论，2023(1):121.

（二）举办相关会议和讲座情况

1. 学术会议日渐增多，讨论议题更为前沿

2022 年 10 月 22 日，郑州大学新闻与传播学院、郑州大学传媒发展研究中心联合举办“算法向善与数字文明工作坊暨国家一流本科专业建设特邀报告会”。算法向善与数字文明工作坊包括特邀主题报告与“数字时代的广告向善”“数据与算法治理”两个学术论坛。武汉大学新闻与传播学院张金海教授作了题为“广告向善的伦理学思考”的特邀主题报告。在“数字时代的广告向善”学术论坛中，郑州大学新闻与传播学院颜景毅教授、湖南师范大学新闻与传播学院曾琼教授等围绕“数字文明视域中的广告向善”“元宇宙时代数字广告演进研究——基于技术可供性的视角”“智能广告内容生产人机协同模式研究”等主题进行报告。“数据与算法治理”学术论坛中，郑州大学新闻与传播学院周鹍鹏教授、李惊雷副教授、常燕民副教授等围绕“数据反垄断治理”“数据边界与隐私保护”“网络谣言的社会危害与治理模式”等主题作了报告。[28]

2022 年 11 月 12 日，由中国传媒大学广告学院承办的中国高等教育学会广告教育专业委员会第二届理事会换届大会暨 2022 年学术年会召开。暨南大学新闻与传播学院广告系杨先顺教授以“德性的追寻：大数据营销传播伦理治理的新视域”为题进行发言。他指出，随着技术及应用的不断创新，大数据营销传播的伦理治理也需因应变化、扩充视角、拓展视域。进而建议引入当代德性伦理学视域，并为大数据营销传播伦理治理提出了新的框架。

2022 年 11 月 25 日至 11 月 26 日，由四川大学文学与新闻学院、韩国建国大学身体与文化研究中心共同举办的“人类与非人类的共生伦理”国际研讨会在云端顺利举行。四川大学曹顺庆教授、刘颖教授、王一平教授、庄佩娜副研究员等，与来自韩国建国大学、美国纽约州立大学奥尔巴尼分校、韩国成均馆大学、韩国庆熙大学、新加坡大学等多所世界高校的专家学者，围绕人类与非人类的共生关系、现代技术与伦理思考等议题作了线上报告。[29]

2022 年 12 月 3 日，智能媒体与智能营销传播发展高端论坛暨第四届智能营销传播学术工作坊线上会议成功举办。复旦大学新闻学院朱春阳教授重点讨论了智能营销的伦理治理问题，认为智能营销实现了精准抵达差异化目标

用户的天花板，呈现出前所未有的效率。同时，技术与平台的强势地位决定了其在伦理边界竞争中的主导地位。还提出，吸纳用户与其他利益相关主体参与伦理治理，形成多行动者网络关系的均衡发展，是该领域伦理治理现代化的基本任务。[30]

2022 年 12 月 4 日，由北京工商大学主办的“2022 数智赋能与品牌创新”学术论坛成功举行。暨南大学新闻与传播学院广告系杨先顺教授作了题为“智能营销传播的信任维度及其机制建构研究”的演讲。他强调，人工智能传播信任在信任发生的基础、信任结构、信任边界方面都发生了变化，并提出，人工智能传播信任包含了人际信任、系统信任以及技术信任三个不同维度的信任层次。认为可从构建与分享共同规范与伦理价值观的角度切入，突出重点、循序渐进地推进人工智能传播全周期的信任生态系统的建设。[31]

2022 年 12 月 10 日，由复旦大学国家文化创新研究中心与复旦大学新闻学院联合主办的“人类文明新形态与文化数字化战略”国际研讨会举办。在第一场专题研讨会上，浙江大学传媒与国际文化学院赵瑜教授以“人类文明新形态建设中的智能媒体及其伦理治理”为题发表演讲。她认为尽管数字文明尚处起步阶段，却可从可编程社会、虚拟现实、算法文化三个维度把握其基本形态。她同时指出，数字文明中处处充满着伦理的考量，数字文明不仅是技术景观，也充满变动的权利场域。[32]

综上所述，2022 年有关“广告法规与伦理”的学术会议日渐增多。从会议主题或是演讲题目例如“算法向善与数字文明”“德性的追寻：大数据营销传播伦理治理的新视域”“人类与非人类的共生伦理”“智能营销的伦理治理”“智能营销传播的信任维度及其机制建构”“人类文明新形态建设中的智能媒体及其伦理治理”等来看，智能营销传播伦理虽然是前沿性问题，但已成为国内学者的重大关切。

2. 相关讲座更为专业，思考具有前瞻性

2022 年 3 月 3 日，清华大学新闻与传播学院陈昌凤教授在浙大传播大讲堂第 261 期主讲“新技术环境下的传播伦理问题”，主要内容为：数据主义的价值观；元宇宙：虚拟世界的价值观；社交机器人与“计算宣传”；算法伦理；信息茧房。[33]

2022 年 4 月 8 日，北京大学新闻与传播学院举办了第二场“数字、人文与传播”年度系列学术讲座。美国德州大学奥斯汀分校信息学院人机交互实验室助理研究员、美国德州大学奥斯汀分校莫迪传播学院博士候选人贾宸琰的讲座题目是“智能时代信息传播中的算法决策和算法偏见”。在介绍智能时代算法决策在新闻信息传播中的应用及影响后，她探讨了人们在不同情境下对机器和智能系统的态度变迁，并阐述了对算法伦理、功能治理的看法以及如何进行跨学科合作从而减少算法偏见。[34]

2022 年 11 月 9 日下午，天津师范大学新闻传播学院举行了广告学专业创立三十周年庆首场高端学术讲座。暨南大学新闻与传播学院杨先顺教授应邀作了题为“智能营销传播的伦理问题及其治理”的学术讲座。他认为智能营销传播的伦理问题有“七宗罪”，即“智德”困局、人的异化、隐私侵犯、算法歧视、数据造假、流量劫持、“过滤气泡”（信息茧房）。进而提出智能营销传播伦理治理的六条重要路径。

总的来说，在 2022 年中国广告伦理治理研究的进展当中，一方面体现出学界运用学术方法对当下广告法规与伦理问题进行的研究更为专业、更加聚焦，另一方面也表明了随着新技术的影响日益扩大，学者们的研究视角更为丰富多元。当然，由于种种原因，该领域的研究还存在着一些不足，这需要中国广告学界和业界共同面对，并发扬刀刃向内的自我革命精神，攻坚克难，勇毅前行，不断提升广告伦理治理水平，为全球广告伦理治理贡献中国智慧、中国方案。

【参考文献】

[1] 杨先顺，徐宁．德性的追寻：大数据营销传播伦理治理的新视域 [J]. 当代传播，2022(5):46-50.

[2] [14] 苏士梅．中国近代广告伦理研究的知识图景：媒介镜像与主题脉络 [J]. 新闻与传播评论，2022,75(4): 96-105.

[3] 皇甫晓涛，刁玉全．智能广告伦理的“身体—技术”解析——基于知觉现象学的考察 [J]. 郑州大学学报（哲学社会科学版），2022,55(3):116-120.

[4] 何志荣．从技术工具到行动者：广告智能传播的伦理主体再造 [J]. 未来传播，2022,29(2):18-24.

[5] 杨先顺，莫莉．智能营销传播中基于算法推荐的个性化广告“可供性浮现”实证研究 [J]. 新闻大学，2022(11):1-15+116.

[6] 辛自强，刘菲，穆昊阳．广告中“神圣价值观”工具性使用及其影响 [J]. 新闻与传播研究 2022,29(2):97-110+128.

[7] [16] 吕铠，钱广贵．广告内容化的传播伦理困境与协同治理 [J]. 当代传播，2022(1):100-102+112.

[8] 袁建．广告内容智能化生产的核心内涵、实现路径与负面效应 [J]. 传媒观察，2022(5):84-90.

[9] 徐可．数字广告市场中个人信息保护与竞争规制的协调 [J]. 暨南学报（哲学社会科学版），2022,44(6):91-101.

[10] 张兵，刘传红．作为社会动员机制的抗疫公益广告 [J]. 西南民族大学学报（人文社会科学版），2022,43(7):147-154.

[11] 苏士梅．“漂绿”广告的生态治理：修辞偏向、生态型构与治理创新 [J]. 编辑之友，2022(10):72-78.

[12] 张玮，张燕，郑海燕．互动传播视域下手机虚假广告成因及治理 [J]. 当代传播，2022(3):92-94+100.

[13] 王子昱．影视作品植入式广告的问题与对策 [J]. 传媒，2022(1):76-78.

[15] 卢强．中华优秀传统文化元素在电视公益广告中的表达 [J]. 传媒，2022(3):75-77.

[17] 杨先顺，陈子豪．儒家伦理视域下大数据营销传播从业者道德意志的培育路径探究 [J]. 新闻春秋，2022(5):66-74.

[18] 雷蕾．基于演化博弈的互联网广告流量欺诈现象的仿真实验与治理启示 [J]. 国际新闻界，2022,44(4):96-115.

[19] 朱学芳，肖倩倩，朱鹏．互联网广告用户调查及虚假广告信息治理研究 [J]. 情报科学，2022,40(9):98-106.

[20] 姜智彬，崔艳菊．区块链赋能互联网广告数据安全管理研究 [J]. 当代传播，2022(4):95-98+108.

[21] 柳庆勇．基于区块链智能合约的数字广告流量造假治理机制及创新研究——以 AdChain 应用为个案 [J]. 新闻大学，2022(11):16-28+116-117.

[22] 太极助力，腾讯广告如何借大模型降本增效 [EB/OL]. 腾讯广告，https://e.qq.com/latestnews/detail/?pid=7200.2022-06-23.

[23] 楼纯．守护指尖上的安全，巨量引擎“商业安全开放日”在成都举办 [EB/OL]. 新浪网，2022-12-30.https://t.cj.sina.com.cn/articles/view/1700720163/655eee23020018efg.

[24] 陈楚桥．大数据营销传播的伦理问题及其道德舆论场建构 [D]. 广州：暨南大学，2020.

[25] 透明、真实、绿色——“数字营销质量与透明度提升计划”正式启动 [EB/OL]. 新华网，2022-03-15.http://www.xinhuanet.com/info/20220315/6a3c455495024c4093ff23db6597f761/c.html.

[26] 腾讯研究院，腾讯天衍实验室，腾讯优图实验室，腾讯 Al Lab. 可解释 AI 发展报告 2022——打开算法黑箱的理念与实践 [R].2022-01-11.

[27] 教育部高等学校教学指导委员会．普通高等学校本科专业类教学质量国家标准（上）[S]. 北京：高等教育出版社，2018:98.

[28] 牛滢，刘昊．算法向善与数字文明工作坊暨国家一流本科专业建设特邀报告会在“云端”举行 [EB/OL]. 郑州大学新闻与传播学院官网，2022-10-31.http://www5.zzu.edu.cn/xinwen/info/1031/7699.htm.

[29] 夏甜．我院参与主办并举行“人类与非人类的共生伦理”国际研讨会 [EB/OL]. 四川大学文学与新闻学院官网，2022-11-29.https://lj.scu.edu.cn/info/1074/6434.htm.

[30] 岳怀让，徐晓妍．武汉大学智能媒体与智能营销传播发展高端论坛成功举办 [EB/OL]. 澎湃新闻，2022-12-05.https://www.thepaper.cn/newsDetail_forward_21031296.

[31] 杨先顺，莫莉．人工智能传播的信任维度及其机制建构研究 [J]. 学术研究，2022(3):43-50.

[32] 石鸣．国际研讨会畅谈人类文明新形态，专家热议中国式现代化之路 [EB/OL]. 澎湃新闻，2022-12-15.https://www.thepaper.cn/newsDetail_forward_21176470.

[33] 浙大传播大讲堂第 261 期：新技术环境下的传播伦理问题 [EB/OL]. 浙江大学传媒与国际文化学院官网 ,2022-03-01.http://www.cmic.zju.edu.cn/2022/0301/c35555a2501884/page.htm.

[34] 蒋雪颖 . 新闻与传播学院举办第二场“数字、人文与传播”年度系列学术讲座 [EB/OL]. 北京大学新闻与传播学院官网 ,2022-04-08.http://sjc.pku.edu.cn/info/1037/11874.htm.

中国广告年鉴2023
CHINA ADVERTISING YEARBOOK

广告教育

Advertising Education

2022年中国广告教育发展综述

姚曦[1]　邓丰丰[2]

2022年是见证百年未有之大变局的重要之年。世纪疫情影响之下，全球秩序失调、大国持续博弈、局部动荡加剧，数字技术不断更新迭代。这对于发展中国经济，提升中国在世界的国际影响力来说既是动能也是挑战。2022年更是“十四五”规划稳步推进的关键之年，4月22日，市场监管总局印发实施《“十四五”广告产业发展规划》，提出要以创驱动发展，提升自主品牌影响力和竞争力，提高广告产业的服务能力，优化广告产业发展结构和区域布局，高标准规范广告市场，强化广告人才培养等[1]，为中国广告产业的未来发展指明方向；4月25日，习近平总书记在考察中国人民大学时指出：“加快构建中国特色哲学社会科学，归根结底是建构中国自主的知识体系。”随着对建构中国自主知识体系认识的不断深入，如何有效地向世界传递中国声音、中国思想、中国理论，实现学科体系、学术体系、话语体系建设和创新成为中国广告学科建设的新目标和新要求。基于“新文科”建设背景和教育部发布的《关于加快建设高水平本科教育全面提高人才培养能力的意见》，明确指出要大力推进一流专业建设，“建设国家级一流专业点和省级一流专业点，引领支撑高水平本科教育”，与此同时还提出“提高专业建设质量，适应新时代对人才的多样化需求”，这进一步为中国高校的广告专业建设与广告教育提供了目标指引和发展路径。

一、广告专业建设

广告专业建设关系到高校广告专业的发展和广告专业人才的培养。在数字化时代，高校广告专业建设面临生存与转型困境：一是广告课程建设单一老化，对于学生而言缺乏跨学科、跨院系、跨专业的课程整合体系；二是广告师资队伍亟待突破原有的人文视野和理论视野，尽可能促成来自业界和非人文学科的跨学科、国际化交流；三是高校广告教材建设不够完善，缺乏与时代发展相匹配的体系框架。因此，在大力推进一流广告专业建设背景下，中国的广告专业建设需要在人才培养、师资队伍、教材建设等方面作积极探索，从而不断推进自主知识体系的建构。

（一）广告学一流专业建设

当前我国国家级一流本科广告学专业建设点自2019年建设至今以中国传媒大学、暨南大学、深圳大学、厦门大学、武汉大学等高校为代表共有46所，这是近年来广告教育发展的重要大事。

（二）人才培养模式创新

1. 培养方案和课程体系的调整

建设一流广告专业的关键是全面把握广告培养方案的方向，从而构建出与时俱进的课程体系。《新闻传播学类教学质量国家标准》是广告学培养方案制订的总指挥棒，培养目标要基于“新文科”和一流广告专业建设背景。从当前高校培养方案上来看，南京大学采用“通

[1] 姚曦，教授，博士生导师，研究方向：品牌传播、广告与媒介经济、公共关系。
[2] 邓丰丰，2022级广告与媒介经济博士生，研究方向：广告传播思想史。

表 1. 国家级一流本科广告学专业建设名单

2019 年	中国传媒大学、暨南大学、深圳大学、江西师范大学、广西艺术学院、山西传媒学院
2020 年	武汉大学、厦门大学、南京大学、四川大学、郑州大学、新疆大学、云南民族大学、河南大学、江苏师范大学、南京林业大学、西南交通大学、河北大学、湖南理工学院
2021 年	北京大学、中国人民大学、中央民族大学、复旦大学、上海大学、上海师范大学、华南理工大学、南昌大学、东北师范大学、浙江工业大学、中南民族大学、湖北大学、武汉工商学院、辽宁工业大学、辽宁科技学院、湖南大学、湘潭大学、湖南工业大学、天津师范大学、安徽财经大学、河北师范大学、山西大学、闽江学院、铜陵学院、安徽师范大学、南京邮电大学、苏州大学

修 + 平台 + 核心 + 选修”的模式，通过不同学科平台打造菜单式课程，增强广告专业学生的人文素养[2]。复旦大学采取“2+X”本科生培养体系，一方面以通识教育和专业培养两方面夯实个人发展基础，开展如文史经典与文化传播等模块的通识课程及广告创意与表现、企业战略传播等专业培养课程；另一方面为学生个性化成长提供专业进阶、跨学科发展、创新创业等多元发展路径[3]。中国人民大学按学部划分为五个学科大类制订统一的培养方案，构建部类共同课和核心课，打通选修课，广告学专业属于法政与社会学科大类中的新闻传播学类[4]。

目前全国范围内共有 302 所开设广告学专业的本科院校，周茂君、何江移[5]（2022）对其中 48 所高校的培养方案和核心课程设置进行内容分析。研究发现，高校广告学培养方案中体现的培养定位较为明确，主要包括培养复合型、应用型、高素质、创新型、研究（科研）型、专门（专业）人才。在课程分布上；理论素养

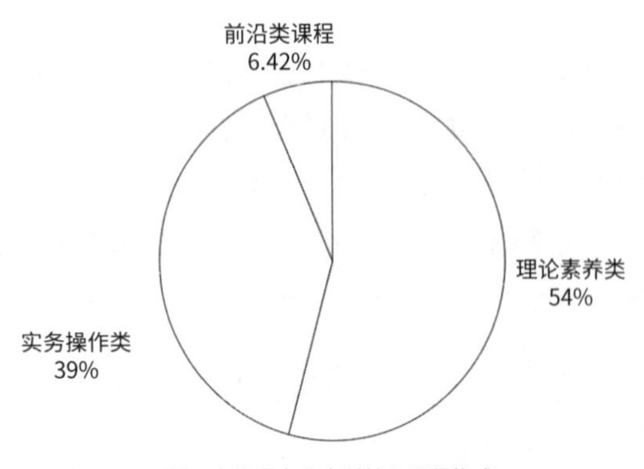

图 1 广告学专业本科核心课程构成

类课程与实务类课程占比分别为 54.20% 和 39.38%，新闻传播学类课程、创意生产类课程在核心课程中比重较大，其中新闻传播学类占比 27.29%，创意生产类占比 24.62%，此外，文学素养和艺术素养类课程占比有所提升，可以看出培养兼具文学素养和艺术素养的广告学专业人才已经成为各新闻传播院校的共识。

大数据时代，广告专业学生不仅要学习以策划、创意、文案写作等体现广告核心能力的课程，有关数据技能和数据素养也亟待提升。在前沿基础课程方面，高校课程开设量仅占 6.42%，与大数据相关的课程占比较小，且多位于选修课之中。但值得肯定的是，仍不乏院校在广告学专业开设与高数、程序语言设计等相关的课程。华南理工大学依托华南理工大学技术专业背景，强调交叉学科的专业设置，以传播学、管理学、广告学、市场营销学为理论基础，展开广告及品牌研究及教学，开设了微积分基础、大学计算机基础、数据库技术及应用等必修课程，以及在人文社会科学领域、科学技术领域开设的公共艺术通识课程。[6] 暨南大学广告学专业以“创新创业知识群”“大数据与智能营销传播知识群”“数字创意与智能设计知识群”“营销传播管理与沟通知识群”和“跨文化营销传播知识群”五大知识群组为基础建成选修课程体系，并将《计算广告学》《数字营销传播》等课程作为专业必修课[7]。

2. 教学模式与教学方法的改革

疫情的常态化发展不仅带来广告授课方式的变化，也对广告专业的教学方法和教学模式提出新的要求。当下我国各高校正稳步推进课赛结合、案例教学、实战教学等教学模式。“课赛结合”即在课堂教学和专业实践中采用模拟与实战相结合、校内与校外相结合的形式，积极鼓励学生参加全国性广告赛事活动，如“全国大学生广告艺术大赛”“中国大学生广告艺术节学院奖”以及中国台湾时报传媒集团主办的时报“金犊奖”，并以学生参赛的商业广告作品、公益广告作品等作为课程考核的一部分，让同学们到企业与社会实践中检验所学知识。

案例教学是老师通过科学严谨地搜集、整理、分析各种综合性和特色性案例，以专题辩论、主题报告等方

法达到老师与学生的深度互动，在案例分享中让学生有所思考和启发，以考查学生对知识点的掌握和理解程度。厦门大学新闻传播学院的广告艺术系列课程坚持向经典案例、经典作品学习，以东西方经典融合于学生创作的经典作品之中，实现学生的专业化与个性化发展。而在数字时代，各高校的案例教学模式也在“因时制宜”地构建全案例教学资源平台，从老师、学生、管理者三大功能模块出发，以广告案例库为核心进行案例库资源的建设、使用和经营。广告案例库平台建设不仅可以满足师生课堂学习需求，还可以面向其他高校或广告从业人士进行付费或限时开放。

实战教学是在产教融合背景下将学校与实践进行结合以提升学生实践应用能力。数字时代的实战教学要求广告学专业对业界的人才需求转向进行积极回应。传统的实战教学模式已经无法适应极速变化的广告市场、生产模式、运作流程等，为此要围绕数字化广告人才进行实战教学模式的调整。北京体育大学新闻与传播学院采用校企共创课程的方式，同央视频、快手签订合作协议，通过增设短视频创意、策划、拍摄、运营等课程内容来调整新媒体课程教学模式。中国传媒大学广告学院在原有的有广告学、公共关系学、网络与新媒体（智能融媒体运营方向）、视觉传达设计四个方向的基础上开设广告学（数字营销）方向，在教学上与中国商务广告协会数字营销委员会以共建方式对学生进行全面培养，课程第一年往往以讲座等形式让学生对数字营销这一方向有较为科学的认识和理解；第二年以学分制授课，并配合定期系列讲座的形式牢固基础；第三年通过“营销科技马拉松”等形式实现快速提升；第四年进行前沿经验与业界动态的分享，实现与业界的真正对接[8]。

（三）师资队伍的跨学科构建

广告师资队伍质量关系到未来广告人才的整体素养。目前我国高校广告专业的师资队伍建设存在单一固化的问题，而广告学作为一门实践性和应用性极强的学科，需要师资团队中融入大量“新鲜血液”。一方面，要打破学界与业界的人才流动壁垒，构建“双师型”师资队伍，发挥学界与业界老师各自的优势，通过不同形式的指导互动，让学生将理论知识与社会实践充分结合。另一方面，在立足于本专业发展特色的基础上强调师资队伍的跨学科、跨专业、国际化，加强与不同学科之间的互利合作，以跨学科、跨专业、国际化的视野拓展学科发展方向。中国传媒大学与腾讯广告营销学院进行合作，以线下培训、现场认证等培训形式面向高校广告相关专业教师进行培训认证，以共享高校与行业最新营销洞见[9]。武汉大学广告系师资队伍中加入经济管理、信息管理专业老师，从数据挖掘、模型建构层面拓展广告研究方向。厦门大学广告系邀请数字媒体、人工智能、对外传播等领域的业界专家担任本系的兼职教授，成为师资力量的重要补充。

（四）广告教材的创新建设

广告教材是广告专业学生对本专业进行系统性、理论性学习的重要渠道，也是广告学科体系构建完善与否的关键指征。当下广告教材缺乏对广告基础性问题的探究，一些基本概念仍旧模糊不清，无法对业界实践进行有效指导，需要在教材中廓清相关概念，明晰知识体系框架；此外，广告行业的快速变迁与现有广告教材的经典性案例相脱节，教材中的平面化图片及文字无法完整呈现各种互动类、数字类等优秀广告的特点，为此亟待对广告教材进行不断完善。中国传媒大学在广告教材建设方面紧跟行业发展方向，不断推陈出新，近年来出版了《数字广告概论》《包装设计》《计算广告概论》《广告主数字媒体营销传播》等本科系列教材，以及《广播电视大数据平台架构与应用》《计算机网络协议分析与程序设计实践》等全媒体人才培养丛书数据科学系列[10]，让学生通过前沿性教材了解数字时代的广告行业发展概况，有利于广告专业人才培养。武汉大学在广告教材建设方面同样注重结合时代发展特色，最新出版了《数字营销传播导论》、《数字营销系列丛书》、《中国数字营销20年研究》等教材[11]，进一步更新广告知识内容。此外，各高校在已有的广告教材建设基础上展开通力合作，共同出版多类数字广告教材，不断完善数字广告教材建设，以推进中国数字广告知识体系建设。

二、广告学术研究新热点与新趋势

后疫情时代，广告产业发展的不稳定性和不确定性进一步增加。与此同时，中国广告产业正面临国际地位逐渐攀升和新技术新媒介带来的机遇与挑战。中国品牌日益崛起，这使得广告产业成为在国际社会上传播中国品牌、彰显文化自信与国家形象的重要窗口和工具；此外，根据QuestMobile研究院的数据显示，2022年互联网广告市场规模达到6639亿元，广告容量进一步增长，电商类广告成为互联网广告市场的龙头，而以AIGC为代表的新技术正在推动广告行业的变革，由此带来的广告伦理、个人数据监管、个人信息保护等问题也对互联网广告的未来发展带来一系列挑战。基于此，我国广告学界的众多学者们就广告行业的各种问题相关发表了一系列研究成果。通过检索中国知网数据库，以“广告”为标题的CSSCI，在2022年期间共发表862篇。为聚焦于广告学研究，剔除环境科学、机械工业、自动化技术非广告相关的主题，最终选取157篇文章作为研究热点与趋势的分析样本。

（一）消费者认知与行为研究

消费者认知与行为研究一直是广告研究的重要领域之一。2022年发表于知网的CSSCI关于这一领域的研究主要集中于不同广告诉求与消费者接受意愿的关系，进而引发的行为变化。李海廷等（2022）[12]通过三个情景实验研究绿色广告诉求与消费者绿色购买意愿的关系及内在作用机制，发现诉求方式（利己和利他）与产品类型（实用品和享乐品）交互作用于消费者绿色购买意愿，广告诉求在不同的购买情境（群体和独立）下对绿色购买意愿存在显著的匹配效应。闫幸[13]等（2022）基于精细加工可能性理论，对微电影广告特征对消费者品牌传播和购买意愿的影响进行分析，指出微电影广告的艺术性、思想性和契合度正向影响品牌传播进而影响消费者的购买意愿。李莉[14]等采用实验法，同时结合网络广告信息表达类型与用户调节定向来研究网络广告对用户支付意愿的影响及边界条件，研究发现网络广告可以在一定程度上提升用户的支付意愿，不过网络广告的投放也存在一定的适用边界，此外产品类型在网络广告对用户支付意愿的影响中起显著的调节作用。对于搜索型产品，直述广告能带来更高的支付意愿；而体验型产品来说，隐喻广告能带来更高支付意愿。宋歌[15]认为用户体验和场景传播是短视频原生广告用户行为影响机制的两大关键点。用户可以通过优质内容和体验拉近与原生广告间的联系，而基于多样化的场景，可以满足用户多元诉求，并最终通过技术手段达成用户的消费购买行为。

（二）智能广告及发展研究

中国广告市场规模正逐渐向智能广告转移，这也引发我国众多学者的研究兴趣。具体而言，智能广告相关的研究成果主要包含以下几方面：一是有关智能广告新样态、新发展的研究；二是围绕人工智能等技术对智能广告生产运作流程的影响；三是关于智能广告的发展所衍生出的数据保护、法律规制、传播伦理等方面的研究。

姚曦[16]等（2022）认为未来广告本质上一种营销传播活动，是以传播的手段推进由生产到消费转化，技术与需要是未来广告发展的核心概念，未来广告将围绕个性化智能场景，无限接近于于“精准到达”“深度互动”“品效合一”。段淳林[17]（2022）指出在各种新技术影响下计算广告在用户、内容、算法、场景、优化等方面呈现出与以往不同的发展特征，计算广告的未来将朝着。心智计算、计算物联网广告、智能化交易广告代理模式等进行发展。

邬盛根[18]等（2022）运用具身认知理论，从两个维度观照人工智能时代原有广告产业的生态重构：一是广告传播实践中将从“心智”占领偏向对消费者身体的探究，强调受众通过感官刺激、沉浸式体验实现互动；二是对传统生物性身体的理解需要拓宽至连接自在世界与自为世界的“现象身体”。秦雪冰[19]（2022）对智能广告的话语体系进行考证和辨析，发现智能广告的话语体系可以分为两个类型：一是业界日常实践话语体系，如程序化购买、数据管理平台等；二是学界理论话语体系，如广告智能投放、消费者智能洞察。价值取向与市场环境构成了智能广告的演进机理，智能广告的价值取向包括人性化、工具化、降成本、数据化、控风险，市场环境包括对传统广告业务流程的颠覆性升级、市场主体的劣汰与更新、市场边界的模糊、新的生态体系的建立。

姜智彬[20]等（2022）指出区块链技术赋能互联网

广告数据治理，为有效解决数据采集侵犯、交易黑箱、使用造假等问题带来全新契机，并从形式—流程—生态三方面给互联网广告行业提供了积极的创新作用。吕铠[21]（2022）等注意到以人工智能、大数据为代表的智能技术正使得广告逐步同媒体内容融合，导致广告内容化，因此要实施多元主体协同治理，增强政府和机构的监管力度、建立平台自治和行业自律机制、提升用户的平台媒介素养和广告辨识能力。雷蕾[22]（2022）利用计算机仿真软件 Netlogo 构建出互联网广告流量欺诈的行动者模型，基于实验结果进一步指出流量欺诈治理需要着眼于生态改善，协会、平台及大规模交易主体的联手治理。徐可[23]（2022）指出由于数字广告对数据有较强的依赖性，经营者往往会通过数字广告市场建立数字壁垒，通过双边市场获取不当竞争优势，需要构建以开放数据为核心的竞争规制，对竞争秩序、商业道德、企业权益进行综合判断，并最终回归消费者利益标准，从而以数字经济促进社会福利。

（三）广告产业研究

伴随着以人工智能为代表的新技术涌入和全球广告市场的激烈竞争，中国广告产业的发展问题成为不少广告学者关注的焦点。姚曦[24]（2022）等认为需求是中国广告产业快速增长的内生动力，有效扩大需求是中国广告产业未来发展的首要任务，未来中国广告产业发展要围绕数字化的转型与升级进行，通过创新的组织、产业发展模式，满足不断扩大的广告市场需求。廖秉宜[25]（2022）等从广告活动基本的社会和经济功能入手，结合数字广告的生产流程和运作特征，对我国的数字广告产业进行重新定位，认为数字广告产业要实现创新发展需要从业态融合、品牌建设、消费升级、数据治理四个路径着手。曾琼[26]（2022）等基于技术介导组织变革理论及其结构、关系与制度分析框架，认为计算技术会通过嵌入广告产业而对广告内外制度如业务运作、资源要素、人才需求、产业组织等多元结构要素产生重大影响。李娜[27]（2022）基于技术创新链和“投入—产出”分析框架，结合区域广告产业数字创新能力的内涵，从创新环境、创新投入、创新组织与创新产出四个维度构建出区域广告产业数字创新能力理论框架。创新环境包括市场需求、技术基础、政府政策支持和资本市场支持；创新投入包括数字广告人才投入、数据资产投入以及技术创新专项资金投入；创新组织包括数字营销公司、数字媒介组织、广告技术公司和高校及研究机构；创新产出由数字广告技术产出、数字广告产品和服务产出构成。

（四）计算广告与品牌传播研究

“全球化”快速了各国企业的市场争夺之战，“品牌”已成为市场传播活动中的重要内容。针对这一领域的研究，本年度我国学者更加注重新时期的品牌传播理论研究、品牌偏好、品牌态度影响等方面的研究。

段淳林[28]等（2022）基于技术—组织—环境（TOE）理论框架，以颗粒度、信息质量和临场感作为计算广告品牌传播的新维度进行研究，其中颗粒度是量化品牌用户关系的分析单元，信息质量是品牌用户互动关系的重要载体，临场感是提升品牌契合度的关键动因，三个维度的提出为传统广告品牌传播提供了新的研究思路。陈莲芳[29]等（2022）基于品牌似人视角，根据对话自我理论、社会比较理论和人格特质一致性效应论，运用实验法来分析消极幽默广告对品牌偏好的影响，研究发现消极幽默广告对品牌偏好游显著的积极影响，品牌自信部分中介消极幽默广告对品牌偏好的影响。汪让[30]等（2022）关系发展视角和说服知识模型加以整合，通过实验法发现广告披露对品牌态度无直接影响，但是会通过网红动机归因和网红信任度的链式中介效应对品牌态度产生作用。研究进一步指出随着受众对网红营销认识的逐步深化，一些高广告素养的受众更倾向于进行消极反应。

武汉大学媒体发展研究中心围绕“新全球化和数字化时代中国企业的跨文化营销传播创新”展开研究，获得教育部十四五规划重点课题立项。基于新的全球化挑战和数字技术赋能的视角，致力于解决“在新的全球化背景下，中国企业如何利用数字技术重构跨文化营销传播战略，从而跨越文化壁垒、获得国际受众的互惠性理解与认同”这一核心问题。

（五）广告史与学科发展研究

近年来，学者们开始对广告历史给予更多关注，相关广告史料的挖掘和梳理成为一大趋势，从广告历史脉络的梳理到新文化史等视角展开的各种研究日渐丰富，这也为广告学科体系的不断完善提供了一定历史基础。赵新利[31]（2022）对古代商业广告进行考究，认为种类丰富的古代商业广告形态背后是传播技术和商业理念的进步，不仅蕴含着中国古人深刻的哲理和智慧，而且也体现出当时优秀的经营思想和商业道德。祝帅[32]（2022）从心态史视角探究民国时期以林振彬、陆梅僧、汪英宾为代表的上海广告人与他们所处的社会环境间的关系，认为民国时期新式广告人（同时也是广告学人）社会中寻求一种身份认同的心态使得他们积极卷入社会服务。陈颖艳[33]（2022）以马克思《新莱茵报》13 号定稿的中文版约 300 条广告作为样本进行分析，认为《新莱茵报》的广告能够体现出当时报纸与社会紧密的联系性和平民性，由此说明马克思的广告思想是成熟的。

此外，有学者开始从广告传播思想史的价值、路径和方法入手，对中西方广告传播思想史展开研究。作为一门专门史，广告传播思想史能够帮助我们追溯历史中关于“广告”产生和发展的内在理路，为广告学科的发展提供有价值的引导，为数字时代广告传播思想体系的建构提供基础。

在广告学科发展研究层面，杨雅霓[34]（2022）对广告学元研究期刊文献和图书文献进行分析，提出广告学学科结构的尝试性建构方案，将广告学分为概观类、行业领域类、内容载体类、实务操作类、语言传播类、管理经济类、边缘交叉类等七个学科系组。杜艳艳[35]等（2022）历时性研究了 1979 年至 2019 年中国广告研究在国际学术话语体系中的发展与变化趋势，研究发现：理论驱动型研究逐渐上升；经验和定量研究占多数；学术研究的本土化优势减弱，国际合作渐趋明显；作者个体和国家的来源国优势生产力效应明显；文化理论成为中国与跨国广告进行比较的理论基础。

（六）公益广告研究

公益广告作为现代广告的重要组成部分，是有效展开社会文化活动、弘扬社会正能量的重要动力。以往广告学界对公益广告的研究聚焦于公益广告的概念、功能、传播机制、传播效果等方面。本年度公益广告的研究内容进一步拓展，得益于公益广认知、符号象征、视觉修辞等维度的研究，公益广告在传播传统文化、精准扶贫方面的积极作用受到学者们的重视。

卢强[36]（2022）以电视公益广告为研究对象，指出其在传播中华优秀传播文化方面的积极作用，例如在策划和影像视觉创意表现中巧妙融入剪纸、书法、曲艺、民俗文化等中国优秀传统文化元素。刘俊冉[37]（2022）等注意到公益广告在精准扶贫方面的价值，提出可基于“二维码”的电商购买机制落地消费扶贫；基于“1+N”的立体化融合传播机制扩大传播范围；基于“媒体公信力与产品品质”双重维度展开媒介动员，同时要结合新技术，聚焦区域特色，注重矩阵传播。吴来安[38]（2022）发现央视公益广告中“家文化”元素的传播，例如从时空和关系层面建构出“家文化”公益广告传播话语体系，从而探析出当下的社会问题和民生百态。杨效宏[39]（2022）从公益广告认知层面指出公益广告具有排他属性，这种排他性规定会造成广告传播效果预期的不匹配现象，而解决这一问题的路径在于打破对公益广告排他性的界定，将公益广告相融于广告的公益性传播。

三、社会各组织、行业协会的相关支持

中国广告的学术研讨、教育革新及产业发展离不开中国广告行业协会及相关社会组织的共同支持。各组织围绕中国广告行业发展、学术动态等方面举办一系列学术论坛，发表相关学术文章或报告等高质量研究成果。2022 年，中国广告行业组织积极推动广告人才培养、广告专业建设工作，充分整合行业与高校教育资源，为实现学界和业界的共同发展提供有力支持。

2022 年 11 月 28 日，由中国商务广告协会主办，中国商务广告协会数字营销专业委员会、虎啸奖组委会联合主办的第十届中国数字营销峰会首度采用元宇宙虚拟直播的形式进行分析。本届峰会以“跨越周期”为题，旨在探寻中国数字行业在新的发展周期中的趋势，为数字行业的未来发展注入动能。会上重磅发布《2022 版中国数字营销生态图谱》《2022 虎啸行业洞察报告》，并围绕中国数字营销能力提升作主题演讲。

2022 年 12 月 21 日至 23 日，由中国广告协会主办的第 29 届中国国际广告节在厦门举办。盛会主论坛的主题为“踏上新征程·应对新挑战”。其间共举办 10 场

高峰论坛，以及世界优秀广告作品展、媒企展示交易会、大国好货创新联展、广告四新展、中国汽车文旅体验展5项专业展览，新增OTT电视智慧营销暨全新大数据协同应用峰会和首届中国音乐营销峰会暨中国音乐营销盛典，吸引线上线下近千万观众共同参与。本届广告节为众多广告学者实现学术探讨、广告从业者展开行业交流提供了一个重要平台，开启后疫情时代广告行业发展的新篇章。此外，12月22日晚中国国际广告节长城学术类奖结果揭晓，长城学术奖是为中国广告学术研究的发展与创新设立的奖项类别，为广告学术研究搭建权威平台，推动了广告学术研究繁荣与发展。本届长城学术奖经由专家评审，最终有23件论文和著作获奖。

2022年12月21至22日，以“中国广告产业的数字化发展与广告学科知识体系的建构”为主题的中国广告协会学术与教育工作委员会2022全国广告学术研讨会在厦门召开。49位嘉宾围绕“广告人才培养”、“技术伦理与社会文化”“新时代新征程与广告业的数字化发展”等主题作相关发言，18位嘉宾进行主持或评议。研讨会上嘉宾各抒观点，积极交流。同时，中国广告协会学术委员会改组为中国广告协会学术与教育工作委员会，北京大学新闻与传播学院陈刚教授当选为主任委员。

【参考文献】

[1] 内容来源于市场监管总局网站 .

[2] 内容来源于南京大学新闻传播学院官网 .

[3] 内容来源于复旦大学新闻学院官网 .

[4] 内容来源于中国人民大学新闻学院官网 .

[5] 周茂君 , 何江移 . 新文科背景下广告学专业核心课程设置与人才培养——基于国内48所院校本科培养方案的内容分析 [J]. 新闻与传播评论 ,2023,76(01):114-128.

[6] 内容来源于华南理工大学新闻与传播学院官网 .

[7] 内容来源于暨南大学新闻与传播学院官网 .

[8] 赵新利 . 新文科背景下广告学科变革与发展——以中国传媒大学广告学院的实践为例 [J]. 青年记者 ,2020,657(01):67-68.

[9] 内容来源于中国传媒大学广告学院官网 .

[10] 内容来源于中国传媒大学出版社官网 .

[11] 内容来源于武汉大学出版社官网 .

[12] 李海廷 , 孙承文 . 绿色广告诉求与消费者购买意愿关系研究——产品类型和面子意识的调节作用 [J]. 南京工业大学学报 (社会科学版),2022,21(02):81-94+112.

[13] 闫幸 , 徐聪 . 微电影广告对消费者社交媒体传播和购买意愿的影响研究 [J]. 经济与管理 ,2022,36(01):34-39.

[14] 李莉 , 何向 , 杨文胜 . 调节定向差异化下网络广告对用户支付意愿的影响研究 [J]. 软科学 ,2022,36(01):132-138.

[15] 宋歌 . 用户与场景：短视频原生广告用户行为影响机制研究 [J]. 传媒 ,2022,389(24):72-73.

[16] 姚曦 , 郭晓譞 . 逻辑与本质 : 技术赋能的未来广告 [J]. 现代传播 (中国传媒大学学报),2022,44(06):122-131.

[17] 段淳林 . 技术变革背景下中国计算广告的发展趋势 [J]. 山西大学学报 (哲学社会科学版),2022,45(05):96-104.

[18] 邬盛根 , 刘畅 . 从媒体到身体：人工智能时代广告传播的具身性逻辑 [J]. 新闻与传播评论 ,2022,75(02):60-68.

[19] 秦雪冰 . 技术嵌入与价值取向 : 智能广告的演进逻辑 [J]. 湖北大学学报 (哲学社会科学版),2022,49(01):171-179.

[20] 姜智彬 , 崔艳菊 . 区块链赋能互联网广告数据安全管理研究 [J]. 当代传播 ,2022(04):95-98+108.

[21] 吕铠，钱广贵．广告内容化的传播伦理困境与协同治理 [J]. 当代传播，2022,222(01):100-102+112.

[22] 雷蕾 .(2022). 基于演化博弈的互联网广告流量欺诈现象的仿真实验与治理启示 [J]. 国际新闻界 (04),96-115.

[23] 徐可．数字广告市场中个人信息保护与竞争规制的协调 [J]. 暨南学报（哲学社会科学版）,2022,44(06):91-101.

[24] 姚曦，商超余．中国广告产业发展的内生动力、首要任务及创新路径 [J]. 武汉大学学报（哲学社会科学版）,2022,75(01):68-78.

[25] 廖秉宜，张慧慧．进化与分化：数字广告产业的发展逻辑与创新路径 [J]. 当代传播，2022(04):90-94.

[26] 曾琼，张金海．结构、关系与制度：计算技术嵌入与广告产业变革 [J]. 武汉大学学报（哲学社会科学版）,2022,75(05):145-154.

[27] 李娜．区域广告产业数字创新能力评价：一个理论分析框架 [J]. 新闻与传播评论，2022,75(05):99-109.

[28] 段淳林，崔钰婷．颗粒度、信息质量和临场感：计算广告品牌传播的新维度——基于 TOE 理论的研究视角 [J]. 武汉大学学报（哲学社会科学版）,2022,75(01):79-90.

[29] 陈莲芳，黄丹．消极幽默广告对品牌偏好的影响——品牌自信的中介作用 [J]. 中国地质大学学报（社会科学版）,2022,22(04):142-156.

[30] 汪让，段秋婷，Kelsy-Ann Adams. 广告披露对网红信任与品牌态度的影响研究——基于有中介的调节效应模型的考察 [J]. 新闻大学，2022,197(09):103-116+121.

[31] 赵新利．古代商业广告的丰富形态与文化意蕴 [J]. 人民论坛，2022,746(19):110-112.

[32] 祝帅．心态史视角下民国广告人的社会服务——以林振彬、陆梅僧、汪英宾的生活世界为中心 [J]. 山西大学学报（哲学社会科学版）,2022,45(05):88-95.

[33] 陈颖艳，陈力丹．“本报各种广告都能广泛传播”——论马克思《新莱茵报》的广告特色 [J]. 未来传播，2022,29(03):32-43.

[34] 杨雅霓，王续琨．广告学的学科结构和跨学科演进走势 [J]. 湘潭大学学报（哲学社会科学版）,2022,46(06):182-185.

[35] 杜艳艳，陈培爱．改革开放 40 年中国广告研究在国际话语体系中的学术图景与范式取向——以 25 种 SSCI 期刊（1979—2019 年）为样本的考察 [J]. 新闻大学，2022,190(02):97-116+121.

[36] 卢强．中华优秀传统文化元素在电视公益广告中的表达 [J]. 传媒，2022,368(03):75-77.

[37] 刘俊冉，方贤洁．总台精准扶贫公益广告传播的运作机制及现实启示 [J]. 电视研究，2022,389(04):83-86.

[38] 吴来安．公益广告中“家文化”传播与话语体系建构——以央视公益广告为例 [J]. 电视研究，2022,386(01):69-71.

[39] 杨效宏．公益广告的排他属性与广告的公益传播 [J]. 新闻与传播评论，2022,75(04):87-95.

广告学国家一流本科专业介绍

今年是广告教育40年。自2019年教育部启动一流本科专业“双万计划”以来，3轮申报中，有46家院（校）的广告学专业获批国家级建设点。这些广告学国家一流专业是全国广告学本科教育领域千挑万选出来的优秀代表，更是全面振兴广告专业本科教育的核心力量，肩负着为新时代中国广告学本科教育探索新方向的责任。《中国广告年鉴2023》推出“国家一流广告学本科专业介绍”板块，由中国人民大学新闻学院林升栋教授负责，邀请各家广告学国家一流专业浓缩各自的专业特色，下面按各院（校）广告学专业创办时间顺序逐一介绍。

厦门大学广告学专业

从1983年首创中国大陆第一个广告学本科专业开始，40年来，厦大广告人筚路蓝缕，激流勇进，为中国广告教育培养了第一批学生，制订了第一个广告人才培养方案，编写了第一套教材，组建了第一个全国性的广告教育研究会，首创“中国广告学院奖”。厦门大学确立了中国广告教育的基本模式，课程设置成为国内兄弟院校广告专业的参考模板。所编写的教材被国内广告院校广泛采用，同时还为兄弟院校培训了大量的广告专业教师，被誉为“中国广告教育的摇篮”“广告教育的黄埔军校”。厦大广告一直秉持“复合型广告人才”办学理念和培养目标，强调综合素质和专业能力并举，为社会培养了一批批优秀的广告从业者和经营管理人才。面向未来，厦大广告将用好学科交叉融合的“催化剂”，奋力打造中国广告教育的“厦大模式”，砥砺创新学术科研的“厦大风格”。

中国传媒大学广告学专业

创始于1988年，当时国家教委批准原北京广播学院设立广告学专业，1989年广告学专业招收第一届本科生入学。1993年和2000年，广告学专业分别招收国内第一届硕士研究生和博士研究生。2019年广告学专业入选国家级一流本科专业建设点。经过三十五年的长足发展，中国传媒大学广告学专业在教学、科研、人才培养、对外交流等方面始终处于国内领先地位。目前，广告学专业以品牌传播和数字营销为两大支点：“品牌传播”以国家品牌战略为指导思想，聚焦品牌建设、战略传播、国际传播；“数字营销”对标广告行业的数字化转型，侧重广告传播资源整合、数据分析、营销实战。

深圳大学广告学专业

创建于1989年。当前立足智能营销传播时代，紧密结合深圳创建中国特色社会主义示范区及粤港澳大湾区等国家战略，从1997年开始以毕业设计改革为突破口，融合实战真题真做、公开答辩接受检验，在国内高校开创了应用型文科本科毕业设计的崭新模式，并逐渐形成系列改革举措，倒逼实战化教学体系的全流程再造：以产学协同构建多层次、融合型数字营销传播本科教学新体系；以递进式实战化教学方式探索创意人才培养新机制，探索全过程高质量教学，全面提升学生的综合素质与专业实战能力，探索出一条切实可行的数字营销传播创新型人才实战化培养路径。

郑州大学广告学专业

始于1992年，已形成本硕博完整的培养体系，为“国家级一流本科专业建设点”“河南省优秀基层教学组织”。教学上，以培养“DCM数字沟通营销”人才为目标，建构了由沟通、营销、技术、艺术等四大模块的特色化专业课程体系。科研上，依托传媒发展研究中心、中原传媒研究院，围绕“数字广告学”的学科建构和知识生产，主持完成和在研国社科等国家级重点、一般、青年课题 8 项。教师中，教授、博导 3 人，副教授、硕导 6 人，博士 10 人。形成了“鼎力中原，创意天下”的专业追求和“不做无效广告，更不做无良广告”的专业信条。

天津师范大学广告学专业

创办于 1992 年，是天津市最早成立的广告学专业，于 2004 年始招广告学方向硕士研究生，2010 年被评为天津市品牌专业，连续获批天津市普通高等院校“十二五”“十三五”综合投资规划专业建设项目（应用型专业），曾获“全国新闻学与传播学教学创新项目”奖。该专业坚持实践教学的育人特色，构建“四实”实践课程体系和“以赛代练”实践教学模式，在国内各大广告学科竞赛中成绩优异，是全国大学生广告艺术大赛天津赛区负责院校。该专业贴合市场需求，积极打造新型产学研用人才培养实践平台，走出一条卓有成效的培养广告传播高素质复合型人才的办学之路。

湖北大学广告学专业

1992 年创办，该专业围绕国家中部城市群发展战略，服务长江经济带中部地区经济发展，以广告思维理念创新、传播知识体系创新、大数据智能工具应用创新的“三创”能力培养为目标，构建协同性、实战化实践特色教学体系，培养德智体美劳全面发展的高级广告人才。该专业主要特色在于“品牌化”实战教学，注重通识教育与广告技能的双基培育；以面向专业、面向职业、面向行业进行“差异化”塑造，实施广告策划传播人才普适培养与广告职业经理人卓越培养；注重服务区域社会经济，以人才输入、参与政经、校企合作等方式，为中部城市形象、企业传播等提供智力支持。

暨南大学广告学专业

1993 年创办，1994 年开始招收第一届本科生，为首批国家级一流本科专业建设点、中国首个教育部中俄联合认证广告学专业、广东省特色专业。本专业创立“四化育人”（思政化、数字化、实训化、国际化）的人才培养模式，创办“广告兵法”训练营和各类数字营销传播工作坊。获广东省优秀教学成果奖一等奖，与其他专业一起获国家级优秀教学成果奖二等奖，《数字营销传播》入选首批国家级一流本科课程。教师获批国家社科基金项目 5 项，并获全国高校教师教学创新大赛一等奖、中国广告长城奖学术类银奖和铜奖、广东省高等学校教学名师奖等；学生荣获 Oneshow、戛纳幼狮、釜山国际广告节、大广赛、学院奖、金犊奖等多项大奖，校友夺得戛纳国际广告节（创意节）金、银、铜奖等。

武汉大学广告学专业

创设于 1993 年，1994 年招收第一届本科生。现在已形成了本科生、硕士生和博士生 3 个层级、系统化、完整性的广告人才培养体系。本专业遵循“学科发展要顶层设计，专业建设要脚踏实地”的学科发展与专业建设规律，结合本院的“十四五”规划和学科发展的布局与设计，立足专业建设的现实，以创新性、领军型广告人才培养为目标指向，引育青年师资，加强队伍建设，科研与教学并举，强化科研创新，彰显教学特色。在数字营销传播、区域广告产业、智能媒体以及品牌等研究领域形成了研究优势；在实践教学方面，从 2004 年至今，“广告模拟竞标提案会”综合实践教学活动坚持了近 20 年，本活动的口号“天大地大，创意武大”已经深入学生的内心，这一活动平台成为武大学子广告梦想起航的“跑道”，该平台已经成为国内广告学专业实践教学的示范平台。13 位专任教师中，教授、博士生导师 5 人，副教授、硕士生导师 4 人，讲师 4 人。

四川大学广告学专业

创建于 1993 年，经过 30 年发展，已经形成了本、硕、博一体化高层次人才培养体系。学科立足于四川大学深厚的人文底蕴、结合省四川省重点实验室“中华文化传承与全球传播数字融合实验室”、与优势学科符号学融合发展，形成了以符号认知与传播为中心、创意与技术融合发展的专业特色。本专业近年来组织“宏”广告丛书、品牌与符号学系列丛书，目前已经出版了《消费社会的文学文本》《广告符号学》《媒介话语：现代传播中的个体呈现》《图像符号学》《品牌与广告：符号叙述学分析》等近 120 本著作。

上海师范大学广告学专业

始建于 1993 年。专业以“创意”为核心，着重培养具有国际视野和创新思维；人文、科技素养；自我拓展精神与职业操守；熟练并创新应用新媒体技术的卓越广告创意传播人才。坚持“专业链对接产业链，服务地方经济发展”的定位，教学理念贯穿“核心价值观引领”，鼓励师生“创意向善”；教学内涵强调“创意实践驱动”，将“创新与个性化培养理念”贯穿于课程体系；教学模块层面“以新技术赋能”，紧跟智媒时代的行业转型；教学方式实现“产学研政交融”，以问题导向设计行业实战场景和项目式学习；教学交流构建“跨文化体验”，打造高质量海外教学资源平台，同步促进国际级赛事参与。

北京大学广告学专业

成立于 1993 年。历经 30 年发展，本硕博培养体系完整成熟，树立了以强调价值引领、培养具备扎实专业基础、宽厚文化科学素养、具有数字化理念与技能的高层次广告人才为宗旨的育人目标；建立起理论与实践并重、立足学科发展前沿的系统教育与研究体系，推出发展广告学、创意传播管理等原创的理论框架；全球首创数字营销实战教学模式，大力推动广告教育的数字化转型创新。形成了中国广告教育独具特色的“北大模式”，是中国广告教学研究的重要基地和具有全球影响力的中国广告学学科发展重镇！

南京大学广告学专业

始于 1993 年，远承金陵文脉，近纳数字新图。专业拥有完整的本硕博人才培养体系，是“国家级一流本科专业建设点”，以培养把握新技术、新理念，服务于国家和区域经济发展，适应新时代需求的营销创意精英人才为己任。广告学专业的办学立足前沿，瞩目全球，搭建特色化“数字营销传播”教学体系，依托国家级传媒实验中心，做到专业、产学、国际三层次融通，理论、实践、实验三路径合力，开拓创新，不拘一格。广告学专业的科学研究，一面深耕基础，建立联通海内外的学术交流网络；一面把握数字，开创计算传播研究之先河。南京大学广告专业，将始终践行大传播育人观，立足人文关怀，把握技术发展，着眼全球趋势，进行专业建设和改革。

南昌大学广告学专业

创办于 1993 年，是全国较早、省内最早设置的广告学专业，现为国家级“一流本科专业”建设点，2022 年获评软科中国大学广告学 A 类专业，位列第 24 位。本专业现有任课教师 18 人，其中教授 5 人、博士生导师 3 人、教育部双创教师 1 人。拥有广告创意人才基地 1 个、专业实验室 4 个。专任教师获批国家社科基金项目 7 项，教育部人文社科 2 项，国家级一流课程 1 部。主持编制《江西省“十四五”广告产业发展规划》，滕王阁、海昏候品牌设计等政府委托社会服务项目。人才培养力求“宽口径、厚基础、强技艺”，注重知识、能力与素养三位一体的综合训练，培养顺应全媒体和大数据时代要求的复合型、创新性的广告人才。本专业历年承办多项广告赛事，学生获得互联网 + 创新创业大赛、时报金犊奖、学院奖、全国大广赛、one show 创意奖等各类奖项逾千余件。

广西艺术学院广告学专业

1993 年设立，是广西高校中最早设立的广告学本科专业，开创了全国同类艺术院校设置广告学专业的先河。本专业依托新闻传播学、设计学、戏剧影视学学科交叉优势，以“创意”为核心，以“CIGE”教学模式为轴心，以“专业竞赛 + 社会项目实践”为两翼的产学互动实战人才培养体系，打造“专业基础 + 创新创意 + 创业就业”三维一体课程群；连续三届获得省级教学成果一等奖，获批 8 门省级一流课程；学生专业竞赛获得国家级等级奖百余项，在全国大学生广告艺术大赛、学院奖、金犊奖、ONESHOW 金铅笔青年创意竞赛中斩获金奖，入选纽约国际广告节全球竞赛，完成社会服务项目 150 余项。

上海大学广告学专业

创办于 1993 年 5 月，是上海地区高校中最早创办的广告学本科专业。1996 年与教育部、日本电通签署中国广告教育合作协议，是第一期获资助的中国 6 所院校广告学专业之一。2002 年创办上海国际大学生广告节。2004 年获批新闻传播学（广告方向）一级硕士点。2010 年获批新闻传播学（广告方向）一级博士点。2018 年与上海市广告协会共建“上海广告研究院”和“上海广告博物馆”。

2019 年创办由国台办、教育部港澳台办重点项目立项支持的“两岸青年城市体验营”。2021 年获批国家级一流本科专业建设点。2022 年建设“数字广告资源整合与数据运营平台”和“品牌传播价值与声誉评估体系”等教研实验平台。

江苏师范大学广告学专业

创建于 1993 年（江苏省最早），是江苏省首批第一家广告学特色专业（2002）、省重点建设专业（新闻传播学类 2012）、省品牌专业（2020）；拥有“新闻传播学”一级学科硕士点，“新闻与传播”专业学位点。本专业始终坚持 OBE 教育理念和“学科融合，产教融合，链式推进”的人才培养模式，培养的学生具有较强的策划创意能力、整合营销传播能力和创新创业能力；专业教学改革成果获得 3 项校教学成果奖特等奖，2 项省教学成果奖二等奖，2 项国家级教学成果奖一、二等奖（主要参与者），省优秀毕业设计 12 项（含 3 项一等奖），国家级省级学科竞赛等级奖及全场大奖 300 多项。

河北大学广告学专业

创设于 1993 年，为河北省内首批设立的广告学专业。本专业以“新文科”建设为指向，旨在培养能坚持正确广告导向的复合型卓越创新人才。本专业秉承“素质为本，实践为用，服务社会”的办学理念，构建了多学科交叉融合、理论实践并重的课程体系，探索并实践了“数字思维、伦理嵌入、分层实践”的人才培养模式，依托校内外实践教学平台，开展产教融合育人，应用型人才培养成效显著，实现了广告教育链、创意人才链与产业创新链的有机衔接。

复旦大学广告学专业

1994 年建立，2001 年成立广告学系。目前共有 9 名专职教师，5 位教授、4 位副教授。复旦大学广告学系立足全球化和媒介融合的现实，根据数字时代广告行业的新形势和新业态，以及广告学科的自身规律，致力于培养具有深厚的人文修养与深切的社会关怀意识，具有开阔的文化视野与独特的审美趣味，具有对前沿科技敏锐度和数据技术处理能力，具有高度的商业洞察力、创意想象力与市场营销实务执行力的卓越营销管理人才。自 2021 年开始，总结执行多年的“2+2”人才培养模式的经验，积极探索“2+X”的模式转型，在本科生完成通识教育课程和专业培养课程的基础上，提供专业进阶、跨学科发展、辅修学士学位和创新创业的更为多元化的学习路径，积极培养具有“人文、商业、艺术与科技”四种意识的复合型专业广告实务人才。

河北师范大学广告学专业

创建于 1994 年，是全国开办较早，有鲜明实践应用特色的国家一流广告学专业建设点。专业特色：1. 洞悉广告产业链核心需求，以为乙方，更为甲方培养复合应用型传播人才为目标。2. 打造“学界有影响、业界有威望”的理论和实践相结合的双师型教师团队。3. 建设以实训为抓手，以营销传播为特色的课程体系。4. 依托国家级实验教学示范中心和国内首家区域性广告行业政、产、学、研融合研究平台——河北省广告研究院，进行政府、企业委托项目的研究，服务区域社会发展。形成了“产学研创”一体化人才培养体系。

湖南理工学院广告学专业

创建于 1994 年，是湖南省第一个广告专业教学点，2009 年获湖南省特色专业。实践育人特色鲜明，从传媒广告社会考察到多维度实践教学体系，再到“课程群 + 工作坊”，先后经历了三次迭代，形成了“三位一体”的实践育人生态系统。专业教学实践通过考察与实习、课程实验、工作坊项目实践、案例报告与毕业综合训练四个维度建构起多维度实践教学体系。社会实践通过暑期三下乡、专题考察等培养学生的家国情怀和使命担当。创新创业实践通过专业竞赛、创意传播工作坊、融媒体创意传播创新创业中心等培养学生创新意识和创业能力。目前正朝着产教融合的健康传播现代产业学院方向进行迭代升级。

江西师范大学广告学专业

创建于 1995 年，2019 年首批国家一流建设专业，江西省品牌专业、省特色专业、省综合改革试点专业。获江西省广告学专业评估全省第一名（2017—2022），江西省普通高等院校五星级本科专业点。特色：“产学研融合、校企政共育”，力争“教学科研、社会服务、学科竞赛三个一流”。培养新媒体环境下服务市场的创意传播管理和品牌策划的复合型广告专业人才。近年来获省教学成果奖，省社科成果奖一、二等奖 10 项。在 CSSCI 等期刊上发表教研科研论文 240 篇，出版专著教材 18 本，主持国家社科基金、省级科研教研项目 52 项。主持省一流课程 3 门，获省教学竞赛三等奖 1 项。撰写 2 项调研报告获得省领导的批示。主持完成政府户外广告规划 1 项，为 40 余家企业作品牌策划。主持完成国家级创新创业项目 5 项。获得教育部主办“互联网 +”“创青春”“挑战杯”、全国大学生广告艺术比赛等比赛国家奖、省级奖 600 余项。

苏州大学广告学专业

1995 创办，借国家一流本科专业与江苏省品牌专业建设之契机，以江苏省委宣传部、苏州市委宣传部、苏州大学三方共建传媒学院为发展平台，以追求“一流的办学思想、一流的人才培养，一流的师资队伍，一流的办学条件”为专业建设指针，坚持正确政治方向，遵循新文科建设与卓越人才培养的原则，将广告学科与流行文化、前沿科学技术、新经济结合打造学科交叉融合下的新广告学。培养了解新经济发展最新态势，及时洞察新消费走向，掌握新媒体和大数据技术，融会贯通跨学科知识的广告人才。充分融入长三角一体化经济板块，强化区域品牌服务意识，差异化地拓展广告学专业办学特色和优势，创新广告学专业人才培养机制，丰富人才培养的内涵；提升广告学专业综合创新能力和服务国家需求、区域经济发展的能力，将苏州大学传媒学院广告系打造成为广告人才培养领域中有区域影响力的教育品牌。

中国人民大学广告学专业

开设于 1996 年，是国内较早开展广告专业教育的高等院校，2021 年获评国家级一流专业。近年来，人大广告学专业面向国家品牌传播重大战略需求和数字化广告生态系统变革，积极探索跨学科、跨界、跨文化人才培养，着力培养具有复合型知识结构、全面专业技能和优秀发展潜质的广告传播拔尖创新人才。在未来，广告学专业将立足于中国人民大学雄厚的人文社科基础和新闻传播学科优势，在多学科的融合创新中进一步确立和强化本专业的主体性，完善本硕博学术拔尖人才的贯通培养机制，为构建中国品牌创意传播学术话语体系和创新人才培养模式持续发挥引领示范作用。

中南民族大学广告学专业

于 1996 年开始招生，2018 年入选湖北省“荆楚卓越新闻人才协同育人计划”，2020 年入选湖北省一流专业建设点，2021 年入选国家一流专业建设点。有 2 门湖北省精品课程，2 门湖北省精品资源共享课程，1 门湖北省一流本科课程，1 门湖北省虚拟仿真实验一流课程，1 个湖北省本科高校“优秀基层教学组织”，3 个省部级实验和实践教学平台。教师团队有国家教学名师 1 人，全国高校青年教师教学竞赛文科组二等奖 1 人，校级教学名师 3 人，获得湖北省高等学校教学成果一等奖 1 项、二等奖 2 项、三等奖 1 项。专业立足于国家新文科、卓越人才培养目标，顺应传媒业新技术新业态，聚焦于学生策划创意能力的培养，突出“复合型知识内核 + 应用性实践技能 + 数字化技术特长”，通过“培养理念卓越化、培养方案前沿化、师资队伍多元化、课程体系数字化、教学内容实践化、实践形式社会化”等措施，培养满足数字化时代智能营销需要的广告人才。

南京林业大学广告学专业

开设于 1996 年。经过 20 余年坚持不懈的发展，先后获得“新闻传播学”一级学科硕士点，“新闻与传播”专业学位硕士点。专业拥有强大的师资阵容，80% 有海外留学或访学背景。近 3 年来，主持国家、省部级社科基金项目 40 余项。专业发展秉承“迈向新时代打造新传播”的理念，结合学校特色着力培养农林传播、乡村传播、绿色传播，以及绿色品牌、生态文化等方面的复合型卓越广告传媒人才。所在的广告与传播学系拥有教育部产学研项目、江苏省级数字传媒示范中心、省级虚拟仿真建设平台等一批实训工作建设群，现已成为长三角乃至全国绿色传播、生态文化传播的重要基地。

河南大学广告学专业

创建于 1996 年，是河南省最早创办的广告学专业。目前拥有教授 3 人，副教授 6 人，兼职教授与业界导师 18 人，拥有河南省唯一的国家级新闻与传播实验教学示范中心，是全国大学生广告艺术大赛河南分赛区组委会单位，连续 10 余年举办河南大学广告节，特色品牌活动中原广告艺术大赛已成为中部地区具有较大社会影响力的创意实践教学改革平台，初步形成具有中原特色的产学研创一体化的数字营销传播人才培养模式，涌现出一批以里斯战略定位咨询全球 CEO 张云为代表的优秀校友。

湘潭大学广告学专业

创办于 1997 年，系湖南省首个广告学本科专业。专业形成了鲜明特色：一是高水平的师资队伍，多人次获得宝钢优秀教师奖、省青年教师教学能手、广告湘军十大名师等，聘任 30 多位业界专家担任实践导师。二是高质量的品牌课程群，建设有国家级一流本科课程“品牌管理”，国家精品视频公开课“广告创意解码”，另有多门省级一流课程。三是高标准的立体化培养模式，坚持立德树人，注重国际视野、创新意识和实践能力的培养，连续 10 年在行业知名期刊开设案例分析专栏，师生在自媒体平台开设多个专业账号。专业创办 20 余年来，培养了 1500 余名高素质复合型的品牌传播人才，遍布总台、湖南卫视、省广、腾讯等各类机构。

山西传媒学院广告学专业

创办于 1998 年，是山西省属高校中较早创办的广告学专业之一。2019 年入选首批国家级一流本科专业建设点。目前在校生近 600 人。专业拥有专任教师 25 人，博士学位及高级职称占比均在 40% 以上。专业实施“基础 + 模块”的课程体系结构，设置有广告策划、广告设计与传播、影视广告 3 个培养模块，以“三层次”实践教学课程体系、“四个一”教学质量管理工程，全方位提高学生的专业综合能力。近年来为全省市县创建 30 余个区域公用品牌。“一人一品”教学成果入选由中宣部主办的迎接十九大“砥砺奋进的五年”大型成就展。专业的人才培养质量成效显著，近 3 年毕业生就业率均在 90% 以上。

山西大学广告学专业

创办于 1998 年，开山西广告教育之先河。山西大学广告专业立足山西，面向全国，办学之初即充分利用综合性大学的资源优势，整合文学、经济、艺术、哲学等学科资源培育广告专业成长与发展，并提炼出了“抓中间带两头的‘哑铃式’教学模式”，中间为人文基础，两头为专业理论与专业技能，使学生具备了能说会干的能力。近年来，在新文课建设理念指导下，以学科竞赛为抓手，培养学生问题意识的同时，激发学生进行研究性学习，并以此积极探索新时代跨学科、融合化、特色化的复合型优秀创新人才培养模式。

湖南工业大学广告学专业

于 1999 年 9 月创办，为湖南省十一五重点建设专业、湖南省十二五重点专业。2019 年获批湖南省一流本科专业建设点，2022 年获批国家一流本科专业建设点。近年来依托全国包装广告研究基地和湖南省包装广告创意基地，围绕湖南工业大学包装特色，利用“长株潭一体化发展”国家战略核心腹地的资源优势，与湖南竞网集团等 30 余家传媒、文旅企业建立紧密的产教融合与协同育人关系，形成“双元培养、双师领航、双创驱动”的培养模式，对接湖南“三高四新”发展战略和广告产业数智化发展人才需求，培养高质量综合应用型广告人才。

新疆大学广告学专业

1999 年成立，2020 年获批国家一流本科专业以来，突出本科教学中心地位，积极利用各类专项资金改善办学条件。学院始终坚持强化国情和区情教育，培养学生为党为国为人民的深厚情怀和担当意识，引导学生为新疆社会稳定和长治久安总目标而奋斗。强化高素质专业广告人才教育，探索全媒体背景下的广告人才培养新模式。联系社会、服务社会，为新疆新闻传播事业发展提供智力支持。2022 年在校广告学本科生 66 人，广告学专业硕士研究生 52 人。

浙江工业大学广告学专业

创办于 1999 年，是浙江省属高校较早创办广告学专业的院校之一。20 多年来，为社会培养了 1500 余名毕业生，成为在广告、传媒、互联网、影视、公关等行业领域的中坚力量。专业致力于构建符合“新文科”发展需求的人才培养体系，培养拥有全媒体传播技能，系统掌握广告学基本理论、公关策划、广告创意、品牌传播、营销管理、新媒体运营，又具有一定的广告设计、视频制作、数据分析能力的复合型高级人才。近5年来，专业教师主持立项多个国家社科基金项目、教育部人文社科项目，并主持浙江省广告产业“十四五”规划、杭州市广告产业“十四五”规划等多个有社会影响力的项目，在一级核心期刊发表学术论文20余篇，学生作品多次荣获“挑战杯”“互联网+”、大广赛、学院奖、会展策划赛、公关策划赛、乡村振兴创意大赛全国及省级一、二等奖。

东北师范大学广告学专业

创办于1999年，2004年招收广告学方向硕士生，2011年招收新闻与传播专硕。专业秉持传播正能量、赋能区域发展宗旨，培养政、商、文兼修且掌握创意策划核心技能，适应媒介深度融合及行业创新发展，能讲好品牌故事的卓越广告人才。遵循“创造的教育”理念，以培养发现美、创造美、传播美的“美的传媒人”为目标，以“影视传播共强、艺术技术并重”为引领，围绕UGM（大学—政府—媒体）项目，依托学院国家级实验教学示范中心，“赛学一体”“1+1+X联创”“融媒实战”，走富有东师传媒特色的教学之路。毕业生以“立德学精、善思拓新”的智识能力和“信念坚实、学识扎实、为人朴实、作风踏实”的“四实品格”赢得了行业的广泛赞誉。

安徽师范大学广告学专业

成立于2001年，2002年开始正式招生，是安徽省最早的广告专业。2013年12月，安徽师范大学新闻与传播学院入选中宣部教育部首批10所部校共建新闻学院试点单位，广告学专业在此背景下不断强化专业理念教育，全面推进立体化教学模式改革，并积极探索“政、产、学、研、用、创”一体化的战略合作模式。自2022年开始，安徽师范大学广告学专业与安徽省市场监管局共建安徽省广告创新发展研究院，按照“市场导向、政校共建”的原则，围绕“推动广告业高质量发展”的主线，以“加强理论研究、推动产业创新、强化人才培养、搭建交流平台”为主要手段，构建高校、企业、科研机构多方协同的广告业创新发展机制。以此为契机，广告学专业在大力加强专业建设的同时，不断深化人才培养模式改革，强化实践技能锻炼，努力为培养更多优秀的广告行业人才，并助益安徽省加快打造“三地一区”和现代化美好安徽建设贡献更多的智力支持和技术支撑。

湖南大学广告学专业

2002年创办，在全体师生的努力下，在学界业界的支持下，通过20年建设，形成了一套特色鲜明的培养模式：跨界融合打造广告“杂家”；素养精进培育广告“专家”；校企协同训练广告“实干家”。汇聚了一支创新务实的师资队伍，取得了多个有显示度的教学成果：建有国家视频公开课《烦人的广告并不凡》、国家精品在线开放课《广告创意学》、国家级一流课程《广告创意》，多项AR/VR媒介平台获得教育部产学合作协同育人立项。培养了一批行业领军的广告人才：张山山、谢俊等毕业生成为国际4A广告公司精英骨干，徐良义、欧阳修等成为全国青年创业典型。

辽宁工业大学广告学专业

创立于2002年，历经20余年的探索与实践，逐步建设成为“培养特色鲜明、育人环境良好”的特色专业。2014年辽宁省本科专业评估排名第一。2015年获批辽宁省优势特色专业。2017年获批辽宁省向应用型转变示范专业。2018年获批辽宁省一流本科教育示范专业。2021年获批国家一流本科专业建设点。广告学专业紧紧围绕国家和辽宁省经济社会发展需求，以服务地方经济为导向，形成“以创造力培养为核心，以系统化课程为基础，以校企合作为抓手”的人才培养模式，为社会输送了大量专业理念先进、专业能力扎实的应用型广告人才。

中央民族大学广告学专业

于2003年创办，于2020年、2021年先后入选北京市和国家级一流本科专业建设点。民大广告从党和国家大局出发，自觉承担铸牢中华民族共同体意识的重任，立足民族高校办学定位，坚持马克思主义新闻观，致力于培养政治立场坚定、创意思维活跃、有国际视野、熟谙民族文化，能讲好中国故事，“有担当、有本领、有底蕴” 的卓越数字创意与营销传播人才。在专业建设中，民大广告坚持主流和特色相结合，于“产学研赛”联动中创新实践教学思路；坚持与产业平台融合创新，聚焦中华优秀传统文化的创造性转化和民族地区乡村振兴。历经 20 年的深耕细作，民大广告在社会评价中得到多方认可，并被授予北京广告产业发展 30 周年“杰出贡献单位奖”。

安徽财经大学广告学专业

成立于 2003 年，2017 年文学院设立了新闻与传播专业硕士点，其中包含广告传播实务方向。目前，我校广告学专业立足于安徽财经大学“新经管”发展战略，在课程建设方面取得了较突出的成果，拥有安徽省质量工程课程思政项目 3 项，MOOC 示范项目 1 项，省级示范课程 1 项。师资方面，我专业现有教授 3 人，副教授 10 人，讲师 5 人，其中博士 12 人，在读博士 1 人。未来，我们的建设目标是积极建设国家一流课程，申报一流教材，并继续提升产教学研用教学一体化，争取建成具有新经管特色的广告学国一流专业。

华南理工大学广告学专业

创办于 2004 年，是全国第一个品牌传播专业方向，国家一流本科专业建设点，拥有“计算广告和品牌传播”博士点方向、本硕博一体化人才培养体系。专业定位于文科中的工科，以“国际化”和“学科交叉融合”为发展主线，坚持传播学、管理学与计算机交叉，市场营销和创意策划相融，形成跨学科、跨院校、跨区域的专业融合发展与实践探索，围绕国家战略、粤港澳大湾区建设和企事业单位需求，培养具有家国情怀、国际视野的高素质、复合型、专家型的品牌传播人才。

南京邮电大学广告学专业

创办于 2004 年，2020 年获批江苏省一流本科专业，2022 年获批国家级一流本科专业建设点。为适应“新文科”建设的需求，广告学专业结合南京邮电大学的大信息特色发展之路，以“网络广告”为专业特色，坚持走广告传播与信息技术结盟的办学新路，重点为长三角地区的数字传媒产业与信息技术产业培养创新型与复合型广告专门人才。专业建设坚持立德树人，确定了“一体两翼”的培养方向，以“网络传播”为核心，“网络广告策划与创意”与“网络广告制作与设计”为两翼。打造“项目导向—实战演练—三方考核”的实践教学模式，由学院与企业共同设计课程方案，校企协同培养人才。学生斩获长城奖、黄河奖、大广赛等赛事奖项。

闽江学院广告学专业

设立于 2004 年。现为国家级特色专业和国家一流专业。在专业建设上，一是不断强化师资队伍建设，重视青年教师培养，现有专任教师 9 人，其中教授 3 人，博士学位 6 人。二是抓好教学科研工作，创新教学模式，是省级教学团队，拥有广告创意、品牌管理等 6 门省级一流课程，获省级教学成果奖 2 项。三是聚焦发展主要矛盾，着力解决专业建设和应用型人才培养重点关键问题。四是坚持开放办学，深度推进产教融合、校企合作，已与 8 家理事单位共建数字媒体与创意产业学院，并与美国肯塔基大学传播与信息学院、英国西苏格兰大学等海外高校建立了合作关系，共同助力专业人才培养。

西南交通大学广告学专业

设立于 2004 年，2013 年入选四川省卓越新闻传播人才培养计划，2018 年获批卓越新闻传播人才培养 2.0 项目，2021 年入选国家级一流本科建设点，培养中注重实践采用以赛促训的整合型实践教学模式，有效提升学生的实践动手能力，累积获得国家级、省部级奖项百余项。该专业以马克思主义新闻观为指导，紧扣媒介变迁和社会需求，借助我校轨道交通、信息技术、大数据分析等学科资源，建成技术与人文融会、多种媒介形态融合、信息传播全流程融通的国内卓越广告学专业，立足西南，面向全国，培养厚基础、融媒体、专术业的广告学人才。

武汉工商学院广告学专业

创办于 2005 年，泰斗领衔，以新文科建设为导向，追踪广告行业数字化发展前沿，实施专业数字化改造，既不同于公办院校的偏向理论的应用型人才培养模式，又超越职业院校在应用型人才培养上更强调动手能力本身的局限，探索出符合民办高校本科专业建设的发展路径，重点培养数字营销与智能广告传播方向为特色的专业素养与技术素养兼备的新型应用型广告人才，并获得“湖北省教学团队”“湖北省优秀教学基层组织”等称号。2022 年获得国家级一流本科专业建设点资质，成为全国同类高校中唯一入选，跃上专业建设里程碑式的新高度。

云南民族大学广告学专业

2006 年开始招生。2018 年在新闻与传播专硕学位设立“品牌国际传播”方向，经过 17 年的建设，依托昆明国家广告产业园，专业定位为“应用型”，以产教融合为办学特点特色。产教融合“双园（广告园区与校园）双业（产业与学业）”模式持续输出产学研用成果：在省市场监管局指导下云南民族大学与云南省广告协会共同建立云南省广告与品牌研究院（2022）、在云南省新闻传播类教指委框架下成立云南广告教育联盟（2023）；编制《云南省广告产业发展“十四五”规划》（2019）等；入选中国高等教育学会产教融合“双百计划”典型案例（2020），省级产教融合广告与品牌研究生联合培养基地建设项目（2023）。2019—2022 年云南省教育厅组织的本科专业评价中，均排名全省第一。

辽宁科技学院广告学专业

2008 年面向全国招生。以学生为中心，立德树人为根本。立足广告行业需求，坚持应用型人才培养定位，不断强化广告设计、广告策划核心能力。围绕产教融合校企合作，构建“3+1”人才培养模式，建立了“六个共同”的校企协同育人机制，建成“专业知识 + 职业发展 + 岗位选择”三个平台、六大模块课程体系；构建了“三融合”“五对接”、创新创业精神贯穿始终的创新创业教育体系。培养具有广告传播基础功底牢固、文化艺术素养底蕴深厚、数据应用技术水平扎实、设计创意思维能力突出的高素质应用型专业人才。

铜陵学院广告学专业

创办于 2009 年。“立足地方，厚植文化，注重应用”，培养服务区域经济社会发展的应用复合型文化创意类广告人才，建设特色鲜明的一流本科专业。专业特色：1. 构建了以广告创意人才培养为主体，以文化传承自觉意识与创新创业能力提升为两翼，以文理融通、校地融合、虚实融汇为路径的“一体两翼三融”人才培养体系。2. 围绕立德树人根本任务，将中华优秀传统文化、地域特色文化（铜文化）、社会责任意识等思政元素融入育人全过程，形成“思政 +”的“三全育人”新模式。2016 年以来，专业获安徽省教学成果奖一等奖 4 项；获批省级一流课程 6 门，省级课程思政示范课程 4 门；出版专业类教材 5 部，地域文化（铜文化）传播类教材 5 部。学生获国家级、省级竞赛奖项 500 余项，大艺展、大广赛、学院奖、金犊奖等专业赛事均获得了最高奖。

中国广告年鉴 2023
CHINA ADVERTISING YEARBOOK

广告出版物与广告行业知名公众号

Advertising Publications and Well-known Official Account in the Advertising Industry

2022 年广告类新书书目

《数字广告营销》

作者：徐汉文 全盼

出版社：高等教育出版社

出版时间：2022 年 01 月

国际标准书号 ISBN：9787040573862

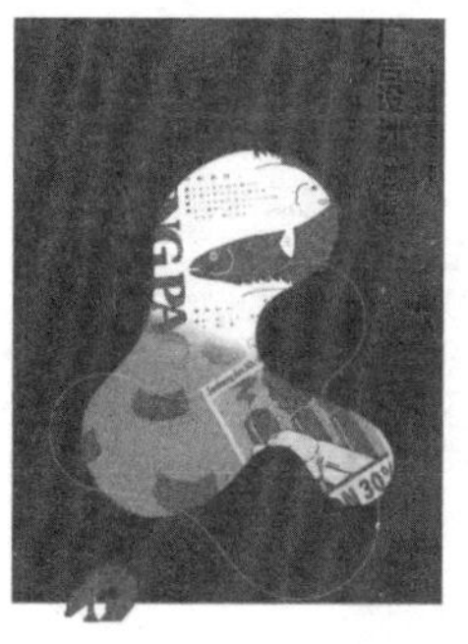

《广告设计》第二版

作者：赵玉晶

出版社：高等教育出版社

出版时间：2022 年 08 月

国际标准书号 ISBN：9787040583953

《广告学专业导论》

作者：何玉杰

出版社：中国人民大学出版社

出版时间：2022 年 08 月

国际标准书号 ISBN：9787300308395

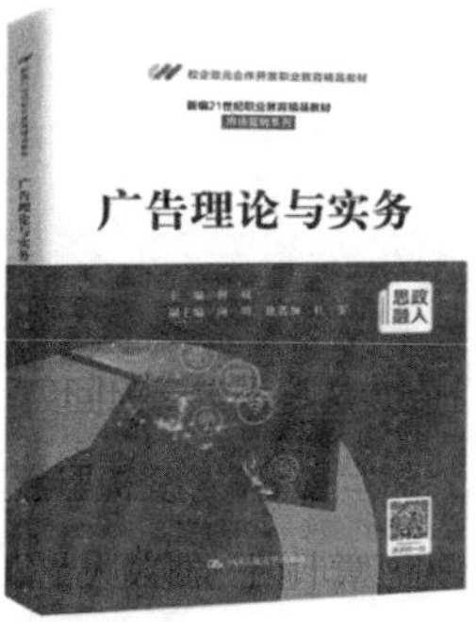

《广告理论与实务》第二版

作者：封岚

出版社：中国人民大学出版社

出版时间：2022 年 05 月

国际标准书号 ISBN：9787300305028

《新媒体广告》

作者：黄河

出版社：中国人民大学出版社

出版时间：2022 年 07 月

国际标准书号 ISBN：9787300306711

《新媒体视觉营销设计》

作者：陈芳 朱京京

出版社：中国人民大学出版社

出版时间：2022 年 11 月

国际标准书号 ISBN：9787300307510

《数字营销》

作者：阳翼

出版社：中国人民大学出版社

出版时间：2022 年 11 月

国际标准书号 ISBN：9787300312323

《新产品营销》第二版

作者：黄静

出版社：高等教育出版社

出版时间：2022 年 09 月

国际标准书号 ISBN：9787040567205

《广告战略：文案、创意与传播》

作者：叶军

出版社：中国书籍出版社

出版时间：2022 年 01 月

国际标准书号 ISBN：9787506885423

《电视广告的社会符号学解读》

作者：王京京

出版社：安徽大学出版社

出版时间：2022 年 10 月

国际标准书号 ISBN：9787566424754

《吸金广告与爆款文案撰写技巧及实例全书》

作者：涂画

出版社：北京联合出版有限公司

出版时间：2021 年 04 月

国际标准书号 ISBN：9787559659774

《爆品思维》

作者：陈洁

出版社：中华工商联合出版社

出版时间：2022 年 10 月

国际标准书号 ISBN：9787515835174

《现代广告策划—新媒体导向策略模式（第二版）》

作者：卫军英 顾杨丽

出版社：首都经济贸易大学出版社

出版时间：2022 年 11 月

ISBN：9787563833924

《高能文案写作课》

作者：刘帅 盛桐

出版社：民主与建设出版社

出版时间：2022 年 08 月

ISBN：9787513939515

《广告人手记》

作者：叶茂中

出版社：北京联合出版公司

出版时间：2022 年 10 月

国际标准书号 ISBN：9787550269101

《文化赋能：品牌长青秘诀》

作者：刘航

出版社：中国商业出版社

出版时间：2022 年 01 月

国际标准书号 ISBN：9787520819732

《商业广告设计》
作者：张力宇
出版社：清华大学出版社
出版时间：2022 年 09 月
国际标准书号 ISBN：9787302613336

《迷路的广告人》
作者：[日] 日下庆太 著，程俐 译
出版社：浙江大学出版社
出版时间：2022 年 08 月
国际标准书号 ISBN：9787308226516

《营销笔记》
作者：小马宋
出版社：中信出版社
出版时间：2022 年 06 月
国际标准书号 ISBN：9787521743593

《运营之光 3.0》
作者：黄有璨
版社：电子工业出版社
出版时间：2022 年 06 月
国际标准书号 ISBN：9787121434822

《中国广告年鉴 2022》
作者：中国广告协会《现代广告》杂志社
出版社：新华出版社
出版时间：2022 年 10 月
国际标准书号 ISBN：9787516664186

《计算广告：互联网商业变现的市场与技术（第 3 版）》
作者：刘鹏 王超
出版社：人民邮电出版社
出版时间：2022 年 08 月
国际标准书号 ISBN：9787115497482

《广告策划（第 3 版）》

作者：白云华

出版社：清华大学出版社

出版时间：2022 年 07 月

国际标准书号 ISBN：9787512147447

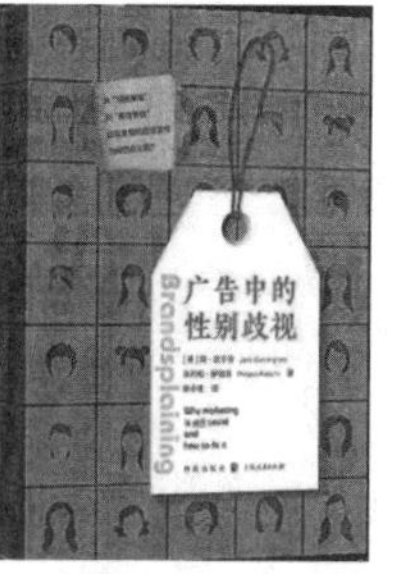

《广告中的性别歧视》

作者：简·坎宁安　菲莉帕·罗伯茨

出版社：格致出版社

出版时间：2022 年 07 月

国际标准书号 ISBN：9787543233430

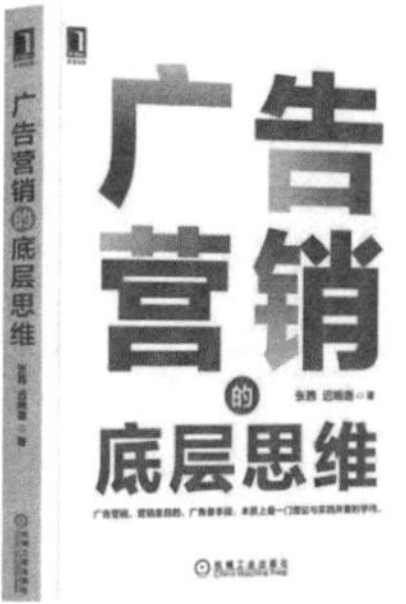

《广告营销的底层思维》

作者：张茜　迟婉璐

出版社：机械工业出版社

出版时间：2022 年 07 月

国际标准书号 ISBN：9787111709916

《元宇宙营销：认知、方法与实践》

作者：栗建

出版社：机械工业出版社

出版时间：2022 年 08 月

国际标准书号 ISBN：10061408822597

《品牌 Ip》

作者：姚小飞

出版社：中国纺织出版社

出版时间：2022 年 03 月

国际标准书号 ISBN：9787518093311

《高端品牌是如何炼成的》

作者：段传敏　刘波涛

出版社：机械工业出版社

出版时间：2022 年 03 月

国际标准书号 ISBN：9787111702962

《平面广告创意设计》

作者 : 闵小耘

出版社 : 清华大学出版社

出版时间：2022 年 11 月

国际标准书号 ISBN：9787302605959

《始于未知的设计》

作者 :[日] 原研哉

出版社 : 中信出版社

出版时间：2022 年 04 月

国际标准书号 ISBN：9787521719161

《广告一场》

作者 : 林永强

出版社 : 河南大学出版社

出版时间：2022 年 06 月

国际标准书号 ISBN：9787564951757

《2021 年中国广告市场报告》

作者：中国广告协会

出版社：中国工商出版社

出版时间：2022 年 11 月

国际标准书号 ISBN：9787520901987

《设计的逻辑：洞察人心的视觉准则》

作者 : 日本学校法人服部学园

出版社 : 中国青年出版社

出版时间：2022 年 02 月

国际标准书号 ISBN：9787515365183

《未来广告》

作者 : 顾明毅

出版社 : 上海远东出版社

出版时间：2022 年 12 月

国际标准书号 ISBN：9787547618424

《写作脑科学》

作者：杨滢

出版社：人民邮电出版社

出版时间：2022 年 07 月

国际标准书号 ISBN：9787115592316

《疯传文案》

作者：哐十三

出版社：辽宁人民出版社

出版时间：2022 年 01 月

国际标准书号 ISBN：9787205103019

《100 个关于设计那点事儿的回答》

作者：广煜

出版社：岭南美术出版社

出版时间：2022 年 04 月

国际标准书号 ISBN：9787536274617

《版式设计从入门到精通》

作者：胡卫军

出版社：人民邮电出版社

出版时间：2022 年 08 月

国际标准书号 ISBN：9787115580092

《品牌叙事》

作者：王菲

出版社：中国人民大学出版社

出版时间：2022 年 06 月

国际标准书号 ISBN：9787300307473

《网络与新媒体广告（第二版）》

21 世纪高校网络与新媒体专业系列教材

作者：尚恒志

出版社：北京大学出版社

出版时间：2022 年 06 月

国际标准书号 ISBN：9787301330081

《B 站运营：爆款内容 + 商业变现 + 品牌营销》

作者：秋叶

出版社：北京大学出版社

出版时间：2022 年 06 月

国际标准书号 ISBN：9787301328927

《品牌设计》

作者：张晓东

出版社：北京大学出版社

出版时间：2022 年 02 月

国际标准书号 ISBN：9787301328323

《亚马逊跨境电商运营与广告实战》

作者：Kris 浩

出版社：清华大学出版社

出版时间：2022 年 12 月

国际标准书号 ISBN：9787302604341

《广告招贴设计》

作者：秦洁

出版社：清华大学出版社

出版时间：2022 年 11 月

国际标准书号 ISBN：9787302605942

《POP 广告艺术设计》

作者：江敏华

出版社：清华大学出版社

出版时间：2022 年 11 月

国际标准书号 ISBN：9787302607700

《商业广告设计》

作者：祝彬

出版社：清华大学出版社

出版时间：2022 年 10 月

国际标准书号 ISBN：9787302605935

《广告文案（第 2 版）》

作者：温丽华 高升 黄茜 陈晖

出版社：清华大学出版社

出版时间：2022 年 06 月

国际标准书号 ISBN：9787302592303

《平面广告设计》

作者：吴向阳

出版社：清华大学出版社

出版时间：2022 年 05 月

国际标准书号 ISBN：9787302599074

《平面广告设计必修课（Photoshop 版）》

作者：李化

出版社：清华大学出版社

出版时间：2022 年 01 月

国际标准书号 ISBN：9787302592303

《设计师的广告创意设计色彩搭配手册》

作者：段大勇

出版社：清华大学出版社

出版时间：2022 年 04 月

国际标准书号 ISBN：9787302574965

《近现代上海户外广告发展、管理与影响》

作者：黄展 刘芳

出版社：武汉大学出版社

出版时间：2022 年 09 月

国际标准书号 ISBN：9787307228351

（资料整理：陆斌 浙江财经大学）

广告行业知名公众号

CAA 中国广告协会
为协会会员以及行业企业提供更好的服务
24篇原创内容 5个朋友关注
视频号：中国广告协会

公众号简介：为协会会员以及行业企业提供更好的服务。

微信号：china-caa

认证主体：中国广告协会

IP 属地： 北京

统一社会信用代码 / 组织机构代码：511000005000038575

原创内容：24 篇 *

广告营销界
广告营销「案例评析」垂直自媒体，读懂品牌营销，从这里开始！
1370篇原创内容

公众号简介：广告营销“案例评析”垂直自媒体，读懂品牌营销，从这里开始！

微信号：iyxcom

认证主体：北京昆漠印象科技有限公司

IP 属地： 河南

统一社会信用代码 / 组织机构代码：9111010509606813XE

原创内容：1370 篇

4A广告文案
记录优秀的广告文案与故事。
681篇原创内容 2个朋友关注
视频号：4A广告文案

公众号简介：记录优秀的广告文案与故事。

微信号：AAAAIdea

认证主体：深圳市七度营销策划有限公司

IP 属地： 广东

统一社会信用代码 / 组织机构代码：91440300326480796M

原创内容：681 篇

广告导报
中国本土化的市场营销、广告互动杂志《广告导报》官方微信公众平台。分享营销、广告、传媒、品牌、影视、新媒体等相关话题。
收起

公众号简介：中国本土化的市场营销、广告互动杂志《广告导报》官方微信公众平台。分享营销、广告、传媒、品牌、影视、新媒体等相关话题。

微信号：ggdbzzs

认证主体：北京智慧工场广告有限公司

IP 属地： 北京

统一社会信用代码 / 组织机构代码：911101097423136983

原创内容：105 篇

---

* 本文中各公众号里的原创内容截止时间为 2023 年 4 月 25 日，各号的原创内容还在更新中。原创内容反映了公众号的活跃度和原创能力。

广告女王

做有态度的广告人。

127篇原创内容　1个朋友关注

视频号：广告女王

公众号简介：做有态度的广告人。

微信号：adqueen

认证主体：杭州帷幄文化创意有限公司

IP 属地：浙江

统一社会信用代码 / 组织机构代码：

91330106MA27WP00XA

原创内容：127 篇

微信广告助手

微信广告官方账号，全面了解微信广告。这里为广告主、流量主、服务商提供全面的产品资源介绍，全新的动态资讯和在线咨询客服，解决在广告投放及流量变现过程中遇到的问题。

公众号简介：微信广告官方账号，全面了解微信广告。这里为广告主、流量主、服务商提供全面的产品资源介绍，全新的动态资讯和在线咨询客服，解决在广告投放及流量变现过程中遇到的问题。

微信号：ad_helper

认证主体：深圳市腾讯计算机系统有限公司

IP 属地：广东

统一社会信用代码 / 组织机构代码：440301103448669

原创内容：222 篇

顶尖广告

广告圈话题之王，年轻人哔哔舞台。

1080篇原创内容　6个朋友关注

公众号简介：广告圈话题之王，年轻人哔哔舞台。

微信号：idea1408

认证主体：深圳七度传媒有限公司

IP 属地：广东

统一社会信用代码 / 组织机构代码：

91440300MA5DQEWG2N

原创内容：1080 篇

4A广告网

广告行业影响力媒体，全网100万行业精英关注。

1562篇原创内容

视频号：4A广告网

公众号简介：广告行业影响力媒体，全网 100 万行业精英关注。

微信号：AD4Anet

认证主体：深圳简联科技有限公司

IP 属地：广东

统一社会信用代码 / 组织机构代码：

91440300076932007L

原创内容：1562 篇

广告文案圈

所谓广告，一门艺术，多看平凡生活一眼，一期一会，不见不散。

165篇原创内容　5个朋友关注

视频号：广告文案圈

公众号简介：所谓广告，一门艺术，多看平凡生活一眼，一期一会，不见不散。

微信号：copyquan

认证主体：杭州帷幄文化创意有限公司

IP 属地：浙江

统一社会信用代码 / 组织机构代码：

91330106MA27WP00XA

原创内容：165 篇

广告头条

专注广告营销案例评析，广告人的头条资讯平台

710篇原创内容

视频号：广告头条

公众号简介：专注广告营销案例评析，广告人的头条资讯平台

微信号：ggtoutiao

认证主体：上海优匠信息技术有限公司

IP 属地：上海

统一社会信用代码 / 组织机构代码：

91310115312464832M

原创内容：710 篇

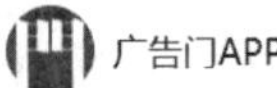

公众号简介：广告传播行业信息门户媒体

微信号：adquan_2012

认证主体：北京第三视观科技有限公司

IP 属地： 北京

统一社会信用代码 / 组织机构代码：

9111010567425674X4

原创内容：2526 篇

公众号简介：关注我吧 每天清晨八点的问候给你 新鲜的广告圈动态给你 月薪 3 万的文案给你 脑洞大开的短片给你 热点借势给你 创意玩法给你 沙发给你 热门评论给你 10 万 + 给你 未来更多有趣有料的全部都给你

微信号：newggm

账号主体：个人

IP 属地： 浙江

原创内容：111 篇

公众号简介：你说你喜欢雨，但是你在下雨的时候打伞；你说你喜欢太阳，但是你在阳光明媚的时候躲在阴凉的地方；你说你喜欢风，但是在刮风的时候你却关上窗户；这就是为什么我会害怕你说你也喜欢广告，因为你连“广告狂人”都没有关注……

微信号：m-a-dmen

账号主体：个人

认证描述：王凯旋，入选 2018 年福布斯中国 30 位 30 岁以下精英。IP 属地：广东

原创内容：129 篇

公众号简介：国内外创意广告分享 / 发现创意 / 发现经典 / 发现新鲜 / 发现趣味

微信号：TDCADS

账号主体：个人

IP 属地：上海

原创内容：154 篇

公众号简介：无创意，不广告！专注于脑洞事业开发，致力于品牌营销、公关、设计、文案、职场等资讯。www.creativead.com.cn

微信号：creativead

认证主体：求是文化创意（上海）有限公司

IP 属地： 上海

统一社会信用代码 / 组织机构代码：

91310104MA1FRCENX3

原创内容：843 篇

公众号简介：36 氪是服务中国新经济参与者的卓越品牌和开创性平台，提供新锐深度的商业报道，强调趋势和价值，我们的 slogan 是——让一部分人先看到未来。

微信号：wow36kr

认证主体：北京多氪信息科技有限公司

IP 属地： 北京

统一社会信用代码 / 组织机构代码：

91110108MA00AH286Q

原创内容：4598 篇

199IT互联网数据中心 ···

199IT-互联网数据中心：发掘、分享数据价值，为您提供一个丰富的大数据内容平台！网站（199it.com）、微博（weibo.com/199it）、大数据导航（hao.199it.com），感谢您的关注。

公众号简介：199IT- 互联网数据中心——发掘、分享数据价值，为您提供一个丰富的大数据内容平台！网站（199it.com）、微博（weibo.com/199it）、大数据导航（hao.199it.com），感谢您的关注。

微信号：i199it

认证主体：北京思集智库科技有限公司

IP 属地：陕西

统一社会信用代码 / 组织机构代码：

911101080766264804

原创内容：611 篇

中国广告协会学术委员会 ···

宣传中国广告协会学术委员会自身及学委会成立30周年庆典活动。

公众号简介：宣传中国广告协会学术委员会自身及学委会成立 30 周年庆典活动。

微信号：gh_11af5478a521

认证主体：中国广告协会

IP 属地：北京

统一社会信用代码 / 组织机构代码：511000005000038575

中广协线上公开课 ···

中广协线上培训，旨在适应互联网时代需求，汇聚跨界精英专家，搭建交流学习平台，打通前沿学科到一线实战的通道，通过战略研讨、学术交流、专题培训等多形式满足人才提升需求，服务行业发展。设置广告法务、实战营销、新人训练、考核认证等。

公众号简介：中广协线上培训，旨在适应互联网时代需求，汇聚跨界精英专家，搭建交流学习平台，打通前沿学科到一线实战的通道，通过战略研讨、学术交流、专题培训等多形式满足人才提升需求，服务行业发展。设置广告法务、实战营销、新人训练、考核认证等。

微信号：CAAtraning

认证主体：中国广告协会

IP 属地：北京

统一社会信用代码 / 组织机构代码：

511000005000038575

原创内容：7 篇

中国广告主协会 ···

为广告主维权 引导广告主自律 服务企业品牌战略

114篇原创内容　1个朋友关注

公众号简介：为广告主维权 引导广告主自律 服务企业品牌战略

微信号：zgggzxh

认证主体：中国广告主协会

IP 属地：北京

统一社会信用代码 / 组织机构代码：

511000005000199205

原创内容：114 篇

中国广告报道 ···

"中国广告报道"是中国广告协会旗下媒体平台，由广告业领军人物组成专家智库，立足专业，洞见广告业发展脉搏，为广告人提供专业、权威、前沿的智慧视角和行业思考，为广大企业提供优质的行业服务，沉淀时代的行业力量。

公众号简介："中国广告报道"是中国广告协会旗下媒体平台，由广告业领军人物组成专家智库，立足专业，洞见广告业发展脉搏，为广告人提供专业、权威、前沿的智慧视角和行业思考，为广大企业提供优质的行业服务，沉淀时代的行业力量。

微信号：caa-ciaf

认证主体：中国广告协会

IP 属地：北京

统一社会信用代码 / 组织机构代码：

511000005000038575

原创内容：85 篇

中广星领

中广协网络直播产教融合中心

3个朋友关注

公众号简介：中广协网络直播产教融合中心

微信号：zhongguangxingling

认证主体：中广星领（北京）文化信息科技有限公司

IP 属地：北京

统一社会信用代码 / 组织机构代码：

91110108351303513X

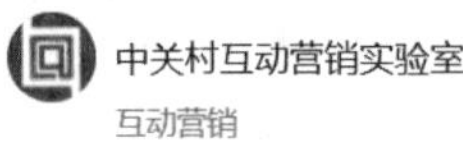

公众号简介：互动营销

微信号：labmarketing

认证主体：中关村互动营销实验室

IP 属地： 北京

统一社会信用代码 / 组织机构代码：52110000358994046X

原创内容：91 篇

肖明超-趋势观察 …

最新商业、营销和消费趋势的独特观点和原创思想，全部干货，帮企业知趋势，赢未来。粉丝社群"趋势观察超粉汇"等待加入，并提供趋势研究、策略咨询和传播服务等。创办人肖明超，曾任零点调查和新生代市场监测机构等公司高管，被誉为中国市场"趋势占卜师"。

公众号简介：最新商业、营销和消费趋势的独特观点和原创思想，全部干货，帮企业知趋势，赢未来。粉丝社群"趋势观察超粉汇"等待加入，并提供趋势研究、策略咨询和传播服务等。创办人肖明超，曾任零点调查和新生代市场监测机构等公司高管，被誉为中国市场"趋势占卜师。

微信号：trendforesee

认证身份：互联网自媒体

认证描述：肖明超，互联网自媒体。

IP 属地： 云南

原创内容：983 篇

北京大学创意传播管理 …

欢迎关注北京大学新媒体营销传播研究中心和北京大学广告系的官方账号，我们会发布并提供中心、广告系和所属专业领域的最新研究成果、学术交流项目、人才培养活动以及中心和广告系建设发展等信息资讯。

公众号简介：欢迎关注北京大学新媒体营销传播研究中心和北京大学广告系的官方账号，我们会发布并提供中心、广告系和所属专业领域的最新研究成果、学术交流项目、人才培养活动以及中心和广告系建设发展等信息资讯。

微信号：pku-ccm

认证主体：北京大学

IP 属地 ： 北京

注册时间：2022 年 07 月 06 日

原创内容：268 篇

新传学苑 …

聚焦新闻传播学术领域，助力解决新传师生难题。咨询详情或客服请添加xinchuan109

157篇原创内容 21个朋友关注

视频号：新传学苑

公众号简介：聚焦新闻传播学术领域，助力解决新传师生难题。咨询详情或客服请添加 xinchuan109。

微信号：xinchuan100

认证主体：北京知新温故文化传播有限公司

IP 属地： 北京

统一社会信用代码 / 组织机构代码：

91110108MA01YA7C3T

原创内容：157 篇

现代广告杂志社 …

中国广告协会主管主办，《现代广告》核心新媒体矩阵。关注广告营销、品牌传播。

公众号简介：中国广告协会主管主办，《现代广告》核心新媒体矩阵。关注广告营销、品牌传播。

基础信息

微信号：maadwx

认证主体：《现代广告》杂志社

IP 属地：北京

统一社会信用代码 / 组织机构代码：

911100007109252006

原创内容：2009 篇

IAI国际广告奖 …

IAI传鉴，中国知名的综合性广告创意与品牌营销奖项平台；业界公认的、权威的学院背景、实战性创意营销大奖，始于2000年。

公众号简介：IAI 传鉴，中国知名的综合性广告创意与品牌营销奖项平台；业界公认的、权威的学院背景、实战性创意营销大奖，始于 2000 年。

微信号：IAIAWARDS

认证主体：北京传大优浦广告传播有限公司

IP 属地： 北京

统一社会信用代码 / 组织机构代码：

911101057899736348

原创内容：418 篇

中国商务广告协会4A

中国商务广告协会综合代理专业委员会（4A）官方公众账号

公众号简介：中国商务广告协会综合代理专业委员会（4A）官方公众账号

微信号：China_4A

认证主体：中国商务广告协会

IP 属地： 北京

统一社会信用代码 / 组织机构代码：51100000500001480D

原创内容：6 篇

广告主评论

广告专业、全面、权威评论

公众号简介：广告专业、全面、权威评论

微信号：advertiserreview

认证主体：北京澜坤星才文化传播有限公司

IP 属地： 北京

统一社会信用代码 / 组织机构代码：91110105589080938R

原创内容：629 篇

广告人智库

智慧平台。秉承"实战"宗旨，从广告主，广告代理商，广告投放媒体三方角度看待问题，为读者传递一线案例、权威观点，趋势解读。

公众号简介：智慧平台。秉承“实战”宗旨，从广告主，广告代理商，广告投放媒体三方角度看待问题，为读者传递一线案例、权威观点，趋势解读。

微信号：ad-men

认证主体：天津创意星球网络科技股份有限公司

IP 属地；天津

统一社会信用代码 / 组织机构代码：91120222660323120X

原创内容：738 篇

广告评论

致力于全球《优秀广告作品评析》，全面系统地评析和介绍全球优秀广告作品。

公众号简介：致力于全球《优秀广告作品评析》，全面系统地评析和介绍全球优秀广告作品。

微信号：adcomment

认证主体：四川数赢信息技术有限公司

IP 属地；四川

统一社会信用代码 / 组织机构代码 :91510700MA6241D4XQ

原创内容：148 篇

ADGuider广告指南

ADGuider & addog.vip 为你每天看资讯、找案例、想灵感提供一站式服务，关注我，更多功能徐徐登场

公众号简介：ADGuider & addog.vip 为你每天看资讯、找案例、想灵感提供一站式服务。关注我，更多功能徐徐登场。

微信号：gh_e205415c1182

认证主体：爆点文化传播（北京）有限公司

IP 属地： 北京

统一社会信用代码 / 组织机构代码：911101083579300161

原创内容：12 篇

CNAD广告网资讯

广告圈儿里最新最辣的资讯,尽在中国广告网资讯公众平台

公众号简介：广告圈儿里最新最辣的资讯，尽在中国广告网资讯公众平台。

微信号：zgggw1998

认证主体：广东广盟网络发展有限公司

IP 属地： 广东

统一社会信用代码 / 组织机构代码：91440000725091173L

原创内容：381 篇

巨量引擎广告服务平台 ···
关注巨量广告平台，第一时间获取产品资讯、活动信息和特色服务，高效投放，商机尽揽，全面开启效果营销时代。

公众号简介：关注巨量广告平台，第一时间获取产品资讯、活动信息和特色服务，高效投放，商机尽揽，全面开启效果营销时代。

微信号：Ad_Toutiao

认证主体：北京抖音信息服务有限公司

IP 属地：北京

统一社会信用代码 / 组织机构代码：

911101085923662400

原创内容：71 篇

廣告人 广告人智库

公众号简介：智慧平台。秉承“实战”宗旨，从广告主，广告代理商，广告投放媒体三方角度看待问题，为读者传递一线案例、权威观点，趋势解读。

微信号：ad-men

账号主体：天津创意星球网络科技股份有限公司

IP 属地：天津

统一社会信用代码 / 组织机构代码：

91120222660323120X

原创内容：2016 年 08 月 02 日 “广告人杂志”认证“广告人智库”

房地产广告精选 ···
新浪微博@房地产广告精选 同名帐号。始于2011年3月，从地产广告/案例搬运工，再到地产营销行业连结者，现更关注『地产社群』发展。看房精，必加薪。房精平台为私人平台，永久坚持独立运营。

公众号简介：新浪微博 @ 房地产广告精选 同名账号。始于 2011 年 3 月，从地产广告 / 案例搬运工，再到地产营销行业联结者，现更关注“地产社群”发展。看房精，必加薪。房精平台为私人平台，永久坚持独立运营。

微信号：bestadonly2012

认证主体：个人

认证描述：房精，专注于房地产广告分享领域。

IP 属地：上海

原创内容：365 篇

天与空广告
50篇原创内容 26个朋友关注
视频号：天与空广告

公众号简介：天与空是中国创意热店第一股，被亚太区 Campaign AOY Award 评为“大中华区最佳独立代理商”，被 4A 创意奖、金投赏、广告门、数英网等机构评选为“年度最佳创意公司”。

微信号：tianyukong2013

账号主体：上海天与空广告有限公司

IP 属地：上海

统一社会信用代码 / 组织机构代码：

913101130820437671

原创内容：50 篇

广告主评论
广告专业、全面、权威评论

公众号简介：广告专业、全面、权威评论。

微信号：advertiserreview

账号主体：北京澜坤星才文化传播有限公司

IP 属地：北京

统一社会信用代码 / 组织机构代码：

91110105589080938R

原创内容：629 篇

今日广告ADTODAY ···
今日广告，中国数字营销门户，汇聚全行业最新品牌营销案例及资讯，提供企业招聘，探店专访，案例周榜，代理商指数排名等多种内容。

公众号简介：今日广告，中国数字营销门户，汇聚全行业最新品牌营销案例及资讯，提供企业招聘，探店专访，案例周榜，代理商指数排名等多种内容。

微信号：Advertising_today

认证主体：上海今广文化传播有限公司

IP 属地：上海

统一社会信用代码 / 组织机构代码：

91310115MA1H75487W

原创内容：729 篇

Canva可画

公众号简介：Canva 是一个在线平面设计平台，上万款免费模板满足你工作和生活中的各种设计需求。精彩设计，随时随地！

微信号：canvachina

认证主体：北京咖瓦信息技术有限公司

IP 属地：北京

统一社会信用代码 / 组织机构代码：

91110105MA01AN806X

原创内容：105 篇

ctr CTR洞察

公众号简介：央视市场研究（CTR）官方公众平台，专注于中国市场研究，服务聚焦品牌广告传播、媒介经营管理和消费者洞察三大领域。我们将免费分享 CTR 发布的研究报告、权威数据分析、专家观点及媒介课堂预告信息。

微信号：chinainsight

认证主体：央视市场研究股份有限公司

IP 属地：北京

统一社会信用代码 / 组织机构代码：91110000100017889

原创内容：131 篇

抖音电商营销观察

抖音电商官方账号。抖音电商致力于成为用户发现并获得优价好物的首选平台。众多抖音创作者通过短视频/直播等丰富的内容形式，给用户提供更个性化、更生动、更高效的消费体验。同时，抖音电商积极引入优质合作伙伴，为商家变现提供多元的选择。

公众号简介：抖音电商官方账号。抖音电商致力于成为用户发现并获得优价好物的首选平台。众多抖音创作者通过短视频 / 直播等丰富的内容形式，给用户提供更个性化、更生动、更高效的消费体验。同时，抖音电商积极引入优质合作伙伴，为商家变现提供多元的选择。

微信号：douyindianshang2021

账号主体：北京空间变换科技有限公司

IP 属地：北京

统一社会信用代码 / 组织机构代码：

91110105MA003XP298

原创内容：677 篇

创意星球网

公众号简介：创意产业青年众包平台

微信号：cplanet2016

认证主体：天津创意星球网络科技股份有限公司

IP 属地：天津

统一社会信用代码 / 组织机构代码：

91120222660323120X

原创内容：5 篇

大广赛

公众号简介：全国大学生广告艺术大赛（以下简称“大广赛”）自 2005 年至今，成功举办了 12 届 13 次赛事。竞赛规模大、覆盖面广、参与院校及参赛人数众多、作品水准高，是被权威机构认可的以“创意”为核心概念，以“创新”为育人目标的全国性大学生学科竞赛。

微信号：gh_7d1977df719a

账号主体：大广赛文化传播（北京）有限公司

IP 属地：上海

统一社会信用代码 / 组织机构代码：

91110112MA004FMU51

原创内容：1 篇

ECIAWARDS艾奇奖

公众号简介：ECI Awards（艾奇奖）是由 IECIA 于 2014 年创立的国际创新奖项，定位于数字经济领域并以“创新的有效性”作为评估标准，旨在鼓励创新、引导创新，通过推广、表彰、研究、教育以及投融资，为数字经济全产业链提供交流合作。

微信号：eciawards

账号主体：上海爱菲投资管理有限公司

IP 属地：上海

统一社会信用代码 / 组织机构代码：

913101125696229 8XW

原创内容：5 篇

公众号简介：相信品牌的事，会有一些美好的事。

微信号：adwriter

账号主体：个人

IP 属地：浙江

原创内容：1079 篇

公众号简介：即时设计是一款“专业 UI 设计工具”，不受平台限制，打开浏览器即可开始创作。精细化设计能力、丰富的设计资源、多人实时协作、设计成果一键分享交付，让设计师在工作中每一个步骤上都能拥有更高效愉悦的体验。

微信号：jsdesign-fighting

账号主体：北京雪云锐创科技有限公司

IP 属地：北京

统一社会信用代码 / 组织机构代码：

91110105MA008JQWXX

原创内容：88 篇

公众号简介：这里是李欣频本人唯一认证的官方公众号。从今天起，我写的最新文章、金句、推荐的书、电影、音乐、最新活动都会公布在此公众号！

微信号：lixinpin0811

账号主体：北京量子脑文化科技有限公司

IP 属地：香港

统一社会信用代码 / 组织机构代码：

91110112MA01QHGH7C

原创内容：466 篇

互联网广告技术实验室

中国广告协会与中国信通院联合组建互联网广告技术实验室（CDA Tech Lab），旨在打击数字广告数据造假和作弊行为，加强数字广告数据安全和个人隐私保护，科学评估互联网广告投放的真实性和精准性，营造透明真实的广告经营环境，促进产业科学发展。

公众号简介：中国广告协会与中国信通院联合组建互联网广告技术实验室（CDA Tech Lab），旨在打击数字广告数据造假和作弊行为，加强数字广告数据安全和个人隐私保护，科学评估互联网广告投放的真实性和精准性，营造透明真实的广告经营环境，促进产业科学发展。

微信号：gh_ffa79ba745d5

账号主体：中国广告协会

IP 属地：北京

统一社会信用代码 / 组织机构代码：

511000005000038575

原创内容：3 篇

公众号简介：带您了解互联网后厨里的秘密。专注于互联网大数据与人工智能研究，主导作品《计算广告》。

微信号：Comp_Ad

账号主体：刘鹏

IP 属地：北京

原创内容：165 篇

媒至酷

媒至酷由武汉大学信息管理学院教授、博士生导师朱静雯带领，将持续发布传媒上市公司综合绩效排行榜以及投融资、创新融合、跨界转型、人力资源等报告，致力为各类传媒上市公司提供融合转型、绩效评估、创新提升等解决方案。

公众号简介：媒至酷由武汉大学信息管理学院教授、博士生导师朱静雯带领，将持续发布传媒上市公司综合绩效排行榜以及投融资、创新融合、跨界转型、人力资源等报告，致力为各类传媒上市公司提供融合转型、绩效评估、创新提升等解决方案。

微信号：gh_00b9ae8c2bb4

账号主体：个人

IP 属地：浙江

原创内容：18 篇

秒针营销科学研究

公众号简介：秒针营销科学院官方账号。秒针营销科学院是秒针系统组织发起的营销科学及应用创新行业研究机构，致力于用科学的精神解决营销理论研究及应用问题，沉淀可测量、可验证、可预测的营销科学方法论和知识体系。

微信号：mams_china

账号主体：秒针信息技术有限公司

IP 属地：北京

统一社会信用代码 / 组织机构代码：

911101055548006830

原创内容：78 篇

大国品牌养成记

公众号简介：CCTV-1《大国品牌养成记》官方订阅号。分享独家、有料的品牌报道和行业观察。

微信号：daguopinpai

账号主体：北京电广视界文化传媒有限公司

IP 属地：北京

统一社会信用代码 / 组织机构代码：

911101015808677348

原创内容：892 篇

世界品牌实验室 WBL

世界经理人资讯有限公司

公众号简介：世界品牌实验室（World Brand Lab）官方唯一指定公众号。

微信号：worldbrandlaboratory

认证主体：世界经理人资讯有限公司

IP 属地：北京

统一社会信用代码 / 组织机构代码：

91110108744706444C

原创内容：2 篇

朴睿看见

公众号简介：Powering Impact

微信号：pcgchina

账号主体：北京朴睿铂尔咨询有限公司

IP 属地：北京

统一社会信用代码 / 组织机构代码：

91110105685108881L

原创内容：92 篇

天猫品牌成长中心

杭州猫悦企业管理有限公司

公众号简介：提供全渠道数字化增长方法论，通过天猫数字化运营体系，助力品牌生意增长。

微信号：gh_79bc7b09eb76

账号主体：杭州猫悦企业管理有限公司

IP 属地：上海

统一社会信用代码 / 组织机构代码：

91330100321695579E

原创内容：197 篇

互联网品牌官

科技、互联网、营销

公众号简介：科技、互联网、营销。

微信号：szwanba

认证主体：深圳市七度营销策划有限公司

IP 属地：河南

统一社会信用代码 / 组织机构代码：

91440300326480796M

原创内容：985 篇

品牌几何

1216篇原创内容 4个朋友关注

公众号简介：品牌营销 = 商业模式 + 核心共识 + 关键举措

微信号：brand-vista

认证主体：上海诺高文化传播有限公司

IP 属地： 上海

统一社会信用代码 / 组织机构代码：

9131011856803406XY

原创内容：1216 篇

品牌营销报 ···

品牌营销「创意传播」自媒体，全国知名品牌营销媒体成员，专注研究品牌传播、数字营销，互动公关领域，提供海量精选经典案例！

公众号简介：品牌营销「创意传播」自媒体，全国知名品牌营销媒体成员，专注研究品牌传播、数字营销，互动公关领域，提供海量精选经典案例！

微信号：PPYX007

认证主体：北京昆漠印象科技有限公司

IP 属地： 河南

统一社会信用代码 / 组织机构代码：

9111010509606813XE

原创内容：1074 篇

营销品牌官 ···

原【4A广告文案精选】/改名了，别取关/ 月薪30000的广告营销人，都在这里~

公众号简介：原【4A 广告文案精选】/ 改名了，别取关 / 月薪 30000 的广告营销人，都在这里 ~

微信号：aaaacopys

认证主体：杭州帷幄文化创意有限公司

IP 属地： 浙江

统一社会信用代码 / 组织机构代码：

91330106MA27WP00XA

原创内容：177 篇

中国品牌杂志 ···

《中国品牌》杂志，国家市场监督管理总局主管、中国品牌建设促进会主办的中央新闻媒体和社科期刊

公众号简介：《中国品牌》杂志，国家市场监督管理总局主管、中国品牌建设促进会主办的中央新闻媒体和社科期刊。

微信号：cnbrand510

认证主体：《中国品牌》杂志社

IP 属地： 北京

统一社会信用代码 / 组织机构代码：

91110106795986730N

原创内容：567 篇

品牌头版 ···

160万品牌经理人内参，聚焦热门品牌案例及消费资讯

公众号简介：160 万品牌经理人内参，聚焦热门品牌案例及消费资讯。

微信号：ceozhiku

认证主体：深圳市七度营销策划有限公司

IP 属地： 广东

统一社会信用代码 / 组织机构代码：

91440300326480796M

原创内容：1163 篇

国际品牌观察 ···

《国际品牌观察》由中国商务广告协会主管，是一本以国际视野关注品牌创新，追踪品牌动态，探究品牌建设，倡导品牌理念，传达品牌思考，引导主流品牌趋势的专业期刊。

公众号简介：《国际品牌观察》由中国商务广告协会主管，是一本以国际视野关注品牌创新，追踪品牌动态，探究品牌建设，倡导品牌理念，传达品牌思考，引导主流品牌趋势的专业期刊。

微信号：gjppgc

认证主体：《国际品牌观察》杂志社有限公司

IP 属地： 北京

统一社会信用代码 / 组织机构代码：

911101016876317800

原创主体：917 篇

品牌星球Brandstar ···

品牌人的内容和数据平台，关注品牌创新、DTC、新消费和品牌出海。brandstar.com.cn

公众号简介:《国际品牌观察》由中国商务广告协会主管，是一本以国际视野关注品牌创新，追踪品牌动态，探究品牌建设，倡导品牌理念，传达品牌思考，引导主流品牌趋势的专业期刊。

微信号：gjppgc

认证主体：《国际品牌观察》杂志社有限公司

IP 属地：北京

统一社会信用代码 / 组织机构代码：

911101016876317800

原创内容：2135 篇

社会化营销快讯 ···

帮助您即时收取有关微博及品牌案例信息的快速通道。

公众号简介：帮助您即时收取有关微博及品牌案例信息的快速通道。

微信号：weisocial

账号主体：新浪新媒体咨询（上海）有限公司

IP 属地：湖北

统一社会信用代码 / 组织机构代码：

91310114566578303U

原创内容：411 篇

腾讯广告 ···

你的"数字化全域经营"伙伴，助你"美好连接，智慧增长"。

公众号简介：你的“数字化全域经营”伙伴，助你“美好连接，智慧增长”。

微信号：e_qq_com

账号主体：深圳市腾讯计算机系统有限公司

IP 属地：广东

统一社会信用代码 / 组织机构代码：440301103448669

原创内容：837 篇

腾讯营销学堂 ···

2分钟，理解一项营销科技；5分钟，解读一个成功案例！

公众号简介： 2 分钟，理解一项营销科技；5 分钟，解读一个成功案例！

微信号：TSA_Study

账号主体：深圳市腾讯计算机系统有限公司

IP 属地：北京

统一社会信用代码 / 组织机构代码：440301103448669

（资料整理：陆斌 浙江财经大学）

中国广告年鉴 2023

CHINA ADVERTISING YEARBOOK

广告行业展会、论坛

Exhibitions and Forums of China Advertising Industry

2022 年举办的全国广告行业展会、论坛简介

3 月 5 日—7 日 . 长沙红星国际会展中心

2022 第 23 届
湖南浩天广告标识图文展览会

湖南省标识行业协会、长沙市浩天会展服务有限公司

湖南浩天广告展已成为中部地区辐射湘、粤、鄂、赣、贵、桂、渝、川等周边广告加工制作、标识标牌、展览展示、LED 照明、办公图文快印行业产业链采购交流平台。

3 月 12 日—14 日 . 贵阳国际会展中心

2022 第 10 届华展贵州广告节

四川华展文化传播有限公司

本届展会设有 3 个展馆、6 个展区，在展览面积达 3 万平方米，主要展示行业新品及高新技术。2022 年举办完贵州广告节后，由于防疫需要，取消了其后的四川、云南广告展。

4 月 9 日—11 日 . 内蒙古国际会展中心

2022 年第三十三届内蒙古广告产业博览会

内蒙古中朗文化传播公司、内蒙古《广告领跑》杂志、北京中创华信展览服务有限公司

内蒙古广告产业展览会是企业开拓广告市场的平台，以广告产业为主题的交流、采购大会。作为内蒙古地区唯一的专业广告展会，经过十余年的精心培养，现已成为内蒙及周边省市地区具有品牌影响力和行业号召力的专业性优质展会。

6 月 24 日—25 日 . 重庆南岸区南坪国际会议展览中心

第 21 届中国西部国际广告节

重庆市广告协会、重庆西部展览策划有限公司

西部地区极具影响力的行业采购盛会，本届中国西部国际广告节以“品质·品牌·创新·创意”为主题，展会展出面积 16000 平方米，分别设置了广告媒体运营、数码制作设备、新型制作材料、广告标识系统、LED 景观照明、展览展示器材六大展区，展览现场充满了科幻想象力、创意设计感和高科技感。

6 月 29 日—7 月 1 日 . 哈尔滨国际会展中心

第 29 届哈尔滨广告产业博览会

哈尔滨神州行会议服务有限公司
哈尔滨东方行展览展示服务有限公司

作为黑龙江地区唯一的专业广告展会，已连续举办了二十九届，国内近千家企业参展，历届成交额超亿元。组委会每届定向免费向东北、华北、西北地区广告公司及印刷企业发放 10 万张参观券，推动东北广告业、LED 光显照明业步入一个全新的发展阶段。

7 月 8 日—10 日 . 成都世纪城新国际会展中心

2022 第二十届成都广告标识产业博览会

成都现代德纳展览有限公司
成都华展众志展览展示有限公司

2022 年成都首个线下举办的商贸型线下专业展会。本届成都广印展以“展览展示 + 论坛峰会”相结合的展会形式和全产业链覆盖、新产品新设备齐发布的展会内容，吸引众多观众到场参观，完美地诠释了专业化、品牌化、规模化的展会实力。展会期间举办了高峰论坛、协会理事会、场精品展示会，为参会人员提供了捕捉行业新风向的契机以及企业发展的理论支持。

7 月 15 日—17 日 . 南宁国际会展中心

2022 第 23 届广西广告展览会

广西机械工程学会广西标识行业协会

持续举办二十三届，参展商来自全国各地，观展人员为广西、湖南、广东、海南、云南、贵州等周边广告行业的专业人士和贸易商。广西广告展展示内容涵盖广告标识产业链全过程，已成为区域性、有一定影响力的行业展会。

7 月 29 日—31 日 . 南通国际会展中心

2022 南通第二届广印博览会

南通贸促国际会展有限公司、苏州巨合元展览服务有限公司
南通汇众展览广告策划有限公司承办

2022 南通第二届广印博览会以印刷包装广告产业为主题，采用线上、线下同步的方式进行展示，展出面积达到 10000 多平方米（合标准展位 500 个），展会分六大专题展区：喷印标识展区、印刷展区、智能印后包装展区、纸箱制造展区、数码印刷展区、图文快印展区等，重点邀请具有“高速化、智能化、自动化、绿色化”的国内知名企业代表参展，为江苏印刷包装、广告企业技术更新、陈旧设备换代提供机遇。

8 月 3 日—4 日 . 哈尔滨松北区香格里拉大酒店

2022（第十八届）中国广告论坛

哈尔滨市人民政府、中国广告协会

中国广告论坛是中国传媒和广告领域级别高、规模大、影响广的大型专业活动。2022 年广告论坛包括“我是城市筑梦师”首届城市元宇宙 IP 创意大赛、中国首部产业元宇宙纪录片《灵境》拍摄启动仪式、中国大学生广告艺术节学院奖创意盛典、城市元宇宙会客厅圆桌论坛、品牌建设交流会、创意设计展等多个主题活动。论坛汇集领军品牌高层、顶级营销操盘手、知名媒体人、资深投资人及头部企业 500 余人线下参加，国家级、国内一流媒体 30 余家参与，在线观众约 300 万人。本届论坛首次以真正意义上的元宇宙方式举办，线下实景会场 + 虚拟交互技术为更多参会者提供完全不受物理世界拘束的交流空间，以“内容 + 技术 + 创新”三位一体的精彩呈现为创意赋能，为营销赋能。

8 月 5 日—7 日 . 石家庄国际会展中心（正定新区）

第 23 届华北国际广印展（2022 石家庄广告展）

石家庄碧云天标识有限公司、河北鼎亚展览服务有限公司

本邮华北国际广印展定位于“专业化、技术化、规范化”，是企业开拓华北市场、扩大销售网络的一个舞台，更是行业精英荟萃、交流信息、竞争与合作相结合、共商行业发展大计的一次大聚会。

8 月 7 日—9 日 . 长沙北辰国际会议中心

第十六届中国品牌节年会

品牌联盟、中国会展经济研究会联合

本届年会以“开放与奋进”为主题，来自全国各地 2000 余位精英参会。年会主体为“1923”模式，即 1 场大型开幕式、9 场重要活动、23 场平行论坛，为中国品牌事业的发展和长沙城市品牌建设建言献策。
大会发布了 2022“世界品牌 500 强”、2022“中国品牌 500 强”榜单。2022“世界品牌 500 强”邀请了全球 20 多个国家的专家从销售收入、市值、利润总额、行业利润偏差、全球营收结构、知名度等 6 个数据指标来测算品牌价值。这是首次由中国机构发布的该类榜单。

8 月 9 日—11 日 . 北京首钢园

第四届北京国际公益广告大会

国家广播电视总局、北京市人民政府指导，
中共北京市委宣传部、北京市广播电视局主办

大会以“公益同心 光影同行”为主题，以线上线下相结合的方式举行。大会主要活动包括开幕式、主题论坛、大师盛宴、系列促进活动、公益盛典、公益广告作品大赛、优秀公益广告作品展映展示等。开幕式上，举行了公益广告《您的声音》首映仪式；光明网、北京时间、京津冀之声、百度集团、新浪网、爱奇艺、优酷、快手等多家新闻媒体和互联网平台发出共建“大视听公益传播共同体”倡议。大会首次发布了《2021 年全球公益广告发展报告蓝皮书》，从各方面展示了公益广告研究成果。大会论坛聚焦公益广告的理论研究、精品创作、技术运用、社会治理和国际传播等领域，探讨如何应用公益广告为载体，推动共同构建人类命运共同体。

8 月 13 日—15 日 . 郑州国际会展中心

2022 中国郑州第三十九届中原广告展

河南省广告协会、天天公司

为众多展商提供精准的渠道拓展服务，促进订单交易、新品发布和品牌推广，是广大厂商、代理商、经销商、品牌企业集中维护老客户、拓展新客户的高回报平台，亦是更多终端用户了解行业发展趋势，采购行业头部产品、服务、技术的区域平台。展会汇聚来自全国超 500 家品牌，设置近 1500 个标准展位，包含喷印设备、数字雕刻、广告标识、LED 照明、图文办公快印、商业印刷六大主题，展品内容全面涵盖行业全生态产业链。

8 月 13 日—15 日 . 济南，山东国际会展中心

2022 第 36 届济南国际广告展展会

中国国际贸易促进委员会济南市分会
上海汇展商贸有限公司、上海汇展商贸有限公司第二分公司

以“引领山东广告标识 LED 市场与全国乃至全球知名企业强强对话，成就您广告伟业”为宗旨，本届展会汇聚来自全国各地近千家参展商和上百个国际品牌的国内代理机构，集中展示广告设备、广告标识、LED 照明、图文快印等广告行业全产业链最新产品及先进技术，是一场覆盖全产业链的线下交易采购的盛会。以“引领山东广告标识 LED 市场与全国乃至全球知名企业强强对话，成就您广告伟业”为宗旨，本届展会汇聚来自全国各地近千家参展商和上百个国际品牌的国内代理机构，集中展示广告设备、广告标识、LED 照明、图文快印等广告行业全产业链最新产品及先进技术，是一场覆盖全产业链的线下交易采购的盛会。

2022 年 12 月 16 日—18 日 . 厦门国际会展中心

2022 第 29 届中国国际广告节

中国广告协会

本届广告节举办了 10 场高峰论坛、5 场发布盛典和五项专业展览，近万名全国业界人士和千余家企业齐聚厦门，更有近 5000 万人通过线上观看直播。开幕式上发布了两大行业重磅创新产品：广告联盟链和“绿色消费品牌元宇宙”平台——“元圈宇宙”；中国国际广告节公益广告赛事颁奖盛典开创性地将三大公益广告赛事 3·15 消费者权益保护公益广告大赛、长江杯公益广告作品征集大赛以及黄河奖作品征集大赛汇聚一堂；长城奖作品征集大赛，共评选出优秀及以上作品 400 余件；主论坛以“踏上新征程·应对新挑战”为主题，邀请数 10 位知名品牌、领军广告公司及行业媒体“意见领袖”进行主题演讲，分享广告行业的新变化和未来的发展趋势；OTT 电视智慧营销暨全新大数据协同应用峰会和首届中国音乐营销峰会暨中国音乐营销盛典和世界优秀广告作品展、媒企展示交易会、大国好货创新联展、广告四新展、中国汽车文旅体验展得到与会者的好评。

（资料整理：陆斌）

2022 年广告行业论坛精彩演讲选登

存量时代的营销解题思路

赵梅 [1]

最近一年，随着品牌营销的内外部环境发生深刻变化，当下已进入增长惯性有限、营销资源有限的存量时代。营销工作也面临着这些难题。

一、市场信心回落

根据 CTR《2022 中国广告主营销趋势调查》报告，广告主今年的市场信心较 2021 年有所下降，其对于国内整体经济形势、行业发展前景、所在企业经营情况的信心均有回落，不过，仍高于 2020 年的疫情之初。

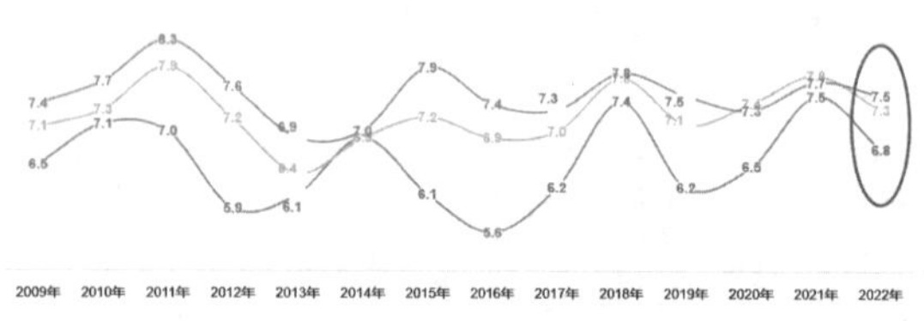

二、居民消费增速放缓

根据国家统计局的数据，扣除价格因素的影响，2022 年上半年我国居民消费支出，同比仅增长 0.8%。来自凯度消费者指数（在中国隶属于 CTR）的数据也显示，过去几个季度，整体快消品市场的增量非常平缓。

三、数字营销监管趋严

数字营销进入监管深水区，《个人信息保护法》等数据安全相关法规向数字营销从业者明确了个人信息使用的合规义务，对近八成广告主的营销活动产生了影响，精准投放广告的难度不断提升。

四、广告主营销费用持稳

CTR《2022 中国广告主营销趋势调查》报告的数据表明，2022 年相比 2021 年，营销推广费用持稳。2022 年，32% 的广告主提高营销费用，30% 的广告主降低，比例相当。

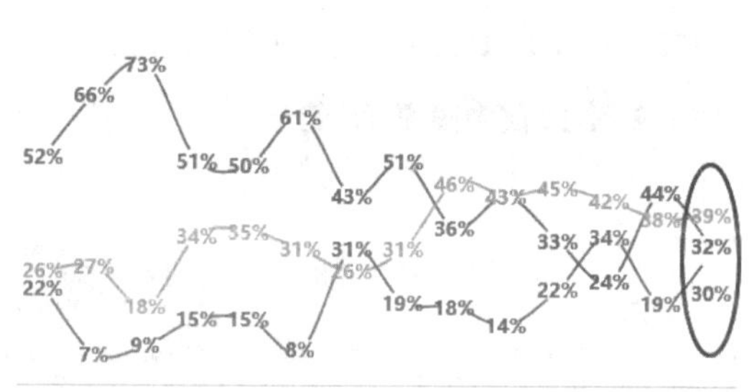

CTR 媒介智讯对广告市场监测的数据也显示，今年上半年，整体广告市场刊例花费同比下降了 11.8%，整个市场进入平缓的发展阶段。

[1] 赵梅，央视市场研究（CTR）总经理，本篇为 2022 第 18 届中国广告论坛上的演讲。

2017—2022上半年整体广告市场刊例花费增幅（同比）

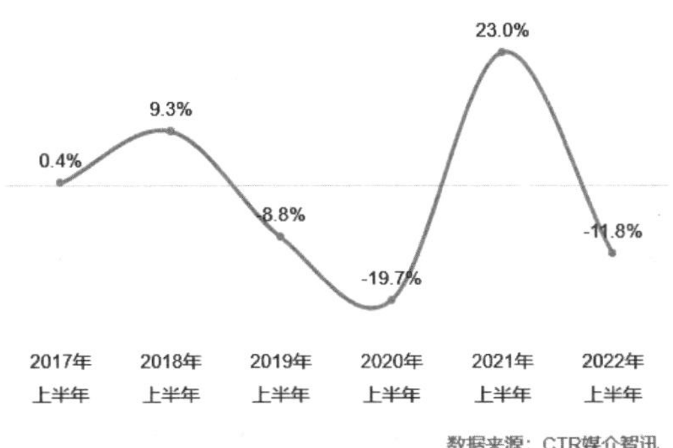

市场信心回落、居民消费增速放缓、数字营销监管趋严、营销费用持稳，在营销资源的存量时代，营销人如何应对这一系列的难题。CTR 通过市场数据和观察，分享五个方面的解题思路。

思路一：走出去，沉下来，扩展市场边界

1. 出海

出海是近期的热点话题。凭借成熟的供应链体系、过硬的产品研发及品牌营销能力，中国企业从货品出口转变为品牌出海，越来越多的中国本土品牌开始走向海外，扩宽市场。一些新锐品牌，出道即出海。

在这个过程中，为了将品牌形象融入当地文化，与海外用户做深度连接，出海品牌以海外社交媒体为切入口，与当地市场进行沟通。以华为为例，根据 CTR 唯尖短视频商业决策系统的监测数据，华为集团的海外社媒矩阵粉丝总数已经过亿，其中，华为手机的账号粉丝数超过 6000 万。

在中国企业的出海大潮中，国内主流媒体以多样的传播形式，打造中国企业故事系列产品，帮助本土品牌逐步扩展国际话语权，提升国际传播力和影响力。

中国国际电视台 CGTN，为中国企业“量身打造”中国企业故事系列产品，为中国企业出海传播“保驾护航”。例如，依托总台海外记者站与 KOL 合作宣推长城汽车。据统计，2022 年第一季度，长城汽车实现海外销售近 3 万辆，其中 3 月销售再破万辆，同比增长 30.8%。

中国新华新闻电视网 CNC 多年深耕“一国一策”精准传播，与亚太、欧洲、非洲国家主流媒体长期合作，策划并推出“你好”系列多语种节目，为企业的国际传播创造良好舆论环境。

可以说，出海是中国企业扩大消费者群体的重要努力方向。

2. 下沉市场

另一个扩大消费者群体的方向是针对下沉市场。2022 年上半年，虽然居民整体消费支出增长只有 0.8%，但根据国家统计局的数据，农村居民的支出增速明显高于城镇居民，表明下沉市场仍然存在着增长机会。

广告主在开拓下沉市场时，特别关注目标用户的媒体接触习惯和广告形式接受度，以央视为代表的全国性主流媒体，因其广阔的用户覆盖度和公信力背书，得到广告主的青睐。

CTR 媒介智讯的数据显示，2022 年上半年，食品、饮料、酒精类饮品、交通、金融等广告支柱行业，增加或保持在央视的广告投放，强化下沉区域的覆盖。厨房家电、通信产品、清洁产品等新兴的细分行业，也将广告预算向全国性的主流媒体倾斜。

2022年上半年，增加或维持央视投放的广告支柱行业

行业（大类）	央视投放增幅	整体投放增幅
食品	6%	6%
饮料	4%	-4%
酒精类饮品	8%	5%
交通	-1%	4%
金融业	102%	-2%

2022年上半年，高增幅投放央视的细分行业

行业（中类）	央视投放增幅	整体投放增幅
厨房电器	215%	115%
奶类饮品	65%	9%
通信产品	158%	30%
娱乐休闲服务	6547%	-32%
清洁系列产品	310%	76%

数据来源：CTR媒介智讯

思路二：虚实结合，拓展消费品类

拉动增量的重要做法是通过增加售卖项提升单客的购买量。在这个层面上，中国市场整体发生了一些微妙的变化，总结起来，即采用“实虚结合”的方式来拓展消费品类。

今天上午专家的发言中，提到“物质态”和“信息态”，分别对应“硬价值”和“软价值”。在实物消费方面，高增长的消费品类在向软价值移动。

虽然实物消费原则讲求硬价值，但是凯度消费者指数的数据显示，2022 年上半年，实现高速增长的快消品品类有促进多巴胺分泌的布丁、奶酪、冰淇淋，刺激味蕾的香辛料、碳酸饮料，还有猫粮。在疫情防控政策允许的情况下，露营和亲子游也在快速增长。露营带来的野外感，是消费者情绪需要的软价值需求。可见，能带来小确幸的“治愈”品类，很有拓展潜力。

物质有限，精神无限。元宇宙将开启我们的第二人生，娱乐、社交、教育等虚拟消费，前景广阔。进入元宇宙的用户，不会饿不会冷，因此不需要温饱消费，他们为体验和身份买单。买房子，不需要餐桌，但是需要放数字手办的柜子。买鞋子，不是为了保暖，而是为了限量版的高级定制，以及帅气虚拟人提供的试穿服务。

在元宇宙里，会诞生一批迎合以上虚拟消费的品牌。对于现实品牌，线上营销的方式没有本质变化，要把营销动作复制到元宇宙中。而对于新出现的虚拟品牌，则要补齐在现实世界中的营销，让用户在进入元宇宙前，就知晓和认同品牌理念。现实和虚拟的切换，对于广告业的从业人员来讲，会打开一个新的世界。

思路三：渠道加速，推快成交

1. 即时零售

旧渠道失灵，新渠道突围，企业正在发力触达消费者的最短渠道路径，其中，即时零售发展向好。凯度消费者指数的数据表明，2022 年上半年，即时零售渠道的渗透率上升至 44.7%，消费金额占快消品各渠道的 6.1%。

2022年上半年，快消品各渠道金额占比

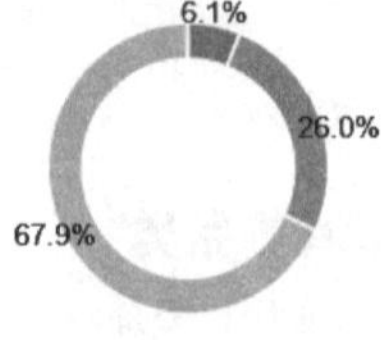

2022年上半年，即时零售渠道渗透率

44.7%

同比上升1.8个百分点

▪即时零售渠道O2O ▪纯线上 ▪纯线下

数据来源：凯度消费者指数，不含免费获得
即时零售O2O包含零售商自营App及微信小程序、横向综合平台、新零售APP、垂直类电商平台（前置仓模式）、社区团购平台。

CTR-Xinghan(星汉)移动用户分析系统显示，盒马、美团优选、永辉生活、朴朴等即时零售 APP 的活跃用户数增长显著。目前，一线城市引领了即时零售的增长，而随着这一模式在全国的布局，以及消费者数字化购买习惯的养成，即时零售将进一步提升线下实体门店的履约能力，促进即时性消费。

2. 短视频 / 直播

以抖音、快手为代表的短视频平台，建成了“种草—搜索—下单”的交易闭环，不断推动消费者的非计划性消费。算法将直播间、商品详情等导购信息推荐给目标受众，激发兴趣的同时引导下单，过程顺滑，提高购物成交率。广告主从中获益，并追加营销投入，近三年，短视频 / 直播营销的渗透率持续上升。

像汽车、美妆、家电等行业头部企业的抖音官方账号，在运营过程中持续输出短视频内容，由直播间和商品橱窗承接转化，重视程度之高投入力度之大，可见一斑。

汽车、美妆、家电TOP50企业的抖音官方账号运营情况

行业	单账号周更视频数	直播间开通率	橱窗开通率	粉丝群建群率
汽车	6	66%	22%	38%
美妆	20	70%	72%	48%
家电	20	80%	86%	62%

数据来源：CTR“唯尖”短视频商业决策系统，2022.7.13—7.20

思路四：长期主义，持续运营消费者关系

品牌进行市场营销，建立长期的消费者心智至关重要。流量并不代表人心，而有人心反倒可以带来流量。培养消费者的心智归属是一个长期艰苦的工作，其中的关键是，要将“品”和“效”在不同时期做好搭配、做好协同。CTR《2022 中国广告主营销趋势调查》报告显示，广告主着眼品牌的长期建设，费用分配趋向于品效相当。

此外，企业做品牌不意味着把预算只投入广告渠道中，而应该同时重视源头内容的建设，自己生产或者挑选合适的 KOL 生产品牌故事，丰富品牌内涵，把对的品牌语言通过对的渠道向对的消费者传达。当品效最终合一，才能与用户建立长久联系。

品牌广告和效果广告的费用分配情况（%）

■品大于效 ■品效相当 ■效大于品

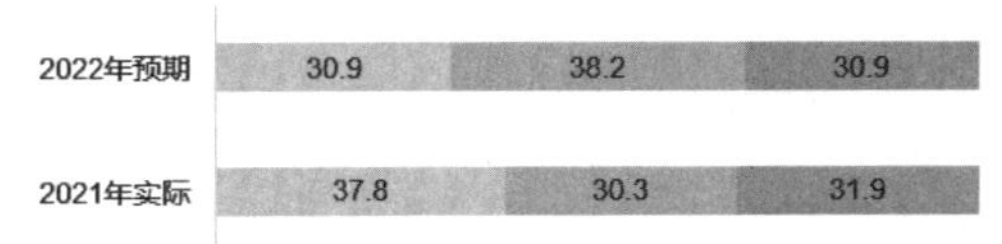

数据来源：CTR《2022年广告主营销趋势调查报告》

无论是想要冲出区域、走向全国的品牌，还是打算实现形象跃升的新锐品牌，品牌建设都需要优质内容的背书。这里的“优质”不仅仅是流量、曝光量，更是合规的、高品质的、有公信力的、各种渠道融合传播的。

做品牌广告找品牌媒体。我们的调研了解到，广告主十分认可电视媒体在社会正向价值观中的引领作用和在融合传播背景下的公信力，认可主流电视媒体的精品原创和内容品控能力。特别是在各种大事件上，比如冬奥会、春节，内容传播有流量，内容品质有保障，能放大品牌价值。

从如何获取流量到如何有效留存和运营消费者，已经成为品牌营销的共识。2022 年，半数以上的广告主增加私域运营的投入费用。我们看到不少有远见的品牌，已经通过发展私域流量，打通品牌数字化的重要一环，取得了不俗的增长业绩。

广告主私域运营的费用变化 （%）

■上升 ■持平 ■下降 ■无花费

数据来源：CTR《2022年广告主营销趋势调查报告》

不同品类，通过私域运营与用户建立亲密关系的模式不尽相同。比如汽车、教育行业，适合扮演“知识专家”的角色，而美妆、母婴，则适合跟用户结为“同好闺蜜”。可见私域运营是针对不同用户群体来建立更长久关系的投入过程。

思路五：个体崛起，优化组织效率

前面所谈到的都是营销活动增加企业营收的具体路径，其实好的经营更多是提升组织效率的过程，因为组织效率代表着整体收益的上升。

这是一个个体崛起、崇尚个体价值的时代，信息资源充沛、算法智能、流量去中心化、互联技术和工具完备，个体能够创造的价值和覆盖的领域会更广泛。主播、KOL、流量操盘手，以及今年上海静默期涌现的 80 万名社区团购的团长，这些充满能量和创意的个体，有着惊人的潜力。

个体的变化会导致组织的变化。个体崛起下，企业组织的价值体现在哪里？从企业管理的角度来看，企业的价值体现在组织模式上，组织必须顺应个体崛起的大趋势，为个体搭平台、造生态。

这样的组织模式，是开放的，即打破内外限制，信息共享充分交流；是互联的，用非正式的虚拟组织，弥补职能固化的缺陷；是协同的，让个体参与目标制定和实施的过程，全员目标导向；是共生的，提升个体幸福感，互惠互利，打造全员合伙人的信任氛围。

结语

今年广告论坛的主题是“广告新生态”，这种生态不仅是产业链条上的生态，更是从业人员如何重新组织分工的生态。只有建立新型组织，组织自由，个体自由，互相激发、互相成就，才能实现企业和行业发展的效率最大化。

存量时代具有增长慢、回报低、周期长的特征。无论是存量时代还是增量时代都会面临问题。我们更应直面问题，拆解因素，寻求思路，去解题，把未知变成未来的已知。

AI 驱动全链路营销提效

田明磊[1]

各位领导、各位嘉宾、女士们、先生们，大家下午好！

我是科大讯飞的田明磊。我今天分享的主题是“AI驱动与全链增长提效”，我们先来看一下视频。科大讯飞是一家人工智能公司，目前是亚太区著名的人工智能上市公司。这个视频给大家展示的是科大讯飞的 AI 虚拟人爱加，通过口唇驱动模型，结合讯飞的语音合成技术，实现了能听会说。科大讯飞本身是一家人工智能公司，在 1999 年成立，是亚太地区知名的智能语音和人工智能上市企业。我们聚焦深耕 AI 产业 23 年，一直从事智能语音、自然语言理解、计算机视觉等核心技术研究并保持了国际前沿技术水平，同时不断推动 AI 在智慧教育、智慧医疗、智慧城市、智慧司法、金融科技、智能汽车、运营商、消费者等领域的深度应用。2014 年科大讯飞进入了营销领域。我们一直秉持利用 AI 技术，提升企业营销效率，实现客户增长。我们构建以用户为中心的公、私域企业增长引擎，一方面形成了从人群洞察到优化的公域闭环，另外一方面从用户分层管理到交易转化的私域闭环系统，两套系统以用户为中心实现双轮驱动。目前我们企业增长引擎以数据、算法和智能运营为主座，持续推进品牌的长效提效增长，下面我们看企业增长的公域部分。

2010 年科大讯飞发布了全球首个智能开放平台，通过云模式，免费开放在云端，赋能开发者以及合作伙伴，截至 2021 年 Q1 科大讯飞平台对外开放 749 项 AI 能力，目前拥有超过 420 万的生态合作伙伴。在这样的生态平台上，智能电视也在同步持续增长，日活同比增长近 20%。品牌一直面临着移动和家庭场景割裂，跨屏有名无实的难题。科大讯飞基于讯飞大数据实现业内首个基于区块链的跨屏贯通方案，帮助广告主实现家庭端和移动端的大小屏联投，同时通过我们自己的标签，目前覆盖超过 5500 万家庭以及 1.2 亿用户，实现了移动端和家庭场景的跨屏融合，来指导我们再营销。同时，OTV 广告市场也出现了新一轮增长。讯飞大数据作为基石能力，实现独有的 OTV 会员获取和跨屏用户获取。同时基于独家的 iReach 测算系统，围绕投放前、中、后构建了 OTV 一站式营销解决方案，帮助品牌主以最少的预算，触达最多的目标用户。从前端品牌运营规划，测算系统，结合预算人群、媒体以及会员选择，智能推荐最佳的投放组合，到全周期、多维度的优化策略，再到优化后构建品牌数据银行，实现数据资产的沉淀，目前 OTV 的一站式解决方案，在部分客户落地。

我们接触了一个国际快销品牌，是快销类的龙头企业，遇到的问题是行业 OTT 标签无法满足投放体量。超过拥有 3.2 亿家庭的厂商资源覆盖，我们帮助企业面向 56 个城市，4 大厂商，结合不同的项目，实现了交叉增长，实现了从单个用户到以家庭为单位的触达，提升了用户整体的触达率，在移动端对高价值的用户进行融合，曝光率达到 21%，在整体量级提升的情况下，CTR 同比提升 17.8%。在护肤品行业我们也实现了一站式营销方案的落地。某国际护肤品牌，我们根据自己的测算系统，会结合人群，包括城市的流量分布，筛选出最优的媒体组合方案，实现整个 14 个城市 133% 个整体的完成，投放后对整个的投放数据和各项指标进行复盘，并进行数据沉淀，从而辅助后续的投放优化。

随着品牌合作的深入，品牌逐步从前链路向后链路

[1] 田明磊，科大讯飞 AI 营销业务群副总裁，本篇为 2022 第 18 届中国广告论坛上的演讲。

的转变，开始有效果提升的要求。讯飞企业增长引擎，不仅在前链路帮助品牌广告主实现人群触达，后链路也围绕品牌的多触点，构建了精准的用户模型，基于不同触点的后链路数据回传，结合讯飞数据标签，广告行为数据，以及内容交互数据，构建起了针对不同人群的策略编排，结合用户画像，以及对用户的意向评估模型，综合指导策略编排的优化，以及闭环分析。大家会问我们如何判断用户的属性标签和用户点击广告后的行为，其实是很难做精准判断的。讯飞将用户洞察，将整个旅程中做了结合，基于特定人群整体链路做具体行为做深入的分析，以及历史的数据，构建了一套用户细分系统，我们通过系统可以从用户的意向，广告的互动度，以及用户的需求倾向，包括用户的消费维度，精准评估用户意向值，筛选出高价值的用户。在实际投放中，很多品牌面临大量的策略以及订单的生成工作，造成大量的投放效率比较低的问题。针对这个问题，讯飞为帮助提升企业的运销效率，构建了一个可自驱动进化的运营平台，结合品牌主的设计点击、到达，我们的 AI 决策平台，可以基于历史的专家经验学习，在策略上进行多要素的自由组合。智能运营平台能够智能生成批量订单，结合品牌实时回传的数据，可以用非常小的预算，在非常短的时间内进行快速迭代，一旦形成的优化策略后，进行批量复制，无效策略在这个过程中被排除，从而降低不必要的消耗。

金融品牌的合作案例。我们基于互联网用户行为对这项金融产品属性做了研究，针对两套差异化的金融产品去评分的模型，根据产品做匹配的模型营销，并给予数据反馈的调整属性，实现了整体平均效率提升超过 20%。说到讯飞企业增长引擎，其实构建的不仅是一个公域和私域的双轮驱动方案，除了刚才说的公域解决方案之外，我们在私域方案上也成为了企业增长的关键点。消费者在私域场景中增长，目前也在做全域数字化建设，通过私域数据回收，实现整体销售收入的增长。目前讯飞以技术方案为支撑，构建了一站式私域营销解决方案，底层基于讯飞自己的 AI 技术，对数据进行治理，标签构建，用户画像的构建，以及整个运营过程的优化，对 3 个运营的环节，两类业务流程进行了梳理，实现了整个 5 种场景下的有力支撑。以此来科学系统地驱动不同场景以及业务流程，让私域运营更高效，同时也能反哺品牌营销。让我们更了解用户，促进用户营销的再转化。

我们跟国际的某知名品牌做了合作，在合作前期我们整体以 GMV 导向，以实际卖货为准，为品牌提供了从调研到策略，从基础建设到运营落地的全套私域代运营服务方案，前期通过多个触点的引流数据导入，比如说小程序引流，把数据导入到我们的私域当中，在微信里进行用户的沉淀。通过后续多个策略输出，引导用户实现整体的成交转化，帮助品牌实现整体转化。近年来互联网催生了很多新生行业，直播这个行业拥有巨大的市场发展空间，也成为很多商品的销售趋势。讯飞构建了一套完善的全链智能直播服务，从整个直播流量的智能分发，包括到 AI 智能客服，AI 虚拟人直播，通过我们的大数据，精准流量分发，可以有效降低 20% 以上的流量成本，整合我们自己的 AI+RPA 可以有效降低 30% 的人力运营成本。虚拟人目前也已经在一些品牌直播间上，可以实现 7+24 小时的智能化直播，让真人和智能的双通道，同时驱动整个品牌直播间的转化。讯飞靠全链路的直播服务，智能的直播服务，帮助黄山茶企绿色产业链实现了 35% 的增长，为乡村振兴作出了贡献。

科大讯飞一直秉承以 AI 建设美好世界的信念，我们希望以 AI+ 大数据持续驱动企业全面增长提效，实现共赢。

IP 全景营销·释放内容生命周期价值

姚培娜[1]

各位下午好！很高兴能够在美丽的鹭岛有机会跟大家交流，我今天分享的题目是《IP 的全景营销·释放内容的生命周期价值》。

爱奇艺有这么多的爆款，你们是怎么做爆款的？这是我跟业界朋友和客户交流的时候，经常会被问到的一个问题。爱奇艺 2010 年成立，2014 年开始走上自制内容之路，在这条路上积累了一些心得，也交了很多学费。今天我第一个要跟大家分享的是爱奇艺内容生产的一些基本的方法论。

还是先跟大家汇报一下今年爱奇艺的整体内容以及成绩吧。今年我们在热度值破万的剧有五部，分别是《人世间》《伐罪》《苍兰诀》《卿卿日常》和刚刚结束的《风吹半夏》，不知道中间有没有同学有听过或看过其中任意一部。

热度值破万是什么概念？

爱奇艺站内对于内容有自己的评估标准，我们称之为是热度值。往年根据比较好的成绩是一年出一个热度在 1 万以上的剧，比如 2018 年的《延禧攻略》，2021 年的《赘婿》，2022 天一年出了五个破万的爆款剧，在爱奇艺站内九千就是全民的爆款，破万是破圈层现象级的爆款，像我们年初的《人世间》的现实主义题材大剧，在推出之前很多的行业的朋友，包括客户都说，现实主义题材剧怎么可能会在网络上爆，但事实上这样一部剧在刚刚结束的金鹰节大奖上获得最佳电视剧奖，最佳男女主角奖和最佳导演奖。所以我们有能力在现实主义题材，在古偶甜宠赛道，包括像《风吹半夏》这样的商战，改革开放的题材都能做到非常好的成绩。

在综艺方面，爱奇艺上周一年一度喜剧大赛 2 结束，成绩非常好，在真人秀赛道的《五哈》，迷踪赛道有《萌探探探案》，热门综艺热搜是以千为单位的曝光量，这是爱奇艺在今年的成绩。

其实这个背后源自于八年的积累和探索，爱奇艺在 2014 年开始自制内容，2014 年奇葩说作为头部的超级网综第一次开始网络自制内容的征程。事实上爱奇艺布置是不盈利的，但是今年前三季度全面实现盈利，内部称之为是冷静增长。而且，2023 年的内容储备上非常有信心，因为不仅仅是收获当下内容的热度和流量，更重要的是开创了题材，我们把很多小众的文化，比如说唱、嘻哈这样的小众文化变成社会大众的主流，包括开创的迷雾剧场的旋翼赛道，基本成为新的国剧天花板。背后内容生产方法论是呼应刚刚微博的侯总提到的关键词就是社会的情绪。

爱奇艺做内容，核心点是我们始终在书写当下中国人的故事，就是爱奇艺目前有一个野心，我们想要在这个时代，今天的中国人的每一个小人物的命运和故事，我们的平民史诗的英雄怎么表达出来传递出来，好的内容，好的故事好的创作团队，好的生产流程，包括我们整个技术赋能上是全面累积了非常多的经验和心得。

这也回答了我刚开始的问题，爱奇艺怎么制造爆款。我们并不是一定能制造爆款，但是通过自己的心得和经验，能够极大地提升爆款的概率。

接下来的目标是降低内容的供给绝对数量，而提升内容的品质。这样的内容是可以跨越时间周期，比方在爱奇艺的站内，大家所谓的传统意义上的老一点的片子，比如《知否知否》《琅琊榜》，依然有贡献非常好的流量。

[1] 姚培娜，爱奇艺广告策略营销总经理，本篇为 2022 第 29 届中国国际广告节主论坛上的演讲。

如何跨越周期，是我们当下做的工作。

基于在内部制作方面的经验，我们观察到一个非常有趣的现象就是整个内容的生产不再是单向的，在过往的时候，比方有一个故事，把它改编成剧本，由制作公司拍成电视剧在爱奇艺上播，这个过程是单向，基本上播完，整个剧的生命周期就结束了，但是其实我们会渐渐发现，从内容的生产到内容的上线宣发，到内容的二次发酵，到内容的衍生周边商品和各项服务的开发，整个内容的生命周期是在不断地延长的，这个背后加入了非常关键的要素，就是用户。所以在我们的内容团队内部一有句话，人在做，天帮忙。人在做的时候就是爱奇艺自己的团队如何尽我们能力的提升内容的品质。但是在天这件事就是行业伙伴、导演、编剧等朋友们，一个内容从立项开始第一天就有了生命力，从而传播周期和衍生路径会变得更加地多元化。

说到这里我就要讲到今天的第二个观点。内容爆款是有一个生产方法和流程的，但是内容和爆款之后内容如何赋能营销，如何帮助品牌共同的成长，这是从内容到IP的变化过程。我刚才说过内容在不断地跨越时间周期，其背后来源于一个好的内容是可以唤起整个社会的普遍共识情绪，比方说很多用户在提到《人世间》时，有些朋友甚至会说有《苍兰诀》的男主的签名。演员和角色是没有必然的联系，真正上头的是好的故事好的内容，这背后就是社会大众的情绪中心化的共识。大家都会说现在的整个营销非常的碎片化，渠道碎片化，流量碎片化，但是我们会看到的是有一个东西是中心化的，就是我们的IP是中心化的。它代表的社会情绪是中心化的，所以爱奇艺会基于这套IP的中心化的认知去构建一整个基于IP内容营销的整个宇宙，以《苍兰诀》为例，有20多部头部的广告主在爱奇艺的站内做的广告营销项的传播，包括蒙牛等头部广告主，但是剧外在社交媒体场域和广告主的线上线下点对点的营销场域中，我们开发了多元的IP周边和服务，例如东方清仓的语音包，男主角会指引你前方看路，还有线下的茶饮和周边衍生品的开发等等，这是我们围绕着一个IP做多元的商业开发的一鱼多吃的路径。

基于这套的营销模型我们提出爱奇艺IP全景营销的方法论，首先在爱奇艺的站内，每天有大概5000万人看剧，每个月有7亿人来到爱奇艺，这是一个巨大的流量池。在我们的站内做好营销，是可以帮助品牌定调、定性，塑造一个基础共识，爱奇艺的IP可以帮助品牌在社交媒体的场域进行基于IP多元的宣发，到了广告主直播间或电商的场域中，我们的IP同样在内容、流量触点和明星艺人打包上会你的营销场域赋能，这是爱奇艺今年提出的IP的整合营销的全景的营销方法论。

在这里分别给大家举一些实际的案例，如何用这套方法论深度的触达用户，做整个用户心智的深度沟通。一个IP的赋能商品方面，奈雪的茶，基于《苍兰诀》联合我们开发了一个婚茶，男主的角色和女主的名字结合一起的茶饮，线下门店做了装修，当时新品出来以后上了热搜，所《苍兰诀》婚茶都出来了。3天之内50万袋茶就卖断了，这是一个IP商品化的即时流量之间的转化。

在IP如何帮助品牌在内容方面赋能，更多地讲述这个品牌的故事。这里举一个《天才基本法》,《天才基本法》是暑期非常热度，男主角演的是裴之，凯迪拉克在剧内做的植入，演员写角色小作文发表角色的种种感想，实际上就是凯迪拉克的宣传片，整个《天才基本法》男主角裴之的内容素材都在里面，有车的元素，又是演员本人的独白，也是车品牌概念的宣传片，IP如何帮助品牌更好地讲故事，而不是出一个片子讲车的性能多好，而是IP故事的载体承载车本身赋予更多情感价值和情绪价值，这是我们的内容可以帮助品牌做到的。

IP还可以帮助品牌开创新的场景增量。在今年疫情环境下，上了一个题材就是《一起露营吧》，这个综艺节目在站内的评级表现不是最头部的内容，大概是一个中腰部的内部评级，但是在5月上线，当时正好是上海疫情期间，被关起来更向往露营的生活，所以这个节目当时比较好，整个在社交媒体上，在露营关键字下面40%的笔记是由单一内容贡献的。伊利当时有一款新品上市，当时伊利甄稀冠名了这个内容，同时做了很多露营的礼盒，大概在线下五六个城市，在暑假期间做了线下的露营节，把节目中的艺人在剧外做了很多露营生活方式的拍摄和制作，最后把几位艺人请到品牌直播间讲述露营生活方式，所以伊利甄稀组合拳的打法不是所谓冠名植入的合作，而是全链路将露营的场景深入的占据的营销打法。明年2023年一起露营吧2，伊利还会一起合作，这是新场景的增量和赛道。

我们会持续在以综艺讲述年轻人的生活方式，帮助年轻人更好地表达方面持续深入地挖掘，除了露营会继续做，说唱、潮流、街舞、滑板等垂类青年文化项目，我们会进一步复制和优化整个露营的打法，包括线上线下资源多维度地整合进来，明星和艺人资源多维度地整合，从而帮助广告主更好地锁定年轻人群他们喜欢的当下的生活方式。

在爱奇艺的整个内容制作过程中，我们一直在强调技术赋能，我们的技术赋能是怎么做的。有一部剧最近刚刚杀青《狐妖小红娘》，这是动漫里面非常大的 IP，基本上只要是动漫受众就肯定听过这个 IP。目前我们《苍兰诀》团队把这个 IP 改编成电视剧。爱奇艺在智能制作方面做的事就是把大屏从北京挪到横店，把当下很多制作的资产数字化留下来了，所以我们把这部分资产不仅仅是用在当下的拍摄制作中，而且把资产拿到爱奇艺的场域之外赋能营销交易场。这里放的案例就是 11 月初的时候跟天猫做的合作，我们把《苍兰诀》的数字资产，把《苍兰诀》里面的几个场景搬到天猫上，3D 云游《苍兰诀》。用户在天猫或京东这样的平台如果只是购买就是领优惠券或到店的过程，如果把 IP 放到天猫，用户不仅体验了《水云天》的剧内的场景，在里面可以开宝盒，玩游戏，从而引流到品牌的店铺。在右边是正在开发的跟 IP 有关的一些数字产品的方向和实体的 IP 衍生品。这部分除了数字资产可以帮助品牌在整个交易场闭环内实现引流，我们虚拟的数字产品和实体衍生品都可以帮助品牌在整个交易场域中实现 IP 的赋能。这是我们目前在整个数字产品和虚拟制作应用的开发方向。

最后，我跟大家提一个 X，这个 X 是因为我没有办法准确定义是什么样的应用。首先这是一个全新的内容形态，今年 7 月的时候爱奇艺和抖音有官宣合作，很多行业的伙伴说你们长视频和短视频平台怎么合作。这个内容形态就是我们交出的答卷，爱奇艺目前正在尝试一个长短协同的内容形态，大家会想到一个长视频的综艺内容就是自己录制上 3 个月的时间。现在正在干的一件事就是会推出一个全新的内容《种地吧少年》，这是呼吁疫情大背景，回归土地，我们让 10 位小哥哥去种地，6 个月种 10 万斤麦子，并且卖出去，这是基本形态。但是录制过程中，每天上下班都会直播打卡，到周末会卖货，这就是长短视频的形态，首先第一个在内容的价值观上是呼应当下人们对于田园，对于土地的基本渴望的情绪。第二是内容的形态上，第一次长视频和短视频的协作和打通。我们也是在探索长视频内容和短视频内容如何有机的结合，这部分整个内容的录制已经开始了，预计在明年夏天的时候会看到的。整个节目预计在 Q1Q2 会上线，大家敬请期待，看看是不是爱奇艺下一个爆款。

以上就是今天要分享的内容，首先，IP 内容有自己的生命力，爱奇艺会持续地拉长这个生命周期，希望为社会为用户贡献更多好的内容。其次，也是帮助我们的品牌共同的跨越周期，共同成长。

“内容 + 科技 + 融合创新”助力提升品牌营销新实效

尹铁钢[1]

尊敬的各位领导、来宾，大家好！

最近这一个月的时间，相信大家的朋友圈都或多或少被世界杯刷屏过。12 月 19 日凌晨，2022 卡塔尔世界杯落下帷幕，梅西率领阿根廷队时隔 36 年再度夺得冠军。

这场终极对决堪称经典，阿根廷一度领先 2 球，但在 90 分钟和加时赛均被法国队顽强扳平，最终凭借点球大战，阿根廷捧起大力神杯。梅西最后一舞，终于圆梦世界杯。这就是世界杯的魅力，充满无限可能。

不变的是世界杯的魅力，改变的是世界杯的“看法”。伴随技术革新，国内用户参与世界杯的方式不断在发生变化。

1978 年，中国球迷第一次通过黑白电视机，见证了阿根廷夺得的第一个世界杯冠军。这是世界杯 1.0 传统时代。

2010 年南非世界杯，3G 商用逐渐普及，中国网民第一次通过网络观看世界杯直播。从那以后，更互动更丰富的 2.0 新媒体时代成为主流。2018 年，咪咕更是首次实现了世界杯的 4K 真直播。

2022 年卡塔尔世界杯，随着 5G、AI、XR 等技术发展，我们已经进入了世界杯的 3.0 元宇宙时代！

作为本次世界杯的持权转播商，咪咕独家打造了“首个世界杯元宇宙”，让用户不只可以看世界杯，还可以亲身参与其中。

【看】：元宇宙首先要实现“高沉浸、低延时”效果，咪咕利用 5G + 超高清 + XR 技术对世界杯 64 场赛事进行了全量全场次实时直播。这次还联合世界超高清视频产业联盟、AVS 产业联盟等行业伙伴，将中国自主知识产权的音视频标准 HDR Vivid、Audio Vivid、AVS3 商用落地，为世界杯直播提供了中国标准、中国方案。

【玩】：光看不过瘾，用户可以打开咪咕快游真实对战，还可以体验世界杯名场面。咪咕快游采用 Arena4D 体育运动捕捉技术，精确重构每时每刻球员的姿态和动作细节，再现赛场名场面。

【聚】：世界杯本身就是一场以足球为名的聚会。用户可以拥有自己的数智人分身，设定完全个性化的自我形象，彼此之间拥有多样化的互动方式，既可以包厢语音聊天，也可以万人广场蹦迪观赛。

【买】：在元宇宙空间，咪咕实现了完整链路的打通，用户可以体验和了解世界杯的周边产品，还可以一键下单，把喜欢的好物带回现实世界。

说了这么多，我们通过一支视频来更深入了解一下咪咕的世界杯元宇宙。

在直播空间打造上，整个演播室突破传统，构建了一个科技感十足，好像在遨游元宇宙的太空飞船。同时，通过 XR 技术打造的虚拟演播室，整个演播台置身水上，融合了沙漠与海洋共处的奇景，配合细节满满的天色变化，使得坐在屏幕前的观众，仿佛已经置身于极具未来感的“沙海之城”卡塔尔。这是元宇宙的数实融合魅力，让人身临其境。

元宇宙不应该只有比赛，我们还打造了全球首个全场景数实融合元宇宙音乐盛典，邀请了周杰伦、李宇春、蔡徐坤、王心凌这样的顶流音乐人，开创性地使用了“实时渲染、超精建模，数实融合、全景交互”技术解决方案，在数字空间完整呈现了两场酷炫的未来演出，并且在音乐

[1] 尹铁钢，中国移动咪咕公司广告事业部总经理，本篇为 2022 第 29 届中国国际广告节主论坛上的演讲。

盛典上，还实现了真人和数智分身同屏演出的效果。

这次元宇宙，咪咕数智人家族全体亮相，助威世界杯。这也是世界杯转播史上首次有数智人参与。首个数智人集结裸眼3D大片、数智人的首次世界杯播报、数智人首次作为世界杯节目嘉宾亮相、世界杯上首次出现数智人手语解说……多个“首次”在咪咕的世界杯“元宇宙”中呈现，为广大球迷提供更多元的全新体验。下面有一支短片，可以了解一下咪咕数智人家族。

这次咪咕通过打造首个世界杯元宇宙，在持权转播商中脱颖而出，在客户市场获得广泛认知。不少品牌客户和咪咕，就数智科技、元宇宙等维度进行了深度合作。

这次在演播室的虚实结合、数实融合，比如沃尔沃虚拟汽车展示、动感地带数智人和真人嘉宾互动问答；在数字空间内的广汽丰田、三得利、康师傅面等品牌的展示、三得利乌龙茶门店和任务系统……这些都是咪咕和品牌创新尝试的最佳案例。咪咕世界杯合作的整体介绍，我们可以通过下面这条短片了解一下。

咪咕为什么有这样的自信，打造首个世界杯元宇宙？这是因为背后有中国移动的支撑。作为国内最大的通信运营商，中国移动在5G、算力网络和智慧中台上的能力积累，位居行业前列。

背靠中国移动的数智能力，咪咕推出了元宇宙的MIGU演进路线图，一共分四个维度，算力网络提供最底层支撑；具有游戏互动特点的全新引擎，提供持续生长的动力来源；沉浸式的社交连接，通过超高清视频、VR、AR、视频彩铃、智能硬件，打造全新的社交方式。在此基础之上，最后的一个维度是混合现实。它的实现不会一步到位，而是会伴随着数智达人、云原生游戏、互动展陈、数智竞技、数字城市孪生等技术和内容的发展，而逐渐深入。

在核心的场景入口上，咪咕的铁三角在不断进化，拓展更宽广高效的入口。尤其是大屏端，我们不只有移动高清这样的专网产品，也在大力开发“咪视界”这样的公网产品，和越来越多的电视厂家合作，用户量级实现跨越式增长。此外车机大屏、AR/VR硬件设备等也将成为咪咕元宇宙的入口。

内容是保持元宇宙活力的最佳激活剂，不只带来新的流量和话题，还能通过IP为元宇宙空间赋能。在赛事版权上，咪咕拥有国内最强体育版图，“看大赛，上咪咕”已经成为收视习惯。从奥运、冬奥会、世界杯、欧洲杯到亚运会、亚洲杯，从欧冠、五大联赛到NBA、CBA，从WTT、世乒赛到UFC、斯诺克，你能想象到的赛事在咪咕都能找到。

2023年开始，咪咕深度入局电竞，英雄联盟、王者荣耀和和平精英这三大年轻人最喜爱IP，旗下顶级的职业赛事都将在咪咕上线，我们会制作咪咕单独的解说流，吸引更年轻的受众人群“看电竞，上咪咕”。除此之外，在数智竞技、全民健身、中国文化和剧综版权上，咪咕也在广泛布局优质内容，比如最近咪咕全网独播的《冰冻星球2》，这是BBC最高等级的纪录片，大卫爱登堡旁白，汉斯季默配乐；比如12月至次年1月会联合独播的《三体》等。

基于以上，咪咕的元宇宙能帮品牌做什么？我们有一个同心多圆的营销资源图。最中间是品牌，从内向外分别是内容层、场景层、策略层和技术层。内容是土壤，场景是触点，策略是玩法，技术是支撑。在这样的背景下，品牌和咪咕元宇宙可以展开针对数智人、数字空间、场景商业、创新互动、数字商品等多个维度的合作，为品牌提供新品发布、虚拟代言、体验营销等解决方案。

这些是具体可以展开的合作方向，我们也希望和品牌一起共创，突破传统，超越想象，打开更多的合作可能性！

今年广告节在厦门举办，而厦门其实也是元宇宙的生态样板城市，今年咪咕动漫和其他13家单位共同发起的“元宇宙产业联盟”就是在厦门成立的。这是难得的缘分和故事。

最后我想用一支片子，送给厦门。祝愿厦门的元宇宙产业越来越好，让我们看到更多的无限可能！

谢谢大家！

中国广告年鉴 2023

CHINA ADVERTISING YEARBOOK

广告案例

Advertising Case

风起东方 大潮奔涌 东方崛起的国际化力量

2022年2月11日，海尔集团联手凤凰卫视集团以“风起东方”为主题，举办海尔健康空调节启动暨卡萨帝鉴赏家空调全球首发仪式。活动借助凤凰影响力和国际化媒体资源，向全球传递海尔健康空调的先进理念，形成一场跨越国界的全球大发布。

一次关于“风”的沉浸式场景交互

此次发布会选择以“风”为核心表达，通过层层递进的环节设置来发布新产品、启动健康空调节，构建“人与风、人与健康、人与自然”的空气生态碰撞。海尔作为拥有东方实力的自主企业，凤凰作为拥有东方态度的国际媒体，在2022年海尔健康空调节之际，两大东方品牌首次联动，通过传递健康理念，彻底改变传统认知，引领了健康空调潮流。

好的健康空调不仅能带来健康风，还能提供健康空气和生活空间。为此，发布会设置了4个生活场景，深入解读海尔空调的亮点。其中，“风范”展示了符合绿色低碳政策的海尔机械师和洗空气空调；“风潮”展示了智能化使用场景；“风雅”展示了鉴赏家空调的舒适度；最后，“风起”标志着健康空调节的正式启动。

一场健康生活理念的全球大发布

家庭，是我们停歇的港湾。健康，让我们拥有无尽的力量。借助凤凰的影响力，海尔向更多用户传递健康空调理念，普及全民健康知识。

消费者过去普遍认为，省电的空调才是最佳选择，往往忽视了健康呼吸的重要性。活动通过嘉宾对产品的交互体验，让消费者全方位了解健康空调的益处。在广度方面，音乐人阿朵、英雄联盟官方解说管泽元和rapper早安等自带流量的嘉宾明星来到现场，与全球消费者共同感受健康空气的场景体验。在深度方面，活动邀请了呼吸道健康专家和环境领域专家，在各自领域分享了对健康生活的独到见解，提升消费者的共鸣。活动还采用XR虚拟现实技术展示海尔空调新品，增强发布会的体验感。

此外，发布会选择了凤凰国际传媒中心作为举办地，该建筑体现了东方美学和绿色生态环保理念，与海尔产品的理念高度契合。活动现场打造了梦幻华丽的舞台、科技感与现代感的灯光、环绕着健康舒适的空气生态，展示海尔的“环保、健康”定位。场馆的科技之美与海尔空调新品相互呼应，呈现出一场视听盛宴。

一个覆盖全球的空调狂欢节

凤凰卫视将发布会作为新闻事件播报，让全球华人增强了海尔品牌的认知。在国内传播方面，凤凰联合国内电视台、新闻门户、社交媒体、电商等多平台同步直播和报道，强势引流赋能在线观看量与用户互动，微博构建相关话题，引发社交平台关注热议。在海外传播方面，凤凰联动Facebook、YouTube、Instagram等海外主流社交媒体平台，实现海尔空调品牌故事与价值辐射全球。

通过整合凤凰全系及站外多元平台宣发资源，海尔实现国民级曝光与关注，同时赋能电商营销，实现品效合一。线上电商平台GMV转化达8279万元，下沉同期增幅达677%，赋能新品上市引爆，机械师产品线上预约订单套数超1.5万。

海尔借势凤凰的全球影响力，通过凤凰卫视集团旗下台、网、屏、刊、端及社交账号等全媒体阵容，一键触达超190个国家及地区的消费者，打造真正意义上的资源整合与全媒体大发布，将海尔健康空调节打造为全球消费者的节日。

凤凰湾区财经论坛 构筑中国品牌传播典范

凤凰湾区财经论坛，于 2022 年 9 月 21 日正式启动，由凤凰卫视、凤凰网联合多家机构举办，广邀政府官员、专家学者，共商共议中国经济的韧性与前景、大湾区的角色与动向。借助一系列头脑风暴与思想碰撞，为全球经济困境寻求解决方案，为中国未来发展寻找新机遇，探明新方向。

深耕粤港澳大湾区 持续发挥全球影响力

凤凰湾区财经论坛立足大湾区，充分发挥香港、内地优势，从财经议题入手，汇聚全球智慧，碰撞思想与智慧的火花。

论坛嘉宾星光熠熠，包括李家超、覃伟中、李毅中、尚克劳德特瑞谢等近 60 位政商学界嘉宾在论坛发表真知灼见，其中包括 6 位国际嘉宾、13 位省部级领导。香港特别行政区行政长官李家超发表开幕演讲，这是其上任香港特首后参加的首场媒体活动。

论坛话题精彩纷呈。话题囊括最热议题，如“双碳目标下的绿色金融与 ESG”“数字经济与绿色经济双螺旋”等。同时，话题还立足粤港澳大湾区，放眼全世界，连接海内外，探讨“香港在大湾区的角色及优势”“粤港澳大湾区在世界格局中的新使命”“全球视野下的中国新叙事”等，多个话题融会贯通，兼顾广度及深度。

凝萃中国传统“和”文化 品牌印上时代烙印

借助大型活动进行新车发布，对汽车行业来说是首创，更是挑战。红旗作为凤凰湾区财经论坛首席战略合作伙伴，借助论坛成功实现了首款 MPV 的上市推广。

此次论坛与红旗所倡导的中国传统“和”文化非常契合，因此凤凰围绕“和”文化，定制化打造“和而不同、美美与共”多个主题环节，向顶级政商学界嘉宾和全社会传递了红旗的高端影响力。时任一汽集团董事长徐留平在活动中发表主旨演讲并首发 HQ9 新车，彰显红旗的自主品牌核心力量和肩负的社会责任，收获广泛赞誉。圆桌论坛还邀请管清友、单霁翔、龙永图等专家学者，围绕话题“和”而不同——全球视野下的中国新叙事进行交流。

通过活动，广大消费者深入了解中国汽车市场发展，高端目标群体感受到了红旗以“和”文化背书 HQ9 的高端价值。

破局新车上市破圈 助力零起点爆发式增长

汽车品牌的新品上市往往依托垂直媒体，凭借算法实现人群精准推送，以扩大品牌声量。但是，新车往往因为缺乏历史数据，无法通过精准推荐抵达目标客群，无法有效形成破圈上市，这个痛点困扰着众多汽车品牌。

此次借助论坛影响力，红旗 HQ9 新车上市得以成功破圈。具体而言，红旗的新车上市采取“轻活动、重传播”的策略，通过凤凰强大的内容影响力和渗透力，借力凤凰湾区财经论坛这一顶级财经盛会，从零开始爆发式增长。论坛开幕当天，红旗 HQ9 的关键词搜索趋势在巨量算数、百度指数、微信指数从 0 起步直线上升，实现大爆发。

此次论坛充分发挥了凤凰的国际媒体优势，通过高质量内容、高曝光度的活动引起全球广泛关注。论坛相关内容 5 次登上微博热搜，话题总浏览量超过 4.4 亿，通过全媒体传播和全方位推广，海内外传播量超过 4140 万。红旗 HQ9 首发伊始，关注度瞬时提升，品牌指数高达 13900+，关注度远超竞品均值 2000。红旗品牌紧贴时代主旋律，立足粤港澳大湾区战略和国家金融新发展格局，借助凤凰的影响力，形成了精而广的圈层触达，实现内容深度与传播效果双重突破。

重构营销体系 凯丽隆赋能品牌实现生意新增量

凯丽隆作为珍岛集团全资子公司，定位为珍岛商业生态中精准营销业务品牌，为客户提供技术营销服务和产品以及整合营销解决方案，致力成为中国领先的一站式（SaaS+ 营销）技术营销服务提供商。

持续深耕数字营销领域 助力实现品牌长期价值

2022 年，企业正在从“手足无措”中走向“主动积极变革”，尽管这一定伴随着或多或少的挑战。在不断变化的外部环境中，越来越多的品牌以长期主义的眼光布局未来发展。而对于广告服务商来说，也只有帮助品牌实现长期价值才能驱动可持续增长。在面对激烈的市场竞争和多变的互联网媒体环境下，凯丽隆依托巨量生态、腾讯生态和阿里妈妈生态在数据、资源、技术等方面的优势，持续聚焦优质内容、精细运营、智能营销工具开发等多维度服务能力，从全局视角出发，从底层运营着手，为品牌主提供从品、效、销、私全营销链路的一站式整合营销解决方案，用整合营销打造用户拉新、留存、促活、复购完整的商业闭环，为品牌获得更高的投放回报率，帮助品牌实现长期价值。

探索酒店营销新链路 多矩阵布局破出新增量

近几年，酒店业由于受疫情的冲击，急需寻求破局之道，期望通过数字化战略布局实现逆袭与突围，打开新的市场。疫情下人们的消费模式和消费行为越来越依赖数字化，抖音作为旅游产业发展的推动力量，旅行相关话题在抖音一直有着较高的热度，这也成为酒店业的营销新机遇。

针对酒店集团品牌，在营销策略上，凯丽隆首先洞察品牌在抖音平台的需求热度及影响力，精准分析用户消费决策方式，评选几家优质酒店作为抖音引流，以点到面，打造以区域为点带动全国品牌流转；同时，凯丽隆创新酒店营销链路，集合多元账号矩阵为区域酒店赋能，线上线下联动，打造全链路流量聚合，深度引流转化精准用户，还能帮助品牌实现招商加盟。其次，多账号 + 多链路 + 内容多元，用不同主题和创意触达用户，做到千人千面，实现人群分层转化。最后，深度结合区域文旅资源，多维引流，KOL 带领用户线上沉浸式体验，实力种草，提高品牌声量的同时迅速转化。

基于以上营销策略，针对各区域打造高品圈层活动，逐步强化圈层用户认知，利用直播矩阵创新玩法快速引爆品牌，针对不同人群分层转化，实现区域多元变现，再利用抖音平台五大黄金矩阵资源（开屏广告 + 抖音热榜 + 挑战话题页 + 热点品专 + 推荐信息流）集中宣推，为品牌快速造势，线上种草线下打卡，通过 KOL 达人探店高质量引流获客，最终实现搜索指数提升、加盟线索获取、GMV 达成、目标人群触达等多项营销目标的达成。

IP+ 抖音整合营销 构建品牌增长营销新支点

疫情同样也给服装行业带来了一些负面影响，但也催生着新的消费方式以及新的业态形成，这在一定程度上给服装行业带来了新的发展机遇。根据抖音电商联合巨量算数的数据表明，抖音电商为服饰商家带来巨量的生意新机会。

在服装行业，有部分品牌虽然很具有代表性，但也都面临着品牌声量小及市场销量落后的双重考验，服装 x 时尚 IP 的结合逐渐成为品牌打造差异化竞争力的法宝。但 IP 新品宣发如何借助抖音平台扩大活动声量实现拉新的同时达成销售任务，是各品牌面临的一大挑战。

为实现销量和声量双增长，凯丽隆帮助品牌制定抖音整合营销策略，在营销资源上，通过抖音品牌资源曝光为新品预热造势，带动品牌声量增长；在人群玩法上，打造“宽专快”三步走策略，从扩展人群导入、聚焦人群转化、加快人群渗透三步策略打造人群新玩法，构建从认知到拥护营销矩阵；同时，基于人群画像与测试结果构建广告投放模型，确保实现人群高效精准触达；在流量结构上，利用明星、头部、腰部、尾部不同圈层 KOL 种草强化产品认同，结合代言人空降品牌直播间提高产品转化；在内容策略上，一方面利用直播高光切片促进二次种草，另一方面，自然热度上升刺激 PUGC 内容产出，为品牌后续营销留存内容资产。针对服装品牌，凯丽隆在帮助品牌完整实现从活动预热、明星背书、KOL 引流种草、直播销售收割到营销资产留存的有效闭环的同时，帮助品牌实现 GMV 的增长。

过去一年，凯丽隆仍然在不断地创新营销新模式，为实现品牌商业价值加码升级。针对电商引流客户，凯丽隆开发的臻惠投 TMS—麦斯引擎一站式 CID 系统，从技术和服务上真正为品牌解决了“品”“效”“销”三大根本问题。在新的营销生态下，企业会更注重品牌价值的增长，更加强调渠道融合，凯丽隆也将持续帮助品牌通过数字化手段构建全渠道的增长路径，利用营销技术实现品牌全链路商业升级。

中国广告年鉴 2023

CHINA ADVERTISING YEARBOOK

广告优秀作品评选

Excellent Advertising

第二十九届中国国际广告节长城奖获奖作品名单

金奖

作品名称	类别	获奖单位
开局	视频	SG 胜加
上场	内容营销	SG 胜加
“凯迪 LIKE U”凯迪拉克 2022 春节传播	品牌营销	SG 胜加
孔雀，孔雀	视频	SG 胜加
富春山居图	智能营销	TOPic & Loong
Nike	数智经营	阿里妈妈
JEEP 走近路——地图篇	平面	安徽省维纳斯广告有限公司
JoyCube	户外	北京黑弓文化传播有限公司
爱慕抱抱内衣：大可托付于我	音频	北京天与空互动广告有限公司
我不想做这样的人	内容营销	哔哩哔哩
送给 2021 忙着生活的你	视频	芬格数字文化集团有限公司
京东快递——转眼即达	平面	广东省广告集团股份有限公司
京东快递毕业季：寄给下一个自己	整合营销	广东省广告集团股份有限公司
世界微笑日“夹缝中的笑脸”	场景营销	广州有了创意咨询有限公司
快手幸福乡村 MBA	公益营销（公益与企业社会责任）	快手
Libresse 薇尔“月经不隐藏” 从 0 到 1 三年先锋力营销 造高端女护超级品牌	整合营销	蓝色光标数字营销机构
来了	电商营销	磨染 MORETHAN
天美意 & 哈利·波特联名整合营销	整合营销	上海能乘文化传播有限公司
麦乐送喵乐送——窝在一起过冬天	整合营销	上海谦玛网络科技有限公司
KiWi 的抱抱	跨界营销	上海擅美广告有限公司
没有穿不坏的鞋 只有踢不烂的你	视频	上海胜加广告有限公司
发现家里的矿	品牌营销	上海天与空广告有限公司
闲鱼上一卖相承的宝贝	内容营销	上海天与空广告有限公司
天刀国风至，湘西拂新颜	文旅营销	因赛集团
比鹿蜀计划	品牌营销	华为
听见，听不见的音乐	品牌营销	有氧 YOYA
钉钉消失博物馆：为创造 做减法	内容营销	有氧 YOYA
钉钉消失博物馆：为创造 做减法	场景营销	有氧 YOYA
舌尖上的水墨丹青	平面	有氧 YOYA
国宝不止一面	视频	有氧 YOYA
再小的创意，都值得被守护	视频	有氧 YOYA
移动的家	视频	真传有道（厦门）文化传媒有限公司

（续）

银奖

作品名称	类别	获奖单位
顺丰箱伴计划 益起纸造美好	公益营销	25HOURS
我的影子朋友	（公益与企业社会责任）	dentsuMB 中国
每双辛勤劳动的手，都是美好生活的小帮手	内容营销	Pre.1
没有牛的奶	视频	RedBank 红岸
联想 # 智慧中国 # 三部曲	平面	SG 胜加
只留浪漫 不留吻痕	品牌营销	SG 胜加
地球情书	视频	SG 胜加
名画前传：一个可以打开名画的艺术展	视频	SG 胜加
妈妈爱花 我们爱她	场景营销	SG 胜加
小杯杯的日子	视频	W
Ubras	视频	阿里妈妈
smart× 百度营销：《无你不明天》	数智经营	百度营销
给爸爸的 100 件礼物	智能营销	北京金上元文化发展有限责任公司
三星 × 爱丽丝特展场景营销项目	视频	北京鹏泰互动广告有限公司
新年快递	场景营销	北京天与空互动广告有限公司
热爱的诞生	视频	北京天与空互动广告有限公司
我不想做这样的人	内容营销	哔哩哔哩
四川旅游——四川话考试篇	品牌营销	成都广电天成传媒有限公司
Johnnie Walker 天猫欢聚日营销活动	音频	淳博（上海）文化传播股份有限公司
绷不住了	电商营销	大方众智创意广告（珠海）有限公司
风起印尼 逐梦全球——“五菱新能源 走向世界”整合营销海外宣推项	平面	凤凰网
京东快递够快就够近	全球化营销	广东省广告集团股份有限公司
世界微笑日“夹缝中的笑脸”	平面	广州有了创意咨询有限公司
有事您说话 2022	内容营销	好旺角 GMKOK
岳阳楼记——沉浸式诗酒幻境	内容营销	湖南天择城旅文化旅游有限公司
洽洽瓜子脸面膜，嗑出你的瓜学反应	文旅营销	火研社
蚂蚁集团 × 快手《相信相信的力量》奥运营销	跨界营销	快手磁力引擎
“她力量”浸润下的上海家化新市井之旅	内容营销	快手磁力引擎
每个人都是某个人的光	整合营销	木瓜创意
京东读书 - 问你买书	视频	群玉山
世界和你一起深睡	内容营销	上海奥美广告有限公司
不新鲜超市	整合营销	上海赤马传媒
天猫 618——第一个吃螃蟹的人	视频	上海德高申通地铁广告有限公司
小红书 × 谷爱凌《中国有好雪》	品牌营销	上海动观文化传播有限公司
一个汉堡引发的狠辣	视频	上海李奥贝纳广告有限公司
水墨画里的汉堡	品牌营销	上海李奥贝纳广告有限公司
天美意 & 哈利波特联名 魔法巴士	视频	上海能乘文化传播有限公司
特步 321 跑步节 # 跑步的味道 # 整合营销	户外	上海能乘文化传播有限公司
自由飞热气球高空扁带	整合营销	上海千羲文化传媒有限公司北京分公司
Couple car 五菱 NanoEV ｜ FREE TWO GO 天生自由	整合营销	上海擅美广告有限公司

（续）

作品名称	类别	获奖单位
多问一个问题	视频	上海天与空广告有限公司
健康罚单	场景营销	上海天与空广告有限公司
一面之缘 挂闲鱼	整合营销	上海天与空广告有限公司
天书书法展	品牌营销	上海天与空广告有限公司
聚划算——划算 8:30	平面	上海天与空广告有限公司
张小泉剪刀	平面	泰安闪亮登场展览服务有限公司
百年梦想家	视频	腾讯 QQ 浏览器
农夫山泉果汁系列	平面	盐城市明日交投传媒有限公司
麦麦夜市	整合营销	壹捌零
# 跑到没影 牛到没边 # 整合营销	整合营销	有氧 YOYA
一支给不过敏的人看的广告	视频	走神 OGK

铜奖

作品名称	类别	获奖单位
泡泡拿铁，随时冒泡	品牌营销	AKA 互动广告
为地球声援	整合营销	IPOINT 点新众创
敦煌古籍巧克力	跨界营销	LxU 以乘
偷不走的 2021	内容营销	LxU 以乘
vivo S15 手机上市预热系列视频	视频	Pre.1
没有穿不坏的鞋 只有踢不烂的你	视频	SG 胜加
博世	数智经营	阿里妈妈
京东 长在年轻人笑点上的共生式营销	整合营销	爱奇艺
性致不减——心电图篇	平面	安徽省维纳斯广告有限公司
东方红	智能营销	百度集团品牌市场部
月圆奇妙夜	视频	北京峰芒广告有限公司
月圆奇妙夜	内容营销	北京峰芒广告有限公司
京东 Red Story 2021 | 索	视频	北京六翮文化传播有限公司
成都传奇 & 萝莉椒	视频	北京龙江波影视文化有限公司
全情，全新	视频	北京摩天视觉文化传媒有限公司
光阴的故事 2022	视频	哔哩哔哩
肯德基首创电竞明星卡，打造世界第一赛区粉丝联盟	整合营销	传立中国
去追光，身上就有光	视频	芬格数字文化集团有限公司
COP15 裸眼 3D——大象又来了	文旅营销	广播分会 - 昆明广播电视台
长隆野生动物世界——致命口罩篇	平面	广东广旭整合营销传播有限公司
红罐王老吉“百家姓图腾罐艺术展”	场景营销	广州地铁传媒有限公司
宝洁奥运全域整合营销：只要上场·就要漂亮	整合营销	广州灵思远景企业管理有限公司
来一桶春天	视频	广州天与空广告有限公司
喜马拉雅九周年用户故事片	视频	好旺角 GMKOK
膜法锁鲜 持久保鲜	平面	华赣传媒集团江西新格广告发展有限公司
上鲜	平面	华意文化传媒有限公司
今年年货节，在抖音看见后背力量	内容营销	巨量引擎
波司登“首创风衣羽绒”新品营销战役	整合营销	巨量引擎
冬泳妈妈，决定申奥	内容营销	快手磁力引擎

（续）

作品名称	类别	获奖单位
快手市井耀新春	整合营销	快手磁力引擎
快手变形金刚车—最李姐新市井的一次旅行	整合营销	快手磁力引擎
沃尔沃 XC40 纯电版“冰封挑战”	整合营销	朗知传媒
来了	视频	磨染 MORETHAN
给可乐打点中国气	整合营销	南京市广告协会
看见	视频	盘古影业有限公司
深度好睡眠	音频	曲阜师范大学
京东读书——问你买书	电商营销	群玉山
东航 × 胡歌品牌片《圆梦巨人》	视频	上海不只广告有限公司
王老吉——百家姓氏图腾罐亮相地铁	品牌营销	上海德高申通地铁广告有限公司
天美意 & 哈利·波特联名内容营销	内容营销	上海能乘文化传播有限公司
麦乐送喵乐送——窝在一起过冬天	场景营销	上海谦玛网络科技有限公司
做美好生活的设计师—碧桂园未来契约青年社会设计大赛	整合营销	凤凰网
站出来改变偏见	品牌营销	上海天与空广告有限公司
须尽欢 × 故宫博物院营销案例：宫扇摇，须尽欢	品牌营销	内蒙古伊利实业集团股份有限公司/NOC 须尽欢
送给上海的拼贴诗	整合营销	上海天与空广告有限公司
打个电视 让爱相见	视频	上海天与空广告有限公司
一面之缘 挂闲鱼	平面	上海天与空广告有限公司
墨镜是这个时代的小小门	品牌营销	上海天与空广告有限公司
不月光加油站	场景营销	上海天与空广告有限公司
闲鱼上一卖相承的宝贝	视频	上海天与空广告有限公司
闲鱼上一卖相承的宝贝	品牌营销	上海天与空广告有限公司
塑料雪山	户外	上海天与空广告有限公司
只要心相印	视频	上海天与空广告有限公司
金典 × 上海日报：助力上海独立咖啡馆新生	整合营销	上海希遐广告有限公司
PUBG MOBILE × BLACKPINK 合作曲 MV	视频	深圳市点维文化传播有限公司
一网篇 两网篇	平面	省广营销集团有限公司
可口可乐 byte 律动方块——元宇宙灵感可口可乐	整合营销	时趣互动（北京）科技有限公司
城市距离，近在咫尺	平面	苏州城市动力传媒股份有限公司
伊利植选 × 只此青绿：千年宋韵质感的端午全链路营销	整合营销	网易传媒
一块屏，看见更多可能	公益营销（公益与企业社会责任）	网易传媒
# 闪闪发光的她 # 天猫 38 节情感营销	电商营销	微博
贴地飞行	视频	熊强
美团 × 琼瑶《七夕花语》	品牌营销	壹捌零
麦麦夜市	内容营销	壹捌零
妙笔生花	视频	因赛集团
中国银联：1 元闪付拍卖会	场景营销	有门互动
# 跑到没影 牛到没边 # 跨界营销	跨界营销	有氧 YOYA
IQOO10×BMW 闪充时速巅峰对决	电商营销	原象信息科技有限公司
轮胎的自我修养	视频	真传有道（厦门）文化传媒有限公司
方太 × 知乎“油烟情歌”	内容营销	知乎

（续）

作品名称	类别	获奖单位
道道全东方山茶油“民族品牌耀眼东方”	品牌营销	至简天成文化传媒有限公司
一朝蟹临门，满载太湖梦	视频	浙江众信品牌管理有限公司

年度媒介创新

作品名称	类别	获奖单位
JoyCube	年度广告公司	蓝色光标数字营销机构
一方植遇	年度广告公司	有氧 YOYA
富春山居图	年度广告公司	中视智扬体育文化产业（北京）有限公司
与苏神一起跨年	年度广告公司	原生动力（北京）数字传媒科技有限公司
真爱和你一起听	移动媒介	网易传媒
我的广告位分你一半	户外	快手磁力引擎
有虎气	社交媒体	腾讯广告
视频号演唱会，朋友圈刷屏新引擎	社交媒体	腾讯广告

年度广告公司

类别	获奖单位
年度广告公司	蓝色光标数字营销机构
年度广告公司	有氧 YOYA
年度广告公司	中视智扬体育文化产业（北京）有限公司
年度广告公司	原生动力（北京）数字传媒科技有限公司

年度品牌

获奖品牌案例	类别	获奖单位
哔哩哔哩参选最佳年度品牌评选	年度品牌	哔哩哔哩
我的广告位分你一半	年度品牌	快手磁力引擎
社杂青年的年	年度品牌	上海明晰文化传媒有限公司
OLAY × 知乎“科学有她”青年女科学家助力计划	年度品牌	知乎
联通每个三亿分之一	年度品牌	北京杰尔思行广告有限公司
2022 年巧乐兹品牌年度整合营销	年度品牌	内蒙古伊利实业集团股份有限公司 / 巧乐兹
收集美好人生	年度品牌	湖南卫视
水墨画里的汉堡	年度品牌	上海李奥贝纳广告有限公司
一汽奥迪销售有限责任公司	年度品牌	一汽奥迪销售有限责任公司
邮储银行 2021 年全媒体整合营销项目	年度品牌	昌荣传媒股份有限公司

第二十九届中国国际广告节长城奖（广告学术类）获奖作品名单

银奖

作品名称	获奖人	单位职务
基于演化博弈的互联网广告流量欺诈现象的仿真实验与治理启示	雷蕾	中央民族大学新闻与传播学院 副教授
品牌叙事	王菲	中国人民大学新闻学院、现代广告研究中心主任
人工智能传播的信任维度及其机制建构研究	杨先顺、莫莉	暨南大学传播与国家治理研究院院长

铜奖

作品名称	获奖人	单位职务
中小企业数字化转型发展报告（2022 版）	杨乐 易镁金 尹冠群 孔祥宁	腾讯研究院院长 腾讯研究院法律研究中心副秘书长 腾讯营销洞察出品人 腾讯营销洞察联合出品人
改革开放 40 年中国广告研究在国际话语体系中的学术图景与范式取向	杜艳艳 陈培爱	浙江工业大学副教授、 厦门大学新闻传播学院教授
国际品牌形象设计的“融民族性”表达	杨超 梁蓝波	浙江传媒学院教授 澳门大学教授
Learning Graph Meta Embeddings for Cold-Start Ads in C1ick-Through Rate Prediction（关于冷启动广告点击率预测的知识图谱元嵌入）	欧阳文涛	阿里巴巴高级算法专家
中国互联网企业社会责任营销履践与消费者感知	王佳炜	西安外国语大学新闻与传播学院广告系主任
Influence of Consumers’ Temporary Affect on Ad Engagement: A Computational Research Approach（消费者短暂情感对广告参与度的影响：一种计算研究方法）	卢薪宇	上海外国语大学新闻传播学院 讲师
奖项折射出行业的未来之光——长城奖、黄河奖的创意趋势解读	王世龙	辽宁师范大学副教授

2022 中国大学生广告艺术节学院奖获奖作品名单

一、2022 春季征集大赛

全场大奖

作品名称	命题企业	作品类别	作者姓名	作者学校	指导老师姓名
疯狂的达利	达利园	营销策划	施静怡、李紫怡、连雪华、蒋少玲	福建师范大学协和学院	陈丽、王琳
爱柔不破	中顺洁柔	影视广告	付一丹、龚柳、刘梦宇	黑龙江大学	崔德群

金奖

作品名称	命题企业	作品类别	作者姓名	作者学校	指导老师姓名
看见妳研究所	爱玛电动车	微电影	叶美玲、曾珍妮、李静萱、李蔼琳、范可岚	华南师范大学	葛玥、金春姬
公主的玛车	爱玛电动车	营销策划	王进鑫、杨楠峰、张滢、罗雅文、申凯、任婧	福建师范大学协和学院	陈丽
此刻风景 由你赋彩	爱玛电动车	平面广告	李思淮	广西艺术学院	黄仁明
外婆的铁盒子	达利园	短视频	杨婕、许慧琳、梁俊宇、许灿、新吉乐、张可意	华南农业大学	郑文华
唐逗祥派，我要我的派	达利园	产品包装设计	武澈澈、何蕴暄、袁茗	海南软件职业技术学院	刘文佳、张瑞娥、孙雯
爱是一张邮票	达利园	平面广告	王璐杰、林智炫、戚子怡、王悦、李佳慧	湖南文理学院	苏杰
何谓侠	剑网 3	短视频	齐海洋、尹培路、狄昕杰	大连艺术学院	章萌
恰瓜衍生设计	剑网 3	衍生品设计	袁永洁、任馨	宁波大学	周艳
侠之道	剑网 3	广告文案	曾庆伟	江西师范大学科学技术学院（共青校区）	胡国华
侠者	剑网 3	平面广告	李文榆	四川艺术职业学院	张可

金奖

作品名称	命题企业	作品类别	作者姓名	作者学校	指导老师姓名
生旦净丑——洁柔 face 国风系列包装设计	中顺洁柔	产品包装设计	田冲、周亚男、刘竽、张祎哲	湖北大学	黄彦
洁柔韧艺门	中顺洁柔	营销策划	李紫芳、邓云霞、朱珮雯、张鸿燕、蔡佳伟、张湄涢	南昌大学	曾光
洁柔，不“纸”于此	中顺洁柔	平面广告	潘蕾、周可欣	贵州大学	李戎
祛痘笔	班赛 & 达芙文	综合设计类	刘佳琪	河南工业大学	刘林
cp 绝不 be	班赛 & 达芙文	影视广告	王瑞晓、李渴、陆晴晴	浙江传媒学院（钱塘校区）	李楠
青春不躺平，战痘我能行——班赛 & 达芙文营销策划案	班赛 & 达芙文	营销策划	刘思睿、张颖、肖添悦、王馨雨、宋雨航	南京师范大学	
学着接受？我才不！	班赛 & 达芙文	平面广告	戚子怡、李佳慧、王悦、王璐杰、胡俊、林智炫	湖南文理学院	苏杰
“卜吉家族食神纪”文化创意潮玩周边	卜吉熊	衍生品设计	王子钊、张珂瑜、肖思雨、黄心艺	河北大学	许珂、闫楠、孙弋戈
快乐沉浸式	卜吉熊	营销策划	张格、许睿圆	福州大学厦门工艺美术学院	李双
一起玩、更开心	卜吉熊	平面广告	申松鑫、吴水平	四川农业大学（雅安校区）	陈坤
“锁”住经典 IP——凯迪仕门锁系列广告	凯迪仕	微电影	李晨琳、邵翊宸、宋肖晗、赵凌云、林冠宇、田金玉	浙江传媒学院（钱塘校区）	唐本达、于亮、齐峥峥
拥抱美好	凯迪仕	平面广告	王艺超	苏州科技大学	朱永明
平平历险记	鲁南制药 - 晓平	短视频	陈宇冰、吴鸿仪	广东农工商职业技术学院	吴夏莹、张燕丽、涂佳俊
“可爱”的冒个泡	鲁南制药 - 晓平	广告文案	郑媛媛	浙江工商大学杭州商学院	
执着于每一寸肌肤	鲁南制药 - 晓平	平面广告	颜惠萍	萍乡学院	谢琼梅
洗漱青春	冰泉	短视频	丁之懿	南京林业大学	唐丽雯
冰泉气泡水包装	冰泉	产品包装设计	余玲莉	湖南涉外经济学院	藺清
去冒泡吧	冰泉	营销策划	高山月、班亚林、吴雅婷、周静柔、吴俊庆	浙大城市学院	骆小欢
清香之口发哨声	冰泉	平面广告	郑珩	广东白云学院	项德娟
豆本豆健康大作战	豆本豆	漫画故事	滕子砚	广西大学	唐方文
营养双子星 有机双保障	豆本豆	微电影	周洁、王姿懿、解梦圆	北京师范大学 - 香港浸会大学联合国际学院	蒋崴

作品名称	命题企业	作品类别	作者姓名	作者学校	指导老师姓名
宜“豆本豆”	豆本豆	广告文案	周祖萌	厦门理工学院	
看得见的自然，看得见的健康	豆本豆	平面广告	钟雯艺	东华理工大学	王宾旗
小可宝 IP 形象设计	可比克	IP 形象设计	王婷、赵倩、周洁、赵国耀	云南民族大学	王艳
当韩熙载遇上可比克	可比克	影视广告	张超、陈海涛、岳鑫萍	四川传媒学院	杨希云帆
花小薯反 emo 作战计划	可比克	营销策划	李知明、李羿杭、贾硕、韩京芫、胡佳慧	商丘师范学院，湖北文理学院	何学军、郝辰宇
珍享可比克，花香果香每一刻	可比克	平面广告	杜婷	郑州大学	唐本达、于亮、齐峥峥
画不出的蚊子	榄菊	短视频	王奕珽、梁婉玲、周可心、郑海川、尤星晖	福建师范大学协和学院	高媛媛
觅食记	榄菊	短视频	朱家正、许雅婷、王雪蕊、于杭冉	山东政法学院，山东师范大学，宁夏大学，南昌大学	胡睿
净化之战	榄菊	影视广告	何尔秋、汪婧、任怡璇	浙江传媒学院（钱塘校区）	李楠
用榄菊，科技灭蚊	榄菊	平面广告	刘佳怡、董梦琦、杨元帆	郑州轻工业大学	苏娟娟
逍遥	利郎	服装设计	于川慧	燕京理工学院	陈良雨
认识自己	利郎	短视频	任宏杰	大连东软信息学院	修昕昕、袁培
外穿休闲衬衫，是个宝物！	利郎	短视频	王冬影、祁雅文、李雪	南京林业大学	彭俊
利郎 LESS IS MORE 外穿衬衫，满足你的品质生活	利郎	广告文案	吴容幸	防灾科技学院	李爱哲
可交互利郎展示橱窗	利郎	平面广告	魏伟业	广东科学技术职业学院	杨亚林
让爱更坚固	圣象集团	影视广告	张声贝、毛钰琨、龚如燕、杨泽涛、吴金敏	浙江金融职业学院	洪小平
寻找消失的地平线	圣象集团	营销策划	林少婷、施艺彬、吕婧、王嘉璇	福建师范大学协和学院	陈丽、王琳
妈妈日记	圣象集团	平面广告	吴璇、项晶寒	江汉大学	张海源
并肩作战，一起掌握人生选择权	华润紫竹 - 毓婷	综合设计类	王子祎	同济大学（嘉定校区）	梅明丽
Controlled by me	华润紫竹 - 毓婷	微电影	张如倩、程立铭	江西科技学院	
属“毓”你的我	华润紫竹 - 毓婷	微电影	李佳奇	哈尔滨师范大学	于海礁

作品名称	命题企业	作品类别	作者姓名	作者学校	指导老师姓名
毓婷保护你	华润紫竹 - 毓婷	平面广告	郭雅男	北京印刷学院	刘秀伟、张颖慧
你有你的 Young	华润紫竹 - 毓婷	平面广告	黄紫芬、缪佳臻	广东财经大学（广州校区）	
黄绿蓝	碧生源	广告文案	朱琪	江汉大学	吴光恒
逃圆三结义	碧生源	营销策划	吕宇、张嘉怡、刘琴	重庆交通大学（南岸校区）	潘力、曹瑞刚
精准守护，伴你同行！	快克药业	文创产品设计	林展宇	广东科学技术职业学院	曾凡宁
你和它都是孩子的超人	快克药业	微电影	路博予、冯佳悦、管天骏、刘卉	长江大学(武汉校区)	蔡凌楚
“半包”租婆	快克药业	营销策划	晋北、黄俊、李佩霞、赖沛莹、蔡依琳	福建师范大学协和学院	陈丽
我的绘画日记	快克药业	平面广告	蔡晶霖	金华职业技术学院	修瑞云
对影成乐	锐澳酒业	摄影作品	罗莹燕、樊国迎	广西大学	唐方文
强爽可调重提壶哑铃	锐澳酒业	文创产品设计	朱越崎	北京城市学院（顺义校区）	刘红
李白强爽诗百篇	锐澳酒业	视频类	毛可馨、张静、庞钰清、刘宸言、武亨	南京林业大学	黄霁风
rio 微醺三部曲	锐澳酒业	广告文案	宋一平	苏州城市学院	崔小春
酸甜苦辣	锐澳酒业	广告文案	姜梦蝶	湖南工业大学	
一罐不过冈	锐澳酒业	营销策划	张民伟、曹哲、陈周越、李宇航、夏可轩	南昌大学	曾光、熊云皓

二、2022 秋季征集大赛

全场大奖

作品名称	命题企业	作品类别	作者姓名	作者学校	指导老师姓名
元宇宙纤纤牵手告白计划	碧生源	营销策划	王安琦、刘媛佳、刘芷男	吉林艺术学院	颜成宇、岳小颖
致咬牙前行的你	云南白药	营销策划	许婧怡、杨钰莹、卢静仪、傅文静	福建师范大学协和学院	陈丽

金奖

作品名称	命题企业	作品类别	作者姓名	作者学校	指导老师姓名
山楂伙伴，健康陪伴	山楂树下	产品包装设计	曾志、刘世鑫、谢贺伟、敬何强、张鑫	绵阳师范学院	谢名言
墨·栉·笄	梦金园	产品设计	张奕博	北京服装学院	韩欣然

作品名称	命题企业	作品类别	作者姓名	作者学校	指导老师姓名
小蜜蜂 IP 形象优化及衍生品设计	华润紫竹 - 蜂胶口腔膜	衍生品设计	曾诚、王思蓓、李厦瑶、丁泽丽	南宁理工学院（南宁校区），南宁理工学院（桂林校区），黔南民族师范学院	赵晶晶、刘丽华、陈福珍
喝乐虎加 BUFF	乐虎	营销策划	李思琪、吴咏欣、杨湘悦、邓诗婷、陈焕昌	广东培正学院	宋可
逗猫棒棒糖	素力高	产品设计	王艺融、何垚熠、向雨、江伟捷	湖南理工学院	刘沙城、袁上杰
它来了	霸王	微电影	罗睿祺、张谷昊、赵珮洁、廖桢玉、胡越洋	四川传媒学院	薛芮
屁屁猩的屁猿屁语——节日篇	ADOONGA 屁屁猩	广告文案	吴静雯、魏世贝宁、谢嘉敏	厦门大学	周雨
象国，满足你的一切想象	象国食品	短视频	毕然、梁茹琪、张婷	广州大学	
安德普泰小剧场：战“痘”	安德普泰	短视频	张语嫣、王文爽、袁梦凝	北方工业大学	李明合、罗晨僖
新小药精角色设计	霸王	卡通人物周边设计	吴淑芳	福建农林大学	范娴瑛
轻松 get 理想喵	素力高	短视频	刘淑敏、徐艺丹	南京工业大学	赵雪彤、荆翡
我的“+”“-”生活	双鹿碱性电池	营销策划	刘佳伦、曹怡婕、黄方旻、郑雨薇、王怡然	中南大学	宋湘绮
牙牙的魔幻小世界	冰泉	平面广告	陈恬悦、王晓冰、梁佳玮	湖南理工学院	徐皓宇
年轻人，吃的消	华润江中	漫画故事	杨心怡、曾佳彬、邹岚、李雪婷、张爽、巩文佳	湖南文理学院	苏杰、蔡佳穗、熊跃珍
自然平衡，固本强韧	霸王	摄影作品	蔡云蕾、周书婉	南京艺术学院	
处世良方	荊茶	营销策划	曹斯莹	福建师范大学协和学院	沈惠娜
退圈声明	马应龙	营销策划	王巧如	福建师范大学协和学院	陈丽
书中自有黄金屋	梦金园	产品包装设计	谢涵濡	珠海科技学院	魏骥原
优质蛋的诞生	无穷食品	平面广告	徐诗意	杭州师范大学	
锋玩世界	锋兰达	短视频	尚以兰	长春工业大学	周游

作品名称	命题企业	作品类别	作者姓名	作者学校	指导老师姓名
乐享生活	乐虎	短视频	赵翊卉、葛莹莹、刘子涵、郑凯、孙嘉萁	南京传媒学院	朱庆远、张巍
快克三行诗	快克药业	平面广告	戚子怡、胡俊、李佳慧、王悦、王璐杰、林智炫	湖南文理学院	苏杰、蔡佳穗
当西游记遇上云南白药	云南白药	平面广告	王梦瑶、汪思昕	河南财经政法大学	于涊尘
萂茶	萂茶	平面广告	高杨悦	四川电影电视学院	曹晓婧
凤眼流盼，回眸千年	马应龙	文创产品设计	郑如泓、朱珍莹	福州外语外贸学院	肖清尹
祛痘快捷键	鲁南制药 - 晓平	广告文案	徐杭	吉林工商学院	闫月珏
目光所及皆为美	马应龙	短视频	朱桐瑶、周奕芸、朱荣荣、钟哲	南京传媒学院	王梦瑶、徐宝祥
儒家三则·梦金园篇	梦金园	广告文案	孙传凤	浙江传媒学院（钱塘校区）	唐本达、齐峥峥、戴硕
愿你诸事“粥”全	银鹭食品	营销策划	陈梦浇、张恒	黄淮学院	董庆涛
鹿，人皆知	双鹿碱性电池	影视广告	梁乐怡、吕毓嘉、岑晓敏、冼翠莹、彭俊华	珠海科技学院	栾倩、周严、周瑶
小食化了	华润江中	广告文案	苏阿丽	福建师范大学协和学院	高媛媛
有口腔溃疡，莫怕	华润紫竹 - 蜂胶口腔膜	平面广告	蒋珺文、廖莹洁、吴小巧、张可如	东华理工大学	王宾旗
适界就在脚下	匹克	平面广告	林智炫、李佳慧、胡俊、王璐杰、戚子怡、王悦	湖南文理学院	苏杰、蔡佳穗
辣妈说	卡尔顿	营销策划	许乐遥、邓心韵、任佳成、黄易孜、左昭睿、郭智宇	郑州大学	韩文静
纤纤东方美	碧生源	平面广告	史君莲	山东科技大学（青岛校区）	孙德波
时刻喝乐虎，随时有能量	乐虎	平面广告	杨梦瑶	平顶山学院	
朋克屁屁猩	ADOON-GA 屁屁猩	平面广告	陈甲梅	昆明学院	潘莉娟
酱心象国	象国食品	平面广告	赵婧宇	潍坊理工学院	宰丽娟
毓婷——选择美好生活	华润紫竹 - 毓婷	平面广告	孙玉洁、韩宗妍、樊栩岑	北京化工大学（昌平校区）	
超载	碧生源	短视频	张雅歌、朱首旭、刘依然	河南开封科技传媒学院	程沛、王健宇

作品名称	命题企业	作品类别	作者姓名	作者学校	指导老师姓名
快克出击，快乐生活	快克药业	短视频	顾冯冯、何铭华、李鹏飞	武汉科技大学	万云青
治愈力之现代医药科技	云南白药	产品包装设计	姜鑫	长春师范大学	贾典娜
小心滑！	安德普泰	平面广告	王悦、戚子怡、李佳慧、林智炫、王璐杰、胡俊	湖南文理学院	苏杰
念象	象国食品	短视频	陈子恩	江西服装学院	陈思辰
尽享卡尔顿	卡尔顿	平面广告	向桐	重庆三峡学院	陈苏洁
贪吃无忧	华润江中	产品包装设计	吴晓莉	四川音乐学院	万蓉
乐乐虎 IP 形象设计	乐虎	综合设计类	周智丽	天津商业大学	郑红
祛痘无烦恼	鲁南制药 - 晓平	平面广告	王来笑	安徽师范大学	杨晓芳
敢想敢闯敢做	ADOON-GA 屁屁猩	短视频	张子健、孙嘉滋	石家庄铁道大学四方学院	李冰
银鹭的味道，家的味道	银鹭食品	平面广告	吴水平、申松鑫、黄荣飞	四川农业大学（雅安校区），萍乡学院	陈坤
夏之恋	冰泉	短视频	白雨臻、潘居怡	四川师范大学	骆志伟
双鹿碱性电池海报	双鹿碱性电池	平面广告	陈毅伟、嵇子涵、董奇峰、张翔	安徽工程大学	王愿石
YOUMO(有膜）表达式	华润紫竹 - 蜂胶口腔膜	营销策划	董龙鑫、兰姝娟、徐佳铱、陈晓薇	泉州师范学院	李玉秀
菁菁享“瘦”一下	碧生源	衍生品设计	郑亚敏	湖北大学知行学院	马志洁、胡飞
理想型修猫咪的加油站	素力高	平面广告	郑汝珍、王欣卉、汪伟才、罗雨欣	文华学院	蒋志立
三角形的爱，牢固的爱	华润江中	微电影	黄佳明、皮欢、黄玉如	湖南科技大学	郭娟
互动型——藜麦燕麦粥	银鹭食品	产品包装设计	陈恩城	广州华商学院	袁凤
一“鹭”送上美好生活	银鹭食品	影视广告	江苹苹、董宗泽、张新阳、曾雨桐、李昕鹏、丁帜扬	哈尔滨师范大学	于海礁
锋玩天下，向野而生	锋兰达	平面广告	黄唯丽、梁曼戈、赵菲艳、王佳宁	苏州科技大学	陈卫东
侠名扬	剑网 3	平面广告	陈文韬、李程欣、熊圣然、王舒怡	华南师范大学	孙鹏
和晓平的故事	鲁南制药 - 晓平	影视广告	李国栋、张颖、李妍、巩培育、魏奕、李明宇	临沂大学	李光
超人集结，全军出击	快克药业	周边产品设计	郝志涛	兰州大学	吴义东
超级玩家计划	匹克	营销策划	陈家欢	温州商学院	刘畅

作品名称	命题企业	作品类别	作者姓名	作者学校	指导老师姓名
口腔修复，保你无殇	云南白药	短视频	江淑芳、胡珍、唐韧忻	福州理工学院	邓忠焰
一“健”消消消	华润江中	平面广告	高梦、邓晓帆、曾国娜、罗琦、石正秀	大理大学	宁丽丽
一个人也要照顾好自己呀	卡尔顿	短视频	张小蕾、涂静雯、邝玉婷、刘妍	南昌大学	王波伟
浪漫轻养我“莉”你	莉茶	短视频	贺文卓、王佳琪	湖北文理学院	
“绿水青山就是金山银山”	霸王	平面广告	亢琼	四川艺术职业学院	梁羿
撸猫撸狗 faner	素力高	产品包装设计	刘武、黄智慧	湖南软件职业技术大学	彭小川、邹园
一颗有理想的蛋	无穷食品	短视频	黄琪、宋双、何小清	厦门工学院	迟丹
薪火相传，源远流长	剑网 3	短视频	刘宇霖	佳木斯职业学院	
探索者“远古与未来”潮玩设计	ADOON-GA 屁屁猩	IP 形象或衍生品设计	窦天翔	华北水利水电大学	
人生方程式	安德普泰	广告文案	郭轩竹、刘欣悦	国际关系学院	
双鹿电池 IP 形象设计	双鹿碱性电池	IP 形象设计	张杨	南阳师范学院	
感冒？敢冒！	快克药业	广告文案	赵鑫宇	唐山学院	

（数据来源：广告人文化集团）

2022 年互动创意奖 & 媒体营销奖获奖作品名单

全场大奖

互动创意奖·全场大奖

奖项	作品名称	提报公司
影音游戏媒体类——直播创意营销	张朝阳的物理课	北京搜狐新媒体信息技术有限公司

新区域营销奖·全场大奖

奖项	作品名称	提报公司
年度社区营销案例	厦门中山路·X50 新国潮新国货社区文化活动	厦门新格文创产业有限公司

媒介营销奖·全场大奖

奖项	作品名称	提报公司
网络及移动媒体类——娱乐营销	送一百位女孩回家 5	搜狐视频

公益广告奖·全场大奖

奖项	作品名称	提报公司
健康事业营销	地球上最治愈的星空	F5

内容原生营销奖·全场大奖

奖项	作品名称	提报公司
短视频内容营销	知乎高赞好物 100“3021 年博物馆白日游”	知乎

金奖

媒介营销奖·金奖

奖项	作品名称	提报公司
平面户外类——年度平面媒介营销	宁波移动微管家 向你发来好友申请	广东省广告集团股份有限公司
平面户外类——年度户外媒介营销	从迷局到未来	F5
影音视频类——网络综艺营销	趣多多逗趣小宇宙直击年轻人笑点，传递“逗趣”告别焦虑	腾讯科技深圳有限公司
网络及移动媒体类——AI 技术营销	营销云 RTA 双塔模型，助力品牌广告投放降本增效	北京京东世纪贸易有限公司
影音视频类——短视频营销	一封对话世界的邀请函	科大讯飞股份有限公司
影音视频类——微电影营销	三星 Galaxy S22 × 陆川 # 星夜 # 手机微电影系列	北京鹏泰互动广告有限公司
网络及移动媒体类——智能云营销	营销云赋能一方数据重构，持续挖掘品牌用户资产价值	北京京东世纪贸易有限公司
网络及移动媒体类——娱乐营销	送一百位女孩回家 5	搜狐视频
网络及移动媒体类——自媒体平台营销	冬奥赛场的不速之客	TOPic & Loong
网络及移动媒体类——社交营销	捏捏彩虹，吃定彩虹	DDB China Group
网络及移动媒体类——垂直资讯营销	一杯有温度的情绪咖啡	北京网易传媒有限公司
影音视频类——网剧营销	梦华录	腾讯科技深圳有限公司
网络及移动媒体类——移动终端营销	“从心动到行动”七猫量效突围记	小米营销
影音视频类——年度 OTT 大屏营销	沃尔沃汽车，AR 沃享世界	小米营销
网络及移动媒体类——直播营销	张朝阳的物理课	搜狐视频
网络及移动媒体类——网络红人营销	OPPO 的 CP 小路“呼兰区建国路”	华扬联众深圳公司
网络及移动媒体类——游戏营销	和平精英 × 王宝强：大吉大利和平年	北京市鲸梦文化传播有限公司
网络及移动媒体类——电商营销	万千新年味	北京京东世纪贸易有限公司
媒介整合——媒介整合创新营销	“了不起的中国成分”：终于有一场风为国货美妆而起	北京巨量引擎网络技术有限公司
媒介整合——跨媒介整合营销	京东超市 × 下厨房媒体联盟项目	北京京东世纪贸易有限公司
媒介整合——AR/VR 场景营销	Adidas 时尚发布会打开虚拟音乐营销蓝宇宙	腾讯科技深圳有限公司
媒介整合——智能屏营销	Puma×OTT 投屏广告 高消潮人都爱投屏“摇一摇”	优酷
媒介整合——程序化广告营销	keep 增肌减脂三部曲之「塑形计」	小米营销
媒介整合——事件与公关营销	了不起的新可能，致敬万千生意者	北京巨量引擎网络技术有限公司
媒介整合——体育营销	冬奥“用技术说话”整合营销	科大讯飞股份有限公司

公益广告奖·金奖

奖项	作品名称	提报公司
全球视角公益广告	未来等你来	深圳天幕影业制片有限公司
文化传承公益广告	姑苏锁记	科大讯飞股份有限公司

（续）

奖项	作品名称	提报公司
扶贫救助公益广告	爱的及时应答	北京网易传媒有限公司
人文关怀公益广告	原来，TA 们也会变成小孩	北京网易传媒有限公司
社会事业公益广告	找回生命至初的微笑	分众传媒信息技术股份有限公司
建设家乡公益广告	“竹你安康”公益项目	科大讯飞股份有限公司
品牌形象公益广告	送你一个小红包	广东省广告集团股份有限公司
自然环保公益广告	我家“猫”走丢了（雪豹保护）	广东省广告集团股份有限公司
健康事业营销	地球上最治愈的星空	F5
公益创新营销	姑苏锁记	科大讯飞股份有限公司

互动创意奖·金奖

奖项	作品名称	提报公司
融媒体全媒体类——元宇宙创意营销	Adidas 时尚发布会打开虚拟音乐营销蓝宇宙	腾讯科技深圳有限公司
融媒体全媒体类——体育营销创意	海尔冰箱 “冰箱里的运动会”	知乎
网络及移动媒体类——虚拟 IP 创意营销	小鹏汽车“柳夜熙”短剧 IP——品效整合营销	北京巨量引擎网络技术有限公司
融媒体全媒体类——程序化广告创意营销	美团：开拓全新业务形态，保持强劲增长	小米营销
平面及户外类——平面创意广告奖	数字社会上河图	科大讯飞股份有限公司
平面及户外类——场景创意广告	地球上最治愈的星空	F5
影音游戏媒体类——直播创意营销	张朝阳的物理课	北京搜狐新媒体信息技术有限公司
影音游戏媒体类——短视频创意营销	方太 “油烟情歌”	知乎
影音游戏媒体类——游戏互动创意营销	谜语人的陷阱	北京网易传媒有限公司
网络及移动媒体类——交互创意营销	方圆	北京网易传媒有限公司
网络及移动媒体类——小程序创意营销	打卡劲生活 一起向美好——劲酒第二届劲粉节战役	华扬联众长沙公司
网络及移动媒体类——H5 创意营销	冰雪闹天宫以和会友	华扬联众广州公司
网络及移动媒体类——社交创意营销	捏捏彩虹，吃定彩虹	DDB China Group
网络及移动媒体类——移动终端创意营销	拿捏你的英伦气质	北京网易传媒有限公司
影音游戏媒体类——音频类创意营销	3.14 吃派就对	北京网易传媒有限公司
网络及移动媒体类——二次元创意营销	三三和朋友们的美味生活	北京网易传媒有限公司
影音游戏媒体类——OTT 终端创意营销	伊利打造“伊定有戏”大屏影院	小米营销
影音游戏媒体类——影视植入创意营销	小敏家	优酷
影音游戏媒体类——娱乐创意营销	三星 Galaxy S22 × 齐秦 夜的歌单 + 夜夜夜夜·未央 MV	北京鹏泰互动广告有限公司
影音游戏媒体类——微电影创意营销	和平精英 × 王宝强：大吉大利和平年	北京市鲸梦文化传播有限公司
融媒体全媒体类——智能计算广告创意营销	内存告急——腾讯手机管家开启增量新引擎	小米营销
融媒体全媒体类——AI 营销创意	美林：用 AI 守护“美”一秒	小米营销
融媒体全媒体类——整合营销创意营销	肯德基宅急送——灵魂宵夜西北限定烤串	华扬联众西安公司
融媒体全媒体类——电商营销创意	万千新年味	北京京东世纪贸易有限公司
融媒体全媒体类——场景营销创意	暑与我们的夏天	搜狐视频
网络及移动媒体类——朋友圈创意营销	小红书 | 叮，你有一份新春生活指南	Wavemaker 蔚迈中国
融媒体全媒体类——社会化营销创意	沃尔沃 XC40 纯电版“冰封挑战”	朗知传媒
融媒体全媒体类——健康营销创意	IP 联动升级：我只对你感冒 × 健谈大会	北京巨量引擎网络技术有限公司
融媒体全媒体类 - 公关活动创意营销	“家”情感链接升级的品牌活化行动——东风日产 2022 FAMILY DAY	广州旗智企业管理咨询有限公司

（续）

新区域营销奖·金奖

奖项	作品名称	提报公司
年度旅游营销案例	鼓浪屿世遗文化生活卡	厦门新格文创产业有限公司
年度全民品牌营销案例	麻花特开心	优酷
年度最美乡村营销案例	澳头 VISION 文旅运营规划	厦门新格文创产业有限公司
年度社区营销案例	厦门中山路·X50 新国潮新国货社区文化活动	厦门新格文创产业有限公司

内容原生营销奖·金奖

奖项	作品名称	提报公司
代言人营销	“一分钟识杰作”周杰伦粉丝识曲挑战互动	腾讯科技深圳有限公司
虚拟人营销	2021 年广汽本田全新雅阁上市整合营销活动	省广博报堂整合营销有限公司
年度二次元内容营销	IP 全生态出击！英雄联盟助阵 OPPO 争夺年轻电竞一族	腾讯科技深圳有限公司
IP 内容营销	伊利植选 - 植此青绿 端午营销	北京网易传媒有限公司
文案内容营销	奈雪红薯宝藏茶：为你送上冬天的第一杯温暖	小红书
数字藏品营销	“妆”出你的数字头像	北京网易传媒有限公司
直播内容营销	张朝阳的物理课	北京搜狐新媒体信息技术有限公司
场景内容营销	人生五味便利店	小红书科技有限公司
影视内容营销	未来新世界	腾讯科技深圳有限公司
社交内容营销	肯德基宅急送——灵魂宵夜西北限定烤串	华扬联众西安公司
年度移动端内容营销	张朝阳的物理课	北京搜狐新媒体信息技术有限公司
音频内容营销	脱口秀不要停	腾讯科技深圳有限公司
年度网综内容营销	京东 长在年轻人笑点上的共生式营销	北京爱奇艺科技有限公司
社群运营内容营销	广丰赛那 X LCP 大师：人生版图，当然是越拼越幸福！	北京网易传媒有限公司
短视频内容营销	知乎高赞好物 100“3021 年博物馆白日游”	知乎

（数据来源：《现代广告》杂志社）

中国广告年鉴 2023
CHINA ADVERTISING YEARBOOK

公益广告

Public Welfare Advertising

公益广告事业迈入高质量发展新征程
——2022 年度全国公益广告事业发展综述

星亮[1]　海韵[2]　刘影[3]

2022 年，全国公益广告事业在产业规划、重大活动、价值共创、精品创制、学术研究等方面，充分展现出高质量发展的愿景和实际行动，全国广告事业高质量发展取得显著成效。

一、产业规划绘就公益广告事业高质量发展宏图

2022 年 4 月 22 日，国家市场监督管理总局出台《“十四五”广告产业发展规划》，对全国广告产业的发展作出了战略安排，其中，对公益广告在弘扬社会主义核心价值观与抗击新冠肺炎疫情中发挥的宣传引导作用给予了充分肯定，并就开展公益广告振兴行动、修订和完善《公益广告促进和管理暂行办法》、进一步扩宽公益广告的资金渠道、鼓励政府购买公益广告服务、加强公益广告作品知识产权保护等影响公益广告事业发展的重要方面进行了全面布局。规划还明确提出了符合时代需求、具有切实意义的公益广告发展战略，制定了包括建立面向社会的公益广告综合平台、实施“数字化＋公益广告”行动以及实施“中华优秀文化＋公益广告”行动等具体措施，进一步明晰了我国公益广告事业的发展路线，为公益广告事业的深入发展赋予了强大的政策动力，公益广告事业高质量、可持续发展的路径愈发明晰。与此同时，全国不少省份的市场监管部门也依据国家市场监管总局的广告业“十四五”规划，结合当地社会经济发展“十四五”规划，编制了当地的广告产业发展“十四五”规划，其中也包含着有关公益广告事业发展的规划，由此，从国家和省级单位两个层次，绘就了促进公益广告事业发展的宏伟蓝图。

公益广告的数字化与智能化进程加速推进。《“十四五”广告产业发展规划》强调大力发展“数字化＋公益广告”的组合联动，强调充分发挥数字思维和利用数字技术手段，创新公益广告产品和服务，引导支持建设数字公益广告研究创作基地等发展计划。受《规划》引导，2022 年 12 月 10 日，上海市市场监管局、上海市经济信息化委联合发布《关于推动上海市数字广告业高质量发展的指导意见》，将加强数字领域公益广告宣传列为其中的主要任务之一。公益广告的数字化转型正在持续为公益广告事业注入活力。

公益广告传播中华优秀文化的使命更加明确。《“十四五”广告产业发展规划》提出实施“中华优秀文化＋公益广告”行动，推动公益广告提升中华优秀文化内涵，推动文化传承，弘扬中华传统美德，进一步明确了公益广告在传播中华优秀文化中所应承担的历史使命，对我国公益广告实践的发展产生了积极的推动作用。作为践行这一规划的具体行动，“二十四节气”等一批优秀中华传

[1] 星亮，暨南大学公益传播研究中心主任，暨南大学新闻与传播学院广告学系教授，博士研究生导师。
[2] 海韵，暨南大学新闻与传播学院 2021 级博士研究生。
[3] 刘影，暨南大学新闻与传播学院 2022 级博士研究生。

统文化，被各级各类相关主体列为2022年度重大公益广告主题，央视和各地广电播出机构积极践行使命，创制、播出了一大批包括“二十四节气”在内的优秀系列公益广告，以实际行动诠释了公益广告传播优秀中华传统文化的历史使命。

二、标志性公益广告活动精彩纷呈

2022年，在各相关主体的共同推动下，标志性公益广告活动精彩纷呈，全国公益广告事业高质量发展的步伐更加稳健。

2022年12月21日—23日，第29届中国国际广告节在厦门隆重召开，本年度的广告节公益广告颁奖单元，包括“公益广告黄河奖”和“3·15公益广告奖”两个奖项的颁奖盛典。本届黄河奖共颁发金奖、银奖、铜奖和优秀作品奖200余件，《盛世中华 接你回家》等7件作品获得视频类金奖，《快消失的非遗文化》等4件作品获得平面类金奖，《礼让斑马线 走出人情味》则成为唯一获得音频类金奖的作品。《一声老师 一生老师》等16件作品获得银奖，获得铜奖的作品共有20件。《国华满天下》等3件作品分获公益项目（人物）传播奖和年度公益栏目将。由重庆广播电视集团（总台）报送的作品《人民的英雄 英雄的人民》则获得了黄河奖组委会颁发的特别金奖。“3·15消费者权益保护公益广告大赛”是由国家市场监管总局主办，国家市场监管总局执法稽查局、中国消费者报、中国消费者协会、中国消费者杂志社承办，中国广告协会执行的全国性大型公益广告征评活动，自2018年首届赛事举办起，即纳入当年度的中国国际广告节公益广告单元中举办颁奖盛典。在本届广告节中举办的第五届3·15消费者权益保护公益广告大赛颁奖盛典中，《别让利益蒙蔽你的眼》等4件作品荣获金奖，《别让“馅饼”变为“陷阱”》等8件作品获得银奖，《表里不一》等12件作品获得铜奖。“中国国际广告节公益广告黄河奖”和“3·15消费者权益保护公益广告奖”作为国家级公益广告奖项，连续举办有年，在表彰优秀公益广告精品的同时，更是从国家层面，为推动全国公益广告事业的高质量发展做出了历史性贡献。

“全国广电公益广告扶持项目”是由国家广电总局主办的促进广电公益广告高质量发展的专项活动，迄今为止，已经连续举办了10年。自2013年以来，该项目已累计扶持987件优秀公益广告作品、345家传播机构、33件创意脚本和69家组织机构。2022年度，共有87部优秀公益广告作品和80个机构得到该项目的扶持。与此同时，在该项目的牵引下，全国已有25个省级广电局设立了公益广告创作和播出扶持项目，公益广告大赛、专题征集展播等活动遍地开花，在数量与质量上均有显著提升，广电领域公益广告的高质量发展成效显著。截止到2022年底，由国家广电总局建设运维的“全国优秀广播电视公益广告作品库”，已累计收录优秀公益广告作品800余部，全国各级广播电视播出机构累计下载、播出近100万次，与此同时，已有20余个省级广电主管部门也建立了优秀公益广告作品库。据有关研究机构不完全统计，2022年全年，面向全国播出的18个央视频道、44个地方卫视频道累计播出3217条、1592267条次公益广告，平均每天播出4362条次，较上年度大幅增加846条次，每个电视收视用户年均观看924条次，较上年度增加210条次；公益广告播出总时长达到13636小时，电视收视用户平均每天观看276.0秒，较上个年度增加52秒，广播电视公益广告播出、收视量全面提升。国家广电总局广电公益广告扶持项目活动的社会参与度、传播力和社会影响力进一步扩大，为推动我国广电公益广告事业的高质量发展发挥了积极的作用。

由中央文明办、人民日报社、教育部、应急管理部共同主办、人民日报社政治文化部、人民日报传媒广告有限公司承办的“2022全国公益广告大赛”，于2022年6月1日至10月举办。本次大赛以“以创意 助公益”为主题，面向全社会征集主题多样、直抵人心的优秀公益广告作品，促进全体人民在理想信念、价值理念、道德观念上紧紧团结在一起，共同为美好生活而奋斗。进一步推动了优秀公益广告创作，以公益广告精品引导社会关注关切，传递温暖温情，弘扬时代新风，培育文明风尚。本届大赛由中央文明办、人民日报社、教育部、应急管理部共同主办，历时半年，征集作品五万余件，参赛作品数量和质量较往届显著提升。大赛本着公平、公正、公开的原则，依据《2022全国公益广告大赛征集公告》，经组委会初评、社会评审和专业终评 3 个阶段评审，最终产生党政机构组、社会组、高校组、青少年组平面及视频类获奖作品共计 102 件，团体奖项 32 个。

除上述国家层面的标志性公益广告活动外，全国各级政府及有关部门也连续举办了一批大型公益广告活动，从更广泛的层面，进一步丰富了全国公益广告活动的内容和形式。2022 年 8 月 9 日至 11 日，“第四届北京国际公益广告大会”在北京首钢园举行。本届大会以“公益同心，光影同行”为主题，活动内容包括系列主题研讨会、公益盛典、创意征集大赛、优秀作品展示展映及相关系列活动等。该项活动由国家广播电视总局、北京市人民政府指导，中共北京市委宣传部、北京市广播电视局主办，是目前国内唯一的省级主体举办的国际性公益广告专项活动，迄今已成功举办了四届。该项活动的连续举办，在国内外产生了较大影响，为进一步推动我国公益广告事业高质量发展作出了积极贡献。除此而外，全国各地还有中共上海市委宣传部、上海市精神文明建设委员办公室、上海市市场监督管理局、上海市绿化和市容管理局举办的“强国复兴有我”2022 上海市公益广告大赛；广东省广州市开展的“强国复兴有我”主题公益广告征集活动；甘肃省金昌市围绕“共建健康家园 共享健康环境”主题举办 2022 金昌市控烟优秀公益广告征集活动；浙江省文明办、浙江日报报业集团将联合举办“讲文明 树新风”2022 年度公益广告征集活动；内蒙古自治区开展“画”说文明——我最喜欢的公益广告原创公益广告作品评选活动；海南省市场监督管理局、海南省精神文明建设指导委员会办公室、海南省教育厅、海南省旅游和文化广电体育厅联合海南省广告协会开展 2022 年海南省优秀公益广告作品征集推选活动等一大批各种层次、各种类型的公益广告活动，在进一步丰富公益广告活动形式的同时，也从不同侧面为全国公益广告事业的发展作出了有益的贡献。

三、多元主体共创数字公益传播高质量发展新图景

互联网平台不仅是推动我国数字经济发展的生力军，同时还是我国数字公益广告创新实践的积极倡导者和组织实施者。2022 年，各大互联网平台企业积极承担社会责任，充分发挥平台的资源优势和技术优势，努力探索数字公益传播新方式，动员多种社会力量共创公益广告高质量发展新图景。

腾讯“创益计划”自 2017 年成立至今，始终致力于数字化公益传播实践，积极探索公益事业的价值共创。2022 年，在中国广告协会的指导下，腾讯“创益计划”与“中国广告业大奖——公益广告黄河奖”大赛组委会联合设立 2022 黄河奖——我是创益人数字公益创意大赛。大赛旨在整合互联网平台的产品、技术和资源，动员创意、设计、内容创作、公益组织、大专院校、品牌主等社会力量，通过“公益 + 科技 + 创意”的社会化共创机制，孵化优质的公益传播项目，提升公益议题的社会关注度，推动公益传播项目实效落地，创造可持续社会价值。该项活动设立了公益广告和公益设计两个创意类别。此外，还顺应年轻用户的触媒特点，在公益广告类别中增加了短视频内容赛道和整合营销传播赛道，以激发社会公众对公益项目的多样化参与，本年度的活动取得了积极的社会效果。

字节跳动发挥公益平台力量，联动公益机构，汇聚公益仁心，于 2022 年 9 月举办了“9.5DOU 爱公益日”，企业、用户、百万粉丝达人等多类主体积极参与公益内容投稿，公益传播活动取得了显著的社会效果。与此同时，字节跳动还投入旗下直播平台的流量资源开展公益直播，吸引了众多社会机构积极参与公益传播活动，其中，南京红山动物园发起的“守望季”抖音直播系列活动，形式新颖，引起社会广泛关注，公益传播实效显著。在字节跳动和巨量引擎联合发起的“公益创意季”活动中，由 TOPic&Loong 机构创作的 # 童心有价 # 公益广告短片关注于先天性心脏病患儿，以服装为线索串联孩子对未来的

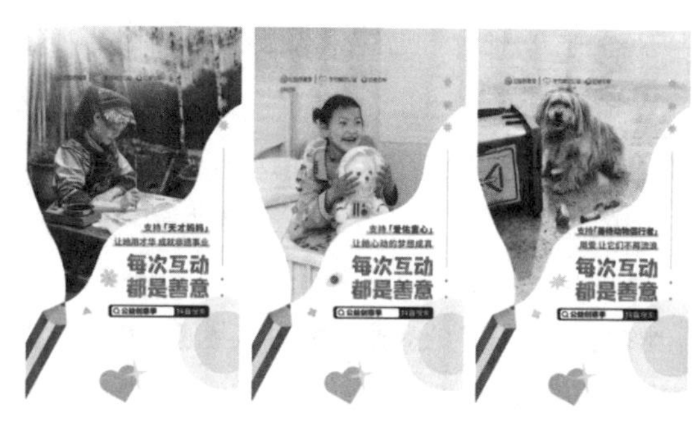

图 1“童心照相馆”互动特效公益广告

展望，引发关注。此外，抖音平台创作的“童心照相馆”互动特效公益广告（见图 1），点赞量超 362.2 万，参与互动人数 1348 万次。活动中还运用了巨量引擎“互动创新广告”的人脸识别、手势识别等 AI 技术，充分展现了数字公益广告的互动优势。

“95 公益周”是阿里巴巴公司为“9 月 5 日中华慈善日”专门打造的在线大型公益传播活动，因参与主体广泛、参与机构和人数众多，而被称为是“公益双十一”，自 2017 年创办以来，该项活动已连续举办多年，产生了积极的社会效果。在 2022 年度的“第六届 95 公益周”活动中，阿里公益在较为成熟的企业和个人捐赠通道之外，还推出了全新的“爱豆养成体系”，以虚拟 IP 形象“一颗发芽的‘爱豆’”为主角，吸引用户通过参与“益起动、益起读、益起写、益起猜、益起跳、益起学”等多样化的泛公益活动，来获取“爱豆”，并将所获“爱豆”捐赠给指定的公益项目，让大家的“爱豆”最终转化成乡村儿童的操场、足球场和体育包。“爱豆”活动创新了数字公益传播活动新形式，让公益行动更有趣、更有效，为数字公益传播的高质量发展作出了有益的探索和实践。

2022 年，微博公益持续发力，7 月启动的“微博共益计划”，共投入 3000 多万的公益广告资源支撑乡村振兴、应急救援等 20 余项公益传播项目，其中的线上公益传播项目“V 爱助学计划”，携手公益机构、媒体、高校等众多主体加入“V 爱助学联盟”，共同助力公益助学计划，为帮助经济困难学子继续完成学业、改善乡村教育条件作出了扎扎实实的贡献。

各大互联网平台企业在数字公益传播领域的长期坚持和持续投入，为我国公益传播事业的发展作出了非常重要的贡献，而各大平台企业在数字公益传播领域开展的创新实践，则有效推动了我国数字公益传播的高质量发展。

四、公益广告作品创作精品迭出

2022 年，我国公益广告创作兼备宏大叙事与微观细描，展示出了多元、生动、创新的特质。一方面，公益广告创作配合党和国家的重要活动、重大主题宣传、重要时间节点，以精良的作品服务于大国复兴的伟大事业。另一方面，大量常规公益主题的公益广告作品，则以更为丰富多彩的创作手法，与宏大主题相辅相成，共同产生了一批立意深远、制作精湛、亮点纷呈的高质量公益广告作品。

2022 年，全国各级各类公益广告创作主体紧扣时代脉络、紧贴主旋律，重大主题公益广告作品的创作迈向高质量发展新阶段。聚焦“喜迎党的二十大”这一重大主题，广西、四川、云南广电局联合举办了“喜迎党的二十大·我们的新时代”主题公益广告大赛，其中《壮乡春正好 潮起三月三》《我们的新时代》《留此青绿 共向未来》《广电台站党旗红》等优秀作品脱颖而出。另有《奋进新征程，建功新时代》《同心共筑中国梦》《不变初心，代代相承》等优秀作品被收录进国家市场监督总局优秀公益作品展示库。这一系列优秀作品彰显了家国情怀，弘扬了红色精神，为党的二十大的顺利召开营造了良好的社会氛围。

在常规题材的公益广告作品创作中，同样诞生了一批关注时代议题、服务时代需要、记录时代成就的公益广告精品。获得全国广电公益广告一类扶持项目的作品《冰雪有你更精彩》，将中国传统元素融入冰雪之间，既展现了激情满满的冰雪盛宴，又呈现出冰雪运动融入人民生活的场景，充分传递了奥林匹克的激情与内涵；获得广电公益广告二类扶持项目的作品《虎年大吉》，将动画元素、实拍人物和喜庆场景巧妙融合，整件作品既有传统文化内核，又显灵动新潮，在营造春节欢乐氛围、传播优秀传统文化方面，取得了良好的传播效果；在中国国际广告节公益广告黄河奖的评审中，获得黄河奖特别金奖的作品《人民的英雄 英雄的人民》，歌颂了 2022 年 8 月重庆缙云山大火事件当中，自发投入灭火行动的重庆人民，作品通过用摩托驮物、用人海接力的感人画面，彰显了重庆人民的无畏与伟大；被收录进全国优秀广播电视公益广告作品库的《致敬最美劳动者》，则描绘了一系列基层工作者坚守岗位，恪尽职守的日常点滴，彰显着平凡中的伟大。助力乡村振兴，黄河奖获奖作品《带家乡走出家乡》《为热爱上场》等作品展现了乡村新面貌，呈现了乡村振兴战略实施过程与成就。着眼文化传承，黄河奖获奖作品《快消失的非遗文化》呼吁非遗保护，传承中华传统文化。宣扬绿色环保，《垃圾的循环》《不要让地球之伤，成为人类之殇》以不同角度倡导大众践行环保低碳生活，后者更通过水下舞蹈的艺术形式，展示了地球气候及海洋污染的严峻现状。放眼社会新议题，《数字新时代 美好新未来》关注国家大力发展数字经济战略；《拒绝网络暴力》《跨越数字鸿沟》《守住养老钱 安心度晚年》则呼吁关注互联网发展进程中的新问题。

图 2《人民的英雄 英雄的人民》

本年度优秀公益广告作品的最大特征，就是在作品的创作上，情感表现策略的运用更为纯熟。不少作品通过对人物情感细腻入微的呈现，引发共情、触动人心，传递着力量与温情。这种对“细微之处见大爱”的提倡，从 2022 年黄河奖获奖名单中可见一斑。特别奖作品《你会怎么做》呈现了深夜的快餐店里，一位善良的女士默默地为困窘的老人点上一碗叉烧饭，送去了温饱也顾及了老人的尊严，场景令人动容；金奖作品《和妈妈一样》则通过母女俩穿越数十年时空的情感传递，呼吁正式“老龄化社会”；同样斩获金奖的《盛世中华 接你回家》重现了抗美援朝志愿军奔赴战场的场景，则再现了中国人民志愿军烈士遗骸回国这一庄严肃穆的时刻，将对英雄先烈们的敬佩之情与民族血脉传承的深刻情感点燃到了极致。（见图 3）

图 3《盛世中华 接你回家》

情感策略运用更纯熟的特点，在一些小众议题的作品创作中，则体现得更为彻底。“黄河奖——我是创益人”大赛视频赛道金奖作品《月入过万智力障碍小哥—我不是你想象的那种智障》以当事人自述的形式，极富情感地展示了从小经历了学习障碍与校园霸凌的轻度智障青年李世承，通过自身努力成为了外卖员和视频博主，积极呼吁社会大众对患有智力残疾的困难人士给予更多的包容与关爱的故事，展现了与以往大众认知中不一样的智力残疾人士的形象，视频播放量突破千万；同样斩获金奖的北京青爱教育基金会选送作品《月球上的明天》将目光投向“城市留守儿童”，通过展示女孩朵朵渴望忙于加班的母亲的陪伴而决定前往月球寻找母亲承诺中的“明天”这一纯真愿望，引发了众多观众的感慨与共情；银奖作品《罕见群演经纪公司》（见图 4）一改以往罕见病主题公益广告的沉重基调，展现了罕见病患者的理想志向与她们自信张扬的一面，传递积极的生活态度与强大的生命能量，一度成为“出圈爆款”。这一系列关注相对小众主题的公益广告作品以情感作为切口，观照社会中缺乏关注的边缘群体与议题，凸显着公益广告的共情效应与良善精神，也充分体现了更为积极的公益观念和公益广告作品的创新价值。

图 4《罕见群演经纪公司》

近年来，随着我国公益广告事业的发展，国内公益广告人的国际视野也愈加广阔，有越来越多的公益广告作品积极参加国际顶级专业赛事，并通过这些顶级专业赛事展现了中国公益广告的风采，也通过参赛公益广告作品表达了中国的公益之声。2022 年，我国公益广告事业继续稳步迈向国际，诞生了一批既具有国际视野、国际思维、国际品质，又蕴含民族特色的优秀作品。在 2022 年戛纳国际创意节上，腾讯影业与敦煌研究院联合推出的《云游敦煌》运用最前沿的技术手段，重新演绎敦煌故事、传播敦煌文化，成功斩获了娱乐（Entertainment）银奖。三星与 Cheil Worldwide 北京与香港部门合作，打造了《寻找失读症（Quest for Dyslexia）》（见图 5），携手本土游戏《少年名将》，聚焦患有阅读障碍症的中国儿童，让孩子们在玩游戏的过程中，就可以进行检测判断其是否存在阅读障碍的问题，唤起家长对阅读障碍的重视与及时干预，在戛纳国际创意节上斩获了移动（Mobile）银奖以及品牌体验和活动（Brand Experience&Activation）铜奖，并在伦敦国际广告奖的创意数据使用（Creative Use of Data）类别奖中获得银奖。而三星与 Cheil Worldwide 北京及香港部门合作的《霸凌的代价（The Cost Of Bullying）》，则在伦敦国际广告奖、金铅笔奖、克里奥大奖、D&AD 大奖中均获得了不俗的成绩。此外，国产汽车品牌蔚来与 W 广告联合创作的《那路（the road）》，以短片的形式讲述了过去三十年间，春节返乡之路的变化，作品表现涵盖了故土情感、人际关系、社会议题等不同面向，在伦敦国际广告奖中擒获了品牌娱乐剧本短片类别的金奖。这一系列优秀公益作品的获奖，在国际舞台上彰显我国公益广告事业不俗表现的同时，也向世界展现了中国公益广告的话语魅力。

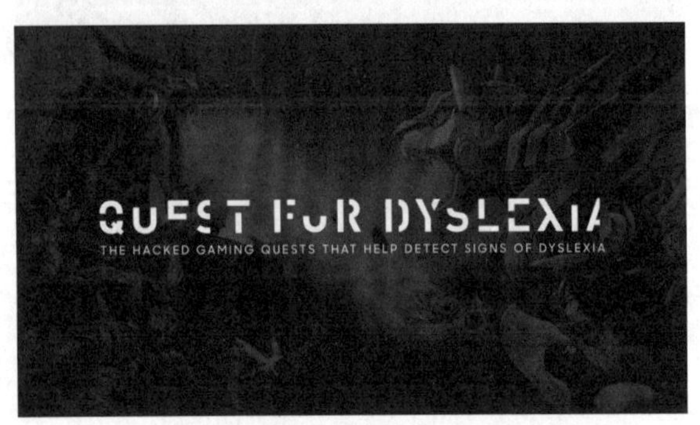

图 5《寻找失读症（Quest for Dyslexia）》

五、公益广告科研工作保持良好发展态势

2022 年，全国广告学界对公益广告的研究取向愈发贴合智媒语境，理论研究愈加深入。一方面，全国各地学者积极将公益广告实践转化为学术成果，不断强化公益广告的理论建设；另一方面，公益广告研究者们广泛采纳创新性的理论视角，持续加深公益广告的理论积淀。

2022 年 9 月 30 日，全国哲学社会科学工作办公室对外公布了《2022 年国家社科基金年度项目和青年项目立项名单》，其中，南京财经大学姚杰教授负责的《社会主义意识形态短视频公益广告价值认同研究》（批准号：22BXW092）获得一般项目立项，保持了公益广告选题在国家级科研项目中持续立项的良好态势，从一定程度上反映了当前国内公益广告理论研究的质量与水平。

据不完全统计，本年度共有 2 本公益广告选题的学术著作出版发行。复旦大学新闻学院张殿元教授主编的《公共话语建构：数字公益广告中的“国家叙事”》，收录了上海第三届数字公益广告论坛中的精选论文，内容涵盖了国家叙事、创意传播、公共表达 3 个面向，为高校广告学师生与广告从业人员提供了极富价值的理论参考。中南财经政法大学新闻与文化传播学院讲师李晓红所著的《中国新媒体公益传播研究》，则以互联网快速发展背景下的中国公益事业为考察对象，对其社会化公益的发展历程、发展原因及传播特点进行了研究，特别关注了新媒体技术在公益传播手段、传播理念方面引发的变革，对人们更好地认识和理解数字时代的公益传播大有助益。

学术论文发表方面，以“公益广告”为关键词，检索得到 2022 年收录于中国知网（CNKI）的公益广告研究论文相关数据，结果显示，2022 年共有 365 篇相关中文文献收录于中国知网。对相关期刊文献进行整理并运用 Cite Space 软件进行可视化分析后可见，以关键词“公益广告”为核心节点，形成了“卫视节目”“地方卫视”“文艺节目”“湖南卫视”“东方卫视”为主的主要节点群（见图 6），说明了广电系统在我国公益广告实践中所发挥的重要作用。而“大数据”“短视频”“交互性”等关键词，以及“融媒体”“新媒体”“媒介变迁”等节点，则揭示了公益广告理论研究中，数字化所处的核心地位。从内容主题层面来看，“乡村振兴”“精准扶贫”“主流宣传”“城市形象”是我国公益广告研究 2022 年关注较多的主题，也彰显了公益广告研究关注时代重大主题，服务时代发展需求的特质。

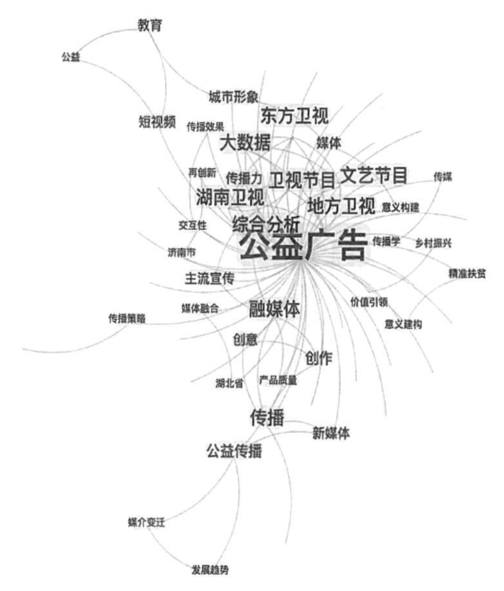

图 6 2022 年公益广告关键词共现分析图

进一步整理公益广告期刊文献的重点议题关系，通过 Cite Space 软件对关键词进行聚类分析，将研究领域重合度高的关键词进行集中并提炼，得 2022 年公益广告研究的重要议题关系图（见图 7）。如图所示，排名前 7 的聚类分别是“融媒体”“综合分析”“教育”“公益传播”“传播价值”“党史教育”与“中国梦”。由此可知，公益广告的融媒体发展趋势逐步主流化，成为学术研究的重点领域。而“党史教育”与“中国梦”仍是我国公益广告的核心议题，进一步凸显了公益广告政治传播的价值与使命。

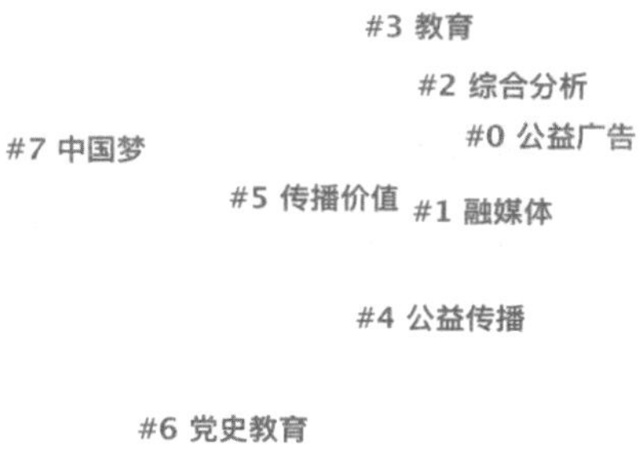

#3 教育
#2 综合分析
#7 中国梦
#0 公益广告
#5 传播价值
#1 融媒体
#4 公益传播
#6 党史教育

图 7 2022 年公益广告重点议题关系图

放眼过去一年的全国公益广告事业，国家有关部门、各级党政机关、社会公益组织、高等院校、相关企事业单位等相关主体持续发力，确保了全国公益广告活动的有序开展，产生了一大批优秀的公益广告作品，推进了公益广告理论研究的进步。多方主体踔厉奋进，共同为我国公益广告事业的高质量发展做出了积极贡献。

第二十九届中国国际广告节公益广告黄河奖获奖作品名单

社会主题公益广告

金奖

获奖名称	类别	获奖单位
礼让斑马线 走出人情味	音频	成强
快消失的非遗文化	平面	珠海悦韬文化传媒有限公司
关爱老人传递温暖	平面	安徽金运来文化传媒有限公司
垃圾的循环	平面	盐城市明日交投传媒有限公司
最可爱的爸爸最爱你	视频	湖南广播电视台卫视频道
我在他乡挺好的	视频	湖南广播电视台卫视频道
和妈妈一样	视频	湖南广播电视台

银奖

获奖名称	类别	获奖单位
一声老师，一生老师	视频	湖南广播电视台卫视频道
不要让地球之伤，成为人类之殇	视频	中华少年儿童慈善救助基金会
廉政公益	视频	河南大河全媒体广告集团有限公司
拒绝网络暴力	平面	济南公共交通集团文化传媒有限公司
跨越数字鸿沟	音频	江苏省广播电视总台广播广告营销中心
濒危生物视力表	平面	湖北联投传媒广告有限公司 / 徐文俊
眼·界	平面	广东省广告集团股份有限公司
保护生物多样性主题公益广告《多姿多彩篇》	视频	中央广播电视总台总经理室
让爱回家	视频	淄博市广播电视台
你好吗?	视频	海南广播电影电视传媒集团有限公司
厕所革命	视频	湖南广播电视台

铜奖

获奖名称	类别	获奖单位
别让藏书，成为藏起来的书	音频	湖南广播电视台广播传媒中心
《青春当燃》合集片	视频	湖南广播电视台卫视频道
青春就是要这 young	视频	苏州广播电视总台
别 young 古城	视频	苏州广播电视总台
出行不是冒险	平面	广东省广告集团股份有限公司
产权意识监狱篇	平面	广东省广告集团股份有限公司
在希望的田野上	音频	钟秀萍

（续）

获奖名称	类别	获奖单位
为地球降温	平面	江西报业传媒地铁文化广告有限公司
好家风 育清廉	视频	湖南广播电视台
“船”说	视频	泉州时空文化传媒有限公司
衰老的记忆碎片系列	平面	华赣传媒集团江西新格广告发展有限公司
千年曲调 声入人心	视频	中视金桥
博物馆之夜	视频	武汉江汉朝宗集团

重大主题公益广告

金奖

获奖名称	类别	获奖单位
带家乡走出家乡	平面	济南公共交通集团文化传媒有限公司
北京冬奥会开幕式二十四节气倒计时短片	视频	北京正时文创传媒有限公司
红	视频	湖南广播电视台
盛世中华 接你回家	视频	兰普博森（北京）国际文化传媒有限公司
冰雪有你更精彩	视频	中央广播电视总台总经理室

银奖

获奖名称	类别	获奖单位
百年梦想家	视频	腾讯 QQ 浏览器
摩登山野 看见新农人的力量	视频	碧桂园控股有限公司
十年能做些什么	音频	云南广播电视台
28 岁——时代之问，青春作答	音频	济南广播电视台 王静宇
你记得我，我就活着	视频	兰普博森（北京）国际文化传媒有限公司

铜奖

获奖名称	类别	获奖单位
纪念红军长征胜利 85 周年	视频	中央广播电视总台军事节目中心
啥叫小康	视频	厦门广播电视节目有限公司
到！	视频	湖南广播电视台卫视频道
我在	平面	重庆唐码传媒有限公司
用爱让老年人不掉队	音频	南京广播电视台 / 左宁、倪明、赵元、王鹏、黄爽
奶奶的新时代	视频	云南广播电视台
人与自然共享一个家园	音频	云南广播电视台

第五届3·15消费者权益保护公交广告大赛获奖作品名单

金奖

作品名称	类别	获奖单位
别让利益蒙蔽你的眼	短视频	金树全、孙姝然
当面一套 背后一套	平面	华赣传媒集团江西新格广告发展有限公司
3·15·放心消费每一天	平面	浙江义乌中国小商品城广告有限责任公司
筑牢食安防线 健康安全消费	视频	张春成

银奖

作品名称	类别	获奖单位
别让“陷饼”变为“陷阱”	视频	安徽今扬映画文化传播有限公司
拒绝夸大宣传——气球篇	平面	安徽省维纳斯广告有限公司
老年保健品——陷阱篇	平面	石家庄市星河广告有限公司
让你放心就是我的初心	短视频	湖北师范大学 / 蒋达、黄欣榕、纪佳莹、张小雨、冯苏苏、樊奕雯
食品安全无小事	平面	湖北联投传媒广告有限公司
小心有诈！	平面	安庆正奇远航营销策划有限公司
淹没篇	平面	石家庄市星河广告有限公司
预付你的牢笼	平面	湖北第二师范学院 赵文

铜奖

作品名称	类别	获奖单位
12315坚决打击违法犯罪行为 铁腕守护老人财产安全	短视频	湖北师范大学 / 蒋达 / 陈妍 / 陈娇乐
唱响民法主旋律 共筑美好新生活	视频	安徽今扬映画文化传播有限公司
表里不一	平面	重庆唐码传媒有限公司 黄金凤
抵制过度包装——月饼篇	平面	安徽省维纳斯广告有限公司
毒蛇篇	平面	西安直立行走广告
过“劫”篇	平面	王世龙（辽宁师范大学）
金融消费维权如何做	视频	甘霖
老年人保健品消费骗局	平面	孙鹏
神枪手	短视频	江苏银苹果传媒有限公司
无忧购 无忧退	平面	西安可行广告文化传播有限公司
消费陷阱——蝎子篇	平面	石家庄市星河广告有限公司
要“真心”不要“假话”	平面	西安可行广告文化传播有限公司

2022 第四届北京国际公益广告大会创意征集大赛获奖作品名单（发布类）

特等

作品名称	作品类型	主要创作人	选报单位
冰雪有你更精彩	视频	中央广播电视总台	中央广播电视总台
虎年大吉	视频	中央广播电视总台	中央广播电视总台

一等

作品名称	作品类型	主要创作人	选报单位
天宫 TV、飞越苍穹	视频	陈璐	载人航天新闻宣传中心
灭真火，真灭火	视频	张晓丹	北京广播电视台
到！	视频	曾俊杰	湖南广播电视台卫视频道
爱上北京的理由	视频	刘琪	北京广播电视台
你好吗？	视频	陈川河	海南广播电影电视传媒集团有限公司
这十年献礼二十大主题片	视频	陈涵敏	湖南广播电视台卫视频道品牌推广中心
妈妈的幸福年	视频	中央广播电视总台	中央广播电视总台
礼让斑马线 走出人情味	音频	成强	北京广播电视台新闻广播中心
社会文明进步——文字失语症	音频	冯文	中央广播电视总台总经理室
生命诗歌灯塔	互动	刘若洋	广东因赛品牌营销集团股份有限公司
Let the Wall and Floor be Language Friendly（让墙壁和地板语言友好化）	平面	Mahinur Saif	CarrotComm Limited（孟加拉国 CarrotComm 有限公司）
和而不同美美与共系列公益广告	平面	宋玉国	宋玉国

二等

作品名称	类别		获奖单位
奋斗者正青春系列（3 个）	视频	陈涵敏	湖南广播电视台卫视频道品牌推广中心
有为系列（2 个）	视频	高珊	优酷信息技术（北京）有限公司
最闪亮的坐标	视频	谢然	兰普博森（北京）国际文化传媒有限公司
生生不息	视频	李素希	湖南广播电视台
守护童音	视频	芒果 TV	湖南快乐阳光互动娱乐传媒有限公司
盛世中华 接你回家	视频	谢然	兰普博森（北京）国际文化传媒有限公司
红	视频	陈涵敏	湖南广播电视台
小乐的新作业	视频	钟克	湖南广播电视台电视剧频道
彝族老家 幸福喜德	视频	中央广播电视总台	中央广播电视总台
多姿多彩篇	视频	中央广播电视总台	中央广播电视总台

（续）

作品名称	作品类型	主要创作人	选报单位
因为我们的努力， 野生东北虎回来了	视频	张文婷	野生救援（美国）北京代表处
同心共筑中国梦	视频	王海宇	云南广播电视台
2022 全国征兵公益宣传片	视频	汪东升	中央广播电视总台国防军事频道
寻找二十四节气系列公益广告	音频	张鹏飞	张鹏飞、闫乔锋、唐甜甜、张红兵、常晓航
相约冬残奥，一起向未来	音频	叶思成	北京广播电视台
后浪不息，如期而至	音频	徐超	北京广播电视台
做孩子的引导者和帮助者	音频	章珏莹	北京广播电视台
拒绝网络暴力——不喜欢大战	音频	汤敏燕	中央广播电视总台总经理室
全民反诈！沉浸式体验五大“套路”	互动	芒果 TV	湖南快乐阳光互动娱乐传媒有限公司
Your Body's Melody (身体的旋律)	互动	Irina Kartina	RoRe Group (俄罗斯 RoRe Group 广告公司)
冬奥精神	平面	尚一卓	北京服装学院时尚传播学院
你好，中国乡村发展基金会	平面	王珞玮	中国乡村发展基金会

三等

作品名称	作品类型	主要创作人	选报单位
Every Purpose Needs A Plan CPF - campaign Video Chinese (每一个目的都需要一个计划——中文活动视频)	视频	Alfred Wee	McCann Worldgroup Singapore (新加坡麦肯世界集团有限公司)
公益微视频｜复古国风动画长卷：他们，以热爱与传承抵挡岁月漫长	视频	常君丽	新华通讯社
什么是食品营养标签	视频	方凯	北京市疾病预防控制中心
Can’t Be Cured (无法治愈)	视频	Irina Kartina	RoRe Group (俄罗斯 RoRe Group 广告公司)
不止新时代 (女性篇)	视频	陈涵敏	湖南广播电视台卫视频道品牌推广中心
新未来篇	视频	中央广播电视总台	中央广播电视总台
粒粒皆青春	视频	旷志敏	湖南广播电视台
大戏看北京 处处是舞台	视频	刘琪	北京广播电视台
我的名字，时代的故事	视频	陈涵敏	湖南广播电视台卫视频道品牌推广中心
一个人的升旗仪式	视频	匡红兰	四川省广播电视局
您的声音	视频	姚磊	北京市政务服务管理局
新时代的“工匠”	视频	张磊	湖南广播电视台卫视频道
老有所依	视频	党海燕	央影 (北京) 传媒有限公司
船“说”	视频	贺钢	泉州时空文化传媒有限公司
Project Baby (保护婴儿)	视频	Sergey Soin	Serviceplan Russia (俄罗斯 Serviceplan 广告公司)
漫卷红旗过大川	视频	寇志鹏	四川省广播电视局
在这里篇	视频	中央广播电视总台	中央广播电视总台
挥笔为青春	视频	曹格非	湖南广播电视台卫视频道
2022 共度计划 - 犟人	视频	金戈	百度营销
合格的第一目击者	音频	袁理	湖南广播电视台广播传媒中心
2022 中国成就	音频	叶思成	北京广播电视台
身心健康——焦虑号列车	音频	曹艺	中央广播电视总台总经理室

（续）

作品名称	作品类型	主要创作人	选报单位
倾听：百年共青团（系列）	音频	叶思成	北京广播电视台
乡村振兴——种子篇	音频	徐超	北京广播电视台
关注老龄社会——我爸打了几个电话	音频	徐海洋	中央广播电视总台总经理室
时代之问 青春作答——庆祝中国共产主义青年团成立 100 周年	互动	芒果 TV	湖南快乐阳光互动娱乐传媒有限公司
易赏节气	互动	张婧宇	北京网易传媒有限公司
奋斗！在幸福路上系列海报	平面	杨洋春子	北京歌华城市电视有限公司
知识产权保护系列	平面	吕延明	吕延明
时代新征程	平面	廖子涵	廖子涵
强国有我谱新篇	平面	方喜节	安庆正奇远航营销策划有限公司
给孩子快乐童年	平面	曾军婉	曾军婉
超可爱！昌平农产品，为北京冬奥打 CALL	平面	刘春儿	北京市昌平区融媒体中心

优秀

作品名称	作品类型	主要创作人	选报单位
中国人民解放军建军 95 周年	视频	黄硕	中央广播电视总台国防军事频道
你今天写字了吗	视频	苏震山	广州市广播电视台 广州市公益广告中心
爱有回声	视频	罗丽颖	中国乡村发展基金会
乡村振兴在路上	视频	杨国华	广东左点广告传媒有限公司
纪念红军长征胜利 85 周年	视频	汪东升	中央广播电视总台国防军事频道
肩扛气罐的追梦人	视频	张仁凯	浙江华林广告有限公司
通往幸福的大门	视频	王佳祺	北京情系远山公益基金会
最可爱的爸爸最爱你	视频	卢奇亮	湖南广播电视台卫视频道
控烟行动一起来 健康环境更多彩——控烟公益广告宣传片——王丽萍版	视频		北京市疾病预防控制中心
京城冬奥十二时辰——立春篇	视频	陈龙	北京广播电视台
新春“云团圆”系列公益微视频	视频	常君丽	新华通讯社
绝美古风版公益微视频：花稠草繁去接种！	视频	常君丽	新华通讯社
廉心如“矾”	视频	林云高	温州市今日影视传媒有限公司
二十四节气美食宣传片	视频	卢亭亭	北京广播电视台
Every Purpose Needs A Plan CPF - Campaign Video English（每一个目的都需要一个计划 - 英文活动视频）	视频	Alfred Wee	McCann Worldgroup Singapore（新加坡麦肯世界集团有限公司）
世界环境日，让我们一起走进朝阳，倾听朝阳	视频	罗兰	北京市朝阳区融媒体中心
不孤独的冬奥	视频	张天成	张天成
公益微视频｜手绘动画：加入献血者的队伍，一起拯救更多生命！	视频	常君丽	新华通讯社
点亮星辰	视频	徐云峰	徐云峰
敢不敢来挑战！这个“环保游戏”，你能坚持到第几关？	视频	北京京港地铁有限公司	北京京港地铁有限公司

（续）

作品名称	作品类型	主要创作人	选报单位
左邻右里	视频	朱刚	广州市广播电视台 广州市公益广告中心
喜迎二十大家庭赛诗会	视频	党海燕	央影（北京）传媒有限公司
没有共产党就没有新中国——红色旅游振兴新农村	视频	刘琪	北京广播电视台
星星的孩子	视频	钱紫珺	南京传媒学院
朝阳群众手绘场馆，为冬奥加油助力	视频	罗兰	北京市朝阳区融媒体中心
老人感染肺结核能不能帮忙带孩子	视频	李波	李波 / 北京市疾病预防控制中心
守住廉洁底线 守护美好家庭	视频	赵志斌	广东西檬文化传播有限公司
The RED & GREEN OF BANGLADESH [孟加拉（国旗）的红色和绿色]	视频	Abdullah Bakr	Jarvis Digital Limited（孟加拉国 Jarvis Digital 有限公司）
IAA Brands Matter: Future Leaders Series (Episode 2) – Sustainability:a Catchphrase or a Must for Brands（IAA 品牌至关重要：未来领导者系列第二集——可持续性是品牌的口号或必备条件）	视频	Omar Shaari	IAA Malaysia Chapter（国际广告协会马来西亚分会）
IAA Brands Matter: Future Leaders Series (Episode 1) – Do brands matter during the pandemic and beyond?.（IAA 品牌至关重要：未来领导者系列第一集——品牌在疫情期间及以后是否重要？）	视频	Omar Shaari	IAA Malaysia Chapter（国际广告协会马来西亚分会）
中轴线	视频	赵柱军	赵柱军
二十四节气——外婆的菜篮	音频	刘雨嫣	中央广播电视总台总经理室
信仰的力量	音频	徐超	北京广播电视台
老有所为 老有所乐	音频	曹永青	吉林广播电视台
这样的她	音频	罗维睿	云南广播电视台
当中国鼓遇见伙伴们	音频	黄纬	黄纬
留住文化印记 ——传统叫卖声	音频	黄克慰	梧州市广播电视台
时代楷模张桂梅公益宣传广告	音频	王珂	云南广播电视台
喜迎二十大 · 致敬新时代	音频	卢凌杰，刘月，候焜	云南广播电视台
妈妈教我一支歌	音频	肖建军	四川省广播电视局
长征精神永流传 两路精神激后人	音频	李琦	四川省广播电视局
人与自然共享一个家园——联合国生物多样性大会宣传广告	音频	王珂	云南广播电视台
时代有小我，年轻勇敢冲	音频	叶思成	北京广播电视台
公益消防——装置篇	音频	段晶	北京中广视传媒有限公司
Dominos: SPREADING HAPPINESS IN A BOX（达美乐披萨：在盒子里传播快乐）	互动	Abdullah Bakr	Jarvis Digital Limited（孟加拉国 Jarvis Digital 有限公司）

（续）

作品名称	作品类型	主要创作人	选报单位
IAA Brands Matter: Future Leaders Series (Episode 1) – Do brands matter during the pandemic and beyond?. (IAA 品牌至关重要：未来领导者系列第一集——品牌在疫情期间及以后是否重要？)	互动	Omar Shaari	IAA Malaysia Chapter (国际广告协会马来西亚分会)
IAA Brands Matter: Future Leaders Series (Episode 2) – Sustainability a catchphrase or a must for brands. (IAA 品牌至关重要：未来领导者系列第二集——可持续性是品牌的口号或必备条件)	互动	Omar Shaari	IAA Malaysia Chapter (国际广告协会马来西亚分会)
空荡荡房子	平面	曾姜渊	曾姜渊
庆香港回归 25(剪纸篇)	平面	金波 李力	中国广告联合有限责任公司
书写你的梦	平面	王强	王强 / 厦门海洋职业技术学院
Shot on a Miele Oven (在 Miele 烤箱上拍摄)	平面	Sergey Soin	Serviceplan Russia (俄罗斯 Serviceplan 有限公司)
近视防控科普(漫画篇)	平面	金波 李力	中国广告联合有限责任公司
ICT 助力产业振兴	平面	程琛	中国国际广告有限公司
逃脱控制	平面	李秉睿	李秉睿
严守最后一道门	平面	田佳	天津嘉鹤广告有限公司
开车勿玩手机	平面	曾军婉	曾军婉
耕心田，育梦想	平面	方喜节	安庆正奇远航营销策划有限公司
The RED & GREEN OF BANGLADESH [孟加拉（国旗）的红色和绿色]	平面	Abdullah Bakr	Jarvis Digital Limited (孟加拉国 Jarvis Digital 有限公司)
揭开 TA 的伪装，快来解救他们!	平面	刘可涵	北京市昌平区融媒体中心
还给“我”	平面	林绍雄	林绍雄 / 北京大学
喜迎二十大系列海报	平面	康泽健	康泽健
Retaliate Against Stigma (报复耻辱)	平面	Redwan Islam Orittro	CarrotComm Limited (孟加拉国 CarrotComm 有限公司)
关爱残疾人	平面	曾姜渊	曾姜渊
2021 年河南洪涝灾害 灾后恢复重建项目 AB 面海报组	平面	中国乡村发展基金会	中国乡村发展基金会
务农重本 国之大纲	平面	钱建伟、淳正治	张家港市形象广告有限公司
你忍心吗	平面	余雄	湖南金钟传媒有限公司
反对儿童暴力	平面	王露	王露
珍惜粮食	平面	李良葵	李良葵
让爱回家陪伴	平面	符晓坚	符晓坚
依	平面	冯晔	北京服装学院时尚传播学院
家和万事兴	平面	田佳	天津嘉鹤广告有限公司
315 紧箍咒篇	平面	张俊奇	石家庄市星河广告有限公司
毁灭	平面	王思宁	北京服装学院
书香润万家，阅读促成长	平面	方喜节	安庆正奇远航营销策划有限公司
关注留守儿童，让孩子快乐成长	平面	曾军婉	曾军婉

（续）

作品名称	作品类型	主要创作人	选报单位
水也很珍贵，千万别浪费	平面	游超	深圳地铁时刻网络传媒有限公司
奥游未来	平面	冯晔	北京服装学院时尚传播学院
荣非遗技艺，昌创意文化	平面	邢伟丽	中国传媒大学
归零	平面	施佳妮	施佳妮
垃圾分类	平面	李良葵	李良葵
IAA Brands Matter: Future Leaders Series (Episode 1) – Do brands matter during the pandemic and beyond?. (IAA 品牌至关重要：未来领导者系列第一集——品牌在疫情期间及以后是否重要？)	平面	Omar Shaari	IAA Malaysia Chapter (国际广告协会马来西亚分会)
垃圾分类是新时尚(系列)	平面	曾姜渊	曾姜渊
无“烟”以对	平面	游梓扬	游梓扬，王天奕
IAA Brands Matter: Future Leaders Series (Episode 2) – Sustainability a catchphrase or a must for brands. (IAA 品牌至关重要：未来领导者系列第二集——可持续性是品牌的口号或必备条件)	平面	Omar Shaari	IAA Malaysia Chapter (国际广告协会马来西亚分会)
负重的背影	平面	李波	李波
粒粒粮食汗珠换	平面	符晓坚	符晓坚
共·生	平面	吴熙龙	吴熙龙
7 天之约（平面版）	平面	洪桂生	汕头市精英广告有限公司
各自精彩	平面	洪桂生	汕头市精英广告有限公司
塑料污染治理 行动意义重大	平面	钱建伟、徐静	张家港市形象广告有限公司
停止贩卖儿童	平面	汪永超 张军	合肥原野标识工程有限公司
了不起的“大白”	平面	袁桂平	安徽润州文化传播有限公司
保护消费者权益	平面	刘海燕	安徽沸点文化传媒有限公司

中国广告年鉴 2023
CHINA ADVERTISING YEARBOOK

广告经营单位选介

Advertising Business Unit Introduction

广告经营单位选介

北京

北京巴士传媒股份有限公司

010- 68429295

北京市海滨区紫竹院路 32 号

北京百孚思广告有限公司

13901165290

北京市朝阳区四惠桥南甲一号伊莎文化广场 A 座 5 层 5 区

北京晟视广告有限公司

13520076031

北京市东城区安定门内后肖家胡同 21 号

北京创智汇聚科技有限公司

17611260531

北京市海淀区苏州街维亚大厦 6 层

北京道原广告有限公司

13911592721

北京市朝阳区高碑店乡东亿国际传媒产业园 C6 号楼 1 层

北京电通广告有限公司

13612091517

北京市朝阳区东大桥路 9 号侨福芳草地大厦 D 座 6 层

北京勾正数据科技有限公司

18601690548

上海市静安区南京西路 580 号仲益大厦 8026 室

北京广泽之行科技有限公司

15776476014

北京市朝阳区博雅国际中心 A 座 801

北京华品博睿网络技术有限公司

18800111377

北京市朝阳区太阳宫中路冠捷大厦 19 层

北京华星酷娱文化传媒有限公司

18401789868

北京市朝阳区紫月路 18 号院 4 号楼 5 层

北京佳禾广告传媒股份有限公司

15699962893

北京市朝阳区东四环中路大成国际中心 05b26

北京热云科技有限公司

18600477719

北京市朝阳区北辰西路 8 号院 2 号北辰世纪中心 A 座

北京三人行数字传播有限公司

13718180098

北京市海淀区北三环西路 -43 号中航广场 A2-12 层

北京世纪金文广告有限公司

18810546210

北京市朝阳区惠新东街甲 2 号住总地产大厦 2118 室

北京世纪润华广告有限公司

13381232886

北京市朝阳区工体北路 18 号三里屯 SOHO 写字楼 B 座 2801

北京视域四维城市导向系统规划设计有限公司

13910341877
北京市朝阳区西大望路 27 号 [2-1]22 幢 1-619

北京首都机场广告有限公司
18512260337
北京市顺义区四纬路中国服务大厦 B 座 490

北京梯影传媒科技有限公司
18610043137
北京是朝阳区鹏龙大厦 8 层

北京天始国际文化传媒有限公司
13701294966
北京市朝阳区安定路 39 号长新大厦 711 室

北京微播易科技股份有限公司
13552421877
北京朝阳区中源科技大厦 9 层

北京维卓网络科技有限公司
13686803056
深圳市南山区康佳研发大厦 B 座 13 层

北京沃姆互动行销策划有限公司
17641507399
北京市朝阳区呼家楼街道关东店 28 号宫霄国际 7 层

北京新氧科技有限公司
15117906800
北京市朝阳区融新科技中心 E 座

北京星海文化传媒有限公司
13072086830
天津市和平区大沽北路与承德道交口新华国金大厦 1303

北京以乘视信文化传播有限公司
13520112022
北京市西城区西海南沿 48 号 C 座 4 层

北京易联互动网络营销技术有限公司
13716154231
北京市朝阳区住邦 2000 1 号楼 B 座 1608

北京英田影视文化股份有限公司
13910532579
北京市门头沟区莲石湖西路 98 号号院 5 号楼

北京志盟家合广告有限公司
16619772432
北京市朝阳区三间房东路 1 号第 38 幢三层 0301 单元

博报堂（上海）管理咨询有限公司
13917067543
上海市长宁区长宁路 1193 号来福士广场 T3 办公楼 17 层

昌荣传媒股份有限公司
18500312272
北京市朝阳区莱锦文化产业园 CN01

益世传媒科技有限公司
15810389215
北京市亦庄经济技术开发区西环南路 2 6 号院

深圳地铁口文化传媒有限公司
13905422310
深圳市南山区桃源街道南山云谷创新产业园综合服务楼 414

懿赢文化传媒有限公司
18561842720
山东省青岛市市南区香港中路 8 号

北京中广聚力信息技术有限公司
010-67589899
北京市朝阳区西大望路甲 12 号 D 座 11A

北京美景创意文化传播有限公司
010-673127449
湖南省长沙市雨花区湘府东路托斯卡纳 D1-103

中国国际广告有限公司
18701332505
北京市西城区复兴门内大街 158 号 F106B

北京海逸风传媒股份有限公司
15901120083
北京市东城区广渠门南小街领行国际 3 号楼 1-2305

大棒映画（北京）文化传播有限公司
13810088094
北京市朝阳区酒仙桥路 798 艺术区中 2 街 6 号院办公区 2 楼

北京永佳国际文化传媒有限公司
13811625937
北京市怀柔区杨宋镇地和路

北京天下秀广告有限公司
17630610265
北京市朝阳区三里屯西五街 5 号院 D 座

北京美通互动广告传媒股份有限公司
18518044696
北京市东城区东四十条 68 号平安发展大厦 402 室

原生动力（北京）数字传媒科技有限公司
13601331120
北京市朝阳区高井文化园路 8 号东亿国际传媒产业园区二期 C15 号楼 2 层

北京国际广告传媒集团有限公司
13552819773
北京市朝阳区西大望路甲 12 号 北京国家广告产业园区主楼 AB-01 室

北京高和誉远文化传媒有限公司
15234261990
北京市北京海淀区北京市海淀区中关村大街 1 号 15 层 1507

北京宾臣国际传媒集团有限公司
13301125005
北京市丰台区嘉园路 58 号

引力传媒股份有限公司
15701595044
北京市朝阳区建国路甲 92 号世贸大厦 B 层 12 层

华铁传媒集团有限公司
15076079336
北京市西城区北礼士路甲 98 号 1 幢 312 室

北京联合时空信息技术有限公司
010-65181800
北京市东城区建国门内大街 18 号恒基中心办公楼一座 10 层

北京得天力广告中心
010-64588368
北京市顺义区天竺镇裕丰路东侧

北京中视电传传媒广告股份有限公司
010-65166288
北京市朝阳区建国路 93 号万达广场 10 号楼 15 层

北京博瑞恋特文化传媒有限公司
13269165583
北京市朝阳区广渠路 3 号竞园 66-D

北京车之家信息技术有限公司
13911134629
北京市海淀区丹棱街 3 号中国电子大厦 B 座 18 层

北京达观经纬广告有限公司
13501218583
北京市朝阳区朝阳北路白家楼甲 1 号红庄国际文化保税创新园 A-1 栋

北京和润天地广告有限公司
13901351328
北京市朝阳区高碑店 C3 青年文创园 D 座 306 室

北京康智乐思网络科技有限公司
010-65499266-8123
北京市朝阳区丽都花园路 5 号院东方金融中心 6 层 601 号

北京立奥慧邦广告有限公司
18510278499
北京市朝阳区东三环中路建外 SOHO 西区 18 号楼 2305

北京奇树文化传媒有限公司
18600023346
北京市朝阳区来广营诚盈中心 5 号楼 606 室

北京晴朗一州文化传播有限公司
18610268113
北京市朝阳区农展馆南路 9 号博雅园 2 座 101

众成就（海南）融媒体科技有限公司
13718180098
北京市海淀区北三环西路 -43 号中航广场 A2-12 层

北京万木迦一文化科技有限公司
13672063899
北京市朝阳区高碑店乡北花园金家村中街 8 号 C 座三层 C3001A 室

北京雅迪传媒股份有限公司
15001010403
北京市朝阳区工体北路 4 号雅迪传媒办公楼

北京雅铁广告传媒有限公司
010-65179999
北京市朝阳区建国门外大街甲 6 号华熙国际中心 C 座 31 层

北京阳光印易科技有限公司
010-65614881
北京市朝阳区光华路 7 号汉威大厦 3A11

北京易车信息科技有限公司
010-68616666
北京市海淀区西直门外大街 168 号 腾达大厦 裙楼

北京英迈策源文化传媒有限公司
010-58205260
北京市朝阳区建国路 93 号万达广场 9 号楼 13 层

北京优视空间广告传媒有限公司
010-65907081
北京市朝阳区建国路 89 号华贸公寓 1 号楼 2001 室

北京悦影映画文化传媒有限公司
13911842508
北京市海淀区燕西台嘉苑 18-2-102

北京掌城文化传媒有限公司
13601370492
北京市海淀区东北旺西路 8 号中关村软件园 27 号院 千方科技大厦 B 座 2 层

北京壹通佳悦科技有限公司
17611132005
北京市朝阳区百子湾路 33 号院 万利中心 A335

北京中科实达科技有公司
13146901055
北京市海淀区上地信息路 1 号 2 号楼 8 层 804

北京中外名人文化科技有限公司
18610633136
北京市朝阳区东三环北路甲 2 号 中外名人文化产业集团

北京雅仕维广告有限公司
010-65179999
北京市朝阳区建国门外大街甲 6 号华熙国际中心 C 座 31 层

北京创世博维规划设计院有限公司
010-65179999
北京市朝阳区建国门外大街甲 6 号华熙国际中心 C 座 31 层

河北

河北春秋文化传播有限公司
0311-85819390
河北省石家庄市富强大街与槐中路交叉口

河北华糖云商营销传播股份有限公司
0311-89105660
河北省石家庄长安区广安大街 36 号银泰国际大厦 15 层

河北益和文化传播有限公司
0311-86045640
河北省石家庄广安大街时代方舟 1706

河北汇景广告传媒有限公司
0311-68011389
河北省石家庄市中山中路 97 号

鉑扬广告公司
0311-85115555
河北省石家庄市广安大街安桥商务

石家庄市天长文化传媒有限公司
0311-83079494
河北省石家庄市中山东路与翟营大街交叉口

石家庄市盛世恒易广告有限公司
0311-80820296
河北省石家庄市建设北大街 101 号

河北众易网络科技有限公司
0311-80669050
河北省石家庄高新区长江大道

河北领帝文化传媒股份有限公司
0311-86051313
河北省石家庄市建设大街与裕华路交叉口

石家庄正邦华谊广告有限公司
0311-87222398
河北省石家庄槐安西路卓达中苑 88 号

石家庄亚软动力科技有限公司
0311-69009633
河北省石家庄市建设北大街 5 号

河北广电网络集团传媒科技有限公司
0311-89887172
河北省石家庄建华南大街 100 号

石家庄星河广告有限公司
18032860220
河北省石家庄桥西区维明南大街 266 号恒大华府 3 号商业办公楼

石家庄君悦广告股份有限公司
0311-80980626
河北省石家庄市长安区中山东路 466 号新世纪钻石广场 B 座 24 层

河北鹏祥展示广告有限公司
0311-85829878
河北省石家庄裕华区槐安东路 138 号东明工业园 13 栋

河北智捷网络科技有限公司
18931705421
河北省石家庄塔谈国际 3 号写字楼

河北盘古网络技术有限公司
0311-66695689
河北省石家庄勒泰中心写字楼 B 座 37 层

河北久瑞文化传播有限公司
0311-86966675
河北省石家庄长安区剑桥春雨

河北众美传媒股份有限公司
0311-89185697
河北省石家庄市建设北大街 5 号富邦大厦 10 层

承德中达广告商贸有限公司
0314-3011193
河北省承德县下板城文化中心底商

承德市科海广告装饰有限公司
0314-20764170
河北省承德市帝景园 2103 室

张家口市恒远博文广告传媒有限公司
0313-2163999
河北省张家口桥西区西坝岗路 54 号 14 号楼 03 号写字楼二层

张家口市圣源广告工程有限公司
0313-4169777
河北省张家口市高新区

张家口市新主流广告传媒有限公司
0313-5263399

河北省张家口市桥东区工业街

张家口市天元广告有限公司
0313-2163566
河北省张家口市桥西区张家口桥西区西坝岗路

张家口市巴士公交广告有限公司
0312-5887097
河北省张家口市桥东区纬一路龙山水郡小区底商二层

中广艺达（唐山）广告有限公司
0315-2188211
河北省唐山市路南区万达写字楼 D 座 1221 室

廊坊市速腾文化传媒有限公司
0316-2190280
河北省廊坊市广阳区广阳道 260 号

河北消费广场广告有限公司
0317-2158853
河北省廊坊市新华路 6 号

廊坊市智达广告有限公司
0316-5176132
河北省廊坊市广阳区第六大街

山西

山西广播电视台市场运营中心
15235181888
山西省太原市高新区长治路 453 号 1 幢 7 层

山西睿信智达传媒科技股份有限公司
13903467055
山西省太原市杏花岭区富力中心 6 层

太原汪氏广告有限公司
13903519785
山西省太原市晋源区长兴南街 8 号阳光环球金融中心 B 座 1305 房

山西日报全媒体创意策划有限责任公司
13835139163
山西省太原市迎泽区双塔寺街山西日报 23 层

山西市场导报社
18635129870
山西省太原市迎泽大街 229 号财贸大楼 6 层西面

山西经济日报社
18835188000
山西省太原市桃园北路水西关街 26 号

太原市华妙广告有限公司
13903407984
山西省太原市府西街 169 号华宇国际大厦 A-28 层 D 号

华意文化传媒有限公司
15234166666
山西省太原市小店区南中环街智创城 A 座 14 层

山西爱新文化科技有限公司
13935109970
山西省太原市长治路科祥大厦 818

山西石门沟商贸有限公司
15821236780
山西省太原市小店区凯通大厦

山西添彩创意数字科技产业集团有限公司
18103513222
山西省太原市兴华街 37 号商务广场 E 座 511

山西民航文化传媒有限公司
18201202638
山西省太原市小店区太榆路 199 号

太原金红花科技有限公司
18803517861
山西省太原市小店区高新国际 A 座 18 层

太原市森奥标识设计制作有限公司
13834040598
山西省太原市小店区体育路亲贤苑 1 号楼 1402 室

山西百平广告有限公司
15835103455
山西省太原市小店区华泰御景湾创新街 7 号 3 号楼 1 单元 702 号

山西智胜传媒科技股份有限公司
13834563337
山西综改示范区太原学府园区电商街 8 号电子商务产业园区 A 座 909 室

山西分众传媒广告有限公司
18518907700
山西省太原市小店区长风大街 123 号君威财富中心 807

太原晋太广告印刷有限公司
13934556911
山西省太原市杏花岭区建设北路 180 号

山西百利源装饰工程有限公司
13835136990
山西省太原市万柏林区新晋祠路一段 40 号 2 幢 2 号

山西万家幸福广告传媒有限公司
13453168888
山西省太原市小店区长风街 123 号富豪大厦 B 栋 301

山西四海科技有限公司
13662977777
山西省太原市小店区体育路永利国际中心 6 楼南区 611 室

山西华通广告传媒有限公司
13835177999
山西省太原市高新区长治路 306 号火炬创业大厦 C 座 19 层 01 号

山西全媒体科技集团有限公司
18636627559
山西省太原市南中环体育路口山西软件园北区政务服务中心二层整点直播孵化基地

国术之光文化传媒有限责任公司
13233620009
山西综改示范区太原学府园区电商街 8 号 A 座 1506 室

山西敲门砖数字文化创意股份有限公司
13803452769
山西省太原市小店区创意街

山西龙采科技有限公司
18635599202
山西综改示范区太原学府园区南中环街 529 号太原清控创新基地 B 座 3 层

晋中东方广告装饰工程有限公司
13903548238
山西省晋中艺校宿舍

介休市高云广告装饰工程有限公司
13935407986
山西省介休市北坛中路 178 号

吕梁市华宇广告有限公司
13903581567
山西省吕梁市离石区兴盛路 1 号

山西首诚文化传媒有限公司
13453482000
山西省临汾市尧都区鼓楼北大街 82 号

朔州市状元红广告传媒有限公司
15811111369
山西省朔州市慧源广告产业园区

山西英皓广告有限公司
15703520123
山西省大同市平城区御河西路御华帝景写字楼

大同市蓝博沐文化传媒有限责任公司
15835200106
山西省大同城区迎宾街 1 号大有广场 17 层 C 区

内蒙古自治区

内蒙古橙色光标广告传媒有限公司
0471-4974455
内蒙古自治区呼和浩特市新城区北垣东街 272 号

内蒙古伙伴传媒有限责任公司
0471-3482310
内蒙古自治区呼和浩特市新城区科尔沁北路内蒙古大学生科技园 1 号楼

内蒙古添意文化传媒（集团）有限公司
18847100099
内蒙古自治区呼和浩特市新城区新华东街太伟方恒广场 C 座

内蒙古异想天开文化产业发展有限公司
0472-5100989
内蒙古自治区包头市少先路 2 号工商联大厦 25 层 B6

内蒙古采纳营销策划广告有限公司
0471-3913311
内蒙古自治区呼和浩特市新城区新华东街 85 号太伟方恒广场 C 座 0634 号

包头市平安广告有限公司
18647236666
内蒙古自治区包头市青山区少先路 2 号商会大厦 1503 室

包头市百年经典广告装饰有限公司
0472-2165666
内蒙古自治区包头市青山区万达广场写字楼 A 座 1106 号

鄂尔多斯报业传媒广告有限公司
0477-8592089
内蒙古自治区鄂尔多斯市康巴什区鄂尔多斯新闻大厦 A 区

乌海市浩达广告制作有限责任公司
18804736688
内蒙古自治区乌海市海勃湾区黄河西街北一街坊 8 号 35 栋

内蒙古博洋广告有限责任公司
0471-3390399
内蒙古自治区呼和浩特市新城区新城南街鼓楼新世纪商厦北六楼

内蒙古万维广告有限公司
13948953021
内蒙古自治区霍林郭勒市天润百合园 2- 商 14 号

内蒙古中拓广告工程有限公司
0471-5975809
内蒙古自治区呼和浩特市赛罕区兴安南路永光巷 28 号

内蒙古东视文化产业有限公司
15047318999
内蒙古自治区鄂尔多斯市东胜区创世纪大厦 A 座 11 层

大魏盛唐文化传媒有限公司
0471-4938865
内蒙古自治区呼和浩特市新城区世贸晶钻 C 座 310 号

呼和浩特市盛世方舟广告有限责任公司
0471-6556547
内蒙古自治区呼和浩特市新城区海东路东方银座 1 号楼 11 层中户

北京首都机场广告有限责任公司内蒙古分公司
0471-4694150
内蒙古自治区呼和浩特市赛罕区长安金座 C 座 704 室

内蒙古风尚文化传媒有限公司
0471-3257081
内蒙古自治区包头稀土高新区创业中心万达 A 座 222 室

内蒙古滋润广告传媒有限责任公司
15661309999
内蒙古自治区包头市钢铁大街帝豪天下 12 层 1212 室

包头市兄弟联众文化传播有限公司
0472-2525868
内蒙古自治区包头市昆区钢城饭店 6301

呼和浩特市辰旭文化传媒有限责任公司
18904718589
内蒙古自治区呼和浩特市工业大学北文苑大厦 A 座 2408 号

呼和浩特市品艺文化传播有限责任公司
13354887248
内蒙古自治区呼和浩特市新城区通道北路教育学院往北 1000 米最南棕色楼高层 1301 室

呼和浩特市新时尚文化传媒有限公司

0471-6578457

内蒙古自治区呼和浩特市新城区海东路丽苑小区 15 号楼副楼 3 层

内蒙古红旗广告装饰有限责任公司

0477-4213123

内蒙古自治区鄂尔多斯市准格尔旗薛家湾景泰商务楼五楼

通辽市北方画苑广告有限责任公司

0475-8239326

内蒙古自治区通辽市建国路中段 0321 栋

呼和浩特市莲讯文化传媒有限责任公司

15047825111

内蒙古自治区呼和浩特市金桥开发区金桥电子商务产业园 8025 号

内蒙古路广文化传媒有限公司

18647389950

内蒙古自治区呼和浩特市哲里木路文苑大厦 A 座 2406 号

乌海市新泰广告公司

联系电话：18804735588

内蒙古自治区乌海市海勃湾区新华东街创客空间

赤峰春晖文化传媒有限责任公司

13704769998

内蒙古自治区赤峰市文化广场东侧春晖大厦

通辽市给力文化传媒有限公司

15149920987

内蒙古自治区通辽市科尔沁区红星路北段西侧 04-08 号

包头市腾龙广告设计制作有限公司

13327178111

内蒙古自治区包头市昆都仑区鞍山道 9 号

乌兰察布市德艺轩广告有限责任公司

15034945685

内蒙古自治区乌兰察布市集宁区恩和路 78

内蒙古高速广告传媒有限责任公司

4001600471

内蒙古呼和浩特市新城区哲里木路 9 号

辽宁

辽宁北方传媒广告有限公司

13704006622

辽宁省沈阳市沈河区青年大街 167 号

沈阳北方联创传媒有限公司

15942001555

辽宁省沈阳市沈河区友好街 10-3 号新地中心 3 号楼 2510 室

辽宁广播电视广告有限公司

13700030197

辽宁省沈阳市和平区文化路 79 号

沈阳飞乐广告传媒有限公司

13664147777

辽宁省沈阳市皇姑区崇山中路 49-1 号

阜新天马广告传媒有限公司

18941816886

辽宁省阜新市海州区兴隆财富大厦 B 座 1 号门 17 层

沈阳日报广告传媒有限公司

13804065799

辽宁省和平区青年大街 356 号辽报大厦

沈阳唐道广告传媒有限公司

024-88092777

辽宁沈阳市大东区滂江街 22 号长峰中心 35 层

沈阳鑫宝发展览展示有限公司

18040002221

辽宁省沈阳市浑南区三义街 8 号

辽宁思锐营销策划有限公司

13194187666

辽宁省沈阳市和平区南京南街欧亚联营 1507 室

天品传播集团

13998888750
辽宁省沈阳市和平区文艺路华润大厦 B 座 17 层

沈阳天视源电子科技有限公司
18940248999
辽宁省沈阳市大东区滂江街 22 号 45-31

沈阳金盛峰广告有限公司
13309833955
辽宁省和平区同泽南街 141 号

沈阳杰湃文化传媒有限公司
13080777768
沈阳市和平区长白岛万科中心

沈阳华之语文化传媒有限公司
18004019999
辽宁省沈河区友好街 10-3 号新地中心 3 号楼 1603 室

沈阳点赞广告传媒有限公司
13372821055
辽宁省沈阳市皇姑区金沙江街 16 号

大连昱锦传媒有限公司
13555999521
辽宁省东港市大连市中山区金地中心

新堃方广告有限公司
13942549888
辽宁省东港市新城区（八棵树村四组）

锦州南风传播有限责任公司
13332180000
辽宁省锦州市松山新区锦娘路瑞盛晶座 1-276 号

吉林

吉林广播电视台
0431-85816911
吉林省长春市卫星路 2066 号

中国吉林网
0431-82530008
吉林省长春市经开区营口路 956 号

吉林东亚经贸新闻报社
0431-85899788
吉林省长春市南关区南环城路 1088 号绿地中央广场，

吉广控股有限公司
0431-8802000
吉林省长春净月高新区生态东街 3330 号

吉林省林田远达形象集团有限公司
0431-88788444
吉林省长春市高新产业开发区飞跃东 555 号

吉林省中麒影视制作有限公司
0431-81178871
吉林省长春市生态大街与天富路交会伟峰东樾 H3 栋

吉林省国迅广告有限公司
0431-88678808
吉林省长春市解放大路 810 号

吉林省深海广告有限公司
0431-81974700
吉林省长春市南关区亚泰大街南三环交汇新星宇观塘 B 区

吉林省正进供求世界广告集团有限公司
0433-2813050
吉林省延吉市河南街 24 号

长春海和信息技术有限公司
0431-85610189
吉林省长春市高新开发区硅谷大街 288 号吉林动漫游戏原创产业园八楼

长春盛世金桥广告有限公司
0431-89319977
吉林省长春市朝阳区绿地蓝海 A 座

吉林省逸品传媒集团有限公司

0431-84662245
吉林省长春市东南湖大路与东环城路交汇

吉林省长衡文化传播有限公司
吉林省长春市南关区繁荣路与东岭南街交汇税苑花园

吉林分众广告有限公司
0431-81178395
吉林省长春市西安大路 2058 号绿地蓝海 A 座 1427

长春盘古网络技术有限公司
0431-88981008
吉林省长春市西安大路 727 号中银大厦 A 座 9-10 楼

吉林珑码科技有限公司
吉林省长春市净月开发区吉林省金融大厦商业综合体二期第 8 幢 1409

小白智能科技（长春）股份有限公司
4000820518
吉林省长春市北湖科技开发区盛北大街 333 号北湖科技园 A 区 B10 栋

吉林省大禹广告有限责任公司
0431-85691973
吉林省长春市东南湖大路天骄大厦 B 座 4 单元 4231 室

吉林省天成龙行广告有限公司
0431-86158677
吉林省长春市青年路 83 号

吉林省三合弘业文化传媒有限公司
18143147913
吉林省长春市南关区东岭街军转胡同三合
弘业文化传媒

吉林大爱文化传媒有限公司
吉林省长春市西安大路 3099 号猪八戒园区 2F

长春市青年力量创意文化传媒股份有限公司
吉林省长春市净月高新区生态东街 3330 号吉林省国家广告产业园 4 号楼

黑龙江

黑龙江农垦广播电视台
0451-55195060
黑龙江省哈尔滨市南岗区红旗大街 210 号

黑龙江大齐文化传媒有限公司
0452-2444440
黑龙江省齐齐哈尔市建设区军校街部队营西 15-17 号门市

哈尔滨彬尔森传媒有限公司
18774597777
黑龙江省哈尔滨市南岗区哈平路 162 号

哈尔滨分众广告传媒有限公司
0451-51991616
黑龙江省哈尔滨市道里区盛和天下 G13 栋 5 楼

哈尔滨日报报业集团
0451-84890888
黑龙江省哈尔滨市道里区友谊路 399 号报业大厦

哈尔滨铁路站车文化传媒有限公司
0451-86430766
黑龙江省哈尔滨市南岗区铁路街 8 号昆仑大酒店

哈尔滨海润国际文化传播股份有限公司
0451-82335867
黑龙江省哈尔滨市南岗区天顺街 22 号

黑龙江华讯纵横天下国际影视文化有限公司
0454-2738888
黑龙江省佳木斯市向阳区中山街 326 号

黑龙江日报报业集团黑龙江日报广告部
0451-84612318
黑龙江省哈尔滨市道里区地段街 1 号

七台河市坤鹏广告有限责任公司
0464-8150456

黑龙江省七台河市桃山区桃西街红十字养老院对面

哈尔滨千墨设计有限公司
0451-87821115
黑龙江省哈尔滨市香坊区旭升街日升家园 2 栋 1-2 层 10 号商服

黑龙江省完达山乳业股份有限公司
0451-82343376
黑龙江省哈尔滨市南岗区长江路 386 号

新天地广告装潢有限公司
0467-5831118
黑龙江省虎林市平安北路 86 号

黑龙江大德广告有限公司
0451-51178767
黑龙江省哈尔滨市道里区群力金中环商业广场 A388

黑龙江省咏大文化传播有限责任公司
0451-84106699
黑龙江省哈尔滨市松北区江都街 266 号咏大传播

上海

上海埃林哲软件系统股份有限公司
17717601034
上海市诸光路 1588 弄虹桥世界中心 L2A 幢 7 层

上海城铁广告传媒有限公司
13601634229
上海静安区共和新路 2993 号 1309 室

上海程迈文化传播股份有限公司
13764667993
上海市长宁区凯旋路 1010 号 A 栋 201

上海东方广播有限公司
1376431417
上海市长宁区虹桥路 1376 号 1505 室

上海动观文化传播有限公司
17821285008
上海市静安区江宁路 958 号 5 楼 502

上海嘉捷广告设计有限公司
13801941567
上海市普陀区武宁路 423 号 2 号楼 102 室

上海郡州广告传媒股份有限公司
18616595675
上海市长宁区红宝石路 188 号古北 SOHO A 幢 16 楼

上海蓝道广告有限公司
13901843235
上海市徐汇区天钥桥路 909 号 3 号楼 412 室

上海七猫文化传媒有限公司
15813739093
上海市浦东新区海阳西路 555 号前滩中心 26 层

上海启李广告有限公司
18686726799
上海市静安区延安中路 596 号 405 室

上海千羲文化传媒有限公司
13671737873
上海市长宁区万航渡路 2452 号 DOHO 创意园 A 区 102 室

上海全酷文化传媒有限公司
18601631080
上海市浦东新区沪南路 2157 弄复地活力中心 2 号楼 2305 室

上海先恩标识工程有限公司
13482251283
上海市徐汇区桂平路 471 号桂果园 10 号楼（西）5 层

上海原锐广告咨询有限公司
13816447282
上海市静安区南京西路 1788 号 12 层

麦肯·光明广告有限公司
021-2411-1110
上海淮海中路 1045 号 25 楼

上海美术设计有限公司
021-64836488
上海市漕溪路 258 弄 23 号

上海唐神广告传播有限公司
021-51087800-896
上海市金陵东路 2 号光明大厦 9 楼

上海飞帆广告有限公司
021-54252779
上海市中山南二路 777 弄 2 号楼 14 层

上海辰源企业形象设计有限公司
13764227042
上海市徐汇区龙漕路 299 号天华信息科技园 3A 栋 9 楼

上海赤马广告传媒股份有限公司
021-56652162
上海静安区灵石路 697 号健康智谷 3 号楼 207 室

上海广湾广告有限公司
15958809945
上海市普陀区真北路 2500 号 A 栋 608 室

上海恒能泰企业管理有限公司
021-65190686
上海市杨浦区昆明路 739 号文通大厦 20 楼

上海卡睿微文化传播有限公司
13918417999
上海市长宁区程家桥路 168 号 39 弄大树下新媒体创意园区 307

新榜（上海看榜信息科技有限公司）
400-006-6059
上海市徐汇区龙启路 258 号绿地汇中心 B 座 18 层

上海米那文化传播有限公司
13916977811
上海市静安区泰兴路 341 弄 8 号

上海纳恩文化艺术发展有限公司
13564567200
上海市徐汇区淮海中路 1285 弄 17 号

上海瑞狮网络科技有限公司
15317533220
上海市闵行区宜山路 1618 号新意城 A705-708

汇聚商媒数字广告（上海）有限公司
021-64758851
上海市徐汇区桂平路 471 号桂果园 10 号楼 (西)5 层

上海雅仕维广告有限公司
021-64031999
上海长宁区长宁路 1027 号兆丰广场 2102 室

江苏

扬子晚报
400-090-8850
江苏省南京建邺区江东中路 369 号新华传媒广场 1 号楼扬子晚报

南京银都奥美广告有限公司
025-68586767
江苏省南京市鼓楼区中山北路 8 号云峰大厦 19 楼南京银都

南京永达户外传媒有限公司
025-86922800
江苏省南京市建邺区嘉陵江东街 18 号（国家广告产业园）5 栋 13 楼

江苏号百信息服务有限公司
025-86788211
江苏省南京市秦淮区中山南路 501 号通服大厦 18 楼江苏号百

南京华泽云媒广告有限公司
025-83287770
江苏省南京市鼓楼区北京东路 22 号和平大厦 9 层南京华泽

南京乔恩广告传播有限公司
025-86887630
江苏省南京市秦淮区中山南路 49 号商茂世纪广场 12 楼 C2-C5 座

江苏路铁文化传媒有限公司
025-87759816
江苏省南京市建邺区富春江东街 69 号方中大厦 6 楼江苏路铁文化

江苏银苹果文化传媒有限公司
025-58055088
江苏省南京市建邺区庐山路 248 号南京金融城 4 号 14 层江苏银苹果

南京国广联传媒股份有限公司
025-52346068
江苏省南京市建邺区嘉陵江东街 18 号国家广告产业园 5 栋 4 层

苏州市明日企业形象策划传播有限公司
0512-65118581
江苏省苏州市姑苏区工业园区旺墩路 318 号苏州明日传播

南京德高公交广告有限公司
025-84711070
江苏省南京市秦淮区汉中路 89 号金鹰国际商城 22 层南京德高

大唐灵狮南京文化传播有限公司
025-86896060
江苏省南京市鼓楼区北京东路 22 号和平大厦 9 层大唐灵狮

南京雷迪欧广告有限公司
025-86644699
江苏省南京市秦淮区白下路 273 号海院伯利兹南门左手小二楼南京雷迪欧

江苏汇特传媒股份有限公司
025-84200808
江苏省南京市建邺区创智路 1 号北纬国际 A 幢 14 层江苏汇特

江苏金鼎文化传播有限公司
025-84718003
江苏省南京市鼓楼区山西路 67 号世界贸易大厦 A1 楼 1101 室

江苏天人合一传媒有限公司
0519-88129900
江苏省常州市新北区太湖中路 27 号 602 室江苏天人合一

淮安市长江广告有限公司
0517-83924158
江苏省淮安市清江浦区淮海北路 10 号茂业大厦 21 楼长江广告有限公司

江苏金海洋互动城市文化发展股份有限公司
0514-87893344
江苏省扬州市邗江区邗江中路 619 号兰苑商务楼 301 室江苏金海洋

镇江三山文化传媒有限公司
0511-88880013
江苏省镇江市丁卯新区兴泽路 12 号文旅国际文化创意产业园 6 号楼 618 镇江三山

江苏三喜传媒有限公司
0510-83398888
江苏省无锡市梁溪区江海西路 990 号智慧大厦 11 楼 1105 江苏三喜传媒

新华网股份有限公司江苏分公司
025-85533339
江苏省南京市嘉陵江东街 18 号 5 栋 14 楼

常州江东现代传媒有限公司
0519-82108038
江苏省常州市金坛区晨风路 61 号金坛电视台

江苏弘润广告传媒有限公司
025-86567486
江苏省南京市秦淮区太平南路 389 号凤凰和睿大厦 1409 室

南京东郊传媒有限公司
025-85927608
江苏省南京市栖霞区紫东国际创意园东区 A4 栋 2 楼南京东郊传媒

南京零距离国际广告有限公司
025-84727209
江苏省南京市秦淮区江宁路 5 号南京无为文化创意产业园 D 幢 4 楼南京零距离

南京博尚广告传播有限公司
025-52337511
江苏省南京市建邺区燕山路 150-5 号博尚广告

江苏天合营销策划有限公司
0510-85059918
江苏省无锡市湖滨区建筑西路 777 号 C5 幢江苏天合营销

江苏意百佳影视文化传媒有限公司
0517-83904888
江苏省淮安市清汇浦区淮海东路一号丰惠场 25 楼江苏意百佳

苏州工业园区苏城广告有限公司
0512-65217613
江苏省苏州市姑苏区金门路 1172 号苏城广告

江苏智慧空间广告传播有限公司
0510-81125566
江苏省无锡市梁溪区清扬路 228 号地铁大厦 1101-1109

浙江

杭州阿里妈妈软件服务有限公司
13735814833
杭州余杭区五常街道文一西路 969 号 6 幢 2 层 201 室

浙江高速广告有限责任公司
0571-85800591
中山北路 631 号晶晖商务大厦 17 楼 A/B 楼

浙江风盛传媒股份有限公司
0571-86535525
杭州市上城区望江国际 1 幢 6 楼

杭州巴士传媒集团有限公司
0571-85171717
杭州市拱墅区远洋国际中心 1 号楼 2801-2805 室

杭州及时沟通广告有限公司
0571-87555101
杭州市艮山西路 102 号杭州创意设计中心 B 幢 327 室

杭州燧人广告有限公司
0571-87650993
杭州市余杭区闲林街道中博大厦 2 幢 1201-3

杭州遥望网络科技有限公司
18370659713
浙江省杭州市余杭区仓前街道鼎创财富中心 1 幢 11 层

浙江广电新媒体有限公司
0571-81088168
杭州萧山宁围镇弘慧路 399 号浙江国际影视中心 40 层

万同公关策划（杭州）有限公司
15168201663
杭州市余杭区钱塘汇银中心 5 幢

浙江众信品牌管理有限公司
13958050318
杭州市西湖区凤凰创意大厦 3A-811

浙江神首信息技术有限公司
13175938155
浙江省宁波高新区祥云北路 99 号 2 号楼 1 单元 5-1

宁波远见传媒股份有限公司
13906684492
宁波市鄞州区天童南路 707 号（明创大楼六楼）

温州市创想广告有限公司
18767703550
浙江省温州市鹿城区机场大道 5052 号诚远大厦商务办公楼 1401 室

浙江天贺广告传媒有限公司
0577-61888088
浙江省乐清市柳市后街工业区开拓路 11 号

湖州市中杰创意产业发展股份有限公司
0572-2223355
湖州市清丽家园 20 幢 1409 室

浙江路友广告有限公司
0572-2592399
湖州市吴兴区金城广场 11 层

浙江赢家文化发展有限公司
0572-2089368
湖州市仁皇山路 588 号 1 幢 2 楼

嘉兴市伟亮广告有限公司
13605730029
浙江省嘉兴市经济技术开发区鸣羊路 39 号 2 幢 1-1 室

浙江雅图传媒环艺股份有限公司
0575-82197985
上虞市人民中路 323 号

绍兴传媒策划服务有限公司
0575-88606323
浙江省绍兴市越城区延安东路 628 号四楼

绍兴国艺广告有限公司
0575-82211588
绍兴市上虞区曹娥街道越秀中路 273 号一号楼三楼

诸暨市唐旗文化创意有限公司
13758587212
诸暨市新安佳园 197 幢 2 单元 1 楼

金华联众企业全案策划有限公司
0571-82113550
浙江省金华市环城东路 1736 号

义乌市恒风传媒科技有限公司
0579-85130596
义乌市宾王路 223 号交通大厦 5 楼 503 室

金华市非凡文化传播有限公司
13905796298
金华市婺城区丹溪路 1171 号龙腾创业大厦 5 楼

浙江金报文化传媒有限公司
0579-83186351
金华市婺城区双龙南街 276 号金华日报社大楼 2 楼

东阳市力的广告有限公司
0579-86899018
浙江省东阳市江北街道江滨北街 118 号

浙江灵动文化科技有限公司
13362002177
衢州市柯城区江源路 18 号

浙江三合商务创意有限公司
0580-2052777
舟山市定海区盐仓街道盐仓新天地广场 B 座 205

台州红蓝广告有限公司
0576-88555278
台州市市府大道东段 2 号 8001 室

丽水市三能电子科技有限公司
0578-2119986
浙江省丽水市莲都区丽青路 270 号

浙江雅铁广告有限公司
0571-8706 9299
浙江省杭州市上城区城星路 111 号钱江国际时代广场 2 号楼 1402 室

温州市轨道传媒有限公司
0577-88955911-600
浙江省温州市鹿城区锦江路 458 号深蓝大厦 601 室

浙江鑫启瑞广告传媒有限公司
15757130765
地址：浙江省杭州市上城区凯旋路 445 号 18C

浙江亦芃广告有限公司
18968902000
浙江温州市人民西路 278 号三楼

安吉标煜文化传媒有限公司

18268221381

浙江省安吉县昌硕街道安吉大道 398 号（桐林家园）2 幢 301-302 室

义乌市鸿翼标牌有限公司

18006797222

浙江省义乌市雪峰西路 167 号

浙江金报文化传媒有限公司

15857820635

浙江金华市婺城区双龙南街 276 号金华日报社大楼

义乌市恒风传媒科技有限公司

18258999558

浙江省义乌市福田街道诚信大道 363 号 3 楼

海宁潮源文化传媒有限公司

15858327024

浙江省嘉兴市海宁市海洲街道海宁大道 160 号南楼 2 楼

浙江兄弟广告装饰工程有限公司

18806785088

浙江省龙泉市财富大厦

丽水蓝火文化传媒有限公司

13967065898

浙江省丽水市莲都区庆春街 218-2 号

浙江金澜文化传媒股份有限公司

18888773777

浙江省嵊州市官河南路国商总部大楼 7 楼金澜文化

中通服慧展科技有限公司

13681818141

浙江省杭州市萧山区奔竞大道 353 号 B 座 1506 室

杭州兑吧网络科技有限公司

13750898235

浙江省杭州市西湖区文一西路 98 号数娱 5 楼

华数传媒网络有限公司

13516829859

浙江省杭州市滨江区长江路 179 号华数数字电视产业园

杭州勇电广告材料有限公司

13777847069

浙江省杭州市临平区康信路 587 号

浙江一百广告传媒股份有限公司

0575—87172288

浙江省诸暨市浣东街道东旺路 218 号永业大厦 10 楼

安徽

金鹏传媒科技股份有限公司

0551-65601111

安徽省合肥市高新区望江西路 766 号

安徽高速传媒有限公司

0551-62848868

安徽省合肥市滨湖区徽州大道 6669 号高速时代广场 C8 栋 5 楼

安徽省清泉广告有限责任公司

0551-63510789

安徽省合肥市政务区蔚蓝商务港 B 座 1720 室

安徽黑白广告有限责任公司

0551-62833666

安徽省合肥市政务区合肥市总商会大厦 2601 室

安徽广播电视台

0551-65993877

安徽省合肥市政务区龙图路 666 号安徽广播电视台西区综合楼五楼

安徽日报社广告中心（安徽传媒信息广告公司）

0551-65179111

安徽省合肥市潜山路 1469 号报业大厦

合肥新方舟广告有限责任公司

0551-68881038

安徽省合肥市肥西县南方路与灯塔路交叉口向西 500 米

科大讯飞股份有限公司

0551-65309052

安徽省合肥市高新区望江西路 666 号讯飞大厦

合肥汉邦广告传播有限公司

0551-64681288

安徽省合肥市庐阳区桐城路 127 号合作经济广场 3 栋 22 层

网新科技集团有限公司

0551-62835971

安徽省合肥市庐阳区金寨路 329 号国轩凯旋大厦 11 楼

安徽金运来文化传媒有限公司

0551-65581556

安徽省合肥市蜀山区环球金融广场 B 座 1602

安徽金种子酒业股份有限公司

0558-2211999

安徽省阜阳市颍州区河滨路 302 号

安徽宣酒销售有限公司

0563-2717092

安徽省宣城市区北门工业于道 28 号

安徽星视窗广告传媒有限公司

0554-7781688

安徽省淮南市田家庵区龙湖中路世纪天成 3 号楼

芜湖市广电新视界广告传媒有限公司

0553-3117048

安徽省芜湖市镜湖区文化路 41 号 -3

安徽师范大学新闻与传播学院

05535910900

安徽省芜湖市弋江区九华南路 189 号

滁州市飞天广告文化传媒有限公司

0550-3708188

安徽省滁州市南谯区花园东路 766 号公交公司四楼

合肥市金财智文化传播有限公司

0551-64239565

安徽省合肥市瑶海区凤阳路澳澜宝邸 A 座 5 楼

合肥第一房网络科技有限公司

0551-67106685

安徽省合肥市经开区芙蓉路 268 号合肥创新创业园 9#3 层南

安徽省高路广告传媒有限公司

0551-64226055

安徽省合肥市滨湖新区金融港 A3 栋 1001 室

安徽东宜广告有限公司

0551—65501689

安徽省合肥市包河区绿地中心 c 座 13 层 / 安庆市人民路 222 号

安徽光华广告装饰有限公司

400-001-9989

安徽省六安市裕安区大别山路信德时代广场 6# 楼 3F

安徽远传广告传媒有限公司

18912966646

安徽省合肥市京商商贸城 1 区商业街 M0115 号

安徽迪赛广告有限公司

0551-68999999

安徽省合肥市濉溪东路南侧 1 幢迪赛大厦 6 层

分众传媒控股有限公司安徽分公司

0551-837537810

安徽省合肥市包河区东流路 11 号信达好第坊 8 幢商办综合楼 602 室

安徽今日互联科技有限公司

0551-65308898

安徽省合肥市经济技术开发区智能装备园 B1 栋 2-7 层

安徽蓝色光标数字传媒有限公司

0551-62193336

安徽省合肥市瑶海区中国网谷 2 栋 6 层

上海铁路文化广告发展有限公司安徽广告分公司
0551-62123809
安徽省合肥市瑶海区浙江商贸城 D 座 20 楼

马鞍山百助网络科技有限公司
0555-3558010
安徽省马鞍山市花山区霍里山大道软件园 A 栋 9 楼、12 楼

福建

福州东方智慧网络科技有限公司
18650708999
福建省福州市仓山区建新镇盘屿路 6 号楼 AI 小镇 11 楼

福建省聚名堂科技有限公司
13960829901
福建省福州市仓山区城门镇连扳店前街 21 号

福建新联合广告有限公司
13906091828
福建省泉州市源和 1916 创意园 M7 幢二楼

福建省光辉文化传媒有限公司
18059005191
福建省福州市软件园 G 区 1 号楼 22 楼

福州天之谷网络科技有限公司
13906938956
福建省福州市鼓楼区福州软件园 G 区 1 号楼 4 层

尊创科技集团有限公司
13328792010
福建省厦门市湖里区安岭二路宝远大厦十楼

福州精诚传媒有限公司
13705997636
福建省福州市台江区西二环南路 109 号联美都市公寓 3 座 303

福州明飞广告制作有限公司
18650057533
福建省福州市仓山区叶下工业区 2 号

福建省广设计顾问有限公司
18905910007
福建省福州市工业路 523 号福州大学机械厂福大怡山文化创意园 8#102 座 1 层

百纳互动网络（福建）有限公司
13696833854
福建省福州市鼓楼区洪山园路 1 号华润万象城三期 TB 楼 15 层 1502

福建七周刊传媒有限公司
15960064555
福建省福州市鼓楼区五四路 89 号置地广场 20 楼 2004

福州明灯广告制作有限公司
13665000771
福建省福州市闽侯县祥谦镇霞南村福铁小区 118 号

福建向尚文化传播有限公司
18150809996
福建省福州市西洪路 528 号 2#901

福建新思维企划有限公司
13959181185
福建省福州市五四路环球广场 15 楼

福建新东湖文化传媒有限公司
18059151111
福建省福州市台江区八一七中路 760 号钦榕大酒店六楼

福建青花传媒有限公司
13705010040
福建省福州市台江区江滨西大道 233 号半岛国际 3# 楼 13 层 1101

福建铜牛科技有限公司
13559349531
福建省福州台江区升龙汇金中心 1911

厦门澜天电子科技有限公司
13950003526
福建省厦门市翔安区翔岳路 57 号

厦门英锐营造设计有限公司
13779934169
福建省厦门市湖里区航空古地石广场 A1-5 层

福建佳禾广告有限公司
13960086363
福建省漳州市芗城区延安北路银都大厦 3 楼

江西

江西报业传媒地铁文化广告有限公司
13607080559
江西省南昌市红谷中大道 1326 号江报传媒大厦 17 楼

江西华赣文化旅游传媒集团有限公司
13803546712
江西省南昌市青云谱区施尧路 1111 号天使水榭公馆 A 座 22 楼

南昌轨道交通资产经营有限公司
18979178011
江西省南昌市丰和中大道 912 号地铁大厦

江西仟得文化传播有限公司
18501796630
江西省南昌市红谷滩区金融大街 1296 号嘉弘商业广场 401 室

江西省红月亮广告有限公司
13767964011
江西省南昌市红谷滩区丰和中大道 1333 号星河汇商务中心 2 号楼 B 座 5 楼

江西天义广告艺术有限公司
13907949223
江西省抚州市临川区上沿河路 92 号天义大楼 3F

江西永祥广告装饰有限公司
13907952915
江西省宜春市明月北路 538 号丰华花苑

江西广播电视台广播电视广告中心
13307918385
江西省南昌市洪都中大道 207 号

南昌荣誉广告传媒有限公司
15870012111
江西省南昌市红谷滩新区凤凰中大道 926 号中洋大厦 2102 室

江西高速传媒有限公司
13970063173
江西省南昌市西湖区沿江南大道 1299 号力高滨江国际天郡 B 座 36 楼

江西意创实业有限公司
18720239999
江西省九江市开发区现代综合大市场 E4 栋 2 楼

南昌顺星广告标识有限公司
13698092004
江西省南昌市经济技术开发区昌西大道 2168 号对面骏思产业园内顺星广告

江西晟思侨科技股份有限公司
13970907628
江西省南昌市红谷滩新区红谷中大道鼎峰中央写字楼 B 座 1001-3

上饶市创世纪实业有限公司
13807937077
江西省上饶市广丰区康城西路 30 号

江西江豫文化发展有限公司
13177883107
江西省南昌市东湖区豫章壹号文化科技园

江西赣江传媒有限公司
13647006763
江西省南昌市西湖区沿江南大道 1499 号春江御景写字楼 A#B#C# 楼 B 栋 1804

景德镇市友情广告创意有限公司
18279888888
江西省景德镇市珠山区朝阳路四季春晖 43 栋 -14 号复式店

江西新勇星广告股份有限公司

13767189666
江西省南昌市青山湖区黑石汽配城 D6 栋 3 楼

江西嘉实传媒有限公司
18979256333
江西省宜春市金悦湾 17 栋 01 商墅

宜春公交广告有限公司
13707001084
江西省宜春市袁州区秀江东路 468 号欧式风情街 2 栋 1~3 层 471 室

江西赣威广告有限公司
18907919288
江西省南昌市高新技术产业开发区火距六路 918 号厂房一

南昌九霄文化传播有限责任公司
15270839743
江西省南昌市西湖区中山西路 10 号滨江首府

江西华合文化产业发展有限公司
18720059989
江西省南昌市西湖区九洲天虹广场写字楼 22 楼 2224-2226

江西江南都市报传媒有限公司
13803526687
江西省南昌市红谷滩区江报传媒大厦

抚州市飞华文化传媒有限公司
13970437755
江西省抚州市赣东大道 2088 号中阳广场写字楼 2 栋 8 层

江西瑞豪广告装饰有限公司
13907949358
江西省抚州市迎宾大道 999 号伟星栖凤华都华都 45 栋 1102 室

江西新领域文化产业发展有限公司
18770236492
江西省九江市濂溪区浔南大道世贸商务中心 12F

新余市锐丽文化传媒有限责任公司
13507909115
江西省新余市渝水区竹山路竹山村 8 栋

南昌生生文化传媒有限公司
15079855777
江西省吉安市青原区豪德银座 2501-2508

九江创佳广告装饰工程有限公司
13607920507
江西省九江市庐山路 385 号

山东

山东百盛文化传媒集团有限公司
0539-3100006
山东省临沂市兰山区通达路与涑河北街交汇处左岸观澜 3 号楼 602

菏泽思领文化传媒有限公司
15554088989
山东省菏泽市开发区丹阳路东段阳光新都小区 17 号楼 0111 室

济南广播电视传媒有限公司
0531-85652458
山东省济南市历下区经十一路 32 号

聊城市金鼎广告有限公司
13506356466
山东省聊城市东昌府区建工大厦 16 楼 1603

青岛深度传媒有限公司
400-8532-001
山东省青岛市北区延吉路 128 号卓越大厦 23 层

山东大众日报融媒传播有限公司
0531-85196619
山东省济南市泺源大街 2 号大众传媒大厦

山东高速新实业开发集团有限公司
0531-68971781
山东省济南市历下区经十路 9999 号黄金时代广场 D 座 2201 室

山东广电网络有限公司
0531-89938342
山东省济南市历下区经十路 11616 号 奥体金融中心 C 栋

山东汉亚都都传媒股份有限公司
0531-68090700
山东省青岛市市北区连云港路 17 号财富地带 3 号楼 25 层

山东航空新之航传媒有限公司
0531-85698706
山东省济南市历下区二环东路 5746 号山航大厦 27 层

山东教育电视台办公室主任
0531-85591006
山东省济南市千佛山西路 38 号

山东开创集团股份有限公司
0531-68973960
山东省济南市槐荫区腊山河西路与日照路交叉口报业大厦 B 座 22 层

山东开创文化产业有限公司
0533-7012119
山东省淄博市桓台县柳泉北路 3888 号创智谷 B2 座

山东昆嵛电视广告有限公司
0631-5218886
山东省威海市环翠区建设街 58 号

山东鲁政传媒有限公司
18906358858
山东省聊城市兴华西路水城华府 1 号大厦

山东路通文化传播有限公司
0539-8211366
山东省临沂市兰山区通达路 36 号城建时代广场 1646 室

山东麻雀文化传媒有限公司
0531-55775800
山东省济南市高新区汉峪金谷 A3-2 号楼 1106 室

山东尚播文化传媒有限公司
0632-5215019
山东省枣庄市市中区鲁南水城 5 号楼

山东通广传媒股份有限公司
4006678999
山东省济南市汉峪金谷三区 5 栋 3001 室

山东万腾文化传媒有限公司
0531-86099558
山东省济南市高新区汉峪金谷 A3-1-803

山东阳光盛世文化传播有限公司
0531-81756667
山东省济南市历下区青年东路 16 号办公楼 5 层

山东易搜信息科技集团有限公司
18766168788
中国（山东）自由贸易试验区济南片区经十路 7000 号汉峪金谷 A8-1 楼 19 层

山东智慧广告传媒有限公司
18660585888
山东省烟台市芝罘区通世南路 7 号 B3 号楼 17 楼

山东中铁文旅发展集团有限公司
0831-82429013
山东省济南市天桥区经一路 87 号

世纪人传媒集团有限公司
0531-55690707
山东省济南市历下区龙奥北路海信龙奥九号一号楼 16 层

泰安闪亮登场展览服务有限公司
0538-8236848
山东省泰安市长城路 96 号天龙国际大厦 B 座 607 室

潍坊市公共交通集团有限公司广告分公司
13583678958
山东省潍坊市奎文区东风东街 8253-2 号

新之航传媒科技集团有限公司
0531-85876707
山东省济南经十路 13777 号中润世纪广场 18 栋 18-19 层

郓城圆之翰置业有限公司
18366037579
山东省菏泽市郓城县郓州街道水湖国际商贸城 31 号楼 3 层

长城梅地亚文化产业集团有限公司
0531-86938899
山东省济南市历下区青年东路 16 号

淄博市广告协会
13953358678
山东省淄博市张店区华光路 52 号

日照市俊驰文化传媒有限公司
18963837077
山东省日照市东港区海曲东路 187 号

河南

郑州互通合众文化传媒有限公司
18695886886
河南省郑州市高新区科学大道 57 号中原广告产业园 4 号楼 22 层 341

河南华禾传媒集团有限公司
18860356789
河南省郑州市河南自贸试验区郑州片区（郑东）商务内环路 9 号楼 21 层 2103

河南艳阳天传媒广告有限公司
13073737777
河南省郑州市金水区政六街 3 号、1 号楼 5 楼

郑州天天会展服务有限公司
13838105908
河南省郑州市郑东新区商务外环路 23 号中科大厦 2111

河南龙马影视有限公司
13837120206
河南省郑州市经一路 11 号院附 1 号 2 号楼 15 层 C 座 087 号

郑州鑫艳传媒广告有限公司
13837160333
河南省郑州市金水区东风路南、花园路西 1 号院 12 层 1206

河南高速文化传媒有限公司
0371-67166608
河南省郑州市二七区中原东路 93 号

河南铁利达文化传播有限公司
13803869066
河南省郑州市大学路 80 号华城国际中心 625

洛阳烽火广告有限公司
18637978998
河南省洛阳涧西区辽宁路 1 号华阳饭店 7 楼

郑州丰业广告有限公司
13607699855
河南省郑州市郑东新区聚源路 49 号 8 层 816

河南日报传媒有限公司
13700863292
河南省郑州市农业路东 28 号

河南锐之旗网络科技有限公司
15639919588
河南省郑州市高新区冬青街 26 号 3 号楼 3 层 18 号

河南广新广告有限公司
19939997999
河南省郑州市管城区东大街 205 号 A 座 4 层

郑州东业广告文化传播有限公司
18603836677
河南省郑州市永和国际广场 C 区 1307

河南三宝鸿鑫文化发展有限公司
18737125555
河南省郑州市郑东新区千玺广场

郑州分众广告传播有限公司
15890025850
河南省郑州市郑东新区商务外环 24 号中国人保大厦

河南中原广告研究院
13608691818
河南省郑州市高新区冬青街 26 号 3 号楼 3 层 18 号

河南加步文化传媒有限公司
13501212771
河南省郑州市河南自贸试验区郑州片区（郑东）金水东路 49 号原盛国际 2 号楼

河南中原铁道文化传媒有限公司
13837163599
河南省郑州市二七区保全街 49 号

河南电视新媒体集团有限公司
0371-65888882
河南省郑州市郑花路 18 号 7 号楼

大河传媒有限公司
0371-65795777
河南省郑州市农业路东 28 号

河南大河全媒体广告集团有限公司
13837160669
河南省郑州市管城回族区 109 号院

郑州甫尔标识研究院有限公司
15838104559
河南省郑州市高新区电子商务产业院

河南今日消费文化传媒有限公司
13903817012
河南省郑州市农业路 28 号河南报业大厦

河南今日头条信息技术有限公司
18538086527
河南省郑州市中原区博体路 1 号郑州报业大厦 A 座 8 层

河南工业大学新闻与传播学院
18623719190
河南省郑州市高新区莲花街 100 号

河南美树网络科技有限公司
18103829922
河南省郑州市金水区金水东路 85 号 4 号楼 19 楼 1904 号

河南大象融媒体集团有限公司
13526677644
河南省郑州市郑东新区众望路 52 号

河南恒誉文化传媒有限公司
16603978822
河南省郑州市金水区经二路 2 号院 3 号楼 1103

河南空港雅仕维传媒有限公司
0371-60239919
河南省郑州郑东新区金水东路 88 号楷林 IFCA 栋 15 层

郑州天启云屏文化传媒有限公司
15922312567
河南省郑州市中原区工人路 23 号院 5 号楼一单元 205

成都新潮传媒集团有限公司
028-86184111
四川省成都市高新区锦晖一街 99 号 1 栋 15 层

四川省雅仕维广告有限公司
028-86736536
四川省成都市锦江区 IFS 国际金融中心 3 号办公楼 38 层 3803

湖北

湖北联投传媒广告有限公司
027-81736838
湖北省武汉市江夏区文化大道联投大厦五层

武汉锐特展览文化股份有限公司
027-85717776
湖北省武汉市江汉区江汉北路 IFC7 楼

武汉道森媒体股份有限公司
027-86711666
湖北省武汉市洪山区徐东大街 128 号联发国际大厦 36 楼

武汉牌洲湾广告科技有限公司
027-87107008
湖北省武汉市洪山区白沙洲中小企业城 38 栋

湖北空港首广联合传媒有限公司
027-85818625
湖北省武汉市天河国际机场湖北机场集团大厦 C309

武汉卓尔数字传媒科技有限公司
027-88870666
湖北省武汉市东湖新技术开发区关山一路 1 号

湖北东方卓越文化传媒有限公司
027-88562146
湖北省武汉市武昌区和平大道三层楼富贵里 93 号

武汉杨园教育科技创业园有限公司
027-88053071
湖北省武汉市武昌区和平大道 1004 号 6 栋

湖北长江启林文化传播有限公司
18186123833
湖北省武汉市洪山区雄楚大街 268 号出版文化城出版大厦

襄阳孔明广告有限公司
0710-3888168
湖北省襄阳市襄州区汉津大道 6 号（紫荆花园 A2-4-607）

襄阳市公共交通集团公交广告有限公司
0710-3117900
湖北省襄阳市樊城区星火路 1 号

湖北广播电视台
13037171778
湖北省武汉市解放大道 1237 号

二更文化传媒（武汉）有限公司
027-88610776
湖北省武汉市武昌区中山路 338 号华宇旭辉大厦 8F802-804

鄂州立永广告有限公司
13607230770
湖北省鄂州市南浦路 143 号（气象局旁综合楼）

湖北亮点城市电视传媒有限公司
13707211309
湖北省荆州市沙市区江津西路 266 号广电大厦

武汉当加源盛广告有限公司
0728-50768277
湖北省武汉市江汉区发展大道金墩街 1 号东方商都 10 楼

武汉十点半文化传播有限公司
027-83777769
湖北省武汉市江岸区青岛路 10 号多牛世界四层

湖北交投文化传媒有限公司
027-82881387
湖北省武汉市汉阳区四新大道湖北国展中心东塔 27 楼

湖北日报传媒集团
027-88567055
湖北省武汉市武昌区东湖路 181 号

武汉美华星文化传媒有限公司
027-88316038
湖北省武汉市武昌区东湖路湖北日报传媒大厦 2 楼

宜昌三峡日报传媒集团有限责任公司
0717-6453112
湖北省宜昌市东山大道 119 号

武汉浅奇造文化传播有限公司
027-83987918
湖北省武汉市江汉区新华街 296 号汉江国际 1 幢 1 单元 5 层 1 号

武汉北极光数字科技有限公司
13971622852

湖北省武汉市武昌区中商广场 4509

武汉盛世在线广告传媒有限公司
13907104589
湖北省武汉市武昌区东湖路 181 文化创意产业园 6 号楼 3 楼

武汉迅博文体广告发展有限公司
027-83481888
湖北省武汉市武昌区轨道交通 8 号线徐家棚站 K9 地块配套综合楼 25 层 02 室

鄂州市朝阳广告装饰有限责任公司
0711-3251616
湖北省鄂州市武昌大道 242 号

武汉乐驰传媒有限公司
027-87188355
湖北省武汉市江岸区友益街 101 ＃ 1 层

武汉森众美广告有限公司
13476824952
湖北省武汉市江汉区云霞路 185 号

武汉爱黑马文化传媒有限公司
18627980097
湖北省武汉市江汉区江汉经济开发区江旺路 8 号红 T 时尚创意街区 6 栋 5 层 05 室

湖北楚天高速文化传媒有限公司
18271398022
湖北省武汉市汉阳区龙阳街道隆祥东街 6 号 11 楼

湖南

湖南创一融媒科技集团有限公司
0730-8393333
湖南省岳阳市岳阳楼区三眼桥街道桃花山社区金鹗东路 219 号万象瑞城第 4 栋 2813 号

湖南海天广告传媒有限公司
13307468699
湖南省永州市冷水滩区河东潇湘东路与舜皇路交汇处新外滩 7 号楼 26 层

湖南伟达文化传播有限公司
0731-86992699
湖南省长沙经济技术开发区寿昌路 6 号

湖南众视文化传媒有限公司
19974558888
湖南省怀化市鹤城区红星南路东侧 2 栋 1802A 号

至简天成文化传媒有限公司
0731-82770555
湖南省长沙市湘江中路凯乐国际城 2 期 9 栋 8 楼 807

湖南众益文化传媒股份有限公司
18570330212
湖南省长沙市岳麓区柏宁地王广场南栋 6 楼

湖南兵力文化传媒有限公司
13207491938
湖南长沙雨花区华晨双帆国际 1202

湖南华鑫电子科技有限公司
15173228549
湖南省湘潭市雨湖区传奇西路九华创新创业中心

湖南嘉航文化发展有限公司
15197732588
湖南省长沙市望城区月亮岛街道金星北路四段 89 号港湘铂玥 1520

湖南拓合传媒有限公司
15576666307
湖南省长沙市岳麓区柏宁地王广场南栋 14 楼

湖南天闻地铁传媒有限公司
17607319972
湖南省长沙市雨花区杜花路轨道交通集团 11 楼

湖南湘江致远广告传媒有限公司

17680472199
湖南省长沙市岳麓区梅溪湖环湖路湘江集团大厦 27 楼

衡阳首广联合传媒有限公司
18573474295
湖南省衡阳市蒸湘区雨母山镇湘桂村蒸德会所

湖南振企网络传媒有限公司
13755065830
湖南省长沙市贺龙体育馆南门嘉盛国际广场 24 楼

湖南可为文化传播有限公司
13508472898
湖南省长沙市芙蓉区浏阳河大道 98 号

湖南西瓜文化传播有限公司
13187069111
湖南省长沙市开福区月湖街道鸭子铺路 1 号 194 房 8 室

长沙新凯美广告有限公司
13574800962
湖南省长沙市雨花区韶山中路 421 号时代星座 618 房

湖南金钟传媒有限公司
400-0734-918
湖南省衡阳市船山大道 41 号金钟精英城 8 楼

湖南星华信息科技有限公司
13787023110
湖南省长沙高新开发区麓谷企业广场 F3 栋 2 楼

湖南怀化市正兴广告艺术有限公司
0745-2230898
湖南省怀化市迎丰西路 207 号（琼天广场十楼）

长沙达美文化传播有限公司
0731-84168690
湖南省长沙市岳麓区先导路 179 号湘江时代商务广场 A 栋 17 楼

湖南竞网智赢网络技术有限公司
0731-82735228
湖南省长沙市高新区文轩路 27 号
麓谷钰园 C3 幢 1 层 106 号

湖南新景想广告有限公司
400-0731-680
湖南省长沙市天心区友谊路中欣国际 12 楼

湘潭市科美广告装饰有限公司
0731-52312901
湘潭市岳塘区宝塔北路盘龙商业街 17 号

广东

广东省广告集团股份有限公司
020-87301773
广州市海珠区新港东路 996 号保利世贸中心 G 座

广东广播电视台广告管理中心
020-26185238
广州市环市东路 686 号

广东省南方广告有限公司
020-87393738
广州市广州大道中 289 号

羊城晚报社
020-87133356
广州市天河区黄埔大道中 309-315 号 3-10A

广东因赛品牌营销集团股份有限公司
020-62606088
广州市番禺区番禺大道北 555 号番禺节能科技园 26 号楼

广东新年文化传媒集团有限公司
020-28823697
广州市天河区珠江西路 17 号广晟国际大厦 26 楼

珠海华发文化传播有限公司
0756-3220639
广东省珠海市香洲区吉大路 101 号建行大厦 2-3 层

科大讯飞股份有限公司

0551-65309405
安徽省合肥市蜀山区高新区望江西路 666 号

深圳报业集团
0755-83518812
深圳市福田区深南大道 6008 特区报业大厦 37 楼经营管理部

江门市江诚实业有限公司
0750-3525803
江门市蓬江区建业街 12 号 2 楼

广东嘉年广告有限公司
020-84893231
广州番禺区市桥街光明北路 242 号雍雅园华联大厦 9 层

广州四方传媒股份有限公司
020-87362052
广州市番禺区大石街石北路 644 号巨大创意产业园 19 栋 104 单元

广东红太阳传媒股份有限公司
0750-3130128
江门市蓬江区江门万达广场 16 幢 6 楼

广东希尔文化传媒投资股份有限公司
0756-3229500
珠海市前山明珠南路 2021 号金嘉大厦 2 栋 2 楼希尔传媒

广州市悦和美广告有限公司
020-34813488
广州番禺区市桥光明北路 242 号 8 层

分众传媒有限公司
020-66220999
广州市天河区天河北路中天购物城 4 楼 402 单元 12 号

深圳市京城传媒有限公司
0755-82506999
深圳市福田区福华一路大中华国际交易广场东区 36 楼

广东轻工职业技术学院艺术设计学院
020-61230200
广州市新港西路 152 号创意工场红楼 204 工作室

广州旗智企业管理咨询有限公司
020-85607159
广州市珠江新城花城大道 20 号广州远洋大厦 1304 室

广州日报报业经营有限公司
020-81163280
广州市海珠区阅江西路 386 号广报中心

广州市珍宝广告有限公司
020-38103810
广州市天河区天河路 385 号太古汇一座 2406 室

广东平成广告有限公司
020-87351480
广州市越秀区二沙岛烟雨路 28 号 2F

珠海市北合广告有限公司
0756-3376061
珠海市吉大水湾路 333 号轩坤花苑 14 栋

广东昌辉传媒投资有限公司
0662-3355333
广东省阳江市登峰东路 4 号

清远尚美创意策划传播有限公司
0763-3366999
清远市小市丽清花园丽兴苑 A、B 座 2 楼

广州市美尚广告有限公司
020-87303642
广州市天河区天河路 490 号壬丰大厦 2606 室
广东广旭整合营销传播有限公司
020-88889818
广州市东风东路 761 号丽丰中心 21 楼

广东英信文化传播有限公司
0754-88979985
汕头市金平区跃进路 23 号利鸿基中心大厦 3 幢 2401 室

广东昭阳和牧场文化传播集团有限公司
13902497360
广州市越秀区先烈中路 80 号汇华商贸大厦 26 楼

广东圣火传媒科技股份有限公司
020-66681588
广州市珠江新城黄埔大道西 100 号富力盈泰广场 B 塔 9 楼 902

深圳市前海手绘科技文化有限公司
15986677617
深圳前海深港合作区南山街道兴海大道 3040 号前海世茂金融中心二期 1 栋 3607

北京吾德市场研究有限公司
010-63369718
北京市丰台区国投财富广场 5 号楼 3A-17

成都新潮传媒集团有限公司
028-86184111
四川省成都市高新区锦晖西一街 99 号 1 栋 2 单元 15 层

广东户外媒体村科技有限公司
18666622123
广州市天河区珠江新城华利路 2 号富力爱丁堡公寓 1404 房

广东广旭整合营销传播有限公司
020-38327654
广东省广州市越秀区东风东路 761 号丽丰中心 21 楼

广州悠派振运整合营销策划有限公司
020-38732118
广东省广州市海珠区聚德北路 29 号 UP 智谷 B1 栋五楼

广东省广告集团股份有限公司
020-87600168（总机）
广东省广州市海珠区新港东路 996 号保利世贸中心 G 座

南方电网数字传媒科技有限公司
020-38122925
广东省广州市越秀区东风东路 846 号天联大厦

广州公交集团广告传媒有限公司
020-83528859
广东省广州市天河区天河北路尚层商务国际写字楼 29 楼

广东圣火传媒科技股份有限公司
020-66655308
广东省广州市天河区黄埔大道西 100 号富力盈泰广场 B 座 902-905

上海奥美广告有限公司广州分公司
020-81136208
广东省广州市海珠区滨江东路 191-195 号金海湾 3F

北京电通广告有限公司广州分公司
20-83977888
广东省广州市天河区珠江新城珠江东路 28 号越秀金融大厦 42 层

广州市珍宝广告有限公司
020-38103810
广东省广州市天河区天河路 385 号太古汇一座 2406

广州市汉狮咨询有限公司
020-8350999
广东省广州市越秀区团结路 26 号

有米科技股份有限公司
400 822 8666
广东省广州大学城青蓝街 26 号有米科技大厦 14-17 层

广东喜喜传媒有限公司
020-38131396
广东省广州市番禺区番禺大道北 62 号中辉大厦 B 栋 6 楼

广州昭阳和牧场广告有限公司
020-37616399
广东省广州市越秀区先烈中路 80 号汇华商贸大厦 2612 房

广州市美联广告有限公司
020-34813488
helifen@yomeiad.com

广州市正点未来营销策划股份有限公司
13570280370
广东省广州市荔湾区芳村大道东 200 号 1850 创意园 40-43 幢

广州金燕达观文化传播有限公司
020-87377957
广东省广州市天河区黄埔大道中 666 号保利金融大都汇之中融广场 1512

广东九易广告有限公司
020-87385808
广东省广州天河区珠江新城华穗路 406 号保利克洛维二期 23F19-22 室

广东太平网联广告有限公司
020-89773352-169
广东省广州市海珠区琶洲大道 83 号宝地广场三层

盛世长城国际广告有限公司广州分公司
020-38791228
广东省广州市天河区珠江新城金穗路 1 号邦华环球广场 6 楼

时趣互动（北京）科技有限公司广州分公司
020-37785550
广东省广州市越秀区广州大道中 289 号采编楼 2401、2402、2403、2404 室

广州艾媒数聚信息咨询股份有限公司
18102730697
广东省广州市番禺区新造镇智港大街 15 号思科智慧城 A5 座 11 层

广州交易会广告有限公司
020-89268246
广东省广州市海珠区凤浦中路 679 号 8 楼

广州圣达广告有限公司
020-37804916
广东省广州市越秀区广州大道中 307 号（C 栋）3702 房

广东意博广告有限公司
020-83547972
广东省广州市越秀区小北路 187 号鹏源发展大厦 11 层

广州凡拓数字媒体科技有限公司
020-29166080
广东省广州市天河区石牌街道龙怡路 117 号银汇大厦 27 楼

广州奇异果互动科技股份有限公司
020-38615326
广东省广州市天河区珠江东路 12 号高德置地冬广场 H 座 2801

广州英扬传奇品牌营销有限公司
020-83489200
广东省广州市天河区华就路 12 号三银大厦 14F

广东希尔文化传媒投资股份有限公司
0756-3229500
广东省珠海市前山明珠南路 2021 号金嘉大厦 2 栋 2 楼希尔传媒

广州数讯营销策划有限公司
020-34329412
广东省广州市海珠区新港东路 996 号 1401 房自编 A 房

广州雅仕维广告有限公司
020-83510252
广东省广州市天河区黄埔大道中 662 号金融城绿地中心 1008 室

珠海雅仕维报业传媒有限公司
0756-3323003
广东省珠海市香洲区九洲大道中 1009 号钰海环球金融中心 2901-2902

珠海粤雅传媒有限公司
0756-3323003
广东省珠海市香洲区九洲大道中 1009 号钰海环球金融中心 2901-2902

广西

广西广聚文化传播有限公司
18778089455
广西壮族自治区南宁市西乡塘区大唐天城 7 号楼 33 层

广西赛扬文化传媒有限公司
0771-5778760
广西壮族自治区南宁市青秀区通达东路 1 号 -1 号楼 16 层

南宁华策广告策划有限公司
18978800998
广西壮族自治区南宁市凤景路 6 号铁建地产大厦 12 楼

广西蓝图传媒集团有限公司
18977303888
广西壮族自治区南宁市良庆区盘歌路 8 号大唐国际中心 1 号楼 16 层

广西白马文化传媒有限公司
0771-5853880
广西壮族自治区南宁市青秀区通达东路 1 号

广西富和广告策划有限公司
18070908585
广西壮族自治区南宁市江南区白沙大道 35 号南国花园商城 E2 栋 12 号

广西华骏胜辉广告有限公司
18677100722
广西壮族自治区南宁市兴宁区长堽路 103 号 7 栋 3 楼

广西南宁快乐广告有限公司
19994416669
广西壮族自治区南宁市东葛路 86 号星和园 C 栋 303 号房

广西锐力鑫达传媒有限公司
18577187789
广西壮自治区南宁市青秀区长虹路 66 号南宁东站高架夹
层东北角 (GJJ-03、 GJJ-27) 房屋

广西云数字媒体集团有限公司
0771-5690531
广西壮族自治区南宁市青秀区民主路 21 号广西日报社附楼三楼

广西宝投传媒股份有限公司
0771-5598884
广西壮族自治区南宁市滨湖路 55 号南湖国际广场 5 栋 302 室

广西综路传媒集团有限公司
13607813830
广西壮族自治区南宁市青秀区金湖路 55 号亚航财富 19 楼

广西新浪信息服务有限公司
0771-3186593
广西壮族自治区南宁市高新区总部路一号总部基地一期 A11 栋

广西哎哟喂文化传播有限公司
18648806406
中国（广西）自由贸易试验区南宁片区龙佑街 2 号云星时代广场 3 号楼 1605 号

广西集翔网大科技有限公司
19907701088
广西壮族自治区南宁市高新区总部路 1 号东盟总部基地 1 期 D2 栋

广西第五格融媒体文化传播有限公司
15678869101
广西壮族自治区南宁市西乡塘区北湖北路 2 号大唐天城三期 6 号楼 4802

广西鸿志文化传媒有限公司
14777765588
广西壮族自治区南宁市良庆区百灵路 100 号金悦澜湾 15 栋 3005 室

南宁兆利来金属制品有限公司
13407708913
广西壮族自治区南宁市江南区长凯路 23 号第一、二层西侧

广西全众科技有限公司
18978999240
广西南宁市青秀区中泰路 9 号天健国际公馆 A 座 4 楼 407 号

南宁百源盛信息科技有限公司
0771-3338883
广西壮族自治区南宁市兴宁区昆仑大道 58 号盛天东郡 1 号商业楼 2 楼

南宁市品冠广告有限公司
13647870202
广西壮族自治区南宁市兴宁区邕武路 16 号

广西盛拓信息技术有限公司
18776761994
广西壮族自治区南宁市青秀区竹溪大道 71 号领东尚层 912 号

南宁桌面功夫品牌管理有限公司
18648909937
广西壮族自治区南宁市兴宁区秀厢大道 199 号金源一品江山 3 栋 2903 室

广西创易企建科技服务有限公司
18978166557
广西壮族自治区南宁市西乡塘区创新路 23 号南宁中关村 10 栋

广西艺佳合文化传播集团有限公司
15177150504
南宁市青秀区星湖路南一里一巷 18 号办公楼 3 层 301、302 室

广西南宁拓普文化传播有限公司
18607716543
广西壮族自治区南宁市青秀区长湖路长湖景苑 9 栋 7 层

广西南宁可正文化科技有限公司
13978711146
广西壮族自治区南宁市良庆区五象大道 403 号富雅国际金融中心 G1 栋三十八层

广西自贸区天创广告有限公司
13517776068
广西壮族自治区南宁市良庆区那黄大道 129 号五象澜庭府锦苑 3 号楼 B 单元 1201 号房

广西南宁华驰广告有限公司
18277156855
广西壮族自治区南宁市秀园三里路沿线 6-6 号仓库

广西驿道广告有限公司
18977184836
广西壮族自治区南宁市青秀区中柬路 9 号利海亚洲国际一号楼 1 单元 903A 号

广西通广传媒有限公司
15315599909
广西壮族自治区南宁市青秀区中柬路 8 号龙光世纪 B 座 2402

广西昊鑫文化传播有限责任公司
13978649198
广西壮族自治区南宁市良庆区五象大道 401 号五象航洋城 1 号楼 4312 号

南宁市泰天装饰材料有限公司
13617715066
广西壮族自治区南宁市兴宁区玉蟾路 1 号金源城·金源一品天下 1 号楼二十九层 2901 号房

南宁金辉文化传媒有限公司
13687715188
广西壮族自治区南宁市青秀区滨湖路 80 号 3 栋 1 单元 311 号

南宁市方达印刷有限责任公司
1387718581
广西壮族自治区南宁市高新三路 3 号广西印刷工业城第四号厂房

南宁市鑫惠达广告有限责任公司
13807811374
广西壮族自治区南宁市青秀区东葛路 29-1 荣和中央公园 1 号楼 1615 号

海南

海南三乐传媒投资有限公司
13389883399
海南省海口市百方广场

海南日报
18389815666
海南省海口市金盘路 28 号

海南广播电影电视传媒集团
13876300505

海南省海口市南沙路 61 号

海口广播电视台
13976997777
海南省海口市中沙路 15 号

海南信立传媒股份有限公司
13876163999
海南省海口市龙昆南路 50 号首领公馆 20 层 2006 室

海南中信投传媒产业集团有限公司
18907518888
海南省海口市龙华区嘉陵大厦五楼

海南二十一城文化传媒有限公司
13876808988
海南省海口市龙华路 43 号椰岛广场 B2 栋 30 层

海南画王文化传播集团有限公司
18876170111
海口市龙昆南路 39-2 号乔海阳光大厦 3 楼

海南壹玖文化传播有限公司
13807571775
海南省海口市龙华区帝豪大厦十八楼

天道创服（海南）网络科技集团有限公司
13078997895
海南省海口市琼山区府城镇中山南路延长线迈瀛东一路 32 号

海南印象广告工程有限公司
13976680884
海南省海口市海秀东路北方大厦三楼

海南风行天下广告有限公司
13876698778
海南省海口市龙华区金龙路 1 号椰岛大厦 5 楼 B 座

海口壹媒介广告有限公司
18898276688
海南省海口市国贸路 48 号新达商务大厦 10 层

海南潮博文化传媒有限公司
18808956605
海南省海口市龙华区绿地海德公馆北面商业街 S110 二楼

海南亿林光电照明科技有限公司
15607566888
海南省海口市椰海大道港昌物流中心亿林光电加工厂

海南谷歌广告有限公司
13876092986
海南省海口美兰区国兴大道 15 号全球贸易之窗

海口乐柠文化传媒有限公司
18907549060
海南省海口市海秀东路申鑫中际广场 A 座 3011 室

海南龙马传媒有限公司
13518883349
海南省海口市龙昆北路 38 号银大厦 2033

海南华彤文化传媒有限公司
13907663611
海南省海口市龙昆南路道客村国和苑 2 号楼 201 房

海南和彩广告有限公司
18689976111
海南省海口市龙华路 43 号椰岛广场 A1 栋 13 层

海南雅仕维广告有限公司
0898-68533303
海南省海口市美兰区和平大道 20 号鹏晖国际大厦 5 层 B 室

四川

四川日报社
028-86058879
四川省成都市红星中路 2 段 70 号

成都商报社 新闻出版类 李少军
028-87890909
四川省成都市红星路二段 159 号

成都大禹伟业广告有限公司
028-85151786
四川省成都市武侯区洗面桥街 35 号 1-1 栋

成都经典视线广告传媒有限公司
028-86066888
四川省成都青羊区鼓楼南街 117 号 1 栋

成都铁路文化传媒有限责任公司
028-86484330
四川省成都市青羊区王家塘街 4 号

成都瘾食文化传媒有限公司
18581849416
四川省成都市锦江区红星路中段 1 号国际金融中心办公楼

成都泽浩文化传播有限公司
028-87689404
四川省成都市高新区天府大道北段 1700 号

四川虎马文化传媒有限公司
028-61332115
四川省成都市高新区益州大道中段 722 号

成都易播科技有限公司
028-83381611
四川省成都市高新区益州大道中段 1858 号

成都恒泓立金文化传播有限公司
028-87044466
四川省成都市武侯区长华路 19 号

四川省北辰广告有限公司
0825-2267007
四川省遂宁市开发区滨江北路 509 号

凤凰都市传媒（四川）有限公司
028-85268790
四川省成都市武侯区人民南路四段 19 号

四川今日头条科技有限公司
010-58341751
四川省成都市成华区双庆路 10 号华润大厦 26 层 2602 号

四川博瑞眼界文化传媒有限公司
028-87681650
四川省成都市锦江区工业园区锦盛路 138 号

四川蜀都大厦广告有限公司
028-86518972
四川省成都市锦江区署袜北三街 20 号东楼栋 1 层 9 号

成都源点互娱科技有限公司
15828298410
四川省成都市锦江区梨花街 50 号 19 层

四川中油驰加广告有限公司
13982162049
四川省成都市锦江区一环路东五段 108 号 1 栋 1 单元 5 层 509 号

成都轨道资源经营管理有限公司
028-68443000
四川省成都市蜀汉路 158 号

泸州智慧城市运营管理有限公司
0830-2866226
四川省泸州市江阳区龙腾路 10 号

成都市玉泉星广告有限公司
028-83315166
四川省成都市金牛区一环路北三段顺沙巷 23 号

成都高新文创传媒有限公司
028-86916215
中国（四川）自由贸易试验区成都高新区锦城大道 539 号 B1 座 13 楼

四川蜀道文化传媒有限公司
028-86716610
四川省成都市锦江区工业园区三色路 163 号银海芯座二期 B 幢 15 楼

成都燧石行影视科技有限公司
028-86756689
四川省成都市锦江区红星路三段 99 号 1 栋 1 单元 11 层 12 号

成都大禹伟业广告有限公司
028-85556888
四川省成都市武侯区洗面桥街 35 号 1-1 栋 8 楼 7 号

四川蜀道文化传媒有限公司
028-86716610
四川省成都市锦江区柳江街道工业园区三色路 163 号银海芯座 A 栋 3 楼

四川博瑞眼界文化传媒有限公司
028-87681650
四川省成都市锦江区三色路 38 号成都传媒大厦 B 座 10 楼

成都国际机场广告传媒有限公司
028-85208919
四川省成都市双流区机场东二路 1 号

成都现代德纳展览有限公司
028-69883888
成都高新区天府二街 138 号 2 栋 18 层 1804 号

四川省中兴广告有限公司
028-83223980
四川省成都市金牛区花圃路 2 号城北商务广场 7O3 室

成都观想乐图广告有限公司
028-87363799
四川省成都市青羊区万和中心 2 栋 1010

西藏泊视文化传播有限公司
028-65185381
四川省成都市武侯区人民南路新希望大厦 607

四川分众传媒广告传播有限公司
028-62123966
四川省成都市武侯区科华北路 69 号世外桃源 B 座 12F

四川盛世华腾广告有限公司
028-87838833
四川省成都市高新区天府大道中段 530 号东方希望天祥广场 B 座 4104

四川程鹭文化传媒有限公司
028-85025805
四川省成都市武侯区武清北路 9 号

成都集和品牌设计有限公司
028-85236330
四川省成都市龙泉驿区东洪路 666 号 321 创意园 D 区

成都祥云门文化传播有限公司
0827-84171178
四川省成都市锦江区琉璃路 299 号东湖国际大厦 13AF

成都三五文化传播有限公司
028-86250866
四川省成都市金牛区一环路西三段 208 号 1 栋 1 楼 1、3、4、5 号

成都翎力广告传媒有限公司
028-85060060
中国（四川）自由贸易试验区成都市天府新区湖畔路北段 366 号 1 栋 3 楼 1 号

四川色彩印象广告有限公司
028-81707949 转 8003 | 13882266670
四川省成都市双流区九江街道万家 7 组 201 号 2 号楼 2 层

四川蜀睿轩广告有限公司
028-61906321 转 8001
四川省成都市双流区九江街道万家 7 组 201 号 1 号楼 2 层 202 号

成都燧石行影视科技有限公司
028-86756689
四川省成都市锦江区红星路三段 99 号 1 栋 1 单元 38 层

成都步乐广告文化传播有限公司
028-86655826
四川省成都市锦江区银石广场写字楼 38 楼

好迪（北京）科技有限公司
010-65014867
北京市西城区白广路二条 2 号北口综合楼 637 室

成都明锦文化传播有限公司
028-61917677
四川省成都高新区肖家河巷 7 号 1 层

四川嘉柏科技有限公司
028-86027558
中国（四川）自由贸易试验区成都市天府新区正兴街道湖畔路北段 269 号 1 栋 1 单元 1 楼

成都亲邻科技有限公司
028-62695590
四川省成都市武侯区武侯大道顺江段 77 号 3 栋 11 层 22 号

四川蜀都大厦广告有限公司
028-86518158
四川省成都市锦江区静安路 1 号

成都庆和未来广告有限公司
028-87485107
四川省成都市武侯区金花桥街道陆坝社区 1 组

四川海诺诚成广告有限责任公司
028-85480299
四川省成都市武侯区林荫街 5 号华西大厦 1 幢 2 单元 19 楼 1903

成都黑蚁文化创意股份集团有限公司
028-82696066
四川省成都温江区永宁 芙蓉路 88 号芝田居草原别墅

成都市嘉福广告有限公司
028-85252499
四川省成都市金牛区西体路 2 号 6 楼 B4 号

成都飞廉文化传播有限公司
028-64650328
四川省成都市武侯区佳灵路 20 号 1 栋 10 层 65 号

重庆湖天传媒科技有限公司
028-81260557
重庆市渝北区龙溪街道新南路 6 号 1-2 幢 1-1 号 01 号

成都平凡路科技有限公司
13008130280
四川省成都市金牛区二环路北一段 83 号香木林西郡 1-1-1801

广元文旅商贸集团有限公司
189 8015 3992
四川省广元市利州区雪峰街道办事处秋实街 228 号樵歌路康贝大药房 2 楼

成都易播科技有限公司
028-83381611
四川省成都市武侯区新希望路 7 号丰德万瑞中心 A 座 9 楼

成都道道通广告有限公司
13709090208
四川省成都市高新区交子大道 300 号 icp 环汇商业广场 M3-1301

成都商报社
028-87890909
四川省成都市红星路二段 159 号

四川省伯乐户外广告传媒有限责任公司
08175601000
四川省南充市南部县幸福路 268 号 3 楼

凤凰都市传媒（四川）有限公司
028-85268790
四川省成都市武侯区人民南路四段 19 号

贵州

黔东南州风讯传媒广告有限责任公司
18985281011
贵州省凯里市北京西路清江公寓一单元 202 室

贵州今时代传媒有限公司
13885114161

贵州省贵阳市南明区瑞金南路工会大厦 M 层

毕节市一马文化传媒有限公司
13017069777
贵州省毕节市七星关区麻园街道百里杜鹃大道国贸中心七楼 13 号

贵州高速传媒有限公司
18275327888
贵州省贵阳市云岩区北京路 310 号

贵州神韵户外传媒有限公司
13984643819
贵州省六盘水市盘州市亦资街道胜境大道西侧华泰阳光大厦

凯里安好行公共交通有限责任公司
18585180322
贵州省凯里市金山大道开怀公交场站（凯里新一中旁）

贵州天马传媒有限公司
13809480911
贵州省贵阳市南明区花溪大道北段 76 号广电天马大厦

贵州广播电视台
13809432375
贵州省贵阳市南明区瑞金南路 149 号

贵州高速广告有限公司
13608512280
贵州省贵阳市观山湖区诚信南路麒龙 CBD 中心 A 座 12 楼

贵州日报当代融媒体集团有限责任公司
13511989177
贵州省贵阳市云岩区宝山北路 37 号贵州日报新闻业务楼

贵阳日报传媒集团经营有限公司
13984151418
贵州省贵阳市中山东路 25 号报业大厦 20 楼

贵阳创天公交车体网络联合广告有限公司
18685150800
贵州省贵阳市南明区新华路富中国际 26 楼 D 座

多彩贵州网有限责任公司
13765061160
贵州省贵阳市高新区长岭南路 33 号天一国际广场 11 栋

贵州薇蓝图文化传媒有限公司
13985303338
贵州省安顺市西秀区龙青路天瀑阳光商业街 2 栋 7 号

贵阳广电传媒有限公司
18685102312
贵州省贵阳市贵阳国家高新技术产业开发区金阳科技产业园创业大厦

贵州斌一亨广告制作有限公司
13984821788
贵州省贵阳市观山湖区阳关大道麒龙商务港 A 座 26 楼 2 号

云南

云南成名广告文化产业园经营开发有限公司
15887100625
云南省昆明市五华区学府路 690 号昆明国家广告产业园 18 号平台 B205

昆明市五华区致祯职业培训学校
18587193326
云南省昆明市五华区学府路 690 号昆明国家广告产业园 18 号平台 A107

昆明风云文化传媒有限公司
0871-65333798
云南省昆明市人民西路保利中心 29 楼

云南空港雅仕维信息传媒有限公司
0871-67085111
云南省昆明长水国际机场南工作区机场东路地勤楼 5 楼

云南煮雨文化传媒有限公司
18100887855
云南省昆明市五华区学府路 690 号昆明国家广告产业园 18 号平台 B 座 1 楼

昆明微想智森科技股份有限公司
13629641730
云南省昆明市五华区学府路 690 号昆明国家广告产业园 18 号平台 B305

云南讯海科技有限公司
18788532667
云南省昆明市五华区学府路 690 号昆明国家广告产业园 18 号平台 B 座平台

滇上云品商业管理有限公司
15911629690
云南省昆明市五华区学府路 690 号昆明国家广告产业园 18 号平台 A 座

昆明科莱斯文化传播有限公司
18214607541
云南省昆明市五华区学府路 690 号昆明国家广告产业园 18 号平台 A 座 5 楼

昆明苏荷文化传播有限公司
13987166011
云南省昆明市五华区金鼎山路 1919 金鼎文创园

云南夕颜文化传播有限公司
13987166011
云南省昆明市五华区金鼎山路 1919 金鼎文创园

云南大象好在商业管理有限责任公司
13208858273
云南省昆明市盘龙区恒隆广场 5 楼

云南同景文化传播有限公司
138 8823 6772
云南省昆明市滇缅大道昆建路同景 108 智库空间

云南网星大数据科技股份有限公司
13577016566
云南省昆明市五华区学府路 690 号昆明国家广告产业园 20 号平台

昆明裕滇文化传播有限公司
13708879637
云南省昆明市五华区普吉路 47 号

昆明冲击力广告有限公司
13888075163
云南省昆明市五华区创意英国英伦苹果公园 3 幢 1 单元 301 号

昆明碧眸文化传播有限公司
13759538919
云南省昆明市五华区普吉路 47 号

玉溪报业传媒
0877-2051122
云南省玉溪市红塔区紫艺路 7 号

云南报业传媒（集团）有限责任公司
0871-64142253
云南省昆明市西山区日新中路 516 号

云南日报报业集团
0871-65652121
昆明市新闻路 337 号

云南雅仕维地铁广告有限公司
0871-63825990
云南省昆明市五华区环球金融大厦 7 楼

陕西

陕西广告产业园投资控股有限公司
029-81889709
陕西省西安国际港务区港务大道陕西国家广告产业园赢台 2 号

陕西典汇传播股份有限公司
029-89669966
陕西省西安曲江新区翠华路 1819 号西安人力资源产业园 1401 室

西安市振兴公交广告有限责任公司
029-88412322
陕西省西安市高新区高新六路 52 号立人科技园 B 座三层 02 号
陕西省交通广告传媒有限公司

029-88662761
陕西省西安市碑林区含光北路 110 号陕西省公路局写字楼 B 区 1006

陕西广电融媒体集团有限公司
029-85339170
陕西省西安市雁塔区长安南路 336 号

陕西金色西部广告传媒股份有限公司
15596881666
陕西省西安曲江新区翠华南路 1819 号西安人力资源产业园 15 楼

三人行传媒集团股份有限公司
029-85510881
陕西省西安市高新区都市之门 C 座 302B

西安报业传媒集团（西安日报社）
029-87618160
陕西省西安市碑林区太阳庙门 43 号

西安三力中盈会展服务有限公司
18991833744
陕西省西安市浐灞生态区欧亚大道 3639 号丝路国际创意梦工场二栋 601 室

西安传奇广告文化传播有限公司
029-88255667
陕西省西安市高新区新区丈八东路南侧汇鑫 IBC 第 1 幢 2 单元 4 层 20405 号房

西安倚天广告传媒有限公司
029-88860517
陕西省西安市高新区锦业一路 52 号宝德云谷国际 1 幢 1 单元 10 层

西安绿一传媒有限公司
029-81616161
陕西省西安市丈八一路 1 号汇鑫 IBC-A 座 2 层

陕西宏景华艺环境设计工程有限公司
13072984568
陕西省西安市北三环大明宫建材市场装饰材料商城

西安艺汇荣天广告有限公司
029-87408828
西安市碑林区柏树林街道菊花园 17 号正信大厦 8 楼

陕西《三秦都市报》社
029-82255222
陕西省西安市碑林区环城南路东段 1 号

陕西西影电影频道经营有限责任公司
029-85521111
西安曲江新区西影路 508 号西影大厦 19、20 层

陕西鑫汇通广告有限责任公司
029-87403720
陕西省西安市莲湖区北大街 29 号 1 幢 1 单元 10303 室

铜川市立新广告装饰工程有限公司
13992901080
陕西省铜川市新区枫林小区东门 107 商铺

汉中报业传媒集团有限责任公司
0916-2727817
陕西省汉中市汉台区中山街 41 号

宝鸡市华业公交广告装饰工程有限责任公司
0917-3657706
陕西省宝鸡市金台区宝福路 1 号

延安市公共交通广告传媒有限公司
0911-2495298
陕西省延安市宝塔区柳林镇警苑花园 17 号楼

西安海西广告有限公司
15706094600
西安市高新区科技三路融城云谷 C 座 905 室

陕西飞燕广告有限公司
13488317123
陕西省西安市蓝田县华胥镇西北家具工业园新港三路 10 号

西安格瑞思广告文化传播有限公司
029-89195154
陕西省西安市雁塔区电子城街道太白南路 216 号嘉天国际 A 栋

西安铂通广告有限公司
029-87201901
陕西省西安市莲湖区北院门街道西华门 1 号 1 栋

陕西新海贝实业集团有限公司
18700005662
陕西省西安市莲湖区北大街曹家巷 37 号

陕西专铸文化传媒有限公司
029-89188288
陕西省西安市唐延路北段 20 号太和时代广场 A 座 1203 室

榆林市大漠广告装饰有限责任公司
18909127896
陕西省榆林市航宇路邮政大楼对面大漠广告公司

西安思百特品牌文化管理运营有限公司
13279209222
陕西省西安市高新区逸翠园 i 都会 3 号楼 3 单元 1812 室

渭南城投圣火文化传媒有限公司
0913-2073305
陕西省渭南市临渭区仓程路财富大厦 A 座

《华商报》社
029-88429190
陕西省西安市雁塔区雁翔路 3369 号曲江创意谷 E 座

甘肃

甘肃省广播电视总台广告管理中心
13919430976
甘肃省兰州市城关区张苏滩高新技术开发区 561 号

甘肃广电网络传媒有限责任公司
18693128130
甘肃省兰州市城关区东岗西路 226 号

甘肃星美影业有限责任公司
13809318468
甘肃省兰州市名城广场 2 号楼 1302 室

甘肃日报报业集团兰州晨报分公司
13919181948
甘肃省兰州市城关区白银路 123 号

定西新闻媒体发展有限公司
13141768178
甘肃省定西市安定区新城区建设大厦 A 区 3 楼

读者出版传媒股份有限公司
0931-2130173
甘肃省兰州市城关区读者大道 568 号 A 座 115 号

兰州伙伴广告传媒有限公司
13919407340
甘肃省兰州市城关区中山路 1 号佳润酒店 18 楼

兰州华强世纪广告有限公司
13919009911
甘肃省兰州市名城广场 4 号楼 2706 室

兰州正能量广告有限公司
13909401011
甘肃省兰州市名城广场 2 号楼 1918 室

兰州天麒通文化传播有限公司
18993194948
甘肃省兰州市城关区庆阳路 235 号广星大厦 10C

甘肃金轮文化传媒公司
13919257680
甘肃省兰州市城关区和政路 291 号

兰州广联文化传播有限公司
13993144447
甘肃省兰州市城关区张掖路 250 号

甘肃龙创意文化传媒有限公司

18993222345
甘肃省定西市安定区新城佳苑 26 栋 103 室

酒泉市太阳火广告有限责任公司
18209376888
甘肃省酒泉市肃州区世纪大道 55-49

天水羲通公交广告公司
15593831689
甘肃省天水市秦州区时代丽都 2 号

陇南三迪文化传媒有限公司
18609399999
甘肃省陇南市武都区东江三号路阶州大道十字

甘肃澳科文化传播有限公司
18919828188
甘肃省兰州市城关区天水路枫叶国际

甘肃三力会展服务有限公司
13609333658
甘肃省兰州市城关区甘南路 62 号

甘肃长兴公路管理有限公司
13993123088
甘肃省兰州市城关区雁北路 2826 号

甘肃华欧文化发展有限公司
13919368989
甘肃省兰州市城关区武都路 157 号

宁夏回族自治区

宏强文化传媒集团（宁夏）有限公司
13995107999
宁夏回族自治区银川市兴庆区西北农资城三期营业房 9 号楼 106 室

宁夏广电传媒广告有限公司
13895186992
宁夏回族自治区银川市新华西街 346 号

宁夏动感飞扬文化传媒集团有限公司
13909501969
宁夏回族自治区银川市兴庆区凤凰南街 177 号 -3 号楼

宁夏报业传媒集团有限公司
13995100298
宁夏回族自治区银川市中山南街 47 号

宁夏金策广告有限公司
17795106308
宁夏回族自治区银川市兴庆区解放东街 143 号

西部机场集团广告公司宁夏事业部
13995171717
宁夏回族自治区宁夏银川河东机场

宁夏蓝平广告策划有限公司
13909505038
宁夏回族自治区银川开发区创新园 5 号

银川视博影视制作有限公司
13909508283
宁夏回族自治区银川市兴庆区兴水路 1 号绿地 21 商城 B 区 8 号楼 101（复式）室 B1

银川城市快讯广告有限公司
13895601777
宁夏回族自治区银川市金凤区大世界商务广场 E 座公寓楼 1003 室

宁夏中德易家信息科技有限公司
18169090777
宁夏回族自治区银川市金凤区银川阅海湾中央商务区团结路（北）227 号 C

宁夏玖威文化传媒有限公司
13309585555
宁夏回族自治区吴忠市利通区吴忠清真东大寺三号营业房

新疆维吾尔自治区

新疆天广广告公司
13309913791

新疆维吾尔自治区乌鲁木齐市天山区团结路 830 号

新疆普拉纳广告有限公司
13809910978
新疆维吾尔自治区乌鲁木齐市天山区人民路 38 号新宏信大厦 2204 号

新疆共享向上广告有限公司
13999856596
新疆维吾尔自治区乌鲁木齐市天山区新疆北路 8 号

新疆春晓广告有限公司
13899966496
新疆维吾尔自治区乌鲁木齐新华南路 3 号世纪百盛大酒店 A 座 14 楼

新疆窗景文化有限公司
18999218390
新疆维吾尔自治区乌鲁木齐市水磨沟区会展大道 1119 号晚报报业大厦 A 座 1501 室

新疆卓越广告有限公司
1399908618
新疆维吾尔自治区乌鲁木齐市水磨沟区安居南路 802 号鸿瑞豪庭 4 栋 1109 室

新疆报烨传媒有限公司
0991-5593708
新疆维吾尔自治区乌鲁木齐市沙依巴克区扬子江路 1 号

新疆三原色文化产业发展有限公司
13899879922
新疆维吾尔自治区乌鲁木齐经济技术开发区玄武湖路 1097 号爱地商务快线中心 1301

新疆美网文化传媒有限公司
18199158468
新疆维吾尔自治区乌鲁木齐市水磨沟区会展大道 1119 号晚报报业大厦 A 座 1504 室

新疆盈文盛雅文化产业有限公司
13579882555
新疆维吾尔自治区乌鲁木齐市水磨沟区南湖东路 222 号南湖小高层商住楼 1 栋

新疆众惠睿智文化传媒有限公司
15899128447
新疆维吾尔自治区乌鲁木齐市沙依巴克区克拉玛依西街 416 号金阳大厦 10 层 D

新疆方大国际广告传播中心
13609923466
新疆维吾尔自治区乌鲁木齐市天山区团结路 830 号

新疆盛世空间文化传媒股份有限公司
13629905956
新疆维吾尔自治区乌鲁木齐市经济技术开发区喀什西路 499 号龙海置业综合楼 666 室

新疆共赢未来文化传媒有限公司
180 9923 3968
新疆维吾尔自治区乌鲁木齐市新市区阳光恒昌商务公园 7-12-101

新疆石榴精神文化传媒有限公司
18290630022
新疆维吾尔族自治区乌鲁木齐市天山区幸福路 491 号幸福堡 6 层

新疆民航广告有限公司
13609900620
新疆维吾尔自治区乌鲁木齐市新市区迎宾路 33 号

新疆普美尔广告有限公司
13999959606
新疆维吾尔自治区乌鲁木齐高新技术产业开发区（新市区）北区 57 号一楼

新疆中合德成文化传媒有限公司
18997989443
新疆乌鲁木齐新市区京疆路 72 号呈信·朗悦盛境三期 7 号底商住宅楼 1 单元 1602 室

新疆智狼时代科技有限公司

15909979969
新疆维吾尔自治区阿克苏地区阿克苏市英巴扎街道滨河路御景湾 14 号 106 商铺

新疆阿克苏市正欣传媒有限公司
13201326666
新疆维吾尔自治区阿克苏地区阿克苏市建设路 1 号美家物流园 M 栋 2001 号商铺

新疆克拉玛依市向天广告有限公司
13031396570
新疆维吾尔自治区克拉玛依市昆仑路昆仑花园一楼 49-1-26 号

新疆金凯文化传媒有限公司
13699952172
新疆维吾尔自治区乌鲁木齐市天山区延安路 556 号边疆世贸 1 栋 c 区 12 室 1209 室

新疆巴州凸凹广告有限责任公司
13399768000
新疆维吾尔自治区巴州库尔勒市新城辖区迎宾路 2 号南航华府 1 栋 1 层 01-2

阿克苏一家广告传媒有限公司
18799933554
新疆维吾尔族自治区阿克苏地区阿克苏市南大街新伟大厦 67 号

阿克苏薪火相传文化传媒有限公司
13999071877
新疆维吾尔自治区阿克苏市水韵明珠文沁阁 14 号别墅

阿克苏新丝路广电传媒有限责任公司
15899336988
新疆维吾尔自治区阿克苏市教育路 11 号

阿克苏视界广告传媒发展有限公司
18799929969
新疆维吾尔自治区阿克苏地区阿克苏市乌喀东路 3 号市文广局办公楼

阿克苏市风向标广告传媒有限责任公司
18196380908
新疆维吾尔自治区阿克苏地区阿克苏市民主路 1 号电力小区北院门面房 1-09-10

阿克苏大业广告装饰装修工程有限公司
15899336666
新疆维吾尔自治区阿克苏地区阿克苏市新城区迎宾路 C 幢

阿克苏彩虹文化传媒有限责任公司
18096973202
新疆维吾尔自治区阿克苏市美家物流园 M 幢 2003 号

上海雅仕维广告有限公司新疆分公司
0991-2846600
新疆乌鲁木齐市天山区光明路北一巷 9 号时代广场小区 1 栋 25 层 B 座 25G

大连

大连国域无疆传媒集团股份有限公司
0411-82728168
辽宁省大连市中山区人民路 68 号，宏誉大厦 8 楼

大连交通广告有限公司
0411-84337290
辽宁省大连市甘井子区祥龙南街 13-1-1 鑫汇茗苑小区内

大连昱锦传媒有限公司
0411-82737280
辽宁省大连市中山区长江路 38 号金地中心 B 座 12 层

大连长江世纪传媒有限公司
0411-82789839
辽宁省大连市中山区解放路智仁街同福巷 12 号

大连艾森品牌传播有限公司
13332228649
辽宁省大连市西岗区新开路 87 号金福星大厦 27 层 5 号

大连分众传播有限公司
0411-88008103 转 1837
辽宁省大连市中山区中山路 136 号希望大厦 1702 室

大连天鹰文化传媒有限公司

0411-86488999

辽宁省大连市沙河口区长江路 842-2 号 1-2 层公建

大连东方视野文化传播有限公司

0411-82520112

辽宁省大连市中山区友好路 158 号友好大厦 1701-1705

大连一拍即合广告有限公司

0411-13704110656

辽宁省大连高新技术产业园区高能街 26 号 404 号

鑫天天传媒（大连）有限公司

0411-65830002

辽宁省大连市沙河口区长生街 8 号 1 单元 1 层 3 号

大连新动广告有限公司

0411-18698605007

辽宁省大连市中山区杏林街

大连新瑞广告有限公司

0411-82798710

辽宁省大连市中山区五五路金佰国际酒店酒店 11 层

桥美文化传媒（大连）有限公司

18941123006

辽宁省大连市沙河口区永明巷 2 号一单元 702 室

大连爱迪广告有限公司

0411-81718483

辽宁省大连市西岗区亿达新世界 A 区 2 号楼 1 单元 10 层 1 号

大连迈达威传媒有限公司

0411-39676888

辽宁省大连市西岗区新开路 99 号珠江国际 2007 室

大连亿品天成广告有限公司

0411-13941176977

辽宁省大连沙河口区金玉星海 2 单元 2801

大连延旭传媒有限公司

0411-62187988

辽宁省沙河口区星台街 5 号 2-401

力拓巴士广告有限公司

0411-84368000

辽宁省大连市西岗区新开路 99 号珠江国际 2007 室

大连九蝶文化发展有限公司

18640800307

辽宁省大连市沙河口区西南路冰山慧谷产业园区 C3 栋

青岛

青岛日报

0532-66988527

山东省青岛市崂山区株洲路 190 号

青岛天润广告有限公司

0532-85030001

山东省青岛市崂山区香港东路 120 号（绿茵新村 3-3 户）

青岛深度传媒有限公司

400-8532-001

山东省青岛市延吉路 128 号卓越大厦

青岛青铁商业发展有限公司

15692329993

山东省青岛市市北区常宁路 6 号地铁大厦

青岛盛世奥海文化产业股份有限公司

0532-80776677

山东省青岛市崂山区香港东路 69-13 号

青岛中创未来文化传播有限公司

0532-80970591

山东省青岛市市南区南京路 100—1 号创意 100 产业园 3 号楼 206 室

青岛海博文化传播有限公司

13356390888

山东省青岛市市南区宁夏路 127 号 6 号楼二单元 101 室

山东盛鼎影视文化传媒有限公司
0532-66008088
山东省 青岛市 市南区 银川西路 67 号动漫产业园 B 座 101B 室

青岛首页传媒有限责任公司
0532-68068516
山东省青岛市海尔路 182 号 2 号楼 5 层

青岛本匠科技发展有限公司
13668874888
山东省青岛市城阳区西郭庄社区西 500 米鑫达彩钢院内

青岛地铁资产经营管理有限公司
15866875521
山东省青岛市市北区常宁路 6 号地铁大厦

青岛山小广告传媒有限公司
13325001001
山东省青岛市城阳区春城路天泰碧玺园

宁波

宁波爱珂文化传媒有限公司
18805747020
浙江省宁波市海曙区沁园街 345 号海曙文体中心 2-8

宁波海曙青木广告传媒有限公司
0574-87361418
浙江省宁波市海曙区布政巷 16 号（4-1）室

浙江联合动力传媒广告有限公司
13586561050
浙江省宁波市鄞州区彩虹南路 11 号嘉汇国贸 A 座 12 楼

宁波市镇海爱维文化传媒有限公司
13566629720
浙江省宁波市镇海区招宝山街道南大街 36 号

浙江美成在久传媒有限公司
18668291703
浙江省宁波市鄞州区首南街道泰康中路 558 号 3401 室

宁波企航广告传媒有限公司
13336630006
浙江省宁波市鄞州区实怡中心 8 幢 26 号 11-6

宁波市明日企业形象策划传播有限公司
13501659186
浙江省宁波市鄞州区首南街道泰康中路 500 号 701 室

宁波远见传媒股份有限公司
13685851033
浙江省宁波市鄞州区天童南路 707 号（明创大楼六楼）

宁波坤晨广告有限公司
13505749998
浙江省宁波市鄞州区潘火街道启明路 818 号 14 幢
110 号

浙江平行线文化有限公司
13705745132
浙江省宁波市鄞州区首南街道天童南路 707 号
明创大楼二楼

宁波米瑞科技有限公司
18258700005
浙江省宁波市鄞州区泰康中路 468 号 1203-1 室

宁波中桓文化创意发展有限公司
13738432039
浙江省宁波市鄞州区天健巷 118 号 1403 室 -3

宁波市奉化方圆广告装饰有限公司
15558258888
浙江省宁波市奉化区锦屏街道城基路 47 号

浙江海涛文化传媒有限公司
13566326666
浙江省宁波市奉化区锦屏街道广南商城
一区一幢 16-18 号营业房

宁波市奉化区华东广告装潢设计有限公司
13805838006

浙江省宁波市奉化区岳林街道中山东路 518 号
金城大厦 A 幢 4 楼 406 室

宁波奉化弘奥文化传媒有限公司
13566332277
浙江省宁波市奉化区岳林街道大成东路 39 号

宁波启阳广告传媒有限公司
18888663622
浙江省宁波市奉化区岳林街道中山东路 518 号
金城大厦 B 幢 7 楼南面

慈溪市鸿达广告有限公司
13906741979
浙江省慈溪市白沙路街道凯玛大厦 11-1 室

浙江省慈溪广告有限公司
13819444445
浙江省慈溪市白沙路街道新城大道北路 288 号

慈溪中兴网络信息广告有限公司
18906625888
浙江省慈溪市白沙路街道新城大道北路 1698 号
承兴大厦 17-1 至 17-4 室

慈溪市嘉诚广告有限公司
15306746789
浙江省慈溪市浒山街道孙塘南路 77 号

宁波市暴风动漫有限公司
13777244888
浙江省慈溪市白沙路街道金帅大厦 15-3 室 01

慈溪市优佳文化传播有限公司
18668270058
浙江省慈溪市白沙路街道辰佳大厦 17-4 室 17 号

慈溪市邦艺广告有限公司
13906740338
浙江省慈溪市浒山街道环城南路金星大厦五楼

慈溪新动力广告有限公司
13858309666
浙江省慈溪市浒山街道慈溪中央大厦北 903 号

慈溪市江南红文化传播有限公司
13600611950
浙江省慈溪市白沙路街道凯玛大厦 11-1

宁海县中天广告策划有限公司
13777285557
浙江省宁波市宁海县跃龙街道兴宁南路 31 号

宁波市顺通广告装潢公司
13805861478
浙江省宁波市东钱湖鄞县大道东钱湖段 217 号

厦门

厦门东帝士广告股份有限公司
13806006972
福建省厦门市思明区湖滨南路 81 号光大银行大厦 20 楼

厦门报业传媒集团有限公司
13606033478
福建省厦门市思明区吕岭路 122 号报业大厦

厦门广播电视广告有限公司
13806046888
福建省厦门市思明区湖滨北路广电集团

厦门海峡导报发展有限公司
18950123506
福建省厦门市思明区帝豪大厦 20 楼

厦门博美联合广告有限公司
13606075688
福建省厦门市思明区湖滨北路 59 号中信惠扬大厦商务楼 22 层
C、D 室

厦门威扬广告有限公司
13806002478
福建省厦门市湖里区湖里区蔡塘社 1021 号威扬集团 6 楼

厦门城建市政建设管理有限公司
13400704876
福建省厦门市海沧区南海三路 1188 号城建大厦 2120 室

福建兆翔广告有限公司
13906056432
福建省厦门市湖里区高崎机场祥云一路运通中心 601-602 单元

厦门万舜文化传播有限公司
18659240966
福建省厦门市集美区杏林湾路 368 号嘉庚艺术中心 2A

厦门市天下集美文广传媒有限公司
13959216566
福建省厦门市集美区银亭路 2 号

厦门联掌文化传媒有限责任公司
13159270742
福建省厦门市思明区软件园二期望海路 59 号之二 8 楼

厦门美城广告有限公司
13600917678
福建省厦门市思明区思明区仙岳路 569 号 1102 室

省广（厦门）广告有限公司
13656019866
福建省厦门市思明区水仙路 33 号 23E 单元之二

厦门鑫格广告有限公司
18965857610
福建省厦门市湖里区洪塘社 129 号

厦门壹文贰艺传媒有限公司
13859980545
福建省厦门市集美区杏林村苑亭路 297 号

厦门英锐营造设计有限公司
15880162692
福建省厦门市湖里区金边路 568 号航空古地石广场 A1 五楼

厦门世联广告有限公司
13950025566
福建省厦门市思明区湖滨北路中信惠扬商务楼 21 楼 C-D

厦门市青友文化传播有限公司
13606070548
福建省厦门市湖里区湖里大道 47 号 5 楼

厦门全聚彩文化传播有限公司
13124455444
福建省厦门市湖里区枋湖西路龙湖花园 34 梯 1203 室

厦门奥柏林广告有限公司
18006008896
福建省厦门市湖里区南山路 466 号广兴大厦 508

厦门恒顺物泰有限公司
15858220662
福建省厦门市思明区前埔工业园 61 号万物社 C302-C307 室

厦门大学新闻传播学院广告学系
13695012786
福建省厦门市思明区思明南路 422 号

厦门理工学院影视与传播学院
13906031449
福建省厦门市集美区理工路 600 号

福州大学厦门工艺美术学院视觉传达系
13850084232
福建省厦门市集美区理工路 852 号

华侨大学新闻与传播学院
13600738233
福建省厦门市集美区集美大道 668 号

集美大学海洋文化与法律学院
13850042701
福建省厦门市集美区银江路 185 号

集美工业学校闽南文化产业系
13806013124

福建省厦门市集美区杏前路

厦门大学嘉庚学院人文与传播学院广告学系
13516786678
福建省厦门市龙海区南滨大道 300 号

厦门澜天电子科技有限公司
18050050200
福建省厦门市翔安区翔岳路 57 号 - 第四层厦门澜天电子科技有限公司

厦门欣亿彩广告有限公司
15959267344
福建省厦门市集美区连胜路 355 号厂房第 2 层之一

深圳

深圳报业集团
0755-83518430
广东省深圳市福田区深南大道特区报业大厦

深圳广播电影电视集团
0755-88312338
广东省深圳市福田区鹏程一路广电大厦

深圳今日头条科技有限公司
15889286584
广东省深圳市南山区粤海街道南海大道 2163 号来福士广场 22 层 2201 单元

深圳市海王广告有限公司
13715379999
广东省深圳市南山区科技中三路 1 号海王银河科技大厦 2102 室

深圳市灵臻广告有限公司
13510362985
广东省深圳市福田区商报路 7 号天健创业大厦 1625

深圳机场雅仕维传媒有限公司
0755-23638999
广东省深圳市福田区滨河大道京基滨河时代广场北区（A 座）2101

深圳符号经济知识产权有限公司
13425185153
广东省深圳市福田区深南中路 2010 号东风大厦 1913

凤凰都市传媒科技股份有限公司
010-65207500
北京市朝阳区朝阳公园南路 3 号凤凰中心南楼 5 层

深圳之光传媒科技有限公司
13418594723
广东省深圳市南山区软件产业基地 4A 栋 601

深圳市森广源广告有限公司
13823667788
广东省深圳市宝安区留仙一路 40 号森广源大厦二楼

深圳市江聚贤广告策划有限公司
18128850898
广东省深圳市南山区粤海街道海德三道海岸城西座 1303

深圳公交传媒有限公司
0755-82787579
广东省深圳市福田区莲花支路 1001 号公交大厦附楼五楼

深圳市尊豪广告有限公司
13714319142
广东省深圳市福田区商报路奥林匹克大厦 12 层 CD

深圳报业地铁传媒有限公司
0755-83518102
广东省深圳市福田区深南大道特区报业大厦 26B

深圳市天威广告有限公司
13802286133
广东省深圳市福田区彩田北路 6001 号天威花园 3 栋 3F

深圳经典视线文化传播有限公司
13590264639
广东省深圳市南山区粤海街道大冲社区大冲商务中心（三期）4 栋 19B3C3

深圳市豪金叶实业发展有限公司
0755-83146100
广东省深圳市福田区深南大道 6006 号华丰大厦 2407 室

深圳市中绘图像科技有限公司
18938669899
广东省深圳市龙岗区园山街道西坑社区西湖工业区 24 号厂房 1 层

深圳市盛世昊业文化传播有限公司
13823511149
广东省深圳市南山区 A8 音乐大厦 1905-6

深圳市博创文化传播有限公司
18926066808
广东省深圳市龙岗区园山街道西坑社区西湖工业区 24 号厂房 3 层

深圳雅仕维广告有限公司
0755-82788666
广东省深圳市福田区现代国际商务大厦 2901

深圳鹏程壹媒介广告有限公司
13632860356
广东省深圳市福田区车公庙苍松大厦北座 707

深圳市腾讯计算机系统有限公司
0755-86013388
广东省深圳市南山区粤海街道麻岭社区科技中心一路腾讯大厦 35 层

上海定向广告传播有限公司深圳分公司
0755-86209111
广东省深圳市南山区深云路侨城一号广场 1010 号

深圳市盐田广告有限公司
13602538811
广东省深圳市盐田区沙头角田心东路 34 号 2 楼

深圳市东之乐广告有限公司
18255957728
广东省深圳市福田区华强北街道振华路汽车大厦 A 栋 508

深圳市龙帆广告有限公司
0755-83749182
广东省深圳市福田区振华东路航天立业 2901

深圳市咚咚互联科技有限公司
18938074772
广东省深圳市南山区高新南九道 10 号深圳湾生态园 10 栋 A 座 14-15 层

深圳宏禧互动科技股份有限公司
13902947291
广东省深圳市福田区福强路 3030 号新媒体广告产业园 24 楼

深圳奇帧影视文化传播有限公司
17811778385
广东省深圳市宝安区定军山电影科技产业园 1202

深圳市鲁泰知识产权代理有限公司
0755-82372825
广东省深圳市福田区八卦四路先科机电大厦 1234

深圳市水银龙广告有限公司
13602555287
广东省深圳市宝安体育馆东区二楼 211

深圳前海普罗米文化传播有限公司
13823138398
广东省深圳市前海深港合作区前海一路 1 号 A 栋 201 室

深圳市捌叁捌陆文化传播有限公司
13824321633
广东省深圳市福田区福田街道岗厦社区金田路 3038 号现代商务大厦 2506D

深圳市风神广告有限公司
13808836016
广东省深圳市龙岗区坂田街道南坑社区雅园路 5 号创意园 Y1-1F-01A

深圳市城市轨道广告有限公司
13602671820
深广东省圳市福田中心区益田路新世界中心 2301